永州市地方志丛书

中国烟草
CHINA TOBACCO

永州市烟草志

（2003—2015）

永州市烟草志编纂委员会 编

方志出版社
Publishing House of Local Records

图书在版编目（CIP）数据

永州市烟草志：2003—2015/永州市烟草志编纂委员会编．—北京：方志出版社，2019．2

ISBN 978-7-5144-3678-5

Ⅰ．①永… Ⅱ．①永… Ⅲ．①烟草工业—概况—永州—2003-2015 Ⅳ．①F426．89

中国版本图书馆 CIP 数据核字（2019）第 043087 号

永州市烟草志（2003—2015）

编　　者：永州市烟草志编纂委员会
责任编辑：刘　珊

出 版 人：冀祥德
出 版 者：方志出版社
地址　北京市朝阳区潘家园东里 9 号（国家方志馆 4 层）
邮编　100021
网址　http：//www.fzph.org
发　　行：方志出版社图书经销中心
电话（010）67110500
经　　销：各地新华书店
印　　刷：衡阳顺地印务有限公司

开　　本：889×1194　1/16
印　　张：41．625
字　　数：809 千
版　　次：2019 年 2 月第 1 版　2019 年 2 月第 1 次印刷
印　　数：0001～2000 册

ISBN 978-7-5144-3678-5　**定价**：500．00 元

《永州市烟草志》编纂委员会

《永州市烟草志》编辑部

主　　　　任： 胡学军

主　　　　编： 黄昭胜

副　主　　编： 龚国英　程海红

编　　　　辑： 袁连井　刘　卅　唐国庆　周华军　廖国仕

王家能　孙鲸洲　邓顺林　李　萍

照片主要提供者： 刘宁华　周全力　王家能

《永州市烟草志》审稿人员

蒋政平　李俊江　高　波

序　一

《永州市烟草志（2003—2015）》是一部客观、全面、系统记述永州烟草行业改革发展历史和现状的部门志。其付梓出版，实为全市烟草行业文化建设的又一硕果。

盛世修志，志载盛世；功在当代，利在千秋。站在永州烟草高质量发展的历史起点，我们应抚今追昔，放歌抒怀。面向未来，我们当兴利除弊，革故鼎新。《永州市烟草志（2003—2015）》秉持“尊重历史、承前启后、详近略远”的原则，客观地记述了永州烟草的发展历程和现状，全面地展示了永州烟叶种植、复烤加工、卷烟生产、两烟销售、专卖管理等情况。信息丰富，资料翔实，具有较强的时代性、地域性和行业特征。

2003—2015年，永州烟草先后经历烟厂兼并重组、商业县级公司法人资格取消、复烤厂改制及重组等体制变化，实现了烟草工业、商业、加工业的逐步做大、做强、做优。烟叶生产方面，建成烟叶生产基础设施项目3.17万个，行业补贴22.5亿元，推动烤烟种植由传统烟叶生产向现代烟草农业转型，烟叶生产逐步走向“规模化种植、集约化经营、机械化生产、专业化组织”的发展之路；卷烟营销方面，着力体外循环治理整顿，坚持规范经营和品牌培育，卷烟销量逐年增加，品牌结构持续优化，单箱均价逐年攀升；专卖管理方面，联合公安、工商等部门，形成“政府主导、烟草主体、部门协作、各方参与”的卷烟打假工作格局和烟草市场管理长效机制，开展“利剑”“猎鹰”“春雷”“金剑”等系列专项行动，查处各类涉烟案件9238起，查获假烟25828.69万支，查获制假烟叶烟丝510.02吨，取缔制假窝点41个，缴获制假机械97台（套）；科技创新方面，大力实施“科技兴烟”战略，完成科研项目593个，获市厅级及以上科技进步奖39项，自主选育烤烟新品种“湘烟3号”和“湘烟5号”。

读史明志，知古鉴今。《永州市烟草志（2003—2015）》图文并茂，资料翔实，结构合理，可资可化。

“欲施回赠无重物，展卷详读慰隽贤。”毋庸置疑，《永州市烟草志（2003—2015）》，对永州烟草的发展具有重要价值。我深信，通过广大员工读志、用志，借鉴历史，正视现实，直面未来，永州烟草的明天一定会更加美好、更加辉煌！

聊以数语，权且为序。

《永州市烟草志》编纂委员会主任

2018 年 12 月

序　二

盛世修志，惠泽千秋。《永州市烟草志（2003—2015）》的编纂历时两载，五易其稿，终成卷帙。这是永州烟草行业文化建设的大事，值得全市烟草同仁庆贺。

纵观永州烟草工商系统2003年至2015年的发展历程，有经营亏损的教训，有扭亏为盈的艰辛，有快速增长的喜悦，有稳中求进的从容。这十三年间，永州烟草工商系统历经烟厂兼并重组、商业县级公司法人资格取消、复烤厂改制及重组等体制变化，全市烟草产业实现逐步做大、做强、做优，为永州社会经济发展做出重要贡献。其中，全市烟草商业系统税利由2003年的9498万元增长到2015年的16.33亿元，累计纳税62.78亿元。

《永州市烟草志（2003—2015）》以翔实的资料、齐全的门类、丰富的内容、简朴的文字，客观地记载了十三年来的烟叶生产购销、现代烟草农业、复烤加工、卷烟生产、卷烟经营及烟草专卖管理等情况；生动地再现了永州烟草工商系统十三年发展、变化的轨迹与脉络；如实地记录了永州烟草人为国家财政增税、烟农增收、企业增效等方面所倾注的心血和汗水。其具有鲜明的时代特征、浓郁的地方特色、突出的行业特点，折射出永州烟草人与时俱进的进取精神、艰苦创业的拼搏精神、默默耕耘的奉献精神，是永州烟草改革发展的一幅壮丽画卷。

“夫以铜为镜，可以正衣冠；以古为镜，可以知兴替；以人为镜，可以明得失。”修志可以资治、可以教化、可以存史。此部志书为永州烟草的发展提供了历史借鉴，对广大的烟草生产、加工、经营、管理者，可以史为鉴，总结经验，吸取教训，知兴衰而明得失，起到资治的作用；对年轻一代的永州烟草人，这是一部很好的行业史教材，可从中了解十三年来永州烟草工商系统的发展历程；对研究永州烟草史的工作者，可提供宝贵资料和大量信息，具有重要的存史效用。

展志现辉煌，掩卷看未来。站在新的历史起点，永州市局（公司）将以习近平新时代中国特色社会主义思想为指导，坚持稳中求进工作总基调，改革创新、攻坚克难、担当作为，牢牢把握“国企姓党”这个总逻辑，切实提高政治站位，科学研判发展新形势，客观分析永州烟草发展所面临的新情况、新问题、新矛盾，牢固树立改革发展新理念，夯实“政治、体制、市场、机制、人才、物质”六大保障，着力打造“优质原料供应商、优秀品牌培育商、现代物流配送商”，努力建设“实力、活力、魅力”永州烟草，全面推动高质量发展，奋力续写永州烟草新篇章。

藉此《永州市烟草志（2003—2015）》付梓之际，谨向全体编修人员及所有为志书出版给予指导、提供帮助、付出辛劳的人们，表示热烈地祝贺、衷心地感谢和诚挚地敬意！

是为序。

永州市烟草 专卖局 局长
公　司 经理

2018 年 12 月

凡 例

一、《永州市烟草志（2003—2015）》以马克思列宁主义、毛泽东思想、邓小平理论、“三个代表”重要思想、科学发展观、习近平新时代中国特色社会主义思想为指导，用历史唯物主义和辩证唯物主义的立场、观点和方法，以丰富翔实的资料，实事求是地记述永州烟草行业发展的历史和现状。

二、本志为《永州市烟草志》（1991—2002 年）的续志，起于 2003 年 1 月，讫于 2015 年 12 月。结合该时期行业发展实际，篇目章节进行适度调整与增补。继续采用“详近略远，详主略次，详独略同，以事系人”的编纂方法，对前志书中未记的一些重要内容采取拾遗补缺，给予补充完整。

三、本志体沿袭前志体所采用的“横排门类，以类系事”，由述、记、志、传、图、表、录诸体组成。前冠重要图片和序，首列“概述”，总览全书，揭示兴衰起伏，彰明因果关系，反映客观规律；次列“大事记”，采用“记事本末体”，收录烟草的大事、要事和新事；按“类似事从”的原则设篇、章、节、目，是为志书的主体。同时，为便于突出行业系统的发展特点，反映生产关系的变革，各章除收录相关统计数据外，还结合内容插入部分图片，以增加志书的可读性；末缀“附录”，收集重要文献，作为志的补充。

四、全书除引文外，采用语体文记叙体。志中出现的行业专用名词，必要时作脚注或间注。

五、志中所涉及的组织机构、职衔、地名等，按资料原文或沿用习惯称谓，首次出现时使用全称，使用简称时在首页出现的全称后予以提示，对人直书其名，不加同志、先生、女士等称谓。烟草商业系统的称呼中，涉及专卖、内管内容的概用“市局”这一简称，涉及营销、物流内容的概用“市公司”这一简称，涉及企业管理及对外内容的概用“市局（公司）”这一简称；各下属单位名称，在 2006 年 6 月取消法人资格前概用“XX 县局（公司）”这一简称，2006 年 6 月至 2007 年年底概用“XX 县局（营销部）”这一简称，2008 年开始概用“XX 县局（分公司）”这一简称。烟草工业名称，2004 年前概用“零陵卷烟厂”，2004—2006 年概用“零陵卷烟分厂”，2007 年开始概用“零陵卷烟厂”。烟叶复烤企业称呼，2006

年前概用“零陵烟叶复烤厂”，2006 年至 2011 年 8 月概用“永州天顺烟叶复烤有限责任公司”，2011 年 8 月后概用“湖南烟叶复烤有限公司永州复烤厂”。

六、志中采纳的数据以法定统计数值为准。纪年、计量单位、图表等，均以国家和行业统一规范进行书写。

七、本志资料主要来源于行业档案，部分采自书、报、期刊和各部门及熟悉行业情况的老领导、老职工的口碑资料。为节省篇幅，引用资料概不注明出处，个别的加脚注。

永州市行政区划图

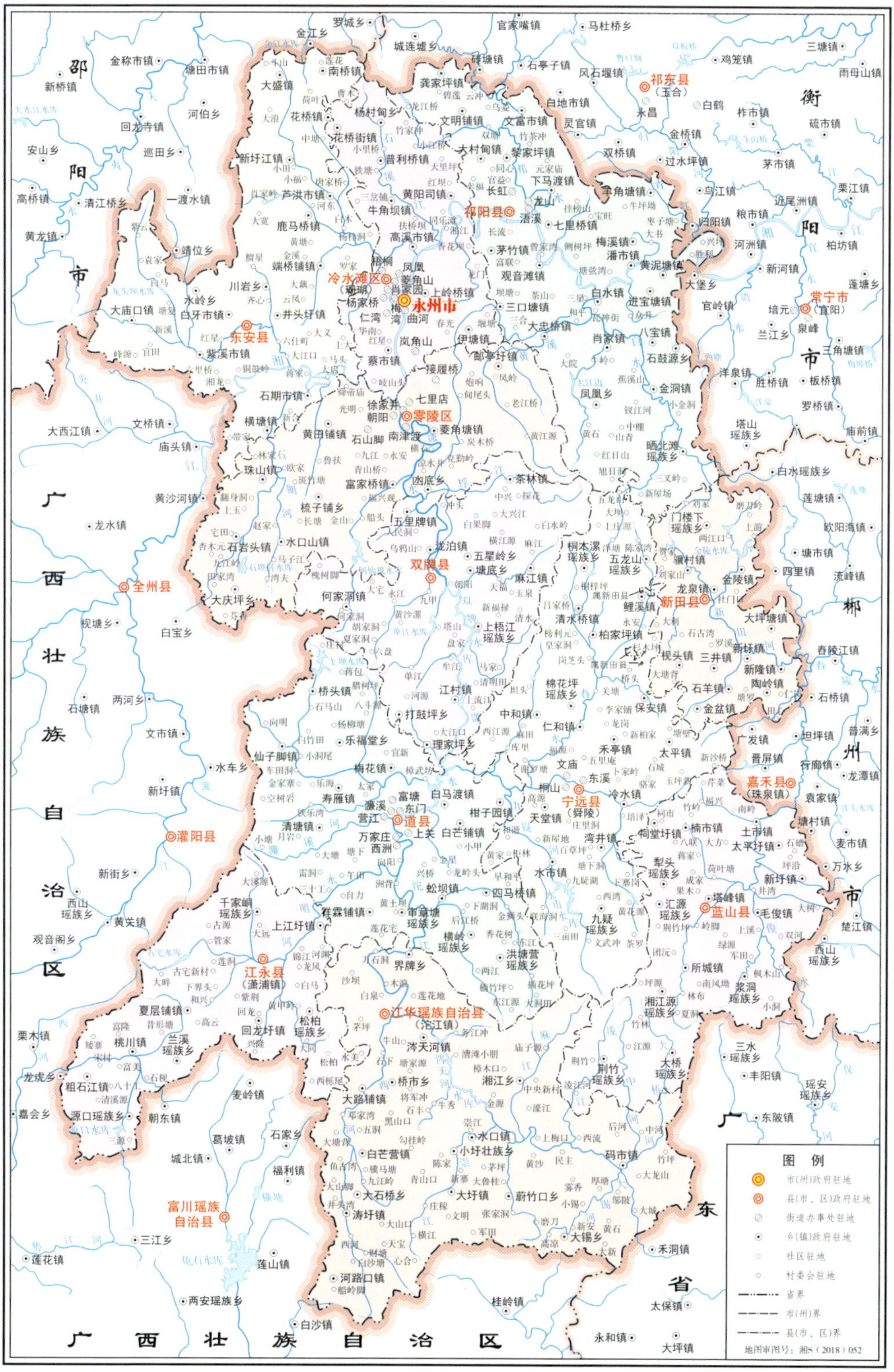

邵阳市
衡阳市
郴州市
广西壮族自治区
广东省
永州市
冷水滩区
零陵区
祁阳县
东安县
双牌县
道县
江永县
宁远县
新田县
蓝山县
嘉禾县
江华瑶族自治县
祁东县
常宁市
全州县
灌阳县
富川瑶族自治县
图例
市(州)政府驻地
县(市、区)政府驻地
街道办事处驻地
乡(镇)政府驻地
社区驻地
村委会驻地
省界
市(州)界
县(市、区)界
地图审图号：湘S（2018）052

领导关怀

①	②	⑦	⑧
③			⑨
④			⑩
⑤	⑥	⑫	⑪

① 2011年7月14日，省委书记周强（左二）到新田视察现代烟草农业工作

② 2013年5月4日，省委副书记、代省长杜家毫（中）到零陵卷烟厂视察

③ 2009年11月25日，省委常委、省纪委书记许云昭（左一）到零陵卷烟厂调研廉政文化建设

④ 2012年6月6日，省委常委、组织部长郭开朗（中）到宁远视察烟叶工作

⑤ 2015年8月20日，省政府党组成员、省长助理袁建尧（右二）到宁远、蓝山视察水源性工程建设和烟叶收购工作

⑥ 2015年6月11日，国家烟草专卖局局长凌成兴（左一）到永州视察烟草工作

⑦ 2014年5月12日，省委副书记、代省长杜家毫（右二）到宁远仁和视察烟叶生产工作

⑧ 2010年4月22日，省政协主席胡彪（右一）到零陵卷烟厂视察

⑨ 2007年10月17日，省委常委、副省长徐宪平（左一）到零陵卷烟厂调研

⑩ 2009年7月24日，副省长陈肇雄（左一）到零陵卷烟厂视察

⑪ 2012年8月30日，副省长盛茂林（中）在永州市烟草专卖局怡馨家园建设工地检查安全生产工作

⑫ 2005年5月12日，省政府党组成员、经济顾问陈德铨（左二）到常德卷烟厂零陵卷烟分厂视察重点工程进展情况

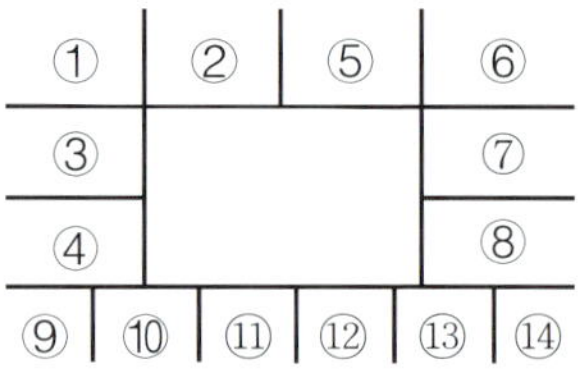

① 2005年3月10日，市委书记曾庆炎到常德卷烟厂零陵卷烟分厂调研

② 2009年3月17日，市委书记黄天锡到宁远考察烤烟移栽和现代烟草农业建设试点工作

③ 2004年11月9日，市委副书记、市长刘爱才（中）到常德卷烟厂零陵卷烟分厂调研

④ 2006年10月9日，市委副书记、市长龚武生（前右一）到零陵卷烟厂调研

⑤ 2012年1月31日，市委书记张硕辅（中）到宁远考察烟叶生产工作

⑥ 2013年7月22日，市委书记陈文浩（前排右四）到永州烟草卷烟物流中心调研

⑦ 国家烟草专卖局纪检组长潘家华（前左一）到永州视察烟叶基础设施建设和现代烟草农业工作

⑧ 2008年7月30–31日，国家烟草专卖局副局长何泽华（右二）到永州视察两烟生产经营工作

⑨ 2012年12月3日，市委副书记、市长魏旋君（前左二）到零陵卷烟厂调研重点工程进展情况

⑩ 2012年7月31日，市人大常委会主任高建华（前左二）到宁远调研烟叶工作

⑪ 2006年7月11日，省烟草专卖局局长杨先杰（中）到永州调研

⑫ 2014年3月20日，省烟草专卖局（公司）党组副书记、副局长、副总经理樊剑峰（左二），省烟草专卖局（公司）党组成员、副局长、巡视员张志刚（左三）到永州市烟草专卖局（公司）调研

⑬ 2012年5月9日，湖南中烟公司董事长卢瑞刚（左一）到零陵卷烟厂调研

⑭ 2015年2月4日，湖南中烟公司总经理卢平（中）到零陵卷烟厂走访慰问

机关建设与活动

2004年1月6日，“常德卷烟厂零陵卷烟分厂成立大会”召开

2004年11月8日，市局（公司）举办“庆祝永州市烟草专卖局（公司）成立20周年文艺汇演”

2013年11月28日，“全省烟草系统‘235’教育实践活动成果交流会暨2013年政研会年会”在永州召开

2015年3月9日，“永州烟草成立三十周年庆祝大会”在市局（公司）机关召开

2007年12月28日晚，市局（公司）召开“建立母子公司体制暨所属分公司成立大会”，并举办“‘雁之旅’企业文化建设启动大会暨明星员工表彰文艺汇演”

2012年7月3-5日，“2012年全省现代烟草农业建设暨烟叶收购现场会”在宁远召开

专家指导与项目启动

2013年9月5日，零陵卷烟厂在卷包车间正式生产"芙蓉王（硬）"

2011年9月25日，全国著名烟草专家冯国祯（右二）到永州调研指导烟叶样品制作工作

2014年6月11日，零陵卷烟厂"芙蓉王制丝线"正式带料调试

2013年12月16日，中国烟草永州产业园项目开工

2007年4月11日，美国环球烟叶亚洲有限公司农艺经理诺梅里奥·林博格（前排左一）一行到宁远考察烟叶种植情况

2004年6月12日，中国工程院院士郭予元（中）在永州考察指导烟叶生产工作

重要荣誉

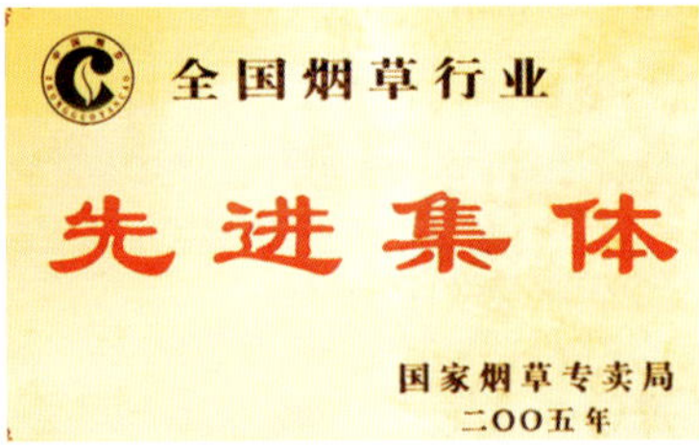

①

②

③

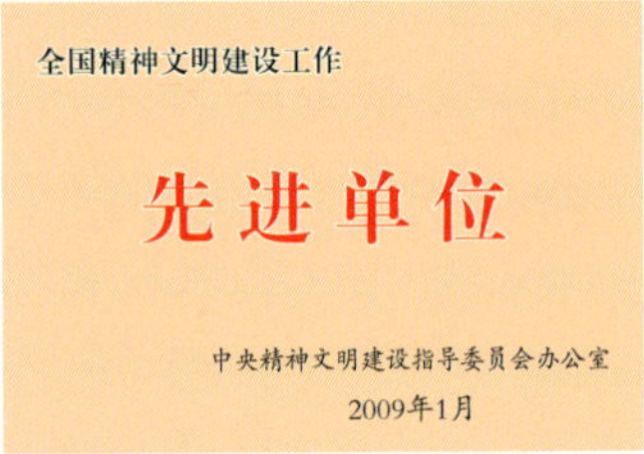

④

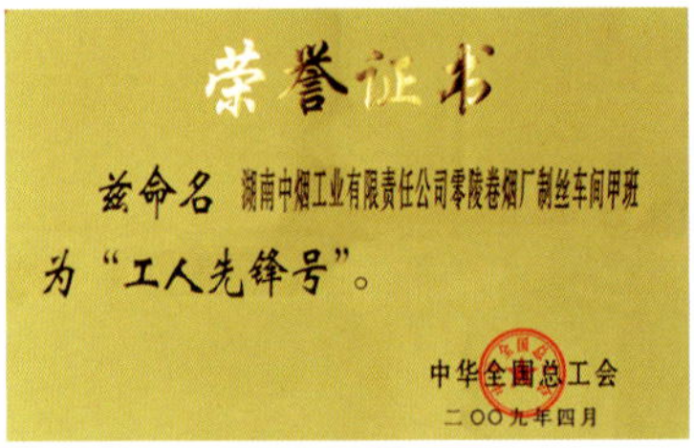

⑤

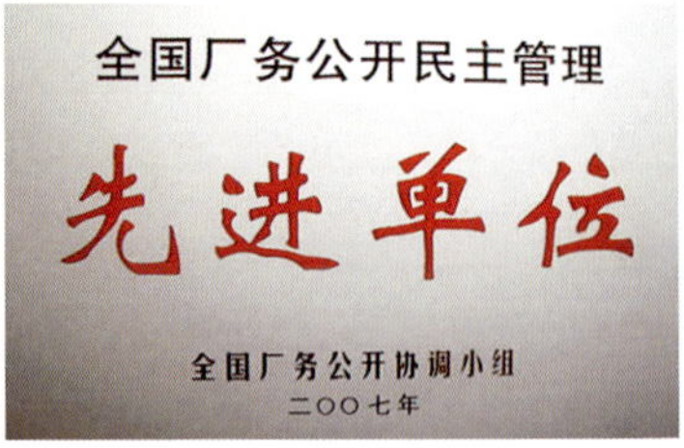

⑥

⑦

⑧

⑨

⑩

⑪

⑫

注：① 2005年，宁远县烟草专卖局被国家烟草专卖局评为"全国烟草行业先进集体"
② 2005年，永州市烟草专卖局（公司）被中国科学技术协会评为"全国农村科普工作先进集体"
③ 2013年，零陵卷烟厂被中华全国总工会、国家安全生产监督管理总局评为全国"安康杯"竞赛优胜单位
④ 2009年，永州市烟草专卖局（公司）被评为"全国精神文明建设工作先进单位"
⑤ 2009年，零陵卷烟厂制丝车间甲班被中华全国总工会评为"工人先锋号"
⑥ 2007年，零陵卷烟厂被中华全国总工会评为"全国厂务公开先进单位"
⑦ 2012年，零陵卷烟厂被国家烟草专卖局党组评为"全国烟草系统离退工作先进集体"
⑧ 2012年，新田县烟草专卖局（分公司）"泰山——田家基地单元"被中国烟草总公司评为"全国优秀烟叶基地单元"
⑨ 2010年，零陵卷烟厂制丝甲班被中华全国总工会评为"质量信得过班组"
⑩ 2015年，蓝山县烟草专卖局（分公司）土市烟草站被中国烟草总公司评为"烟草行业烟叶工作站标兵单位"
⑪ 2015年，永州市烟草专卖局（公司）被中国烟草总公司评为"离退休工作行业先进集体"
⑫ 2015年，零陵卷烟厂工艺品质二班被中华全国总工会评为"全国五一巾帼标兵岗"

目 录

概 述

永州位于湖南省南部，地处北纬 24°39′~26°51′、东经 110°06′~112°21′之间，潇、湘二水汇合于此，雅称“潇湘”。其东连郴州，西抵广西桂林，东南临广东清远，西南达广西贺州，西北接邵阳，东北邻衡阳，下辖零陵、冷水滩 2 区及双牌、祁阳、东安、道县、宁远、新田、蓝山、江永及江华瑶族自治县 9 县，总面积 2.24 万平方千米，总人口 640 余万人。

全市属中亚热带大陆性季风湿润气候区，全年平均气温 17.6~18.5℃，无霜期 286~311 天，年平均日照 1384~1688 小时，年平均降雨量 1280~1530 毫米。全市地形基本特征为“三山围夹两盆地”：东西南三面环山，萌渚岭、都庞岭、越城岭山脉沿湘桂粤边界向境内环绕；腹地多为丘岗、平地，呈马蹄形向北敞口；中间被阳明山分割成南北两个半封闭形盆地。其中，南部为营道盆地（有道县、江华、江永、宁远、新田、蓝山)，面积 6821 平方千米，地势低平开阔，耕地平整成片，土层深厚，肥源丰富，有“南洞庭平原”之称，具有生产优质烟叶的独特自然条件，同时拥有市场需求、人才队伍、基础设施和自主品牌等有利社会环境。2003—2015 年，永州稳居湖南省第二大烤烟产区。

一

2003—2005 年，按照国家烟草专卖局提出“市场引导、计划种植、主攻质量、调整布局”的烟叶工作方针，全市烟草商业系统以“控制总量、提高质量、优化布局、调整结构、科技兴烟”为抓手，推行烤烟标准化种植，推广催芽包衣种子、漂浮育苗和病虫害综合防治等技术，新、改建标准化烤房 26199 座，全市烟叶生产规模实现恢复性发展，累计种植面积 54.49 万亩、收购烟叶 62860 吨，年平均收购 20955 吨。2004 年，市烟草公司发布并实施《九嶷金叶烤烟标准化体系》，助推“九嶷金叶”品牌烟叶走俏国内市场。是年，市人民政府首次召开“烟叶市场管理专题工作会议”，提出“不收购外地一片烟叶，不让自己一片烟叶流失”的“两不”方针和“政府为主、驻村入户、秋后算账、奖惩兑现”的烟叶市场专卖管理模式，维护省、市际间毗邻地区烟叶收购秩序。2005年，市委、市政府高度重视，召开南六县县委书记、县长座谈会，专题督办烤烟生产，全市种植面积由2003年的13.48万亩发展到22.8万亩，收购量由2003年的15475吨增长到26685吨。同时，各县烟草公司与长沙、常德、南京等9家卷烟厂（集团公司）联办优质烟叶生产基地，推动全市烟叶产业由传统农业向订单农业转型。

2006—2009年，全市烟叶工作按照“稳规模、夯基础、提质量”的思路，优化生产布局，建成烟水配套设施项目1308个，新建、改造密集式烤房8769座，推广平衡施肥与三段式烘烤工艺等技术；全市烟草商业系统取消县级公司法人资格，形成以市公司为主体的经营格局，创新收购模式，整合收购站点；成立首家烟农专业合作社—宁远县左坝烟农专业合作社，开启了全市烟叶生产专业化服务模式；累计种植78.24万亩、收购烟叶110505吨，年平均收购27626.25吨，2009年烟叶税首次突破1亿元大关。其间，各产烟县组织成立烟叶市场管理工作组，加强专卖管理，严厉打击非法收购、运输烟叶，确保烟叶收购秩序平稳。

2010—2013年，永州抢抓烟叶发展机遇，按照“做大做强”的发展理念，实行大县大镇大户种植战略，本着“整县规划、单元实施”的工作思路，推进现代烟草农业建设，成立永州市烟叶生产技术中心，承办全省现代烟草农业暨烟叶收购现场会，累计建成烟水配套项目839个，新建密集式烤房9747座，修建机耕道372.62千米，购置烟用农机6974台（套），成立烟农合作社35家，共建烟叶生产基地单元12个，全市烟叶产业走向“规模化种植、集约化经营、机械化生产、专业化组织”之路，累计种植94.08万亩、收购烟叶122885吨，年均收购量30720吨，2011年“九嶷金叶”品牌获“湖南省名牌产品”称号，2013年全市烟叶上中等比例达100%，实现烟叶产业跨越式发展。其间，全市烟草联合公安、工商等执法部门，打击非法收购、运输、倒买、倒卖烟叶等行为，累计查获烟叶21.7吨。

2014—2015年，永州烟草按照国家局“守住一条红线、提高三个水平、夯实两大基础”的总体要求，坚持稳中求进总基调，实行稳控结合，转变发展方式，全面推行精益生产，烟叶质量持续提升，浓香型特色更加彰显，市场需求愈加旺盛，避免烟叶生产大起大落，促进烟叶产业健康平稳发展，累计种植47.15万亩，收购烟叶57800吨，年均收购量28900吨。其间，全市烟草专卖部门严厉打击非法运输、仓储烟叶活动，防止流入地下制假窝点，共罚没烟叶76.86吨。2014年，按照“做优做强”的理念，全市烟叶产业发展实现“调速换挡”，落实种植面积24.4万亩，比2013年减少6.78万亩；收购烟叶30730吨，烟农种烟总收入达9.7亿元，户均收入7.35万元；当年销售烟叶29170吨，11家工业企业满意度达100%；烟叶相关税收达3.5亿元，实现烟农、企业、政府“三满意”。2015年，全市上等烟比例62.88%、中等烟比例37.12%，烟叶工商交接质量连续10年获国家烟草专卖局通报表扬。

2003—2015年，永州市烟草商业系统大力实施“科技兴烟”战略，累计投入烟叶生产科研经费3579.3万元，完成科研项目593个，获市厅级及以上科技进步奖39项，选育烤烟新品种2个，为全市烟叶产业健康发展提供了坚实的技术支撑。2005—2015年，全市完成烟叶生产基础设施项目31700余个，烟草行业补贴22.5亿元，配套基本烟田67万亩，烘烤能力达37.4万亩，供苗能力达35万亩；购置烟用农机8829台（套），完成基本烟田土地整理9.43万亩，由烟草行业援建水源工程项目5个，极大改善了烟区生产生活条件，显著增强了抵御自然灾害能力，推动了烟叶生产由传统种植向现代烟草农业转型发展。

二

2003—2005年，零陵烟叶复烤厂以设备技改为基础，以提高产量、扩大烟叶出口为重点，以扭亏增盈为目标，推进改革发展，累计加工烟叶投料8.43万吨，实现工业产值11903.7万元；出口烟叶3305吨，创汇477.21万美元；外销烟梗284.2吨，创汇303万美元。2003年，投入技改资金1000万元，重点改良润叶和复烤机的性能，提高设备运转效率；实行“按劳分配，效益优先，打破平均，奖优罚劣”管理机制，调动员工积极性。2004年，推行ISO 9001标准体系，推动生产经营标准化、规范化管理。2005年，通过实施劳动人事制度改革，激发企业活力，提升整体效益，销售片烟3.82万吨；外销烟梗284.2吨，创汇303万美元；第三产业实现销售收入1500万元，创利税240万元。2005年12月，完成企业改制，成立永州天顺烟叶复烤有限责任公司。

2006—2008年，实施“永州天顺烟叶复烤有限责任公司三年规划”战略，以设备技改和管理创新为基础，以产品质量和产量规模为关键，以开拓市场和拓宽销路为抓手，累计投料加工10.8万吨，销售收入20826万元，实现利润3862万元。2006年，为18家烟厂加工投料3.85万吨，销售收入6226万元，实现利润1650万元。2007年，投入设备技改资金3000万元，严把原料入库、原烟精选、产前工艺策划“三道关口”，提升产品质量，同时完善“客户经理负责制”，拓宽市场和销路，全年加工投料3.55万吨，产出成品22863吨，实现工业产值6173万元，销售收入7600万元，利润1212万元。2008年，网上协议3.85万吨，因全省烟叶减产，加工资源短缺，加工投料3.4万吨，比2007年减少1500吨，实现利润1000万元。

2009—2011年，按照“夯实基础，注重创新，精心谋划”的工作思路，以创建“严格规范，富有效率，充满活力”的天顺复烤为目标，以打造复烤加工特色品牌为重点，创新管理，完善机制，推动企业实现新突破，累计加工投料11.98万吨，销售收入2.99亿元，利润3750万元。2009年，持续推行ISO 9001标准化管理，采取“质量检测与工艺指标考核相结合，生产检测与生产指导相结合”的办法，提升质量检测水平和检测能力，确保成品质量，全年加工投料38850吨，实现工业产值7987万元。2011年8月，湖南烟叶复烤有限公司对郴州、永州两个复烤公司实行重组。永州天顺烟叶复烤有限责任公司更名为湖南烟叶复烤有限公司永州复烤厂（简称永州复烤厂），并取消法人资格。

2012—2015年，永州复烤厂按照湖南烟叶复烤有限公司的总体部署，突出抓好烟叶精细片选，注重精细化管理，推行“6S”现场管理，积极开展“以师带徒”活动，不断提升员工的整体素质，累计加工烟叶投料188543吨。2012年，为湖南中烟“和天下”、山东中烟“泰山”等高端卷烟品牌提供精细片选，“两个质量”（即原烟质量与成品质量）得到保证，客户满意度持续提升。2015年，永州复烤厂启动易地技改项目，投资69968万元。

三

2003年1月，根据国家烟草专卖局“扶大关小”的产业政策，对江华卷烟厂、新田卷烟厂实施关停。同年12月，常德卷烟厂兼并零陵卷烟厂，成立常德卷烟厂零陵卷烟分厂。是年，零陵卷烟厂进入全国16家低档烟重点生产企业行列，生产卷烟23万箱，实现工业产值73129万元，企业资产总负债率57.1%，同比下降6.82%。

2004—2006年，零陵卷烟厂被常德卷烟厂兼并后，加快资源整合，优化资源配置，与总厂实现资产、品牌、采购、销售四统一，实行内部核算、目标管理和就地纳税，建立以目标管理为核心的绩效考核体系和员工激励机制，工厂经济效益逐步好转。2004年，生产卷烟25.2万箱，实现销售收入81021万元（不含税），上缴税金40410万元，解决历史潜亏挂账4.5亿元，经济效益状况得到根本性改善。2005年，持续推进品牌整合，增加“芙蓉”品牌生产，减少“红豆”品牌产量，提高产品结构，生产卷烟26.8万箱，实现销售收入10.47亿元（含税），上缴税金4.4亿元。2006年，生产卷烟24.5万箱，比2005年减少8.6%，通过引入白沙（软）

品牌生产，提高产品结构，实现销售收入99844.8万元，主要经济指标呈现良性发展态势。2006年11月，湖南中烟工业公司与所属长沙卷烟厂、常德卷烟厂合并重组，常德卷烟厂零陵卷烟分厂成为湖南中烟工业公司直辖的6个非法人卷烟生产企业之一，更名为湖南中烟工业公司零陵卷烟厂。2004—2006年，累计生产卷烟76.5万箱，实现销售收入28.56亿元。

2007—2010年，湖南中烟工业公司对零陵卷烟厂实施母子公司管理模式。零陵卷烟厂在公司授权下，以预算和目标管理为主线，以建设“国内一流，国际先进”卷烟厂为目标，加大技术改造投入，增强工艺保障能力，累计生产卷烟175.26万箱，实现产值85.34亿元。2007年，提出“构建和谐企业，共建美好家园”愿景，开始承接出口卷烟生产任务，生产“银象”“元帅”两个出口品牌4327箱，实现产值1031万元。是年11月，随湖南中烟工业公司改制，零陵卷烟厂更名为湖南中烟工业有限责任公司零陵卷烟厂。2008年，完成30万箱技改工程，新建制丝厂房及5000千克/小时制丝线，改把烟投料为片烟投料，全年生产卷烟45.5万箱，比2007年增长44.44%；完成工业产值20.4亿元，比2007年增长67.49%。2010年12月底，卷包设备统一为PT-GD机型，配有卷接、包装设备各15组；全年生产卷烟51.5万箱，同比增长10.14%；实现产值28.33亿元，同比增长15.96%。

2011—2015年，零陵卷烟厂以创建优秀卷烟工厂为目标，以精益管理为统领，以对标管理和课题创新为突破，以标准化建设和信息化建设为手段，呈现稳步发展态势。2011年，按照公司新一轮品牌发展战略和“十二五”规划，提出“工厂发展好、员工工作好、家庭生活好”目标，完成卷烟生产51万箱，实现工业产值28.65亿元。2012年，零陵卷烟厂产品综合质量、西格玛水平均名列湖南中烟工业有限责任公司（简称湖南中烟）第一，并获得湖南中烟“质量管理先进奖”。2013年，按照湖南中烟“13233”的发展思路，紧紧围绕“卷烟上水平”战略任务，全力推动“13233”落地，完成卷烟产量31.76万箱，实现产值40.07亿元。2014年，完成卷烟产量23.8万箱，产值首次突破60亿元。2011—2015年，累计生产卷烟181.3万箱，其中芙蓉王（硬）43.59万箱；累计实现产值229.48亿元，年均增加7.67亿元，年均增长25.64%。

四

2003年，随着国家局实施大企业、大品牌、大市场战略，永州境内的新田卷烟厂、江华卷烟厂相继关闭，永州卷烟市场出现结构性问题，五类烟缺口达2万箱。

全市烟草商业系统以“优质化服务、规范化经营、专业化分工、信息化管理”为抓手，借鉴先进地区经验，提升网建水平，调整品种结构，培育新品牌，满足市场消费需求。2003年5月，市人民政府发布《永州市卷烟零售管理办法》《永州市人民政府关于整顿和规范烟草市场的通告》等规范性文件，促进烟草专卖管理由“部门管理”向“政府管理”转变。2004年，市烟草公司制定《省外卷烟购销管理规定》，公开货源组织，突出重点厂家，选择适销货源，坚持平稳投放，促进省外卷烟的市场占有率，同时探索客户关系管理和诚信等级管理，整合网络建设配送点、线，提高农村网络运行效率。2005年，围绕提高销量和调整结构的工作目标，市烟草公司建立全市电话访销中心，成立卷烟物流配送中心，开始推行电子结算，因地制宜整合配送线路，实行“四统一”（统一购进、统一电访、统一配送、统一信息平台）管理模式，形成“抓规范、抓市场、抓服务”的工作格局。2003—2005年，全市累计查处涉烟案件972起，查获卷烟9253.58万支，其中假冒卷烟7486.91万支，取缔制假窝点17个，收缴制假设备55台（套）。其间，全市推广“电话订货、网上配货、电子结算、现代物流”卷烟销售模式，建立城乡一体卷烟营销网络体系，开展客户服务活动，实现卷烟经营由“以自我为中心”向“以客户为中心”转变，全市累计销售卷烟49.35万箱，实现销售收入38.62亿元；年均销售16.45万箱，年均销售收入12.87亿元。

2006年，全市烟草商业系统撤销县级公司法人资格，建立以市公司为主体的卷烟营销体系，设立县级卷烟营销部，探索推行“四统一”“五集中”（即集中采购、集中订货、集中配送、集中财务管理、集中信息平台）的卷烟营销管理模式，围绕“抓网建、增销量、调结构”的目标，实施“城市抓结构、农村抓销量”的经营策略，实现“红豆”系列品牌的平稳置换，加强省外卷烟品牌培育，省外卷烟占市场份额达19.3%。同年2月，建立以市公司为主体的“1+1”库制（即中心仓库和宁远分库）、8个中转站的卷烟物流配送模式，降低物流配送成本。2007年，建立货源供应公开、市场调控预警、重点品牌消费者档案和市场信息采集工作机制，开展市场调查、需求预测、工商协同营销工作。2008年，全面按客户订单组织货源工作，完善业务流程，建立需求预测体系，运行新的营销信息系统，成立全市卷烟经营者协会，促进卷烟营销规范化、市场化，同时全市卷烟配送打破行政区划，实行跨区域送货，降低物流成本费用。2006—2008年，全市烟草与公安、工商等执法部门形成联合协作机制，先后开展“旋风”“利剑”等烟草市场整治专项行动，累计查处涉烟案件1797起，查获假冒卷烟5382.83万支；取缔制假窝点24个，查获制假烟机设备32台（套），依法追究刑事责任19人，进一步净化烟草市场。其间，全市累计销售卷烟48.81万箱，实现销售收入53.6亿元，年均销售卷烟16.27万箱，年均销售收入 17.87 亿元。

2009 年，市烟草公司根据国家局提出“卷烟上水平”的战略目标任务，转变卷烟销售工作方式，围绕提高销量和优化结构两个关键点，妥善处理销量与计划、市场的关系，全面推行“按客户订单组织货源”工作模式，注重货源公开、稍紧平衡、均衡投放、稳价促销，采取“一品一案”方式开展品牌培育。2010 年，在全省率先开展“客户自主选择货源”试点，实现紧俏品牌合理定量、顺销品牌基本满足，订货成功率达 99%。2011—2014 年，围绕“育品牌、提结构、增销量”的工作目标，推行精准营销，按市场需求组织货源，完善货源分配和客户评价体系，建立市县互动品牌培育机制，确保卷烟市场平稳运行，累计开展各类品牌培育活动 1100 余场次，单箱均价由 2011 年的 1.86 万元/箱增加到 2.44 万元/箱，增长 31.03%。2014 年 4 月，永州烟草物流配送园区竣工并投入使用，卷烟物流配送中心由“两库制”变为“一库制”，对北五县区实行卷烟物流“大配送”，南六县沿用二级配送模式，同时实施物流非法人实体运作，打造规范、统一、先进、实用的现代物流体系，配送线路由 2013 年的 41 条精简至 39 条，减少配送人员 40 余人。2015 年 5 月，在卷烟提税顺价政策实施后，全市烟草商业系统紧跟消费升级趋势，引进并培育全国知名高档、细支卷烟，满足市场需求，提升卷烟结构，单箱均价达 2.63 万元/箱，比 2014 年增长 7.79%。至 2015 年 12 月底，全市共建现代卷烟零售终端 3775 家，占零售客户总数 20.22%，其中“潇湘情”示范店 306 家，创建示范街 33 条、示范镇 29 个。2009—2015 年，全市形成“政府领导、部门联合、多方参与、密切协作”的烟草专卖管理执法体系，先后开展“猎鹰”“春雷”“潇湘金剑”等系列烟草市场专项整治行动，累计查处各类涉烟案件 6469 起，查获涉案卷烟 28527.18 万支、烟机 10 台（套），侦破国标网络案 37 起，刑事拘留涉烟犯罪嫌疑人 152 人，批捕 113 人，判刑 51 人，市局于 2014 年、2015 年连续两年获“全省卷烟打假工作特殊贡献奖”。其间，全市烟草商业系统累计销售卷烟 131.39 万箱，实现销售收入 269.06 亿元；年均销售量 18.77 万箱，年均销售收入 38.44 亿元。

2003—2015 年，永州烟草商业系统“两烟”生产经营实现“做优做强”，税利由 2003 年的 9498 万元发展到 2015 年的 16.33 亿元，累计纳税 62.79 亿元，进一步巩固烟草作为全市经济重点支柱产业地位。

五

2003—2005 年，永州烟草商业系统围绕企业扭亏脱困的工作目标，以改革和发展为主题，在党的建设、企业管理、队伍建设、制度改革等方面均取得成效和突破。2003 年，市局出台《全市系统科级干部选拔任用工作实施办法》，实行“以事设岗、以岗定薪、以绩计酬、岗变薪变”的劳动分配制度，调动工作积极性；开展“三德”（即领导干部的思想品德、干部职工的职业道德、烟草行业的社会公德）为主要内容的教育活动，涌现出一批先进模范。2004 年，市局首次召开人才工作会议，制订《2004—2008 年人才队伍建设规划》，全面推行干部竞争上岗、年终考核等措施，促进企业队伍建设。2005 年，市烟草商业系统实施人事劳动制度改革，初步形成干部能上能下、员工能进能出、收入能高能低的竞争激励机制，为企业人力资源体系建设和管理体制改革奠定基础。

在此期间，零陵卷烟厂被兼并后，各项管理制度与常德卷烟厂并轨，完善人事用工制度，形成以竞争上岗、绩效考核为核心的激励机制。2005 年 9 月，按照“精简、高效、科学”的原则，推行“五定”（即定岗、定编、定员、定责、定资）改革，压缩部室（车间）4 个，精简岗位编制 378 个。自 20 世纪 90 年代至 2003 年，零陵卷烟厂注重企业文化建设，形成具有广泛影响力的“红豆文化”。2004 年，开始全面宣贯常德卷烟厂“芙蓉文化”。

2006—2008 年，永州烟草商业系统按照“立足改革、创新机制、抢抓机遇、加速发展”的总体思路，推进企业管理、党风廉政、现代人力资源及企业文化等工作，实现全面扭亏增盈的工作目标。2006 年，市烟草商业系统取消 10 家县级公司法人资格，设立县级营销部，形成以市公司为主体的经营格局，推进现代人力资源体系建设。同时，全面开展精神文明创建活动，全市烟草商业系统共有 9 家单位获“市级文明单位”称号，市局（公司）获“省级文明单位”“永州星级诚信企业”等称号。2007 年，永州市局（公司）作为全省系统企业文化建设第二批试点单位，全面启动“雁文化”建设，并获“湖南省消费者信得过单位”“永州市十佳诚信企业”等称号。2008 年，按照创建“严格规范、富有效率、充满活力”永州烟草的要求，市局开展“四好”领导班子创建活动，落实党风廉政建设责任制；举办“雁之旅”主题实践活动，助推“雁文化”的宣贯和落地；开展质量职业健康安全管理体系和“交通安全年”活动，实现安全生产“零事故”。是年，永州烟草代表队在全省烟叶分级技能竞赛中取得团体第一名，在全国首届烟叶标准化知识竞赛中取得第三名。

在此期间，零陵卷烟厂按照国家局“卷烟上水平”发展战略，推行创优对标工作和精细化管理，实施 ISO 9000、6σ、TnPM、7S、HSC 等五项基础管理，整合“两标”体系，管理水平明显提升。2007—2008 年，按照“构建和谐企业，共建美好家园”共同愿景，宣贯“管理精细严实，生产优质高效；制度保障有力，员工行为规范；竞争协作有序，内外和谐友好；科学稳健发展，企业生机盎然”48 字“和谐企业”方针，出台《企业文化中长期战略规划》《企业文化宣贯实施办法》及《员工行为规范》，将企业文化宣贯纳入 HSC（和谐、稳定、文化）考核，全面加强企业文化建设。

2009—2015 年，全市烟草商业系统按照“夯实基础、规范运行、注重创新、科学发展”的总体思路，通过抓管理、强素质、转作风、扬正气、提效率，各项工作均取得历史性突破。在企业管理方面，先后开展“基础管理年”“质量管理年”“精细管理年”等活动，推行预算管理、“三维三层”绩效考核、财务委派制等先进管理模式，进一步规范企业管理。对标课题/QC 小组成果获全省系统二等奖 3 个、三等奖 2 个，征集合理化建议 1428 条，派单实施 115 条。2013 年，全市系统安全生产二级达标顺利通过考核验收。2008—2015 年，永州市局（公司）连续 9 年被市人民政府评为“全市安全工作先进单位”。在党的建设和队伍建设方面，坚持以作风建设为主线，先后开展“235”教育实践活动、党的群众路线教育实践活动、“三严三实”专题教育活动，增强党内政治生活的政治性、原则性和战斗性。2009 年，永州市局（公司）按照“人才就在身边”的理念，推动员工队伍建设。至 2015 年年底，全市烟草商业系统大专及以上员工占比达 84%，拥有专业技术资格的人员占比 36%，其中高级专业技术人员 13 人、高级技师 1 人、技师 28 人。在企业文化建设方面，2013 年，永州市局确立以“饮水思源，感恩奉献”为核心理念的“思源”文化，打造以“合德共生”为灵魂的“潇湘情”服务品牌，以员工喜闻乐见的方式宣贯“思源”文化，把“感恩奉献、真情服务”融入客户服务和日常工作。2015 年，举办庆祝永州烟草成立 30 周年活动，建立企业文化中心，回顾历史，总结经验，凝聚人心。同年，自创内刊《潇湘烟语》获行业内部最具影响力“十佳报纸”称号。

在此期间，零陵卷烟厂按照创建优秀卷烟工厂目标，实施两个“三年管理进步规划”，建立精益管理机制，全面推行标准化建设，形成内控体系 300 余个，建成流程管理平台和质量过程控制（SPC），实现标准文件信息化管理、管理流程信息化运转。2010 年，按照“企业发展好、员工工作好、家庭生活好”的目标，建设企业文化，推动“芙蓉王”品牌文化落地生产。2013 年，宣贯湖南中烟“13233”发展思路，围绕“13233”、“和 21”4.0、“自我管理”、“优质生产基地”、“诚信”等关键词，开展学国学经典等主题活动，提升员工修养和精气神，促进工厂生产管理。

2003—2015 年，永州市烟草系统实现扭亏为盈、从弱到强、由强到优，走向持续健康稳步发展的轨道。面向未来，全市烟草系统按照“稳中求进”总基调，坚持烟草专卖制度，坚持规范经营管理，坚持企业改革创新，审时度势，顺势而为，开拓进取，砥砺前行，努力推动“三力三商”永州烟草高质量发展，为地方经济社会发展做出新的贡献。

大事记

2003 年

3 月 27 日，受省委、省政府委托，省烟草专卖局局长周昌贡带领常德卷烟厂厂长曾献兵及相关部门的负责人，为实施企业兼并重组到零陵卷烟厂进行调研。

3 月，零陵烟叶复烤厂打叶复烤线第二期技改项目正式启动，项目投资 800 余万元。

5 月 8 日，市局在当地公安部门的协助下，出动打假队伍 125 人，取缔设在江华县涛圩镇大方坪供销社院内的一制假窝点。查缴制假设备两台（套）、假冒卷烟 1300 件、烟叶 45 吨、烟丝 33748 千克，抓获涉案人员 12 人。

5 月 23 日，湖南中烟工业公司成立，零陵卷烟厂隶属于湖南中烟工业公司。

6 月 13 日，零陵卷烟厂“红豆”牌号新品种“红豆（心连心）”上市。

8 月 19 日，零陵卷烟厂第六次党代会召开，选举产生第六届厂党委会，党委书记为孔敏。

2004 年

1 月 6 日，常德卷烟厂零陵卷烟分厂举行成立大会。

4 月 1 日，上海烟草集团与市局（公司）签订 1 万担烟叶购销合同，拉开双方合作的序幕。

4 月 26 日，零陵卷烟分厂 30 万箱技改重点工程项目获省经信委批准立项，并被列为湖南省重点工程。

5 月 17 日，“‘九嶷金叶’发布会”在冷水滩区南华大酒店召开。市委常委崔永平致欢迎词，市政协主席蒋桃生，市政府助理巡视员唐际绍，21 家烟厂、部分科研院所代表共40余人参加会议。

6月11—12日，“全国烟草病虫害预测预报及综合防治示范现场观摩会”在永州召开。中国工程院院士郭予元作学术报告，全国19个烟叶主产省区、科研院所共140余人参加会议。

7月16日，省政府党组成员、经济顾问陈德铨带领省经济调研组到零陵卷烟分厂调研。

8月，在中国烟草学会和中国收藏家协会联合主办的评比活动中，零陵卷烟分厂“红豆”牌卷烟包装获得“中国名牌烟标设计金奖”和“中国名牌警句设计收藏金奖”2项大奖。

9月10日，省烟草专卖局局长杨先杰到市局（公司）考察调研，了解市局（公司）1—8月份经济运行情况。

11月8日，庆祝市局（公司）成立20周年文艺会演在市广电中心演播厅举行。

11月，“红豆”牌卷烟获得“2004年度湖南省著名商标”称号。

2005年

1月4日，常德卷烟厂宣布调整零陵卷烟分厂领导班子主要负责人，陈东平任分厂厂长，熊丽萍任分厂党委书记。

1月20日，省烟草专卖局副局长张志刚一行到市局（公司）宣布新的领导班子，市委组织部副部长刘恒魁应邀参加会议。根据省局党组决定，徐文军任永州市烟草专卖局（公司）局长、经理、党组书记。免去陈雄四局长、经理、党组书记职务，改任调研员职务。

3月4日，零陵卷烟分厂品牌整合工作全面拉开。按照《品牌整合实施方案》，零陵卷烟分厂从4月1日起正式生产“芙蓉”系列产品。

5月12日，省政府党组成员、经济顾问陈德铨在市委书记曾庆炎的陪同下到零陵卷烟分厂考察。陈德铨一行先后考察萍阳北路改造工程、30万箱制丝线重点改造工程，并听取分厂领导工作汇报。陈德铨、曾庆炎要求继续抓好生产与技改工作，保证分厂年经济增长达到两位数以上。

7月1日，宁远县烟草专卖局（公司）召开职工代表大会。大会一致表决通过《宁远县烟草公司人事制度改革方案》，正式启动人事制度改革工作，拉开全市烟草商业系统人事制度改革序幕。

10月6日凌晨3时10分，宁远县烟草公司水市烟草站发生火灾，损失达29万元。事故发生后，省烟草专卖局（公司）副总经理吕刚率有关部门当日赶到现场，察看灾情，市局（公司）与有关部门组织成立工作组赶赴现场调查火灾发生原因，并制定善后处理方案。

10月10日，省政府党组成员、经济顾问陈德铨在市政府领导陪同下考察零陵卷烟分厂重点技改工程项目。

12月26日，“永州市天顺烟叶复烤有限责任公司”正式成立，标志着原零陵烟叶复烤厂改制成功。省烟草专卖局副局长张志刚、市人民政府副市长刘湘凌为公司揭牌。

2006年

6月21日，蓝山县局查获一起卷烟制假大案，查获YZ14－23卷接机1台(套)，案值约100万元。

6月，全市烟草商业系统10家县级公司法人资格全部取消，各营销部设立工作办理完毕。至此，全市烟草商业系统形成以市公司为市场主体的经营格局，企业组织结构调整取得阶段性成果。

7月20日，市局（公司）被国家烟草专卖局确定为专业技术职务聘任第二期试点单位。

9月14日，零陵卷烟分厂所属的九子龙印务公司、九子龙经贸公司技改工作正式启动。

10月18日，经湖南中烟工业公司批准，湖南中烟工业公司零陵卷烟厂正式成立，常德卷烟厂零陵卷烟分厂变更为湖南中烟工业公司零陵卷烟厂，成为湖南中烟工业公司下属的非法人卷烟生产厂之一。

2007年

1月7日，“全市烟叶全面质量管理体系文件发布会”在永州举行。省烟草专卖局（公司）总农艺师赵松义、市人民政府副市长刘事青应邀出席发布会。烟叶质量管理体系的建立和实施，标志着永州烟叶走上可持续发展的良性轨道。

2月13日，湖南中烟工业公司总经理周昌贡、副总经理卢平、副总经理曾献兵到永州烟草调研指导工作。

4月11日，美国环球烟叶亚洲有限公司农艺经理诺梅里奥·林博格一行到宁远县仁和镇考察烟叶种植情况。

5月9—10日，省烟草专卖局局长杨先杰到永州专题调研烟叶基层建设工作，省局办公室、中南站、市局（公司）有关负责人陪同调研。

5月12—13日，“国家烟草专卖局部分替代进口烟项目永州市江华县示范基地座谈会”在永州举行。湖南中烟工业公司、中国农科院土肥所等单位领导、专家共20余人参加会议。

6月4日，菲利普·莫里斯国际集团（简称菲莫国际）和环球公司专家组一行4人抵达永州，对永州进行GAP评估、考察。

10月17日，省委常委、副省长徐宪平一行到零陵卷烟厂调研指导工作。

10月下旬，零陵卷烟厂白沙制丝本地化项目整改和评估工作顺利通过白沙项目组专项评审。

12月4日，祁阳县烟草专卖局（营销部）档案室晋升为省特级档案室，此为全市烟草商业系统按照档案室升级新规定评估验收通过的第一家。

12月18日，市局（公司）召开“市局机关与冷水滩营销部（稽查大队）进行业务优化整合动员大会”，正式完成二者业务优化整合工作，全市烟草商业系统机制体制进一步理顺。

12月28日，市局（公司）“建立母子公司体制暨所属分公司成立仪式”在市局机关举行。会上对所属10个县区分公司进行现场授牌、授章。市政协副主席蒋政平，省局（公司）法规处、政工处有关负责人及市局（公司）全体党组成员出席会议。

12月28日晚，市局（公司）“‘雁之旅’企业文化建设启动大会暨明星员工表彰文艺会演”在永州电视台举行，市委常委、副市长刘事青，市委宣传部、市精神文明办、省局（公司）政工处相关负责人出席。

2008年

1月17日，“白沙（硬）”产品正式在零陵卷烟厂生产。

1月31日，湖南中烟工业有限责任公司董事、党组成员、副总经理曾献兵到零陵卷烟厂慰问抗冻保生产的员工，指导做好抗冻防灾工作。

3月27日，由湖南省公安厅组织的“2007年度全省‘示范护卫队’创建工作总结表彰暨队伍建设现场交流会”在零陵卷烟厂召开。

3 月 31 日，市局（公司）“按客户订单组织货源培训班”正式开班，标志全市烟草商业系统“按客户订单组织货源”工作正式启动。

5 月 11 日，烟草专家冯国祯到宁远烟区考察烟叶生产情况。

5 月 12 日，湖南省计生协会会长董志文一行在市政府相关领导的陪同下到零陵卷烟厂调研。

5 月 15 日，湖南中烟公司董事长徐瑾、董事李晓兵、副总经理蒋效拉到零陵卷烟厂调研。

5 月 19 日，国家烟草专卖局纪检组组长潘家华到永州考察烟叶基础设施建设和现代烟草农业工作开展情况。潘家华一行到宁远县白马项目区和仁和镇陈家村，实地查看烟基项目，并对市公司烟叶基础设施建设取得的成绩和现代烟草农业试点工作给予充分肯定。省烟草专卖局局长杨先杰，副巡视员罗高社陪同调研。

7 月 8 日，省烟草专卖局副局长张志刚一行到市局（公司）宣布新的领导班子，市委常委、副市长刘事青应邀参加会议并讲话。根据省局党组决定，李刚华任永州市烟草专卖局局长、湖南省烟草公司永州市公司经理、中共永州市烟草专卖局（公司）党组书记；徐文军另行安排工作。

7 月 30—31 日，国家烟草专卖局副局长何泽华到永州调研“两烟”生产经营情况。何泽华一行先后到宁远县仁和镇白马烟水配套项目区、仁和标准化烟站调研，并现场听取市局（公司）和零陵卷烟厂主要负责人的工作汇报。省烟草专卖局局长杨先杰、湖南中烟工业有限责任公司总经理周昌贡陪同调研。

9 月，市委书记黄天锡专题听取市局（公司）工作汇报，了解当前永州“两烟”生产经营情况。

12 月 25 日，永州天顺烟叶复烤有限责任公司获得“档案工作规范化管理省特级单位”。

2009 年

3 月 17 日，市委书记黄天锡到宁远考察烤烟移栽和现代烟草农业建设试点情况，市委办、市烤烟办、市烟草局主要负责人陪同。

4 月 1 日，全省烟草商业系统数据中心项目试点启动会在永州召开，标志着全省烟草商业系统数据中心项目建设进入实质性应用阶段。

4 月 16 日，永州首家烤烟生产专业合作社“宁远县柏家坪镇左坝烤烟生产专业合作社”正式挂牌成立。

4月17—18日，国家局学习实践科学发展观活动第二指导检查组组长揭国雄一行到零陵卷烟厂检查指导工作。

5月26日，中国卷烟销售公司副总经理汪世贵到市局（公司）检查指导按客户订单组织货源工作。中国烟草总公司湖南省公司副总经理程晓邵陪同。

6月3—4日，省烟草专卖局局长杨先杰到市局（公司）调研指导工作。省局办公室、销售处相关负责人陪同调研。

6月9日，全省烟草服务中心信息系统扩大试点启动仪式在永州举行。

7月24日，副省长陈肇雄到零陵卷烟厂考察指导工作，市委书记黄天锡、湖南中烟副总经理杨智敏陪同。

8月5—6日，省政府党组成员、省长助理袁建尧到永州调研现代烟草农业建设工作。省政府研究室副主任熊惠民、省局（公司）副总经理李民灯陪同调研。

8月11—14日，国家烟草专卖局烟叶基础办主任吴践志一行到永州检查验收2008年烟叶生产基础设施建设工作。

9月初，零陵卷烟厂重点工程“仓储设施建设项目”投入使用。

10月20日，省委原书记熊清泉带领省老干部考察团到零陵卷烟厂考察指导工作，市委书记黄天锡、市人大常委会主任李良铁等陪同。

11月25日，省委常委、省纪委书记许云昭一行到零陵卷烟厂考察廉政建设工作，市委副书记唐长久、市纪委书记刘湘凌陪同。

2010年

3月17日，由省直工委妇委会、省烟草专卖局捐建的爱心阳光电教室揭牌仪式在蓝山县楠市中心完小举行，省直工委巡视员、省直机关工委副主任陈克亮出席揭牌仪式。

4月19日，国家局“烟草种质资源平台建设”项目首席专家王志德研究员一行到中南站永州基地检查指导工作。

4月22日，省政协主席胡彪到零陵卷烟厂考察，市委副书记、市长龚武生及市政协相关领导陪同。

4月24日，省政协主席胡彪到新田县田家优质烟叶种植基地考察。省政协秘书长欧阳斌、省委督办专员刘爱才陪同。

4月26日，市局（公司）正式启动县级分公司财务主管委派制，为全省烟草商业系统第一家实行财务主管委派的市级公司。

5 月 19 日，省政府党组成员、省长助理袁建尧到江华调研现代烟草农业建设工作。省政府研究室副主任熊惠明、省局（公司）副总经理陈江华等陪同调研。

10 月 11—13 日，省烟草专卖局局长杨先杰一行到市局（公司）调研。其间，先后与市委书记黄天锡、市长龚武生、常务副市长唐松成座谈。

10 月 12 日，永州优质烤烟种植标准化示范区项目顺利通过国家级考核组验收。该项目为第六批国家级农业标准化示范区项目，由市局（公司）承担研发。

12 月 3 日，省军区政治部主任刘新少将一行到零陵卷烟厂考察民兵武装建设工作，并现场检阅民兵分队。

12 月 6 日，国家局清洁生产调研评价工作组一行到零陵卷烟厂考察清洁生产情况。

2011 年

3 月 2 日，市局（公司）卷烟物流配送中心正式开工。市政府党组成员、正厅级干部、生态新城建设指挥部指挥长邓荣卿，市委常委、常务副市长周德睿，市政协副主席蒋政平，省局（公司）副总经理程晓邵出席开工仪式。

3 月 7 日，“湖南农业大学 2007 级永州烟草农业推广硕士班毕业典礼暨硕士学位授予仪式”在市局（公司）机关 2 楼会议室举行。湖南农业大学校长周清明，市局全体党组成员出席硕士学位授予仪式。

5 月 12 日，国家烟草专卖局烟基办主任吴践志一行到新田考察调研烤烟生产及金陵水库水源连通工程项目建设工作。省烟草专卖局、市政协、市烟草专卖局相关负责人陪同。

5 月 16 日，国家烟草专卖局巡视组杨健身一行到零陵卷烟厂开展巡视工作。

5 月 17 日，“全省烟草商业系统 2011 年安全管理人员培训班”在永州举办。省局（公司）纪检组组长罗高社出席开班仪式并讲话。

5 月 25 日，省烟草专卖局局长杨先杰一行到市烟草专卖局调研指导工作。

6 月 25—27 日，“全国优异烟草核心种质资源现场观摩会”在永州召开。中国烟草总公司青州烟草研究所副所长王树声、省局（公司）总农艺师赵松义参加会议。

7 月 12 日，在“全省烟草商业系统庆祝建党 90 周年先进表彰大会暨 2011‘金叶慈善医疗卡’捐赠仪式”上，市局（公司）为“2011 金叶慈善医疗卡”项目捐赠80万元，市局（公司）有3人分获一等功、二等功、“老有所为”先进个人，2个单位分获先进集体、“五好”离退休人员党支部。

7月14日，省委书记周强到新田视察现代烟草农业工作。省委常委、省委秘书长杨泰波，省烟草专卖局局长杨先杰等领导陪同。

9月25日，全国烟草专家冯国祯，中国烟草职工进修学院首席培训师、全国标准化委员会第四届农业分技委委员甄焕菊到永州调研指导烟叶样品制作工作。

2012年

1月31日，市委书记张硕辅到宁远县考察指导烟叶生产工作，实地察看旺利烟农专业合作社“两场”（育苗工场和烘烤工场）设施综合利用及收益情况。

2月，由市烟草专卖局（公司）与市质量技术监督局共同承担研发的永州优质烤烟种植标准化示范区项目，获得“国家农业标准化示范区验收合格证书”。

3月12—13日，省烟草专卖局局长杨先杰一行到市烟草专卖局调研。在调研现场，杨先杰与部分一线员工、青年员工代表座谈，认真听取与会代表对全省系统改革发展的意见和建议。

3月27日，市委书记张硕辅一行到宁远县调研烤烟移栽工作。张硕辅强调，一是要强化领导，落实责任，抓好各项烤烟生产措施的落实，充分调动广大群众的积极性，确保面积落实和适时移栽；二是要加大技术培训和技术指导力度，实施好“科技兴烟”战略，努力提高烟叶生产管理水平，提高烟叶产量、质量和效益；三是烟技员一定要到田间地头亲自指导、示范，确保各项生产技术措施的落实；四是要加强烤烟移栽后的田间管理，及时做好浇水施肥、查缺补漏、病虫害防治等工作；五是要保证烟苗成活率，确保2012年烟叶生产收购目标任务圆满完成。

3月，江华县冯发烟农专业合作社、宁远县旺利烟农专业合作社、新田县千山烟农专业合作社被省两烟领导小组授予“2011年度优秀省级烟叶专业合作示范社”，其中宁远县左坝烟农专业合作社被中国烟草总公司湖南省公司确认为“2011年度烟叶专业合作规范社”。

4月，市局（公司）“九嶷金叶”烤烟品牌顺利通过湖南省名牌产品评审，被省质量技术监督局授予“湖南省名牌产品”称号。

5月9日，国家局省级工业公司董事会工作办公室主任、湖南中烟董事长卢瑞刚一行到零陵卷烟厂调研。湖南中烟党组成员、副总经理杨智敏陪同调研。

6月6日，省政府顾问陈德铨，市委副书记、市长魏旋君一行到零陵卷烟厂考察技改项目。

6月11日，永州市烟叶生产技术中心正式挂牌成立。

6月12日，市局（公司）组织召开“行为规范宣贯暨服务品牌建设动员大会”，全面启动企业文化和服务品牌建设工作。

6月16日，省委常委、省委组织部部长郭开朗调研宁远现代烟草农业建设工作。

7月4日，“2012年全省现代烟草农业建设暨烟叶收购现场会”在永州召开。省政府党组成员、省长助理袁建尧出席会议并讲话，省烟草专卖局局长杨先杰主持会议，市长魏旋君致欢迎词。省政府研究室副主任熊惠明、省局（公司）纪检组组长罗高社、副总经理陈江华、湖南中烟总经理助理李明三、省水利厅副厅长甘明辉、市委书记张硕辅、常务副市长周德睿、市政府党组成员正厅级干部蒋政平及各产烟市州烤烟办主任、烟草局分管领导共130余人参加会议。

8月30日，副省长盛茂林到永州怡馨家园建设工地检查安全生产工作。

10月12日，零陵卷烟厂芙蓉王制丝线技术改造项目动工。

10月18—19日，省烟草专卖局局长杨先杰到永州调研指导工作。省局办公室、销售处主要负责人陪同调研。

12月17—19日，“湖南浓香型优质特色烟叶开发重大专项2012年度总结暨2013年工作布置会”在永州召开。湖南农业大学校长、湖南浓香型优质特色烟叶重大专项首席专家周清明教授，国家局浓香型项目首席专家、河南农业大学刘国顺教授出席会议。

12月，由市局（公司）组织开发的烟农交烟智能排队叫号和综合查询系统通过国家版权局的版权审核，开创市公司软件类自主知识产权保护工作的先河。

2013年

3月20日凌晨，宁远、新田、蓝山、道县等部分烟区遭受暴雨冰雹侵袭，致近6万亩烟田受灾，其中1.5万余亩需重新补种。受灾当日凌晨4点，副省长、市委书记张硕辅，市长魏旋君亲自调度，采取有力措施，指导、帮助受灾农户抗灾自救。

4月19日，省政府党组成员、省长助理袁建尧到永州考察湖南中烟零陵卷烟厂技改项目，并听取永州市“两烟”生产经营情况汇报。袁建尧指出：近年来，永州

"两烟"生产经营取得明显的经济和社会效益，烤烟产业正处于重要的发展机遇期，全市要进一步深化对抓好烤烟产业重要性的认识，抓好、抓实、抓出规模质量成效来。

5月4日，省委副书记、代省长杜家毫一行到零陵卷烟厂调研。市委副书记、代市长严志辉陪同。

5月20日，市局（公司）顺利完成全市20345户持证卷烟零售户的定位信息采集工作，有效配合全省系统"一卡通"管理平台项目建设的推进。

6月5日，省烟草专卖局局长杨先杰一行到市烟草专卖局调研指导工作。其间，杨先杰通过实地走访、与卷烟零售客户代表进行座谈等方式，详细了解卷烟条包价格、销售数量、盈利水平等情况。

7月22日，市委书记陈文浩带领市委中心组学习考察团一行80余人到市公司卷烟物流配送中心项目建设工地，考察建设情况。

8月23日，省政府经济顾问陈德铨到零陵卷烟厂调研芙蓉王制丝技改工作。

9月5日，"芙蓉王（硬）"在零陵卷烟厂正式批量生产。

10月10日，市局（公司）在全省范围内率先与工业企业实现包装箱循环利用交接工作。

10月21日，市公司2013年基本烟田土地整理4个项目获得省公司批准。累计获批项目区面积1.86万亩，行业补贴资金4650万元，标志着永州市基本烟田土地整理步入快车道。

11月1日，为期五个半月的"潇湘金剑"专项行动圆满收官。此次专项行动共破获国标网络案4起，查获各类涉烟违法案件454起，查获各类涉案卷烟2584.5万支，取缔大型制假窝点1个，查获烟叶、烟丝18.4吨。

11月28日，"全省系统'235'教育实践活动成果交流暨2013年政研会年会"在永州举行。省思想政治工作研究会常务副会长、省委宣传部副部长张志初，省局（公司）巡视员兼副局长张志刚、纪检组组长罗高社，市委常委、常务副市长易佳良，市委常委、宣传部部长石艳萍，市政府正厅级干部蒋政平等出席会议。

12月16日，"中国烟草永州产业园"项目开工仪式在永州市凤凰园经济开发区举行。

2014年

1月7—8日，国家局烟叶生产基础设施建设验收组到蓝山、东安抽查2012年度烟叶生产基础设施建设项目。

3月20日，省局（公司）党组副书记、副局长、副总经理樊剑峰，党组成员、巡视员兼副局长张志刚到永州调研、指导工作。樊剑峰一行实地查看宁远县九嶷山基地单元、冷水镇土地整理、仁和镇烟水项目和仁和烟站建设等情况，并与在场的宁远县政府领导、仁和镇政府负责人交换烟叶生产工作意见。返回市区后，樊剑峰一行到冷水滩区现代卷烟零售终端示范店进行调研，与零售户交谈，询问零售户卷烟经营情况，并认真听取市局（公司）的专题汇报。

3月26日，由烟草援建的金钩挂水库项目正式开工。

3月26日，省局（公司）副总经理李民灯到宁远县冷水、湾井、水市、舜陵等种烟乡镇察看土地整理项目，了解土地流转等相关工作的具体做法，并与陪同的县乡党政部门负责人进行交流和探讨。

4月16日，省局（公司）总农艺师赵松义一行到永州调研烟草科技创新工作。赵松义听取永州市局（公司）科技创新工作汇报，了解永州烟草商业系统近年来科技创新工作情况，并到中南站永州基地现场察看烟草科技项目实施情况。

5月12日，省长杜家毫在省市相关领导的陪同下，到宁远县仁和镇考察、调研烟叶生产经营情况。

5月13日，“全市水稻、烤烟病虫害防治遥控飞机作业现场演示会”在宁远县仁和镇孙家辅烟叶工场举行，市委常委、副市长蒋善生出席演示会。会上，专业技术人员通过遥控3ZD-10A型超低空飞行植保机向大家演示如何防治烟田病虫害的全过程。副市长蒋善生指出，使用遥控飞机等机械类防治病虫害，可解决一家一户防病治虫难、劳动力季节性短缺、农村劳动力素质呈结构性下降的难题。

6月17日，省水利厅副厅长王跃生率调研组到新田县检查指导金陵水库水源连通工程项目建设情况。

6月18日，市委副书记、代市长向曙光到宁远烟区调研指导烟叶工作。向曙光对永州烟草大力推行现代烟草农业建设和推广烟叶精益生产所取得的成效给予充分肯定。强调，作为永州市重要的支柱产业，烟叶产业的健康稳定发展需要政府和企业同心协力，各级政府和烟草部门要进一步加强服务，为烟农创造好的生产条件，帮助广大烟农种烟致富，为地方经济社会发展做出新贡献。

6月20日，由国家局科技司、中国烟叶公司牵头组织，各烟叶产区大省专家组成的国家局第二检查组，对市烟草公司烟蚜茧蜂防治蚜虫技术推广项目进行检查，项目顺利通过验收。

7月3日，省局（公司）副总经理李民灯一行到江华烟区调研烟叶生产工作。通过调研，李民灯充分肯定江华烟草在指导烟农成熟采收工作中所付出的努力，对合作社组建的鲜烟挑选服务队所开展的工作给予高度评价。

7月22日，市委书记陈文浩到中国烟草永州产业园项目建设工地调研，详细了解项目进展情况，询问施工中存在的问题，现场办公，推进项目进度。

9月19日，副省长黄兰香一行到零陵卷烟厂调研指导工作。

12月1日，湖南中烟零陵卷烟厂卷包车间主体搬迁至101工房后顺利投产。

2015年

1月12日，市委书记陈文浩在全市经济工作会上高度肯定烟草产业对全市经济的贡献。陈文浩指出：2014年，面对复杂严峻的经济下行形势，全市经济社会发展迈开大步，稳中有升，主要经济指标在全省排位打破“八九不离十”的旧格局，实现历史进步，而其中烟草产业的支撑贡献明显。2014年，市烟草公司、零陵卷烟厂、永州复烤厂的产值总计突破120亿元，成为永州首位工商产值超百亿元的产业。

3月4日，市委副书记、市长向曙光到宁远县湾井镇，调研烤烟移栽工作。

3月13日，市烟草专卖局在东安县芦洪市镇公开销毁2014年查获的1600万支假冒卷烟。此次销毁的假昌卷烟共涉及20余个品牌，标值1200余万元。

4月28日，市烟草专卖局首次被省烟草专卖局、省公安厅联合授予“全省卷烟打假工作特殊贡献奖”。

6月1日，芙蓉王（硬）烟丝正式在湖南中烟零陵卷烟厂生产。

6月11日，国家烟草专卖局局长凌成兴到永州调研烟草工作。国家局科技司司长张虹、中国烟机公司总经理王建法、国家局烟草经济研究所副所长李保江、国家局办公室主任张修连，省政府党组成员、省长助理袁建尧，省烟草专卖局局长樊剑峰，湖南中烟总经理卢平，市委常委、常务副市长易佳良，市烟草专卖局局长李刚华、零陵卷烟厂厂长刘正宇陪同调研。

8月20—21日，省政府党组成员、省长助理袁建尧到宁远、蓝山调研水源性工程建设和烟叶收购工作。省政府办公厅副主任熊惠明、省局（公司）副总经理徐文军陪同调研。

12月10日，零陵卷烟厂芙蓉王制丝线技改项目建安工程竣工验收合格。该项目被评为“湖南省安全质量标准化示范工程”。

12月15日，永州市第308家“潇湘情”卷烟零售终端示范店（星级店）验收合格，标志着永州卷烟零售终端建设三年规划已全面完成。至此，全市累计建设现代卷烟零售终端 3775 户，占总客户数的 20.22%，其中示范店 306 家、示范街 33 条、示范镇 29 个，永州烟草商业系统构建面向消费者的现代卷烟营销体系已基本成型。

12 月，冯发、左坝烟农专业合作社顺利通过行业示范社评定，成为全国首批烟农专业合作社行业示范社。

第一篇　烟叶生产购销

永州种烟历史悠久，在明朝天启年间开始种植晒烟。20 世纪 60 年代，永州境内引进烤烟，政府支持发展生产，逐渐取代晒烟。1989 年，烟草实行“一条鞭”管理，全市烟叶产购销业务由烟草公司经营管理。1993 年，烟叶种植规模达到顶峰，收购烟叶 5.69 万吨。20 世纪 90 年代中期开始下滑，2001 年烟叶种植规模跌至低谷，收购烟叶 1.08 万吨。2003—2015 年，永州实施“科技兴烟”战略，推广烤烟新品种、育苗栽培新技术、病虫害综合防治新方法、密集烘烤新设备新工艺、散叶收购新模式，实施《九嶷金叶烤烟生产综合标准化体系》，全面推行烤烟标准化生产，烟叶质量稳步提升，风格特色逐步彰显。2011 年，“九嶷金叶”获“湖南省名牌产品”称号，受到全国 10 余家工业企业的青睐。同时，随着现代烟草农业的持续发展，永州烟叶产业实现规模化种植、集约化经营、机械化生产、专业化服务的管理模式，成为全市财政增税、农民增收、企业增效的支柱产业。

2015 年，永州烤烟种植连片示范区

第一章　烤烟生产

第一节　品种

20 世纪 90 年代末至 2003 年，永州按照“市场引导、计划种植、主攻质量、调整布局”的烟叶工作方针，逐步形成以云烟 87 和 K326 为主要栽培品种。同时，各县（区）结合市场需求和当地病虫害发生情况，自行搭配 K346、G80、湘烟 1 号等品种。

2004—2005 年，永州根据区域种植条件、烟厂原料需求、品种抗病特性，在云烟 87、K326 主栽品种基础上，搭配云烟 85、G80 及烟厂指定品种，部分产烟县（区）形成“一村一品”或“一乡（镇）一品”的种植格局。2005 年，永州结合对口烟厂卷烟配方对各品种风格的需求，采取政策引导，优化烤烟品种结构，扩大 K326 种植面积，占比提高到 40%；云烟 87 种植面积控制在 50%以内；云烟 85、湘烟 1 号等品种占比 10%。是年，全市开始推广催芽包衣良种，推广率达 95%。

2006—2008 年，全市以种植云烟 87、K326、云烟 85 品种为主，其中云烟 87 占总面积 80%以上，呈现出主栽品种单一、品种优势逐步退化的趋势，云烟 87 品种烟叶颜色淡、香气量不足，未能充分彰显永州烟叶浓香型特色。市烟草公司加大烤烟新品种选育的工作力度，推广试种云烟 201、云烟 203、中烟 98、HY-9-7 等新品种。

2009 年，永州种植的烟草品种有 K326、云烟 87、HY-9-7、9511、9506、HY-C-7 等 6 个品种，并示范推广 HY-9-7、云烟 203、中烟 201 等新品系。云烟 87、K326、HY-9-7 占比分别为 60.01%、29.48%、10.29%，其中浓香型特色品种 K326 占比明显提高。

2010—2011 年，永州根据各烤烟品种的特性和重点客户对品种的需求，合理布局，做到“一个乡一个品种”或“一个站一个品种”，防止品种过于单一。2010 年，全市种植云烟 87、K326、云烟 85、云烟 97、HY-9-7 占比分别为 70.28%、21.13%、0.90%、3.45%、4.15%。其中，江华县 K326 品种种植面积占比达 34.68%、东安县 K326 占比 26.05%，品种过于单一的格局被逐步打破。2010 年 11 月，永州烟草自主选育的典型浓香型烤烟新品种“湘烟 3 号”（HY-9-7）通过全国烟草品种审定委员会审定。2011 年，永州推广“湘烟 3 号”面积达 9 万亩。

2012—2015 年，永州对 K326 实行品种补贴政策，全市 K326 种植面积占比稳定在30%以上。2015年4月，永州自主培育的“湘烟5号”品种通过全国烟草品种审定委员会审定。该品种生态适应性和耐肥性较好，受到产区普遍欢迎。2015年，永州种植K326、湘烟3号、湘烟5号等浓香型品种的比例在40%以上，进一步彰显永州烟叶浓香型风格特色，提升“九嶷金叶”品牌的美誉度。

2015年永州市主要烤烟品种抗病性情况表

表1-1

品种	黑胫病	赤星病	根结线虫病	青枯病	TMV（花叶病）	CMV（巨细胞病毒）	PVY（马铃薯Y病毒）	野火病	气候性斑点病
K326	中抗	感	中抗	中感	中感	中感	感	感	感
云烟85	中抗	感	中抗	—	感	—	感	—	中抗
云烟87	抗	中抗	中抗	中抗	耐	感	感	—	—
G80	抗	感	中抗	中抗	感	感	抗	中抗	感
湘烟1号	抗	—	抗	中抗	中感	中感	—	—	—
湘烟3号	抗	中抗	中抗	中抗	中感	—	中感	—	中抗
湘烟5号	抗	抗	中感	中感	中抗	中感	中感	—	—

附：云烟87、K326、湘烟1号（88-41）、湘烟3号（HY-9-7、HN-97-7）、湘烟5号（HN0508）五个品种简介

云烟87：由中国烟草（南方）育种中心育成，植株塔型，叶形长椭圆，叶色绿，生长整齐，苗期、大田前期长势强。株高93~116厘米，茎围7.4~9.6厘米、节距5~6厘米、腰叶长60~70厘米、宽23~32厘米，有效叶18~20片。产量133~168千克/亩。上等烟率30%~45%，上中等烟率可达90%以上。抗寒性优于K326，苗期猝倒病较轻，大田期长势强，对气候斑抗性明显优于K326，花叶病和黑胫病发病率略低于K326。大田分层落黄好，易烘烤，适应性广。原烟多橘黄，色泽强，油分多，结构疏松，厚薄适中，主筋率33%左右，低于K326。永州境内适宜12月中旬播种，大棚育苗可适当迟播，于3月中旬移栽完毕，大田期120天左右。行距1.1~1.2米，株距0.5~0.55米，亩种植1100~1200株。中等肥力田施纯氮9~10千克/亩，增施硝态氮肥和饼肥等有机肥，N：P2O5：K2O为1：1：2.5~3。基肥30%~40%，追肥60%~70%，追肥在移栽后40天内分2~3次施完；采用地膜覆盖栽培的，须提高基肥比例，降低施氮总量。中耕培土三次以上，及时打顶抹芥。成熟采收，采用三段式烘烤工艺调制，上部叶适当延长45~48℃定色时间，68℃以下干筋。2003—2015年，云烟87一直是永州烟区的主栽品种，种植面积占比在60%以上。

K326：是美国 Northrup king 种子公司育成，该种株型为塔形，叶形椭圆，打顶株高 110 厘米左右，可采叶 23~24 片，节距 4.5~5.0 厘米，茎围 9.2 厘米。大田生育期 110~120 天，耐肥力强、需肥量大，大田长势强，整齐一致，抗黑胫病，易感气候斑病、赤星病。烟叶田间分层落黄好，耐成熟，易烘烤，上中等烟叶比例高，颜色橘黄、柠檬黄，油分足，光泽强，亩产 150~175 千克。

湘烟 1 号（88—41）：由永州市烟科所与郴州市农科所合作选育而成，以 G80 为母本，G140 为父本杂交选育而成的一个烤烟新品种。它具有较好的适应性和稳定性，抗逆性强，经济效益好。该品种株形塔形，叶型长椭圆，叶色深绿，叶面较平展，叶尖渐尖。株高 86~105 厘米，有效叶 20~22 片，腰叶最大叶长 77 厘米，宽 28 厘米。大田生育期 110~120 天，前期长势一般，中后期长势较强。生长整齐一致，适应性强，耐肥力中等。田间分层落黄好，成熟偏早且耐熟，易烘烤，烤后叶片干净，杂色面少，多橘黄烟，颜色稍浅。油分足，色泽浓，结构疏松，单叶重 7 克以上。评吸香气质好，中间香型，质量档次中偏上。产量 150 千克/亩左右，中上等烟可达 90%。该品种抗青枯病，中抗黑胫病，中抗黄瓜花叶病，中感普通花叶病。技术要点：（1）永州市 12 月中旬播种，适时早栽。（2）需肥特点与 G80 相似，施用纯氮 8~9 千克/亩。基肥追肥并重，基肥应注意增加有机肥，追肥于栽后 30~40 天内分 3~4 次施用完毕。采用地膜覆盖的，肥料总用量应比露地移栽的少施纯氮 1.0 千克/亩。行距 1.1~1.2 米，株距 0.5~0.55 米。亩种烟 1100~1200 株。（3）单株留叶数 20 片左右。（4）注重成熟度，防止采生，顶叶充分成熟采收，按三段式烘烤工艺烘烤。

湘烟 3 号（HY-9-7、HN-97-7）：是中国烟草中南农业试验站和永州市烟草公司以自育品系 MSYZ206-9 为母本，82-11-7 为父本培育的雄性不育一代杂交种。2009 年 12 月完成湖南省种子管理局种子登记。2010 年 6 月通过全国烟草农业评审，2010 年 11 月通过全国烟草品种审定委员会审定。特性特征：株式筒形，自然株高 138.6 厘米，打顶株高 108.1 厘米，自然叶片数 24~28 片，有效叶数 19~20 片，茎围 9.0 厘米，节距 5.1 厘米，腰叶呈椭圆形，长 74.1 厘米，宽 29.4 厘米，叶色绿，花色红，叶面较皱，叶尖渐尖，主脉中等，叶片厚薄适中，叶组织疏松。大田生育期 121.5 天。经济性状和品质表现：示范种植的平均亩产 188.2 千克，上等烟比例 35.99%，上中等烟比例 86.35%，各项经济性状指标均高于 K326。烤后烟色为深黄色~金黄色，叶片成熟好，叶片组织结构疏松，身份适中，油分有至偏多，色度中~强，综合外观质量优于或相当于 K326。主要化学成分含量合理，协调性较好。香气含量有，浓香型和焦甜口感特征相对明显，总体感官评吸质量优于或相当 K326，适宜卷烟工业需要。抗性：抗黑胫病，中抗南方根结线虫病，中抗青枯病，中感普通花叶病。前期注意防治花叶病，移栽后适时防治黑胫病、青枯病，后期主要防治赤星病。栽培技术要点：湘烟3号抗逆力强，苗期生长速度一般，但移栽大田后长势较强，生长迅速。湘烟3号耐肥性好，在湖南特别是湘南中等肥力条件下，亩施纯氮9~11千克，能获得较高的产量，N：P：K=1：1：2~3。现蕾时打顶，有效叶比云烟87多留1~2片，一般留叶18~22片。实际生产要根据年份的气候、雨量等因素，合理掌握打顶时间，不宜过早封顶，以免烟株后期长势过旺。成熟采收特性与云烟87基本相似。烘烤技术要点：三段式烘烤。湘烟3号的烘烤特性比K326变黄速度略快，与云烟87基本相似，失水均匀，容易烘烤，中下部叶变黄在40~48小时，上部叶变黄在60小时左右，变黄期的干湿差维持在2~3℃，定色期在45~48℃需视情况维温延长时间，干湿差可略加大。注意上部叶成熟采摘，最好4~6片叶一次性采收。

湘烟5号（HN0508）：由中国烟草中南农业试验站、永州市烟草公司选育。该品种是采用杂交聚合育种方法，结合异地穿梭育种和南繁加代技术，历时13年选育而成的杂交品种。2012年开始在永州烟区生产示范。2015年4月通过全国烟草品种审定委员会审定。特征特性：该品种为烤烟纯系品种，遗传性状稳定。株形筒形，叶形长椭圆，叶色绿色，叶面稍皱，叶尖渐尖，主脉较粗，茎叶角度中等。平均打顶后株高109.3厘米，有效叶数18~19片，腰叶长74.7厘米，宽28.2厘米，节距5.6厘米，茎围9.3厘米，大田生育期106天左右，短于K326。田间生长整齐一致，长势强，上部叶开片好，分层落黄好，耐成熟，较易烘烤。全国烤烟品种区域试验（东南区）及湖南省多点生产试验结果：平均亩产159.7千克，平均上等烟比例45.7%，平均上中等烟比例87.9%，综合经济性状优于K326。烤后原烟颜色以金黄色为主，成熟度较好，结构疏松，整体外观质量优于对照K326。主要化学成分协调性与K326相当。香型风格和口感特征与K326一致，烟叶风格彰显程度好，整体感官质量略低于或相当K326，工业可用性得到湖南中烟、广东中烟、山东中烟等多家工业企业的认可，中上等烟叶可在中、高档卷烟中作为主料烟叶使用。抗黑胫病，中抗TMV，中感青枯病、根结线虫病、CMV，感赤星病、PVY。栽培及调制技术要点：该品种较耐肥、易烘烤，表现出了较好的适应性。适宜在中等以上肥力地块种植，种植密度1000~1100株/亩，一般亩施纯氮量：水田为9~10千克，旱地7~8千克，N、P_2O_5、K_2O配比1：1：2.5~3为宜。该品种移栽后发棵快，特别是进入团棵后长势很旺，注意及时施用追肥，保证烟株进入旺长期后对营养的需要。适当早采下部叶，成熟采摘中部叶，上部叶做到成熟采摘，最好4~6片叶一次性采收，按“三段式”烘烤工艺烘烤。

第二节　面积

永州优质烟叶基地及主产区主要分布在新田、宁远、蓝山、道县、江华、江永等六县（简称南六县），系湖南烤烟主产区。20 世纪 80 年代至 21 世纪初期，南六县烤烟种植面积及收购量占全市总面积和总收购量的 90%以上，形成烟区集中连片的合理布局。

2003 年，全市烟叶生产按照“控制面积、提高质量、强化品牌、增加效益”的工作目标，种植烤烟 13.48 万亩，总收购量 1.55 万吨。全市推广区域化、集约化种植，5000～6000 亩连片的乡镇 10 个，3000～5000 亩连片的乡镇 14 个，500～3000 亩的种烟村 54 个。

2004—2005 年，永州持续优化烟叶产业布局，稳步扩大烤烟种植面积。2004 年，全市落实烟叶种植面积 18.21 万亩，比 2003 年增加 4.73 万亩。2005 年 3 月 18 日，永州市局（公司）下发《关于扩面积保移栽质量的通知》，要求各县（区）公司做好宣传发动工作，督促落实移栽面积。2005 年，全市种植面积 22.8 万亩，比 2003 年扩大 9.32 万亩，收购烟叶 2.67 万吨，创 1998 年以来新高，全市烟叶生产规模得到恢复性发展。

2006 年，按照国家烟草专卖局“既要控得住，又要稳得住”的指导方针，永州把“稳定规模，防止过热”作为烟叶工作重点，层层召开会议，落实种植计划。2 月 14 日，市烟草公司下发《关于认真抓好 2006 年度烟叶种植合同签订工作的紧急通知》，要求各县（区）烟草公司建立烟叶生产管理台账，将计划分解到站，面积落实到户。同时，永州实行种植收购合同与烟用物资、育苗、烤房等挂钩，有效遏制过热势头，稳定种植面积。2006 年，随着全国市场经济发展，农民外出务工人员增多，农村出现闲置土地，部分农户开始探索租地种烟，建立家庭农场。永州烟叶生产方式逐渐由传统分散种植走向规模化种植。全市种植 10 亩以上的烟农由 2005 年的 2790 户增加到 4462 户。

2007 年，受国家政策影响，农副产品、劳动力及烟用物资等价格普遍上涨。烤烟生产扶持标准却出现下调，烟叶收购价格维持不变，永州烟农种烟的积极性受挫。是年，全市烟叶生产形势由“控”变“稳”，签订烟叶种植收购合同面积 18.31 万亩，比 2006 年减少 2.3 万亩，烟农减少 8000 余户。

2008 年，按照“计划种植、总量控制、市场导向、订单农业、优化布局、扶优扶强”的工作方针，永州优化生产区域布局，自然淘汰冷水滩区、零陵区、祁阳县 3 个零星产区，将计划资源合理调配到宁远县、新田县、蓝山县、江华县、江永县、道县、东安县 7 个烟叶主产区，全市约定烤烟种植面积 19.7 万亩，实际面积 21.7 万亩。

在全市95个种烟乡镇中，250吨以上的乡镇43个，比2007年增加11个，其中500吨以上乡镇19个，比2007年增加3个。全市户均面积由2007年的6.75亩增长到7.91亩。种植20亩以上的烟农1084户，同比增加544户，占全市总烟农户数的4.35%；50亩以上的农户由2007年的40户提高到162户；100亩以上的烟农由2007年的7户增加到56户。其中，全市最大的1户烟农种植面积达230余亩。

2009—2010年，按照国家烟草专卖局“控制总量、稳定规模”的烟叶工作要求，市局（公司）向市烤烟工作领导小组递交《关于当前烤烟生产宏观调控政策的汇报》，全面汇报国家局、省局坚决遏制烟叶过热势头的会议精神和文件要求，得到市委、市政府和各产区政府的理解与支持。2009年，全市烟叶生产采取“以单产定面积、以株数定亩数、用种子控烟苗、用烟苗控移栽”的防控措施，保证生产规模既“控得住”，又“稳得住”。2010年，永州烟叶种植实行“三不发展”（即不发展新区、不发展新户、原种烟户不扩大种植面积），大户适当压减面积，动员以前种植3亩以下的烟农改种其他作物；对过去不履行合同的烟农不予签订合同、不供烟苗，保任务的“政治烟”一律停种；严格按收购合同供应烟苗、烟用物资等措施，从源头上遏制烟叶生产“过热”势头。是年，全市签订合同种植面积15.48万亩，比2009年缩减4.12万亩。

2012—2013年，永州烟叶生产按照“品牌导向、生态适宜、提高质量、突出特色”的要求，以“532”和“461”卷烟品牌发展的原料需求为导向，推行烟叶精益生产管理，烟叶质量稳步提升，市场份额逐渐扩大，种植规模随之壮大。2012年，全市落实种植面积25.57万亩，同比增加4.72万亩。2013年，永州落实种植面积31.18万亩，同比增加5.61万亩，是2003年种植面积的2.31倍；全市收购烟叶3.61万吨，比2003年增产2.06万吨，增长率为133.08%。永州烟叶种植规模实现跨越式发展，创自1998年以来的新高。

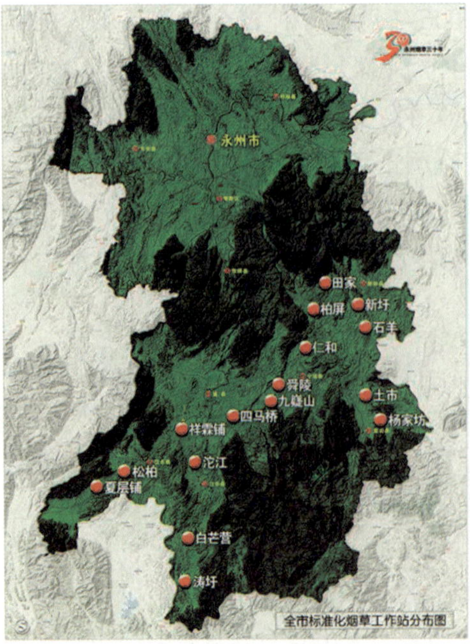

2015年，永州市标准化烟草工作站分布图

2014—2015年，按照国家烟草专卖局实施烟叶“三年限产压库”的工作要求，永州坚持把“严控规模、坚守红线”摆在首要位置，以生产收购合同管理为源头控制，实现烟叶生产由“种多少收多少”向“收多少种多少”的根本性转变，有效稳

定全市烟叶种植规模。2014 年，全市种植烟叶 25.65 万亩，比 2013 年减少 5.53 万亩。2015 年，永州按照省局下达种植计划，结合烟叶丰歉及优化结构等因素，层层分解计划，督导面积落实。各烟站配备 GPS 面积测量仪，逐丘逐块测量核实面积，各产烟县种烟面积吻合率在 97%以上。全市落实烤烟种植面积 21.5 万亩，户均规模 19.0 亩。其中，种植 10~20 亩的有 2845 户，共 3.94 万亩，占总面积 18.32%；种植 20~50 亩的有 2358 户，共 7.44 万亩，占总面积 34.58%；种植 50 亩以上的有 995 户，共 7.03 万亩，占总面积 32.7%；全市烤烟种植户均规模更趋合理，保持平稳发展态势。

2003—2015 年永州市烤烟主产区种植面积及收购量情况表

表 1-2　　　　单位：万亩、吨

项目/年份	宁远		新田		蓝山		道县		江永		江华		东安	
	面积	产量	面积	产量	面积	产量	面积	产量	面积	产量	面积	产量	面积	产量
2003	4.28	4530	2.76	3220	2.98	2535	1.18	1020	2.30	2540	2.44	1825	0.11	105
2004	4.14	4655	3.52	4530	3.20	3670	1.63	1755	2.62	2870	2.479	2797	0.08	80
2005	4.68	5975	3.68	5725	4.01	4665	2.60	2950	3.20	2750	3.2	4215	0.15	140
2006	4.66	6860	3.72	6260	3.53	5060	2.20	2800	2.44	3070	3.24	3885	0.55	590
2007	4.16	5465	3.62	5465	3.01	3395	2.20	2110	2.21	2930	2.58	3535	0.31	400
2008	4.8	7585	3.7	5645	3.3	3890	2.15	2895	2.3	3165	3.05	4775	0.47	720
2009	5.2	7655	4.6	6300	3.46	5130	2.9	3740	2.2	3255	3.52	5020	0.56	895
2010	4.97	5285	3.37	4130	2.75	3420	1.73	1860	1.94	2095	2.69	3135	0.31	455
2011	6.92	9165	3.7	5420	3.38	4270	2.23	3050	2.6	2585	3.31	4455	0.47	645
2012	8.21	10225	4.63	6325	3.36	4455	3.20	4030	2.5	2700	5.29	6420	0.56	585
2013	9.34	10400	5.41	5990	3.53	4075	4.3	4840	2.3	2730	6.19	6610	1.33	1440
2014	7.66	8775	4.71	5270	3.24	3755	3.41	3640	2.1	2550	5.09	5700	1.29	1040
2015	7.6	7715	4.79	4650	3.11	3510	3.1	3250	2.2	2110	5.06	5000	0.81	840

说明：表中数据由各产烟县局提供

2003—2015 年永州市烤烟种植面积及收购数量统计表

表 1-3　　　　单位：万亩、吨

项目/年份	种植面积	收购量
2003	13.48	15475
2004	18.21	20700

续表1-3

项目 年份	种植面积	收购量
2005	22. 80	26685
2006	20. 63	25940
2007	18. 31	25645
2008	19. 70	28685
2009	19. 60	30235
2010	15. 48	21800
2011	21. 85	30000
2012	25. 57	35015
2013	31. 18	36070
2014	25. 65	30730
2015	21. 50	27070

说明：表中数据来源于市局（公司）各年度工作报告

第三节　栽培

一、育苗

2003 年，永州烟区主要采取漂浮育苗技术、两段育苗技术两种育苗方式。其中，漂浮育苗技术推广应用面积 6. 36 万亩，占总面积的 47. 18%，比 2002 年的 1. 2 万亩增长 5. 42 倍。是年，全市新建集约化育苗大棚 1016 个、中棚 1464 个，开始探索集约化育苗、商品化供苗模式，实现由“供种”向“供苗”转变。

2004—2005 年，永州推广集约化育苗模式，以村或片为单位，确定一户育苗大户，统一育苗，集中管理，商品化供苗。2005 年，全市集约化漂浮育苗面积 19. 2 万亩，占总面积的 84. 81%，是 2003 年漂浮育苗面积的 3 倍。部分县烟草公司为烟农免费供应烟苗。

2006—2007 年，永州漂浮育苗技术推广面积达 99%，出苗率高，烟苗长势健壮、整齐均匀。2007 年，永州全面实行漂浮育苗、浅水育苗技术，育苗面积 20. 19 万亩。2007 年 11 月，在江永县夏层铺镇、新田县石羊镇新建两个甲基溴淘汰集约化育苗示范中心，共有四连体大棚 28 座，集中供苗能力达 1. 2 万亩。永州烟草开始探索工场化育苗、商品化供苗的管理模式。

2008 年，永州发生 50 年来最严重的冰雪灾害，垮塌育苗中棚 571 个，冻死烟苗1067万株。市烟草公司紧急安排2万亩备用育苗计划，实行统一调剂供应，保障及时足额供苗。2008年12月，全市共有育苗棚7409座，其中育苗大棚1184座、育苗中棚6225座，供苗能力达23万亩。

2009年，永州烟区推广工场化漂浮育苗

2009—2012年，永州推广烤烟工场化、专业化育苗，商业化供苗模式。2009年，永州市烟草公司投资1000万元，建成8处育苗工场。宁远、江华县探索成立烟农专业合作社，组建烤烟育苗专业队，开启烤烟工场化、专业化育苗模式。2010年，永州共建育苗棚5249座。其中，育苗工场20处，建四联体钢架大棚73座、水泥大棚226座，工场化育苗5.7万亩，占总供苗的27.2%。2011年，漂浮育苗率100%，专业化育苗率80.9%。

2013—2015年，全市烤烟推广专业化、工场化、集约化育苗100%，商品化供苗100%，共有温室大棚61.7万平方米，供苗能力达35万亩。

附：2015年永州集约化漂浮育苗实施方案

一、育苗方式

在育苗工场内，由育苗专业队进行专业化漂浮育苗、商品化供苗。

二、适时播种

（一）播种时间。全市集中在12月5日至15日播种。

（二）播种方法。要求基质装盘松紧适度，每盘播300~400粒催芽包衣种子，即每穴1~2粒。手工播种的，播种后轻压种子，撒1~2毫米基质，种子隐约可见，促进种子吸水萌发。育苗工场要加大播种器的推广应用，提高播种质量和效率。漂浮盘下池后注意观察，发现有干穴或基质表面干燥现象，应及时查找原因并妥善处理，确保基质吸水正常。

三、苗床管理

（一）施肥。第一次在放盘入水前，一个标准育苗池加1袋漂浮育苗专用固态肥和1瓶液态肥，在池中溶解搅匀；第二次在烟苗大十字期时，沿池埂取出一排漂浮盘，按第一次的施用数量和方法进行施肥。

间苗补苗

（二）间苗补苗。小十字期时，间去每穴多余的烟苗，并在空穴内补苗，保证每穴有一株正常苗。

（三）温湿度管理。播种到出苗期间，应采取严格的保温措施，以获得最大的出苗率，保证出苗整齐一致。出苗到小十字期，仍以保温为主，中午时段注意通风排湿，防止病害发生，注意通风时间不宜过长。从大十字期到成苗，以避免极端温度为主。随气温的回升，应特别注意通风，超过30℃要及时通风，使棚内温度维持在22~28℃，棚内最高温度不能超过35℃，防止烧苗。成苗期可将棚膜四周卷起，加大通风量，使烟苗适应外界条件。特别注意遇晴天或棚内温度达到30℃，不管是否出苗，都要及时通风降温；连续阴雨天气，棚内湿度过大时，要适时通风排湿。通过加强温湿度管理，以防止高温炕种、烧苗、高湿烂苗等现象发生。

（四）病虫害防治。1. 卫生育苗。尽量避免非工作人员进入大棚；严禁在育苗棚中抽烟；严禁在育苗池中洗手、洗物；剪叶等操作前先用肥皂洗手、剪叶工具要严格消毒等卫生操作；少触摸烟苗。2. 注意通风排湿。及时通风换气降低空气湿度对降低立枯病和猝倒病等苗期病害非常有利。3. 绿藻防治。用泡沫盘或泡沫板将苗池孔隙遮严，绿藻较多时用0.2%~0.5%硫酸铜溶液均匀喷雾防治。4. 苗床病害防治。病毒病防治：每次剪叶前和移栽前一天选用24%混脂·硫酸铜水乳剂900倍液或3%的超敏蛋白微粒剂喷雾，剪叶前用肥皂洗手，并对器具进行消毒。剪刀或剪叶器械用30%的漂白粉或40%的育宝150倍或10%二氧化氯400倍液进行消毒，然后再进行剪叶。剪叶时最好采用电动剪叶自动消毒的新式设备，能做到一边剪叶一边消毒。如采用电动剪叶手动消毒的，每剪一个大棚要进行一次消毒。剪叶后应及时将修剪下来的烟叶清除到离大棚较远的地点销毁。剪叶器械应进行消毒后再收藏。立枯病防治：甲基托布津1000倍喷施。猝倒病防治：58%或72%甲霜·锰锌可湿性粉剂800倍液喷施。

（五）炼苗。1. 剪叶炼苗。当烟苗5叶1心时开始剪叶，剪叶前先检查是否有病苗，发现病苗及时拔除，剪叶工具用1∶5的次氯酸钠溶液或1%~2%的福尔马林或40%育宝200倍液消毒，操作人员用肥皂洗手。剪叶应在叶片无露水时进行，剪去定形叶的1/3~1/2，保持生长点及心叶生长。整个苗期一般修剪2~3次，剪下的碎叶带出大棚销毁。2. 成苗期炼苗。移栽前一个星期进行炼苗。炼苗方法：一是采取间隔性断水，使基质失去部分水分，以烟苗白天稍有萎蔫晚上能恢复为适度，如此进行1~2次。二是揭膜通风，温室大棚通过打开顶窗、侧窗卷膜，启动轴流风机和开启操作间棚门等方式通风。移栽前一天，再将苗盘放入水中，使基质充分吸水，以利于取苗时基质完整。

烟苗剪叶

二、移栽

2003—2004年，永州市推广合理密植，普及株距0.5米、行距1.2米的移栽标准，合格率达90%。全市推行适时提早移栽，集中于3月8—15日移栽，保证烤烟大田生长期在120天以上，为烟叶正常成熟提供条件。2003年，永州地膜覆盖栽培技术推广面积12.06万亩，占总面积的70%。

2005年3月，永州烟草下发《关于扩面积保移栽质量的通知》，要求：1. 保证移栽密度。行距在1.1米的田块，株距按0.5米标准移栽；行距在1.2米的田块，株距按0.45米标准移栽。2. 深栽。浇足带0.5%肥料的定根水。3. 带药移栽。移栽前喷施农药，防止病害发生。4. 做到“三不栽”，即不炼苗的不栽、不剪叶的不栽、不下足基肥的田块不栽。5. 抓紧移栽工作。根据烟苗长势，适时移栽，缩短移栽时间，每户烟农控制在3~5天内完成移栽工作。是年，全市烤烟移栽合理密植比例达94%，比2004年提高14.2个百分点；株距控制在45~

2006年，道县推广稻草覆盖栽培技术

50 厘米的移栽面积达 85%。全市推广稻草覆盖移栽面积 1.14 万亩。

2006 年 3 月，市局（公司）派出 7 个督查组对各烟叶主产区的种植合同签订、移栽质量进行督查。是年，全市稻草覆盖面积 5.8 万亩，占总面积的 29%，比 2005 年增加 4.5 万亩。4 月 28 日，省局在道县召开全省稻草覆盖栽培现场观摩会，参会专家、同行对永州稻草覆盖栽培技术给予好评。2007 年，全市稻草覆盖栽培面积达 7.16 万亩，占 39.1%，首次超过地膜覆盖栽培面积。

2008 年，全市开始推行稻田每亩种植 1100 株、旱土每亩 1200 株的密植标准移栽，株距控制在 0.5~0.55 米。

2009 年，全市烤烟移栽期控制在 15 天左右，移栽时间较往年大幅缩短，确保烤烟生产的一致性。是年，全市薄膜覆盖面积 3.9 万亩，稻草覆盖面积 10.06 万亩，覆盖率达 71.3%。

2012 年，永州烟区针对烤烟生长前期温度较低，开始引进膜下移栽技术。

2014 年，全市推广小苗膜下深栽技术面积 21.8 万亩，占总面积的 89.34%。江永、江华县旱地烟引进井窖式移栽技术。

2015 年，永州推广井窖式移栽面积 11.62 万亩，占总面积的 44.69%，全市合理密植抽查合格率达 96.2%。

2014 年，江永县推广井窖式移栽技术

三、施肥

2003 年，永州烟草系统改进施肥方案，以土壤普查结果为基础，以推行专用基肥、专用追肥和“101”施肥方法为重点，以控氮降碱增香为目标，推广平衡施肥技术体系，按“套餐”供应给烟农。是年，宁远县作为国家烟草专卖局平衡施肥示范县，示范面积 3000 亩。

2004—2006 年，全市烟草系统普及“控氮降碱”的平衡施肥技术，推广稻草还田技术。

2007—2009 年，全面推行“套餐”供肥模式，推广双层施肥、双条施肥和

"101" 施肥等方法。

2010 年，市烟草公司对全市 50 个种烟乡镇 629 个植烟土壤样品的养分状况开展调查分析。2011 年，永州根据土壤普查结果，实施测土配方施肥，增加一个旱地烟类型并有针对性的调整普遍缺乏的微量元素。

2012—2014 年，永州烟草全面推广测土配方施肥，严格按照"套餐"供应肥料，实行精准施肥，强化水肥调控管理。2014 年，全市推广增香饼肥 1456 吨，应用面积 9.7 万亩。

2015 年，永州推行"专用基肥+专用追肥+发酵饼肥"的施肥模式，亩施纯氮量控制在 9.6 千克以内。

2013 年，永州烟区推广精准施肥

2010 年永州主要种烟乡镇土壤养分情况表

表 1-4

类　型	乡　　镇	养分含量评价		
		N	P_2O_5	K_2O
Ⅰ型	宁远清水桥、柏家坪、中和； 新田大坪塘； 道县清塘、寿雁、四马桥、仙子脚、新车、梅花； 江永城关镇、上江圩、允山、夏层铺。	中氮	中磷	钾偏低
Ⅱ型	江永厂子铺、桃川、黄甲岭、迴龙圩、松柏乡。	氮偏高	中磷	钾偏低
Ⅲ型	宁远舜陵、天堂、仁和、禾亭、太平、保安、鲤溪； 新田知市坪、龙泉、枧头、金盆圩、十字、毛里； 江华白芒营、大路铺、沱江、桥市、桥头铺； 道县白芒镇、审章塘、祥霖铺。	中氮	磷偏高	中钾
Ⅳ型	宁远湾井	氮偏高	高磷	钾偏高
Ⅴ型	蓝山土市、洪观、竹市、正市、蓝屏、总市、楠市； 江华东田、界牌。	高氮	高磷	中钾

2011—2015 年永州烟区专用基肥配方表

表 1-5

产区	$N:P_2O_5:K_2O$（纯含量百分数）	含中微量元素	硝态氮占总氮比例	有机肥重量比例	配方类型
江永	7∶12∶10	硫酸镁 2.5% 硫酸锌 1% 硼砂 1%	≥20%	35%	旱地烟类型
江永	8∶12∶10	硫酸镁 2% 硫酸锌 1% 硼砂 1%	≥20%	35%	田烟类型
宁远、江华、道县	8∶10∶10	硫酸镁 3.5% 硫酸锌 0.5% 硫酸锰 0.5% 硼砂 1%	≥20%	35%	田烟类型
新田、蓝山	8∶9∶10	硫酸镁 7.5% 硼砂 1%	≥20%	35%	田烟类型
东安	8∶10∶11	硫酸镁 1% 硼砂 0.5%	≥20%	35%	田烟类型

附：永州测土配方施肥

一、用量确定

1. 土壤普查结果总体情况。2010 年，永州烟草对全市 50 个种烟乡镇的 629 个植烟土壤样品的养分状况进行调查分析，结果表明：全市烟区土壤 pH 总体偏碱性，土壤有机质含量较高，土壤氮、磷营养贮藏及供应水平较高，土壤速效钾供应相对不足。

2. 配方施肥原则。根据品种需肥特性、土壤普查结果、天气情况，因地制宜合理施肥；控氮、稳磷、补钾、施足基肥、早施追肥；有机无机肥配合使用，提倡施用火土灰和充分发酵的饼肥，增进烟叶香气质量；套餐供应肥料，规范烟农施肥行为；精准施肥，均衡烟株营养。

3. 肥料种类。烟草专用基肥、专用追肥、提苗肥、硫酸钾、过磷酸钙（钙镁磷肥）、发酵饼肥、火土肥等农家肥。

4. 肥料用量范围。根据土壤养分普查结果将全市主要产烟乡镇的主要养分含量分为五大类型，根据氮磷钾含量高低因地制宜合理施肥，建议田烟氮水平 8.5～9.6 千克；旱烟相应减少 0.5 千克；地膜覆盖适当降低用量，稻草覆盖和裸栽适当提高。$N:P_2O_5:K_2O=1:0.8\sim1.2:2.5\sim3.0$。在缺镁比较严重的烟田每亩可适当增施 10 千克左右硫酸镁肥。特色优质烟叶基地单元每亩施用 15 千克菜籽饼肥，需相应减少5千克专用基肥。

二、施肥方法

1. 基肥施肥方法。可采用大穴环施法、“101”施肥法或双层施肥法将全部基肥、磷肥和部分硫酸钾干施入土壤，为烟株中后期生长提供适量且长效的养分来源，禁止基肥浇施。

（1）大穴环施基肥法：整地起垄后，在烟垄上按50厘米株距开大穴，种植穴直径约20厘米，深15厘米，烤烟移栽前在种植穴内环施入全部基肥（包括专用基肥、过磷酸钙和部分硫酸钾），基肥应分布在穴周围，呈环型分布。这种方法能最大限度满足烟株对养分的吸收，但操作时特别注意：一是穴中间栽烟位置不能有肥料，以免烧根；二是一定要盖严地膜，以免雨水灌入种植穴造成局部肥料浓度过大，对烟株造成伤害。

（2）双层施肥法：烤烟移栽前，将冬前已经深翻过的烟田耙平，起垄之前，沿垄体方向的中心线条施基肥总量（专用基肥、磷肥、部分硫酸钾）的80%，然后以施肥带为中心进行起垄，移栽前在烟垄上按照50厘米株距开穴（K326品种按55厘米株距），将基肥总量的20%施于种植穴内，注意穴肥不要与烟苗根系接触。

（3）“101”施肥法：整地起垄后，在烟垄上按50厘米株距开穴，移栽前在种植穴内施入基肥总量（专用基肥、磷肥、部分硫酸钾）的20%，基肥和土壤充分混匀为“0”肥，烤烟移栽后，种植穴中间垂直烟垄方向开长15厘米、深15厘米的施肥带，施入基肥总量的80%为“1”肥。

2. 提苗肥施肥方法。移栽时每亩用2~3千克提苗肥随定根水浇施，剩余的提苗肥加5千克左右专用追肥于移栽后5~7天浇施，每亩兑水500千克。

3. 追肥施肥方法。栽后约15天浇施追肥10~15千克，浇施后小培土，栽后35~40天浇施剩余的专用追肥和部分硫酸钾、结合大培土，栽后45天左右浇施剩余的硫酸钾肥。浇施肥料一定要提前浸泡，充分溶解搅匀后施入。追肥位置以烟株最大叶片叶尖所对的地下位置为宜。

四、防治病虫害

永州烟区烟草病虫害防治对象主要有9种：花叶病、黑胫病、青枯病、赤星病、蛙眼病、地老虎、烟蚜、烟青虫和斜纹夜蛾（简称“五病四虫”）。

2003年，永州作为全国烟草病虫害预测预报及综合防治实验示范点。全市烟草系统按照“预防为主、综合防治”的植保方针，出台《永州市烤烟病虫害综合防治技术方案》，成立综合防治领导小组和技术领导小组，建立市、县、站三级烟草病虫害综合防治保障体系，投入经费200万余元，病虫害预测预报及综合防治面积

2004年6月，永州承办全国烟草病虫害预测预报及综合防治现场观摩会

13.5万亩，示范点8个。全市根据烟草病虫害预测预报及防治指标，按照“统一用药种类、统一配制药剂、统一施药时间”原则防治“五病四虫”，示范区亩产比非示范区增产3.73千克，亩投入减少成本11.49元（其中减少农药投入3.85元、节省用工投入7.64元），病虫害防治效果明显，烟叶品质得到提升，为“九嶷金叶”品牌在全国打响奠定基础。

2004年6月，永州承办全国烟草病虫害预测预报及综合防治现场观摩会。全国19个烟叶主产省区、科研院所共140余人参观宁远、道县两县烟叶病虫害防治现场，与会专家对永州烟草的病虫防治综合技术给予高度评价。

2005年，全市推广病虫害综合防治面积20余万亩，其中核心示范区5万亩。市烟草公司发布《烟草病虫害情报》5期，下发综合防治宣传挂历6万余份，统一供应农药60余吨，有效防控烟草病虫害发生。

2006—2009年，永州按照“预防为主，综合防治”的烟叶植保方针，采取“以抗性品种为基础，轮作、卫生栽培和营养调控为中心，化学防治为辅”的综合策略，建立植保社会化服务体系，推行统防统治措施，进一步规范烟草大田用药，提高烟叶安全性。2006年，全市烟叶病虫害综合防治面积为20.8万亩，综合防治率达100%。2007年6月，省市有关专家对永州烟草“病虫害综合防治技术推广”项目进行验收。专家认为：该项目的推广应用，促进烟叶增产、烟农增收，减低烟叶农药残留，具有可观的经济效

2010年，永州烟区专业化植保队作业

益和社会效益。

2010—2011 年，随着烟农户均种烟面积扩大，永州探索创新烟叶生产组织模式，以烟农专业合作社为载体，建立专业化植保服务队，实行病虫害综合防治技术，减轻烟农劳动强度，提高病虫害防治效果，降低防治成本和农药残留。

2012 年，永州推行 GAP 生产管理（GAP 是优质农业生产管理的英文缩写，G 代表优，A 代表农业，P 代表生产管理），关注烤烟生产土壤和周边环境，严禁在重金属超标、除草剂药害严重和工业污染影响较大的区域种植烤烟，采取综合措施，防止除草剂药害发生，提升烟叶质量管理水平。

2013—2015 年，永州烟草实施“绿色防控”技术，推广应用太阳能灭虫灯、黄板诱蚜、性诱剂、食诱剂、天敌、生物药剂等物理防治、生物防治措施，控制烟草病虫害发生为害，减少化学药剂施药次数，有效降低烟叶农药残留，提高烟叶安全性。2014 年，永州推广使用黄板、诱捕器治虫面积 7.2 万亩。2015 年，全市投入植保资金 125.71 万元，推广绿色植保面积 4.72 万亩，其中应用黄板 1 万亩、性诱剂 3.1 万亩、生物食诱剂 0.62 万亩；推广蚜茧蜂防治烟蚜 5 万亩，减少防治蚜虫药剂用量 40%。

2014 年 5 月 13 日，在宁远召开全市烤烟病虫害防治遥控飞机作业现场演示会

附：2015 年永州烟区病虫害防治方案

一、病害防治方法

（一）花叶病

1. 农业防治。种植抗病品种，加强保健栽培，提高营养抗性：大田期水肥管理是防病抗病的关键措施。施足氮、磷、钾底肥，及时喷施微量元素肥料。

2. 坚持卫生栽培，避免人为传播：切实做到手和工具用肥皂水消毒，按“先健株后病株”的原则进行农事操作，在操作过程中不能吸烟。在病害初发期，要及时拔除田间病株，并带出田间集中处理。

3. 及时防治烟蚜，切断传播途径：有翅蚜是传播黄瓜花叶病的主要途径。在采取黄板诱蚜和银色地膜避蚜措施防治有翅蚜的同时也要加强药剂治蚜工作。

4. 药剂防治：苗床期每次剪叶前、移栽前、团棵期、旺长期及发病初期各喷施一次进行防治。药剂用24%混脂·硫酸铜水乳剂（东旺毒消）600~900倍液、20%吗胍·乙酸铜可湿性粉剂800~1200倍液、5.6%嘧肽·吗啉胍可湿性粉剂1200倍液、6%烯·羟·硫酸铜可湿性粉剂400倍液、0.5%氨基寡糖素水剂600倍液、3%超敏蛋白微粒剂、20%盐酸吗啉胍可湿性粉剂400倍液、18%丙多·吗啉呱可湿性粉剂500倍液、2%嘧肽霉素水剂1000倍液等药剂防治，每7~10天一次，连续用药2~3次，可取得一定的防治效果。为起到较好的防治效果，建议几种抗病毒剂轮换施用。

（二）马铃薯Y病毒病

目前国内生产上没有抗PVY的烤烟品种，因此在防治上仍然以治蚜防病和农业防治为主。

1. 严格选择烟田环境。烟田环境是指离马铃薯、番茄、辣椒等寄主作物地块远近的环境。要选择有利于烟草生长的前茬和地势；要远离上年种植马铃薯等作物的田块，切不可与它们连作。

2. 适时移栽、加强田间管理。改进栽培技术，加强肥水管理；及时进行灌溉；增施磷、钾肥，以增强烟株抗性。利用黄板诱蚜和银色地膜驱蚜，以减少带毒有翅蚜的传病机会，可以减低烟株受害程度。

3. 注意田间卫生。在栽烟前铲除烟田周围的杂草，以减少初侵染源。在苗床和大田农事操作时，要注意先健株后病株，防止摩擦传播。

4. 治蚜防病。马铃薯Y病毒主要由蚜虫传播，所以应在蚜虫迁飞之前及时治蚜（参照烟蚜防治方法），否则难以达到预期效果。蚜虫传播病毒的方式为非持久性，由于在同一田块内传播很快，喷药次数可适当增加。应注意周围感病植物的防治，以减少传播和蔓延。

5. 药剂防治（参照花叶病防治方法）。

（三）黑胫病

1. 农业防治。种植抗病品种，在黑胫病常年发生田块可种植K326、湘烟3号等；精细整地，起垄培土、开沟排水；注意肥料和灌溉水卫生，及时清除病株。

2. 药剂防治。常年发病田块，在移栽当日、其后10天和发病初期，用72%甲霜·锰锌或58%甲霜·锰锌可湿性粉剂600~800倍液、80%烯酰吗啉水分散粒剂18.75~25克/亩等药剂灌根防治，每蔸50~100毫升。零星病株及时拔除销毁。

（四）青枯病

1. 农业防治。种植抗病品种，在青枯病常年发生田块可种植K326、云烟97等；发病重的烟田与禾本科作物3年以上轮作，推行单行起垄栽烟，及早培土。控制氮肥，增施钾肥和0.1%硼砂肥，注意田间卫生，搞好田间排灌等。

2. 药剂防治。可用72%农用链霉素可溶粉剂500倍液、3000亿个/克荧光假单胞菌粉剂（青萎散）512.5~662.5克/亩、0.1亿细菌菌落总数/克多粘类芽孢杆菌细粒剂1250~1700克/亩等，每蔸50~100毫升，或“XQ生防菌剂”300毫升/亩（株施200毫升）等药剂灌根防治。常年发病田块，在移栽当日、4月下旬至5月上旬和发病初期，用药三次，零星病株及时拔除，并用生石灰撒蔸。

（五）赤星病、蛙眼病

1. 农业防治。通过合理轮作，平衡烟株营养提高自身抗性，卫生栽培，科学打顶、适量留叶、及时清除底脚老叶降低烟田湿度，及时中耕除草等，减少病菌侵染几率。

2. 化学防治。在发病初期用40%菌核净500倍液、10%多抗霉素B可湿性粉剂800~1000倍液、80%代森锰锌可湿性粉剂120~160克/亩等药剂喷施防治，每7~10天喷一次，连续喷2~3次。特别注意叶片正反面要喷到药液。

二、虫害防治方法

1. 地老虎。往年虫害发生严重的烟田，移栽前用3.4%甲维盐微乳剂33毫升/亩、40%辛硫磷乳油3毫升/亩喷施垄土表面防治（移栽后禁止使用）；一般烟田，当地老虎断苗株率达到1%时，用3.4%甲维盐微乳剂33毫升/亩穴施防治。施药时间在晴天下午3点至傍晚最佳。

2013年，永州烟区推广烟叶虫害“绿色防控”技术

2. 烟青虫和斜纹夜蛾。烟青虫在产卵高峰期至孵化盛末期，斜纹夜蛾在孵化高峰期至幼虫分散前人工除虫，当烟青虫、斜纹夜蛾达到防治指标30头/百株时，用5%高氯·甲维盐微乳剂16.6~25克/亩、5%甲氨基阿维菌素苯甲酸盐可溶粒剂3~4克/亩、1600IU/毫克苏云金杆菌可湿性粉剂50~75克/亩等药剂防治，防治过程中应注意交替用药，才能起到很好的防治效果。烟青虫、斜纹夜蛾防治适期为3龄前，斜纹夜蛾建议用药挑治。同时，要注重采用生物防治和物理防治方法，推广应用太阳能诱虫灯、性诱剂和生物食诱剂控制地老虎、烟青虫、斜纹夜蛾数量。

3. 烟蚜。烟蚜防治指标为团棵期前50头/株，团棵后100头/株。根据田间调查结果，用3%啶虫脒微乳剂（稼之源）1500～2500倍液、5%啶虫脒乳油2000～3000倍液、5%吡虫啉乳油1000～1200倍液、70%啶虫脒水分散粒剂1.8克/亩、70%吡虫啉水分散粒剂13000倍液等药剂喷雾防治。同时，要注重采用生物防治和物理防治方法，推广应用黄板诱蚜和蚜茧蜂控制蚜虫数量。

五、大田管理

（一）中耕培土

2003—2015年，永州烟区在烟苗移栽2周后，施完第一次追肥，进行小培土，用疏松细土把移栽穴培满，茎基部培严（地膜覆盖烟田结合破膜掏苗）。大田烟株团棵后，将剩余的氮素追肥全部施入，打掉2～3片底脚叶，及时大培土。稻草覆盖的烟田，稻草不必拿开可直接培土，茎基部周围要用土封严、高培土；地膜覆盖的烟田，日平均气温稳定通过20℃时，揭去地膜，大培土。大培土后要求垄体饱满、沟底平直，垄体高度达到35厘米以上。

永州烟区烟农揭膜培土

（二）水分管理

永州烟区根据烤烟需水规律，合理水分管理。还苗期水分供应要充足，此期浇足定根水；伸根期适当控水，此期一般不浇水，重点加强清沟排水，保持土壤相对含水量60%左右；旺长期烤烟需水量大，此期5～7天不下雨应灌水一次，保持土壤相对含水量80%左右；成熟期是上部叶开片和烟叶致香物质形成的关键期，土壤水分要保持适宜，打顶后半个月要保持烟田相对充足的水分，促进上部叶开片及降低烟碱含量。要保持土壤相对含水量70%左右，一般晴好天气，连续5～7天不下雨可根据情况灌水一次，雨天及时排水。观察烟株情况，进行水分管理。烟株中午呈现轻度凋萎，傍晚恢复正常，是短时间的生理缺水，不一定是土壤缺水。若凋萎严重，至傍晚不能恢复，表明土壤严重缺水，要及时灌水；若上午11点以前烟株萎蔫，也说明土壤已经缺水，需要及时灌水。

（三）打顶抹芽

2003年，永州烟区推广化学抑芽技术

2003年，永州烟区打顶抹芽普及率达99.8%，推广化学抑芽技术占总面积的36.4%。化学抑芽省工省力、效果好、成本低，较快被烟农接受。2004—2005年，全市推广化学抑芽技术达90%以上。2006—2015年，永州烟区打顶抹芽和化学抑芽技术均达100%，打顶抹芽和化学抑芽成为烟农自觉行为，做到"烟田无花、株无烟芽"。永州烟区打顶时机：长势正常烟田，初花期打顶，即烟田有50%的烟株第一朵中心花开放时，一次性打顶或分两次打顶。长势过旺烟田，盛花期打顶，尽可能多留2~3片叶。出现早衰的烟田，现蕾后适当拔节及早打顶。K326品种在茎杆充分拔节、叶片节距拉长之后打顶。打顶宜选晴天上午进行，以利伤口愈合，减少病害从伤口侵入。

六、烟叶结构优化

2011年，是永州烟区全面实施优化烟叶结构工作的第一年。5月，市烟草公司以工业企业品牌需求为导向，以适应市场变化、提高优质原料供给能力、增加烟农收入为目标，成立烟叶结构优化工作领导小组，出台《永州市烟草公司优化烟叶结构实施方案》。各产烟区县分公司成立相应的领导机构，制定具体实施方案，组织培植员发动烟农优化烟叶结构，将不适用烟叶处理在田间生产环节。市烟草公司编制、印发《优化烟叶结构宣传手册》1.45万份，粘贴宣传海报1250份，发送提示短信1万余条，开展专题培训1.5万人次，使优化烟叶结构政策和要求做到家喻户晓。5月30日至6月1日，市公司成立3个检查组，对各产烟县优化烟叶结构工作开展专项检查验收。是年，全市通过优化烟叶结构，共处理不适用鲜烟叶3.45万吨，为烟农节省采摘烘烤等成本7300余万元，兑现优化烟叶结构补贴1300余万元。全市收购下低等烟比例为3.09%，控制在省局要求的4%以内。

2012年，全市烟草系统完善优化烟叶结构工作，云烟87、云烟97单株有效叶控制在18~20片，K326、湘烟3号单株有效叶控制在19~21片。同时，对鲜叶实行分类编竿，避免漏打叶、病残叶等品质较差、无烘烤价值的烟叶进烤房。是年，

2011年5月，永州烟区开展优化烟叶结构工作，处理不适用鲜烟叶

全市修建不适用鲜烟叶处理池260个，处理不适用鲜烟叶达3万吨，为烟农节约烘烤等生产成本3600余万元，兑现烟农政策补贴1920万元。

2013年，永州各产烟县兴办1000余亩连片区烟叶优化结构示范点，严格按“下3上1”（烟株下部3片叶和上部1片叶）、订单生产“下4上2”（烟株下部4片叶和上部2片叶）的田间处理要求实施，以点带面，示范推动。5月23—24日，市人民政府召开优化烟叶结构流动现场会。会后，永州烟草推行“烟站全面验收，市、县两级复查复验”的三级验收模式，促进优化烟叶结构工作开展。是年，经省局验收，全市共优化烟叶结构面积27.17万亩，处理鲜烟叶6.25万吨，折合干烟6790吨，兑现优化烟叶结构补贴资金4404万余元。

2014—2015年，永州烟草按照以工业企业品牌需求为导向，以田间消化处理不适用烟叶为抓手，全面推行烟株下部4片叶田间清除处理和上部1片叶弃烤处理工作，辅以烟叶成熟采收、鲜烟分级编杆、配套烘烤工艺三个关键环节的不适用烟叶控制措施。2014年，全市优化烟叶结构共处理下部不适用烟叶4.23万吨，下部不适用烟叶处理合格率96.12%，并在全市首次推行专业化烘烤鲜烟叶分级管理模式。2015年，永州烟草推行以烟叶生产技术“提示单”的形式告知烟农，并及时指导烟农做好烟叶优化结构工作。

第四节　采烤

一、采摘

2003年，永州烟区推广烟叶适熟采摘，按照烟叶不同部位和烘烤工艺成熟度的要求，脚叶达八成熟、腰叶达九成熟、顶叶达十成熟时采摘。烟叶成熟及采收具体标准：1. 下部叶，适时早采，特征是“绿中带黄”，主脉变白1/2，茸毛稍退，叶耳浅绿，略见成熟特征，即为成熟；2. 中部叶，成熟采收，特征是“黄中带绿”，主脉2/3变白发亮，茸毛脱落，叶耳浅黄，具有明显的成熟特征。3. 上部叶，充分成熟采收，以上数第二片叶为判断依据，特征是“黄中带白”，主脉全白发亮，支脉发白，间或有枯尖焦边。2004—2005 年，永州全面推行“四叶计划”“五次采收”技术，对下部烟叶适时早采、中部烟叶成熟采收、上部烟叶充分成熟采收实行量化管理。2006 年，永州按照“下部叶早采、中部叶适采、上部叶熟采”的原则，把握烟叶成熟度。2007—2008 年，全市推广下部烟叶适熟早采技术、上部烟叶带茎烘烤，提高烟叶烘烤质量。2009 年，全市烤烟早花比例高，烟叶长势差，产量受到影响。市烟草公司提出“早花损失烟杈补，干旱损失脚叶补”的口号，动员广大烟农采摘脚叶，采取大户自烤、小户联烤和专业户收购鲜烟集中烘烤的方式，对有采烤价值的脚叶全部进行烘烤。全市抢烤脚叶 16776 房，收获干烟 1000 万吨，增加烟农收入 1200 余万元。2013 年，永州市首次推行烟叶“准采制”，由烟叶培植员根据烟叶田间成熟度开具“鲜叶准采证”，及时通知种植主体采摘、烘烤。2015 年，永州全面推行上部烟叶充分成熟 4~6 片叶一次性采收技术达 19.31 万亩。据工业企业反馈：上部 4~6 片烟叶一次性成熟采收，有效改善上部烟叶的感官质量，增加还原糖和钾含量，烟叶化学成分更趋于协调，在香气质、香气量、浓度、余味等指标上均有提高，杂气减轻。

2010 年，永州烟区推广上部 4~6 片叶一次性采摘

二、编杆

2003 年，永州烟区尝试推行鲜烟分级办法，避免低等烟鲜叶进烤房，节省烟农生产成本。2004 年，永州烟农按同品种、同部位、同大小、成熟度一致的烟叶编在一起，叶背相对烟叶平齐，两叶一束，做到同级同杆，束与束之间稀密适度，大小均匀。2006 年，永州烟草推广宽 2.7 米、长 8.0 米的密集烤房，每房装下部叶 4000 千克，每竿编烟 140~150 片，每竿烟重量 8~9 千克，每房装烟 380~400 竿；每房装中部叶 4500 千克，每竿编烟 120~130 片，每竿烟重量 9~10 千克，每房装烟 400~420 竿；每房装上部叶 5000 千克，每竿编烟 120~140 片，每竿烟重量 10~11 千克，每房装烟 420~440 竿。2010 年，永州烟区探索推广应用烟夹，每座宽 2.7 米、长 8.0 米的密集烤房装下部叶 4000 千克，每夹夹烟 190~210 片，每夹重量 11

2010年，永州烟区推广烟夹

千克左右、每房装烟360～378夹；每房装中部叶4500千克，每夹夹烟170～190片，每夹重量12千克左右、每房装烟378～396夹；每房装上部叶5000千克，每夹夹烟160～180片，每夹重量13千克左右、每房装烟378～396夹。烟夹装烟烘烤装烟量大、对烟叶损伤较小、装烟均匀、操作简单方便、省工省时等优点，与人工编竿对比，采用烟夹夹烟烘烤能增加装烟容量20%～30%，劳动效率比编竿提高50%以上，烘烤总成本节约10%，受到烟农普遍欢迎。2013—2014年，永州推行"鲜烟分类"技术，对鲜叶进行挑选、分类、分级编杆，避免漏打叶、病残叶等品质差、无烘烤价值鲜叶进烤房，确保同杆烟叶烘烤后基本一致。2015年，永州烟区依托烟农专业合作社，探索"采编烤"一体化服务模式，对采摘、编杆、烘烤等环节实行专业化"一条龙"服务，实现减工降本。

三、烘烤

（一）烤房

2003年，永州烟草推广标准化烤房建设，市、县两级共投入资金650余万元，新建、改建标准化烤房12995座，其中新建7780座、改建5215座。是年，全市共有标准化烤房20014座，基本上达到平均每户烟农有一座标准化烤房的目标。2004年，永州新、改建标准化烤房3569座，同时引进示范堆积式烤房2座。2005年10月，根据《湖南省烟叶可持续发展"十一五"规划》要求，永州市烟草公司制订《永州市烤房建设三年发展规划》及《永州市2006密集烤房推广实施工作

2009年，永州烟区新建的烟叶烘烤工场

方案》。随后，各县分公司成立密集烤房建设领导小组，下设技术推广组和物资供应组，开展密集烤房示范推广工作。2005 年，全市新建密集式烤房 70 座，新、改建标准化烤房 9635 座；自主研发的堆积式烤房 13 座，并在各县试点成功。2006 年，为适应烟叶集约化、规模化种植，全市新建密集式烤房 1267 座，完成烤房热风循环改造 1634 座。2007 年，全市实现由标准化烤房改造成密集化烤房 3408 座，提高烟叶烘烤质量。2008 年，全市新建密集烤房 2978 座。是年，全市共有密集烤房 0.43 万座、普通烤房改密集烤房 0.34 万座，密集化烘烤能力达 12 万亩，全市烤坏烟、含青烟的比例明显下降。2009—2014 年，永州烟区建成一批烟叶烘烤工场，并依托烟农专业合作社，组建烟叶烘烤专业化队伍，推广烟叶专业化工场烘烤，既能降低劳动强度，又能节约烘烤成本，更能确保烟叶烘烤质量，受到烟农的广泛欢迎。2015 年，全市共有烘烤工场 55 处，烘烤能力达 37.4 万亩。

2010 年，永州烟区推广烟叶专业化烘烤

（二）工艺

2003 年，永州烟草通过宣传发动，引导烟农采用与标准化烤房配套的三段式烘烤技术。2005 年 6 月，永州烟草系统针对全市连续阴雨天气，调整烘烤方法，灵活实施三段式烘烤工艺，提高烟叶烘烤质量。

2006 年，永州开始推广密集烤房烘烤技术。该技术用烤烟温湿度监控仪（自控仪）结合烤烟三段式烘烤工艺要求进行烘烤操作。密集烤房烘烤技术要点：1. 变黄阶段。烟叶变化要求：下部叶变黄程度达八成黄；中、上部叶变黄程度九至十成黄，且叶片凋萎塌架，主脉变软、勾尖卷边。风机操作：烟叶变黄前期一般低速运转，变黄后期高速运转。2. 定色阶段。烟叶变化要求：烟筋变黄，达到黄片黄筋小卷筒至叶片全部干燥，烟叶大卷筒。风机操作：烟叶定色前期一般高速运转，定色后期一般用低速运转。3. 干筋阶段。烟叶变化要求：全部烟叶主脉充分干燥。风机操作：风机低速运转。4. 严格把握烟叶烘烤时间。正常情况下，要注意掌握下部叶烘烤时间约为 120 小时（5 天），中部叶约为 142 小时（约 6 天），上部叶约为 164 小时（约 7 天）。5. 重视湿球温度控制。合理通风排湿，在变黄阶段做到较高湿度变黄，促进烟叶色素、蛋白质和淀粉等大分子物质的降解和较多致香基础物质的形成，风机使用低速，定色后期和干筋阶段保持稍高的湿球温度能促进烟叶颜色加深且更加鲜亮，同时有效减少热量损失。

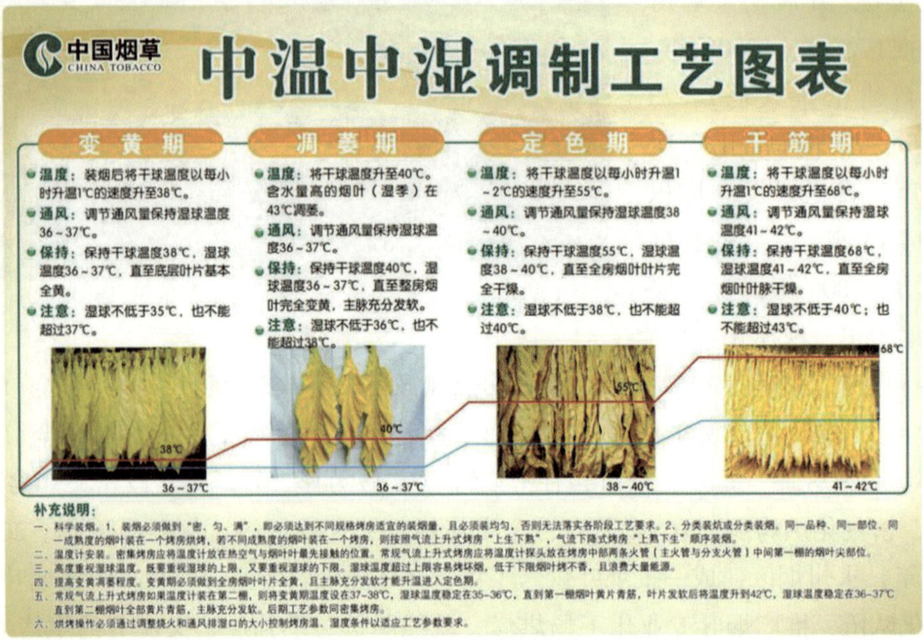

2014 年，永州烟区推广的“中温中湿”烟叶烘烤工艺图表

2014 年，永州烟草开始探索“中温中湿”密集烘烤工艺，在江永县夏层铺、江华县白芒营开展“中温中湿”密集烘烤工艺试点。“中温中湿”密集烘烤工艺以“中温中湿变黄、慢速升温定色、延时干叶增香、弱风干筋保香”为核心，烟叶烘烤温度、湿度、风速、时间四要素联控的密集烤房配套烟叶烘烤工艺。具体操作为：点火后，以每 2℃/小时的升温速度，将干球温度升到 38℃，湿球温度保持在 36℃，通过变频控制叶间风速 0. 2～0. 25 米/秒，在此温湿度及叶间风速的条件下延长时间，使烟叶变黄达黄片青筋，主脉变软，充分凋萎塌架。以 1℃/2～3 小时的速度升温到 46～48℃，湿球温度 38～39℃，控制叶间风速 0. 25～0. 3 米/秒，延长时间，使烟叶变黄达黄片黄筋，干燥达到软卷筒。以 1℃/2 小时的速度升温至 54℃，湿球温度 39～40℃，控制叶间风速 0. 25～0. 3 米/秒，延长时间 12 小时以上，使叶片干燥达到大卷筒，全炕烟叶干片定色。以 1℃/小时的速度升温到 68℃，湿球温度 42℃，控制叶间风速 0. 15～0. 2 米/秒，使全炕烟叶干筋。同时注意：1. 加强采收管理，提高适熟烟叶比例。2. 装烟做到“密、匀、满”。3. 重视湿球温度。4. 落实每个阶段的烘烤目标。该工艺提倡不仅要将烟叶烤“黄”、烤“干”，更要烤“香”。2015 年，全市推广“中温中湿”烘烤工艺面积达 18. 77 万亩。

第五节　优质烟叶开发

2003年，根据省局《关于2003年国际型优质烤烟工作方案、技术方案和评审方案》要求，宁远、江永、江华挂钩长沙卷烟厂分别开发国际型优质烤烟0.5万亩、0.2万亩、0.2万亩，同时宁远挂钩常德卷烟厂开发国际型优质烤烟0.15万亩，并按上等烟2.4元/千克、中等烟1.2元/千克、开发奖励0.2元/千克的标准投入生产补贴。市烟草公司以厂商联办优质烟生产基地为契机，引入工业企业的先进管理理念和管理模式，加强信息交流和技术合作，建立生产技术体系、检测评价体系和质量控制体系，开展技术攻关和项目研发。是年12月，经湖南省国际型优质烟叶评审组评定，江华县、宁远县开发的优质烟叶质量被评为三档。

2004年，全市兴办优质烟叶示范点255个，示范面积13.7万亩。其中，新田县、道县、宁远县各办一个高标准优质烟示范点，示范面积1500余亩；安排技术人员下乡驻点，指导烟农科学种烟。是年，长沙、常德、青岛、济南、石家庄、兰州、张家口等卷烟厂在永州联办优质烟生产基地，实现产销直接见面。

2005年，国家局检查组察看江华县部分替代进口烟项目的烟叶烘烤质量

2005年，全市推进厂商联办基地，促进“订单”农业发展，实现烤烟生产由传统农业向订单农业转型，先后与长沙、常德、南京、青岛、济南、许昌、兰州、张家口、石家庄等多家烟厂（集团公司）联合兴办优质烟叶生产基地。同时，被上海烟厂、广州烟厂、昆明烟厂列为定点调拨基地，进一步提升“九嶷金叶”品牌的知名度和信誉度。同年，宁远、江华、江永3个县作为国家局替代进口烟叶项目示范基地，分别对口颐中集团、常德烟厂和长沙烟厂，种植面积1.3万亩。市烟草公司制订《永州市2005年部分替代进口烟项目工作方案》，成立永州市部分替代进口烟叶项目组织领导小组和技术领导小组，明确目标任务和技术路线。中国烟草中南试验站永州基地作为该项目的技术依托单位，成立两个技术服务专家组，分别驻点宁远、江华，分阶段对烟农开展技术培训，盖膜、揭膜培土、平衡施肥、病虫害防治、化学抑芽、成熟采摘及科学烘烤、指导分级扎把入户率均达100%，并开展科研课题4项、示范性项

目3个、普及性推广项目7个，为项目示范区培训技术员和烟农500余人次。是年，在全国部分替代进口烟项目检查中，中国烟草中南试验站永州基地在全国所有技术依托单位中名列第三，仅次于中国农科院青州烟草所和云南烟科所。

2006年，永州承担国家部分替代进口烟叶开发项目面积1.35万亩，协议约定供应烟叶数量2025吨。永州烟草按照“工商共建、互信双赢、稳步推进、协调发展”的指导原则，成立以局长、经理徐文军为组长的部分替代进口烟叶项目领导小组，及以副经理刘正日为组长的技术领导小组和购销领导小组，充分发挥工、商、研三方优势，整合人才、生态、技术等资源，以满足挂钩烟厂名优品牌的原料需求为导向，以津巴布韦烟叶整体质量水平为标杆，坚持“主攻成熟度，提高香气量，增加油分，协调成分”的改进方向，各示范点的生产技术到位率、烤烟生长情况及烤后烟叶质量均有提高，对全市烟叶生产起到示范和带动作用。是年，国家局项目检查组到永州检查替代进口烟叶示范项目，对永州烟草的生产示范和技术服务工作给予好评。

2006年永州部分替代进口烟示范项目示范点安排表

表1-8

挂钩产区	挂钩烟厂	技术依托单位	示范面积（万亩）	单收单调（吨）
江华县	长沙烟厂	中国农科院土肥所 中南站永州基地	0.6	900
江永县	长沙烟厂	中国农科院土肥所 中南站永州基地	0.55	825
宁远县	常德烟厂	湖南农大	0.2	300
合计			1.35	2025

2007年5月12日，在江华县召开国家局部分替代进口烟项目座谈会，湖南中烟、中国农科院土肥所、市烟草公司和基地县烟草局等单位领导和专家参会

2007—2008年，江华县是永州唯一一个国家部分替代进口烟叶项目示范基地县，对口湖南中烟，依托中国农科院土肥所、湖南中烟烟草所及永州市烟科所等技术单位，联合开发部分替代进口烟叶。2007年，按照“主攻质量、培育特色”的要求，永州烟草加强项目人员、

技术和物资的管理落实，落实种植面积1.16万亩，示范区田间烟株长势均匀一致，成熟落黄好，上部叶成熟度比往年有较大改善。在全国技术依托单位综合评比中，永州市烟科所被评为优秀单位。2008年，与湖南中烟合作开发部分替代进口烟叶项目1万亩，单收单调烟叶1500吨。

2010年，永州烟草以工商共建为契机，推进特色优质烟开发，加强与中烟工业公司合作，扩大特色优质烟叶开发规模，全市拥有国家局特色优质烟基地由2009年的"1+1"家发展到"2+2"家，分别与湖南中烟、广东中烟2家国家重点骨干工业企业联合，建立紧密型或技术合作型的浓香型特色优质烟叶开发基地，在江华、宁远落实特色优质烟叶基地2.5万亩，其中江华县1.7万亩，宁远县0.8万亩；江永县作为湖南中烟在省内工商两家合作开发的特色优质烟基地，开发计划0.5万亩。是年，永州烟草联合山东中烟、广东中烟、上海烟草集团在宁远县共建烟叶基地单元，开发特色优质烟叶，为"泰山""双喜""中华"卷烟品牌提供优质原料3000吨、2500吨、1250吨。

2008年，江华县作为永州唯一一个国家部分替代进口烟叶项目示范基地县

2011—2012年，永州烟草按照"主攻成熟度、增加香气量、控制烟碱量、提高可用性"的技术思路，启动浓香型特色优质烟叶开发项目，进一步提高特色优质烟叶开发水平。2012年，在省烟草公司组织部分全国（省级）评烟委员会委员，对2011年浓香型特色优质烟叶开发以及2012年提高上部烟叶可用性、高端卷烟原料开发3个项目的烟叶样品进行感官评吸，专家组认为：在浓香型特色优质烟叶开发烟叶样品中，永州烟叶样品整体表现为焦甜香韵较明显、香气浓郁较沉溢，浓香型特征较显著；在提高上部烟叶可用性项目烟叶样品中，江华、蓝山、宁远、新田示范点的烟叶可进入一类卷烟配方；在高端卷烟原料开发项目烟叶样品中，全省7个示范点中，江华、江永样品评吸得分名列全省第三、第六，其中江华项目区烟叶香气质好，香气量足，透发性好，可作为高端卷烟主料烟使用；江永县项目区烟叶感官质量较好，可作为高端卷烟辅料使用。

2013—2014年，全市烟草系统按照"产前准备精细化、产中生产精准化、产后管理精确化"的要求，通过市公司办示范区、县分公司办示范片、烟站办示范

2014 年，蓝山土市基地单元烟叶精益生产示范片

点、培植员办示范户的模式，推行烟叶精益生产。2014 年，市烟草公司投入技改和科研经费 1832 万元，在舜陵、仁和、田家、土市、夏层铺、白芒营、祥霖铺 7 个基地单元推广精益生产示范，共办示范区、片、点 54 个，示范户 427 户，形成区、片、点、户四级精益生产示范格局，示范面积 4.84 万亩。永州烟草在示范区推广品种改良、深翻冻垡、营养调控、膜下深栽、移栽密度、GAP 管理和上部叶一次性采烤等适用技术。是年，全市精益生产示范区收购烟叶 17.92 万担，其中上等烟比例 73.67%，比非示范区增长 12.91%，中等烟比例 26.32%，比非示范区减少 10.51%；亩均产量 126.2 千克，比非示范区增长 2.15%。在示范区的带动下，全市烟叶质量得到持续提升。在全国烟叶样品感官评吸中，永州烟叶以香气浓郁、浓香特色突出的特点，得到工业公司的青睐，供需平衡率大于 1，与郴州并列位居全省之首。

2015 年，市局（公司）成立以局长（经理）李刚华为组长的烟叶精益生产及示范建设领导小组，在全市推行烟叶精益生产示范工作。按照示范区、示范片、示范点、示范田的技术推广模式，建设精益生产示范区 9 个、示范面积 7.2 万亩，示范区投入资金 3600 万元，推广使用诱虫黄板、性诱剂、生物食诱剂、三饼合一饼肥、地膜、农药及个性化技术项目。示范区烟叶产量比非示范区提高 4.27~8.58 千克/亩，上等烟比例比非示范区提高 3.22~8.1 个百分点，烟叶均价比非示范区提高 0.91~0.98

2015 年 3 月，宁远召开烟叶精益生产烟农座谈会

元/千克，烟叶产值比非示范区提高 131~251 元/亩，示范效果明显。是年，市烟草公司在示范区推广“9+1”技术（即冬前深翻、增施饼肥、培育壮苗、合理密植、精准施肥、绿色植保、科学打顶、上部叶一次性采烤、中温中湿密集烘烤工艺，加“GAP 管理”）。江永、江华两县实施湖南中烟工业公司“4+1”技术（即“平衡施肥技术”“个体发育与群体结构调控技术”“上部烟叶一次性采烤技术”“中温中湿调制技术”加“成熟采收管理”），烟叶质量明显提高，获得工业公司的青睐和好评。

第二章　烟叶购销

第一节　收购

一、政策

2003 年，根据国家计委、国家烟草专卖局联合印发的《关于 2003 年烟叶收购价格政策的通知》规定，永州列入二价区，所产烤烟收购价格按照二价区执行，中准级（X2F）收购价格 430 元/担。是年，全市执行《湖南省人民政府办公厅关于 2003 年烟叶生产购销有关政策的通知》规定，对 GY1、GY2、CX2K、B2K、B3K、B4L 六个等级的烟叶不予收购，市烟草公司对上述六个等级烟叶不予结算货款。

2004 年，永州执行湖南省《关于 2004 年烤烟收购价格政策的通知》规定，境内烟叶生产投入实行产前承诺、产后以同等价值的烟用肥料兑现。用于扶持烟农烟叶生产方面的育苗、地膜、烤房、肥料、农药、标准化烟草站建设和烟田设施建设等生产性投入，纳入生产成本核算。是年，执行省人民政府《关于 2004 年烟叶生产购销有关政策的通知》规定，对 CX2K、B2K、B3K、B4L 四个等级的烟叶，在向当地政府汇报后，争取实行免特产税，开秤时即可收购。

2005 年 6 月，省烟草公司组织郴州、永州、衡阳市烟草公司主管烟叶工作领导，在衡阳召开烟叶收购工作座谈会，并下发《郴州、永州、衡阳三市烟叶收购工作座谈会会议纪要》，要求：严格按烟叶产购合同收购，不得收购外地烟；严格执行《湖南省人民政府办公厅关于 2005 年烟叶生产购销政策的通知》（湘政办发〔2004〕58 号）规定，按 120 元/担烟叶产前投入政策（含 20 元/担的煤炭补贴）执行；三个市的烟叶收购开秤时间统一在 7 月 20 日以后。2005 年，永州市烟草公司安排收购 42 个等级以外的烟叶，县市交接价按每担 120 元执行，维护烟农利益，净化烟叶市场，满足出口备货。

2006 年，永州市局执行《国家烟草专卖局关于严格按国家计划收购烟叶的紧急通知》，要求各县（区）局：1. 严格按烟叶种植收购合同收购烟叶，无合同的烟叶一律不得收购；2. 合同面积内的丰产烟叶待请示国家局后，在 2007 年 1 月 1 日后予以收购，并抵减 2007 年收购计划；3. 要限时完成烟叶收购工作，必须在 11 月 20 日前完成烟叶收购工作，11 月 20 日之后任何单位、任何收购站点不得以任何理由、任何方式开秤收购烟叶。

2007 年，永州市执行《国家发展改革委、国家烟草专卖局关于 2007 年烟叶收购价格政策的通知》规定，各等级烤烟收购价格比 2006 年每 50 千克提高 20 元。同时，要求各产烟县分公司引导烟农合理安排烟叶生产，促进烟叶生产稳定发展，保持烟叶供求总量平衡和等级结构的不断完善。

2010 年，永州执行国家发展改革委、国家烟草专卖局联合印发《关于 2010 年烟叶收购价格政策的通知》规定，烟叶生产投入标准：C3L、X2L、B3F 按 100 元/担，其他上中等烟 90 元/担；取消 GY2、GY1、B3K、B2K、CX2K、S2 等 6 个等级的烟叶生产投入补贴，其他下等烟叶按 60 元/担进行补贴，并在收购时将烟叶生产投入支付到烟农账户。

2013 年，永州按照国家发展改革委、国家烟草专卖局《关于 2013 年烟叶收购价格政策的通知》规定，全市烤烟收购价格比 2012 年平均提高 10%，普通品种烤烟中准级（X2F）每 50 千克收购价格为 1000 元。

2015 年，永州执行《中国烟草总公司关于 2015 年烟叶收购价格政策的通知》规定，中准级（X2F）每 50 千克收购价格为 1050 元，对 K326 品种烤烟实行优质品种加价政策。

二、站点

2003 年，永州按照全省标准化烟草站建设要求，批准设置烟叶收购站点 73 个，比 2002 年减少 11 个。其中，新田县 16 个、宁远县 19 个、蓝山县 12 个、江华县 10 个、江永县 8 个、道县 4 个，芝山区、东安县、祁阳县、冷水滩区各 1 个，基本实现“一乡一站、以站收烟”的目标。全市烟叶收购站点推广预约封闭式微机密码收购模式，其中新田、宁远、蓝山、江华、江永县的收购网点全部启用金沙烟叶收购信息系统。各收购站点悬挂烟叶仿制实物样品，公布 2003 年烟叶收购价格、生产投入标准、有关收购政策和纪律及监督电话和举报信箱，安排烟农休息室，配备电风扇、茶水、防暑药品，为烟农售烟提供优质服务。

2004 年，永州设置烟叶收购网点 76 个，全面使用金沙烟叶信息化管理系统，实行微机联网收购。全市采取预约预检模式收购烟叶 1.1 万吨。6—7 月，市公司组织全市各收购站点工作人员在宁远县举办 3 期烤烟 42 级标准培训班，参训人数达 1200 人次。

2005 年，全市烟草商业系统实行烟叶收购目标管理责任制，将收购任务分解到各站点及员工，收购完成情况与工资奖金挂钩。全市共设置收购站点 72 个，各收购站点使用海晟烟叶收购信息系统，全部实现微机联网收购。2005 年 6 月，市公司在宁远举办 2 期烤烟 42 级标准培训班，参训人员有各县烟叶生产股股长、副股长、培植员、预约预检员、收购主检员等 200 余人。其中，江华县各收购站点全部推行烟叶预检预约收购模式，仅用 43 天时间完成收购任务。

2006 年，全市烟草商业系统实施劳动人事制度改革，分流安置烟叶富余人员 700 余人，清退临时工 300 余人，各烟叶收购站点人员大幅精减。针对烟叶线的人员状况，市烟草公司组织专业技术人员奔赴各产区县，对预检员、分级员、主检员等人员开展烤烟 42 级标准培训，为烟叶收购工作做准备。是年，全市共设置收购网点 70 个，全面推行预检预约收购管理模式，各县（区）营销部制订具体实施方案，建立预检统计制度，及时掌握预检情况及进度。各收购站点实行“一天清一次仓”（即收购网点每天收购的烟叶于第二天上午 10 点之前，调运至县烟叶经理部仓库）。

2006 年 8 月，永州烟叶收购站点现场

2007 年，全市烟叶收购款全部实行电子结算支付烟农，解决各收购站点的资金安全问题。7 月中旬，江永、江华两县省际边界收购点开秤收购，其余站点于 8 月初陆续开秤，10 月中旬结束。全市共设置烟叶收购网点 64 个，做到“片烟归仓，应收尽收”。是年，零陵区、冷水滩区、祁阳县营销部各站点收购烟叶，以简易包装形式直接调入市烟草公司中心仓库。江永县选定部分站点，开展原收原调试点工作。

2008 年，全市设置烟叶收购点 62 个，比 2002 年减少 22 个。其中，10 个标准化烟站设 15 条收购线，开展封闭式密码收购试点工作。是年，全市共收购烟叶

2.87 万吨，比 2007 年多收购烟叶 6120 吨；收购时间比 2007 年缩短半个月。

2007 年 8 月，永州烟叶收购款全部由银行电子结算支付给烟农

2009 年 10 月，根据省局《关于印发优秀烟叶收购站创建活动实施方案的通知》，永州烟草按照“重心下移、着眼基层、突出服务、加强基础”的工作方针，开展优秀烟叶收购站创建活动，出台《永州市烟草公司创建优秀烟叶收购站工作方案》，明确创建工作标准、步骤及要求，计划 3 年时间完成全市 25 个优秀烟叶收购站的创建工作。是年，全市完成 10 个优秀烟叶收购站的创建工作，并于 12 月底通过省局复查评估认定。

2010 年，永州烟草商业系统对 17 个标准化收购站投入 213.5 万元，实施自动化收购线改造，实行封闭式密码收购，其余收购站点实行半封闭式模式收购。市公司按每压缩 1 个收购站奖励 10 万元、1 个收购点奖励 5 万元工资计划的标准，对相应县分公司给予奖励。是年，全市设置烟叶收购站点 51 个，比 2002 年减少 33 个。各收购站点严格按合同、预约单、预检单“三证齐全”收购烟叶，做到严禁无合同、超合同收购。

2011 年，根据国家局《烟叶专业分级散叶收购工作规范（试行）》，永州烟草按照“突出特色、注重品质、减工降本、增加效益”的工作思路，开展散烟收购试点工作，制定《2011 年散叶收购工作方案》，成立以副经理刘正日为组长的专业分级散叶收购管理工作组，共设 10 条散叶收购线，明确专业化分级、散烟收购试点工作要求、流程、岗位职责、质量要

2011 年，永州烟区开展散烟收购试点

求和管理措施，全市共安排散叶收购 1350 吨。是年，全市对各收购站点实行主检员异地安排、当日结清、原收原调、定时停称的收购要求，实现快速、均衡、平稳收购烟叶。

2012 年，根据《湖南省专业化分级散烟叶收购工作规范（试行）》，永州全面推行专业化分级、散叶收购模式。按照《湖南省烟叶基层队伍建设规范》要求，全市各收购站点设置质量负责人、主检员、预检预约员、助（初）检员、质管员、过磅员、开票员、保管员、成包质量管理员等岗位。是年，全市共设收购点 48 个，比 2002 年减少 36 个，共收购烟叶 3.5 万吨。

2013 年 3 月，永州烟草商业系统投入资金 554 万元，改造烟叶分级场地 2.2 万平方米；投入资金 899.9 万元，购买烟叶分级台、分级框、加湿机、辅助光源等设施设备，为专业化分级散叶收购提供基础。全市共设 48 个收购点，65 条收购线，全面实行专业化分级散叶收购。

2014—2015 年，在全国烟叶市场供过于求的形势下，永州烟草商业系统坚持以市场为导向，以等级纯度质量为核心，全面推行“初分预检、精准预约、专分散收”收购模式。2014 年，全市共设 47 个收购点，共计 64 条收购线。2015 年，永州调整收购站点，撤销江永县桃川收购点，在江永县夏层铺、新田县新圩、宁远县中和烟草站各新增一条收购线。全市共设 47 个收购点，65 条收购线，同时启用 BS 和 CS 版收购。市公司要求各站点的初分预检达到总量 70%以上，方可开秤收购。

三、标准

2003—2015 年，永州烟叶收购按照国家发布的 GB2635-92《烤烟国家标准》以及实物仿制样品为标准，推行 42 级标准收购。烟叶收购前，组织人员制好烟叶收购指导样品，平衡各收购站点的眼光，做到一个眼光收到底。同时严格控制烟叶水分，对水分超标的烟叶一律不准收购，以免造成冲烧、霉变。

国家四十二级分级标准表

表 1-9

组别		级别	代号	成熟度	叶片结构	身份	油份	色度	长度（厘米）	残伤（%）
下部（X）	柠檬黄（L）	1	X1L	成熟	疏松	稍薄	有	强	40	15
		2	X2L	成熟	疏松	薄	稍有	中	35	25
		3	X3L	成熟	疏松	薄	稍有	弱	30	30
		4	X4L	假熟	疏松	薄	少	淡	25	35

续表1-9

组别		级别	代号	成熟度	叶片结构	身份	油份	色度	长度（厘米）	残伤（%）
下部（X）	橘黄（F）	1	X1F	成熟	疏松	稍薄	有	强	40	15
		2	X2F	成熟	疏松	稍薄	稍有	中	35	25
		3	X3F	成熟	疏松	稍薄	稍有	弱	30	30
		4	X4F	假熟	疏松	薄	少	淡	25	35
中部（C）	柠檬黄（L）	1	C1L	成熟	疏松	中等	多	浓	45	10
		2	C2L	成熟	疏松	中等	有	强	40	15
		3	C3L	成熟	疏松	稍薄	有	中	35	25
		4	C4L	成熟	疏松	稍薄	稍有	中	35	30
	橘黄（F）	1	C1F	成熟	疏松	中等	多	浓	45	10
		2	C2F	成熟	疏松	中等	有	强	40	15
		3	C3F	成熟	疏松	中等	有	中	35	25
		4	C4F	成熟	疏松	稍厚	稍有	中	35	30
上部（B）	柠檬黄（L）	1	B1L	成熟	尚疏松	中等	多	浓	45	15
		2	B2L	成熟	密	中等	有	强	40	20
		3	B3L	成熟	密	中等	稍有	中	35	30
		4	B4L	成熟	紧密	稍厚	稍有	弱	30	35
	橘黄（F）	1	B1F	成熟	尚疏松	中等	多	浓	45	15
		2	B2F	成熟	尚疏松	稍厚	有	强	40	20
		3	B3F	成熟	稍密	稍厚	稍有	中	35	30
		4	B4F	成熟	紧密	厚	稍有	弱	30	35
	红棕（R）	1	B1R	成熟	稍密	稍厚	有	浓	45	5
		2	B2R	成熟	稍密	稍厚	有	强	40	15
		3	B3R	成熟	稍密	厚	有	中	35	25
完熟叶（H）		1	H1F	完熟	疏松	中等	稍有	强	40	25
		2	H2F	完熟	疏松	中等	稍有	中	35	35
杂色（K）	中下部（CX）	1	CX1K	尚熟	疏松	稍薄	有	—	35	20
		2	CX2K	欠熟	尚疏松	薄	少	—	25	25
	上部（B）	1	B1K	尚熟	稍密	稍厚	的	—	35	20
		2	B2K	欠熟	紧密	厚	稍厚	—	30	30
		3	B3K	欠熟	紧密	厚	少	—	25	35

续表1-9

组别		级别	代号	成熟度	叶片结构	身份	油份	色度	长度（厘米）	残伤（%）
光滑叶（S）		1	S1	欠熟	紧密	稍薄稍厚	稍有	—	40	10
		2	S2	欠熟	紧密	—	少	—	30	20
微带青（V）	下二棚		X2V	尚熟	疏松	稍薄	稍有	中	35	15
	中部		C2V	尚熟	疏松	中等	有	强	40	10
	上二棚		B2V	尚熟	稍密	稍厚	有	强	40	10
			B3V	尚熟	稍密	稍厚	稍有	中	35	10
青黄色（CY）		1	CY1	尚熟	尚疏松至稍密	稍薄稍厚	有	—	35	15
		2	CY2	欠熟	稍密至紧密	稍薄稍厚	稍有	—	3	20

四、运作

2003年，永州市局（公司）成立以局长（经理）陈雄四为组长的烟叶收购调拨工作领导小组，下设烟叶质量巡查小组、市场秩序督查小组，组织领导全市烟叶收购、调拨工作。各县（区）烟草公司成立相应组织机构。全市实行以预约封闭式微机收购为主、以预约隔离式微机收购为辅的收购管理模式。在防治“非典”的背景下，全市烟叶收购工作规范有序，在省质量技术监督局和省烟草专卖局联合检查中，永州烟叶等级合格率达80.97%。永州开发的国际型优质烟叶实行单收单调，由县烟草公司组织专人集中单独收购。全市烟叶收购资金由市公司统贷统还，根据收购和调拨进度安排各县（区）公司资金。

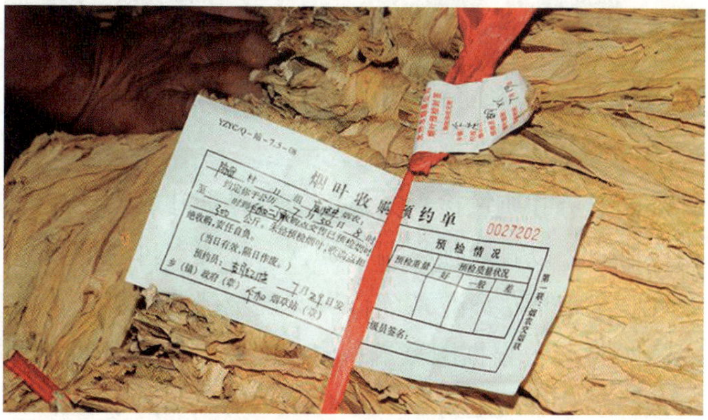

2004年，永州烟区开始推行预检预约收购模式

2004年，永州市局（公司）烟叶收购调拨工作领导小组下设“四组一室”（烟叶收购调拨销售工作组、资金管理组、市场管理及安全保卫组、烟叶交售仲裁组及领导小组办公室）。各县（区）烟草公司成立相应机构。6月，市公司召开全市烟叶

收购工作会，要求各县（区）局贯彻落实国家烟草专卖局“七条要求”和“五条纪律”，严格按合同收购、推行预约预检制，全面建立烟叶收购质量负责制，实行封闭式或半封闭式密码收购模式。市公司向县公司派驻工作组，协助开展和督促收购、调拨工作。

2005—2006 年，永州烟草坚持“以服务为重点、以纯度为核心，以质量为中心”的烟叶收购指导思想，按照“质量要稳、速度要快”的要求，结合户籍化管理，全面推行预约预检收购模式，分片包户组建预检队伍，走村入户指导烟农分级扎把，提高烟叶纯度，解决收购效率低和高峰期烟农排队等候等问题。2005 年 6 月，永州市局（公司）成立以局长（经理）徐文军为组长的烟叶收购调拨工作领导小组，下设烟叶收购调拨销售工作组、资金管理组、市场管理及安全保卫组、烟叶交接仲裁组等 4 个工作小组。是年，全市部分替代进口烟叶实行单独收购、专仓存放。2006 年 7 月，市烟草公司在宁远承办全省烟叶收购工作现场会，参会领导对永州入户预检工作给予好评，认为入户预检是提高烟叶纯度的有效途径。同年，中国烟叶总公司领导到永州调研时，对永州预约预检收购模式给予充分肯定。

2006 年 7 月，永州承办全省烟叶收购工作现场会

2007 年，全市烟叶收购款首次采用电子结算办法，由合作银行电子支付烟农，提高收购资金的安全和使用效率，并受到烟农的普遍欢迎。2008 年，永州市局（公司）成立以局长（经理）李刚华为组长的烟叶收购调拨工作领导小组，与广西贺州市召开边界烟叶收购协调会。会议达成共识，永州、贺州两地首次实行互派市场管理联络员和质量检查员，维护边界烟叶收购秩序。同时，市烟草公司与工业公司积极协商，以收取预收烟叶货款、延缓支付卷烟货款等方式筹措烟叶收购资金 5 亿余元。全市烟草商业系统首次实现全部使用自有资金支付烟叶收购款、烟叶税款。

2009 年，根据国家烟草专卖局烟叶收购等级预警机制，永州上等烟、中部烟比例预警线被省局定为 51%、45%。7 月，市局（公司）局长（经理）李刚华授权副经理刘正日为市公司烟叶质量管理者代表，行使质量管理职责和权限，并承担管理责任；任命李玉辉为市公司烟叶等级质量检验总监。同时，市公司授权 82 名烟叶线员工为2009 年度烟叶质检员。8 月，市公司下发《永州市烟草公司烟叶等级质量管理办法》《永州市烟草专卖局关于严格执行烟叶收购纪律和制度的通知》，明确各县分公司主要负责人为烟叶等级质量管理第一责任人，分层次设立烟叶质量总监、总检、主检，实行烟叶等级质量层层负责制，把省局设立的烟叶收购质量预警线作为“高压线”，开展烟叶收购纪律和质量巡查抽检，做到质量控制程序化、责任追溯痕迹化。是年，在省局检查组抽查中，永州烟叶收购质量合格率达 82. 11%。在国家局检查组抽查中，永州烟叶平均合格率达 80. 6%，名列全省前茅。

2010—2011 年，永州烟草系统要求烤烟种植主体凭身份证、收购合同、预约单、预检单等“四证齐全”交售烟叶，严禁无合同、超合同收购。2011 年，永州烟草执行烟叶等级质量责任制，实行主检对总检、总检对总监、总监对企业的三级烟叶等级质量负责制，强化烟叶等级质量管理。市局（公司）会同市技术监督局组成烤烟标准、收购纪律检查组，对全市烟叶等级质量及烟叶收购纪律开展抽查。各产烟县成立质量巡查组开展监督检查，对待交售的成捆烟叶纯度、收购站点仓库的散烟质量、成包烟叶的等级质量及烟叶收购制度的执行情况开展检查。各收购站点执行“两套收购仿制样品”制度，确保公开、公平、公正收购烟叶。同年，全市烟草商业系统开展散烟收购试点工作，制订《2011 年散叶收购工作方案》，成立以副经理刘正日为组长的专业分级散叶收购管理工作组，共设 10 条散叶收购线。其余收购线按照主检员异地安排、甩把收购、当日结清、原收原调、定时停秤的要求执行。是年，全市 K326 品种的烟叶实行单收、单存、单调，并在烟包标识上注明品种。

2012 年，永州烟草全面实行散叶收购模式，完善相关配套设施，做好专业化分级指导，强化收购现场管理，实行不落地成包，散叶分级与收购质量得到有效控制。永州烟草严格管理收购、入库、备货 3 个关口，实行成包专人管理，中心库进行二次验级把关，烟叶纯度和成包质量得到提高。7 月 3—

2012 年 7 月，永州承办全省现代烟草农业建设暨烟叶收购现场会

5日，永州烟草承办全省现代烟草农业建设暨烟叶收购现场会。

2013年，永州烟草坚持“两个质量管理流程”（专业化分级流程和散叶收购与调拨业务流程），采取“前一环节对后一环节负责，后一环节对前一环节检验”的办法和“责任不分清不放过，原因不查清不放过，整改不到位不放过”的措施，全面把控烟叶收购流程管理。同时，永州烟草成立两个“特别行动队”（即烟叶收购质量和市场监督管理特别行动队），收购期间始终驻点到各产烟县或收购点，确保烟叶收购质量和秩序。是年，永州烟叶在国家局、省局烟叶收购检查中的合格率分别达83.29%、83.5%。

2014年8月，市局（公司）对烟叶收购现场实行远程视频监控

2014年，在全国烟叶市场供过于求的形势下，永州局（公司）加强烟叶收购质量管理，成立以局长（经理）李刚华为组长的散叶收购调拨工作领导小组、以副经理刘正日为组长的质量巡查小组、以副局长阳天和为组长的市场秩序维护组，组织领导全市系统的烟叶收购、调拨管理工作，全面推行“初分预检、分部预约、专分散收”的收购模式，实行质量管理责任制、不合格烟叶“返回制”，采取巡查与视频监控相结合，实施烟叶收购质量全程监管，有效解决“三混”、非烟物质和成包一致性等问题，提高收购等级质量和烟叶纯度，全市收购等级合格率达82.2%。全市严格按合同收购，杜绝收购劣杂品种烟叶和外地烟叶，严控滞销烟叶收购比例，B3F及以下中等滞销烟叶收购比例在13%以内。

2015年，永州实行“分类初分、精准预约、专分散收”收购模式，重点在“烟农初分、专业分级、散叶定级、烟叶成包”环节把控质量。全市收购秩序平稳，收购质量稳定，在国家局、省局收购质量检查中的合格率分别达到82.09%、80.85%；工商交接质量检查合格率分别达到63.6%、68.74%；烟叶专业化分级经验在全省烟叶工作会议上作典型发言，烟叶收购工作实现烟农、政府、烟草三方满意。

2003—2009 年永州市烤烟 42 级收购价格表（二价区）

表 1-10 单位：元/50 千克

等级	2003 年	2004 年	2005 年	2006 年	2007 年	2008 年	2009 年
C1F	882	860	860	860	880	1020	1060
C2F	774	790	790	790	810	940	960
C3F	667	690	690	690	710	830	870
C1L	806	790	790	790	810	930	970
C2L	700	710	710	710	730	845	880
B1F	683	690	690	690	710	840	900
B2F	543	560	560	560	580	715	790
B1L	570	590	590	590	610	705	770
B1R	564	550	550	550	570	685	760
H1F	590	580	580	580	600	715	840
X1F	554	605	605	605	625	730	830
C3L	570	605	605	605	625	745	790
X2F	430	500	500	500	520	625	730
C4F	490	540	540	540	560	665	760
C4L	452	500	500	500	520	615	710
X3F	323	400	400	400	420	510	610
X1L	505	580	580	580	600	700	790
X2L	398	465	465	465	485	600	680
B3F	323	385	395	395	415	550	670
B4F	150	205	235	235	255	385	520
B2L	344	390	410	410	430	555	640
B3L	160	215	245	245	265	395	500
B2R	468	460	460	460	480	580	620
B3R	274	275	285	285	305	395	490
H2F	492	480	480	480	500	590	670
X2V	310	310	310	310	330	395	450
C3V	484	500	500	500	520	610	710
B2V	376	375	375	375	395	455	540
B3V	270	275	275	275	295	355	450
S1	226	220	220	220	240	300	420

续表1-10

等级	2003 年	2004 年	2005 年	2006 年	2007 年	2008 年	2009 年
B4L	62	110	150	150	170	255	360
X3L	162	210	300	300	320	440	580
X4L	72	115	180	180	200	300	460
X4F	82	125	210	210	230	340	500
S2	102	105	105	105	125	190	280
CX1K	72	120	200	200	220	280	370
CX2K	42	85	135	135	155	210	280
B1K	62	110	185	185	205	270	350
B2K	32	60	100	100	120	180	270
GY1	27	50	80	80	100	150	220
B3K	17	30	80	80	100	125	190
GY2	12	20	60	60	80	115	180

2010—2015 年永州市烤烟 42 级收购价格表（二价区）

表 1-11 **单位：元/50 千克**

等级	2010 年	2011 年	2012 年	2013 年	2014 年	2015 年
C1F	1060	1220	1560	1720	1830	1920
C2F	960	1110	1380	1520	1640	1720
C3F	870	990	1200	1340	1450	1520
C1L	970	1120	1445	1600	1690	1750
C2L	880	1010	1300	1420	1510	1560
B1F	900	1020	1270	1400	1500	1600
B2F	790	880	1090	1170	1300	1300
B1L	770	850	1020	1140	1200	1250
B1R	760	820	900	950	950	950
H1F	840	950	1050	1150	1200	1250
X1F	830	920	1100	1220	1230	1350
C3L	790	900	1120	1240	1350	1370
X2F	730	790	910	1000	1080	1050
C4F	760	880	1020	1160	1290	1320

续表1-11

等级	2010 年	2011 年	2012 年	2013 年	2014 年	2015 年
C4L	710	790	940	1060	1140	1180
X3F	610	650	720	780	615	650
X1L	790	880	1000	1120	1130	1200
X2L	680	740	820	900	900	900
B3F	670	740	910	980	850	850
B4F	520	590	730	770	615	560
B2L	640	700	820	920	800	900
B3L	500	550	620	670	550	550
B2R	620	650	700	730	700	700
B3R	490	500	500	510	500	460
H2F	670	770	850	950	950	950
X2V	450	480	600	650	550	530
C3V	710	750	900	980	900	890
B2V	540	590	700	780	700	680
B3V	450	480	500	550	500	470
S1	420	420	500	550	505	470
B4L	360	390	420	420	355	310
X3L	580	600	640	680	505	500
X4L	460	460	460	460	305	270
X4F	500	500	530	530	355	320
S2	280	280	300	300	305	270
CX1K	370	370	370	370	335	300
CX2K	280	280	280	280	255	230
B1K	350	350	350	350	325	290
B2K	270	270	270	270	245	220
GY1	220	220	220	220	195	170
B3K	190	190	190	190	165	145
GY2	180	180	180	180	155	135

2003—2015 年永州市烤烟收购情况表

表 1-12 单位：吨、万元、元/千克

项目 年份	收购计划	收购总量	上等烟	中等烟	下低等	投入收购资金	均价
2003	15500	15475	36%	57%	7%	13958.45	9.02
2004	18000	20700	39%	56%	5%	21051.9	10.17
2005	25850	26685	46.55%	38%	15.45%	28713.06	10.76
2006	26000	25940	44.74%	47.09%	8.17%	27003.54	10.41
2007	26000	25645	53.33%	33.18%	13.59%	28412.40	11.08
2008	27500	28685	64.8%	27.52%	7.68%	41684.87	14.53
2009	27500	30235	43.25%	47.30%	9.45%	45381.10	15.01
2010	24765	21800	48.88%	33.18%	17.94%	33695.03	15.46
2011	28050	30000	59.6%	37.31%	3.09%	52866.64	20.30
2012	34500	35015	54.01%	41%以上	4%以内	73557.00	24.14
2013	32000	36070	60.53%	39.47%	0	87217.26	24.18
2014	30500	30730	64.54%	35.46%	0	81065.74	26.38
2015	30500	27070	62.88%	37.12%	0	72953.65	26.95

第二节　销售

2003 年，永州烟叶调拨实行“调拨通知单”制度，各县（区）烟草公司按市烟草公司开具的烟叶调拨等级、数量及交售时间执行。厂县联办烟叶生产基地的烟叶销售，由市烟叶公司、县烟草公司和烟厂按合同共同商定等级结构、数量，交县烟草公司执行。国际型优质烟叶由县级烟草公司直接调定点烟厂，其余烟叶全部调入市烟草公司。同时，市烟草公司从县公司抽调部分畅销等级烟叶，集中用于开拓市场。2003 年，永州 B2F 烟叶因市场需求量少，积压 2000 余吨。9 月，市烟草公司向市人民政府请示，实行推销滞销等级烟叶奖励措施，奖励标准为 0.6 元/千克，所提费用计入企业经营费，作为税前列支。同年，全市烟草商业系统加快烟叶调拨销售和资金回笼，推销库存老烟 11.76 吨，回笼上一年度烟叶货款 30452 万元。销售新烟 1.49 万吨，占收购总量的 96%，回笼新烟货款 1.2 亿元。是年，在全省烟叶工商交接等级质量监督检查中，永州市烟叶等级合格率达 88.77%，名列全省第一，获“全省工商交接烟叶等级质量先进单位”称号。

2004 年，永州烟草商业系统广泛联系客户，积极组织货源，协调落实烟叶销售合同，帮助需方联系复烤加工，千方百计把烟叶销售出去。4月1日，市烟草公司首次与上海烟草集团合作，签订烟叶销售合同500吨。是年，全市烤烟购销合同网上签订1.71万吨，其中省外签订1.01万吨、省内签订7000吨。出口备货1000吨，另有意向4000余吨，所签合同中500吨以上的烟厂有11家。11月底，共销售烟叶2.07万吨，实现零库存。12月底回笼货款2.6亿元。

2005年，全市烟叶产业实现从传统农业向“订单”农业转变，先后与长沙、常德、南京、青岛、济南、许昌、兰州、张家口、石家庄等烟厂（集团公司）联办优质烟叶生产基地。同时，被上海烟厂、广州总厂、昆明烟厂列为定点调拨基地。是年，永州签订烟叶购销合同2.45万吨，其中省外1.7万吨，省内7500吨，收回货款21121万元。

2006年，全市烟草商业系统取消县级公司法人资格。市烟草公司成为全市烟草商业系统核算主体。为规范经营，集中管控，市烟草公司探索部分站点收购的烟叶直调市公司中心仓库的管理模式，有宁远县清水桥烟草站、新田县茂家烟草站、蓝山县洪观收购点、东安县大盛收购点及紫溪收购点、祁阳县肖家收购点、冷水滩区花桥收购点、零陵区西塘观收购点等8个站（点）参与试点工作。是年，全市销售烟叶2.36万吨（其中：省外烟厂1.75万吨，省内烟厂0.61万吨），上等烟1.14万吨，占销售总量的48.39%，中等烟1.04万吨，占销售总量的44.12%，烟草工业企业对烟叶交接质量基本满意。应收烟叶货款3.16亿元，回笼烟叶货款2.7亿元，回笼率85.44%。

2007年，零陵区、冷水滩区、祁阳县收购烟叶直接调运市烟草公司中心仓库。不实行直调的收购点，其烟叶每天按时调入县烟叶中心仓库。各县（区）营销部烟叶调拨工作严格按市公司开具的调拨单执行。2007年1月，执行国家烟草专卖局国烟计〔2007〕56号规定，江华县2006年度替代进口烟叶调拨价格可在国家局下达的2006年度烤烟调拨基准价格30%内浮动，江永县、宁远县2006年度替代进口烟叶调拨价格，可在国家调拨基准价格25%内浮动。2007年5月底，全面完成2006年度的烟叶结算工作，烟叶货款回笼率达到100%。2007年，市烟草公司提前筹备烟叶收购资金，降低公司财务费用，积极与中烟工业公司或烟厂衔接，争取烟叶预付货款，8月底共收到烟叶预付款10721.5万元。是年，永州按中国烟草交易中心要求，分别与各中烟工业公司和烟厂签订2007年度烟叶销售的电子合同，召开烟叶客户座谈会，协调具体的调拨等级和交接事宜。在烟叶开秤收购后，按合同要求安排相关县营销部积极组织货源，合理安排烟叶的交接与打叶复烤工作。11月底，永州烟叶全部销售完毕，比2006年提前两个月时间。

2008年3月，根据国家烟草专卖局《关于云南等省级局2007年度部分替代进口烟叶调拨价格的通知》规定，江华县2007年部分替代进口烟叶被评为一档，调拨价格按国家局下达的2007年度烤烟调拨基准价格上浮30%，并按此标准与湖南中烟工业有限责任公司结算。2008年，永州烟草主动与各中烟工业公司衔接、协调，确保烟叶工商交接顺利进行；11月底，全市完成工商交接2.63万吨，其中省外2.03万吨、湖南中烟6000吨。永州市收购和调出烟叶等级质量连续3年获国家烟草专卖局通报表彰。

2009年4月，永州按照国家局烟叶网上交易合同签订要求，分别与广东中烟、山东中烟、河南中烟、河北中烟、江苏中烟、甘肃中烟、江西中烟、黑龙江中烟、上海烟草集团、深圳烟草、红塔集团、湖南中烟、湖南省进出口公司13家工业公司共签订烟叶网上交易合同量2.75万吨。2009年，为保障烟叶收购资金的供应，市公司共收到烟叶预付货款3.8亿元。至12月5日，共收回烟叶货款（含预付款）65492.46万元。是年，在省局、国家局烟叶工商交接检查中，永州烟叶合格率分别为77.6%、63.7%。

2010—2011年，永州烟叶销售管理模式以县分公司直调销售为主，市烟草公司参与协调。烟叶销售合同及补充协议由市烟草公司与卷烟工业企业商定后，交县分公司执行，不足部分由市公司调剂，特色优质烟叶由承担开发任务的县分公司直调联合开发的卷烟工业企业。2011年，永州烟草与11个卷烟工业企业和省进出口公司签订烟叶购销合同2.81万吨，其中山东中烟、湖南中烟、广东中烟3家工业公司调拨量达5000吨，上海烟草集团、河北中烟2家工业公司达2500吨。11月底，全部完成与11个卷烟工业企业年度调拨计划任务。12月底完成与省进出口公司烟叶交接工作。

2012—2013年，永州按照《湖南省烟草专卖局关于烤烟调拨执行价格有关事项的通知》规定，专业化分级散叶收购烤烟，在省局下达的烤烟调拨价格基础上，按照每担50元顺加计入调拨价格。调拨给省烟草进出口公司的出口备货烟叶价格按省局《关于出口备货烟叶调拨价格执行有关问题的通知》执行。2012年，永州烟叶在省局组织的工业企业需求满意度调查中，各项指标得分均居全省前列。2013年，永州烟草加强工商合作，建立工商互动工作机制。采取个性化服务方式，精准利用仓容，实行“快调快打”，提高客户满意度。全年完成订单生产调拨8500吨，特色优质烟叶调拨1万吨，两项占调拨总量的57.8%。客户满意度达98.35%，各工业企业对永州烟叶需求提报量达4.5万吨。

2014年，永州烟草在调拨环节深化工商合作：1. 协调解决烟叶调拨等级结构特别是中部上等烟偏高难题。销售中部上等烟1.54万吨，上部上等烟8330吨，分别占调拨总量的50.6%、27.31%。2. 协调解决K326品种调拨难题。K326品种烟叶调拨价格上浮 2. 88 元/千克，工业企业为降低成本，逆转了 K326 调拨态度。全市种植 K326 品种 5. 75 万亩，收购 7500 吨，调拨 7200 吨。3. 协调解决烟叶调拨、复烤加工仓储难题。2013 年库存烟叶 3000 吨，加之收购时间相对集中、工业再次挑选烟叶数量增多等因素，导致仓储紧张。通过协调，统筹安排调拨等级结构，截止 12 月 15 日完成调拨加工 2. 92 万吨，挑选 1. 62 万吨。4. 协调解决烟叶货款推迟结算难题。省局分配永州结算烟叶 6500~7500 吨，经多方协调，达成“原烟在产地进行初交接，成品烟在需方仓库进行质量、重量复核确认”作为烟叶货款结算依据，共收到预付货款 3. 73 亿元。

2015 年，永州优化工商交接和复烤加工流程，科学合理安排调运、复烤加工，年内完成烟叶调拨 2. 72 万吨，其中特色优质烟 3875 吨，占调拨总量 30. 16%，订单生产烟叶 9500 吨，占调拨总量 34. 93%，复烤加工烟叶 2. 2 万吨。是年，永州烟叶调拨、复烤进度快，其中调拨时间比 2014 年缩短 1 个月，复烤进度加快 37. 5%。调拨质量稳定，在收购 X3F 等级 1405 吨、B4F 等级 755 吨情况下，调拨均价与 2014 年持平，实现工商双方满意；仓储利用科学，既保证区内烟叶顺利交接加工，又兼顾区外烟叶交接加工，实现工商深度合作。

2003—2005 年永州市烤烟调拨县市公司交接价格表

表 1-13　　　　（不含增值税）单位：元/50 千克

等级	2003 年	2004 年	2005 年
C1F	1543	1503	1620
C2F	1376	1395	1510
C3F	1211	1241	1350
C1L	1426	1395	1510
C2L	1262	1272	1385
B1F	1236	1241	1328
B2F	1015	1023	1116
B1L	1061	1087	1166
B1R	1052	1026	1078
H1F	1092	1072	1131
X1F	1036	1110	1220
C3L	1043	1093	1190
X2F	803	931	1025
C4F	919	993	1086

续表1-13

等级	2003 年	2004 年	2005 年
C4L	861	931	1020
X3F	638	753	860
X1L	943	1054	1158
X2L	753	853	965
B3F	630	730	850
B4F	323	453	600
B2L	670	738	870
B3L	338	421	616
B2R	862	846	889
B3R	514	513	608
H2F	923	885	922
X2V	570	567	644
C3V	886	860	960
B2V	672	667	750
B3V	508	513	588
S1	440	428	493
B4L	155	213	324
X3L	310	336	588
X4L	175	225	380
X4F	188	238	426
S2	215	213	248
CX1K	175	231	410
CX2K	126	178	297
B1K	155	213	374
B2K	96	130	228
GY1	81	109	190
B3K	51	67	170
GY2	36	46	132

2003—2007 年永州市烤烟调拨价格表（二价区）

表 1-14　　（不含增值税）单位：元/50 千克

等级	2003 年				2004 年		2005 年	2006 年	2007 年
	省内调拨价格		省际间调拨价格		省内调拨价格	省际间调拨价格			
	初烤	复烤	初烤	复烤	初烤	初烤	初烤	初烤	初烤
上等									
C1F	1780	1807	1827	1855	1754	1785	1852	1852	1857
C2F	1576	1603	1618	1646	1655	1685	1720	1719	1725
C3F	1374	1401	1411	1439	1463	1489	1524	1524	1530
C1L	1636	1663	1680	1708	1651	1680	1715	1715	1720
C2L	1437	1464	1475	1503	1500	1526	1561	1561	1566
B1F	1367	1393	1442	1470	1434	1460	1521	1520	1526
B2F	1099	1125	1150	1177	1189	1210	1267	1266	1272
B1L	1160	1186	1202	1229	1247	1269	1326	1326	1332
B1R	1138	1164	1180	1207	1048	1132	1240	1240	1245
H1F	1186	1212	1230	1257	1101	1189	1301	1301	1306
X1F	1141	1167	1193	1220	1305	1328	1363	1363	1369
中等									
C3L	1165	1191	1218	1245	1245	1267	1308	1308	1313
X2F	872	893	914	935	1022	1041	1119	1119	1125
C4F	989	1009	1035	1056	1098	1118	1188	1188	1194
C4L	912	932	955	976	1016	1035	1112	1112	1118
X3F	643	662	643	662	780	780	938	937	943
X1L	1015	1036	1063	1084	1175	1196	1269	1268	1274
X2L	800	820	838	859	942	959	1053	1052	1058
B3F	643	662	643	662	774	789	911	927	933
B4F	352	365	352	365	471	471	662	661	667
B2L	692	711	712	732	776	791	935	951	957
B3L	369	383	369	383	486	486	679	679	684
B2R	905	924	922	942	854	871	1023	1022	1028
B3R	560	579	560	579	551	551	700	699	705
H2F	928	947	928	947	887	887	1061	1060	1066

续表1-14

等级	2003 年				2004 年		2005 年	2006 年	2007 年
	省内调拨价格		省际间调拨价格		省内调拨价格	省际间调拨价格			
	初烤	复烤	初烤	复烤	初烤	初烤	初烤	初烤	初烤
X2V	621	640	621	640	609	609	741	741	746
C3V	914	933	914	933	925	925	1104	1104	1110
B2V	732	751	732	751	715	715	863	863	868
B3V	554	573	554	573	553	553	677	676	682
S1	480	494	480	494	458	458	567	567	573
下等									
B4L	155	170	155	170	214	214	326	325	331
X3L	324	339	324	339	383	383	590	590	596
X4L	180	195	180	195	232	322	381	381	386
X4F	195	210	195	210	247	247	427	427	432
S2	224	239	224	239	228	228	286	285	291
CX1K	180	195	180	195	239	239	411	411	416
CX2K	126	141	126	141	178	178	298	298	304
B1K	155	170	155	170	214	214	375	375	381
B2K	96	111	96	111	130	130	229	229	235
GY1	81	96	81	96	109	109	191	191	197
低等									
B3K	51	66	51	66	67	67	171	170	176
GY2	36	51	36	51	46	46	133	132	138

2006—2015 年永州市烤烟调拨价格表（二价区）

表 1-15 **单位：元/50 千克**

等级	2008 年	2009 年	2010 年	2011 年	2012 年		2013 年	2014 年	2015 年	
	把烟	把烟	把烟	把烟	把烟	散叶	散叶	散叶	普通烤烟	K326
上等										
C1F	2091	2153	2153	2410	3113	3163	3532	3856	4011	4184
C2F	1942	1973	1973	2215	2785	2835	3166	3509	3647	3795
C3F	1730	1792	1792	1985	2441	2491	2822	3146	3267	3401

续表1-15

等级	2008 年	2009 年	2010 年	2011 年	2012 年		2013 年	2014 年	2015 年	
	把烟	把烟	把烟	把烟	把烟	散叶	散叶	散叶	普通烤烟	K326
C1L	1921	1983	1983	2224	2898	2948	3307	3593	3696	3807
C2L	1758	1812	1812	2022	2630	2680	2973	3259	3345	3443
B1F	1743	1837	1837	2030	2562	2612	2924	3229	3402	3591
B2F	1497	1613	1613	1758	2215	2265	2482	2844	2844	2875
B1L	1490	1592	1592	1720	2101	2151	2444	2673	2759	2818
B1R	1438	1554	1554	1650	1860	1910	2070	2185	2185	2231
H1F	1498	1693	1693	1870	2117	2167	2422	2632	2719	2814
X1F	1543	1699	1699	1843	2243	2293	2585	2720	2927	3156
中等										
C3L	1513	1584	1584	1761	2236	2286	2578	2903	2937	3013
X2F	1300	1463	1463	1559	1845	1895	2131	2398	2346	2415
C4F	1369	1516	1516	1709	2032	2082	2413	2775	2827	2881
C4L	1277	1424	1424	1553	1895	1945	2238	2505	2574	2638
X3F	1094	1249	1249	1313	1504	1554	1733	1535	1388	1484
X1L	1441	1581	1581	1726	2011	2061	2354	2489	2609	2744
X2L	1250	1374	1374	1471	1680	1730	1947	2062	2062	2087
B3F	1158	1344	1344	1457	1838	1888	2086	1954	1699	1720
B4F	884	1094	1094	1206	1530	1580	1720	1541	1258	1288
B2L	1165	1297	1297	1394	1679	1729	1984	1871	2044	2128
B3L	902	1065	1065	1145	1336	1386	1547	1434	1247	1270
B2R	1195	1257	1257	1305	1458	1508	1631	1688	1468	1490
B3R	856	1003	1003	1019	1076	1126	1211	1306	1076	1115
H2F	1217	1341	1341	1502	1711	1761	2016	2131	2131	2156
X2V	854	940	940	988	1273	1323	1484	1409	1195	1220
C3V	1260	1416	1416	1480	1823	1873	2090	2053	2036	2053
B2V	968	1101	1101	1181	1448	1498	1715	1678	1429	1450
B3V	782	929	929	978	1073	1123	1283	1303	1088	1110
S1	673	859	859	859	1068	1118	1279	1298	1084	1105
下等										
B4L	473	636	636	684	742	792	742	610	470	475

续表1-15

等级	2008 年	2009 年	2010 年	2011 年	2012 年		2013 年	2014 年	2015 年	
	把烟	把烟	把烟	把烟	把烟	散叶	散叶	散叶	普通烤烟	K326
X3L	796	1013	1013	1045	1121	1171	1197	856	744	780
X4L	553	802	802	802	802	852	802	498	388	395
X4F	616	865	865	865	922	972	922	581	460	465
S2	399	539	539	539	577	627	577	577	457	465
CX1K	516	657	657	657	657	707	657	581	460	465
CX2K	396	505	505	505	505	555	505	449	360	365
B1K	489	613	613	613	613	663	613	557	439	445
B2K	335	475	475	475	475	525	475	419	334	340
GY1	281	390	390	390	390	440	390	334	260	265
低等										
B3K	217	319	319	319	319	369	319	262	206	212
GY2	197	298	298	298	298	348	298	242	188	195

2003—2015 年永州市烤烟购销情况表

表 1-16 单位：吨

项目 年份	收购量	销售量
2003	15475	14900
2004	20700	21275
2005	26685	27240
2006	25940	29500
2007	25645	23635
2008	28685	25380
2009	30235	26140
2010	21800	25235
2011	30000	25930
2012	35015	29130
2013	36070	29990
2014	30730	29170
2015	27070	27200

说明：表中数据来源于市局（公司）各年度工作报告和烟叶工作总结

第三章　产业扶持

第一节　资金及物资扶持

2003 年，永州执行《湖南省人民政府办公厅关于 2003 年烟叶生产购销有关政策的通知》，二价区 B2F 的生产投入调整为每 50 千克 40 元；生产投入标准的三分之一产前到位，用于大棚、漂浮育苗、烤房建设等；三分之二实行产前承诺，产后用肥料兑现。市人民政府及烟草部门共投入资金 650 余万元，用于新、改建标准化烤房。其中，江永县、新田县的县乡两级政府从财政中拨款，对新建合格的标准化烤房补助 200~400 元/座，对改建合格的标准化烤房补助 100 元/座。2004 年，永州各级政府、烟草行业共投入资金 1800 余万元，用于烟水配套设施建设和标准化烟站建设；投资 155 万元用于新、改建标准化烤房。市烟草公司对烟用物资按 150 元/亩的标准予以补助，并对漂浮育苗实行补贴。

2003—2004 年永州市烤烟生产投入标准表

表 1-17　　　　**单位：元/50 千克**

等级	2003 年	2004 年
C1F	75	75
C2F	75	75
C3F	75	75
C1L	75	75
C2L	75	75
B1F	75	75
B2F	0	60
B1L	75	75
B1R	75	75
H1F	75	75
X1F	75	75
C3L	60	60
X2F	60	60
C4F	60	60

续表1-17

等级	2003 年	2004 年
C4L	60	60
X3F	60	40
X1L	60	60
X2L	40	40
B3F	40	40
B2L	40	40
B2R	40	40
H2F	60	60
C3V	40	0

2005 年，永州市按照政府、烟草、烟农“三位一体”的投入模式，在商品化育苗、平衡施肥、病虫害防治、标准化烟草站和标准化烤房新改建及集约化烤房建设上，实行政府、烟草公司、烟农三方按比例投入政策；在烟用物资投入上，政府补助 50 元/亩，烟草部门投入 150 元/亩。全市烟叶产前投入 4890 万元。针对煤价上涨，永州各级政府和烟草部门共筹资 500 万元补贴烟农。是年，全市烟草商业系统投入 3000 余万元，解决烟水、烟路配套设施建设工程 60 余项，受益面积为 3 万~4 万亩。同时，张家口、济南、石家庄等对口烟厂根据国家烟草专卖局提出“工业反哺农业”和实现基地化调拨的要求，在湖南省调拨价的基础上按每 50 千克烟叶增加生产投入 50~100 元，主要用于永州烟区基础设施建设和部分农用生产物资补贴。

2007 年，永州全面推行烟用生产物资套餐制

2006 年，市烟草公司执行省人民政府规定上中等烟叶 2 元/千克、低次等烟叶 1.4 元/千克的投入标准，实行产前承诺，产后兑现，改“暗补”为“明补”，收取烟农生产成本费，按“套餐”供应烟苗、专用肥料、农药、农膜等生产资料，禁止其他任何形式的额外补助，解

决烟农投入不足和生产水平偏低的问题。该烤烟生产投入模式获得省局肯定。2007年5月8日，市人民政府《关于2007年烤烟生产收购和专卖管理工作有关问题的通知》规定：全面推行烟用农资基本套餐制度，基本套餐农资由各产区结合当地实际确定。烟草部门按进价组织供应烟叶生产所需物资（包括种子、专用肥、地膜、农药等），烟农出资购买或肥贷挂钩形式购买。烟叶收购后，烟草部门按1.2元/千克的生产投入标准补贴兑现。对其他烟用物资、育苗专业化服务、灾损及保险等各项补贴，由当地烟草部门按国家政策组织落实到位。对实施秸秆还田、绿肥压青、机械深耕等项目的烟农，经烟草公司验收合格后，按40元/亩的标准补贴农户。是年，市烟草公司投入烟叶生产补贴金额5080.75万元。

2008年，随着生产资料及其他农产品价格上涨，为调动烟农种烟积极性，稳定烤烟生产规模，永州实行系列扶持政策：1. 市人民政府按每担20元的标准给予财政补贴；2. 调整烟用物资套餐供应种类，取消地膜供应，每亩套餐成本控制在350元左右，比2006年降低生产成本50余元；3. 执行土壤改良政策，对落实土壤改良技术措施的烟农，给予每亩40元的补贴。是年，全市烟草商业系统共投入烟叶生产补贴金额8158.5万元，其中烟用物资补贴6693.97万元。2009年，全市烟叶生产投入补贴标准统一执行上等烟1.6元/千克，X2F、C3L、B3F为2元/千克，B3K、GY2、CX2K不安排烟叶生产投入补贴，其他中下等烟叶的补贴标准为1.8元/千克。全市共采购供应烟草肥料29265吨，采购育苗物资530万元、烟草农药480万元。

2010年，永州执行省局《关于进一步规范2010年烟叶生产投入补贴管理的通知》规定：特色优质烟叶的生产补贴标准为3.19元/千克，非特色优质烟叶的生产补贴标准为2.59元/千克。是年，永州烟草加强烟用物资采购管理，在原材料价格波动大、运输紧张的情况下，严格按照《九嶷金叶烤烟生产综合标准体系》中《烟用物资管理规程》供应烟用物资，全部按省局统一价格供应给烟农，稳定各类烟用物资销售价格。

2011年，全市烟叶生产投入标准：X2F、C3L两个等级3元/千克，X2L、X3F两个等级2元/千克，其他上中等烟2.6元/千克，下低等烟叶不予补贴，烟叶生产投入在收购时兑现，支付烟农账户；经不适用鲜烟叶田间处理验收合格且在合同约定面积内的种植主体，按每亩60元兑现优化烟叶结构补贴；专业化分级按每担30元的标准补贴，烟叶收购结束后兑现给专业化分级队。是年，永州烟草供应烟草专用基肥14160吨、烟草专用追肥7920吨，硫酸钾4110吨、硝酸钾1095吨、提苗肥1020吨、有机肥1095吨。

2012年，永州烟草围绕“上规模、提质量、促增收”的工作目标，进一步完善烟叶生产扶持政策：1. 对种植K326品种的种植主体，每亩免费提供2次预防赤星病药剂（斯佩斯，金额12元/亩），每担烟叶安排品种补贴10元。2. 全市生产肥料供应按每亩430元执行。3. 对购买烟用肥料确实有困难的种植主体予以贷款贴息。4. 板田翻耕浸泡予以每亩40元的贴补。5. 覆盖栽培补贴政策。实行地膜覆盖的，地膜由烟草公司免费供应；实行稻草覆盖的，经验收合格后每亩补贴20元。6. 优化烟叶结构补贴政策。生产阶段不适用烟叶鲜烟处理称重达标后兑现45元/亩，收购结束后下低次等烟控制在4%以内且合同履约率达90%以上的兑现30元/亩。7. 对专业化分级散叶收购每担补贴50元。8. 烟叶增香发酵饼肥推广补贴，全市饼肥铁路到站价3060元/吨，每亩收取种植主体6元，差价从烟叶技改费中列支。9. 烤房建设政策，烤房修复资金由烟草和政府按4∶6的比例分摊，计划外的新建烤房，按“计划严控，风险共担”办法，由县烟草分公司与县烤烟办签订风险协议，土建部分的资金由政府垫付，设备资金由烟草部门垫付。全市烟叶生产投入标准：X2F、C3L两个等级执行3.2元/千克，X2L、X3F两个等级执行2.2元/千克，其他上等烟叶执行2.8元/千克，下低等烟叶不予补贴。是年，永州烟草供应烤烟生产用肥2.94万吨。

2013年，永州烟草执行省局湘烟财〔2013〕60号文件规定：优化烟叶结构补贴按下部鲜烟田间处理环节50元/亩、上部鲜烟弃考环节20元/亩，鲜烟分类编杆环节40元/亩，收购环节60元/亩的标准进行补贴，具体细则按验收情况进行补贴。是年，永州投入资金500万余元，用于补贴烟田深翻耕晒垡冻垡，完成面积8.48万亩，比2012年增加6万亩。

2014年，永州执行省政府办公厅湘政办发〔2013〕76号文件规定：K326纳入特色优质品种，收购价上浮10%；优化烟叶结构补贴标准按170元/亩执行，其中下部不适用鲜烟处理按50元/亩补贴，剩余部分用于对不适销烟叶的处置补偿。同年，永州烟草制定烟叶生产产前投入补贴政策：1. K326品种种植补贴政策，对K326品种的烟叶收购价格在其他普通品种烟叶收购价格的基础上上浮10%，并免费提供3次防治叶斑病药剂；2. 肥料供应价格政策，每亩成本金额为375.6元，实际按每亩375元收取，每亩0.6元的差额从生产投入中列支；3. 覆盖栽培补贴政策，实行地膜覆盖的，收取地膜款2元/千克；实行稻草覆盖的，经验收合格补贴20元/亩，补贴资金从烟叶生产投入中列支；4. 特色优质烟叶开发基地单元饼肥增香补贴政策，在4个特色单元（宁远仁和、舜陵，江华白芒营，新田田家）推广发酵饼肥15千克/亩，收取种植主体6元/亩。2014年11月，根据国家局、省局关于2014年烟叶生产投入补贴的政策要求，永州烟草对补贴标准进行调整：1. 专业化分级散叶收购补贴，按每担50元补贴烟农合作社，按约定补贴烟农初分预检；2. K326品种补贴：按合同约定面积补贴K326种植户300元/亩；3. 优化烟叶结构补贴：下部不适用鲜烟处理按合同50元/亩补贴；上部不适用烟叶处理根据具体合同履约、B3F及以下中等烟比例控制情况，给予相应补贴。是年，永州烟草对烟叶精益生产实施补贴，补贴项目及标准为：1. 增香发酵饼肥15千克/亩；2. 黄板30张/亩；3. 夜蛾类通用诱捕器1个/亩，烟青虫诱芯1个/亩，斜纹夜蛾诱芯2个/亩；4. 病虫害综合防治药剂50元/亩；5. 上部叶带茎砍烘烤500元/房；6. 其他个性化推广项目20元/亩。同时，在烟叶收购环节对C1F、C2F、C3F、C1L、C2L、B1F、B2F、H1F、X1F、C3L、C4F、X1L、X2F、C4L执行2.4元/千克的补贴标准。

2015年，市烟草公司下发《关于明确2015年烟叶生产投入补贴政策的通知》规定：1. 特色品种补贴，对K326每亩300元的补贴纳入收购价格，上浮10%；为种植K326品种的农户，免费提供2次防治叶斑病药剂。2. 肥料和育苗补贴政策：以购进价折算金额390.59元/亩；肥料套餐实际按390元/亩收取，价差部分从烟叶生产补贴中列支；育苗统一由合作社组织管理，并按30元/亩向烟农收取成本费。3. 优化烟叶结构和散叶分级补贴：优化上部不适用烟叶补贴120元/亩并入收购价格，下部不适用鲜烟处理补贴标准为0.47元/千克；散叶分级补贴维持1元/千克。是年，市烟草公司对烟叶精益生产补贴烟农2120万元。

2015年永州市烟叶精益生产示范项目扶持情况表

表1-19

项目	亩数量	单价	金额（元）	全市总量（万亩）	总金额（万元）
诱虫黄板	30张	1.08元/张	32.4	1	32.40
性诱剂	1套	12.7元/套	12.7	3.1	39.37
生物食诱剂	1瓶	87元/瓶	87	0.62	53.94
三饼合一饼肥	15千克	2.7元/千克	40.5	11.5	465.75
地膜	4千克	12.78元/千克	51.12	17.3	884.38
农药		50元/亩		7.2	360.00
提高上部叶可用性示范		25元/亩		7.2	180.00
个性化项目		15元/亩		7.2	108.00
合计					2123.84

第二节　灾害救助

2005年，永州执行省烟草专卖局、省物价局《关于下达2005年烤烟县市公司交接价格的通知》规定，按每收购50千克烟叶提取6元的风险基金，统一上缴市烟草公司集中管理，在烤烟遭受特大自然灾害造成严重减收、绝收时，用于受灾烟农的救灾和补助。

2007年，市烟草专卖局（公司）向受灾烟农捐赠30万元

2006年，永州市各级政府、烟草部门本着积极、稳妥原则，投入资金150万元为烟农统一办理烟叶生产保险。7月中旬，永州烟区遭受“碧利斯”台风引发的洪灾，部分烟农的烟叶受灾损毁，由保险公司赔付130万元。同时，市烟草公司向省局和卷烟工业企业争取到救灾资金90万元。

2008年1月，永州遭受严重的冰冻灾害，垮塌育苗中棚571座，冻死烟苗1057万株，直接经济损失达到970.08万元以上。面对灾情，永州烟草周密部署、科学应对，组织全体烟叶生产人员坚守岗位，对全市7097座育苗棚进行加固，同时紧急安排2万亩备用苗育苗，实行全市统一调剂供应，确保烟苗足额供应。6月8—13日，永州发生特大洪涝灾害，全市烤烟受灾面积5.85万余亩，其中绝收面积1.3万余亩，直接损失5760万元。各产区县分公司组织技术人员，指导烟农抗灾救灾、清沟排水、清洗叶片、抢烤烟叶以及灾后病虫害防治工作；全面细致核实受灾程度和受灾面积，以村为单位张榜公示。10月中旬，按照《永州市烤烟种植风险保障方案》，全市启动救灾补损兑现工作，共兑现补损资金500余万元。是年，永州烟草投入自热灾害防治资金327.02万元，其中自然灾害保险费27.02万元、自然灾害风险基金300万元。

2009年，市人民政府办公室下发《关于2009年烟叶生产购销和卷烟经营管理政策的通知》规定：建立健全烤烟生产风险保障机制，2009年全市烤烟生产风险资金总额为800万元，其中烟草行业筹资600万元、市财政拨款200万元，在市烤烟办设立专项资金账户，资金实行滚动使用，主要用于烤烟因灾绝收的补偿。各产烟县也相应筹集一定的烤烟救灾风险资金。

2010年6月，永州发生特大洪灾，造成全市烟田受灾面积57418亩，其中绝收面积11652亩，烟农直接损失4000万元以上。市烟草公司通过民政部门向灾区捐赠300万元。是年，全市共筹措烤烟救灾资金1600万元，其中市烟草专卖局筹资440万元、省烟草专卖局及各中烟公司向永州市慈善总会捐赠烤烟救灾资金560万元、市财政拨付200万元、产烟县配套资金400万元，按产区县烤烟受灾程度予以补损。同时，省、市烟草专卖局为宁远县另外追加救灾资金 100 万元。

2010 年永州市烤烟救灾补损资金分配表

表 1-20　　　　**单位：万元**

县名	市里筹措烤烟补损资金				县里配套资金	合计
	市财政拨款	市烟草专卖局筹资	省烟草专卖局、各中烟公司、市慈善总会捐赠款	合计		
宁远	75	234	200	509	151	660
新田	46	40	170	256	93	349
蓝山	20	40	50	110	40	150
江华	21	42	50	113	41	154
江永	20	40	50	110	40	150
道县	15	26	40	8	29	110
东安	3	12	0	1	5	20
回龙圩	0	6	0	6	1	7
合计	200	440	560	1200	400	1600

2012 年，永州烟区育苗期间连续 60 天低温无日照天气，影响烟苗正常生长。为此，市烟草公司投入资金 442.4 万元，购置增温补光设施设备，采取大棚套小棚、适当降低苗池水深，提高棚内温度，补充光照，确保烟苗正常生长。2012 年 4—6 月，永州烤烟大田管理期间遭受 5 次洪涝、冰雹灾害，受灾面积 4.6 万亩，烟叶减产 15%以上，烟农直接损失 12964 万元。灾后，永州烟草迅速启动应急预案，部署全市烟叶抗灾救灾工作，要求各县分公司组织烟叶技术人员坚守工作岗位，准确掌握烟田受灾情况，指导烟农开展生产自救工作。是年，市烟草公司捐赠 950 万元，用于救助受灾烟农。

2013 年 5 月，永州烟区开展人工消雹作业

2013 年 4 月，按照全市气象防灾减灾电视电话会议和《关于开展人工影响天气作业的紧急通知》的精神，市烟草公司补助人工消雹专用弹药购买经费 28 万元；资助市气象局工作经费 10 万元，用于气象信息服务。各县烟草分公司补助人工消雹作业经费 2 万元，由县烟草分公司支付到当地县气象局；由县气象局负责实施人工消雹作业，减轻冰雹对烤烟生产的影响。是年，全市烤烟受洪灾及病虫害影响，受灾面积 6.8 万亩，受灾烟农 5003 户，减产 5.5 万担，经济损失 7100 万元，其中绝收面积 1.03 万亩、损失金额 3700 万元。为减轻烟农损失，市烟草公司通过市慈善总会向受灾烟农捐赠 600 万元。

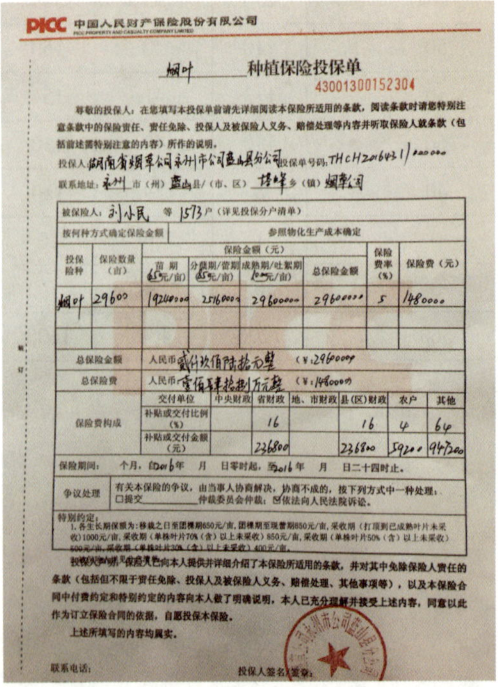
PICC 中国人民财产保险股份有限公司
PICC PROPERTY AND CASUALTY COMPANY LIMITED

烟叶 种植保险投保单
43001300152304

尊敬的投保人：在您填写本投保单前请先详细阅读本保险所适用的条款，阅读条款时请您特别注意条款中的保险责任、责任免除、投保人及被保险人义务、赔偿处理等内容并听取保险人就条款（包括前述需特别注意的内容）所作的说明。

投保人：湖南省烟草公司永州市公司蓝山县分公司 投保单号码：THCH201643 1/000000

联系地址：永州 市（州）蓝山 县/（市、区）塔峰 乡（镇）烟草公司

被保险人：刘小民 等 1573 户（详见投保分户清单）							
按何种方式确定保险金额		参照物化生产成本确定					
投保险种	保险数量（亩）	保险金额（元）				保险费率（%）	保险费（元）
		苗期（650元/亩）	分蘖期/蕾期（850元/亩）	成熟期/吐絮期（1000元/亩）	总保险金额		
烟叶	29600	19240000	25160000	29600000	29600000	5	1480000

总保险金额	人民币贰仟玖佰陆拾万元整（¥：29600000）						
总保险费	人民币壹佰肆拾捌万元整（¥：1480000）						
保险费构成	交付单位	中央财政	省财政	地、市财政	县（区）财政	农户	其他
	补贴或交付比例（%）		16		16	4	64
	补贴或交付金额（元）		236800		236800	59200	947200
保险期间： 个月，自2016年 月 日零时起，至2016年 月 日二十四时止。							
争议处理	有关本保险的争议，由当事人协商解决，协商不成的，按下列方式中一种处理：□提交____仲裁委员会仲裁；☑依法向人民法院诉讼。						

特别约定：
1. 各生长期保额为：移栽之日至团棵期650元/亩，团棵期至现蕾期850元/亩，采收期（打顶到已成熟叶片未采收）1000元/亩，采收期（单株叶片70%（含）以上未采收）850元/亩，采收期（单株叶片50%（含）以上未采收）500元/亩，采收期（单株叶片30%（含）以上未采收）400元/亩。

投保人声明：保险人已向本人提供并详细介绍了本保险所适用的条款，并对其中免除保险人责任的条款（包括但不限于责任免除、投保人及被保险人义务、赔偿处理、其他事项等），以及本保险合同中付费约定和特别约定的内容向本人做了明确说明，本人已充分理解并接受上述内容，同意以此作为订立保险合同的依据，自愿投保本保险。

上述所填写的内容均属实。

联系电话： 投保人签名/签章：

2014 年，永州开展烟叶种植保险试点

2014 年，按照省财政厅、省烟草专卖局及中国保险监督管理委员会湖南监管局联合下发《关于 2014 年全省烟叶种植保险试点有关事项的通知》的要求，永州开展烟叶种植保险试点工作，遵循“政府引导、部门补助、市场运作、统筹管理”的原则，发挥财政资金和烟草部门补助的导向作用，引导烟农和烟叶专业合作社自愿参保，按市场化模式运作，实行计划内烟叶种植面积应保尽保。烟叶种植保险的投保人为县级烟草部门，被保险人为按计划种植、已签订烟叶种植收购合同并缴纳保险费的烟农或者烟叶专业合作社。在保险期间内，种植的烟叶因遭受人力无法抗拒的洪涝、雹灾、旱灾、毁灭性的黑胫病和青枯病、花叶病直接造成叶片毁坏、茎秆折断、根系枯萎导致植株损毁，且每亩损失率达到 20%（含）以上时，保险人依照保险条款的约定，获得相应赔偿。保险期限为大田移栽之日起，至采收结束。烟叶种植保险金额依据种植烟叶所发生的直接物化成本，扣除烟草部门给予烟农或者烟叶专业合作社的生产补贴后，确定为每亩 800 元，保险费率为 5%，即每亩收取保险费 40 元。烟叶种植保险保费由市财政、烟草部门和被保险人共同承担。其中，产区烟草部门承担保费的 60%，即每亩 24 元；省级财政承担 20%，即每亩 8 元；县级财政承担 15%，即每亩 6 元；被保险人承担 5%，即每亩 2 元。全市共投保 24.4 万亩烟叶种植保险，缴纳保险费 976 万元，其中省市财政补贴 341.6 万元、烟草行业补贴 585.6 万元、种植户缴纳 48.8 万元。2014 年，

永州烟区先后遭受洪涝、冰雹及病虫害等自然灾害，烤烟受灾面积 6.5 万亩，烟叶减产 2875 吨，烟农经济损失 6400 万余元，其中绝收面积 1.34 万亩，经济损失约 4300 万元，由保险公司赔付烟农金额 1100 万元，为烟农恢复生产发挥积极作用。是年，市烟草公司通过市慈善总会，向受灾烟农捐赠救灾资金 600 万元。

2015 年，永州市烤烟多次遭受洪涝、冰雹及病虫害等自然灾害，受灾面积 8.08 万亩，其中绝收面积 1.28 万亩，经济损失 3800 余万元。烘烤期间，受停电及设备故障影响，全市烟农专业合作社烘烤损失 195 万元。随后，永州市烟草公司积极向市人民政府汇报灾情，扶持烟农及合作社开展生产自救，并与市财政、保险公司等单位密切沟通，形成救灾合力，将灾害损失降到最低。是年，保险公司理赔 2000 余万元。市烟草公司通过市慈善总会，向灾区烟农及合作社捐赠赈灾资金 300 万元。

2014—2015 年永州市烟叶种植保险赔偿标准表

表 1-21 **单位：元**

生长期	每亩最高赔偿金额	备注
移栽之日至团棵期	500	—
团棵期至现蕾期	700	—
采收期	800	打顶到已成熟叶片未采收
	700	单株叶片 70%以上未采收
	400	单株叶片 50%以上未采收
	300	单株叶片 30%以上未采收

第三节 技术扶持

2003 年，永州市烟草公司举办烟叶业务培训 1200 余人次；各县（区）公司办培训班 39 期，参训人员达 8610 人。2004 年，市公司举办 3 期 42 级国标培训班和 1 期“永州市烟叶中心仓库管理系统”培训班，参训人数达 1200 余人次。2005 年，市公司在宁远举办 2 期“烤烟 42 级国标培训班”，参训人员有各县生产股股长、副股长、生产培植员、预约预检员、收购主检员、副检员等 200 余人。同年，市公司发布《烟草病虫害情报》5 期，向烟农发放病虫害综合防治宣传挂历图 6 万余份。2007 年 11 月 17 日，永州烟草启用烟叶短信群发平台，为全体烟叶线工作人员、有手机的烟农、地方政府分管烤烟领导等 3600 余人，发送国家烟叶生产政策、烟叶生产信息及烟叶生产技术要点等内容，实现及时快捷指导烟叶生产。2008 年，永州烟草系统举办“金叶夜校”培训活动，适时安排生产技术人员给烟农讲授烟叶生产技术，提高烟农的种烟技能。2009年4月，永州烟区因干旱出现早花现象，16片叶以下烟株现蕾面积达到30%，影响全市的烟叶产量和质量。市烟草公司印发《烟叶早花处理技术要点》资料，发放到每一户烟农手中。各烟叶产区县实行“田间工作法”（即技术指导到田间、干部服务到田间、考核督促到田间），组织技术人员深入烟田地头，有针对性指导烟农打顶留杈处理早花，灌水浇水抗旱保烟，各产区烟株长势得到恢复。2009年，全市烟草系统共举办烤烟生产技术培训18场次，参训人员达1.2万余人次。2010年，全市烟草系统注重烟农培训，采用多媒体授课方式，根据烟叶生产实际逐村开展标准化技术培训。培训内容直观、生动，针对性、实用性强，受到烟农普遍欢迎。各县分公司以开展“四知四会”活动、“三层三维”考核为契机，加强烟叶技术人员的考核管理。5月31日—6月4日，市公司举办烤烟生产、分级技术培训班，参训人员为2009年人力资源改革后转岗到烟叶线、新进人员，培训烟叶生产技术、病虫害综合防治、烟叶烘烤及《烤烟国家标准》等内容。2012年，全市烟草系统采取集中培训和分散培训模式，整体学习和分阶段学习等形式，提高从烟人员及烟农的烟叶生产技术水平。是年，全市共开展各类培训1.1万余人次。2013年，全市烟草商业系统按照“服务到田间，满意到烟农”的服务理念，组织全市系统烟叶工作人员深入烟田地头，帮助烟农解决问题，指导烟叶生

2008年3月，东安烟草举办烤烟技术培训流动夜校

2013年，永州烟叶培植员践行“服务到田间，满意到烟农”的服务理念，在田间指导烟农生产

产。是年，全市烟草系统开展“金叶夜校”培训烟农达5万余人次。2014年，市烟草公司针对烤烟育苗、施肥、大田管理、病虫害防治和烟叶采烤等环节存在的问题，组织全市系统烟叶线人员开展技术培训。各县分公司举办“专业化烘烤”“烟蚜茧蜂防治烟蚜技术”和“高效低毒农药使用及配调技术应用”等培训班，指导烟农应用烟叶生产新技术。2015年，永州市烟草系统全面推广“金叶夜校”“田间工作法”，开展烟农技术培训和指导。同时，全市烟草系统烟叶培植员在各个生产环节向烟农开具烟叶生产“提示单”，提高烟叶生产技术到位率。

第二篇　现代烟草农业

2005—2015年，永州建成烟叶生产基础设施项目31700余个，由烟草行业补贴资金22.5亿元，配套基本烟田67万亩。其中，建成水池25口，2950立方米；水窖311口，4122立方米；塘坝387口，8545711立方米；提灌站11个；沟渠3355条，2344.19千米；机耕道690条、484.82千米；烘烤工场55处，工场与集群烤房18742座，烘烤能力达37.4万亩；育苗工场45处，钢架大棚356个，面积941976平方米，工场集约化育苗能力达35万亩。购置烟草农机8829台（套），行业补贴资金6630万元；建设基本烟田土地整理项目20个，面积9.43万亩，行业补贴资金2.58亿元；烟草援建水源性工程项目5个，援建资金4.5亿元。永州烟区综合生产能力和抵御自然灾害能力显著增强，烟区群众生产生活条件明显改善。2010—2015年，全市规划建设烟叶基地单元16个，烟叶产业成为全市最大的“订单”农业。2015年，全市共有20家综合服务型烟农专业合作社和1个两场设施综合利用联合社，育苗、机耕、植保、烘烤、分级专业化服务覆盖率分别达到100%、56.93%、

2012年，建成的宁远仁和烟叶工场

22.35%、48.33%、100%。2005—2015年，随着烟农专业合作社、职业烟农等生产组织形式的创新和完善，全市烟叶生产现实由传统烟草农业向现代烟草农业转变，保障烟叶产业健康发展，促进烟农持续增收、财政稳步增税，助推永州烟区社会主义新农村建设步伐。

第一章　烟叶基础设施建设

2003—2004年，永州按照地方政府、烟草部门、基地烟厂、烟农“多位一体”的投入模式，累计投入资金3000余万元，主要用于烟区水利设施和标准化烤房建设。

2005年，永州按照国家烟草专卖局贯彻党中央“工业反哺农业，城市支持农村”的方针，以烟草企业补贴资金为主、基层地方政府自筹和农民群众投工投劳的方式，拉开全市烟叶生产基础设施建设的序幕。2005年10月9日，市局（公司）成立烟叶生产基础设施建设领导小组，由局长（经理）徐文军任组长，副经理周国生、副经理秦江顺任副组长，刘正日、李武进、蒋亚湘、周米良、欧阳维胜、胡晓军、王旭辉、廖爱国、袁长才、唐庆华、黄慧纯、聂新柏为领导小组成员，领导小组下设办公室于烟叶公司，由烟叶公司经理袁长才兼任主任。领导小组在省局、市政府相关机构的领导下开展工作，推进全市烟叶生产基础设施建设工作。同年，市人民政府成立永州市烟叶生产基础设施建设领导小组，市政协主席蒋桃生担任顾问，市委常委、常务副市长崔永平任组长，市政府助理巡视员唐际绍、市政府副秘书长蔡自新、市烟草专卖局局长徐文军任副组长，市财政局、市国土局、市水利局、市农开办、市烤烟办、市扶贫办、市移民办等单位负责人为成员，领导小组下设办公室，由烤烟办主任刘开源兼任办公室主任，周国生、方璋兰、张智、文良军、曹小阳、胡昕若任副主任。办公室具体负责烟田基础设施建设项目规划、审批、验收和项目实施工作以及综合协调工作。随后，各烟叶主产县成立相应领导班子和组织机构，把烟叶生产基础设施建设工作提上各级党委、政府重要议事日程，并签署目标管理责任状，确保全市烟叶生产基础设施建设的顺利实施。是年，全市烟叶生产基础设施建设项目以水窖、水池、小塘坝、沟渠和密集烤房为主，投入资金8491万元，烟草行业补贴3552.95万元。

2006—2007年，永州市烟叶生产基础设施建设项目以烟水配套设施和密集烤房建设为重点，累计投入资金18098.57万元，由烟草行业补贴14950.45万元，其中国家烟草专卖局补贴6608.07万元，省内烟草企业配套8342.38万元，基本解决烟叶主产区的烟田灌溉、排洪和烟叶烘烤等问题。

2008 年 1 月 9 日，在宁远县召开全市烟叶基础设施建设工作会

2008—2009 年，根据国家局《关于发展现代烟草农业的指导意见》及省公司《关于发展现代烟草农业的实施意见》要求，永州烟叶生产基础设施建设按照“一基四化”的建设思路，遵循“规模较大、项目集中、规划合理、功能配套、质量达标、管理规范、效益显著”的原则，以集中连片项目建设为主，开展现代烟草农业试点工作，累计投入资金 24678.36 万元，由烟草行业补贴 21240.36 万元，其中国家烟草专卖局补贴 8812.54 万元，省内烟草企业配套 12481.82 万元。2008 年 1 月 9 日，市人民政府在宁远县禾亭镇举行现代烟草农业示范区建设启动仪式，开启全市现代烟草农业试点工作。同年 5 月 6 日，市人民政府调整市烟叶基础设施建设领导小组成员，由市委常委、市人民政府副市长刘事青任组长，市政协副主席蒋政平、市政府副秘书长唐定奇、市烟草专卖局（公司）局长（经理）徐文军任副组长，领导小组下设办公室，市烤烟办主任刘开源兼任办公室主任，市烟草专卖局（公司）副经理刘正日、烤烟办副主任胡昕若兼任办公室副主任。领导小组办公室由市财政局、水利局、国土资源局、审计局、农业综合开发办、扶贫办等单位抽调业务骨干和市烟草局相关科室负责人组成。是年，江华县烟叶生产基础设施建设在省局验收中得 91.5 分，名列全省第一。永州市烟叶基础办、宁远县烟叶基础办被省人民政府授予“全省烟叶生产基础设施建设先进集体”称号。2009 年 7 月 29 日，永州市局（公司）成立以局长（经理）李刚华为组长，副经理刘正日、纪检组组长陈国凤为副组长，有关部门负责人为成员的现代烟草农业建设领导小

2009 年 5 月，江华东田现代烟草农业示范区建成

组，制定下发《永州 2009 年现代烟草农业试点实施细则》，开展现代烟草农业试点工作，探索烤烟生产合作社、股份制、家庭农场等烟叶生产组织模式。是年，江华、宁远、蓝山县人民政府被省人民政府授予“烟叶生产基础设施建设先进单位”称号。蒋亚湘、郑意栋被省人民政府评为烟叶生产基础设施建设先进工作者。

2012 年 7 月，永州承办全省现代烟草农业建设暨烟叶收购现场会

2010—2012 年，永州按照“整县推进，单元实施”的总体思路，以烟叶基地单元为单位，以两个工场为重点，综合配套烟水、烟路、烟机、育苗、烘烤实施项目，整体连片推进现代烟草农业建设，累计投入资金 68842.7 万元，由烟草行业补贴 58437.58 万元，完成烟叶生产基础设施 12608 项。2010 年 5 月 10 日，市人民政府在宁远县召开发展现代烟草农业、建设社会主义新农村现场办公会。市政协副主席、市烤烟领导小组常务副组长蒋政平，市委常委、常务副市长唐松成到会并讲话。会议要求有关市直部门和单位，按照“各司其职、各记其功、成果共享”的原则，整合部门资金，配套投入建设项目和资金，为发展现代烟草农业和建设社会主义新农村做贡献。同年，宁远县作为全国 31 个整县推进现代烟草农业建设示范县；江华县作为全省 4 个整县推进现代烟草农业建设示范县，以示范带动各产烟县的现代烟草农业建设。2011 年，江华县人民政府被湖南省两烟协调领导小组授予“现代烟草农业建设先进单位”称号。2012 年，永州市局（公司）作为全省现代烟草农业建设暨烟叶收购现场会承办单位。3 月 14 日，成立以局长（经理）李刚华为组长，副局长刘名勤、纪检组组长陈国凤、副经理秦江顺、副经理刘正日、副经理阳天和为副组长，相关部门负责人及宁远、蓝山县局主要负责人为成员的现场会筹备工作领导小组，并下设办公室、会务组、宣传组、安保组和现场组。3 月 20 日，市人民政府主持召开全省现代烟草农业建设现场会筹备工作协调会。随后，全市各级各部门按照“五个结合、五个确保、五个满意”的要求，周密安排，精心筹备现场会，充分展现永州现代烟草农业建设成果。7 月 4 日，在宁远召开全省现代烟草农业建设暨烟叶收购现场会，省人民政府、省烟草专卖局、湖南中烟工业公司、市人民政府有关领导、各产烟市州烤烟办主任、烟草专卖局（公司）分管烟叶副经理及 26 个

重点产烟县烟草专卖局局长共130余人参会，并参观宁远仁和镇的烟站建设、烟农专业合作社建设及散叶收购模式，冷水镇天堂湖烟叶工场的烟叶生产全程机械化、土地整理、两场设施建设及专业化烘烤，仁和镇和禾亭镇的烟基工程及烟叶标准化生产，蓝山县土市镇的站场共建、烟叶基地单元建设等内容。

2013—2014年，永州烟叶生产基础设施建设项目主要为烟田水利设施、砂石路面机耕道、烟叶调制设施、田间机械化、育苗设施和土地整理等项目，烟草行业累计补贴资金56498万元，建设项目17511个。2013年，根据国家烟草专卖局《关于现代烟草农业发展规划（2013—2015年）的通知》精神，市烟草公司开展2005至2012年度烟叶生产基础设施建设项目“回头看”，总结建设经验，完善“十二五”现代烟草农业建设规划，以推进水源性工程、土地整理和全程机械化建设为重点，全面提升永州现代烟草农业建设水平。

2015年，永州按照《十二五现代烟草农业基地单元基础设施建设规划》，推进烟叶生产基础设施配套建设，投入资金65099.76万元，其中烟草行业补贴49161.62万元（含水源性工程32055.62万元），建设烟叶生产基础设施项目2275个。同年，市烟草公司根据省烟草公司《关于进一步加强烟叶生产基础设施建设项目工作的意见》要求，总结工作经验，突出土地整理、田间机械化、项目管护等重点工作，加强制度建设和过程管控，推行四级监管模式，推广工程样品标准段施工模式；按照“谁受益、谁管护”的原则，明确管护主体，制定管护办法，落实管护措施，解决烟叶基础设施后续管护问题，确保工程项目长久发挥效益。

第一节 两场设施

一、育苗设施

2003年，永州烟区水泥烟叶育苗大棚

2003—2006年，永州烟区烤烟育苗设施以小拱棚育苗为主，部分中棚、水泥大棚为辅。其中，每座水泥大棚的供苗能力70亩左右。

2007年，永州利用国家环保总局、国家烟草专卖局投资和蒙特利尔国际多边基金赠款，在江永县夏层铺镇和新田县石羊镇建设2个甲基溴淘汰集约化育苗示范中心，共建成四连体钢架大棚28座，可集中供苗面积达1.2万亩，同年11月竣工，12月中旬投入使用，从此开启工场化育苗、商品化供苗的运行管理模式。

2008—2009年，按照现代烟草农业建设的总体布局，永州烟区开始探索烟叶育苗工场建设。2009年9月30日，按照现代烟草农业建设的总体布局，市烟草公司制定并下发《永州市烟叶育苗烘烤工场建设实施意见》。各产烟县按照“统一规划、政府领导、烟草支持、市场运作、烟农参与、稳步推进”的原则，实施烟叶育苗工场建设。

2010年，国家烟草专卖局将育苗工场建设纳入烟叶生产基础设施建设和补贴范围。同年3月10月，永州烟草执行省烟草公司《湖南省育苗工场建设规范》的规定：1. 供苗1000亩育苗大棚面积为1680平方米，由跨度8米的5连体构成，规格为长42米、宽40米；2. 供苗3000亩育苗大棚面积为5040平方米，由跨度8米的15连体构成，规格为长42米、宽120米，或由3座供苗1000亩育苗大棚构成；3. 育苗工场设施包括育苗大棚缓冲间、育苗池、棚内供电及电控系统、通风排湿设备等；4. 其他辅助设施包括剪叶机、遮阳保温系统、自动播种机、智能肥水管理系统、自动温湿度控制系统、电脑控制系统等。是年，全市新建彭梓城、仁和、云田等10个烟叶工场，建成育苗大棚124个，其中四连体钢架大棚72.5座，总造价为2511.05万元，由烟草行业投入资金2473.9万元，其中国家局补贴1484.34万元、省内烟草企业配套资金989.56万元；全市工场化育苗面积达14.39万亩，占总面积的66%。其中，新田县实现整县工场化供苗，江永县实现全县由一个育苗工场集中供苗。

2010年，永州烟区建成的钢架育苗大棚

2011—2012年，永州执行《湖南省烟草育苗工场建设规范》，新建祥文福、土市、涛圩等烟叶工场14个，建成钢管结构育苗大棚115个，烟草行业累计投入5371.58万元，其中国家局补贴3222.95万元，省内烟草企业配套2148.53万元。

2013—2014 年，随着烟草行业政策调整，国家局取消对育苗设施建设的补贴。2013 年，永州尝试开展育苗大棚的棚膜更换维修、水体增温等工作，全市增设育苗设施 30 个，烟草行业补贴资金 1074 万元，全部为省内烟草企业补贴，受益烟田面积 2.98 万亩。2014 年，全市新建钢架育苗大棚 9 个、15876 平方米，省内烟草企业补贴资金 435.24 万元。

2015 年，全市更换育苗大棚棚膜 155 个，由省内烟草企业补贴资金 744.14 万元。2010 年至 2015 年 12 月底，全市累计建成育苗工场 45 处，钢架大棚 356 个，面积 941976 平方米，育苗能力达 35 万亩，可满足全市烟叶生产 100%规模化、集约化、工场化育苗。

2010—2015 年永州育苗工场项目统计表

表 2-1

年份	项目名称	数量（个）	项目总造价（万元）	补贴标准	烟草行业投入资金（万元）	其中：省内企业投入金额（万元）	其中：申请国家局补贴资金（万元）	受益烟田面积（万亩）
2010	新建育苗大棚	124	2511.05	260 元/亩	2473.90	989.56	1484.34	8.85
2011	新建育苗大棚	94	4753.93	260 元/亩	4482.78	1793.11	2689.67	10.05
2012	新建育苗大棚	21	888.8	260 元/亩	888.8	355.52	533.28	3.42
2013	育苗设施	95	4681.50	260 元/亩	4681.50	4681.50	0	18.01
2014	育苗设施	9	435.24	260 元/亩	435.24	435.24	0	1.67
2015	育苗大棚棚膜更换	155	744.14	260 元/亩	744.14	744.14	0	0
合计		498	14014.66		13706.36	8999.07	4707.29	23.99

二、烘烤设施

20 世纪 90 年代末期，永州烟区开始兴建烟叶标准化烤房。2003—2004 年，全市投入资金 805 万元，共新、改建标准化烤房 18210 座。2004 年，永州烟草投入 8 万元引进示范堆积式烤房 2 座。

2005 年，永州执行国家烟草专卖局国烟财〔2005〕869 号文件规定：国家烟草专卖局对密集烤房按单座烤房实行补贴，新建一座补贴 5000 元，改造一座补贴 1500 元。2005—2006 年，全市累计新建密集烤房 1301 座、改造密集烤房 1290 座，烟草行业投入资金 1718.2 万元，其中国家局补贴 844 万元、省内烟草企业配套补贴874.2万元。

2005年，永州烟区新建的烟叶密集烤房

2007年，永州烟区围绕“一个目标”（即确保烟叶集约化烘烤到“十一五”末期达到80%以上），“两个降低”（即降低烟叶烘烤成本，降低劳动强度），“三个提高”（即提高专业化烘烤水平，提高烟叶烘烤质量，提高烟农收入），充分利用国家局烤房建设补贴的扶持政策，逐步淘汰建造规格低、容量小、性能差、能耗高、操作不便的普通烤房，提高烤房建设集群化、温湿度控制自动化、烟叶烘烤专业化水平。是年，永州按照省烟草公司《湖南省烤房建设工作方案》要求，新建宽2.7米、长8米以上密集式烤房300座，实施热源内置密集式烤房改造233座，烟草行业补贴资金727.4万元，其中国家局补贴466.6万元。

2008年5月，市烟草公司印发《关于补充下达2007年烟叶生产基础设施建设项目补贴资金预算的通知》规定：对宽2.7米、长8米规格的新建密集式烤房省内烟草行业配套补贴标准进行调整，5座以下烤房群造价2.5万元/座，其中国家局补贴标准1.4万元/座，省内烟草行业配套补贴0.7万元/座；5座以上（含5座）烤房群造价2.7万元/座，其中国家局补贴标准1.4万元/座，省内烟草行业配套补贴0.9万元/座；10座以上（含10座）烤房群造价3.2万元/座，其中国家局补贴标准

2008年，永州烟区新建的烟叶烤房群

1.4万元/座，省内烟草行业配套补贴1.6万元/座。2008年，全市新建宽2.7米、长8米规格的密集式烤房2978座，烟草行业投资6528.86万元，其中国家局补贴3178.2万元、省内烟草企业配套3350.66万元。

2009年9月30日，市烟草公司出台《永州市烟叶育苗烘烤工场建设实施意见》，要求各产烟县按照“统一规划、政府领导、烟草支持、市场运作、烟农参与、稳步推进”的原则，建设烟叶、烘烤工场。建设规模和标准：1. 烟叶工场为集烟叶育苗、烘烤工场及附属设施于一体的综合性服务单元。密集烤房60座以上（含60座），建设标准控制在5万元/座以内（含附属设施和各项费用）。2. 独立烘烤工场为密集烤房40座以上（含40座），建设标准控制在5万元/座以内（含附属设施和各项费用）。3. 示范性烟叶工场为选择说明及设施方案需要经市烟草专卖局严格审核把关，建设规模和标准由市烟草专卖局单独批复。4. 烤房群建设标准为每群规模不得少于20座，每座标准控制在3万元以内（其中烤房2.4万元/座，附属设施限0.6万元/座以内）。是年，全市新建宽2.7米、长8米规格的密集式烤房1087座，其中烤房群78处、烟叶烘烤工场8处；烤房、烤房群、烟叶工场及附属设施总造价5415.56万元，烟草行业投资4850.68万元，其中国家局补贴2910.41万元、市烟草公司配套补贴资金1940.27万元。

2010年建成的江永县昔形塘烟叶工场

2010年3月，永州执行省烟草公司《湖南省集群烤房配套设施建设规范（实行）》，新建冯石、昔形塘、水美塘3个烘烤工场。是年，全市工场化烘烤能力累计达2.25万亩，占种植面积的10.3%。

2011年6月9日，市烟草公司下发《关于调整密集烤房群补贴标准的通知》规定：密集烤房群执行的补贴标准为每群烤房规模不得少于20座，每座补贴标准控制在3.1万元以内，其中烤房2.4万元/座、备用电源0.1万元/座、附属设施限0.6万元/座以内；附属设施按要求建设，在标准内根据实际验收结算补贴，属外包的需含税费。是年，全市新建宽2.7米、长8米以上密集式烤房610座，建设烘烤工场附属设施7个，项目总造价3642万元，烟草行业投入3361.98万元，其中国家局补贴1125万元。

2012 年 3 月 15 日，根据省烟草公司湘烟办综〔2011〕170 号文件精神，市烟草公司下发《关于调整 2012 年密集烤房建设及补贴标准的补充通知》规定：2011 年建设列入 2012 年度计划并在 2011 年 12 月经市烟草公司验收的烤房群，按 3.1 万元/座的补贴标准执行；2012 年 1 月起按计划建设的烤房群补贴标准为 3.5 万元/座，建设项目包括编烟棚、地面硬化、围墙、备用电源设备、大门建设等部分。2012 年，永州新建宽 2.7 米、长 8 米规格的密集式烤房 6170 座，其中烟叶烘烤工场 21 处，总造价为 26497.26 万元，烟草行业补贴资金 24711.88 万元，其中国家局补贴 9906.02 万元、省内烟草企业配套补贴资金 14805.86 万元。

2013 年，永州由烟草行业投入 500 余万元，在烟叶工场建设一批散叶分级场地，并补贴烟农专业合作社购置一批回潮机械。6 月，市烟草公司在江华县白芒营单元开展烟夹和烟叶烘烤试点。是年，永州新建密集烤房 1500 座、烤房加热设备维修更换 739 套、烟夹及散叶烘烤改造 600 座、烘烤工场附属设施 54 处，烟草行业共补贴资金 11132.3 万元，受益面积 3 万余亩。

2013 年，永州烟区新建的烟叶烘烤工场

2014 年，永州执行省烟草公司湘烟综办〔2014〕57 号文件规定：从 2014 年起国家局对新建烤房不再实行补贴，全部由省内烟草企业补贴。是年，永州新建密集烤房 3015 座（含烘烤工场 26 处）、烤房加热设备维修更换 2579 套、烟夹及散叶烘烤改造 1920 座、挂烟梁改造 917 座、烘烤工场附属设施 2 处，烟草行业共补贴资金 14695.55 万元，其中国家局补贴资金 1517.02 万元，省内烟草企业配套补贴 13178.53 万元。

2015 年，永州烟区购置烟夹和散叶烘烤分风板 294 座、更换或维修烤房加热设备 1329 座、改造烤房土建部分 150 座、配套完善烘烤工场（烤房群）散叶收购等附属设施 8 处，总造价为 998.44 万元，烟草行业补贴 901.74 万元。2005 年至 2015 年 12 月底，全市共建成烘烤工场 55 处，密集烤房 1.87 万座，烘烤能力达 37.4 万亩。

2005—2015 年永州度密集式烤房建设项目统计表

表 2-2

年份	项目名称	数量（座）	项目总造价（万元）	行业补贴标准	烟草行业投入资金（万元）	省内烟草企业配套资金总额（万元）	国家局补贴总额（万元）
2005	小计	281	562		562	421.5	140.5
2005	新建密集烤房	281	562	国家局补贴 0.5 万元/座，省内烟草配套 1.5 万元/座	562	421.5	140.5
2006	小计	2310	2753.50		1156.2	452.7	703.50
2006	1. 新建密集烤房	1020	2043.50	国家局补贴 0.5 万元/座，省内烟草配套 1.5 万元/座	958.5	448.5	510
2006	2. 改造密集烤房	1290	710	国家局补贴 1500 元/座	197.7	4.2	193.5
2007	小计	533	871.85		736.4	269.8	466.6
2007	1. 2.7 * 8 米以上新建密集式烤房	300	779.1	国家局补贴 1.4 万元/座，省内烟草配套补贴 0.7 万元/座	666.5	246.5	420
2007	2. 热源内置密集式烤房改造	233	92.75	国家局补贴 0.2 万元/座，省内烟草配套补贴 0.1 万元/座	69.9	23.3	46.6
2008	小计	3294	8945.62		6528.86	3350.66	3178.20
2008	1. 1. 2.7 * 8 米以上新建密集式烤房	2978	8351.84	国家局补贴 1.4 万元/座，省内烟草配套补贴 0.7 万元/座	6202.31	3087.31	3115
2008	2. 热源内置密集型式烤房改造	316	593.78	国家局补贴 0.2 万元/座，省内烟草配套补贴 0.1 万元/座	326.55	263.35	63.2
2009	小计	1087	5415.56		4850.68	1940.27	2910.41
2009	1. 2.7 * 8 米以上新建密集式烤房	1087	5415.56	国家局补贴 1.5 万元/座，配套设施实行差异补贴	4850.68	1940.27	2910.41
2010	小计	1480	9521.46		9035.81	6445.31	2590.5
2010	1. 2.7 * 8 米以上新建密集式烤房	1467	8871.46	国家局补贴 1.5 万元/座，不足部分省内烟草自行配套	8385.81	6185.31	2200.5

续表2-2

年份	项目名称	数量（座）	项目总造价（万元）	行业补贴标准	烟草行业投入资金（万元）	省内烟草企业配套资金总额（万元）	国家局补贴总额（万元）
2010	2. 烘烤工场附属设施	13	650	50 万元/处	650	260	390
2011	小计	617	3642. 09		3361. 98	2236. 98	1125
2011	1. 2. 7 * 8 米以上新建密集式烤房	610	3275. 42	国家局补贴 1. 5 万元/座，不足部分省内烟草自行配套	3011. 98	2096. 98	915
2011	2. 烘烤工场附属设施（50 座以上，具有收购功能）	7	366. 67	50 万元/处	350	140	210
2012	小计	6191	26497. 26		24711. 88	14805. 86	9906. 02
2012	1. 2. 7 * 8 米以上新建密集式烤房	6170		国家局补贴 1. 5 万元/座，不足部分省内烟草自行配套	23626. 84	14371. 84	9255
2012	2. 烘烤工场附属设施（50 座以上，具有收购功能）	21		50 万元/处	1085. 04	434. 02	651. 02
2013	小计	2893			10553. 64	7467. 29	3086. 35
2013	1. 2. 7 * 8 米以上新建密集式烤房	1500		国家局补贴 1. 8 万元/座，不足部分省内烟草自行配套	8173. 26	5473. 26	2700
2013	2. 烤房加热设备维修更换	739		全部由市局补贴	507. 36	507. 36	0
2013	3. 烟夹与散叶烘烤	600		国家局补贴烟夹烘烤 1. 2 万元/座、散叶烘烤 0. 7 万元/座，不足部分由省内烟草公司配套	843. 28	843. 28	0
2013	4. 烘烤工场附属设施	54		省内烟草补贴	1029. 74	643. 39	386. 35
2014	小计	8513	15194. 81		14695. 55	13178. 53	1517. 02
2014	1. 2. 7 * 8 米以上新建密集式烤房	3015	11803. 70	省内烟草补贴，国家局不予补贴	11310. 49	11310. 49	0

续表2-2

年份	项目名称	数量（座）	项目总造价（万元）	行业补贴标准	烟草行业投入资金（万元）	省内烟草企业配套资金总额（万元）	国家局补贴总额（万元）
2014	2. 新建烘烤工场附属设施	2	100.00	补贴50万元/处；国家局与省内烟草按6∶4比例补贴	100	40	60
2014	3. 烟夹与散叶烘烤推广设备购置	2000	2428.76	散叶烘烤7200元/座，烟夹烘烤12830元/座，国家局与省内烟草按6：4比例补贴	2428.36	971.34	1457.02
2014	4. 烟夹与散叶烘烤烤房改造	917	89.57	省内烟草补贴，国家局不予补贴	83.92	83.92	0
2014	5. 烤房设备维修更换	2579	772.78	省内烟草补贴，国家局不予补贴	772.78	772.78	0
2015	小计	1781	998.44		901.74	773.74	128
2015	1. 2.7＊8米以上新建密集式烤房	0	0	省内烟草补贴，国家局不予补贴	0	0	0
2015	2. 烤房加热设备维修更换	1329	453.88	省内烟草企业补贴	453.88	453.88	0
2015	3. 烤房改造（烟夹与散叶烘烤分风板购置）	294	360.82	其中烟夹国家局补贴1.28万元/座，不足部分省内烟草配套	264.12	136.12	128
2015	4. 烟夹散叶烘烤老旧烤房土建部分改造	150	23.7	省内烟草补贴	23.7	23.7	0
2015	5. 烘烤工场（烤房群）配套完善散叶收购等附属设施	8	160.04	省内烟草补贴	160.04	160.04	0
合计		28980			77094.74	51342.64	25752.1

第二节　烟水烟路

一、烟田用水配套

2003—2004年，永州烟区小规模开展烟田水利工程的建设和维修。2003年，永州地方各级政府、烟草部门和基地烟厂共投入600万元，建设烟田水利工程，改善烟区灌溉条件。2004年，永州烟区新修水渠20余千米，添置喷灌设备6台（套），可灌溉面积2万余亩。

2005年，永州烟区建成的烟水工程

2005年，永州执行国家烟草专卖局国烟财〔2005〕869号文件规定，烟水配套设施有水池、水窖、管网、沟渠、机井、提灌站、小塘坝等项目，补贴范围及标准：1. 小水窖与小水池：按建设容量的大小进行补贴，每立方米容量补贴40元。2. 沟渠：按沟渠建设长度进行补贴，其中：（1）主干渠每米补贴60元。（2）支渠按渠体建材确定两类补贴标准，以硅石彻或硅砖彻为渠体的支渠（定为支渠I型）每米补贴40元；以硅浇铸U形渠或硅预制U形潜为渠体的支渠（定为支渠II型）每米补贴20元。3. 管网：按管网建设长度进行补贴，每米补贴15元。4. 机井、小塘坝整治工程等按项目建设投资总额的35%进行补贴。同年，永州按照“政府牵头、多方投资、集中使用、各记其功”的原则，由市财政、农业开发、国土、水利、扶贫等部门投入烟区烟水烟路资金7489.59万元；主产县政府从烟叶特产税中提取15%，共计900万元；烟草部门从配套设施资金中拿出450万元；农民投工投劳自筹资金735.73万元，开挖土石方84.69万立方米；修建水窖100个（450立方米）、水池9个（1500立方米）、塘坝90处、排灌站8座、开挖沟渠622.97千米，其中主干渠379.95千米，支渠I型169.61千米，支渠II型73.40千米。是年，全市建成烟水配套设施项目60余个，总造价3000余万元，受益面积3万余亩。省烟草专卖局、市水利局及农开办组成查验小组对永州2005年度烟叶基础设施建设项目进行验收，水窖、水池、沟渠、密集烤房工程合格率达100%。

2006年，永州烟叶基础设施建设完成投资总额10013.44万元，其中国家局补贴3778.24万元，市烟草公司配套资金3898.93万元，建成烟水配套项目：水窖211个，总容量3672立方米；水池13个，总容量1150立方米；小塘坝整治128座，总容量948062立方米；沟渠693条，总长度444.34千米；管网27处，长度19.45千米；提灌站5座。

2009 年 2 月竣工的蓝山县洪观烟水配套工程项目区

2007—2009 年，永州累计建成烟水配套设施项目 1308 个，容量 44.46 万立方米，长度 701.82 千米，总造价 17268.29 万元，烟草行业投入资金 15601.15 万元，其中国家烟草专卖局补贴 6693.15 万元、省内烟草企业配套 8908.21 万元。

2010 年，根据省烟草专卖局《关于推进全省“十二五”期间烟叶生产基础设施建设的意见》精神，永州按照“整县规划、单元实施、片区建设、系统设计、综合配套”的思路，整体推进烟水配套工程建设。全市建设 3 个基地单元和 4 个项目区，其中建设沟渠 271 条、185.82 千米，整治山塘 15 处，建设机耕路 221 条、154.96 千米，建设提灌站工程 2 处，配套基本烟田 6 万亩。

2011—2012 年，永州累计建成烟水配套项目 352 个，容量 300 立方米，长度 284.83 千米，总造价 8496.88 万元，烟草行业补贴资金 7493.26 万元。

2013—2014 年，全市完成烟水配套建设项目 301 个，容量 300 立方米，长度 556.34 千米，烟草行业补贴资金 12421 万元，受益面积 15.53 万亩。

2015 年，全市整修塘坝 3 个，补贴资金 16.47 万元；新建沟渠 21 条、长度 15.036 千米，补贴资金 955.85 万元。2005—2015 年，全市共建成水池 25 口、2950 立方米，水窖 311 口、4122 立方米，塘坝 387 口、8112639 立方米，提灌站 11 个，沟渠 3355 条、2308.9 千米，由烟草行业累计投入资金

2013 年，永州烟区建成的烟水配套项目工程

48581.89 万元，实现旱能灌、洪能排的功能，增强烟区抵御自然灾害能力。

2005—2015 年永州市烟水配套项目统计表

表 2-3

年份	项目	数量（个/条）	容量（立方米）	长度（千米）	项目总造价（万元）	补贴标准	烟草行业投入资金（万元）	省内烟草企业投入金额（万元）	申请国家局补贴资金
2005	小计	852	6513230	622.97	7928.76		7928.76	4516.48	3412.28
	1. 水窖	100	450		8	国家局补贴	8	6.2	1.8
	2. 水池	9	1500		50		50	44	6.00
	3. 小塘坝整治工程	90	6511280		856.76		856.76	557.26	299.5
	4. 沟渠	653		622.97	6786		6786	3681.02	3104.98
	其中：主干渠	327		379.95	4672		4672	2392.28	2279.72
	支渠Ⅰ型	215		169.62	1414		1414	735.55	678.45
	支渠Ⅱ型	111		73.40	700		700	553.19	146.81
	5. 土壤改良				228		228	228	0
2006	小计	1077	952884	462.029	7259.94		6520.98	3446.23	3074.74
	1. 水窖	211	3672		43.87		33.05	18.36	14.69
	2. 水池	13	1150		18.42		10.35	5.75	4.60
	3. 机井	0		0.000	0.00		0.00		0.00
	4. 小塘坝整治工程	128	948062		545.91		491.32	300.25	191.07
	5. 沟渠	693	0	442.578	6557.00		5900.84	3074.44	2826.40
	其中：主干渠	340		211.891	2459.90		2213.91	942.60	1271.31
	支渠Ⅰ型	211		108.421	887.82		799.04	367.56	431.48
	支渠Ⅱ型	34		15.529	87.69		78.92	47.86	31.06
	排洪渠	108		106.497	3121.59		2808.96	1716.41	1092.55
	六、管网	27		19.451	69.57		62.77	33.59	29.18
	七、提灌站工程	5			25.16		22.65	13.84	8.81
2007	小计	667	341535	312.383	7196.28		6536.88	4173.65	2363.23
	1. 小塘坝整治工程	79	341535		551.06	国家局补贴35%	495.95	303.08	192.87
	2. 沟渠	586		312.383	5962.50		5366.25	3224.03	2142.22
	其中：主干渠	240		140.143	2153.71	国家局补贴60元/米	1938.33	1097.47	840.86

续表2-3

年份	项目	数量（个/条）	容量（立方米）	长度（千米）	项目总造价（万元）	补贴标准	烟草行业投入资金（万元）	省内烟草企业投入金额（万元）	申请国家局补贴资金
2007	支渠Ⅰ型	96		37.657	392.95	国家局补贴40元/米	353.66	203.03	150.63
	支渠Ⅱ型	110		46.338	392.83	国家局补贴20元/米	353.55	260.88	92.67
	排洪渠	140		88.244	3023.01	国家局补贴35%	2720.71	1662.65	1058.06
	3. 提灌站	2			80.93	国家局补贴35%	72.35	44.21	28.14
	4. 土地改良				602.33		602.33	602.33	
2008	小计	375	426000	201.9	6193.97		5574.88	3339.11	2235.78
	1. 小塘坝工程	45	42600		388.94	国家局补贴35%	350.04	213.91	136.13
	2. 沟渠	330		201.9	5805.03		5224.84	3125.2	2099.65
	其中：主干渠	132		75.378	1120.85	国家局补贴60元/米	1009.08	556.81	452.27
	支Ⅰ沟渠	58		32.763	352.30	国家局补贴40元/米	317.07	186.02	131.05
	支Ⅱ沟渠	1		0.27	1.07	国家局补贴20元/米	0.96	0.42	0.54
	排洪渠	139		93.491	4330.82	国家局补贴35%	3897.74	2381.95	1515.79
2009	小计	268	59652	161.6	3748.51		3373.66	1349.45	2024.21
	1. 小塘坝工程	10	59652		57.96	行业补贴90%	52.17	20.87	31.31
	2. 沟渠	257		161.6	3653.91	行业补贴90%	3288.51	1315.40	1973.12
	其中：主干渠	180		106.368	1501.47	行业补贴90%	1354.32	540.52	810.80

续表2-3

年份	项目	数量（个/条）	容量（立方米）	长度（千米）	项目总造价（万元）	补贴标准	烟草行业投入资金（万元）	省内烟草企业投入金额（万元）	申请国家局补贴资金
2009	支Ⅰ沟渠	5		2.254	17.37	行业补贴90%	15.63	6.25	9.38
	排洪渠	72		52.421	2135.07	行业补贴90%	1921.56	768.62	1152.93
	3. 提灌站	1			36.63	行业补贴90%	32.97	13.19	19.78
2010	小计	288	108449	185.82	5042.39		4835.86	1934.35	2901.5
	1. 小塘坝工程	15	108449		160.87		160.47	64.19	96.28
	2. 沟渠	271		185.82	4864.83		4658.70	1863.49	2795.21
	其中主干渠	94		57.23	811.13		791.83	316.73	475.09
	支渠Ⅰ型	107		58.78	655.06		633.73	253.49	380.23
	排洪渠	70		69.80	3398.64		3233.14	1293.26	1939.88
	3. 提灌站	2		5	27		26.19	6.67	10.01
2011	小计	234	114495	155.92	5838.62		5751.29	2300.52	3450.76
	1. 水池	3	300		23.72		23.01	9.20	13.81
	2. 小塘坝整治工程	18	114195	5	244.66		241.29	96.52	144.77
	3. 沟渠	212		155.92	5565.39		5482.29	2192.92	3289.37
	其中主干渠	81		45.80	714.91		703.55	281.42	422.13
	支渠Ⅰ型	34		20.82	203.97		200.25	80.10	120.15
	排洪渠	97		89.31	4646.52		4578.49	1831.40	2747.08
	4. 提灌站	1			4.85		4.7	1.88	2.88
2012	小计	62		59.13	1263.72		1200.54	480.22	720.32
	1. 沟渠	62		59.13	1263.72		1200.54	480.22	720.32
2013	小计	255	29466	167.40	5879.22		5879.22	2351.688	3527.532
	1. 小塘坝整治工程	2	29466		47.95	800元/平均每亩	47.95	19.18	28.77
	2. 沟渠	253		167.40	5831.27		5831.27	2332.508	3498.762

续表2-3

年份	项目	数量（个/条）	容量（立方米）	长度（千米）	项目总造价（万元）	补贴标准	烟草行业投入资金（万元）	省内烟草企业投入金额（万元）	申请国家局补贴资金
2014	小计	1	0	0	7.5	按国家局与省内烟草企业6：4比例补贴	7.5	3.00	4.5
	1. 机井	1			7.50		7.50	3.00	4.5
2015	小计	24	0	15.04	972.32		972.32	388.928	583.392
	1. 小塘坝整治工程	3			16.47		16.47	6.588	9.882
	2. 沟渠（含排洪渠、倒虹吸）	21		15.04	955.85		955.85	382.34	573.51
合计		4103	8545711	2344.192	51331.23	0	48581.89	24283.63	24298.24

二、烟田道路配套

2008年，永州烟区开始启动烟田机耕道建设。3月11日，根据国家烟草专卖局《烟叶生产基础设施烟田机耕路建设管理办法（试行）》规定，永州烟田机耕路建设资金由中国烟草总公司、省内烟草企业、烟农或村民委员会（村民小组）三方共同筹集；中国烟草总公司按工程结算总造价（不含投工投劳）的35%进行补贴；烟农或村民委员会（村民小组）以建设用地、建设材料或投工投劳等方式参与机耕路建设。同年，永州将烟田机耕道路项目纳入烟基建设计划和资金预算编制，选择在300亩以上烟田集中连片区实施，形成区域联通，实现“村村通组、达户、到田”的目标。永州烟田道路规划标准：主干路路面宽为4米，护层厚25~30厘米，可供大型农机具单向通过，中小型农机具双向通过；支路路面宽为2.5米，护层厚25~30厘米，可供中小型农机具单向通过。是年，全市建成烟田机耕路125条，长65.32千米，总造价1470.64万元，烟草行业补贴1176.52万元，其中国家烟草专卖局补贴661.79万元，省内烟草企业配套514.73万元。

2009年，永州建设机耕路67条，长40.75千米，总造价798.11万元，烟草行业投入资金638.47万元。其中，国家烟草专卖局补贴383.09万元，省内烟草企业配套255.39万元。

2010—2012年，根据湖南省烟草专卖局《关于推进全省“十二五”期间烟叶生产基础设施建设的意见》精神，永州按照“因地制宜、符合需要、合理布局、节约用地、方便群众”的原则，在基本烟田范围内，建设以乡村道路为联结，田间机耕路为网络，方便农机通行、作业的路网系统，累计建成机耕道343条，长273.53

千米，总造价 4883.86 万元，烟草行业投入资金 4671.73 万元，其中国家烟草专卖局补贴 2803.04 万元，省内烟草企业配套补贴 1868.69 万元。

2009 年 5 月，宁远建成的烟路配套项目

2013 年，永州完成沙石路面机耕路 144 条，长度 98.82 千米，行业补贴 1974.15 万元，补贴标准按 10～15 万元/千米；国家烟草专卖局与省内烟草企业按 6：4 比例进行补贴。

2014—2015 年，永州新修烟田机耕路 11 条，长度 6.13 千米，烟草行业补贴资金 92.75 万元，其中国家烟草专卖局补贴 57.97 万元、省内烟草企业补贴 38.65 万元。2008 年至 2015 年 12 月底，全市由烟草行业累计投入资金 8554.25 万元，建成机耕道 690 条、484.82 千米，机耕、运输机械可直接抵达田间地头，彻底改变烟区农民生产方式和交通条件。

2008—2015 年永州市烟田机耕路建设项目统计表

表 2-4

年份	数量（条）	长度（千米）	项目总造价（万元）	行业补贴标准	烟草行业投入资金（万元）	其中：省内烟草行业配套资金总额（万元）	其中：国家局补贴总额
2008	125	65.32	1470.64	行业补贴 80%（其中国家局补贴 35%）	1176.52	661.79	514.73
2009	67	40.75	789.11	80%	638.48	383.09	255.39
2010	221	154.96	2882.47	国家局与省内烟草补贴投入比 6：4	2717.12	1086.85	1630.27
2011	111	109.69	1870.87		1837.76	734.86	1102.90
2012	11	9.15	130.52		117.47	46.99	70.48
2013	144	98.82	2176.56		1974.15	789.66	1184.49
2014	0	0	0		0	0	0
2015	11	6.13	92.75		92.75	37.10	55.65
合计	690	484.82	9412.92		8554.25	3740.34	4813.91

第三节 水源性项目

2011 年，国家烟草专卖局开始对水源性项目实行援建，解决烟区工程性缺水问题，提高烟区综合生产能力和抵御自然灾害能力，促进烟区经济发展、改善烟农生产生活条件。永州市局（公司）成立以局长（经理）李刚华为组长，副局长刘名勤、纪检组组长陈国凤、副经理秦江顺、副经理刘正日、副经理阳天和以及李中飞、欧阳维胜为副组长，各部门负责人及南六县局（分公司）主要负责人为成员的永州市水源工程建设领导小组。领导小组负责永州水源工程建设的组织领导，协调上下关系，制定相关政策，决定相关事项，督促检查考核，协助项目所在地人民政府搞好水源工程建设，负责监管项目的规划立项、勘测设计、招投标、施工合同签订、项目进度、工程质量、安全管理、资金使用、审计检查、竣工验收、档案资料编制等工作，确保项目顺利实施。

2011 年 5 月，永州市烟草公司向省烟草公司请示，将新田县金陵水库水源连通工程项目列入 2011 年烟草行业补贴计划。11 月 23 日，永州根据省发改委、省水利厅、省烟草专卖局联合下发《关于报送湖南省“十二五”烟草补贴水源工程项目规划的通知》要求，规划“十二五”期间烟草补贴水源工程项目，涉及到全市 5 个烟叶主产县，具体项目为新田金陵水库水源连通工程、宁远金钩挂水库、蓝山毛江水库、道县营乐源—云溪水库水源工程及江华清江水库等 5 个烟草援建水源工程，规划总投资 105612 万元。

2012 年，永州借鉴云南省水源性工程建设经验，探索全面提升烟区基础设施综合配套水平。7 月 16 日，中国烟草总公司下发《关于湖南省 2011 年度烟草行业水源工程援建项目补贴资金的复函》，批复同意将新田县金陵水库连通工程列入烟草行业援建项目，补贴资金 11928.23 万元。12 月，新田县金陵水库水源连通工程正式动工建设。同年，永州市烟草公司向省烟草公司请示，将宁远县金勾挂水库工程项列入 2012 年度国家烟草补贴水源工程建设项目，申请援建资金 13909 万元。

2014 年，烟草援建项目金陵水库水源连通工程西干渠通水

2013 年 6 月 4 日，中

国烟草总公司中烟办〔2013〕114号文件批复，同意将宁远县金勾挂水库工程项目作为烟草行业援建项目，项目总投资19739.71万元，其中烟草行业援建资金11708.20万元。6月24日，永州市烟草公司向省烟草公司请示，将江华县清江水库工程项目列入2013年度国家烟草补贴水源工程建设项目，申请援建资金9701万元。

2014年3月，宁远县金勾挂水库工程项目正式开工。8月21日，永州市烟草公司向省烟草公司请示，将道县营乐源水库工程项目列入2014年度国家烟草补贴水源工程建设项目，申请援建资金9589.65万元。

2014年3月26日，举行烟草援建项目宁远县金钩挂水库开工仪式

2015年2月26日，中国烟草总公司中烟办〔2015〕51号文件批复，同意将江华县清江水库工程列入烟草行业援建项目。该工程总投资为12537.61万元，其中烟草行业援建资金8419.19万元。该工程于2015年8月12日招标，2015年9月28日开工建设。

2012—2015年永州市由烟草行业援建的水源性项目统计表

表2-5

项目	申报时间	批复时间	总投资（万元）	烟草行业补贴（万元）	动工时间	完工时间
新田县金陵水库水源连通工程项目	2011年	2012年7月	15716.44	11928.23	2012年12月	2015年
宁远县金勾挂水库工程项目	2012年	2013年4月	19739.71	11708.20	2014年3月	
江华县清江水库工程项目	2013年	2015年2月	12537.61	8419.19	2015年9月	
道县营乐源水库工程项目	2014年	2016年1月	12287.12	7736.49	2016年9月	
蓝山县毛江水库工程项目	2014年	2016年6月	10538.61	5131.62	2017年9月	
合计			70819.49	44923.73		

附：永州市由烟草行业援建水源工程项目简介

一、新田县金陵水库连通工程项目：该工程于2012年12月动工，总投资1.75亿元，其中中国烟草总公司援建资金11928万元。项目建设内容分枢纽工程和灌区工程两个部分。枢纽工程由两江口水库续建（扫尾）工程、4座小（2）型水库改扩建工程、3座小（2）型水库新建工程组成；灌溉工程由东干渠、西干渠、廖干渠及北干渠组成，渠道总长度121千米，其中：加固整修防渗渠道94.1千米，新建渠道26.9千米。2015年，该工程竣工，以两口江、金陵两座中型水库为水源，通过东、西、北、廖主干渠将沿线水库和主干山塘（含新建和改扩建的7座水库）连接起来，形成集灌溉、引蓄水一体的“长藤结瓜”式供水网络，可增加蓄水量近2000万立方米。该项目由新田县人民政府组织建设，项目竣工投入使用后，全面提升金陵水库灌区的综合效益，可满足新田、郴州桂阳两县7.7万亩农田的正常灌溉，惠及两县8个乡镇116个行政村，有力促进灌区以烟叶生产为主的农业生产高效持续发展。

2015年7月，中国烟草总公司援建的水源性工程项目新田金陵水库

二、宁远县金钩挂水库工程项目：该项目位于宁远县冷水镇金钩挂村，是国家烟草援建水源性工程项目，总投资1.97亿元，其中中国烟草总公司援建资金1.17亿元。该项目是一座新建的小（1）型水库，分枢纽工程和灌溉工程两部分。枢纽工程建设内容为新建大坝（坝高38.60米，坝顶轴线长178.00米，总库容988.6万立方米）、水库溢洪道水库灌溉放水隧洞、放空兼到流隧洞等。灌溉工程建设内容为新建左右干渠各1条、分渠10条。干渠总长23.18千米，分渠总长18.42千米。该项目由宁远县人民政府组织建设，于2014年3月开工，计划2016年3月完工。

水库建成后，可灌溉面积3.26万亩，解决灌区人畜饮水问题，为该区域发展、烟叶生产提供有力保障。

三、江华县清江水库工程项目：该项目位于江华县大石桥乡源口村，是国家烟草援建水源工程项目，总投资1.25亿元，其中中国烟草总公司援建资金为8419.19万元。该项目是一座新建的小（1）型水库，以灌溉为主，兼顾灌区人畜饮水。主要建设内容由枢纽工程和灌溉工程，枢纽工程包括新建大坝、溢流坝和灌溉、冲砂用塔式进水口等，大坝为浆砌石重力坝，坝高63.1米，坝顶轴线长146.7米，总库容467.1万立方米；灌溉工程包括左、中、右干渠各1条，干渠总长17.14千米。该项目由江华瑶族自治县人民政府组织申报，于2104年1月中国烟草总公司组织专家对《江华县清江水库工程初步设计报告》及设计概算进行审查，并获通过。2015年9月29日开工建设，工期为24个月。该项目建成后，可灌溉土地面积2.26万亩，解决大石桥乡源口等18个村、白芒营羊头山等14个村共26890余人的人畜饮水问题，为该区域经济社会发展和稳定烟叶生产提供水源保障。

四、道县营乐源水库工程项目：该项目位于道县清塘镇中坪村，是国家烟草援建水源工程项目，总投资12287万元，其中国家烟草援建资金为7736万元。该项目是一座新建的小（1）型水库，以灌溉为主，兼顾灌区人畜饮水。大坝为混凝土重力坝，坝高69.8米，坝顶轴线长95.65米，总库容495.3万立方米，设计灌溉面积1.49万亩。该项目由枢纽工程和灌溉工程组成，枢纽工程主要包括新建大坝、溢流坝和灌溉、冲砂用塔式进水口等。灌溉工程干渠4条，干渠总长10.53千米。该项目由道县人民政府组织申报，于2015年9月中旬经中国烟草总公司组织专家对申报的《湖南省道县营乐源水库工程初步设计报告》及设计概算进行审查。2016年1月25日，中国烟草总公司复函省人民政府，下达援建计划。2016年9月19日动工实施，预计工期为26个月。建成后，可解决该区域烟叶生产发展和烟区人畜饮水等问题。

五、蓝山县毛江水库工程项目：该项目位于蓝山县新圩镇大塘村，是国家烟草援建水源工程项目，总投资10538.61万元，其中国家烟草援建资金5131万元。该项目为续扩建工程，是一座以灌溉为主，兼顾防洪、养殖等综合效益的小（1）型水库。大坝为单曲浆砌石拱坝，最大坝高50.80米，坝轴线长256.9米，总库容652万立方米。工程由枢纽工程和灌溉工程组成，枢纽工程主要是大坝增高加厚。灌溉工程主要包括左、右干渠各1条，干渠总长19.124千米。该项目建成后，可灌溉面积2万亩，为该区域发展烟叶生产和改善烟区人、畜饮水提供保障。该项目于2016年6月中国烟草总公司复函省人民政府，下达援建计划，由蓝山县人民政府组织建设。

第四节 土地整理

2012年5月，根据湖南省两烟协调领导小组《关于加快基本烟田土地整理工作的通知》，宁远县作为全省土地整理项目试点单位，安排宁远县九嶷山基地单元冷水镇项目区试点面积2500亩。同月，根据《湖南省2012年基本烟田土地整理试点工作方案》，永州按照“政府主导、烟草补贴、部门参与、法人实施”的工作方针，以现代烟草农业为统领，以基地单元建设为平台，坚持适宜整理、农民自愿的原则，开展土地整理项目试点工作。8月13日，市人民政府下发《关于编制永州市“十二五”基本烟田土地整理项目规划的通知》明确：1. 各县要结合实际，充分听取和尊重当地干部群众意见，合理选择项目区域，精心编制项目规划；2. 要明确规划年度，宁远县的基本烟田土地整理规划年度从2012年起至2017年止，其他县的规划年度从2013年起至2017年止，全市力争完成基本烟田土地整理18万亩的投资任务。10月15日，市烟叶生产基础设施建设办公室组织国土、水利、造价等相关专家，对宁远县九嶷山基地单元冷水项目区土地整理项目实施方案设计成果进行立项审查，同意该项目立项。12月21日，永州根据《关于调整全省部分产区基本烟田面积的通知》，对全市部分产区基本烟田进行调整，在全市规划基本烟田67万亩，其中宁远县18万亩、新田县12万亩、江华12万亩、蓝山10万亩、道县7万亩、江永6万亩、东安2万亩。是年，宁远县冷水镇项目区土地整理面积2409亩，其中平整面积2032亩，平整率达84.4%，实现路、渠配套，田块成方，受到当地政府、烟农群众的普遍称赞。在土地整理项目试点中，永州按照“整理一丘成型一丘，确保工程进度和质量”的要求，探索出土地整理“五步操作法”（即按图放样、剥离表土集中堆放、推平压实、修筑田埂、回填耕作层5个步骤），实现项目“当年建设、当年峻工、当年受益”的目标，为全市推广土地整理项目起到示范作用。

2013年2月28日，在宁远召开全市基本烟田土地整理工作现场会

2013年2月28日，永州在宁远县召开全市基本烟田土地整理现场会，推广宁远县土地整理工作经验，推动全市基本烟田土地整理项目开展。2013年，全市基本烟田土地整

理由2012年的0.24万亩，增加到1.86万亩。同时，江华白芒营、江永夏层铺、宁远太平及保安四个项目区烟田土地整理项目全部完成招投标工作，进入施工阶段。

2014年1月20日，永州执行省烟草专卖局湘烟办综〔2014〕9号文件规定：从2014年度开始，土地平整区域湘中湘南烟区按不超过3300元/亩标准进行补贴，非平整区域按不超过1100元/亩标准予以补贴。2014年3月19日，根据省人民政府湘政办发〔2014〕6号文件精神，永州市人民政府印发《关于进一步加强基本烟田建设与保护工作的通知》要求：1. 明确基本烟田建设目标任务。全市规划建设基本烟田67万亩。2012—2017年，全市规划基本烟田土地整理26.5万亩，其中宁远县8.5万亩、新田县4.5万亩、江华县4.5万亩、蓝山县3万亩，道县3万亩，江永县（含回龙圩管理区）3万亩。2. 优化基本烟田规划与布局。各产烟县人民政府要组织相关部门，按照土地利用总体规划和提高烟叶种植集中度的原则，进一步优化生产布局。3. 加快基本烟田建设。各产烟县人民政府要将基本烟田纳入高标准农田建设总体规划，结合水利工程罐区建设，以完善排灌设施和田间机耕路建设为重点，解决基本烟田排灌和机械作业问题，做到渠相连、路相通、旱能灌、涝能排。4. 加大基本烟田保护。各产烟县人民政府要按照整体规划、合理使用、养用结合、严格保护的方针，建立基本烟田保护制度，加大保护利用力度。2014年，各产烟县人民政府成立基本烟田土地整理项目管理办公室。全市实施土地整理的项目8个、面积4.5万亩，烟草行业补贴资金9750万元，其中国家烟草专卖局补贴5850万元、省内烟草企业配套资金3900万元。

2015年，新田县黄家舍基本烟田土地整理项目

2015年，永州按照“政府领导、农民自愿、法人实施、烟草监管”的原则，实行设计报告审查否决制，开展土地整理示范区建设，推动土地流转，引导适度规模种植，结合田间机械化建设，发挥土地整理和机械化的示范效应，全面推行“五步操作法”，科学规划、实施土地整理项目。是年，永州获批复的土地整理项目计划8个，面积3.5万亩；烟草行业补贴资金11550万元，其中国家局补贴6930万元、省内烟草企业配套资金4630万元。

2012—2015 年永州基本烟田土地整理项目统计表

表 2-6

年份	项目数量（个）	受益烟田面积(亩)	项目总造价（万元）	行业补贴标准	烟草行业投入资金（万元）	其中：省内烟草行业配套资金总额（万元）	其中：国家局补贴总额
2012	1	2031.9	535.62	丘陵地区 2500 元/亩，山区地区 3500 元/亩	502.44	200.98	301.46
2013	4	17247	3989.26		3926.28	1570.51	2355.77
2014	7	40000	9859.37	总公司和省内烟草 6∶4 比例补贴	9859.37	3943.75	5915.62
2015	8	35000	11550	总公司和省内烟草 6∶4 比例补贴	11550	6930	4620
合计	20	94278.9	25934.25		25838.09	12645.24	13192.85

第五节　烟草农业机械化

2009 年，永州烟区购置的翻耕、起垄机械

2009 年 4 月 30 日，根据省局《湖南省农业机械购置补贴实施办法的通知》，市烟草公司印发《永州市 2009 年烟用农业机械购置补贴资金计划预安排暨实施要求》明确：1. 补贴范围限制在《湖南省烟草农机购置补贴产品目录》中的动力机械（通用）、培土机（通用）、植保机械（通用）和编烟机械。2. 补贴对象为烟农、村民委员会（村民小组）和烟叶生产专业合作组织。3. 补贴标准按照中国烟草总公司和省内烟草企业对通用机械各按每台（套）购机发票价格的 15%分别补贴，对专用机械各按每台（套）购机发票价格的 30%分别补贴。2009 年，全市购置烟草机械 667 台（套），其中通用机械 293 台（套），专

用机械374台（套），总购置费用747万元，烟草行业补贴资金316.99万元，其中国家烟草专卖局补贴190.19万元，省内烟草企业配套126.79万元。是年，市烟草公司在宁远县柏家坪和禾亭、江华县东田、新田县新圩、蓝山县洪观等地，开展全面推进现代烟草农业建设示范试点工作，试点区的翻耕、起垄、培土和植保环节机械化作业率分别达100%、100%、40%和50%。

2010年，永州执行湖南省烟草专卖局规定：根据国家烟草专卖局烟草农业机械购置补贴标准，通用机械由烟草部门按每台（套）购机发票价格的30%进行补贴，专用机械按购机发票价格的70%进行补贴。要严格按照烟草农业机械购置补贴实施程序、补贴对象、补贴标准、补贴目录做好烟草农业机械购置补贴实施，并严格验收。是年，全市购置烟草机械2612台（套），其中通用机械2518台（套）、专用机械94台（套）；总购机费用1257.96万元，烟草行业投入资金438.96万元，其中国家局补贴资金263.38万元，省内烟草企业配套补贴资金175.58万元。

2011年11月22日，永州市烟草专卖局、市农业机械管理局联合出台《永州市烟草农业机械购置补贴实施办法》，对烟草机械的补贴范围、补贴对象和补贴方式等予以明确规定。是年，永州购置烟用机械805台（套），总购机费用799.66万元，烟草行业补贴679.63万元，其中国家局补贴资金407.78万元，省内烟草企业配套补贴271.85万元。

2012年，永州烟区推广机械化中耕培土

2012年，永州市烟草公司按照现代烟草农业"减工降本、提质增效"的要求，在宁远县开展烟叶生产全程机械化试点，试点内容包括翻耕、播种、剪叶、耕整地、起垄、中耕培土、植保、烘烤和运输9个方面，试点烤烟种植面积3000亩。通过与传统作业对比显示：烟叶生产全程机械化作业每亩可节约用工10~12个、降低成本600~800元，可实现减工降本，减轻烟农劳动强度。在试点中，永州烟草总结出一套烟草农机作业标准、配置标准和管护办法。是年，全市共购置烟用机械121台（全部为大型拖拉机），总购机费用为970.72万元，烟草行业补贴651.61万元，其中国家局补贴390.97万元，省内烟草企业配套260.64

万元。

2013 年 5 月 9 日，永州执行省烟草专卖局、省农业机械管理局联合下发的《关于加快推进烟草农业机械购置补贴工作的通知》，按照“全程覆盖、标准配置、单元实施、加快推进”的要求，注重先进适用，安全可靠、节能环保和烟叶生产急需农机产品的推广应用，加快烟草农业全程机械化进程，同时进一步明确烟草农业机械购置补贴管理政策和补贴程序。2013 年，永州烟草在宁远县九嶷山、北屏、江华白芒营 3 个基地单元开展田间机械化示范推广，配套购置各类农机（具）1097 台（套）。宁远县烟草农机推广及管护工作得到省烟草公司的肯定和推介。是年，全市购置烟用农机 3436 台（套），全部为烟草专用机械，总购置费用为 3573. 63 万元，全部由烟草行业补贴，其中国家局补贴资金 2131. 58 万元、省内烟草企业配套资金 1421. 05 万元，受益面积 5. 1 万亩。

2014 年 11 月 7 日，永州执行省烟草公司《关于湖南省烟草农业机械购置补贴产品补充调整目录的通知》规定：1. 补贴模式：从 2014 年起，烟草农机购置补贴标准采用定额补贴和定比补贴相结合的综合补贴模式；2. 补贴范围：采用定额补贴的烟草农机由轮式、盘式、履带式拖拉机、拖拉机后挂的铧式犁、旋耕机和起垄机。采用定比补贴的烟草农机为《补贴目录》内除上述定额补贴外的产品；3. 补贴标准：通用机械享受财政补贴后，烟草部门按购机发票金额扣除财政补贴余下部分的 50%进行补贴；专业用机械在扣除国家补贴金额后，余下部分由烟草部门补贴 95%，为享受财政补贴的机械，按补贴购机发票金额的 95%补贴。2014 年，全市购置烟用农机 748 台（套），其中通用机械 47 台（套）、专用机械 701 台（套）；总购机费用 1000 万元，烟草行业补贴 729. 54 万元，其中国家局补贴 437. 72 万元、省内烟草行业配套补贴资金 291. 82 万元。

2015 年，全市购置烟用农机 440 台（套），其中通用机械 20 台（套）、专用机械 420 台（套），烟草行业补贴资金 239. 64 万元，其中国家局补助 143. 78 万元，省内烟草行业配套资金 95. 86 万元，受益烟田面积 3. 3 万亩。2009 年至 2015 年 12 月底，全市累计购置翻耕、起垄、播种、剪叶、培土、植保等烟用机械 8829 台（套），总购机费用 8651. 76 万元，烟草行业补贴 6630 万元，其中国家补贴 3951. 6 万元，省内烟草企业配套 2678. 4 元，基本实现烟叶生产田间作业机械化，减轻烟农劳动强度，提高烟叶生产效率，实现减工降本的目标。

2009—2015 年永州市烟草农机项目统计表

表 2-7

年份	项目名称	数量（台/套）	项目造价（万元）	行业补贴标准	烟草行业投入（万元）	行业补贴（万元）	
						其中：省内烟草行业配套	其中：国家局补贴金额配套
2009	烟草农机具小计	667	747.00		316.99	126.79	190.19
	1. 通用设备	293	415.62	购机发票金额的 30%	118.16	47.27	70.89
	2. 专用设备	374	331.38	购机发票金额的 60%	198.83	79.53	119.30
2010	烟草农机具小计	2612	1257.96		438.96	175.58	263.38
	1. 通用设备	2518	1136.21	购机发票金额的 30%	352.79	141.11	211.68
	2. 专用设备	94	121.75	购机发票金额的 70%	86.17	34.47	51.70
2011	烟草农机具小计	805	799.66		679.63	271.85	407.78
	1. 通用设备	352	391.64	购机发票金额的 30%	271.61	108.65	162.96
	2. 专用设备	453	408.02	购机发票金额的 70%	408.02	163.21	244.81
2012	烟草农机具小计	121	970.72		651.61	287.04	364.57
	1. 通用设备	121	970.72	购机发票金额的 50%	651.61	87.04	2364.57
	2. 专用设备	0	0	购机发票金额的 90%	0	0	0
2013	烟草农机具小计	3436	3573.63		3573.63	1429.45	2144.18
	1. 通用设备	0	0	购机发票金额的 50%	0	0	0
	2. 专用设备	3436	3573.63	购机发票金额的 100%	3573.63	1429.45	2144.18

续表2-7

年份	项目名称	数量（台/套）	项目造价（万元）	行业补贴标准	烟草行业投入（万元）	行业补贴（万元）	
						其中：省内烟草行业配套	其中：国家局补贴金额配套
2014	烟草农机具小计	748	1000		729. 54	291. 82	437. 72
	1. 通用设备	47	372. 84	享受财政补贴的机械，购机发票金额扣除财政补贴，余下部分50%补贴；未享受财政补贴的机械，补贴购机发票金额的50%	182. 37	72. 95	109. 42
	2. 专用设备	701	627. 16	享受财政补贴的机械，购机发票金额扣除财政补贴，余下部分95%补贴；未享受财政补贴的机械，补贴购机发票金额的95%	547. 17	218. 87	328. 30
2015	烟草农机具小计	440	302. 79		239. 64	95. 86	143. 78
	1. 通用设备	20	109. 8	购买机械发票金额的50%	57. 50	23. 00	34. 50
	2. 专用设备	420	192. 99	享受财政补贴的机械，购机发票金额扣除财政补贴，余下部分95%补贴；未享受财政补贴的机械，补贴购机发票金额的95%	182. 14	72. 86	109. 28
合计		8829	8651. 76		6629. 99	2678. 39	3951. 60

第二章　生产组织形式

永州烟农专业合作社历经起步探索、试点示范，全面推广、整合提升四个阶段。2009—2010 年，永州烟区创新烟叶生产组织形式，开展烟农专业合作社试点工作，登记注册烟农专业合作社 12 家。2011—2012 年，永州烟区全面推广烟农专业合作社建设，两年期间新登记注册21家，全市累计35家。2012年5月，成立永州市烟农专业合作社两场设施综合利用联合社。2013—2015年，全市由35家烟农专业合作社整合为20家综合服务型烟农专业合作社和1个两场设施综合利用联合社，专业服务能力显著增强，推动烟叶生产组织方式从传统烟叶生产向现代烟草农业转变。2010—2015年，永州市烟草商业系统与12家工业企业深度合作，共建烟叶原料供应基地单元16个。全市烟叶基地单元设施建设持续完善，原料保障能力不断增强，为"中华""白沙""泰山""南京"等重点卷烟品牌提供原料供应保障，推动烟叶产业成为全市最大的"订单"农业，促进全市烟叶产业持续健康发展。

第一节　烟农专业合作社

2008年9月28日，根据国家烟草专卖局《关于发展现代烟草农业的指导意见》及省烟草公司湘烟叶〔2008〕163号文件精神，永州市烟草公司下发《关于印发全市发展现代烟草农业实施方案的通知》，开始探索烟农专业合作社建设。随后，各产烟县分公司按照"一基四化"（即全面推进烟叶生产基础设施建设，努力实现烟叶生产的规模化种植、集约化经营、专业化分工、信息化管理）发展目标，在当地党委政府领导下，充分尊重烟农主体地位，开展现代烟草农业试点，探索基础设施建设、适度规模种植、创新生产组织形式、实行专业化服务，推动传统烟叶生产向现代烟草农业转型发展。

2009年4月16日，宁远左坝烤烟生产专业合作社召开成立大会

2009年1月5日，根据省烟草公司湘烟叶〔2008〕163号文件精神，永州市烟草公司按照"减工降本、提质增效、一基四化、持续发展"的思路，制定《永州市2009年现代烟草农业试点实施细则》，在宁远县禾亭镇、柏家坪镇、新田县新圩镇、江华县东田镇开展现代烟草农业试点工作，探索土地流转、农机推广、专业化服务、职业烟农培养、生产组织形式等运行机制和管理模式。4月，永州首家烤烟生产专业合作社——宁远县柏家坪镇左坝烤烟生产专业合作社成立，提供育苗、植保、烘烤等专业化服务。同年，江华县东田镇开展股份合

作经营试点，探索烟叶专业化分级服务，为全市烤烟生产合作社建设提供经验。同年11月，江华县冯发烟农专业合作社注册成立。2010年，全市开展烟农专业合作社建设推广工作，共成立烟农专业合作社12家，下设育苗、植保、烘烤、分级等专业化服务组织72个，入社烟农2261户，覆盖服务面积9.4万亩。是年，宁远左坝烟农专业合作社被省人民政府评为“为民办实事示范合作社”。

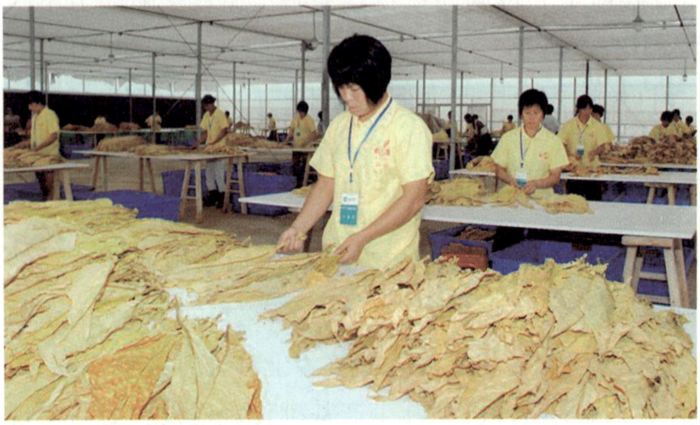

2011年，烟农专业合作社提供专业化分级服务

2011年，永州市烟草公司按照“推动而不强迫、扶持而不干预、参与而不包办”的原则，参与合作社章程、规章制度、服务价格等制定，确保合作社规范运行，印发《烟农专业合作社资料汇编》1000本。各产烟县成立专门班子，明确一名副县级领导主管、县烤烟办副主任抓具体的领导班子，县烟草分公司安排专职或兼职人员具体从事合作社建设工作。4月8日，市人民政府在宁远召开全市烟农专业合作社建设培训调度会，并组织学习省局《关于加快发展全省烟农专业合作社的意见》。6月13日，根据《湖南省综合服务型烟农专业合作社运行规范（实行）》和《湖南省烟农专业合作社建设工作考核办法和验收标准》要求，市烟草公司出台《永州市2011年烟农专业合作社建设工作方案》，成立以局长（经理）李刚华为组长的烟农专业合作社建设工作领导小组，指导全市烟农专业合作社建设工作。各产烟县分公司成立相应的领导机构，负责帮助烟农专业合作社建设，确保各项工作落实到位。全市烟农专业合作社以基地单元为平台，以服务烟农为宗旨，依托“两场”（即育苗工场、烘烤工场）建设，创建“两场一社三主体五队伍”（即育苗工场、烘烤工场，烟叶生产专业合作社，种植专业户、家庭农场、生产合作社，育苗、机耕、植保、烘烤、分级专业化服务队伍）的运作模式，开展专业化服务，普惠烟农。同时，永州烟草采取先示范、后推广、再普及的方式，创建宁远左坝、旺利、宝峰，新田千山、蓝山惠民、江华冯发6家示范性综合服务型烟农专业合作社。是年，全市有烟农专业合作社30家，入社烟农4219户，开展育苗、机耕、植保、烘烤、分级专业化服务分别为8.23万亩、5.15万亩、4.23万亩、3.26万亩、2.7万亩。全市烟农专业合作社在以烟为主、服务烟农的基础上，探索设施综合利用，增强自身“造血”发展功能。其中，江华县冯发烟农专业合作社综合利用育苗工场3.35万平

方米，产出西瓜 47 万千克；综合利用烘烤工场 0.23 万平方米，产出食用菌 7.3 万千克；利用烟草机械为大农业服务，实现晚稻旋耕 480 亩；共实现综合利用销售收入 191.5 万元，扣除成本获利润 45.5 万元，占年度总盈余 61.7 万元的 73.7%。同年 12 月，江华冯发、新田千山、宁远旺利、宁远左坝、宁远宝峰、蓝山惠农 6 家烟农专业合作社通过省局验收，其中江华冯发、新田千山两家烟农合作社被省局评为“2011 年度优秀省级烟叶专业合作社示范社”。江华冯发烟叶专业合作社被省两烟协调领导小组授予“烟叶专业合作社省级示范社”称号。

2012 年 5 月 17 日，永州市烟农合作社两场设施综合利用联合社成立

2012 年，永州烟农合作社按照“一社两场三主体、六统两分一中心（即统一种植品种、统一物资供应、统一技术标准、统一技术服务、统一品牌经营、统一市场营销，分社组织生产、分社盈余分配）”的建设模式，依托两场设施组建综合服务型合作社，以种烟专业户、家庭农场和生产型合作社为成员主体和服务对象，在育苗、机耕、植保、烘烤、分级、运输六个生产环节实施专业化服务，在大田管培、烟叶交售两个环节实行分户管理、家庭经营；并成立合作社烟农服务中心，承担烟农辅导员聘用、设施综合利用和管护，开展农资供应、技术辅导和信息咨询服务。是年，全市新注册登记综合服务型烟农专业合作社 5 家，全市累计注册登记综合服务型烟农专业合作社 35 家，共组建成立专业服务队 156 支、专业服务队员 3044 人；入社成员 4892 名，其中烟农成员 4787 名、占比 97.85%。5 月 25 日，江华冯发、兴涛，宁远旺利、左坝、辉煌，新田千山、龙丰，蓝山惠民、创丰，江永永发，道县金叶，东安大源 12 家合作社共同发起，注册成立永州市烟农专业合作社两场设施综合利用联合社，按照“六统两分”模式运行管理，依托冯发合作社与深圳金津农产品公司的合作关系，探索两场设施综合利用，走向多家合作社“抱团发展”之路。是年，永州市烟农专业合作社两场设施综合利用联合社总收入达 542 万元，盈余达 160 余万元。宁远县左坝烟农专业合作社被省“两烟”协调领导小组授予“烟叶专业合作社省级示范社”称号。

2013 年，永州按照“政府领导、烟草扶持、部门配合、烟农参与”的思路，

2013 年 10 月 30 日，市人民政府组织召开全市烟农专业合作社建设座谈会

遵循“一基一社”和“社统队分、分队核算”的原则，依托 74 个工场设施，由 2012 年 35 家烟农专业合作社整合为 30 家，全市合作社合理格局基本形成。永州烟草按“生产在户、服务在社”的建设要求，出台《永州市烟农专业合作社建设规程》，完善合作社专业化服务体系，引导合作社开展“5+4”专业化服务（即机耕、育苗、植保、烘烤、分级 5 个基本环节专业服务和拓展施肥、中耕培土、采摘、运输 4 个服务），服务管理流程形成“统一组织、内部承包”和“统一实施、按队核算”两种服务模式，发挥合作社专业化服务对烟叶生产的支撑作用。10 月 30 日，市人民政府组织召开全市烟农专业合作社建设座谈会，市委常委、常务副市长易佳良出席会议并讲话，会议专题部署全市烟农专业合作社建设工作。是年，全市 30 家烟农合作社，入社成员 6218 名，其中烟农成员 6140 户，占全体烟叶种植户的 45%；共有服务队伍 184 支、队员 5207 名。全市专业化育苗、机耕、植保、烘烤、分级覆盖率分别达 100%、43. 83%、18. 4%、14%、100%，其中专业化分级同比提高 71. 1 个百分点。全市烟农合作社在育苗、机耕、植保、烘烤、分级等 5 个基本环节服务现实总盈利 599. 34 万元，综合利用赢利 178. 9 万元。江永县永发烟农专业合作社被省两烟协调领导小组授予“烟叶专业合作社省级示范社”称号。

2013 年永州市烟农专业合作社专业化服务情况统计表

表 2-8

服务项目	队伍数量（支）	队员数量（名）	服务面积（万亩）	完成烟叶量（万担）	覆盖率	盈利（万元）
育苗	37	743	30	—	100%	235. 02
机耕	40	269	13. 15	—	43. 83%	81. 58
植保	24	265	5. 52	—	18. 4%	5. 02
烘烤	40	387	—	10	14%	3. 30
分级	43	3543	—	71. 20	100%	274. 42
合计	184	5207	48. 67	81. 20		599. 34

2014年，全市在2013年30家综合服务型烟农专业合作社基础上，进一步整合为26家，合作社成员1.26万户，其中烟农成员1.22万户，烟农入社率达92.6%；育苗、机耕、植保、烘烤、分级5个基本环节专业化服务覆盖率分别达100%、26.93%、13.21%、33.91%、100%。全市合作社实现总收入6739.18万元，总利润834.92万元。其中，专业化服务收入6152.22万元，利润734.15万元；两场及农机设施综合利用收入303.13万元，利润64.71万元；拓展业务开展收入283.8万元，利润36.06万元。是年，宁远县辉煌、江华县兴涛、新田县龙丰烟农专业合作社被省两烟协调领导小组授予“烟叶专业合作社省级示范社”称号。江华县冯发烟农专业合作社被国家局授予“行业示范社”称号。

2014年1月17日，江华冯发烟叶专业合作社召开成员代表大会，盈余分红78.9万元

2014年永州市烟农专业合作社专业化服务情况统计表

表2-9

服务项目	队伍数量（支）	队员数量（名）	服务面积（万亩）	覆盖率	盈利（万元）
育苗	65	1081	28.97	100%	280.96
机耕	39	258	6.57	26.93%	49.47
植保	18	376	3.27	13.21%	-18.13
烘烤	47	462	8.27	33.91%	9.06
分级	70	2992	25.01	100%	412.75
合计	239	5169	72.09		734.11

2015年，按照“一基一社”总要求和“因地制宜、注重实效”的原则，市烟草公司制订《永州市综合服务型烟农专业合作社整合建设工作方案》。随后，各产烟县分公司根据方案，采取注销、吸收合并等办法，整合烟农专业合作社，实行合作社下设服务部，对专业服务按“统一管理、内部承包”和“统一实施，按队核算”两种模式管理，进一步规范烟农专业合作社的组建、运行、监督和管理，全市

2015 年，永州烟区烟农专业合作社开展两场设施综合利用种植西瓜

烟农合作社由 2014 年 26 家整合成 20 家综合服务型烟农专业合作社和 1 个两场设施综合利用联合社，分布在 16 个烟叶基地单元，服务 83 个种烟乡镇，实现全市烟区烟农合作社服务全覆盖。整合后，全市综合服务型烟农专业合作社设服务部 54 个，服务部下设专业服务队 239 支、队员 5169 人；开展育苗、机耕、植保、烘烤、分级 5 个基本环节专业化服务覆盖率分别达 100%、56.93%、22.35%、48.33%、100%，减工增效明显。同时，全市烟农专业合作社转变发展理念，强化合作社内部管理，拓展多种经营，从依靠两场设施种植瓜果、蔬菜、食用菌，拓展到生产育苗基质、有机肥和二季稻及其他经济作物。全市 20 家合作社实现总收入 5389.01 万元、总盈余 677.07 万元，其中专业化服务收入 4804.62 万元、盈余 566.85 万元，综合利用与拓展项目收入 482.39 万元、盈余 110.22 万元。是年，宁远县旺利、蓝山县惠民、道县谐和烟农专业合作社被省两烟协调领导小组授予“烟叶专业合作社省级示范社”称号。宁远县左坝烟农专业合作社被国家局授予“行业示范社”称号。至 2015 年年底，全市 20 家综合服务型烟农专业合作社中，行业示范社 2 家、省级示范社 7 家。

2015 年永州市综合服务型烟农专业合作社整合建设情况表

表 2-10

市县	单元	合作社名称	服务乡镇	依托工场	合作社所辖服务部
永州市		永州市两场设施综合利用联合社			
宁远县	舜陵单元	益农烟农专业合作社	舜陵、天堂、中和	祥文福、桐油坪、双板桥、新开工场	益农合作社桐油坪、双板桥、新开服务部
	九嶷山单元	辉煌烟农专业合作社	冷水、湾井、九嶷山	天堂湖、神东、下灌工场	辉煌合作社神东、下灌服务部
		惠农烟农专业合作社	水市	水晶窝、潇江、梅岗工场	惠农合作社潇江、梅岗服务部

续表2-10

市县	单元	合作社名称	服务乡镇	依托工场	合作社所辖服务部
宁远县	北屏单元	左坝烟农专业合作社	柏家坪、清水桥、桐木漯、鲤溪、荒塘	砂子岭、谢家、平田、清水桥、鲤溪工场	左坝合作社谢家、平田、清水桥、鲤溪服务部
宁远县	仁和单元	旺利烟农专业合作社	仁和、禾亭、太平、保安	孙家铺、冯石、泰山岭、潮水、禾亭、匡家、保安、太平工场	旺利合作社冯石、泰山岭、潮水、禾亭、匡家、保安、太平服务部
江华县	白芒营单元	冯发烟农专业合作社	白芒营、小圩	云田烟叶工场	
江华县	沱江单元	瑶民烟农专业合作社	沱江、大路铺、桥市、桥头铺、东田、界牌	大路铺、桥市、桥头铺、东田、界牌工场	瑶民合作社东田、桥市、界牌服务部
江华县	涛圩单元	兴涛烟农专业合作社	涛圩、河路口	上云、大方坪工场	兴涛合作社大方坪服务部
江华县	涛圩单元	兴桥烟农专业合作社	大石桥	茶园工场	
新田县	石羊单元	永益烟农专业合作社	石羊、三井、茂家、宏发圩	乐大晚、七贤山工场	永益合作社七贤山服务部
新田县	田家单元	龙丰烟农专业合作社	龙泉、骥村、金陵、冷水井、莲花、毛里、枧头、十字	田家、冷水井、彭梓城、金盆圩、蛟龙塘工场	龙丰合作社冷水井、彭梓城、金盆圩、蛟龙塘服务部
新田县	新圩单元	千山烟农专业合作社	新圩、知市坪、高山、大坪塘	知市坪、上禾塘、祖亭下工场	千山合作社上禾塘、祖亭下服务部
蓝山县	土市单元	惠民烟农专业合作社	土市	土市、泉塘工场	惠民合作社泉塘服务部
蓝山县	土市单元	昱盛烟农专业合作社	竹管寺、楠市、祠堂圩、塔峰	竹市、楠市、总市、正市、东塘工场	昱盛合作社楠市、总市、正市、东塘服务部
蓝山县	早禾单元	创丰烟农专业合作社	早禾、大洞、太平	彭家、薛家工场	创丰合作社薛家服务部
蓝山县	早禾单元	枞达烟农专业合作社	新圩、火市、田心	涵江工场、付家工场	枞达合作社田心服务部
道县	四马桥单元	群利烟农专业合作社	白马渡、白芒铺、柑子园、四马桥、蚣坝	白马渡、四马桥工场	群利合作社四马桥服务部

续表2-10

市县	单元	合作社名称	服务乡镇	依托工场	合作社所辖服务部
道县	祥霖铺单元	谐和烟农专业合作社	梅花、清塘、寿雁、新车、祥霖铺、仙子脚、桥头、审章塘	梅花、清塘、寿雁、新车、祥霖铺工场	谐和合作社清塘、寿雁、新车、祥霖铺服务部
江永县	夏层铺单元	永发烟农专业合作社	夏层铺、兰溪、桃川、允山、松柏、回龙圩、上江圩、黄家岭、潇浦	夏层铺、兰溪、松柏、李家、昔形塘、周塘、水美塘、上关工场	永发合作社兰溪、松柏、李家、周塘、水美塘、上关服务部
	松柏单元				
东安县		大源烟农专业合作社	紫溪、大庙口、大盛	大源、紫大、车田、田弄湾、禾叶塘、盘蛇洞、官田工场	大源合作社紫大、车田、田弄湾、禾叶塘、盘蛇洞、官田服务部
合计	16个	21个（20个综合社加1个联合社）	83个乡镇	74个工场（育苗、烘烤、烟叶工场）	54个服务部

2015年永州市烟农专业化合作社专业化服务情况统计表

表2-11 **单位：万亩、万元**

县别	基地单元	合作社	育苗（万亩）			机耕（万亩）		
			服务面积	覆盖率	盈余	服务面积	覆盖率	盈余
宁远	北屏	左坝	1.69	93.37%	13.68	1.19	65.81%	11.82
	九嶷山	辉煌	1.80	140.63%	14.25	0.46	35.78%	2.98
	仁和	旺利	2.55	128.14%	14.38	0.79	39.70%	4.80
	舜陵	益农	1.73	124.46%	17.71	0.45	32.08%	1.20
	九嶷山	惠农	1.30	119.27%	19.13	0.63	57.67%	2.40
		全县小计	9.07	120.13%	79.15	3.51	46.49%	23.20
新田	新圩	千山	1.40	142.86%	4.80	0.40	40.82%	1.80
	田家	龙丰	2.28	144.30%	5.80	0.50	31.65%	2.00
	石羊	永益	1.68	137.70%	2.00	0.15	12.30%	0.00
		全县小计	5.36	142.18%	12.60	1.05	27.85%	3.80
道县	祥霖铺	谐和	2.07	100.00%	26.19	1.86	89.85%	14.00
	四马桥	群利	1.03	100.00%	12.07	0.92	89.32%	5.00
		全县小计	3.10	100.00%	38.26	2.78	89.67%	19.00

续表2-11

县别	基地单元	合作社	育苗（万亩）			机耕（万亩）		
			服务面积	覆盖率	盈余	服务面积	覆盖率	盈余
蓝山	土市	惠民	0.86	100.00%	15.19	0.69	80.23%	-2.18
	土市	昱盛	0.46	100.00%	1.15	0.37	80.43%	0.20
	早禾	枞达	0.45	100.00%	7.57	0.36	80.00%	0.10
	早禾	创丰	0.80	100.00%	10.83	0.62	77.50%	3.25
		全县小计	2.57	100.00%	34.74	2.04	79.38%	1.37
江华	白芒营	冯发	1.80	127.66%	19.82	1.13	80.14%	1.50
	涛圩	兴桥	0.60	81.08%	1.74	0.32	42.24%	0.82
	沱江	瑶民	1.85	102.21%	5.33	0.81	44.75%	3.01
	涛圩	兴涛	1.15	115.00%	10.50	0.83	83.00%	3.32
		全县小计	5.40	108.87%	37.39	3.09	62.30%	8.65
江永	夏层铺	永发	2.67	151.70%	22.31	1.42	80.68%	8.10
东安	松柏	大源	0.92	100.00%	10.69	0.07	8.40%	1.02
合计		20	29.09	118.64%	235.15	13.96	56.93%	65.14

2015 年永州市烟农专业化合作社专业化服务情况统计表

表 2-12　　**单位：万亩、万元**

县别	基地单元	合作社	植保			烘烤		
			服务面积	覆盖率	盈余	服务面积	覆盖率	盈余
宁远	北屏	左坝	0.59	32.66%	0.00	1.08	59.85%	9.25
	九嶷山	辉煌	0.22	17.38%	0.00	0.61	47.50%	4.13
	仁和	旺利	0.38	18.89%	0.00	1.05	52.76%	14.97
	舜陵	益农				0.45	32.59%	1.40
	九嶷山	惠农				0.38	35.26%	2.80
		全县小计	1.19	15.74%	0.00	3.57	47.34%	32.55
新田	新圩	千山				0.38	38.78%	1.90
	田家	龙丰				0.39	24.68%	0.00
	石羊	永益				0.52	42.62%	0.00
		全县小计				1.29	34.22%	1.90

续表2-12

县别	基地单元	合作社	植保			烘烤		
			服务面积	覆盖率	盈余	服务面积	覆盖率	盈余
道县	祥霖铺	谐和	0. 18	8. 70%	0. 00	1. 12	54. 11%	5. 27
	四马桥	群利	0. 00	0. 00%	0. 00	0. 21	20. 39%	1. 50
		全县小计	0. 18	5. 80%	0. 00	1. 33	42. 90%	6. 77
蓝山	土市	惠民	0. 56	65. 12%	0. 00	0. 70	81. 40%	1. 73
	土市	昱盛	0. 14	30. 43%	-0. 21	0. 36	78. 26%	-3. 64
	早禾	枞达	0. 14	31. 11%	-1. 63	0. 23	51. 11%	-1. 28
	早禾	创丰	0. 27	33. 75%	-2. 45	0. 54	67. 50%	-2. 97
		全县小计	1. 10	42. 80%	-4. 30	1. 83	71. 21%	-6. 17
江华	白芒营	冯发	0. 80	56. 74%	-0. 43	0. 24	17. 02%	-11. 88
	涛圩	兴桥	0. 48	64. 86%	-1. 08	0. 10	13. 50%	-9. 79
	沱江	瑶民	0. 32	17. 68%	-2. 56	0. 59	32. 60%	-4. 20
	涛圩	兴涛	0. 35	35. 00%	-1. 90	0. 64	64. 00%	-4. 69
		全县小计	1. 95	39. 31%	-5. 97	1. 57	31. 65%	-30. 56
江永	夏层铺	永发	0. 53	30. 11%	-3. 80	1. 45	82. 39%	6. 97
东安	松柏	大源	0. 04	4. 87%	0. 00	0. 81	100. 00%	4. 87
合计	16	20	4. 99	20. 35%	-14. 07	11. 85	48. 33%	16. 33

2015 年永州市烟农专业化合作社专业化服务情况统计表

表 2-13 **单位：万亩、万元**

县别	基地单元	合作社	分级		
			服务面积	覆盖率	盈余
宁远	北屏	左坝	4. 34	100%	25. 30
	九嶷山	辉煌	1. 82	100%	7. 26
	仁和	旺利	4. 40	100%	21. 75
	舜陵	益农	2. 79	100%	13. 04
	九嶷山	惠农	2. 08	100%	10. 80
		全县小计	15. 42	100%	78. 15

续表2-13

县别	基地单元	合作社	分级		
			服务面积	覆盖率	盈余
新田	新圩	千山	2.56	100%	12.00
	田家	龙丰	3.98	100%	20.00
	石羊	永益	2.75	100%	15.00
		全县小计	9.29	100%	47.00
道县	祥霖铺	谐和	4.34	100%	17.26
	四马桥	群利	2.16	100%	8.60
		全县小计	6.50	100%	25.86
蓝山	土市	惠民	2.12	100%	16.99
	土市	昱盛	1.06	100%	4.65
	早禾	枞达	1.47	100%	7.33
	早禾	创丰	2.37	100%	18.92
		全县小计	7.02	100%	47.89
江华	白芒营	冯发	2.76	100%	12.67
	涛圩	兴桥	1.54	100%	0.97
	沱江	瑶民	3.70	100%	12.00
	涛圩	兴涛	2.00	100%	9.10
		全县小计	10.00	100%	34.74
江永	夏层铺	永发	4.22	100%	24.60
东安	松柏	大源	1.68	100%	6.07
合计	16	20	54.13	100%	264.31

第二节　基地单元

20世纪90年代，永州探索产烟县挂钩烟厂，联办优质烟生产基地，开发优质烟叶。2003—2004年，宁远县挂钩长沙卷烟厂、常德卷烟厂，江永、江华县挂钩长沙卷烟厂，联办开发国际型优质烤烟基地。

2005—2008年，宁远县、江华县、江永县分别对口颐中集团、常德烟厂和长沙烟厂，作为替代部分进口烟叶项目的示范基地。永州烟草按照“工商共建、互信双赢、稳步推进、协调发展”的指导原则，充分发挥工、商、研三方优势，以满足挂钩烟厂原料需求为导向，有效提高基地烟叶质量，对全市烟叶生产起到示范带动作用。

2009 年，永州烟草与湖南中烟、广东中烟 2 家工业企业联合建立紧密型和技术合作型的浓香型特色优质烟开发基地。同时，永州烟草与山东中烟、广东中烟、上海烟草集团在宁远县共建烟叶基地单元，作为“泰山”“双喜”“中华”品牌优质原料供应基地。

2010 年 11 月 11 日，举行山东中烟泰山品牌新田县田家烟叶基地单元建设启动仪式

2010 年，根据省烟草公司《关于下发全省烟叶基地单元规划的通知》，永州规划建设烟叶基地单元 12 个，基本烟田面积 36 万亩。永州烟草与基地单元对口工业企业协商，制定具体合作实施办法，共建烟叶基地单元。4 月 27 日，省烟草公司下发《湖南省 2010 年整县推进现代烟草农业建设工作方案》明确：宁远县作为国家局首批整县推进现代烟草农业建设单位；江华县作为省局整县推进现代烟草农业建设单位。永州按照“整县推进、单元实施”的建设思路，推进宁远北屏、仁和两个基地单元建设；同时，按照“单元分年度稳步实施”的思路，开展江华白芒营单元建设。5~11 月，永州各产烟县参照宁远县烟叶基地单元规划标准制定方案，由市局邀请专家对蓝山早禾、新田田家、江华白芒营、道县祥霖铺等烟叶基地单元进行初审，并向省局申报评审。11 月 11 日，永州启动山东中烟工业有限公司泰山品牌新田县田家烟叶基地单元建设。按照“工业主导、科研主力、产区主体”的分工，依靠工业企业和技术依托单位的力量，提高品牌需要的优质原料保障能力。

2010 年永州市烟叶基地单元与烟站建设规划表

表 2-14　　**单位：万亩**

产区	基地单元名称	所辖区域（乡镇）	基本烟田面积	实施年度	对口工业企业	规划中心站所在地	中心站属性（已有、新建或改建）
宁远县	北屏单元	清水桥镇、柏家坪镇、鲤溪镇	3	2010	山东中烟	柏家坪镇	新建
	仁和单元	仁和镇、禾亭镇、保安乡、太平镇	2.8	2010	广东中烟	仁和镇	已有
	舜陵单元	舜陵镇、天堂镇、中和乡	1.7	2011	上海烟草集团	舜陵镇	新建
	九嶷山单元	九疑山乡、湾井镇、水市镇、冷水镇	2.5	2011	广东中烟	湾井镇	已有
江华县	白芒营单元	桥市乡、界牌乡、白芒营镇、沱江镇、东田镇、桥头铺镇	3.6	2010	湖南中烟	白芒营镇	新建
	涛圩单元	涛圩镇、大石桥乡	1.9	2011	湖南中烟	涛圩镇	已有
江永县	夏层铺单元	夏层铺镇、桃川镇、兰溪乡、允山镇、潇浦镇、松柏乡	4.2	2011	湖南中烟	夏层铺镇	已有
蓝山县	土市单元	土市乡、竹管寺镇、楠市镇、祠堂圩乡、洪观乡	2.95	2012	江苏中烟	土市乡	改建
	早禾单元	新圩镇、太平圩乡、毛俊镇	2.55	2012	河北中烟	新圩镇	改建
新田县	石羊单元	石羊镇、三井乡、茂家乡、新圩镇、高山乡、陶岭乡	3.45	2012	广东中烟、河北中烟	石羊镇	新建
	田家单元	龙泉镇、枧头镇、知市坪乡、冷水井乡、毛里乡、十字乡、骥村镇、新隆镇、大坪塘乡、金盆乡	3.55	2011	山东中烟	龙泉镇	已有（新建）
道县	祥霖铺单元	祥霖铺镇、审章塘乡、新车乡、清塘镇、四马桥镇、白马渡镇、白芒铺	3.8	2012	红云红河集团	祥霖铺镇	新建
合计	12 个		36				

2011 年 2 月 26 日，永州市烟草公司邀请湖南中烟、山东中烟、广东中烟、上

2011 年 5 月 12 日，市局（公司）与江苏中烟共商“南京”品牌土市基地单元建设

海烟草集团、江苏中烟等工业企业以及技术依托单位的领导、专家，召开烟叶基地单元技术方案评审暨散叶收购研讨会。与会代表根据各自卷烟品牌风格特色和原料需求，对烟叶生产关键技术提出针对性意见和建议。同时，工商双方就品种、施肥、栽培、上部烟叶可用性、密集烘烤等共同开展的科研项目进行交流。各产烟县分公司根据工业企业意见，进一步完善基地单元技术方案，从生态、品种、技术等方面，为“九嶷金叶”浓香型风格的彰显提供有力支撑。3 月 10 日，上海烟草（集团）公司原料采购中心总经理孙平一行到永州宁远县考察指导工作，双方就“中华”卷烟品牌原料基地单元建设情况举行座谈。5 月上旬，永州烟草邀请江苏中烟工业有限责任公司举办“南京”品牌土市单元建设研讨会，经工、商企业双方协商，签署基地单元建设、合作、开发三方协议和生产技术协议。2011 年，永州按照“以工场为载体，建设基地单元”，依托烟叶工场建立综合服务型烟农专业合作社，在综合配套上，注重烟水工程、机耕路、烟草农机具、育苗工场、烘烤工场及密集烤房、防灾减灾设施和基层站点等建设的优先安排和倾斜。宁远舜陵、新田田家、江华白芒营、蓝山土市基地单元通过省局评审，并纳入国家局烟叶基地单元建设范畴。宁远仁和、北屏烟叶基地单元高分通过省局、国家局的验收。

2011 年永州市烟叶基地单元基础设施建设项目表

表 2-15

县区	基地单元	项目个数	主要建设内容														
			水池		机井	塘坝	渠道		网管		机耕路		烤房	机械		育苗大棚
			个	容积（立方米）	个	个	条	长度（千米）	条	长度（千米）	条	长度（千米）	座	通用（台）	专用（台）	个
宁远县	舜陵基地单元	437					58	55.07			30	21.59	51	158	100	40

续表2-15

县区	基地单元	项目个数	主要建设内容													
			水池		机井	塘坝	渠道		网管		机耕路		烤房	机械		育苗大棚
			个	容积（立方米）	个	个	条	长度（千米）	条	长度（千米）	条	长度（千米）	座	通用（台）	专用（台）	个
江华县	涛圩基地单元涛石项目区	440					45	28.31			25	18.41	230	102	28	10
新田县	田家基地单元	113					58	35.85			15	8.33	40			
蓝山县	土市基地单元	537			2	2	67	68.62			24	18.67	61	294	34	53
道县	祥霖铺基地单元东山项目区	180					27	20.77			10	9.05	80	36	10	17
江永县	夏层铺基地单元向光项目区	370	2	300			27	12.08	2	5	22	19.24	153	150		14
合计		2077	2	300	2	2	282	220.7	2	5	126	95.29	615	740	172	134

2012年3月，永州根据国家烟草专卖局《关于2012年烟叶基地单元安排的通知》，新增江永县夏层铺烟叶基地单元为国家局基地单元，对口湖南中烟工业有限责任公司、“白沙”品牌。同年，永州启动江永县夏层铺、道县祥霖铺两个烟叶基地单元建设，推进宁远县仁和、江华县白芒营两个特色优质烟叶基地单元建设，并加大对新批准的宁远县舜陵特色优质烟叶基地单元建设力度，提高其对“中华”品牌优质原料的供给能力。是年，新田县泰山—田家烟叶基地单元被中国烟草总公司授予“全国优秀烟叶基地单元（2010—2011年度）”称号。

2012年永州市烟叶基地单元基础设施建设项目表

表2-16

县区	基地单元	项目个数	主要建设内容													
			水池		机井	塘坝	渠道		网管		机耕路		烤房	机械		育苗大棚
			个	容积（立方米）	个	个	条	长度（千米）	条	长度（千米）	条	长度（千米）	座	通用（台）	专用（台）	个
宁远县	九嶷山基地单元	1957											1915	42		

续表2-16

县区	基地单元	项目个数	主要建设内容													
			水池		机井	塘坝	渠道		网管		机耕路		烤房	机械		育苗大棚
			个	容积（立方米）	个	个	条	长度（千米）	条	长度（千米）	条	长度（千米）	座	通用（台）	专用（台）	个
江华县	涛圩基地单元	1147											1127	20		
新田县	田家基地单元	1031											1005	26		
蓝山县	土市基地单元	655			2	2	63				21		557	10		
道县	祥霖铺基地单元	789											783	6		
江永县	夏层铺基地单元	590											580	10		
东安县	东安县基地单元	235											222	7		6
合计		6404	0	0	2	2	63	0	0	0	21	0	6189	121	0	6

2013—2014 年，永州强化烟叶基地单元概念，打破行政区划，按照一个基地单元一个中心站、一站四线、一基一社、片区管理等基地单元建设思路，构建以基地单元统筹烟叶各项工作任务的建设机制，建立以基地单元为基本单位的工业市场布局，形成基地单元建设的组织架构和管理模式。2014 年 2 月，宁远县九嶷山、新田石羊、蓝山早禾 3 个烟叶基地单元以高分通过省局验收。2014 年 3 月 19 日，永州市人民政府印发《关于进一步加强基本烟田建设与保护工作的通知》，明确在“十二五”期间，结合基本烟田和烤烟生产实际情况，全市烟叶生产基地单元调整为 16 个，即：宁远县北屏、仁和、舜陵、九嶷山 4 个基地单元，新田县田家、石羊、新圩 3 个基地单元，江华县涛圩、白芒营、沱江 3 个基地单元，蓝山县有土市、早禾 2 个基地单元，道县祥霖铺、四马桥 2 个基地单元，江永县（含回龙圩、东安）松柏、夏层铺 2 个基本单元。2014 年，永州建设早禾、祥霖铺、涛圩 3 个国家局基地单元，舜陵、田家、白芒营、仁和 4 个特色烟叶基地单元，舜陵、土市、夏层铺、涛圩 4 个“订单”生产基地单元。按照“一站四线”的基本要求，永州编制早禾、祥霖铺、涛圩基地单元建设规划，加快祥霖铺、白芒营、夏层铺、舜陵基层站建设进度，其中舜陵站当年投入使用，夏层铺、祥霖铺站在施工建设中，白芒营站完成规划设计。随着基地单元工商互动不断深入，工、商、研三方签订共建协

议，召开座谈会研讨。工业方派技术员驻点基地单元，重点落实基地单元特色品种、壮苗培育、移栽密度、平衡施肥、优化结构、成熟采收、GAP 管理等关键技术措施，提升烟叶质量、生态及安全水平。

2015 年，永州按照“基地共建、生产共抓、资源共享、品牌共创、发展共赢”建设目标，完善 16 个烟叶基地单元建设，基地单元的基础设施、生产组织及原料保障能力不断增强。4 月，蓝山新圩、江华涛圩、道县祥霖铺烟叶基地单元顺利通过省局验收。是年，浙江中烟对涛圩基地单元烟叶原料增调 2 万担；上海烟草集团对舜陵基地单元原料满意度进一步提高；河南中烟对江华沱江基地单元种植的永州自育特色品种湘烟 3 号原料青睐有加。

2010—2015 年永州市烟叶基地单元建设情况表

表 2-17 **单位：万亩**

县（区）	基地单元名称	所辖区域（乡镇）	基本烟田面积	实施年度	对口工业企业	对口卷烟品牌	中心烟站名称	中心站属性已有、新建或改建）
宁远	北屏单元	柏家坪镇、清水桥镇、鲤溪镇	4.2	2010	山东中烟	泰山	柏家坪	已有
	仁和单元	仁和镇、禾亭镇、太平镇、保安乡	5.28	2010	广东中烟	双喜	仁和	已有
	舜陵单元	舜陵镇、中和镇、天堂镇	3.6	2011	上海烟草集团	中华	舜陵	新建
	九嶷山单元	水市镇、冷水镇、湾井镇、九嶷山乡	4.92	2014	福建中烟	七匹狼	湾井	已有
江华	白芒营单元	白芒营镇、小圩镇	2.95	2011	湖南中烟	白沙	白芒营	新建
	涛圩单元	涛圩镇、大石桥乡、河路口镇	4.73	2013	浙江中烟	利群	涛圩	已有
	沱江单元	大路铺镇、桥市乡、沱江镇、东田乡、桥头铺镇、界牌乡	4.32	2015	河南中烟	黄金叶	沱江	已有
江永	夏层铺单元	夏层铺镇、桃川镇、兰溪乡	4	2011	湖南中烟	白沙	夏层铺	已有
	松柏单元	松柏乡、黄甲岭乡、回龙圩管理区、允山镇、潇浦镇、上江圩镇	4	2015	湖南中烟	白沙	松柏	新建
蓝山	土市单元	土市乡、竹市镇、楠市镇、祠堂圩乡	5	2011	江苏中烟	南京	土市	已有
	早禾单元	新圩镇、毛俊镇、太平圩乡	5	2013	河北中烟	钻石	杨家坊	已有

续表2-17

县（区）	基地单元名称	所辖区域（乡镇）	基本烟田面积	实施年度	对口工业企业	对口卷烟品牌	中心烟站名称	中心站属性已有、新建或改建）
新田	石羊单元	石羊镇、三井乡、茂家乡	4	2013	广东中烟	双喜	石羊	已有
	田家单元	龙泉镇、毛里乡、枧头镇、金盆圩乡、十字镇、冷水井乡、骥村镇	4.5	2011	山东中烟	泰山	田家	已有
	新圩单元	新圩镇、知市坪乡、大坪塘乡、新隆镇、高山乡、陶岭乡	3.5	2015	深圳工业公司	双喜好日子	新圩	已有
道县	祥霖铺单元	祥霖铺镇、审章塘乡、新车镇、清塘镇、仙子脚镇、寿雁镇、桥头乡、梅花镇	3.5	2014	甘肃烟草工业	兰州	祥霖铺	改建
	四马桥单元	四马桥镇、白马渡镇、白芒铺镇、蚣坝镇、柑子园镇	3.5	2014	红云红河	云烟	四马桥	已有
合计	16个	70个	67		12个	12个		

第三篇　烟叶复烤加工

第一章　设备与工艺

第一节　设备

2003 年年初，零陵烟叶复烤厂成立打叶技术改造领导小组，与北京长征高科技公司的专家一起就打叶设备和生产场地进行实地考察，初步提出科学性技改方案。整个技改工程预计耗资 800 万元，技改后每年新增产值 1050.12 万元。同年 7 月 17 日，打叶设备技改安装完成，正式投入试生产。

2005 年，复烤厂对锅炉房进行全面改造，新增建锅炉房及新建锅炉房办公室。购置 15 吨锅炉（太湖锅炉厂生产）一台，由长沙市南方水泵锅炉机电配件实业有限公司承建，新增锅炉费用包括：锅炉主机、辅机 122.67 万元；水处理、过滤除氧器 29.79 万元，脱硫除尘系统 36.43 万元；锅炉控制配置 41.86 万元；安装费 66.71 万元；总计投入 297.46 万元。

2006 年，投入生产维修设备金额为 152.62 万元。其中金额较大的设备有：烟科所架线工程 137.81 万元；烘箱 1 台 5.6 万元；触摸屏 5.76 万元。

2007 年，购入预压打包机 1 台，投入资金 523.95 万元；风选除杂机 106.4 万元；除尘房改造 47 万元；自动开合模梗碎叶机 28.89 万元；预压打包电控系统 35.95 万元；共计 742.19 万元。

2008 年，永州复烤厂打叶生产线复烤设备一角

2008 年，投入设备维护的资金较少，仅 23.2 万

元，其中打包烟箱夹 16.62 万元；变频器 6.3 万元；柴油灶 0.28 万元。

2009 年 7 月 1 日，天顺公司与北京长征高科技公司签订供货合同，购置用于风分器改造设备 5 套，每套 1 万元，共计金额 5 万元。是年，公司用于设备维修的配件有：检测箱真空回潮机 18.43 万元；分层筛选除杂机 33.71 万元；变压器 13.93 万元；制样粉碎机 1 台 0.82 万元；工业缝纫机 1 台 0.12 万元；智能马弗炉 2.6 万元；共计 69.61 万元。

2010 年，购置锅炉重型除渣机 1 台，计 11.83 万元；自动捆扎机 2 台计 4.61 万元；合计 16.44 万元。

2011 年，购置安装 3 处升降平台 8.97 万元；超细粉碎机 2 台 3.35 万元；无人化捆扎机 2.99 万元；共计 15.31 万元。

2012 年，购置的生产设备有：烟草废弃物处理锅 284.83 万元，变频螺杆空气压缩机 1 台 22.48 万元，冷冻式干燥机 10.77 万元，铝合金升降平台 2.65 万元，自动捆扎机 2.35 万元，实验切丝机 3.07 万元，共计 326.15 万元。

2013 年，购置生物燃料成型机 1 台 7.32 万元；移动热合打包机 2 台 4.52 万元；共计 11.84 万元。

2014 年，购置的生产设备有：烤箱 1 台 0.66 万元；万能粉碎机 1 台 0.55 万元；稳压器 1 台 0.48 万元；合计 1.69 万元。

2015 年，购置电动打包机 2 台 5.53 万元；卡斯卡特烟叶箱夹 6.15 万元；共计 11.68 万元。

2003—2015 年永州烟叶复烤厂打叶复烤设备统计表

表 3-1

<table>
<tr><th>序号</th><th>名称</th><th>制造厂家</th><th>型号、规格</th><th>启用年份</th><th>数量</th><th>性能、参数</th><th>备注</th></tr>
<tr><td rowspan="2">1</td><td rowspan="2">真空回潮机</td><td rowspan="2">巩义市兴达真空机械厂</td><td rowspan="2">YG1905 型</td><td>A 线：2003</td><td rowspan="2">2</td><td rowspan="2">2×6000kg/h</td><td>A 线：2003 年技改</td></tr>
<tr><td>B 线：2002</td><td>B 线：2002 年技改</td></tr>
<tr><td>2</td><td>铺叶解把机</td><td>安徽蚌埠环球机电设备有限公司</td><td>UME-SUⅢ型</td><td>2007</td><td>2</td><td>2×6000kg/h</td><td>2007 年大修</td></tr>
<tr><td>3</td><td>一次润叶机</td><td>A 线：广州造船厂
B 线：意大利 COMAS</td><td>CRB/1900/8000</td><td>1991</td><td>2</td><td>2×6000kg/h</td><td>2003 年大修</td></tr>
<tr><td>4</td><td>二次润叶机</td><td>北京长征高科技公司</td><td>WF3218B</td><td>2003</td><td>1</td><td>12000kg/h</td><td>2007 年大修</td></tr>
</table>

续表3-1

序号	名称	制造厂家	型号、规格	启用年份	数量	性能、参数	备注
5	打叶机一	北京长征高科技公司	MC 式一打（四联打四分仓）	2003	1	12000kg/h	2007 年技改
6	打叶机二	北京长征高科技公司	高效节能二打至四打（三级打九分仓）	1991	1	12000kg/h	2007 年技改
7	碎片干燥机	秦皇岛烟草机械有限责任公司	KG51 型滚筒式	2004	1	300kg/h	2004 年技改
8	烟梗复烤线	秦皇岛烟草机械有限责任公司	DGT301	2004	1	12000kg/h	2007 年大修
9	片烟复烤机	秦皇岛烟机公司	KG235C	2004	1	12000kg/h	2004 年技改
10	预压打包机	昆明风动高新技术集团有限公司	KY16A/KY25A	2007	各 1	12000kg/h	2007 年技改
11	锅炉	A：长沙锅炉厂	DZL6-1. 25-AⅡ	1991	2 台	6T×2	2007 年技改
		B：无锡锅炉厂	SZL15-1. 25-AⅡ	2005	1 台	15T×1	
12	变配电室	湘潭电机厂高压配配电室		GFC-18G	1 套	2916KVA	
13	精选线	北京长征高科技公司	KF 型	2003	2	2×6000kg/h	(共计 32 台位)
14	金属探测仪	合肥安大电子检测设备厂	JTY-4	2003	1	最高灵敏度 ¢ 1	
15	麻丝剔除机	巩义市兴达真空机械厂	MBW1. 5-1. 5-C	2004	1	12000kg/h	剔除率>90%
16	金属探测仪	合肥安大电子检测设备厂	JTY-120	2004	1	最高灵敏度 ¢ 1	
17	仓式定量喂料机	北京长征高科技公司	WCL24-1	2003	1	12000kg/h	
18	电子皮带称	北京长征高科技公司	CK14A	2003	1	12000kg/h	
19	储叶柜	意大利 COMAS	SAM/2500/23680	1991	1	2×6000kg	
20	电子皮带称	北京长征高科技公司	CK12A	2007	1	12000kg/h	2007 年大修

2003—2015 年永州烟叶复烤厂主要设备明细表

表 3-2

序号	名称	产地	型号	启用年份	数量	用途	精确度
1	烟包水分仪（微波）	以色列	MMA4020C	2007	1	装箱水分检测	<±0. 3%
2	布拉本德水分仪	德国	MT-ENO：89051	2004	1	烤机及打包水分检测	<0. 1%
3	AND 快速水分仪	日本	MX-50	2003	2	打前水分检测	0. 10%
4	NDC 红外线水分仪	英国	TM710	2004	1	机尾水分在线检测	±0. 2%~0. 6%
5	红外线水分仪	中国·湖北	XY617	2004	3	一、二润水分在线检测	±0. 2%~0. 8%
6	费雷斯烘箱	美国	FREAS 625	2007	1	对比试验	0. 10%
7	电热恒温鼓风干燥箱	上海	DHG-9023A	2002	1	原烟水分检测	<±1℃
8	多功能热风循环烘箱	德国	FED	2006	2	成品及烟梗水分检测	<±0. 4℃
9	旋风精密试样粉碎机	中国·河北	XF-98B	2004	2	化检样品粉碎	
10	旋转式粉碎机	长征高科技公司	FT91	2004	2	烤机及打包样品粉碎	
11	傅立叶近红外光谱仪 MATRIX-E	德国 BRUKER	MPA	2005	1	化学成份检测	<2%
12	四通道连续流动烟草化学分析仪	法国	EVOLVTON	2003	1	化学成份检测	
13	叶中含梗测定仪	长征高科技公司	CA14	2007	1	叶中含梗率检测	
14	叶片振动分选筛	郑州科学研究院	TQ-2	2002	1	大、中片率检测	
15	罗太普振筛	W. S. TYLER	RX-29-10 HB	2007	1	分选烟梗	
16	旋打分选机	长征高科技公司	CA14. X	2004	1	分选烟梗	
17	电子天平	上海	FA1004	2006		对比试验	0. 0001g
18	托利多电子天平	常州	PL203	2004	1	成品水分样计量	0. 001g
19	电子天平	日本	DJ-400T	2003	1	杂物及烟梗样计量	0. 01g

续表3-2

序号	名称	产地	型号	启用年份	数量	用途	精确度
20	电子天平	日本	EK-I	2002	1	原烟水分样计量	0.01g
21	ACS 托利多电子秤	常州	TLGE-3220	2004	1	成品杂物检测取样计量	±5g
22	ACS 电子秤	广州·中山	ACS-15A	2004	1	在线杂物检测取样计量	±5g
23	ACS 电子秤	上海	ACS-15S	2002	1	原烟手撕筋计量	±5g
24	ACS 电子秤	上海	ACS-15A	1996	1	检测叶片结构计量	±5g
25	托利多移动液压式电子台秤	常州	XK3126（HAWK）	2004	1	成品重量检测	0.2kg
26	红外线接触测温仪	日本	RAYMT4U	2004	3	打前及烤片区测温度	±2℃
27	数字温度计	德国		2004	5	打包及成品温度检测	±1℃

第二节　工艺

2002 年 12 月零陵烟叶复烤厂两条挂杆复烤生产线拆除并按烟机监管要求销毁。自 2003 年起，零陵烟叶复烤厂生产加工全部实行打叶复烤，打叶复烤生产线是湖南唯一一条原装进口设备，1989 年立项，1990 年启动安装，1991 年投产，生产能力每小时 6000 千克，年复烤能力 1.5 万吨。

2003 年，永州复烤厂打叶复烤生产线新增 16 个精选台

打叶复烤生产线加工工艺，主要执行设备工艺流程和工艺技术要求标准。

一、设备工艺流程

设备工艺流程方面，2003 年 5 月，为增强杂物挑选力度，增加并改进 32 个杂物挑选台，以保证成品一类杂物为零，二、三类杂物达标；设备工艺流程是固定的，主要在设备改良中促进工艺指标更趋完善。

二、工艺技术要求标准

2005 年 9 月质检人员检测叶片结构

打叶复烤生产的工艺技术要求标准，完全执行 YC/T146－2010 工艺规范，YC/T147－2010 质量检验，两个行业标准。其标准应用、更新与推广由国家烟草工艺质量主管部门及科研所负责，各烟叶加工及生产单位依照执行。

第二章　原料组织

第一节　原料承揽

2003 年，国家烟草专卖局下达《关于加快打叶复烤企业改革与发展的实施意见》，规定“重点卷烟工业企业必须在 2003 年底前拆除打叶线”，取消各卷烟厂自行复烤。本地所产原烟原则上均在本地复烤后调出。按规定，卷烟厂在烟叶产区联办烟叶基地的烟叶可以调取初烤烟。永州市局（公司）、烟叶公司及零陵烟叶复烤厂通过协商，争取这部分烟叶就地复烤。公司（厂）亦派出业务人员，走访各地卷烟厂，争取货源。

2004 年，中国烟草总公司中烟电子商务公司设立“电子商务平台”，以往实行的每年全国烟叶和卷烟购销订货会被取消，改由“电子商务平台”进行。其运作方式是：先由入网单位提出书面申请，报湖南省烟草公司和中国烟草总公司进行资格审查，符合条件的发给会员证、办理会员卡，卡中录有会员单位基本情况、入网密码和银行账号等，凭卡入网洽谈交易。

2005 年，永州复烤厂被批准加入中国烟草总公司“电子商务平台”。依据这个平台，公司在每年的烤季（当年 7 月 1 日至次年 6 月 30 日）在电子商务平台上进行业务洽谈，并签订电子加工合同。对于在计划外争取加工的货源，通过查看中国烟草电子商务平台烟叶交易系统每季度发布的信息，获取加工信息后争取货源。每年的原烟加工先由卷烟企业与烟草商业签订原烟购销合同，并由卷烟企业指定某复烤厂为加工方，然后再与复烤厂签订委托加工电子合同，合同中明确烟草商业企业为供方。委托加工电子合同经湖南省公司主管部门审批，报总公司核定后作为复烤厂的加工量。委托加工方（卷烟工业企业）依据《购销合同》办理准运证。商业企业负责将烟叶发运到复烤厂。复烤厂核实《购销合同》、“烟草专卖品准运证”、调拨单（发货单）及实物后予以接收，经三方计量确认后填单入库。是年 12 月，零陵复烤厂改制为永州天顺烟叶复烤有限责任公司，永州市烟草公司为最大股东，加工原料主要由永州市烟草公司协调在本产区调烟的卷烟厂家将本地烟叶调入永州天顺烟叶复烤有限责任公司复烤加工。

2006 年年底，按照国家局的部署，各省骨干卷烟厂先后与省中烟公司整合为大型经营实体，自此，复烤委托加工方皆为省中烟公司。

2006—2008 年，公司的营销管理目标是稳定大客户，留住老客户，发展新客户，到 2008 年有 13 家中烟公司（烟厂）成为固定客户。

2009 年，中国中烟电子商务公司对“电子商务平台”进行改进，复烤加工不需在集中交易时间签订委托加工电子合同，由卷烟工业企业与商业企业签订原烟购销合同后，指定某复烤厂作为加工方。其间，复烤加工企业可在系统中查询加工数量、委托方等信息。在加工过程中，以实际收货数量作为加工合同量。原料接收方式不变。

2011 年 11 月，永州天顺烟叶复烤有限责任公司与郴州天泰烟叶复烤有限责任公司重组后，更名为湖南烟叶复烤有限公司永州复烤厂。

2012—2015 年，由湖南烟叶复烤有限公司根据永州、郴州产区的年度烟叶收购量，股东单位和行业其他单位在外省和湖南省内其他联办基地的烟叶调拨量，以及其他可争取的加工货源，汇总作出生产计划，分配下达，相关产区县和调烟单位按复烤公司计划将烟叶送至复烤点完成工商交接，永州复烤厂按湖南烟叶复烤有限公司年度、月度加工计划获取加工原料，组织复烤生产。

第二节　仓储物流

2003 年仓储面积 65000 平方米，采取召开生产例会、合理利用仓储、规范成品转运及强化车辆调度等措施，使仓储物流体系初步形成。

2005 年 8 月，新建二栋一层连在一起的原烟仓库 3075.49 平方米，仓储库容的紧张局面得到缓解。

2006—2009 年，为提高客户满意度，对客户烟叶给予专库存放，保证客户烟叶的存放安全，积极配合客户做好相关管理工作，没有新增仓库。

2010 年新建 6 层片烟仓库 27882 平方米，仓储物流工作更加井然有序。

2011 年成品出库现场

2011—2014 年，仓储工作在管理上有突破。为强化仓储管理，由主管业务的副厂长主抓仓储工作，按照业务经营流程和统一的仓储工作管理规范开展工作。入库前进行检测，入库后严格规范烟叶堆码，加强烟叶熏蒸管理，严格考核烟叶的高温、高湿的调整和记录，加大防烟叶霉变、虫蛀力度，烟叶储存质量得到保障。

2015 年 4 月，湖南中烟工业有限责任公司原料采购中心对 2014 烤季的烟叶存储工作进行验收，抽捡在永州复烤厂的成品与副成品，召开成品检测、仓储管理工作交流会，总结仓储工作经验。是年，仓储物流在合理利用仓库容量、统筹安排烟叶调入次序，在妥善制订烟叶接收计划和应急预案，避免重复运输、迂回运输等方面成效凸显，烟叶交接更加规范。

第三章　生产加工

第一节　生产组织

2003 年 7 月 14 日，零陵烟叶复烤厂实行“生产调度令”的管理方法。生产经营必须按厂部计划执行，把“生产调度令”作为执行生产经营计划的依据，“生产调度令”经厂长签字后下达。自实行“生产调度令”后，生产经营过程中出现的问题减少，工作程序及生产流程更加顺畅。8 月 20 日，复烤厂开始为首家客户——长沙卷烟厂加工烟叶。是年，共为张家口、郴州、零陵、兰州、南京、青岛等 8 家烟厂加工烟叶。

2004 年，零陵烟叶复烤厂在内部管理上提出“四零四定”措施。“四零”：质量追求“零”缺陷，服务实现“零”投诉，事故实现“零”记录，纪检实现“零”案件；“四定”：定人员，包括正式工、临时工人数定员定位；定任务，每月生产加工投料 2500 吨；定奖励，超额任务 10%，奖 20%；定质量，产品质量合格率 100%。“四零四定”为优质高产保驾护航。是年打叶复烤投料 32950 吨，产出成品片烟 21059 吨，实现工业产值 4687 万元。全年的生产经营始终保持“淡季不淡，旺季更旺”的良好态势，全年共与 13 家客户建立业务关系，比上年多 5 家，加工数量增加 14600 吨，特别是山东中烟工业公司，加工量由上半年的 300 吨扩增到 6000 吨。打叶车间生产现场实行“5S”管理（整理、整顿、清扫、清洁、素养），生产现场宽敞、明亮，设备摆放整齐规范，脏、乱、差的状况彻底改变。同时，为满足客户的要求，在加工前，与客户沟通，制定好符合客户的加工方案；在生产过程中，严格按照加工方案组织实施，随时征询客户意见和要求，不断进行技术调整或改进，确保产品质量；加工结束后，对生产情况、成品质量管控情况进行总结，并建立客户回访制度，强化质量跟踪。

2004 年 8 月，客户代表到挑选车间调研

2004 年，外商在打叶车间考察烟叶加工情况

2005 年 4 月 12 日，永州复烤厂设立企业管理部，负责企业管理和信息工作；运输车队和安全保卫部合并，两块牌子一套人员；原生产经营部生产调度划归综合管理部，调整为厂部调度，负责全厂生产计划和车辆的调度，全力为生产一线服务。业务部门紧盯网上交易信息，及时安排业务人员到全国各地主要烟厂走访，详细了解客户质量要求，是年，除网上合同以外，加工货源新增邵阳 500 吨、株洲市茶陵县 1000 吨、济南卷烟厂 450 吨、青岛卷烟厂 2000 吨、新郑卷烟厂 500 吨、常

德卷烟厂1500吨；长沙卷烟厂增加1750吨老烟加工。许昌卷烟厂、广东卷烟总厂及新郑卷烟厂成为新增固定客户，当年客户增至16家，加工合同增加3400吨。全年共投料33000吨，产出成品22117吨，实现工业产值4786万元，实现利润1350万元。

2006年，零陵烟叶复烤厂更名为永州天顺烟叶复烤有限责任公司，企业性质由全民所有制改为股份制。全年复烤加工投料38500吨，产出成品片烟24219吨，同上年比分别增长16.7%和9.5%；实现工业产值5250万元，同比增长9.7%；实现销售收入6226万元，同比增长6.4%；实现利润1650万元，同比增长22.2%，超额完成公司董事会下达的各项任务，共为18家客户加工烟叶。下半年烤季，受气候影响，烟叶水分含量较高，为加快生产进度，减少烟叶霉变风险，公司采取“生产高效”“设备高效”等鼓励性考核措施，一方面保持设备的高效运转，另一方面适当延长下班时间，争取到最大的单月产量，自9月份起，每月投料均在5000吨以上，11月达到月投料5750吨。是年，根据客户需求，推行个性化和点对点服务，为客户制订相应的《加工计划书》《配方打叶方案》，积极做好产前、产中、产后的协调沟通工作。4月17日，联一国际公司总经理罗伯先生一行到公司考察，经磋商达成共识，拟将永州天顺烟叶复烤有限责任公司发展成为联一国际公司的出口烟加工基地。

2007年，完成打叶复烤加工投料35500吨、产出成品22863吨，与2006年同比分别减少7.8%和8.6%；实现工业产值6173万元，同比增长17.6%；全年实现销售收入7600万元，比董事会要求的7930万元减少430万元；实现利润1212万元（加上固定资产报损1121万元，实际利润为2333万元，同比增长41.4%，比董事会要求的1500万元增加833万元）。与13家客户签订加工合同33550吨，其中省内10750吨，省外22800吨，与上年烤季相比，广东卷烟总厂增加合同量750吨，广西中烟公司增加2450吨。原料来源：永州市公司23500吨，邵阳市公司4350吨，郴州市公司1250吨，衡阳市公司1800吨，常德市公司750吨，张家界市公司500吨，湘西自治州公司1000吨，长沙市公司500吨。是年，公司以强化客户服务，切实做细做实委托加工的各项工作为重点，坚持客户经理制，树立“以客户为关注焦点”的服务理念，把好原料入库关、原烟精选关，完善生产管理制度，客户“产品质量满意度”100%。

2008年，公司共与13家客户签订复烤加工网上协议38560吨，实际加工总量比2007年同期略有下降，下降主要原因：受2007年全省烟叶减产影响导致烟叶加工资源短缺。全年完成加工投料34000吨，产出成品23017吨，实现工业产值6000万元，实现销售收入7000万元，实现利润1000万元，比董事会要求的800万元增加200万元。

2009年，公司围绕“夯实基础，注重创新、科学发展”的总体工作思路，精心谋划，缜密协作、确保生产加工均衡有序。全年同客户签订加工合同量达39500吨。由于上半年加工数量少，仅加工8000吨，为保证在12月底完成37500吨的加工任务，公司根据实际制订详细的生产计划，在衔接、落实上下功夫。把“做好与烟叶生产经营部门的衔接工作、确保原料及时到货、保持与客户的密切联系、合理把握加工进度”作为工作重心，保证生产均衡有序。是年，每天有效工作时间20个小时，完成打叶复烤加投料38850吨，产出成品26062吨，实现工业产值7987万元，实现销售收入8900万元，实现利润1450万元。

2010年，打叶车间摆把台

2010年，公司认真贯彻省、市烟草工作会和董事会精神，以科学发展观为指导，以打叶复烤企业重组整合为契机，以创建“严格规范、富有效率、充满活力”的天顺复烤为目标，以打造复烤加工特色品牌为重点，进一步创新管理，完善机制，求真务实，增强活力，推动企业发展再上新台阶。是年，完成打叶复烤投料38500吨，产出成品25081吨，实现工业产值7900万元，实现销售收入9000万元，实行利润1300万元。

2011年11月9日，永州天顺烟叶复烤有限责任公司改制为湖南烟叶复烤有限公司永州复烤厂。改制后，复烤厂认真贯彻全省烟草工作会议精神，围绕“夯实基础、注重创新、科学发展”的总体工作思路，按照公司党组关于改革发展的目标要求，理清思路，理顺关系，注重落实。是年，完成复烤加工投料42500吨，产出成品28035吨；实现工业产值9780万元，实现主营业务收入12000万元，实现利润1000万元。

2012年，公司下达永州复烤厂年加工任务47500吨。是年，时间紧、任务重、要求高、困难多。面对劳动用工方式改变、人力成本增加、仓储紧缺、交通不便、天气恶劣等重重困难，全厂上下齐心协力，通过精心组织，合理调配，生产加工进展顺利。全年实际投料47800吨，产出成品片烟31376吨。

2013年烤季于8月13日开工，比上年提前2天。是年，根据客户要求，主要加大烟叶精选的力度，由原来每天的75吨增加到100吨，不仅能满足一般客户的要求，而且还能满足高端客户，如湖南中烟公司的“和天下”、山东中烟公司的“泰山”等精细片选的特殊需求。全年完成加工投料48000吨，产出成品31989吨，超额完成公司下达的目标任务。

2014年10月，永州复烤厂启动“师带徒”活动

2014年7月25日，湖南烟叶复烤有限公司党组成员、副总经理义胜辉，永州市烟草专卖局（公司）党组成员、副局长刘正日，永州复烤厂厂长盘勇卫和生产经营相关单位负责人及工作人员联合召开永州复烤厂2014烤季生产加工协调会，8月17日，正式开机生产。10月初开展“师带徒”活动，10月20日，专为“师带徒”活动中的三名“打叶车间师傅”颁发“师傅聘书”，“师带徒”活动正式进入实施阶段。与此同时，厂部下发《关于全面推行精益管理的通知》，成立相应的精益管理机构，组织相关人员观摩先进单位的精益生产模式，继续开展“6S”现场管理活动，把“6S”管理与精益管理有机结合起来，管理水平不断提升。是年，复烤加工投料41535吨，产出成品片烟32281吨，创利税3304万元，实现利润3912万元。

2015年，永州复烤厂按照“精效运营管控、精准生产加工、精致客户服务、精细设备管理、精干队伍建设”的总目标，制定适应企业实情的精益管理实施方案，赢得客户赞赏。4月23日，浙江中烟公司物资供应部烟叶一科科长赵炯平一行8人，到复烤厂召开打叶复烤沟通交流会，公司生产经营部部长资斌、副部长雷雅麟及厂领导、相关部门负责人参加会议；6月26日，山东中烟公司采购中心副主任王志华、业务处副处长杨青林一行到复烤厂就生产加工及仓储货运工作会同永州复烤厂厂长盘勇卫、相关部门负责人召开交流座谈会，两次会议为2015年烤季提供了坚实的组织保障。8月28日生产，首批投产烟叶为广东中烟配方烟，加工数量为2075吨。9月，江苏中烟公司片区经理、监打代表、浙江中烟公司原料部烟叶科科长李奇、湖南片区经理江智敏、河南中烟公司加工科科长张明刚和副科长高尊华、山东中烟工业有限责任公司烟叶质量管理处副处长霍健到复烤厂进行调研，省外加工业务得到扩展。产出成品片烟31416吨。

2003—2015 年永州烟叶复烤厂加工投料产量产值统计表

表 3-5　　**单位：万元、吨**

年份	投料	产量（成品烟叶）			产值
		挂杆	打叶	合计	
2003	18350	0	11635	11635	2430. 7
2004	32950	0	21059	21059	4687
2005	33000	0	22117	22117	4786
2006	38500	0	24219	24219	5250
2007	35500	0	22863	22863	6173
2008	34000	0	23017	23017	6000
2009	38850	0	26062	26062	7987
2010	38500	0	25081	25081	7900
2011	42500	0	28035	28035	9780
2012	47800	0	31376	31376	12767
2013	48000	0	31989	31989	11072
2014	41535	0	32281	32281	15346
2015	48167	0	31416	31416	14879

说明：表中数据来源于永州烟叶复烤厂（天顺公司）历年年终统计、财务报表及年终工作总结。因相关资料缺失，表内部分数据已无法统计记载

第二节　质量控制

一、产前协调

2003 年以后，随着委托加工方对复烤产品的质量要求越来越高，产前协调逐渐频繁。自 2007 年起，各省中烟公司均派监打组，在批次打叶复烤期内驻厂，负责原烟交接、产前协调、产中监督和成品交割等。在加工合同谈判时，委托方提出加工要求，双方协议，达成一致，对主要项目写入合同；每批次烟叶复烤前，专门召开一次协调会，针对来料具体情况及客户要求，就相关加工参数、保障措施、相互配合的具体事项的操作作出预案。有“配方打叶”要求的，尽量按客户要求进行。经双方协商达成一致后，形成会议决议，以利在生产过程中认真执行。

二、烟叶精选

2004 年 8 月，挑选车间精选现场

2003 年挂杆复烤生产线拆除后，全面采用打叶复烤生产，国家局要求取消卷烟厂自行复烤，各卷烟厂直接采用复烤厂片烟进入配方，对片烟打叶质量愈加重视。是年，零陵烟叶复烤厂成立挑选车间，配备管理、质检人员 9 名，利用凉烟库开辟“精选场”4800 平方米，配齐灯光和相关设备用具。同时，新招聘选叶工 300 余名，经过短期突击培训，全力提高选烟工的选烟水平，自此，新烟开烤均需进行烟叶烤前挑选。

2004 年 3 月 2 日，零陵烟叶复烤厂制定并执行打叶车间挑选段的产量定额标准：烟叶挑选分级为 3 个等级以下的（含三个等级），基本产量定为每班 40 吨；烟叶挑选分级为 4 个等级以上的，基本产量定为每班 30 吨；烟叶挑选需解把的，基本产量定为每班 25 吨。

2008 年，挑选车间分成 19 个组，每个组由一个师傅进行业务指导，一个组长负责现场督管，共计聘用分选师傅 38 人，组长 19 人。

2012 年，首次为湖南中烟公司“和天下”品牌采用“逐片选”（“特选”）。是年，永州市对烟叶开始实行散叶收购试点，2013 年全面实施，把烟基本消失，烟叶精选全部实行片选。

2012—2015 年，累计精选烟叶 8.7 万吨。其中，2015 年精选 2.16 万吨。

2012 年 10 月，烟叶挑选分级培训现场

三、设备操作控制

1989 年，进口科马斯打叶复烤生产线，自动化水平较高，通过规范操作，保证复烤质量。在重要工序段强化在线控制；杂物控制主要在摆把、筛分、选叶、去杂段进行有效控制；水分控制、温度控制，烤透率、大中片率在联动、打叶、复烤段强化在线控制。

四、工艺巡检

2003 年，拆除挂杆复烤线、全部采用打叶复烤工艺后，工艺员合二为一，增加至 12 名。至 2015 年，配备质检人员 17 名，归口品质部管理。在线质控员按规定程序准确掌握质控点检验方法，及时准确记录质量管控信息，发现问题及时纠正和整改；物理质检员在生产过程中不定时、不定位随机抽查，并作全面记录，加强生产现场的质量监控点的督查管控，准确及时反馈信息；原烟质检员对原烟入库、进车间各个环节进行监管，填写原烟质量信息；配方员制定配方打叶方案，编写质量分析报告，进行配方技术研究，提高生产加工工艺。工艺巡检是加工质量保证的关键。

五、检测室检验

2003 年，国家局限期取消卷烟厂自行复烤，挂杆复烤取消，各卷烟厂对打叶复烤质量要求越来越高。是年，零陵烟叶复烤厂检测室的力量得到加强。

2004 年 7 月，零陵烟叶复烤厂投资 37.5 万元，购置布拉本德快速水分测定试仪、红外线测温仪、托利多电子秤、可移动式电子秤、FT91 型旋转式粉碎机等系列检测器具，检测水准提升。配备检测人员 17 名，其中，主任、副主任各 1 人，总检 3 人，质检（在线水分检测、叶片结构等检测）4 人，化验（烟叶内在成分）检测 1 人，成品（库检）检验 1 人，原烟检测（回潮前采样，

2014 年，质检员水份检测

去叶留梗，测验梗叶比率等）2 人，配方员 1 人，计量器具管理员 1 人，数据员 1 人，资料综合员 1 人。强化内部分工的相对性的，按分工自行取样、检测，遇有大任务则相互协作。取样频率按客户要求进行，3~5 件取样一次进行检测。每次检测结果及时录入电脑，每个工班出一次检验汇总报告，通过厂局域网及时传给车间、生产部、品质部，通过微信、QQ、电子邮件发给驻厂监打员。每班检测汇总结果要出具书面报告一份给驻厂监打员，以让客户随时了解在线复烤质量状况。此管理办法一直沿用至 2014 年。

2015 年 7 月 27 日，永州复烤厂检测实验室获得中国合格评定认可委员会“实验室认可证书”，实验室检测能力已适应质量标准与要求。

六、产中协调

2003—2006 年，在复烤生产加工过程中，严格按照操作规程和工艺标准操作，委托加工方驻厂业务代表（监打代表），到各相关作业场所现场随机巡查。2007 年起，各中烟公司驻厂监打代表白班、晚班跟班巡查成常态化。产中监督以“选叶是否认真分类，青、霉、冲烧烟叶和杂物是否剔除，配方投料是否按等级、重量比例投放，在线选杂是否到位，在线流量是否过大而影响烤透率，在线复烤质量抽检是否合格，以及其他操作、工艺参数是否规范”为重点。监打代表提出质疑，当班生产班长、操作人员和工艺巡检员给予解释解决；客户提出合理化建议，在不违背安全和工艺规范的前提下，尽量采纳。适时召开产中协调会议，共同探讨问题发生的原因，及时采取纠正、预防措施，明确责任，形成会议决议，记录在案，会后整改落实。

七、质量管理

2003 年，挂杆复烤生产线被淘汰。为严把打叶复烤投料关，提高原烟纯度改善烟叶加工质量，将烤机卸除后的原挂杆一车间改建为挑选车间，设立两条挑选线，归口业务部管理。组织挑选工按客户要求剔除烟叶中的次烟、青烟、霉变烟、杂色烟及绳头、纸片等杂物。在往年质量管理的基础上，出台《质量检验管理规定》《工序质量管理办法》《质量事故处理管理规定》和《烟叶复烤质量考核细则》等规章制度，对质量工作实行终端负责制和一票否决制。7 月 7 日，厂部处理质量事故一起，对直接责任人及车间进行处罚，厂长吕明、党委书记张前进主动承担领导责任，接受每人 200 元的罚款。自此，挑选车间工艺流程逐步规范。是年，为兰州烟厂等客户挑选烟叶 2800 吨；

2004 年，各岗位实行 ISO 9001 质量体系标准，质量管理体系顺利通过深圳鹏程质量认证公司的首次监督审核。提出“四零四定”措施，“四零”：质量追求“零”缺陷，服务实现“零”投诉，事故实现“零”记录，纪检实现“零”案件。“四定”：定人员。包括正式职工、临时工人数定员定位；定任务。每月生产加工投料2500吨；定奖励。超额任务10%，奖20%；定质量。产品质量合格率100%。“四零四定”的实施，为优质高产提供制度保障。3月27日，复烤厂对加工兰州烟厂的片烟中杂物超标问题进行处理。通过分析，杂物超标客观上的原因有三点：设备生产能力不配；精选线分料不均匀；部分设备老化，造成碎体脱落跌入烟叶中。厂部依据质量管理的责任区分对质量事故进行处罚，制定相应整改方案并限期改进。4月，针对生产加工的成品出现水分偏高、大中片率过低、杂物含量超标、造碎严重、回潮不透等质量问题，厂部责成质量监管部门会同生产车间，进行认真分析并及时整改，要求严把三项工艺指标质量关，在机尾水分高于13%、烤后大中片率低于75%、缩皱率超过7%的情况下必须采取停机措施，由品质部牵头，迅速解决，锅炉气压不足8千克不准生产。通过执行上述强硬措施，质量问题从根本上得到控制。9月20日，长沙卷烟厂工艺评审组对复烤厂生产加工工艺进行评定，实际得分为73.6分，距挂牌最低分80分存在差距。工艺评审组对复烤厂工艺指标现状提出19条意见，其中长远规划类2条，提交管理评审2条，需立即整改的16条，针对16条整改意见，厂部要求各职能部门按照16条意见制定相应措施，逐项落实整改到位。制定工艺规范，以行业标准和ISO 9001质量标准为指导，根据企业生产实际和市场需求，制定零陵烟叶复烤厂LK/BZ-001《打叶复烤工艺规范》，其检测规范和控制指标均严于行业标准。企业内部标准的制定，使工艺质量控制进一步程序化、规范化。与此同时，将质量管理各项指标层层分解，落实到各部门、班组和岗位，并加大奖惩力度。如在杂物控制上，凡在成品中发现一类杂物，则按每克1万元~1.5万元对相关责任部门进行处罚。充分发挥质量管理部门的重要作用，强化在线质量控制，并重视对原始数据及检测数据的分析整理。初步建立起工艺加工数据库，按月份、分厂家进行质量分析，利用分析结果指导生产。添置检测设备。先后购置旋转式粉碎机、布拉本德快速水分测定仪、万分之一电子天平、红外线在线检测仪等先进设备，使控制手段更及时、科学、高效。由于措施得力，大中片率达到89%以上，中下等烟叶也能达到86%，叶中含梗率在1.5%以下，梗中含叶率低于1%，成品片烟装箱水分控制在1%以内；对质量手册、程序文件和三层（厂部、车间、班组）文件进行修订和补充，在保证质量管理体系文件符合标准的前提下，突出实用性和操作性。按照年度内审计划定期进行内部审核，对不合格因素或潜在不合格因素及时纠正，整个质量体系得到持续改进和完善。是年，各部门、各岗位以

ISO 9001 质量体系标准为指导，严格执行控制程序，规范操作，质量管理工作步入规范化、程序化。

2005 年，产品质量保持稳定，工艺控制符合要求。通过更严、更细的工艺控制，烟叶受气候影响而含梗率高出一个百分点的问题得到解决；控制加工运行状态，确保加工产量质量双达标，各项工艺指标符合客户要求，成品交付合格率达 100%，最大限度地维护客户利益；工艺控制从严从细，质量管理持续改进，继续深入推行 ISO 9001：2000 标准，严格按照标准要求进行体系运作；认真组织年度管审和内部评审，对不合格因素或潜在不合格因素，按照不断分析、持续改进的要求，实施纠正预防措施，不断完善改进机制。11 月，质量管理体系顺利通过深圳鹏程质量认证公司的第二次监督审核。同时，将质量控制点由产品质量检测逐步前移到在线产品监控上来。对在线操作规范性实施全程跟踪监督，从而达到实现过程控制，切实指导生产目的。继续完善和规范“客户经理制”，统一服务标准，尽量满足客户需求，推行个性化服务，为客户策划并制订相应的《加工计划书》和《配打方案》，做好产前、产中、与产后的协调沟通，加强与客户的交流。健全服务设施，改善金叶大厦的住宿条件，扩容客户娱乐室，建立多间生活、办公一体化客房，方便客户的生活与工作。

2006 年 2 月 25 日至 3 月 7 日，打叶车间生产二班加工生产的烟梗成品重量不合格，每箱重量误差达 3.4 千克，导致烟梗成品返工 999 箱，造成直接损失 4887 元。造成此次事故的主要原因：违规操作，管理不到位，检测不到位。4 月 1 日对此次事故的责任人进行相应处分。5—7 月，为提高生产加工过程中的质量检测能力，准确把握和控制及烟叶水分，购置上海生产的 MS-6B 型红外水分仪一台，德国生产的 FED-240 型烘箱 2 台，总计投入 12.39 万元。9 月，公司深入推行 ISO 9001：2000 标准，加大对 50 个对标文件体系和 90 个表格三层文件的修订力度，并正式发布实施；公司质量管理体系顺利通过深圳鹏程公司的复审换证审核，公司开始使用质量管理体系 C 版文件，以电子版形式在内网的质量体系栏目上发布，原有 B 版文件由企管部统一收回。同年，公司推行“精细化管理”，开展“杂物控制”鼓励性考核及更加严格、更加精细的工艺管控，全面实施 ISO 9001：2000 标准，本着“能做的就要做，做就要到位，已到位的要保持和不断改良”的思想，质量控制趋于完善。是年，挑选车间分选实行装筐方式，即就地分选的烟叶提纯后，分别装入竹筐。打包不再使用液压机，而是使用方型木制箱装箱。液压机打包烟叶易被油污的问题得到解决。

2007 年，在质量控制上，坚持以行业标准和 ISO 9001 质量标准指导生产，严格按照作业指导书、检验规程及工艺管理规定进行复烤加工，进一步优化加工流程，加强过程控制，使工艺质量控制进一步程序化、规范化。制定严格的绩效考核制度，将质量管理的各项目标层层分解，落实到部门，班组和岗位。充分发挥质量管理部门的重要作用，强化在线质量控制，对原始数据和检测数据进行分析整理，初步建立工艺加工数据库，按厂家、批次进行质量分析，利用分析结果指导生产。添置在线成品微波水分测定仪等先进设备，使控制手段更及时、科学、有效。工艺指标达到或优于标准要求，其中大中片烟达到89%以上，中下等烟也能达到87%，叶中含梗率始终控制在1.5%以内，梗中含叶率低于0.7%，全年成品返箱率为零。

2008年，挑选车间分成19个组，每个组由一个师傅进行业务指导，一个组长负责现场督管，共聘用分选师傅38人，组长19人，烟叶分选工艺流程逐步形成。

2009年，将抓好“三关”工作作为质量管控关键。把好“三关”：即把好客户原材料及辅料的验收入库关；严格按照《烟叶货物储存堆放和养护技术要求》进行原烟堆垛和成品堆放及辅料物资的储存，按照科学的养护措施做好日常养护工作，确保客户财产安全，把好科学养护关；根据客户制作的精选标样，认真组织精选工作，把好原料精选关。9月1日，公司印发《优秀打叶复烤企业创建活动实施方案》，正式启动优秀打叶复烤企业创建活动。是年，公司始终坚持“质量兴企”的方针，严格按照行业《烟叶、打叶复烤工艺规范》和《打叶烟叶质量检验》标准做好质量检测，提高操作水平和检测技能，确保检测数据的真实性和准确性。改进质量管理手段，强化生产过程控制，坚持质量检测与质量指标考核相结合，突出对杂物含量、成品水分、叶片结构等重要指标的考核，坚持生产监测与指导相结合，质管部门根据不同烟叶等级、不同加工季节、不同客户，认真做好产前工艺技术策划，主动帮助生产车间克服技术难题，积极提供技术指导。

2010年，公司添置布拉本德水分测定仪，使质量检测设施更加优良，检测能力进一步加强。同时改变质量控制方式，由事后检验前移到生产过程实时控制，对不同等级烟叶在加工过程中生产设备运行的参数进行测试，对复烤片烟输送过程水分散发情况、烤梗工艺写实、打前烤后叶片皱缩率的变化等进行研究，强化加工过程中的关键点的控制，如关键工序、关键部位、关键指标等，取得第一手资料，使生产工艺参数不断完善。8月20日，公司成立标准化建设领导小组，标准化管理为质量的提升提供组织保障。

2011年，企业坚持“持续改进”的方针，进一步强化质量管理，完善打叶复烤工艺，认真执行YC/T145、YC/T147行业标准，努力改善复烤烟叶的内在质量，不断提高产品的均质化水平。

2012年，始终围绕“把客户的资产当成自己的资产来经营”这一理念开展工作，更加注重细节和质量。强化全员质量意识，加大对烟叶杂物、成品水分等关键指标的控制力度，建立健全国家实验室认可体系，加强工艺技术研究，通过 QC 攻关创新活动，提高工艺控制水平。组织打叶车间与质量技术中心联合进行实验，确定风选除杂设备的最佳风机频率，杂物控制力度加大；将烤房各风机频率纳入工艺考核范围；制定科学合理的复烤机布料厚度和主网带电机频率指标，并纳入检测考核体系，为烟叶的烤匀、烤透提供保障；通过人工选杂，增加杂物抽检频次，提高杂物控制能力；通过各工序水分的上下限控制和检测，实现对成品水分的有效控制。

2013 年 9 月，永州复烤厂为增强职工“质量第一，安全至上”的责任意识，制订《永州复烤厂 2013 年烤季“质量安全月”活动方案》，活动共分四个阶段：9 月 6—8 日宣传发动；同月 9 日至 10 月 3 日组织实施；10 月 4—5 日总结提高，10 月 6 日至 12 月 31 日持续推广。整个活动的主题就是从源头上管控产品质量，切实加大在线质量监测频次。活动期间厂部十分重视烟叶挑选工作，适当增加挑选人员，烟叶精选由每天 75 吨提高到 100 吨，既能满足一般客户的质量要求，还能满足高端客户如湖南中烟公司“和天下”、山东中烟公司“泰山”等品牌精细挑选的特殊需求。通过此次活动，成品抽查一类杂物的含量从 0.2 根/5 箱降到 0.1 根/10 箱，二、三类杂物从 0.6 根/5 箱降到 0.4 根/5 箱。

2014 年，省局副局长李民灯（右一）深入车间调研

2014 年，始终抓住原料进车间、生产加工工序及成品入库三个质量关键点。将质量控制的关口前移，加大选后烟叶的质量检查力度，确保合格原料进入打叶生产线；抓好烟叶配方和各工序水分、杂物的控制；做细做实凉烟期和月度库存成品的抽检，成品接收合格率达到 100%。

2015 年，质量管理突出抓好四个节点：一是增强员工的质量自查意识，规范操作流程，设立质量目标，注重加工过程中关键指标的控制，写细写实写准质量信息数据，加强质量技术研究；二是突出主体责任，明确职责定位，把好质量源头关口，强化烟叶配方比例、水分、杂物等关键指标的管控；三是突出质量服务全局化，密切配合客户，突出服务卷烟工业企业，在生产经营过程中导入精益管理，形成客、厂“零距离”，工、商“零边界”的服务保障机制；四是强化烟叶挑选，努力打造整齐、规范、干净、整洁的挑选现场，切实满足打叶复烤对杂物含量和烟叶纯度的要求。是年，成品出厂无质量不良反映。

2015年6月，客户就烟叶加工进行座谈

第四章 出口备货与贸易

第一节 出口备货

一、零陵烟叶复烤厂出口贸易

2003年，零陵烟叶复烤厂集体研究，把1997年、1998年的库存老烟902吨作为出口备料。

2004年，继续充分利用省烟叶进出口工作在资金、政策上的支持，想方设法组织货源，从省内隆回烟厂安全调回5000吨年老烟，在新烟收购期间，又派人5次到郴州、邵阳、浏阳市和湘西自治州走访，购进新烟2000多吨，出口备货7000吨。

2005年，积极服务出口市场，稳定出口加工货源。主动协助省进口公司和黑龙江进口公司进行出口烟叶备货，及时组织调运，验收挑选整理，对外堆3000吨烟叶采取保护措施，同时共协助购进新烟备货7000吨。

二、永州天顺烟叶复烤有限责任公司出口贸易

2006年，继续与省出口公司保持合作伙伴关系，对进出口公司的烟叶备货及时组织调运，验收和挑选整理，并按照外商要求，投入17万元资金建立“烤烟烟叶

跟踪系统”，加强对非烟物资的控制，改善样品室、挑选车间的环境，设立样品区、客户工作室、制作看样灯架等，全方位向行业国际标准靠拢，得到外商的高度赞美，全年共协助新烟备货3200多吨。

2007年，公司针对性开展服务和攻关工作，积极主动协助省进出口公司进行出口烟叶备货，及时组织调运、保管、挑选、整理和复烤加工，是年调运烟叶6400吨，其中出口备货2856吨。

第二节　出口贸易

一、零陵烟叶复烤厂出口贸易

2003年，面对日益激烈的市场竞争，企业调整经营思路，坚持“两条腿”走路的方针，在抓好生产加工的同时，采取“走出去”的营销策略，努力把烟叶出口这块“蛋糕”做大做强。通过与省烟叶进出口公司的紧密合作，深入市场调研，努力寻找商机拓展出口渠道，年内老烟出口达902吨，创汇82.20万美元，老烟销售加快，企业资金周转提速，烟叶出口工作势头良好。

2004年，外商在生产线考察叶片结构情况

2004年，共出口烟叶2403.01吨，创汇920115美元，其中出口荷兰297吨，由洲际公司代理出口423吨；西特兰公司1089吨，伟诚公司526.31吨，省进出口公司67.70吨。零陵烟叶复烤厂及时了解分析烟叶出口市场信息，积极备货，国际市场得到拓宽，及时了解国际市场信息，努力寻找可靠的合作伙伴，通过发盘、寄样等形式积极促销，是年与省进出口公司合作销售2560吨，实现创汇288万美元。是年，库存滞销的老烟叶过多的历史包袱被甩掉，烟叶出口有新突破。

2005年，外销烟梗284.2吨，创外汇303万美元。

二、永州天顺烟叶复烤有限责任公司出口贸易

2006 年，继续与省出口公司保持合作伙伴关系，对进出口公司的烟叶备货及时组织调运，验收和挑选整理，销售片烟 2397.8 吨，碎片 62.4 吨，烟梗 1804.5 吨。

2007 年，公司针对性开展服务和攻关工作，出口备货烟叶 2856.9 吨，出口烟叶 1857 吨。

2007 年 12 月，烟叶出口业务取消。

第五章　体制改革与技术改革

第一节　体制改革

一、2003—2005 年零陵烟叶复烤厂时期

2003 年 4 月 17 日，王飞华任中共零陵烟叶复烤厂纪委书记、党委委员；方国强任厂党委委员。7 月 10 日，吕明任中共零陵烟叶复烤厂党委副书记。党委成员：吕明、张前进、钱建华、田国维、方国祥、王小波、邓顺林、王飞华。

2004 年 3 月 10 日，厂第四次党员大会召开，会议选举吕明为零陵烟叶复烤厂党委书记，王飞华为零陵烟叶复烤厂党委副书记。免去张前进零陵烟叶复烤厂党委书记职务。大会选举产生中共零陵烟叶复烤厂第四届委员会，党委委员：吕明、钱建华、王飞华、方国祥、田国维、唐天宽、盘勇卫。大会选举产生零陵烟叶复烤厂纪律检查委员会：王飞华任纪委书记，纪律检查委员会委员：王飞华、黄成利、朱彬。8 月 18 日，朱彬任厂纪律检查委员会副书记。是年，按照省、市烟草

2005 年 12 月 26 日，永州天顺烟叶复烤有限责任公司揭牌庆典仪式

专卖局（公司）的部署，复烤厂企业改制工作分步推进，2月27日成立以厂党委书记、厂长为组长，厂党委委员、工会主席为副组长的“零陵烟叶复烤厂改制领导小组”，并从部门抽调相关人员组成企业改制工作办公室，负责企业改制的具体工作；下发改制问卷260份，了解职工的思想动态，征询意见和建议；5月24日，改制领导小组进行调整，增至11人；10月，邀请永一会计师事务所，对企业的资产、负债、所有者权益进行全面清查，为企业改制科学决策提供依据。针对职工思想顾虑，开展思想教育，树立大局意识，释疑解惑；梳理改制前后面临的问题和困难，向上级争取政策支持；积极寻找合作投资入股厂家；在此基础上，制定出改制方案。

二、2005—2011年永州天顺烟叶复烤有限责任公司时期

2005年10月13日，依据永烟局〔2005〕95号文件，成立“永州天顺烟叶复烤有限责任公司筹备领导小组”。徐文军任组长，周国生任副组长，义胜辉、吕明、田国维、王飞华、钱建华、方国祥为成员，领导小组下设办公室，义胜辉任办公室主任。

是年12月8日，国家烟草专卖局下发国烟法〔2005〕790号文件，批复同意成立永州天顺烟叶复烤有限责任公司，注册资本为15000万元人民币。12月12日，永州天顺烟叶复烤有限责任公司召开首届一次股东大会暨董事会议、监事会。会议审议通过《公司章程》、《出资人协议书》、企业名称、董事会和监事会成员，确定资产评估会计事务所，指定和委托企业注册登记人。此次会议选举徐文军、周国生、义胜辉、吕明、田国维、徐颖、陈东平、曹莉芳、王宁为公司董事会董事。选举唐庆华、林志远、方国祥、熊丽萍、李丽华、刘茂奇为公司监事会监事，选举徐文军为公司董事长、法定代表人，选举周国生为公司副董事长。26日，由原零陵烟叶复烤厂改制的永州天顺烟叶复烤有限责任公司揭牌成立。30日，依据永州天顺烟叶复烤有限责任公司首届二次董事会决议，永州天顺烟叶复烤有限公司下发〔2005〕5号文件，聘任义胜辉为公司总经理，田国维、王飞华为公司副总经理。

2006年1月2日，根据永州天顺烟叶复烤有限责任公司首届二次董事会决议，聘任唐天宽为公司副总经理。1月17日，中共永州市委组织部下发永组发〔2006〕3月号文件，同意设立中共永州天顺烟叶复烤有限责任公司委员会。1月18日，永州天顺公司法定代表人徐文军委托义胜辉代表本公司主持公司的生产经营管理工作，为公司年度经营计划和投资方案实施的代理人。3月28日，湖南省烟草专卖局下发（湘烟法〔2006〕96号）文件批复，取消零陵烟叶复烤厂法人资格，其资产、

负债、权益全部划归永州市烟草公司。4 月 3 日，经永州天顺烟叶复烤有限责任公司第一次党员大会选举第一届委员会，当选人员：义胜辉、王飞华、田国维、钱建华、唐天宽。义胜辉为党委书记，钱建华为党委副书记兼纪委书记，朱彬为纪委副书记。4 月 24 日，依据长烟字〔2006〕81 号文件，陈玉梅任永州天顺烟叶复烤有限责任公司监事，接替原李丽华担任的职务，任职时间自 2006 年 4 月 20 日起。8 月 1 日，零陵烟叶复烤厂被核准注销，不再以全民所有制企业名义从事生产经营活动，营业执照副本和印章统一上交永州市工商行政管理局。

2007 年 6 月 23 日，永州天顺烟叶复烤有限责任公司首届三次股东大会暨董事会、监事会召开，选举刘正日为公司董事长、法人代表；义胜辉为公司副董事长；改选刘正日、义胜辉、袁长才、唐庆华、田国维、曹莉芳、周劲波、招启柏、卜晓东为公司董事会董事。推选罗佳庆为公司监事会召集人，选举罗佳庆、李永强、方国祥、朱霞、陈强、金茂跃为监事会监事。8 月 31 日，经中共永州市烟草专卖局党组决定：杨秋林调任中共道县烟草专卖局党组成员。10 月 26 日，根据公司控股股东湖南省烟草公司的提名，经董事一致同意：聘任敖平为永州天顺烟叶复烤有限责任公司副总经理。12 月 26 日，中共永州市烟草专卖局党组研究决定：田国维调任祁阳县烟草专卖局副局长、局党组成员。

2008 年 1 月，公司通过文件会签方式召开临时股东会议，同意田国维辞去公司董事职务；同意公司地址由原来的“永州市冷水滩区珍珠路 322 号”变更为“永州市冷水滩区珍珠路 1188 号”；鉴于公司股东名称、住所已发生变更，同意按变更的事实所涉及到的公司章程内容，对公司章程进行修正。3 月 12 日，增补敖平为中共永州天顺烟叶复烤有限责任公司第一届委员会委员。7 月 7 日，选举产生永州天顺公司工会第一届委员会，方国祥为主席，程海红为副主席。6 月 24~25 日，永州天顺烟叶复烤有限责任公司在广西壮族自治区桂林市山水高尔夫度假酒店召开第四次股东大会暨首届四次董事、监事会，会议由董事长刘正日主持，湖南中烟宋翠英、山东中烟王志华、江苏中烟金茂跃及各股东单位的与会人员参加会议。股东会议一致同意增选敖平为公司首届董事会成员，选举罗佳庆为首届监事会召集人。经过讨论形成如下决议：同意向股东会提交《公司 2007 年度工作报告》《公司 2007 年度财务决算报告》《公司监事会 2007 年度报告》；同意制订《公司 2007 年度利润分配方案》《公司 2008 年度财务预算方案》《公司 2008 年度设备改造投资实施方案》《公司 2008 年度基础设施建设投资方案》。

2009 年 7 月 17—19 日，永州天顺烟叶复烤有限责任公司第二届董事会在内蒙古自治区呼和浩特市假日酒店举行二届一次董事会，应到董事 9 名，实到董事 7 名，符合法定人数。会议选举刘正日、义胜辉、袁长才、唐庆华、敖平、徐双红、宋翠英、卜晓东、招启柏为公司第二届董事会成员，刘正日为公司第二届董事会董事长、法人代表，义胜辉为公司第二届董事会副董事长。选举罗佳庆、李永强、方国祥、朱霞、陈强、金茂跃为公司第二届监事会成员，罗佳庆为公司第二届监事会召集人。此次股东会议，审议批准通过《公司2008年度工作报告》《监事会2008年度工作报告》《2008年度财务决算报告》《公司2008年度利润分配方案》《公司2009年度财务预算方案》《公司2009—2013年投资规划》《2009年度设备改造投资实施方案》及《公司2009年度基础设施建设投资方案》。

2010年3月17日，聘任李廷云为天顺烟叶复烤有限责任公司副主任科员。6月25日，永州天顺烟叶复烤有限责任公司（以下简称公司）公司第六次股东会暨二届二次董事会在吉林省延吉市举行，应到董事9人，实到董事6人，符合法定人数。出席会议的有湖南省烟草公司永州市公司、湖南、山东、江苏中烟工业公司的股东代表和董事会、监事会推荐人参加会议。会议听取和审议天顺公司2009年度经营情况、财务决算和2010年度的工作思路及财务决算和2009年度财务预算的报告；讨论和审议公司董事会各项议案。会议经过充分讨论，就提交的审议事项以举手表决的方式，批准通过董事会、监事会《公司2009年度工作报告》《公司2009年度财务决算报告》；一致同意制订《公司2009年度利润分配方案》《公司2010年度财务预算方案》《公司2009—2013年投资规划修正议案》《2010年度设备改造投资实施方案》及《公司2010年度基础设施建设投资方案》。12月15日，聘任盘勇卫为天顺烟叶复烤有限责任公司总经理助理（副科级），聘任程海红为天顺烟叶复烤有限责任公司副主任科员。28日，永州天顺烟叶复烤有限责任公司在湖南省长沙市召开第七次股东大会，出席会议的股东代表有刘正日、李光华、王志华、招启柏等股东代表和董事会、监事会推荐人。会议由董事长刘正日主持，本次会议就提交的审议事项以举手表决的方式形成如下决议：同意按照湖南省商业控股复烤企业整合原则，取消永州天顺烟叶复烤有限责任公司法人资格，与郴州天泰烟叶复烤有限责任公司整合重组，新成立一家具有独立法人资格的湖南烟叶复烤有限公司，实行一个法人代表，两点生产加工模式；同意各股东单位对新成立的复烤公司自由增资扩股，对其他中烟公司参股新烟叶复烤公司不做限制。

2011年4月16日，永州天顺公司在四川省阿坝州九寨沟喜来登国际大酒店召开第八次股东大会。参加会议的股东代表有永州市公司刘正日，湖南中烟宋翠英、山东中烟张杨，江苏中烟张建强。出席会议人员资格及表决程序符合有关规定，表决有效。此次会议形成决议，批准《公司2010年度工作报告》《公司2010年度利润分配方案》《公司2011年度财务预算方案》《公司2011年度设备改造投资实施方案》《公司2011年度基础设施建设投资方案》，通过《监事会2010年度工作报告》，同意永州天顺烟叶复烤有限责任公司与郴州天泰烟叶复烤有限责任公司合并基准日为2010年12月31日。

三、2011年11月湖南烟叶复烤有限公司永州复烤厂时期

2011年8月1日，国家烟草专卖局、中国烟草总公司下发国烟法〔2011〕356号批复，同意《中国烟草总公司湖南省公司打叶复烤企业重组整合方案》。郴州天泰烟叶复烤有限责任公司、永州天顺烟叶复烤有限责任公司重组整合为湖南烟叶复烤有限公司，取消郴州天泰烟叶复烤有限责任公司、永州天顺烟叶复烤有限责任公司法人资格，变更为湖南烟叶复烤有限公司所属非独立法人分支机构，分别是：湖南烟叶复烤有限公司郴州复烤厂、湖南烟叶复烤有限公司永州复烤厂。湖南烟叶复烤有限公司的注册资本为133013.21万元，同意将湖南各地市级烟草公司在原郴州、永州烟叶复烤有限责任公司的股权转为湖南烟叶复烤有限公司的投资，出资比例分别是湖南省公司占17.40%；湖南中烟工业公司占12.81%；广东中烟工业公司占9.47%；上海烟草集团有限责任公司占9.47%；红塔烟草集团有限责任公司占7.52%；浙江中烟工业公司占7.52%；山东中烟工业公司占5.63%；江苏中烟工业公司占4.60%；红云、红河烟草集团占3.76%；安徽中烟工业公司占3.76%；川渝中烟工业公司占3.76%；贵州、陕西、吉林、甘肃、广西中烟工业公司各占2.26%；河北、江西中烟工业公司各占1.50%，组建湖南烟叶复烤有限公司所需人员，从烟草系统内调剂解决，不得从系统外调入。经过一系列相关筹备，湖南烟叶复烤有限公司永州复烤厂于是年11月9日揭牌成立。12月31日，市委组织部批复，同意将中共永州天顺烟叶复烤有限责任公司委员会更名为中共湖南烟叶复烤有限公司永州复烤厂委员会。

2011年11月9日，湖南烟叶复烤有限公司永州复烤厂挂牌仪式

2012 年 2 月 26 日，钱建华不再担任湖南烟叶复烤有限公司永州复烤厂党委委员、党委副书记、纪委书记职务，改任永州复烤厂正厂级干部（享受主任科员待遇）；方国祥为永州复烤厂副厂级干部（享受副主任科员待遇）。4 月 19 日，敖平任中共永州复烤厂党委副书记、纪委书记、党委委员；免去王飞华中共永州复烤厂党委委员职务（后任湖南复烤公司监察审计部部长）。6 月 5 日，聘任盘勇卫为湖南烟叶复烤有限公司永州复烤厂副厂长；同时，公司党组任命盘勇卫为厂党委委员。

2013 年 5 月 3 日，公司副总经理义胜辉不再兼任永州复烤厂厂长，由副厂长盘勇卫主持永州复烤厂全面工作。5 月 3 日，免去义胜辉中共湖南烟叶复烤有限公司永州复烤厂党委书记职务；盘勇卫任中共湖南烟叶复烤有限公司永州复烤厂党委副书记（主持工作）。7 月 6 日，解聘唐天宽湖南烟叶复烤有限公司永州复烤厂副厂长职务（拟调湖南烟叶复烤有限公司）。7 月 18 日，聘任李廷云任湖南烟叶复烤有限公司永州复烤厂副厂长，刘华友任湖南烟叶复烤有限公司永州复烤厂总工程师。

2014 年 1 月 16 日，聘任盘勇卫为湖南烟叶复烤有限公司永州复烤厂厂长；唐天宽为湖南烟叶复烤有限公司技改搬迁办主任。同日，经中共湖南烟叶复烤有限公司党组决定：盘勇卫任中共湖南烟叶复烤有限永州复烤厂党委书记。3 月，举行厂第二届工会委员会换届选举，20 日，永工组字（2014）号文件批复：李廷云为厂工会主席、黄志平为厂工会副主席。4 月 28 日，聘任刘勇军为湖南烟叶复烤有限公司永州复烤厂副厂长（试用期一年），增补为厂党委委员。9 月 18 日，程海红任中共湖南烟叶复烤有限公司永州复烤厂纪委书记、党委委员；敖平不再担任中共湖南烟叶复烤有限公司永州复烤厂党委副书记、纪委书记、党委委员职务。同日，聘任敖平为湖南烟叶复烤有限公司人力资源部副部长；解聘程海红湖南烟叶复烤有限公司人力资源部原副部长职务。12 月 19 日，经湖南烟叶复烤有限公司永州复烤厂第二次党员大会选举，盘勇卫、程海红、李廷云、刘华友、刘勇军为厂党委委员，盘勇卫为党委书记；程海红、贺成、周先鹞为纪律检查委员会委员，程海红为书记，贺成为副书记。

2015 年领导体制不变。

第二节 技术改革

一、零陵烟叶复烤厂技术改革情况

2003年，复烤厂对打叶复烤生产线进行设备大检修，主要项目：新增一组打叶机，由4打10分改为4打13分；新增32个精选台。检修从2月17日开始，历时150天，于8月通过单机调试和全线联动调试。此次大修，共投入资金1000万元。

2004年，针对部分设备在生产过程中造成工艺质量缺陷以及上年技改中存在的遗留问题，厂部成立技改领导小组，设立技改办公室，配备各类专业技术人员，明确技改项目，制定奖罚办法，规定完成期限，实行终端责任制。先后对铺叶摆把线进行改造，增加拦腰斩断功能；将片烟复烤机整体更换为秦皇岛烟机公司生产流量为每小时9600千克的片烟复烤机，采用新的低温慢烤技术，保证复烤烟的高质量。整机更换后，根据客户要求可筛分多种规格的烟梗，碎烟处理线可筛分1~3毫米、3~6毫米的碎烟。另还对除尘房、打叶电控系统、锅炉、配电及预压打包等设备进行改造和大修。通过精心组织，严格管理，整个技改工作于7月底顺利完成，8月初经调试后正式投入生产。经过新烤季的生产检验，此次技改基本解决制约打叶产量和质量的主要瓶颈，设备运行稳定，有效作业率达95%以上，各项工艺指标达到或优于行业标准，大中片率提高3个百分点，叶中含梗率下降0.5个百分点，出片率上升1个百分点，技改取得明显成效。

2004年6月，设备技改现场

2005年，零陵烟叶复烤厂除尘房和老COMAS电控系统进行改造，总投资金额650万元。其中除尘房改造投入382万元。改造后，因除尘设备老化导致全线停机影响生产的问题得到彻底解决；老COMAS电控系统的改造既可降低设备故障率，同时又大大降低能源损耗，每年可为企业节约电费40余万元。是年12月25日，企业改制，永州复烤厂更名为永州天顺烟叶复烤有限责任公司。25日，公司第二次股东会形成决议，一致通过《永州天顺烟叶复烤有限责任公司2006—2008年设备改造投资方案》，计划总投资 3130 万元，其中 2006 年 665 万元，2007—2008 年 2465 万元。

二、永州天顺烟叶复烤有限责任公司技术改革情况

2006 年，企业改制后，根据公司三年规划和股东会通过的《2006—2008 年设备改造投资方案》《2006 年基础设施建设投资方案》，公司成立领导小组，对设备进行技术改造和大修，设备技术改造全部采用外协方式，设备大修实行项目总体承包负责制。全年共投入 565 万元，其中设备技术改造 365 万元，主要用于烤梗机、梗降温系统、煤磅、真空回潮、预压打包、风分除杂、除尘系统和复烤机等八大项目的技术改造。设备大修投入 200 余万元，主要用于打叶线气鼓、减速机、电梯、新打叶三风分网板、复烤机和打叶机链条等项目的大修。从 5 月 30 日开始至 8 月底结束。

2007 年 5—8 月，公司继续进行设备技术改造和大修，总计 1600 万元。此次技改主要项目共 7 项，其中打叶段改造 1070 万元；预压打包线改造 364. 59 万元；除尘房部分设备改造 47 万元；烤梗机改造 43 万元；双路铺叶切断解把机改造 71. 76 万元；烤片机前加电子皮带秤改造 36. 65 万元；添置在线成品微波水份仪设备 90 万元。通过技术改造和大修，设备有效运转率均月超 95%，吨烟耗电同比降低 44%，生产成本大幅降低。整个技改工作从 5 月 16 日开始进行，至 8 月完成设备调试并正式投入生产。此次技改有效解决制约打叶产量和加工质量的主要瓶颈，使生产能力得到进一步提高，达到 12000 千克/小时。是年，公司设备管理以提高设备有效作业率为中心，由解决设备抢修向防护性维修转变，进一步加强设备维护和保养，保持设备处于最佳状态。锁定打叶设备单机故障时间、及设备有效运转率，全年设备正常运转率达到 98%。

2008 年，按照《公司 2006—2008 年发展规划》和董事会的决定，投入 155 万元，主要对打叶车间配电设备进行改造；在复烤机前和冷房各增加一台红外线水分仪；在打叶汇总皮带上增加流量为 12000 千克/小时的 COM-CZ3 型除麻丝机，有效控制烟叶中麻丝、纤维等非烟物资含量。是年，根据主要股东永州市烟草公司永烟司〔2008〕13 号、148 号、149 号、154 号、155 号、234 号、238 号文件批复，同意公司对打叶生产设备进行维修和技术改造。项目为打包机辊道、液压站设备、配电设备、计量器具、风选除杂五大项，总计投资 227 万元。此次设备大修和技术改造于 5 月 3 日开始，7 月底完成。

2009 年 5 月，公司对打叶生产线返料贮叶柜及碎烟回收设备进行改造。其中返料贮叶柜改造设备 3 套，新增 3 套，共计投入资金 34. 49 万元；碎叶回收改造投入

14.51 万元。两项总计投入金额 49 万元。两个项目均由云南新紫烟科技有限公司承包，是年 8 月 1 日完成全部改造工作。6—7 月，公司对 15T 锅炉、炉膛及污水池进行改造，总计费用 8.36 万元，其中锅炉炉膛前、中、后拱改造 5.49 万元；锅炉炉膛侧墙拆除，更换烧坏的窑封铁改造 1.49 万元，锅炉排污口污水池改造 1.38 万元。工程由长沙南方水泵锅炉机电配件实业有限公司承包。是年，天顺公司对生产设备进行技改与大修。主要项目共 8 项，包括：新增 1 套质量数据自动采集分析系统；新增 1 组打辊机；变压器改造；碎烟回收系统改造；返料储叶柜改造；新增载货电梯 1 台；购置 MT-C 型快速水分测定仪 1 台；购置 BINDER 型恒温恒湿箱 1 台。通过技改与大修，五联大单机负荷降低，工艺指标提高，产品质量检测能力和管控水平大幅提高。此次大修与技改累计投资 261 万元。

2010 年，根据公司第二届股东大会通过的《2010 年设备改造投资方案》，结合行业发展的新要求和新特点，以节能减排增效为出发点，以疏通设备瓶颈、提高加工质量为目的，以客户个性化需求为指导，投入资金 700 余万元，继续加大设备技术改造步伐。对真空回收潮机进行技术改造，使设备能力提高到原来的 2 倍；对预压打包机进行技术改造，将预压机由两联改为三联，实现两用一备功能，满足抵挡次烟叶和出口烟叶加工需求，消除因设备故障而停机的隐患，提高生产效率；对铺叶解把机进行改造，在原铺叶切断解把机尾增加两台可移动的皮带输送机，实现烟茎和把头的自动切割和分离，在满足客户特殊工艺要求的同时，实现客户增值服务；实施振筛自动清理项目，对打叶线一、九、十、十一风分和碎叶烘烤线前振槽各增加一套弹球自动清理装置，改良碎叶筛分效果，提高烟叶出片率，增加产量；实施烟梗废弃物锅炉焚烧项目，有效解决公司烟草废弃物的处理难题，每年可为公司节约近百万元燃煤费用。

三、湖南烟叶复烤有限公司永州复烤厂技术改革情况

2011 年 11 月 9 日，天顺公司改制为湖南烟叶复烤有限公司永州复烤厂。

2012 年，根据国家局、省局指示精神，技术改造由原来的就地征地技改为易地搬迁技改。易地技改总体规划设计要求高、工艺复杂，投资额度、协调难度大，手续繁多等，对此，复烤厂加大对国家局、省局及地方党委、政府的汇报力度，取得各级领导的重视。如凤凰园开发区管委会对本厂易地技改项目建设就高度重视，成立专门班子，明确相关政策和优惠条件，以特事特办的方式办理相关手续。较顺利地完成项目选址、地质勘察、规划审批、环保评审和前期征地等工作。项目于 6 月 8 日上报省局立项，并由省局上报国家局。9 月 15 日通过国家局专家组评审。11 月 20 日得到国家局投资委员会的批准。加强与设计单位的沟通协调，广泛听取卷烟

工业企业的意见和建议，准确把握工业企业对复烤加工工艺需求，并与北京长高、云南昆船、河北秦皇岛等国内主要烟机公司开展技术交流，探讨打叶复烤的发展方向和工艺设备的发展趋势，不断优化、完善项目总体规划设计。

2013年，复烤厂利用停产间隙，继续实施设备大修。主要改进打叶生产线、配电、质检等设备。大修项目仍然采取外包方式，实行项目负责制，定项目、定人员、保质量、保安全，整个大修5月3日开始，6月底结束。设备大修后，设备有效作业率达97.5%以上。同时，重点对原烟梗锅炉进行置换，联合北京热化能源科技有限公司新建一套生物质锅炉。生物质锅炉改造项目从4月启动，8月底完成安装调试，9月份投入运行。生物锅炉投产后，主要焚烧烟梗，当年就烧3154吨，产汽11760吨，既可节约燃煤，又能解决困扰企业多年烟梗无法及时处理而占用大量仓容和堵塞道路造成安全隐患以及销毁费用等诸多问题，还能循环利用变废为宝。是年12月16日，中国烟草永州产业园项目在冷水滩凤凰园经济开发区举行仪式，永州复烤厂易地技改项目总投资7.15亿元人民币，用地420亩。

2014年易地技改项目签订合同11个，总金额5010.6万元。同年，以抓好设备的管理和使用，提高设备运行率作为工作重点。建立健全设备管理制度，落实责任范围和具体要求，努力降低故障率，减少停机时间。扎实做好检修工作，对设备运行状态、保管、使用及维护进行全方位考核，保障设备正常运行，确保生产加工持续稳定。是年永州复烤厂易地技改项目签订合同11个，总金额5010.6万元。

2015年8月25日，永州复烤厂新厂开工奠基仪式

2015年5月25日，复烤厂召开设备大修动员会，为2015年烤季生产加工做好准备。厂长、总工程师、机修车间及相关部门负责人、技术员、维修员近50人参加会议。设备管理以提高设备有效运行率为重点，以设备维护为主线，以提升设备管理水平为目标，对设备实行分包分块负责制，本着“预防为主”的原则，加大设备点检巡查力度，对设备运行状态严密监控，及时发现和处理故障。努力做好、做实、做细设备的日常维护工作，把设备的“完好率、池漏率、故障率、保养达标率、运转率”等考核指标细化量化来提高设备的综合效能。是

年，易地技改项目取得“中华人民共和国国有土地使用证”，签订合同23个，金额29218.2万元。易地技改项目要求在2017年9月初搬迁完毕。

2003—2015年永州烟叶复烤厂复烤加工投料产量产值统计表

表3-6 **单位：万元、吨**

年份	投料	产量（成品烟叶）			产值
		挂杆	打叶	合计	
2003	18350	0	11635	11635	2431
2004	32950	0	21059	21059	4687
2005	33000	0	22117	22117	4786
2006	38500	0	24219	24219	5250
2007	35500	0	22863	22863	6173
2008	34000	0	23017	23017	6000
2009	38850	0	26062	26062	7987
2010	38500	0	25081	25081	7900
2011	42500	0	28035	28035	9780
2012	47800	0	31376	31376	12767
2013	48000	0	31989	31989	11072
2014	41535	0	32281	32281	15346
2015	48167	0	31416	31416	14879

说明：表中数据来源于永州烟叶复烤厂（天顺公司）历年年终统计、财务报表及年终工作总结。因相关资料缺失，表内部分数据已无法统计记载

第四篇　卷烟生产

第一章　基础设施

2003 年，零陵卷烟厂有一条 5000 千克/小时制丝线，主要卷接设备 9 台套，包装设备 21 台（套）。2006 年，30 万箱技改一期工程投产，新建一条 5000 千克/小时制丝线。2007 年，为白沙本地化生产新增一条 4000 千克/小时烘叶丝线，调入 ZB25（GDX1）软盒包装机组 1 套，购买 ZB45（GDX2）包装机组 1 套。2008 年，引入 TPM 管理模式，健全管理机制，完善制度流程，推行量化考核，强化技术培训。2009 年，正式淘汰 ZB43 机型，生产自动化程度大幅提高。2011 年，淘汰 1250 千克/小时梗丝膨化塔（SH78），新建 2500 千克/小时梗丝膨胀干燥线。2013 年，淘汰原 5000 千克/小时制丝线。2015 年，芙蓉王制丝线（两条 3000 千克/小时叶丝生产线）正式投产，年生产能力 30 万箱。工厂推行设备维修的精准管理，搭建制丝、卷接包及动力设备故障管理模型，建立 MES 故障管理平台，实现设备故障管理信息化。

2003—2015 年，工艺管理主要以中国烟草总公司制定的《卷烟工艺规范》为指导，结合卷烟国家标准和行业标准，发展、完善适合工厂生产需要的技术标准体系。2003 年，真空回潮后实施翻箱喂料，取代人工摆把。叶片施加糖料后储叶，储叶工艺时间一般为 2~42 小时。各工序水分温度工艺质量指标无在线检测，主要进行离线检测。2006 年起，取消把烟投料，改为片烟和烟梗投料。取消真空回潮和打叶工艺。2015 年，芙蓉王（硬）采用全配方叶组片烟投料。

第一节　设备

一、制丝设备

2003 年，有一条 5000 千克/小时制丝线，主要设备为：真空回潮机（两台）、翻箱喂料机、一级叶片回潮机、二级叶片回潮机、三级叶片回潮机、叶片加料机、储叶柜、切丝机、叶丝膨胀（HT）、薄板式烘丝机、叶丝流冷机、掺兑机（薄片掺兑、梗丝掺兑）、混丝加香机、储丝柜、洗梗机、润梗机（二级）、储梗柜、切梗机、梗丝加料机、梗丝膨化塔、梗丝加香机、糖香料厨房（2003年12月进行了升级改造）及加香加料系统等。

2003年，零陵卷烟厂仿虹霓5000千克/小时制丝生产线

2006年，零陵卷烟厂投产的5000千克/小时制丝生产线

2006年，30万箱技改工程建有一条5000千克/小时制丝线。主要设备为：FT642型烟片垂直切片机、WQ3113E型叶片回潮机、J17F叶片加料机、SH962燃油（气）管道式烘丝机、SJ291烟丝加香机、WQ822型水槽式烟梗回潮机、WQ56刮板式烟梗回潮机、SJ16D梗丝加料机、SH78梗丝膨化塔、SJ24C梗丝加香机、SQ3系列切丝（梗）机、糖香料厨房及加香加料系统等。

2007年，为适应白沙本地化制丝，新增一条4000千克/小时烘叶丝线，主要设备包括WQ713隧道式叶丝回潮机、SH35F管板式滚筒烘丝机、FX16叶丝风选机。

2011年，为解决梗丝线生产能力不足的问题，淘汰1250千克/小时梗丝膨化塔（SH78），新建2500千克/小时梗丝膨胀干燥线，主要设备包括：WQ617喷管式加温加湿机、SH751燃油管道式烘梗丝机。

2012年，根据公司发展战略，工厂启动芙蓉王品牌制丝线技术改造项目。2013年6月，淘汰原5000千克/小时制丝线。

2015年，芙蓉王制丝线（两条3000千克/小时叶丝生产线）正式投产，年生

2015 年，零陵卷烟厂投产的芙蓉王制丝生产线

产能力 30 万箱。该制丝线设备主要由秦皇岛烟草机械有限责任公司制造，主要设备有：FT534A 型全自动机器人解包系统、FT6311 型烟片垂直切片机、WQ3113F/WQ3114F 型滚筒式叶片回潮机、HELIUS1200D 型异物剔除装置、SJ17D/SJ18D 型叶片加料机、SQ37A 型曲刃水平滚刀式切丝机、WQ712A/WQ711A 型隧道式叶丝回潮机、SH35E/SH36E 型滚筒管板式烘丝机、SJ291 型烟丝加香机、GPT25H10 型贮叶丝柜、GPT35H10 型贮丝柜、GDT30H9A 型贮叶柜、GDT20H10 型预配柜、TG80 除尘压棒机、糖香料厨房及加香加料系统、成品烟丝外运装封箱系统等。

二、卷制、包装设备

2003 年，有卷烟设备 30 台（组），其中卷接设备 PROTOS 机 2 套、ZJ17 卷接机组 7 套，包装设备 YB22A-3000 型软盒包装机组 3 套、YB21-6000 型软盒包装机组 2 套、ZB25（GDX1）软盒包装机组 1 套、YB41 硬盒包装机组 7 套、ZB43 硬盒包装机 6 套、FK 包装机组 1 套、ZB45（GDX2）包装机组 1 套。

2004 年，报废 YJ14/23 卷接机组 8 套、YB22A-3000 软盒包装机组 3 套、YB21-6000型软盒包装机组 2 套。

2005 年，调入 GDX1（进口）软盒包装机组 1 套、ZB43 硬盒包装机 3 套、ZB45（GDX2）包装机组 1 套。

2006 年，调入（GDX1）软盒包装机组 1 套、ZB25（GDX1）软盒包装机组 1 套、ZB45（GDX2）包装机组 1 套；报废 YB41 硬盒包装机组 4 套；调出 FK 包装机组 1 套。

2007 年，调入 ZB25（GDX1）软盒包装机组 1 套，购买 ZB45（GDX2）包装机组 1 套；调出 ZB43 硬盒包装机 4 套、KDF2（ZL22）成型设备 1 套；报废 ZB43 硬盒包装机 1 套。

2008 年，调入 ZJ17 卷接机组 2 套、ZB25（GDX1）软盒包装机组 1 套。

2009 年，调入 ZJ17 卷接机组 2 套、ZB25（GDX1）软盒包装机组 1 套、ZB45（GDX2）包装机组 2 套，报废 ZB43 硬盒包装机 4 套。

2010 年，调入 ZJ17 卷接机组 2 套、ZB45（GDX2）包装机组 2 套。

2013 年，调出调入 ZJ17 卷接机组 1 套。

2009 年，零陵卷烟厂卷包车间

2015 年年底，有 PROTOS 卷接设备 2 套（进口）、ZJ17 卷接机组 12 套、GDX1 包装设备 1 套、ZB25（GDX1）软盒包装机组 4 套、ZB45（GDX2）包装机组 9 套。

三、滤嘴成型设备

2003 年年底，保有成型设备 11 套，其中 KDF2（ZL22）成型机 4 套、ZL21 成型机 3 套、YL33 成型机 4 套。

2005 年，调入 KDF2（ZL22）成型机 1 套。

2006 年，报废 YL33 成型机 4 套、ZL21 成型机 3 套。

2007 年，调出 KDF2（ZL22）成型机 1 套。

2010 年，调入 ZL26 成型机 2 套。

2011 年，调入 ZL26 成型机 2 套。

2012 年，调出 KDF2（ZL22）成型机 2 套。

2014 年，调出 KDF2（ZL22）成型机 2 套。

2015 年年底，ZL26 成型机 4 套。

2015 年，零陵卷烟厂卷包车间

2015 年，零陵卷烟厂卷包车间滤棒成型生产线

四、薄片设备

2003 年 4 月，保有 4 条 WYP-180 千克/小时薄片生产线。

2005 年，4 条 WYP-180 千克/小时薄片生产线报废。

2003—2015 年零陵卷烟厂主要生产设备统计表

表 4-1

年份	类别		型号	数量	备注
2003	制丝设备		5000KG/H 制丝线	1 条	
	卷接设备		YJ14/23	8 组	待报废
			PROTOS	2 组	进口
			ZJ17	7 组	
	包装设备	软盒包装机组	YB22A-3000	3 组	在用 1 组，待报废 2 组
			YB21-6000	2 组	
			ZB25	1 组	
		硬盒包装机组	YB41	7 组	
			ZB43	6 组	
			FOCKE	1 组	进口
			ZB45	1 组	
	滤嘴成型设备		KDF2	4 组	
			ZL21	3 组	
			YL33	4 组	
	烟草薄片生产线		WYB-180	4 条	2 条待报废
	烟叶复烤机			1 条	
2004	制丝设备		5000KG/H 制丝线	1 条	
	卷接设备		YJ14/23	0 组	报废 8 组
			PROTOS	2 组	进口
			ZJ17	7 组	
	包装设备	软盒包装机组	YB22A-3000	0 组	报废 3 组
			YB21-6000	0 组	报废 2 组
			ZB25	1 组	
		硬盒包装机组	YB41	7 组	
			ZB43	6 组	
			FOCKE	1 组	进口
			ZB45	1 组	
	滤嘴成型设备		KDF2	4 组	
			ZL21	3 组	
			YL33	4 组	
	烟草薄片生产线		WYB-180	0 条	报废 4 条
	烟叶复烤机			0 条	报废 1 条

续表4-1

年份	类别		型号	数量	备注
2005	制丝设备		5000KG/H 制丝线	1 条	
	卷接设备		PROTOS	2 组	进口
			ZJ17	7 组	
	包装设备	软盒包装机组	GDX1	1 组	租赁长沙烟厂设备 1 组
			ZB25	1 组	
		硬盒包装机组	YB41	4 组	3 组 ZB41 大修，置换为 ZB43
			ZB43	9 组	
			FOCKE	1 组	进口
			ZB45	2 组	2005 年 9 月调入 1 组
	滤嘴成型设备		KDF2（ZL22）	5 组	2005 年 9 月调入 1 组
			ZL21	3 组	
			YL33	4 组	
2006	制丝设备		5000KG/H 制丝线	1 条	新 5000KG/H 制丝线 2006 年 2 月投产
	卷接设备		PROTOS	2 组	进口
			ZJ17	7 组	
	包装设备	软盒包装机组	GDX1	1 组	进口
			GDX1	1 组	FK 置换设备
			ZB25	2 组	2006 年 3 月调入 1 组（租赁长沙烟厂设备）
		硬盒包装机组	YB41	0 组	报废处理 4 组
			ZB43	9 组	
			FOCKE	0 组	进口，置换调出
			ZB45	3 组	2006 年 2 月从调入 1 组
	滤嘴成型设备		KDF2（ZL22）	5 组	
			ZL21	0 组	报废 3 组
			YL33	0 组	报废 4 组
	装封箱机		YP11	3 组	2006 年 6 月购入 3 组

续表4-1

年份	类别		型号	数量	备注
2007	制丝设备		5000KG/H 制丝线	1 条	
	卷接设备		PROTOS	2 组	进口
			ZJ17	7 组	
	包装设备	软盒包装机组	GDX1	1 组	进口
			ZB25	3 组	GDX1 大修换 1 组
		硬盒包装机组	ZB43	4 组	4 组设备调剂到吴忠卷烟厂，1 组报废
			ZB45	4 组	2007 年 5 月购入 1 组
	滤嘴成型设备		KDF2（ZL22）	4 组	1 组设备调剂到吴忠卷烟厂
	装封箱机		YP11	3 组	
2008	制丝设备		5000KG/H 制丝线	1 条	
	卷接设备		PROTOS	2 组	进口
			ZJ17	9 组	新增 2 组
	包装设备	软盒包装机组	GDX1	2 组	新增 1 组
			ZB25	3 组	
		硬盒包装机组	ZB43	4 组	
			ZB45	4 组	
	滤嘴成型设备		KDF2（ZL22）	4 组	
	装封箱机		YP11	3 组	
2009	制丝设备		5000KG/H 制丝线	1 条	
	卷接设备		PROTOS	2 组	进口
			ZJ17	11 组	新增 2 组
	包装设备	软盒包装机组	GDX1	2 组	进口
			ZB25	4 组	新增 1 组
		硬盒包装机组	ZB43	0 组	报废 4 组
			ZB45	6 组	新增 2 组
	滤嘴成型设备		KDF2（ZL22）	4 组	
	装封箱机		YP11	5 组	新增 2 组
	嘴棒发射装置		YF27A	4 组	

续表4-1

年份	类别		型号	数量	备注
2010	制丝设备		5000KG/H 制丝线	1 条	
	卷接设备		PROTOS	2 组	进口
			ZJ17	13 组	新增 2 组。含调剂到贵州贵定卷烟厂的 1 组。
	包装设备	软盒包装机组	GDX1	2 组	2010 年 9 月，由常德卷烟厂调剂到我厂 1 组
			ZB25	5 组	
		硬盒包装机组	ZB45	8 组	新增 2 组。含调剂到贵州贵定卷烟厂 1 组
	滤嘴成型设备		KDF2（ZL22）	4 组	
			ZL26	2 组	新增 2 组
	装封箱机		YP11	5 组	
	嘴棒发射装置		YF27A	4 组	
2011	制丝设备		5000KG/H 制丝线	1 条	
	卷接设备		PROTOS	2 组	进口
			ZJ17	13 组	含调剂到贵州贵定卷烟厂的 1 组
	包装设备	软盒包装机组	GDX1	2 组	进口
			ZB25	5 组	
		硬盒包装机组	ZB45	8 组	含调剂到贵州贵定卷烟厂 1 组
	滤嘴成型设备		KDF2（ZL22）	4 组	
			ZL26	4 组	新增 2 组
	装封箱机		YP11	5 组	
	嘴棒发射装置		YF27A	4 组	

续表4-1

年份	类别		型号	数量	备注
2012	制丝设备		5000KG/H 制丝线	1 条	
	卷接设备		PROTOS	2 组	进口
			ZJ17	13 组	
	包装设备	软盒包装机组	GDX1	1 组	1 组大修置换为 ZB45
			ZB25	4 组	1 组大修置换为 ZB45
		硬盒包装机组	ZB45	10 组	由 GDX1、ZB25 置换 ZB45 各 1 组
	滤嘴成型设备		KDF2（ZL22）	2 组	调剂到常德大亚化纤公司 2 组
			ZL26	4 组	
	装封箱机		YP11	5 组	
	嘴棒发射装置		YF27A	4 组	
2013	制丝设备		5000KG/H 制丝线	0 条	因芙蓉王品牌制丝线技术改造项目，老制丝线报废
	卷接设备		PROTOS	2 组	进口
			ZJ17	12 组	减少 1 组
	包装设备	软盒包装机组	GDX1	1 组	进口
			ZB25	4 组	
		硬盒包装机组	ZB45	9 组	减少 1 组
	滤嘴成型设备		KDF2（ZL22）	2 组	
			ZL26	4 组	
	装封箱机		YP11	5 组	
	嘴棒发射装置		YF27A	4 组	
2014	制丝设备		制丝线	0 条	
	卷接设备		PROTOS	2 组	进口
			ZJ17	12 组	
	包装设备	软盒包装机组	GDX1	1	进口
			ZB25	4 组	
		硬盒包装机组	ZB45	9 组	
	滤嘴成型设备		KDF2（ZL22）	0 组	有偿转让 2 组
			ZL26	4 组	
	装封箱机		YP11	4 组	
	嘴棒发射装置		YF27A	4 组	

续表4-1

年份	类别		型号	数量	备注
2015	制丝设备		3000KG/H 制丝线	2 条	
	卷接设备		PROTOS	2 组	进口
			ZJ17	12 组	
	包装设备	软盒包装机组	GDX1	1 组	进口
			ZB25	4 组	
		硬盒包装机组	ZB45	9 组	
	滤嘴成型设备		ZL26	4 组	
	装封箱机		YP11	5 组	
	嘴棒发射装置		YF27A	4 组	

第二节　工艺

1996—2002 年，工厂生产工艺引用下列国家标准：GB/T5606. 1-1996 卷烟抽样；GB/T5606. 2-1996 卷烟包装、标志与贮存；GB/T5606. 3-1996 卷烟卷制技术要求；GB/T5606. 5—1996 主流烟气与烟丝化学技术指标；YC/T28. 8-1996 卷烟物理性能的测定第八部分：水分。2003 年以后，在工艺控制方面以中国烟草总公司制定的《卷烟工艺规范》为指导，结合卷烟国家标准和行业标准，建立、发展并完善适合工厂生产需要的技术标准体系，包括产品标准、工艺技术标准、材辅料标准、监视和测量方法标准等。

2003 年，真空回潮后实施翻箱喂料，取代人工摆把。烟叶经二级润叶后打叶，使叶梗分离。叶片施加糖料后储叶，储叶工艺时间一般为 2~42 小时。切丝宽度标准为 1. 0±0. 1 毫米。切梗厚度标准为 0. 18±0. 03 毫米。在线计量秤主要为电子秤，有一台为核子秤。各工序水分温度工艺质量指标无在线检测，主要进行离线检测。

2006 年起，取消把烟投料，改为片烟和烟梗投料。取消真空回潮和打叶工艺。片烟经抱车上架后依次人工剪带、翻箱、半自动提出纸箱、计量、切片。叶片加料前增加光电除杂机。叶片施加糖料后储叶，储叶工艺时间依品牌而异，最长储叶时间为 42 小时。切丝宽度标准为 1. 0±0. 1 毫米。切梗厚度标准为 0. 18±0. 03 毫米。芙蓉系列叶丝干燥为气流式干燥、白沙系列为管板式烘丝干燥。三丝掺兑包括回收烟丝、梗丝、叶丝。各工序水分温度工艺质量指标均进行在线检测。

2015 年，制丝线为芙蓉王生产专线，工艺流程分为松散回潮、筛分加料、切丝、干燥及混丝加香工序，其中松散回潮、筛分加料、切丝、干燥工序为双线配置，混丝加香工序为单线配置。润叶加料工段工艺路线：原料仓储及备料—自动解包—称重测量—切片—定量喂料—松散回潮—烟叶预混—麻丝剔除—光选除杂—定量喂料—振动筛分—回潮加料—烟叶储存。切丝干燥工段工艺路线：定量喂料—切叶丝—仓式定量喂料—增温增湿—叶丝干燥—就地风选。混丝加香工段工艺路线：称重计量—比例掺配—混丝配丝—烟丝筛分—定量喂料—烟丝加香—残烟丝掺配—烟丝储存—烟丝筛分、烟丝输送。芙蓉王（硬）采用全配方叶组片烟投料。叶片加料前改激光除杂机，提高了除杂效果。叶片施加糖料后储叶，储叶工艺时间为4~6小时。切丝宽度标准为1.1±0.1毫米。不掺兑梗丝。烘丝为管板式烘丝干燥，烘丝筒温相对其他品牌要低。香料厨房为全自动配料系统。生产时，全线（料场除外）均有环境温湿度控制要求。各工序水分温度工艺质量指标均进行在线检测。

工艺流程的变化主要在制丝线，最初的制丝工艺流程适用于白沙品牌和芙蓉（软红）及芙蓉（黄）品牌。2015年经过技术改造，制丝线改为芙蓉王专线，适用于芙蓉王（硬）在零陵卷烟厂本地化生产。流程图如下：

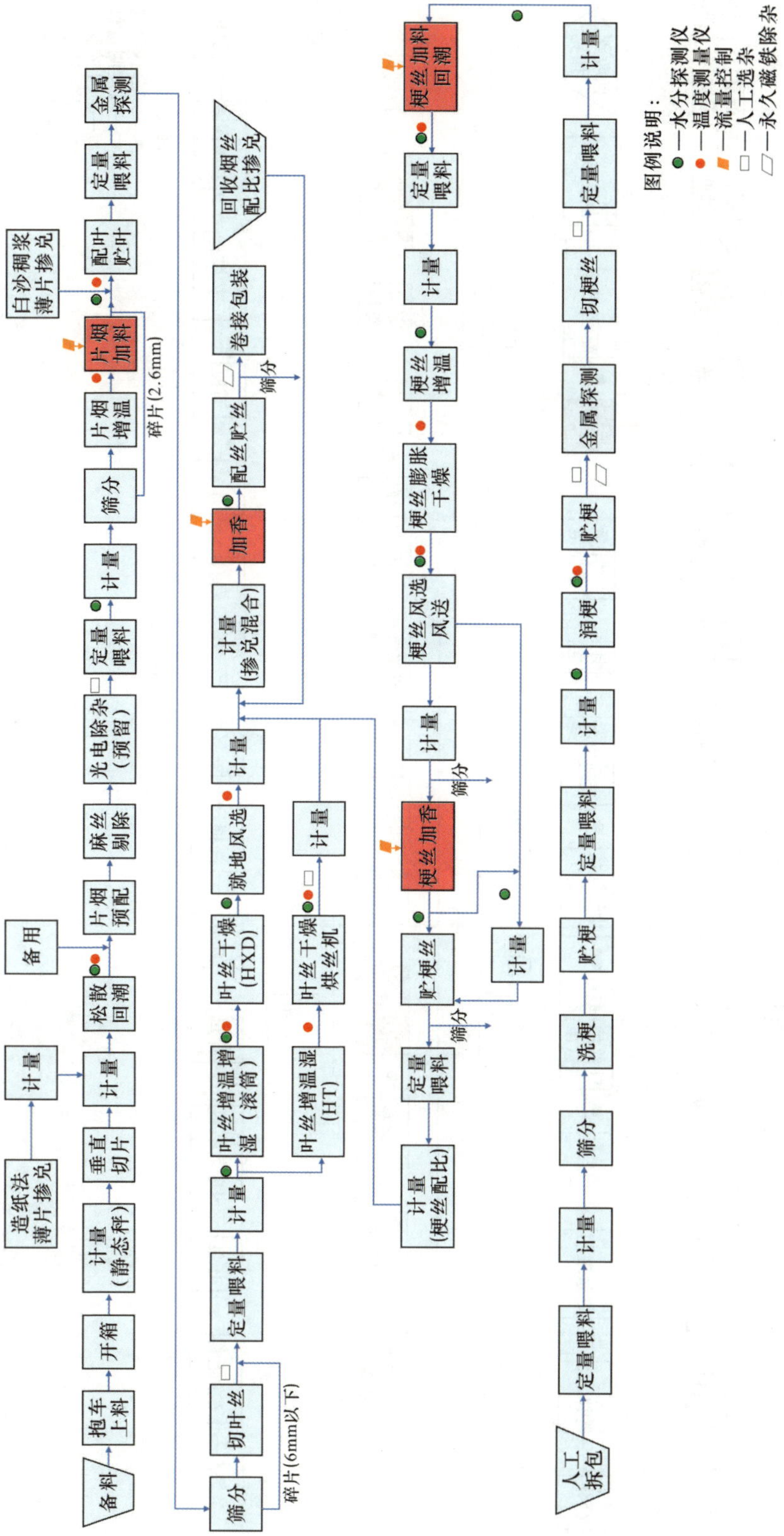

图4-1 2008年101工房工艺流程图

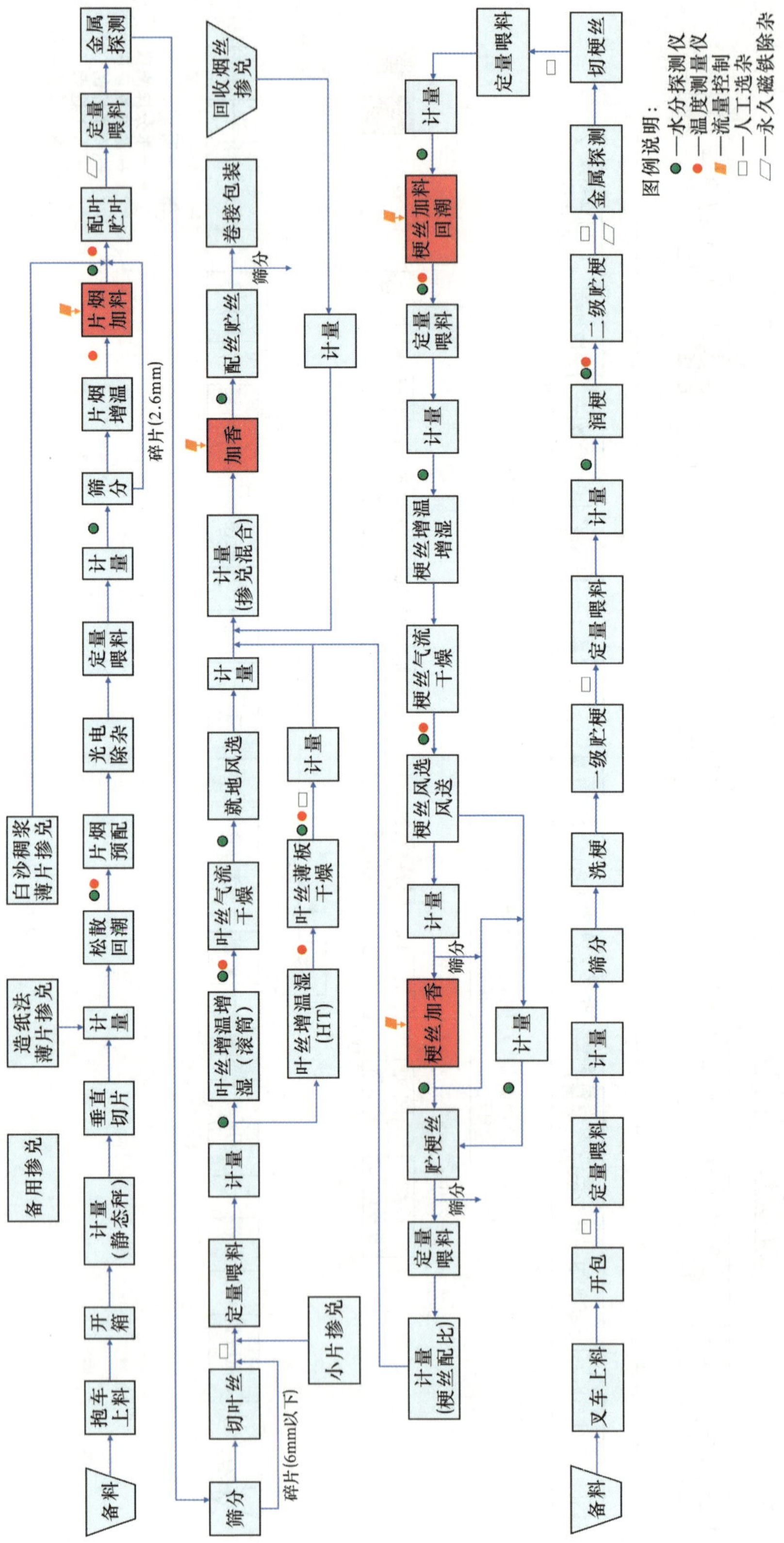

图4-2 2011年101工房工艺流程图

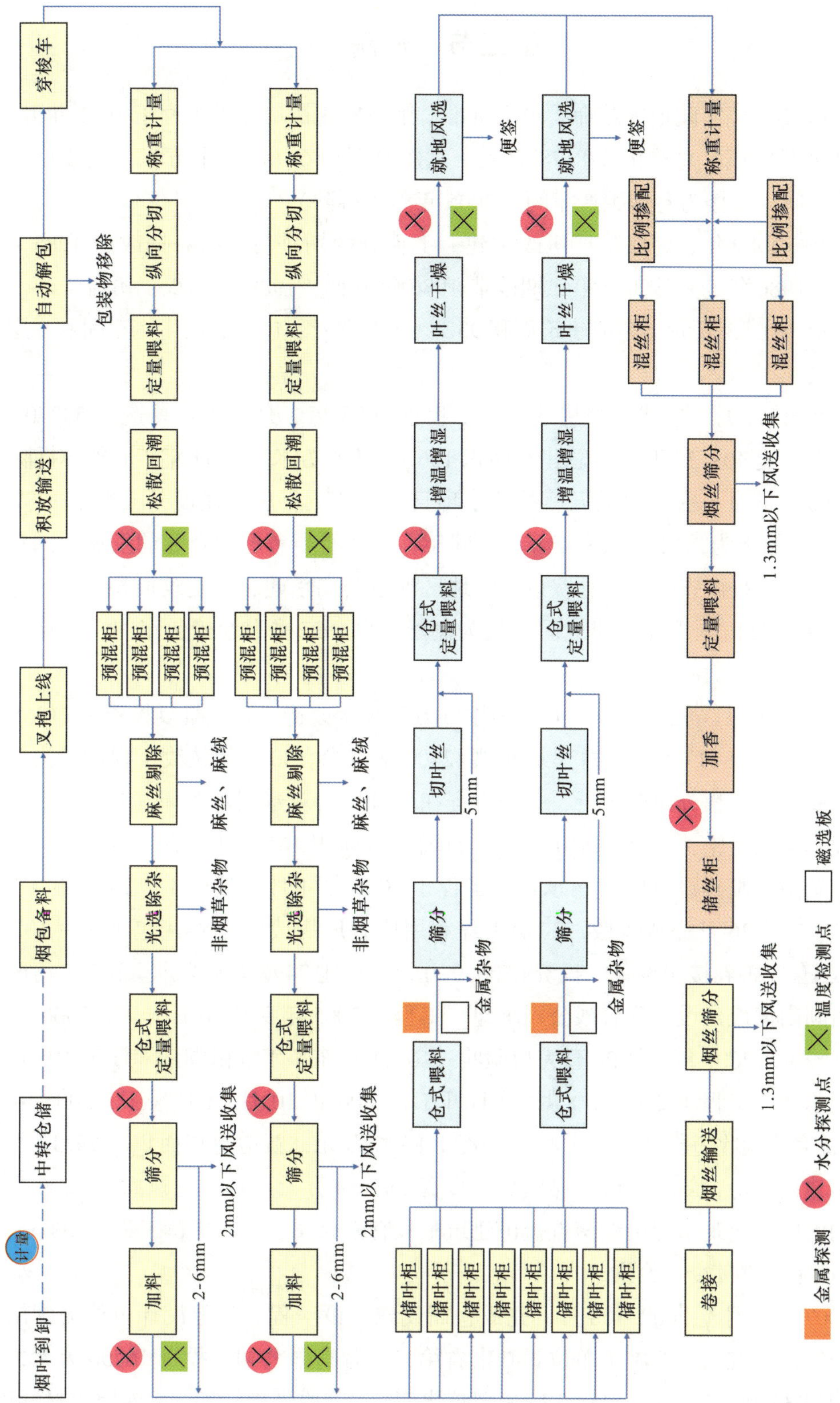

图4-3　芙蓉王制丝线工艺流程图（2015年1月7日发布）

第三节　厂房

1976年，经零陵地区革命委员会批准，第一座主厂房建设工程于1977年开工，1979年8月完成。总造价388.78万元，总建筑面积6678.50平方米。建成后一楼为制丝车间，二楼为卷烟生产车间（2005年整体拆除）。

1985—1989年，完成主厂房改扩建。工程分两期进行，第一期改造1985年6月开工，1986年5月竣工；第二期改造1986年开始，1989年结束，历时4年。工程总造价304.53万元，完成建筑面积9324.56平方米，包括5层生产车间和9层天桥附属设施。

1988年11月，完成发酵房建设。工程于1988年2月开工，总造价533.03万元，其中土建408.35万元，总建筑面积10674.84平方米（2004年年底整体拆除）。

1990年6月，完成“七五”技改主项目——新主厂房的建设。工程于1987年2月批准，始定为二层，1988年开工。同年，地区经委考虑到企业的发展，同意改建为三层。工程由省轻工设计院设计，地区地建公司承建，总建筑面积21000平方米，总造价954.73万元，建成后一层为制丝车间、二楼为卷接包车间，三楼为综合车间。

2003年12月至2008年4月，完成30万箱技术改造工程。批复投资为21365万元，实际投资28449万元，总建筑面积42400平方米。30万箱技改工程设计由五洲设计院完成。工程分两期进行，一期工程在现有厂区新建制丝车间（101工房）及相关配套辅助设施，投资14880万元，新增建筑面积16500平方米。101工房土建工程由湖南天鹰建设有限公司承建，工程于2005年4月1日开工，2006年7月5日完工，7月26日完成验收。二期工程利用原有厂房改扩建卷接包工房（102工房），配套完善卷接包设备，投资6506.9万元，扩建7496.6平方米。102工房改造工程由湖南德成建设工程有限公司承建，工程于2005年9月16日开工，2006年12月1日竣工，2007年3月20日完成验收。102工房东扩工程由湖南湘江工程建设有限公司承建，工程于2005年8月18日开工，2006年10月24日竣工，2006年10月24日完成验收。新建动力中心，投资1885.6万元，新增建筑面积1124.13平方米；扩建锅炉房，新增一台燃煤锅炉，投资1161.8万元，新增建筑面积1200平方米。动力中心建筑工程由湖南省蓝田建筑工程有限公司承建，主体工程于2005年9月28日完成质量竣工验收。

2007年8月至2009年8月，完成仓储设施建设工程。工程设计单位为湖南省轻工纺织设计院，主要施工单位为湖南省第二工程有限公司，投资16750万元，建筑面积近34000平方米，包括3栋片烟醇化库、1栋原烟周转库、1栋烟用材料库、

1 栋烟梗储存库、1 栋辅助用房、1 栋三废处理房，可贮存 40 万担以上烟叶。

2008 年 8 月至 2009 年 3 月，完成香精香料库扩建工程。工程投资额 149 万元，建筑面积 260 平方米。

2009 年 1 月至 2009 年 5 月，完成制丝贮丝房扩建工程。工程为 102 车间二层改造项目，改造总面积 5328 平方米，投资总额 997 万元。

2012 年 11 月至 2013 年 12 月，完成"芙蓉王"品牌制丝线技术改造工程。工程设计单位为湖南省轻工纺织设计院，施工单位为湖南高岭建设集团股份有限公司。工程投资总额 25692. 22 万元（不含专用设备），专用设备总投资额 5586. 39 万元。工程新建制丝车间 23460 平方米（含车库 8430 平方米）、连廊 120 平方米，设计两条综合生产能力为 3000 千克/小时的叶丝生产线。2012 年 11 月 12 日桩基开工，2013 年 12 月 10 日完成项目主体验收。

2013 年 9 月至 2014 年 7 月，完成 101 工房（制丝车间）改造工程。将现有的 101 工房（制丝车间）改造为卷包车间，完成相关配套设备设施，总投资为 7800 万元。

第二章 原料

2003 年，卷烟生产用烟叶由零陵卷烟厂物资经理部采购供应。2004 年，常德卷烟厂零陵卷烟分厂正式挂牌后，物资经理部、烟叶经理部合并，成立物资管理部。在总厂统一规划下，烟叶按照《分厂烟叶采购管理暂行办法》进行管理。2007 年，湖南中烟重组后，烟叶采购由湖南中烟公司原料采购部统一负责管理，烟厂只负责公司调配、调剂烟叶的到货确认及验证工作。

第一节 烟叶调配

作为卷烟产品的主原料，烟叶采购的质量和成本，直接影响到工厂产品的内在质量和生产成本。因此，烟叶采购始终根据产品配方的实际需要进行合理配置，并严格遵守《中华人民共和国烟草专卖法》及国家制定的烟叶等级标准、价格政策和宏观调控政策。

2003 年，调拨烟叶 13 万担，其中省内 8 万担，省外 5 万担。其中调拨优价烟叶 1. 7 万担，降低成本约 330 万元。

2006 年，调拨新烟 4. 5 万担，打叶复烤 1. 25 万担，协助总厂调拨贵州烟叶 10 万担，入库总厂调剂烟 6. 9 万担，代总厂保管芙蓉王烟叶 4 万担，烟叶进出总量达

102 万担。

2007 年，烟叶采购由公司原料部统一负责管理，工厂只负责公司调配、调剂烟叶的到货确认及验证工作。当年调入新烟 4 万担，运输总量达到 28.8 万担。

2008 年 1—11 月，调拨新烟入库 16.47 万担、薄片入库 3.72 万担。

2009 年，调拨新烟入库 30.996 万担（其中片烟 26.4523 万担、烟梗 4.5437 万担）。

2010 年，调拨新烟入库 51.2238 万担。

2011 年，调拨新烟入库 24.14 万担。

2012 年，调拨新烟入库 26.23 万担。

2013 年，调拨新烟入库 33.95 万担。

2014 年，调拨新烟入库 21.19 万担。

2015 年，调拨新烟入库 26.25 万担。

第二节　烟叶管理

2003 年，工厂原料仓储管理按《仓储安全管理制度》《烟叶调配及仓储管理规定》《烟叶投料管理规定》等制度执行。2009 年后，制定实施《片烟贮存养护自然醇化贮存法》《烟叶调配及仓储管理程序》《原料养护管理办法》《熏蒸杀虫安全管理制度》《害虫防治管理规定》《重点要害部位管理制度》《物资报废管理规定》等仓储管理制度，使仓储管理标准化、规范化。

“七五”“八五”期间，虽然通过技术改造扩建部分烟叶仓库，但由于部分仓储建设项目没有实施，自有柏虎岭烟叶仓库仍不能满足储藏需要。2003 年，在使用自有设施基础上，租赁部分外单位的仓库，主要有湖南国储 374 处洞库，面积 26803 平方米，可储存片烟 15.8 万担；解放军某部洞库 37211 平方米，可储存片烟 28.3 万担。

2009 年，投产可贮存 40 万担的烟叶仓库

2009 年 8 月，厂内新原料仓库建成，9 月 15 日正式投入使用，共 5 个片烟库，总面积约 2.9 万平方米，每栋仓库分 4 个区，每区 51 排 2016 个货位，每个货位可放 4 箱片烟，考虑到货架数与等级存放及进出烟要求，按 80% 计算储存量，最大储存量为

46.4 万担（含周转库库容），其中储备库 4 栋可储存 41.2 万担，周转库半栋可储存 5.2 万担。

80 年代初修建的厂内柏虎岭仓库共 12 栋，因该仓库楼层、楼面承载力有一定局限，从安全角度出发，于 2012 年 9 月报废拆除 10 栋仓库，2014 年 12 月剩余 2 栋仓库也全部拆除。

2015 年年初与解放军某部队协商签订《军队房地产租赁终止协议》，12 月底前完成全部库存 33.77 万担片烟的转运腾库工作，退库面积 39860 平方米；当年另新租冷水滩蔡市镇湖南味百信粮油有限公司 2 个平面库 3700 平方米、冷水滩凤凰园开发区湖南潇龙电缆有限公司 1 栋平面库 12800 平方米储存烟叶。

烟叶养护方面，始终强化烟叶仓储安全和存储质量管理。2005—2015 年，配备专职安技员 1 名，从 2009 年起，增设原料仓库监控室值班员 4 名，负责厂内仓库消防安全管理与原料仓库温湿度控制，配备商养员 2 名，负责在库烟叶质量检查及防霉防潮防虫工作，督促保管人员每天对仓库安全与温湿度控制情况进行检查和记录。强化仓库温湿度管理，控制平房库温度在 32℃以下，洞库和有温控设备的仓库在 30℃以下；厂内新烟叶仓库、外租洞库平均湿度在 65%以下，外租平面库平均湿度在 70%以下。加强虫害治理，每年均组织开展薰蒸杀虫作业 2 次以上，车间环境综合治理作业 8 次以上，仓库环境综合治理作业 2 次以上，确保原料储存质量。

2010 年，零陵卷烟厂外租储存烟叶的洞库

信息管理方面，2014 年，在 ERP 建立“原料出入库检验报告”功能模块，按照出入库检验流程，分别进行准运证和调配信息验证、数量验证和质量验证；在 MES 系统建立“仓库温湿度日报表及仓库温湿度曲线图模块”，实现仓库温湿度信息共享和预警提示、监督等功能；在 MES 系统“质量管理”版块中建立“烟叶质量异常信息统计模块”，实现烟叶基础信息、检查类别、异常情况分类、原因分析、处理措施及跟踪评价等信息共享功能。

烟叶库存方面，2003 年，年平均库存 31 万担，进出库总量 40 万担。2006 年，年平均库存 26.65 万担，进出库总量 102 万担，烟叶年均仓损率控制在 1%以内。

2007 年，年平均库存 24. 6 万担，进出库总量 28. 8 万担，烟叶年均仓损率控制在 1. 5%以内。2008 年，年平均库存 27 万担，进出库总量 53. 5 万担，烟叶年均仓损率控制在 1. 2%以内。2009 年，年平均库存 35 万担，进出库总量 76. 8 万担，烟叶年均仓损率控制在 1. 2%以内。2010 年，年平均库存 65. 24 万担，进出库总量 101 万担，烟叶年均仓损率控制在 1. 19%以内。2011 年，年平均库存 55 万担，烟叶年均仓损率控制在 1. 18%以内。2012 年，年平均库存 55. 44 万担，烟叶年均仓损率控制在 1. 13%以内。2013 年，年平均库存 72. 36 万担，烟叶年均仓损率控制在 1. 09%以内。2014 年，年平均库存 74. 03 万担，因无生产投料，累计仓损率为 0。2015 年，年平均库存 56. 52 万担，因无生产投料，累计仓损率为 0。

2003—2015 年零陵卷烟厂烟叶储存统计表

表 4-2

年份	仓库面积（平方米）	自有（平方米）	租赁（平方米）	年均贮存烟叶（万担）
2003	81894	34361	49533	31
2004	—	—	—	—
2005	—	—	—	—
2006	57671	27230	30441	26. 65
2007	57671	27230	30441	24. 6
2008	76265	26398	49867	27
2009	115183	58376	56807	35
2010	107311	50504	56807	65. 24
2011	107311	50504	56807	55
2012	96773	29000	67773	55. 44
2013	95662	29000	66662	72. 36
2014	95662	29000	66662	74. 03
2015	112162	29000	83162	56. 52

第三章　产品与销售

2003 年，产品牌号 4 个，主要品牌为红豆、芝城系列。2004 年，随着工厂管理体制的变化，先后引进芙蓉、白沙、芙蓉王系列，产品结构不断提升。2005 年，芝城系列退出市场。2012 年，红豆系列退出市场。2015 年产品牌号 3 个，芙蓉、白沙、芙蓉王。2003年，无一类烟。2015年，一类烟生产占比60.99%。

2003年，工厂设有销售经理部，负责产品销售工作。2004年，并入常德卷烟厂后，销售业务接受常德卷烟厂统一管理。2005年3月，业务人员并入常德卷烟厂销售队伍。8月，销售经理部改为卷烟业务部（常德卷烟厂销售处卷烟业务四部），职能从市场维护转换到以仓储调拨为主。2007年1月，卷烟业务部撤销，职能并入物资配送部。

第一节　产品

2003年，生产红豆心连心、黄盖“红豆”、红盖“红豆”、白盖“红豆”、软“红豆”、软“芝城”、10支装“猫头”、红“九子龙”、黄盖“九子龙”等。2004年，九子龙、猫头系列退出市场。2005年，引进“芙蓉（黄）”“芙蓉（精品）”，芝城系列停产。2006年，引进“芙蓉（软红）”“白沙（软）”，停产红豆系列。2008年，引进“白沙（硬）”。2009年，恢复生产“红豆（白）”。2010年，引进“白沙（新精品）”“芙蓉（黄后）”。2011年，引进“白沙（精品）”。2012年，“红豆（白）”停产。2013年，引进“芙蓉王（硬）”。2015年，工厂主要生产品牌规格有：芙蓉王（硬）、白沙（软）、芙蓉（软红）。

2007年，根据湖南中烟指令，工厂开始生产出口卷烟，主要牌号有元帅、银象系列，先后生产29个规格。2014年，停产出口卷烟。

2003—2009年零陵卷烟厂各品牌卷烟产量表

表4-3　　　　　　　　　　　　　　　　**单位：箱**

年份 / 品牌	2003	2004	2005	2006	2007	2008	2009
二类卷烟小计	1	4	3630	10667	—	—	—
红盖九子龙	1	—	—	—	—	—	—
芙蓉（精品）	—	—	3630	10667	—	—	—
盛世九子龙	—	4	—	—	—	—	—
三类卷烟小计	20153.7	19200.2	9061.2	0	10874.8	11300	8000
黄盖九子龙	129.2	—	—	—	—	—	—
10支盖猫头	2405.7	—	—	—	—	—	—
红豆（心连心）	3018.6	1742.6	—	—	—	—	—
黄盖红豆	14600.2	17457.6	—	—	—	—	—
芙蓉佳品	—	—	9061.2	—	—	—	—

续表4-3

年份 品牌	2003	2004	2005	2006	2007	2008	2009
芙蓉（精品）	—	—	—	—	10874.8	11300	8000
四类卷烟小计	171511.4	208869.2	238362.6	223494.8	25152.8	171846.8	274317
白沙（软）	—	—	—	39000	25152.8	122499.6	214700
白沙（硬）	—	—	—	—	—	49347.2	59617
红豆（黄）	—	—	19637	5871.2	—	—	
红 豆（白）	66988	83888.2	50254.8	4891	—	—	—
红豆（红）	104523.4	124981	80269.8	13591.8	—	—	—
芙蓉（黄）	—	—	88201	160140.8			
五类卷烟小计	38335.2	23872.6	16976.6	10838.2	283629.4	248483.2	185293
红豆（白）	—	—	—	—	—	13100	13800
芙蓉（黄）	—	—	—	—	206909.2	152553.2	128300
芙蓉（软红）	—	—	—	10838.2	72393.2	76200	36583
软红豆	10064.2	17726.2	16976.6	—	—	—	
软芝城	28154.4	6146.4	—	—	—	—	—
白包烟	116.6	—	—	—	—	—	—
出口烟	—	—	—	—	4327	6630	6610

2010—2015 年零陵卷烟厂各品牌卷烟产量表

表 4-4 **单位：箱**

年份 品牌	2010	2011	2012	2013	2014	2015
一类卷烟小计	0	0	0	66699.8	180000	189200
芙蓉王（硬）	—	—	—	66699.8	180000	189200
三类卷烟小计	11604.8	20290.8	153200	54377.8	0	0
芙蓉（精品）	3604.8	—	—	—	—	—
白沙精品	—	8640.8	149200	53356.4	—	—
白沙新精品	8000	11650	4000	1021.4	—	—
四类卷烟小计	311976	299194.2	176571	156007.6	27000	58600
白沙（软）	125980.8	117859.2	107921	56261.6	27000	58600
白沙（硬）	153995.2	174980	68650	99746	—	—

续表4-4

年份 品牌	2010	2011	2012	2013	2014	2015
芙蓉黄后	32000	6355	—	—	—	—
五类卷烟小计	191429. 2	190515	107429	40514. 8	31000	62400
红 豆（白）	15937. 2	8930. 8	—	—	—	—
芙蓉（黄）	28162. 8	32065	9979	—	—	—
芙蓉（软红）	136319. 2	131519. 2	85250	39914. 8	31000	62400
出口烟	11010	18000	12200	600	—	—

2007—2015 年零陵卷烟厂出口各牌号卷烟产量表

表 4-5　　**单位：箱**

年份 品牌	2007	2008	2009	2010	2011	2012	2013	2014	2015
出口烟小计	4327	6630	6610	11010	18000	12200	600	0	0
银象（薄荷秘鲁）	1350	360	270	—	—	—	—	—	—
银象（秘鲁）	590	360	270	—	—	—	—	—	—
元帅（浓沙特英文版）	270	1050	1440	360	—	—	—	—	—
元帅（浓马来马文版有税）	90	—	—	—	—	—	—	—	—
元帅（浓马来马文版有税 MY）	330	—	—	—	—	—	—	—	—
元帅（薄荷南美英文版）	270	360	—	—	—	—	—	—	—
元帅（浓巴拿马英文版）	270	900	1800	720	—	—	—	—	—
银象（薄荷南美）	270	720	—	360	1600	200	600	—	—
银象（浓味南美）	447	270	—	—	—	—	—	—	—
元帅（菲律宾）	180	—	—	—	—	—	—	—	—
元帅（浓迪拜英文版）	80	—	—	—	—	—	—	—	—
银象（超秘鲁）	180	180	—	—	—	—	—	—	—
元帅（红浓马文有税 MY）	—	180	—	—	—	—	—	—	—
元帅（薄荷马文有税 MY）	—	90	—	—	—	—	—	—	—
银象（浓巴拿马）	—	2160	560	1720	3200	5600	—	—	—
元帅（薄荷巴拿马英文版）	—	—	900	360	—	—	—	—	—
银象（浓尼加拉瓜）	—	—	560	720	600	2200	—	—	—
银象（淡尼加拉瓜）	—	—	90	270	—	—	—	—	—

续表4-5

年份 品牌	2007	2008	2009	2010	2011	2012	2013	2014	2015
元帅（浓墨西哥英文版）	—	—	180	1080	—	—	—	—	—
元帅（浓黑墨西哥英文版）	—	—	540	1080	—	—	—	—	—
元帅（浓红墨西哥）	—	—	—	360	—	—	—	—	—
元帅（浓黑中美）	—	—	—	760	2100	—	—	—	—
元帅（浓中美）	—	—	—	1560	3300	—	—	—	—
元帅（浓红中美）	—	—	—	580	2600	—	—	—	—
元帅（薄荷中美）	—	—	—	1080	800	2600	—	—	—
银象（薄荷玻利维亚）	—	—	—	—	200	400	—	—	—
元帅（浓红伯利兹	—	—	—	—	2000	600	—	—	—
元帅（浓伯利兹	—	—	—	—	1600	—	—	—	—
银象（浓哥斯达黎）	—	—	—	—	—	600	—	—	—

2003—2015 年零陵卷烟厂卷烟结构统计表

表 4-6

年份	总产量（箱）	一类烟		二类烟		三类烟		四类烟/五类烟	
		产量	占比（%）	产量	占比（%）	产量	占比（%）	产量	占比（%）
2003	230001. 3	0	0	1	0	20153. 7	8. 76	209846. 6	91. 24
2004	251946	0	0	4	0	19200. 2	7. 62	232741. 8	92. 38
2005	268030. 4	0	0	3630	1. 35	9061. 2	3. 38	255339. 2	95. 27
2006	245000	0	0	10667	4. 35	0	0	234333	95. 65
2007	319657	0	0	0	0	10874. 8	3. 40	308782. 2	96. 60
2008	431630	0	0	0	0	11300	2. 62	420330	97. 38
2009	467610	0	0	0	0	8000	1. 71	459610	98. 29
2010	515010	0	0	0	0	11604. 8	2. 25	503405. 2	97. 75
2011	510000	0	0	0	0	20290. 8	3. 98	489709. 2	96. 02
2012	437200	0	0	0	0	153200	35. 04	284000	64. 96
2013	317600	66699. 8	21	0	0	54377. 8	17. 12	196522. 4	61. 88
2014	238000	180000	75. 63	0	0	0	0	58000	24. 37
2015	310200	189200	60. 99	0	0	0	0	121000	39. 01

第二节 销售

2003年，国家局关闭小烟厂、调整烟草工业企业组织结构、加强专卖管理，零陵卷烟厂根据产品结构特点、市场消费习惯、市场发展潜力和市场战略地位，对各目标市场重新进行定位，形成“全国市场以省内为重点，省内市场以湘南为中心”的基本思路。省外主动放弃产品结构低的浙江市场和销量小的福建市场，重点开发和维护销量大、市场基础牢的广东、深圳市场；省内则强化永州、邵阳、衡阳市场，加强郴州市场，注重维护涟源、新化、沅江等市场，主动放弃了湘西、张家界、常德等弱势市场，逐步形成省内以永州、邵阳、衡阳、郴州为大本营，省外以16个目标市场为据点，包含各非主要市场为接应点的产品市场销售网络格局。

是年，响应国家局关于建立“大品牌、大市场”的号召，对现有卷烟牌号进行清理，停止生产和销售销量小、潜力低的牌号，限量生产和销售有一定市场销量和市场潜力的产品，集中有效资源对市场前景看好的“红豆（红、白）”“红豆（黄盖）”“红豆（心连心）”进行市场开发。是年“红豆”品牌销量规模达到19.92万箱，成为省内市场同档次产品中的强势品牌。全年盖烟销售比例达到83.4%，产品库存下降到历年最低点。

2004年，在总厂的指导下，分厂销售、财务、烟叶、物资采购等部门加快“四统一”进程，按照《分厂营销管理办法》，将业务人员与总厂业务员实行统一编队，服从区域业务团队的统一指挥与安排，与总厂统一对外形象、统一宣传口径、统一业务行为，与总厂的营销策略保持一致，避免市场、品牌冲突，提高了营销效果。是年，“一号工程”即烟草行业卷烟生产经营决策管理系统建设完毕并投入使用，由企业管理部负责维护和管理。

2005年3月，业务人员并入常德卷烟厂销售队伍。8月，销售经理部改为卷烟业务部（常德卷烟厂销售处卷烟业务四部），职能从市场维护转换到以仓储调拨为主。2007年1月，卷烟业务部撤销，职能并入物资配送部，负责按湖南中烟公司签订的销售合同与下达的配送计划，组织卷烟仓储和配送工作。

2006年，卷烟成品库位于102工房二楼，总面积3200平方米。2007年，卷烟成品仓库从102工房二楼搬迁到三楼，总面积3600平方米，温度要求控制在33℃以下，相对湿度要求控制在40%~65%之间。

2015年，按照《国家烟草专卖局办公室关于安排2015年卷烟托盘联运任务的通知》（国烟办综〔2014〕609号）要求及公司总体任务安排，工厂从2015年7月开始实施卷烟同城托盘联运工作。每托烟的码段信息都储存在芯片中，出入库扫码快速便捷，提高扫码速度和装卸车速度，便于商业公司仓库卸车作业。

2003—2015 年零陵卷烟厂产销总量统计表

表 4-7

年份	生产产量（箱）	销售/调拨总量（箱）	产销比例（%）	销售收入（万元）
2003	230001. 3	230387. 6	100. 17	73345
2004	251946	251946. 2	100	81021
2005	268030. 4	268000	99. 99	89493
2006	245000	244818. 8	99. 93	99880
2007	319657	319374. 4	99. 91	
2008	431630	405652. 6	93. 98	
2009	467610	451374. 8	96. 53	
2010	515010	511067. 2	99. 23	
2011	510000	505911. 8	99. 20	
2012	437200	446059	102. 03	
2013	317600	302464. 8	95. 23	
2014	238000	239318. 4	100. 55	
2015	310200	318177	102. 57	

说明：2007 年，零陵卷烟厂成为湖南中烟工业有限责任公司不具法人资格的卷烟生厂后，销售收入由公司统一核算，表内销售总量为调拨数

第四章　体制改革与技术改造

第一节　体制改革

2003 年，零陵卷烟厂全称为湖南零陵卷烟厂，是具有法人资质的经济实体。为提高湖南卷烟工业企业的整体竞争实力，按照国家烟草局关于烟草工业企业组织结构调整的战略部署和省委、省政府指示精神要求，工厂在湖南省烟草专卖局指导下，年初与常德卷烟厂就联合重组问题进行了积极有效的接触、沟通。3 月，由湖南省烟草专卖局局长周昌贡牵头，常德卷烟厂厂长曾献兵带队到零陵卷烟厂了解企业的有关情况。7 月下旬，两厂正式就联合重组事宜进行了协商，并达成成立两厂联合重组工作领导小组、两厂各自成立联合重组领导小组，按计划同步推进两厂联合重组进程的一致意见。此后，两厂相互之间就有关事宜进行了深入洽谈，达成了一些框架性意见，部分工作开始运作，如两厂分别召开各层面职工座谈会，宣传政

策，收集意见和建议，统一思想；零陵卷烟厂技术改造设计与论证；两厂科研、工艺技术交流与合作论证；物资、烟叶资源整合论证；品牌与市场资源整合论证；零陵卷烟厂生产规模问题论证，以及人力资源管理、职工利益保障和企业文化互补、整合等。各项准备工作基本完成后，9 月 22 日，在湖南中烟工业公司的主持下，两厂在长沙签定了兼并重组协议书。10 月中旬，两厂分别召开职工代表大会，形成联合重组决议，并分别向地方党委、政府汇报，得到批准。11 月，两地政府进行了沟通，省政府就重组后的财政、税收等问题进行了协调。12 月 12 日，国家烟草专卖局印发《关于常德卷烟厂兼并零陵卷烟厂的批复》，正式批复同意常德卷烟厂以承担债务整体兼并的方式对零陵卷烟厂进行兼并，即取消零陵卷烟厂的法人资格，由常德卷烟厂接受零陵卷烟厂的全部人员、资产和全部债务，保留生产点。根据《零陵卷烟分厂管理实施办法（暂行）》，按照实现“资产、品牌、采购、销售四统一”的原则，采取分厂制的管理模式，分厂的“人、财、物、产、供、销”由总厂统一管理，对分厂赋予一定的生产、经营、管理自主权，实行内部会计核算、目标管理和就地纳税。2004 年 1 月 6 日，常德卷烟厂零陵卷烟分厂正式挂牌。

2004 年 1 月 6 日，常德卷烟厂零陵卷烟分厂成立大会

2006 年 11 月，湖南中烟工业公司与所属长沙卷烟厂、常德卷烟厂合并重组为一个企业法人，常德卷烟厂零陵卷烟分厂成为湖南中烟工业公司直辖的 6 个非法人卷烟生产企业之一，更名为湖南中烟工业公司零陵卷烟厂。同月，公司出台《卷烟厂管理办法（暂行）》，对卷烟厂实行母分公司管理模式，对卷烟厂“资产、品牌、采购、销售”实行统一管理，根据实际情况赋予卷烟厂一定的生产、管理自主权，并按照“责、权、利”相结合原则，对卷烟厂实行目标与预算管理。2007 年 11 月，随湖南中烟工业公司改制为湖南中烟工业有限责任公司而更名为湖南中烟工业有限责任公司零陵卷烟厂。从此至 2015 年维持此体制未变。

第二节 技术改造

2005年1月5日，零陵卷烟分厂30万箱制丝线技改工程工程破土动工

2003年，零陵卷烟厂与常德卷烟厂兼并重组，根据品牌整合和企业生产实际需要，按轻重缓急、总体规划、分步实施的原则，2004、2005年由常德卷烟厂分期向湖南中烟工业公司提出“零陵卷烟厂30万箱重点技术改造”的请示，后由湖南中烟工业公司向湖南省经济委员会进行立项申报，并得以批复，一、二期总投资为21365万元，规模为年产卷烟30万箱，总建筑面积42400平方米。本项目的主要内容是：一是在原厂区新建制丝车间及相关配套辅助设施，更新制丝线，改把烟投料工艺为片烟投料工艺。二是采用常德卷烟厂退役的部分卷接包设备，对零陵卷烟厂卷接包车间的设备进行补充更新，以满足所需的卷接包能力。三是动力系统根据生产规模的配套要求，在充分利旧的基础上，填平补齐，迁建影响制丝车间改造建设的消防水池及泵房等设施。四是按信息化要求设置计算机数据采集网络等系统，以便于集团化管理。五是总图运输工程等。本项目于2003年12月底启动，2004年6月完成“三同时”等前期工作，2004年7月28日通过湖南省建设厅组织的初步设计评审。2005年1月6日制丝线技改主体工程破土动工，2006年年初制丝线投产，2008年4月全面完工。

工厂原有简易单层烟叶仓库11栋，面积27598平方米，因使用年限已久，破烂陈旧，存储条件差，不符合烟叶自然醇化环境的要求，且存在安全隐患。为解决仓储紧缺问题，2007年，委托湖南省轻工纺织设计院编制《湖南中烟工业公司零陵卷烟厂仓储设施项目总体规划》。2007年5月16日，由湖南中烟工业公司批转后，报国家局以中烟办〔2007〕42号文批准立项。7月，对设计单位进行委外公开招标。至年底完成勘探、拆除、监理等前期准备工作。2008年7月完成公开招标签订合同，8月10日动工建设，工程建设只用一年时间，至2009年8月底完工，达到目标要求。该项目投资16750万元，建筑面积近34000平方米，可贮存40万担以

2009年投产可贮存40万担的烟叶仓库

上烟叶，配套设施齐全，有消防报警、视频、暖通空调、监控、熏蒸杀虫等。

随着“芙蓉王”品牌规模不断扩大，2012年，公司推进“芙蓉王”品牌多点生产，决定在零陵卷烟厂实施“芙蓉王”品牌制丝线技术改造项目。2012年7月16日取得国家局立项批文，根据批复本次技改的主要内容是新建制丝车间23460平方米（含车库8430平方米）、连廊120平方米，设计两条综合生产能力为3000千克/小时的叶丝生产线；建设给排水、配电、空调等公用动力设施及信息化系统，以及节能环保、消防、劳动安全、职业卫生等设施；配套建设室外管线、道路、景观绿化等设施。2012年11月12日桩基开工，2013年4月16日举行主体工程开工典礼，9月26日完成桩基、挡土墙、土方、碎石桩的竣工验收，12月10日完成项目主体验收。2014年4月完成设备安装，5月完成设备单机调试，6月交付公司技术中心进入工艺设备调试，年底完成全配方烟叶带料调试工作。2015年5月完成芙蓉王制丝线的调试，6月1日“芙蓉王”制丝线全线投入试生产，产品正式投放市场。项目投资总额2.57亿元（不含专用设备），专用设备总投资额5586.39万元。

2013年11月8日，30万箱芙蓉王制丝建筑主体工程竣工

2013年1月，由湖南中烟批复，将现有的101工房（制丝车间）改造为卷包车间，完成相关配套

设备设施，总投资为7800万元；4月15日在湖南省经济和信息化委员会备案，8月前完成“三同时”前期工作，9月完成项目初步设计，并得湖南省住房和城乡建设厅批复，项目进入施工招标阶段。2014年7月底完成公用安装工程施工，8—10月完成卷包车间PT70-GDX2、成型、装封箱等设备搬迁至101工房，9月完成PT70-GDX1软包设备调试、投产工作，11月完成PT70-GDX2设备调试，12月1日“芙蓉王（硬）”正式在101工房生产。

第五篇　卷烟经营

第一章　卷烟购进

第一节　省内购进

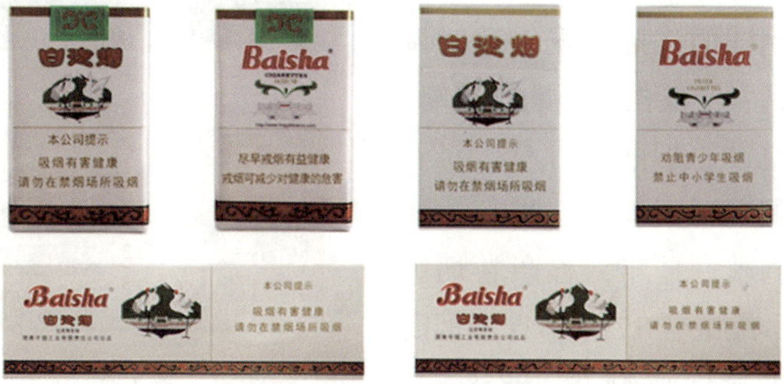
2005 年，市公司从湖南中烟购进的“白沙”系列部分产品

2003 年 1 月，新田、江华 2 个卷烟厂关停，给全市五类烟市场带来 2 万多箱的缺口。为此，永州市烟草公司调整进货渠道，组织好替代产品投放市场，增加红软湘连、软云湖的购进量，从省公司调剂调拨卷烟 11593 件投放市场，弥补全市五类烟市场缺口，有效实现市场平稳转向。是年，引进省产卷烟牌号 32 个，购进省产烟 12.12 万箱，占总购进量的 91.46%，省内购进以长沙、零陵、常德、新晃、郴州五大卷烟厂为主。2004 年，市公司购进省产烟 11.70 万箱，较上年减少 4256 箱，占总购进量的比例为 90.06%，省内烟购向长沙、常德、郴州、零陵四大卷烟厂集中。2005 年 4 月，取消县级公司卷烟采购权，由市公司统一集中采购。购进权回收到市公司后，市公司结合辖区市场实际，转变购销方式，选择长沙、常德等有生命力的烟厂进行重点合作。同时，按照市场培育规划，将“黄盖芙蓉”作为辖区市场红豆品牌置换的主要品牌，重点做好“白沙和”“黄盖芙蓉”购进工作，使购进的卷烟品牌结构与全市经济发展水平和消费者需求相适应，以顺应市场变化，适度引导消费需求。是年，省产卷烟牌号缩减至 28 个，购进 12.16 万箱，同比增加 4665 箱，占总购进量比例为 81.85%。

2006 年，国家烟草专卖局提出着力培育 10 多个全国重点骨干品牌的发展目标，按照国家局的要求，市公司在省产卷烟购进上，开始向全国重点骨干品牌集中。是年，省产卷烟牌号缩减至 22 个，共购进卷烟 125983 箱，同比增加 4340 箱，占总购进量的 80. 25%，其中“芙蓉（黄）”“白沙（软）”“白沙（硬）”3 个品牌规格，购进量分别为 44302 箱、20034 箱、20944 箱。2007 年，市公司在上年度基础上，将卷烟购进与辖区市场实际情况相结合，对部分市场表现欠佳的牌号进行调整，使省产烟购进结构更好适应市场消费需求。是年，省产卷烟牌号进一步缩减，由上年度的 22 个缩减至 19 个，共购进省产烟 127289 箱，省产烟购进量占总购进量比例为 76. 89%；省产一至三类烟占省产烟购进量的比例为 13. 42%，省产四至五类烟占省产烟购进量的比例为 86. 58%。

2008 年下半年，市公司针对上半年辖区市场低档卷烟销售进度偏慢、价格不稳定、部分牌号价格倒挂的实际情况，适时调整省产低档卷烟购进策略，通过卷烟购进杠杆，对卷烟市场销售状态进行适度调整。是年，省产卷烟牌号缩减至 17 个，省产烟购进量同比减少 18858 箱，共购进卷烟 108431 箱，减幅 14. 8%，减少原因主要是下半年五类烟购进量缩减，省产烟占总购进量比例为 65. 29%；省产一至三类烟占省产烟购进量的比例为 18. 6%，省产四至五类烟占省产烟购进量的比例为 81. 4%。2009 年，国家烟草专卖局提出要全面理解“税利保增长”目标任务，为保质保量的完成国家局、省局下达的任务指标，市公司从购进结构上下功夫，抓好省产烟购进工作。是年，省产卷烟牌号数量与上年度保持一致，购进量较上年度有所提升，同比增加 850 箱，共购进卷烟 109218 箱，占总购进量比例为 63. 5%；省产一至三类烟占省产烟购进量的比例为 24. 27%，省产四至五类烟占省产烟购进量的比例为 75. 73%。

2008 年，市公司从湖南中烟购进的“白沙”“芙蓉王”系列部分产品

2010 年，国家烟草专卖局提出“532”“461”品牌战略规划，按照国家局、省局要求，市公司在卷烟购进上，围绕与湖南中烟确定“白沙（软）”“白沙（精品二代）”“芙蓉王（硬）”3 个省产烟重点培育品牌来开展。是年，省产烟购进量

继续上升，共购进卷烟126593箱，同比增加17312箱，占总购进量比例为71.54；省产一至三类烟购进量占省产烟购进量比例自2003年以来首次突破30%，达到34.78%，省产四至五类卷烟占省产烟购进量的比例为65.22%，同比下滑10个百分点；年初确定的3个省产重点培育品牌总购进量为44490箱。2011年，是国家“十二五”计划的头一年，市公司围绕“321”品牌发展规划，做好省产卷烟购进工作。是年，省产卷烟牌号数量继续保持上年度规模，共购进省产卷烟129899箱，占总购进量比例为69.99%；省产一至三类烟购进量占省产烟购进量比例为45.12%，同比提升10个百分点，其中一类烟购进量增长迅速，达到17302箱，同比增加5696箱；“321”品牌培育规划中的白沙、芙蓉王2大品牌年购进量分别为93730箱、27161箱。2012年，市公司继续按照“321”品牌发展规划要求，在卷烟购进上将优化结构与品牌培育紧密结合，加大省内烟一二类卷烟和低焦油卷烟的购进量。是年，省产卷烟牌号由上年度的20个缩减至18个，共购进省产烟128236箱，同比减少1663箱，占总购进量比例为67.54%；省产一至三类烟购进量占省产烟购进量比例为71.97%，省产烟购进结构得到大幅度提升；“芙蓉王（软蓝）”“芙蓉王（蓝）”“白沙（硬蓝尚品）”3个省产烟重点培育品牌规格，购进量分别为969箱、3770箱、887箱。

2012年，市公司从湖南中烟购进的“白沙”“芙蓉王”“和天下”系列部分产品

2013—2015年，市公司围绕“卷烟上水平”基本方针和战略任务，按照《全市系统2013—2015年卷烟品牌培育规划》《全市系统2013年品牌培育工作方案》的要求，做好卷烟购进工作。2013年，市公司结合辖区市场实际，调整省产烟货源规格，减少市场表现欠佳的卷烟购进量。是年，省产卷烟牌号由上年度18个减少至17个，共购省产进卷烟129907箱，占总购进量比例为66.58%；省产一至三类卷烟占省产烟购进量比例为64.69%，自2003年以来首次出现下滑。2014年，市公司根据上年度卷烟毛利率下滑的实际情况，从购进结构入手，提升一至三类烟的购进比例。是年，共购进省产烟136617箱，占总购进量比例为69.29%；省产一至三

2013 年，湖南中烟驻永州片区经理向市公司营销人员介绍该公司新上市的产品

类烟占省产烟购进量比例为 71.02%，同比提升 6.33 个百分点。2015 年，受宏观经济和国家对卷烟实行提税顺价的影响，辖区卷烟市场需求疲软，市公司加强与湖南中烟的联系，制定相应的货源置换计划，做好卷烟购进工作。是年，省产卷烟牌号减少至 17 个，共购进省产烟 136959 箱，占总购进量比例为 69.75%；省产一至三类烟占省产烟购进量比例为 76.84%，省产四至五类占省产烟购进量的比例降至 2003 年以来的最低，为 23.16%。

2003—2015 年湖南省烟草公司永州市公司省产卷烟购进一览表

表 5-1

年份	总购进量	省产烟		
		购进卷烟（箱）	引进卷烟牌号（个）	占总购进比重
2003	132548	121234	32	91.46%
2004	129894	116978	30	90.06%
2005	148621	121643	28	81.85%
2006	156989	125983	22	80.25%
2007	165554	127289	19	76.89%
2008	166074	108431	17	65.29%
2009	172093	109281	17	63.50%
2010	176950	126593	20	71.54%
2011	185593	129899	20	69.99%
2012	189863	128236	18	67.54%
2013	195110	129907	17	66.58%
2014	197176	136617	18	69.29%
2015	196351	136959	17	69.75%

2007—2015 年湖南省烟草公司永州市公司省产卷烟购进结构一览表

表 5-2

年份	一至三类省产烟占比	四至五类省产烟占比
2007	13. 42%	86. 58%
2008	18. 60%	81. 40%
2009	24. 27%	75. 73%
2010	34. 78%	65. 22%
2011	45. 12%	54. 88%
2012	71. 97%	28. 03%
2013	64. 69%	35. 31%
2014	71. 02%	28. 98%
2015	76. 84%	23. 16%

第二节　省外购进

2006 年，市公司从广东中烟购进的部分产品

2003 年年初，受新田、江华卷烟厂关停影响，辖区市场五类烟缺口达 2 万多箱。针对实际情况，市公司适度调整省外烟购进策略，增加红双喜、好日子、上海大前门、飞马、玉溪、红宝石等省外烟品牌购进量，弥补市场缺口，确保平稳过度。是年，从广东、安徽等 8 家工业企业购进卷烟规格 89 个，累计购进省外烟 11314 箱，省外烟购进量占总购进量的 8. 54%。2004 年，市公司按照《省外卷烟购销管理规定》的要求，通过公开组织货源、选择适销品牌、突出重点厂家等方式，加强省外卷烟购进。是年，业务合作的工业企业继续保持上一年度规模，卷烟牌号由上年度的 89 个缩减至 88 个，购进卷烟 12916 箱，同比增加 1602 箱，占总购进量的 9. 94%。2005 年，市公司注重与省外烟厂建立长期战略合作伙伴关系，

选择 10 家被省公司确定为重点合作的烟厂建立合作关系，重点购进全国 36 个名优烟和进入百牌号的品牌投放市场，提高品牌集中度，注意客服对单一品牌的过分依赖，注重品牌层次性、价格梯次性、互补性，把好购进关。是年，业务合作的工业企业由 8 家增加到 9 家，省外购进量逐渐向上海卷烟厂、红河卷烟厂、昆明卷烟厂、玉溪卷烟厂、广州卷烟二厂集中，购进卷烟 26418 箱，购进量同比增加 13502 箱，同比增长 104.54%箱，占总购进量的 17.78%。2006 年，省公司提出“省外烟向 7 家重点厂家 10 个重点品牌集中”政策。市公司按照省公司要求，结合辖区市场实际情况，确定“稳定云南上海、扩大广东浙江、发展安徽广州”思路，及时调整卷烟购进策略，选择强势企业和有生命力的品牌作为稳定市场的基础。是年，业务合作的工业企业继续保持上年度规模，卷烟牌号由上年度的 87 个缩减至 67 个，卷烟购进向广东中烟、广西中烟、红河卷烟厂、红云集团、玉溪卷烟厂进一步集中，购进省外烟 31006 箱，同比增加 4588 箱，占总购进量的 19.75%。2007 年，围绕国家局“两个 10 多个”为重点，市公司按照年初确定的“扩大广东、上海、云南，发展贵州、安徽，稳定山东”发展思路，做好省外卷烟购进工作。是年，业务合作的工业企业由 9 家缩减至 8 家，卷烟牌号由上年度 67 个缩减至 61 个，购进品牌的集中度进一步提升，共购进卷烟 38265 箱，同比增加 7259 箱，占总购进量的 23.11%。

2008 年，市公司从深圳中烟购进的“如意”牌香烟

2008 年，国家烟草专卖局提出“按客户订单组织货源”的新概念。上半年，市公司根据国家局、省局要求，结合辖区市场实际，将“中华”“双喜”“黄山”“哈德门”“红河”“红塔山”“云烟”“雄狮”“真龙”等省外品牌作为重点培育品牌，并按照这一思路做好上半年的卷烟购进工作。下半年，针对上半年辖区市场低档卷烟销售进度偏慢、价格不稳定、部分牌号价格倒挂的实际情况，市公司适时调整省外低档卷烟购进策略，通过卷烟购进杠杆，对卷烟市场销售状态进行适度调整。是年，业务合作的工业企业由原来的 8 家增加到 11 家，购进卷烟 57643 箱，同比增加 19378 箱，同比增长 50.64%，省外烟购进量占总购进量的比例自 2003 年以来首次突破 30%，达到 34.71%，辖区市场需求得到进一步满足。2009 年，国家烟草专卖局提

出的加快培育全国性重点骨干品牌，市公司按照国家局、省局要求，结合实际制定出台《永州市烟草公司卷烟营销重点培育品牌“一品一策”方案》，并以此为指导，抓好卷烟购进工作。是年，业务合作的工业企业由上年度的 11 家增加到 12 家，卷烟牌号由上年度的 66 个增加到 67 个，共购进卷烟 62812 箱，同比增加 5169 箱，占总购进量比例为 36.5%。

2010 年，国家烟草专卖局提出“532”“461”品牌战略规划，按照国家局要求，市公司把培育知名品牌作为卷烟流通企业的首要任务和重大责任，加强与省外各工业企业的交流合作。同时，根据上年度的实际销售情况，对部分市场表现欠佳的卷烟牌号进行调整，将购进重点向知名品牌侧重，使卷烟购进结构更好的满足市场需求。是年，业务合作的工业企业继续保持 12 家的规模，购进卷烟 50357 箱，同比减少 12455 箱，省外烟购进量占总购进量比例降至 28.46%，其中“双喜（软）”“红塔山（硬经典）”“甲天下（山水）”3 个省外烟重点培育品牌，年购进量分别为 10399 箱、1720 箱、2250 箱。2011 年，市公司结合上年度省外烟实际销售情况，增加购进牌号，适度扩大购进量。是年，业务合作的工业企业数量继续与上年度持平，共购进卷烟 55694 箱，同比增加 5337 箱，省外烟购进量占总购进量 30.01%，其中“利群（新版）”“中南海（金 8mg）”“双喜（软）”确定为省外烟重点培育品牌规格，购进量分别为 1405 箱、130 箱、12467 箱。2012 年，市公司在卷烟购进上将优化结构与品牌培育紧密结合，加大省外一、二类卷烟和低焦油卷烟的购进量。是年，业务合作的工业企业由上年度的 12 家增加到 13 家，购进省外卷烟 61627 箱，同比增加 5933 箱，占总购进量比例为 33.42%，其中一类烟购进 3058 箱、二类烟购进 5405 箱，双喜（硬经典 1906）、利群（新版）、泰山（硬红八喜）、双喜（软）4 个省外烟重点培育品牌规格，购进量分别 40 箱、2585 箱、500 箱、113865 箱。

2013 年，市公司从广东中烟购进的部分产品

2013 年，国家烟草专卖局提出“卷烟上水平”基本方针和战略任务，市公司根据国家局要求，结合实际制定出台《全市系统 2013—2015 年卷烟品牌培育规划》《全市系统 2013 年品牌培育工作方案》，抓好卷烟购进工作。是年，业务合作的工业企业由上年度的 13 家增长到 14 家，购进卷烟 65203 箱，同比增加 3576 箱，占总购进量的 33.42%，“双喜（硬经

典 1906）”“利群（硬新版）”“泰山（硬红八喜）”“双喜（软）”4 个省外烟重点培育品牌规格，购进量分别为 1970 箱、2740 箱、680 箱、14470 箱。2014 年，市公司根据签订协议情况及时与各工业企业衔接货源供应计划，掌握卷烟到货情况，确保不脱销、不断档。同时，对市场状态不佳的卷烟品牌规格制定缓调、停调策略，做好货源置换工作。是年，业务合作的工业企业由上年度的 14 家增长到 17 家，卷烟牌号继续保持 82 个，购进卷烟 60559 箱，同比减少 4644 箱，占总购进量的 30. 71%，虽整体购进量降低，但一至三类烟占比达到 75. 74%，购进结构进一步优化。2015 年，受宏观经济和国家对卷烟实行提税顺价的影响，辖区卷烟市场需求疲软，为此，市公司加强与省外各工业企业沟通，制订相应的货源置换计划，做好卷烟购进工作。是年，业务合作的工业企业由上年度的 17 家缩减至 16 家，卷烟牌号继续保持 82 个，卷烟购进量继续降低，购进卷烟 59392 箱，同比减少 1167 箱，占总购进量比例为 30. 25%。

2003—2015 年湖南省烟草公司永州市公司省外烟购进量及占总购进量比重

表 5-3 **单位：箱**

年份	总购进量	省外烟购进量	占比
2003	132548	11314	8. 54%
2004	129894	12916	9. 94%
2005	148621	26418	17. 78%
2006	156989	31006	19. 75%
2007	165554	38265	23. 11%
2008	166074	57643	34. 71%
2009	172093	62812	36. 50%
2010	176950	50357	28. 46%
2011	185593	55694	30. 01%
2012	189863	61627	32. 46%
2013	195110	65203	33. 42%
2014	197176	60559	30. 71%
2015	196351	59392	30. 25%

2003—2015 湖南省烟草公司永州市公司与工业企业合作数量及购进牌号变化情况表

表 5-4

年份	工业企业（家）	卷烟牌号（个）
2003	8	89
2004	8	88
2005	9	87
2006	9	67
2007	8	61
2008	11	66
2009	12	67
2010	12	65
2011	12	69
2012	13	72
2013	14	82
2014	17	82
2015	16	82

第二章　卷烟销售

第一节　品牌

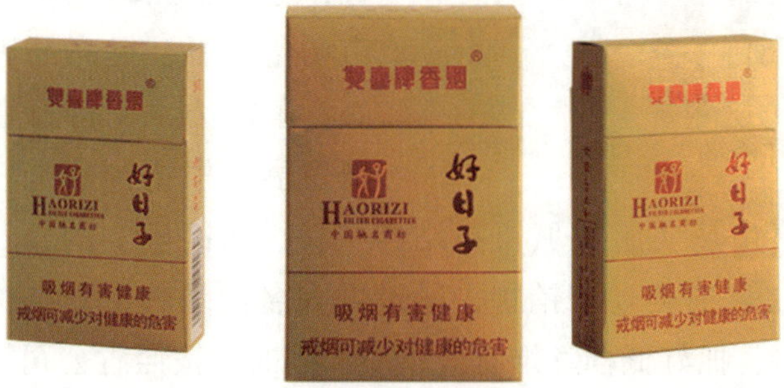

2004 年，市公司重点培育品牌“好日子·精品”

2003 年，新田、江华卷烟厂关停后，市公司结合辖区卷烟消费特点，调整货源渠道，培育新品市场，加大省产烟红软湘莲、软云湖的宣传推介力度，将红双喜、好日子、大前门、飞马、玉溪红宝石等省外烟作为填补市场空缺的重点品牌加以培育，满足不同消费需求。是年，全市经营的卷烟品牌有47个。2004年，国家烟草专卖局出台《关于印发〈卷烟产品百牌号目录〉的通知》，提出“通过有效提高卷烟品牌集中度、优化行业产品结构，做大做强优势品牌”的品牌培育思路，根据国家局、省局要求，市公司结合实际，注重品牌选择与培养，调整销量结构，抓好品牌培育工作。是年，全市共有卷烟品牌49个、卷烟规格118个，其中“芙蓉王”“精品二代”“好日子”3个重点培育品牌，年销量分别为2128箱、3335箱、392箱，品牌培育取得明显成效，仅品牌培育一项为市公司新增毛利2480余万元。2005年，市公司在加强与长沙、常德卷烟厂联系的同时，选择10家被省公司确定为重点合作的烟厂建立合作伙伴关系，重点购进全国36个名优烟和进入百牌号的品牌，使品牌结构适应全市经济发展水平和消费需要。是年，全市共有卷烟品牌50个、卷烟牌号115个，销售百牌号品牌卷烟158086箱，销售名优烟8817箱，品牌集中度进一步提高；年初确定的“黄盖芙蓉王”“白沙和”“甲级盖红河”“甲级软红河”“新品盖春城”“粤软双喜”等重点培育品牌，年销量分别为17700箱、256箱、2236箱、1291箱、1673箱、1577箱，其中“黄盖芙蓉王”销量占同等价位卷烟销量的85%，成功实现对红豆品牌的部分置换；全市名优烟上柜率达60%，其他经营品牌上柜率达40%。

2006年，市公司客户经理向零售户介绍“盖白沙”牌号

2006年4月30日，国家烟草专卖局下发《国家烟草专卖局关于印发〈中国卷烟品牌发展纲要〉的通知》，提出在未来5年内以“百牌号”为基础，着力培育10多个全国重点骨干品牌，实现资源优化配置，进一步提高烟草行业市场化水平，提高品牌核心竞争能力，保持行业平稳发展。根据国家局、省局要求，市公司结合实际在辖区市场实施“城市抓结构、农村抓销量”的经营策略，即城市市场重点抓好一、二、三类卷烟销售，通过做大名优品牌带动结构提升，农村市场突出低档卷烟销售，抓好低档卷烟有效供应。同时，按照省公司提出的“省外烟向7家重点厂家10个重点品牌集中”政策，结合实际，确定“稳定云南上海、扩大广东浙江、发展安徽广州”思路，加大省外卷烟品牌培育力度。是

年，全市共有卷烟品牌 51 个、卷烟规格 89 个，销售百牌号品牌 153881 箱，“黄盖芙蓉”“盖白沙”“软白沙”“佳品盖芙蓉”“精品盖白沙”“黄盖红豆”“精品二代”“粤软双喜”“橙软芙蓉”“盖芙蓉王”10 个重点培育品牌，累计销量达到 119400 箱；省外卷烟前 10 个品牌集中度为 71.89%，高于全省 2.69 个百分点，省外卷烟培育取得阶段性成功。2007 年，市公司把握行业市场取向改革方向，将省外卷烟品牌培育作为突破口和工作重点，加大品牌培育推荐力度，先后制定出台《永州市烟草公司卷烟零售户恳谈会会议方案》《卷烟品牌发展规划》《永州市省外卷烟品牌培育发展方案》《卷烟品牌生命周期管理办法》《品牌分类管理办法》，确定 21 个培育品牌和 21 个基础维护品牌，多样化、针对性的开展卷烟培育工作，完善品牌培育体系建设工作。是年，全市共有卷烟品牌 39 个、卷烟规格 80 个，销售卷烟品牌和规格减少，品牌集中度进一步提升，优势品牌继续得到发展；销量排前十位的品牌销量为 14.96 万箱，同比增长 5.41%，品牌销售集中度为 91.2%，其中重点培育的双喜品牌销量由去年的 4330 箱上升到 7930 箱，增幅 83.14%，成为继省内芙蓉、白沙系列后的第三大品牌系统。

2008 年，零售户店中陈列的部分重点培育品牌

2008 年 7 月 3 日，国家烟草专卖局印发《国家烟草专卖局关于公布前 20 名全国性卷烟重点骨干品牌评价结果的通知》，通知规定以 2007 年的数据为基础，对“百牌号”进行综合评价，公布前 20 名全国性卷烟重点骨干品牌评价结果。按照国家局、省局要求，市公司对品牌培育政策进行适度调整，发挥零售终端在培育品牌、引导消费方面的主体作用，培育行业优势骨干品牌，在全市范围内建立和完善以工商协同为核心的新型工商关系，更好适应行业两个“十多个”发展规划和卷烟品牌定向整合需要。12 月，先后制定下发《永州市烟草公司 2008 年工商协同营销工作实施方案》《湖南省烟草公司永州市公司 2008—2009 年卷烟品类管理办法》，成立工商协同营销工作领异小组、品牌培育工作领导小组，加强对品牌培育协调和领导，确定“中华”“双喜”“黄山”“哈德门”“红河”“红塔山”“云烟”“雄狮”“真

龙”9个卷烟品牌为全年重点培育品牌，重点突出对零售价格5元/包、10元/包省外烟的品牌培育，根据不同的市场类型和商圈环境，在每个价位上选择2-4个品牌规格进行针对性培育。是年，全市共有卷烟在销品牌36个、卷烟牌号83个；共有17个前20名全国性重点骨干品牌在辖区市场销售（黄鹤楼、七匹狼、帝豪未销售），累计销售量为9.63万箱，占总销量比重为57.8%；9个省外烟重点培育品牌累计销售卷烟1.66万箱，其中双喜品牌销售首次超过万箱。2009年5月22日，国家烟草专卖局印发《国家烟草专卖局关于加快培育全国性重点骨干品牌的指导意见》，提出加快培育全国性重点骨干品牌的指导思想和目标任务。9月4日，为加快培育全国性重点骨干品牌，市公司制定下发《永州市烟草公司卷烟营销重点培育品牌“一品一策”方案》，对中华（硬）、玉溪（软）、双喜（软经典）、云烟（紫）、黄山（硬一品）、红塔山（硬经典）、白沙（硬香槟）、红河（硬甲）8个重点培育品牌，分别制订详细的“一品一策”方案，确定每个品牌2009—2011年的具体销量和上柜率，加强品牌的培育与管理。同时，对新引入的哈德门（纯香）、黄山（中国风）、双喜（硬经典）等品牌规格采取“一品一案”的培育方式，进一步加强品牌培育工作。是年，全市共有卷烟在销品牌34个、卷烟规格84个，18个全国性重点骨干品牌（含视同）在辖区市场销售，累计销售量为10.5万箱，占总销量比重为60.91%，同比增加0.87万箱；8个重点培育品牌累计销售卷烟9720万箱。

2010年，江华县分公司举办“工商零品牌沟通培训会”

2010年，国家烟草专卖局提出：全行业要以“卷烟上水平”为基本方针和战略任务，在品牌发展上力争到2015年实现“532”“461”战略目标。其中“532”是指在品牌规模上，争取用五年或更长一段时间，着力培育2个年产量在500万箱、3个300万箱、5个200万箱以上；“461”是指在销售收入上，争取到2015年，培育12个销售收入超过400亿元的品牌，其中6个超过600亿元、1个超过1000亿元。按照国家局规划，市公司围绕“532”“461”品牌战略规划，把培育知名品牌作为卷烟流通企业的首要任务和重大责任，加强与工业企业的交流合作。12 月 15 日，市公司制定印发《湖南省烟草公司永州市公司2010—2012 年卷烟品牌培育方案》，结合辖区市场实际，提出“123”品牌发展目标，即争取用五年或更长一段时间，着力培育 1 个年销量在 10 万箱、2 个年销量 3 万箱、3 个年销量 1 万箱以上的重点骨干品牌；为确保工作顺利开展，组织成立品牌培育工作领导小组，副经理秦江顺任组长，负责对品牌培育进行协调和领导，为加大对重点骨干品牌的培育力度。同时，先后 4 次召开工商协同会，与 6 家工业企业组织召开“工、商、零品牌沟通培训会”，建立健全工业企业、商业企业、卷烟零售户三维联动品牌培训机制，提高品牌知名度和美誉度，拉动市场消费。是年，全市共有卷烟品牌 29 个、卷烟规格 85 个；全国性重点骨干品牌（20+10）累计销售 12. 63 万箱，同比增幅 20. 81%，占总销量比重为 70. 86%；“双十五”（全国销售收入排名前 15 位品牌、三类及以上卷烟销量排名前 15 位品牌）重点品牌累计销售12. 36 万箱，占总销量比重为 69. 36%。

2011 年 5 月、11 月，市公司按照“321”品牌培育规划，先后制定《湖南省烟草公司永州市公司 2011 年品牌培育建功立业活动实施方案》《湖南省烟草公司永州市公司 2011 年卷烟品牌培育方案》，成立品牌培育建功立业活动领导小组、品牌培育工作领导小组，确定“芙蓉王（软蓝）”“白沙（硬蓝尚品）”“利群（新版）”“中南海（金 8mg）”“双喜（软）”5 个品牌为重点培育品牌，同时，根据规划，先后联合湖南、山东、深圳、广东等工业公司，开展“白沙（硬蓝尚品）百日竞赛”、“新二类卷烟”、“低焦油卷烟”、“意见领袖”口碑传播、“事件营销”等活动，加大对知名品牌的培育力度，拉动终端消费，提高品牌知名度和竞争能力。是年，全市共有卷烟品牌 27 个、卷烟规格 89 个，5 个重点培育品牌累计销售 15952 箱，白沙、芙蓉王、双喜 3 大品牌成长迅速，年销量分别为 93246 箱、17060 箱、24262 箱，全市“321”品牌培育规划前景进一步清晰明朗；销售全国性重点骨干品牌（20+10）15. 22 万箱，同比增长 20. 52%；占总销量比重为 82. 69%；“双十五”重点品牌累计销售 14. 97 万箱，同比增幅 20. 92%，占总销量比重为 81. 34%。

2012 年，市公司围绕“532”“461”重点品牌发展目标，做好建立市县互动培育品牌机制的探索，鼓励县级营销部门根据自身区域市场特征自行策划品牌培育活动，营销中心协助其与工业公司做好协同，激发县级营销部门主动培育品牌的积极性，促进工商协同向县级区域延伸、向零售终端延伸。4 月，组织召开 14 家工业企业参加的卷烟品牌文化探讨会活动。6 月 11 日，制定下发《全市 2012 年度品牌培育工作方案》，将优化结构与品牌培育紧密结合，加大一、二类卷烟培育力度。9 月，制订下发《永州市烟草公司低焦油卷烟宣传推介月活动实施方案》，结合消费趋势，从知识培训、网上答题、创意评比、营销体验、营销策划和跟踪回访 6 个方

2012 年，新田县分公司联合山东中烟向消费者开展“低焦油卷烟”宣传活动

面开展低焦油卷烟宣传推介工作。是年，全市共有卷烟品牌 27 个、卷烟规格 90 个，重点品牌销量继续保持增长，白沙、芙蓉王、双喜三大品牌销量分别为 9.37 万箱、2.16 万箱、4.9 万箱；共有 8 毫克及以下低焦油卷烟在销规格 21 个，累计销量 7798 箱；销售全国性重点骨干品牌（20+10）16.46 万箱，同比增长 8.15%，占总销量比重为 86.61%；“双十五”重点品牌累计销售 16.12 万箱，同比增幅 8%，占总销量比重为 84.84%。

2013 年，国家烟草专卖局提出“卷烟上水平”基本方针和战略任务，市公司按照国家局、省局要求，结合辖区市场实际，以规范经营为底线，抓好品牌培育工作。8 月 19 日、20 日，制定下发《全市系统 2013—2015 年卷烟品牌培育规划》《全市系统 2013 年品牌培育工作方案》，明确培育品牌工作重点与发展方向，确保品牌培育工作的有序开展。是年，全市共有卷烟品牌 30 个、卷烟规格 99 个，市公司联合湖南、深圳、安徽、浙江等 15 家工业公司，先后开展各类营销活动、品牌宣讲会 96 场次，有效推进工业企业的品牌文化与市公司思源文化的融合，用文化为品牌注入活力；销售全国性重点骨干品牌（20+10）17.4 万箱，同比增长 5.71%，占总销量比重为 89.41%；销售“双十五”重点品牌 17.16 万箱，同比增幅 6.45%，占总销量比重为 88.18%；销售低焦油卷烟销售 9767.43 箱，同比增幅 17.91%，占总销量的 5.02%；白沙、双喜、芙蓉王 3 大品牌分别为 8.17 万箱、3.01 万箱、2.62 万箱。2014 年，市公司面对辖区市场增速回落、社会库存增加、结构空间变窄、需求拐点逼近的复杂形势下，从市场调研、货源、市场促销等方面入手，抓好品牌培育工作。8 月，市公司从工业企业代表、营销人员、零售客户、卷烟消费者 4 个层面，开展为期 1 个月的市场调研，加强对辖区卷烟市场营销情况的全面把握，并在此基础上，结合辖区实际销售情况，及时与工业企业衔接，对市场状态不佳的品牌规格缓调、停调或置换，同时，以品牌培育活动和劳动竞赛为载体，营造品牌培育氛围，增强客户经理品牌培育的积极性、主动性和创造性。是年，全市共有卷烟品牌 31 个、卷烟规格 100 个，共访谈工业公司业务代表 14 名、召开客户经理座谈会 11 场、走访零售户 2364 户，收集各类意见及建议100余条，并以此为参考，调整卷烟规格50个、调整市场表现欠佳卷烟3379箱。共开展重点培育品牌宣传促销活动217场、事件营销活动342场、低焦油专项促销活动62场，参与竞赛品牌的上柜率和铺货率得到进一步上升；销售全国性重点骨干品牌18万箱，同比增长3.45%，占总销量的90.57%；白沙、芙蓉王、双喜三大品牌销量分别为97942箱、31872箱、25341箱。

2015年，江永县分公司开展“百日竞赛”活动

2015年，受市场行情低迷及国家对卷烟实行提税顺价的影响，辖区市场卷烟销售压力进一步增大，针对实际情况，市公司坚持稳中求进，以活动为载体，抓好品牌培育工作。3月起，市公司按照《湖南省烟草公司永州市公司2015年品牌培育百日竞赛活动方案》要求，联合各工业公司开展品牌促销活动，加强卷烟品牌培育力度。是年，全市共有卷烟品牌31个、卷烟规格99个；共组织开展品牌百日竞赛活动2次，联合15家工业企业开展品牌培育活动587场，其中事件营销活动415场、低焦油及新品专项促销活动172场，参赛品牌铺货率、上柜率大幅上升，其中娇子（软阳光）、云烟（软珍品）、真龙（祥云）、长白山（人参）等品牌实现两位数的增长，双喜（硬经典1906）铺货率达85%，销量增长7.93%；销售重点品牌18.05万箱，同比增长0.23%，占总销量的92.22%；销售8毫克及以下低焦油品牌5.46万箱，同比增长12.49%；细支卷烟销量迅速增长，共销售7.86箱，同比增长295%。

2003—2015年湖南省烟草公司永州市公司合作的工业企业数量、卷烟品牌及牌号变化情况表

表5-5

年份	工业企业数量（家）	卷烟品牌（个）	卷烟规格（个）
2003	9	47	121
2004	9	49	118
2005	10	50	115

续表5-5

年份	工业企业数量（家）	卷烟品牌（个）	卷烟规格（个）
2006	10	51	89
2007	9	39	80
2008	12	36	83
2009	13	34	84
2010	13	29	85
2011	13	27	89
2012	14	27	90
2013	15	30	99
2014	18	31	100
2015	17	31	99

第二节　价格

2003 年，省公司继续执行对省产卷烟统一批发限价的指令，并对部分省外卷烟也确定批发限价规定，各经营单位按照要求做好执行，无权擅自更改。3 月、9 月，省公司先后制定下发《湖南省烟草专卖局关于发布 2003 年第二季度省产卷烟最低批发限价管理方案的通知》《湖南省烟草专卖局关于发布 2003 年四季度省产卷烟批发价格管理方案的通知》《湖南省烟草专卖局关于对省外卷烟实行最低批发限价管理的通知》，调整“红盖云湖”“盖白沙”等 11 个品牌规格最低批发限价；将“黄盖芙蓉后”“90 软郴州”等 6 个牌卷烟退出限价管理范围；发布第一批限价管理的 50 个省外卷烟品牌及最低批发限价价位，并规定省产卷烟、省外卷烟的最低批发限价方案由省公司制定和调整，每季度发布一次。是年，市公司按照省公司要求，认真做好执行，并针对违法违规行为开展专项治理，市场经营环境混乱现象得到遏制，价格管理体系得到逐步完善。2004 年 2 月，省局发布第 4 号局长令，规定从 3 月 1 日起，同一牌号规格卷烟产品在全省范围内实行同一批发价格，卷烟统一批发价格首次方案由省局确定和颁发，并确定并发布第一批国产卷烟全省统一批发价格表。根据 4 号局长令的要求，4 月 30 日，省公司对 130 个省外卷烟品牌规格实行统一批发价格管理。9 月，在国家局统一协调指挥下，“闽、赣、湘、粤、深、桂”中南 6 省（区、市）统价区成立。统价区成立后，省公司于 10 月 8 日、25 日，先后确定闽赣湘粤深桂六省（区市）卷烟牌号（规格）的统一批发价格、《湖南省卷烟价格目录》。是年，省公司共核定新增12个卷烟品牌，调整18个卷烟品牌规格信息，核定7个卷烟品牌价格，调整8个卷烟品牌退出全省价格目录，市公司根据国家局、省局要求，按照规定价格组织批发销售，对未进入价格目录的卷烟不再在辖区市场销售，辖区市场卷烟价格、品牌管理进一步规范。

2007年，东安县分公司客户经理指导零售户做好明码标价工作

2005年7月4日，国家烟草专卖局印发《关于进一步规范卷烟价格行为的暂行规定》，提出通过建立工商平等协商的价格协调机制、规范卷烟价格调整核准程序、明确调整卷烟调拨价格与批发价格的条件、加强卷烟调拨与批发价格目录管理的方式，加强工商协调，完善区域同一批发价格工作。根据国家局要求，省公司调整确定163个卷烟品牌规格价格目录。9月12日，根据国家局、省局要求，市公司联合市物价局、市工商局、市民政局下发文件，对全市范围内零售的卷烟实行明码标价，全市卷烟专用标价签由市物价局统一监制，烟草公司购买后发送给零售户，同时，成立以县为单位的卷烟零售经营者协会，通过加强行业自律来规范卷烟零售价格行为，文件下发后，全市系统各单位根据文件要求做好卷烟明码标价和协会成立工作，于年底前完成辖区11个分会的成立工作。2006年5月1日，市公司制定印发《永州市烟草公司系统自营零售店批条烟管理规定》，规定批条烟仅限于政府部门公务和公司职工红白喜事用烟需求，凭单位介绍信等有效证明由办公室归口签批；批条烟规格仅限于“钻石芙蓉王”“软中华”“印象云烟”等12个品牌规格，并执行全市统一价格，其他牌号执行零售价不能批条；一次批条单规格控制在20条以下，总量不超过50条，各公司每月卷烟批条总量控制在总销量的1‰以内，全市系统自营零售店批条烟管理得到进一步规范。12月26日，省公司发布新的卷烟分类标准：按照每标准条（200支）不含增值税调拨价为划分标准，一类卷烟为100元以上、二类卷烟为50元（含）~100元、三类卷烟为30元（含）~50元、四类卷烟为16.5元（含）~30元、五类卷烟为低于16.50元。是年，省公司进一步调整全省卷烟品牌规格价格目录，品牌数量由162个下降到136个。2007年1月

30 日，市公司规定“从 1 月 31 日起，全市烟草系统所有特供批条卷烟价格一律实行市场零售价格”、“从 2 月 1 日起，全市自营店卷烟零售价格，实行包价与条价统一”，至此，全市批条烟价格、自营店卷烟零售价格彻底实现与市场接轨，价格管理体系进一步完善，全市卷烟零售市场秩序进一步规范。

2008 年 11 月 4 日，国家烟草专卖局下发通知，规定今后新开发的卷烟牌号规格，其含税调拨价格不得超过 480 元/200 支（含），批发毛利率不得超过 25%（含），商业批发价格不得超过 640 元/200 支（含）；含税调拨价格、批发毛利率均超过的已经上市卷烟牌号规格，逐步将调拨价格调整到 480 元/200 支（含）以下并按不超过 25%（含）的批发毛利率取整确定批发价格；烟草商业企业所属的卷烟零售店，经营所有牌号规格卷烟的零售价格不得超过 1000 元/条（含）。根据国家局要求；25 日，省公司下发通知，在全省范围内全面清理在销品牌零售指导价格目录，所有卷烟的零售指导价均不得超过 1000 元/条（含），市公司按照国家局、省局要求做好辖区卷烟市场价格规范工作。2009 年 3 月 1 日，市公司下发通知，规定从即日起全市系统自营店统一执行新的零售指导价格，各县（区）分公司按照《永州市烟草公司关于卷烟陈列及明码标价工作实施方案》要求，于 3 月 5 日前完成新的零售指导价格标签换发和维护工作。通知下发后，全市系统各单位按照要求做好零售指导价格标签换发和维护工作，辖区市场明码标价工作得到进一步规范，卷烟品牌竞争范围更加公平公正。

2010 年，客户经理在零售户店中检查卷烟零售价格执行情况

2010 年，国家烟草专卖局进一步加强卷烟价格管理，全面推进“卷烟上水平”。3 月 30 日，国家局发布 59 个进口卷烟品牌规格、176 个进口雪茄烟品牌规格、6 个进口烟斗丝规格价格，加强进口卷烟、雪茄烟口岸拨交价格及全国统一批发价格与烟斗丝口岸拨交价格（含增值税）管理。根据国家局要求，4 月 7 日，省公司制定下发《湖南省 2010 年进口卷烟价格目录表》，确定 9 个进口卷烟品牌省内价格目录。4 月 13 日，国家局在全行业开展卷烟统一批发价格锁定工作，通过在各地市级公司决策管理系统管理机上新增“卷烟批发价格锁定模

块”，实现对卷烟批发价格的实时动态管理和监督，价格锁定实施以来，商业企业经营行为和卷烟价格管理得到进一步规范、完善，全国卷烟统一批发价格目录权威性得到进一步增强。12 月 2 日，根据国家局、省局要求，市公司制定下发《湖南省烟草公司永州市公司卷烟价格管理制度》，文件从批发价格管理、零售价格管理、高价卷烟管理、价格检查和监督 4 个方面制定 16 条规定，确保全市卷烟批发、零售指导价格严格按照《湖南省卷烟品牌价格目录》《湖南省卷烟品牌零售指导价格目录》执行，高价卷烟零售价格不超过 1000 元/条；同时，市公司组织成立以副经理秦江顺为组长的价格管理领导小组，加强对价格管理工作的领导，确保全市卷烟价格执行情况的检查和监督及时到位。2011 年 1 月 20 日至 2 月 17 日，按照国家局“严格规范、富有效率、充满活力”的总体要求，市公司按照《湖南省烟草公司永州市局（公司）卷烟价格管理自查工作方案》要求，组织成立以副经理秦江顺为组长的卷烟价格自查领导小组，对全市系统各单位是否全面实现入网销售、是否加强对自营店卷烟销售的管理、是否加强高价位卷烟市场零售价的管理和检查、是否认真落实国家局对高价位卷烟的各项规定、是否做到切查套码卷烟销售 5 个方面工作，开展自查、复查工作，加强辖区卷烟价格管理。2 月 28 日，市公司制定印发《永州市烟草公司关于贯彻落实湘烟销〔2011〕32 号文件精神的实施办法》，通过加强高价位卷烟货源组织、建立健全货源公平分配及内部公示制度、全面入网销售、落实两打三扫的方式，规范高价位卷烟经营活动，同时，对辖区内零售户就高价位卷烟政策执行情况按 1 年/次标准开展定期检查，确保辖区内所有零售客户的明码标价和实际零售价格在 1000 元/200 支以下。

2015 年 5 月 8 日，财政部、国家税务总局制定发布《关于调整卷烟消费税的通知》，通知规定，从 2015 年 5 月 10 日起，将卷烟批发环节消费税从价税率由 5%提高到 11%，并按 0.005 元/支加征从量税，同时国家烟草专卖局将卷烟批发价格同步提高 6%。此次卷烟调税顺价政策，对永州烟草卷烟经营及实现税利产生重大影响。为做好客户及消费者对提税顺价的知晓工作，通知下发后，

2015 年 5 月 11 日，市公司召开专题会议对提税顺价工作进行安排部署

市公司第一时间组织召开专项会议，并制定下发《关于做好卷烟价格调整有关工作的紧急通知》，及时在96368网上订货平台公布新的卷烟价格目录表，组织所有营销、物流人员利用5天时间，将3.6万份《永州市卷烟在销价格目录》和《客户经营指南》发放到零售户手中，同时，印制新明码标价签2万套，于5月25日前将所有新明码标价签更换到位。除此之外，市公司制定印发《永州市烟草公司提税顺价政策解读》，组织专人做好对零售客户进行沟通解释和政策宣传，实现客户及消费者对提税顺价的知晓度达到100%。全年卷烟营销工作顺利通过提税顺价大考。

第三节 销量

2003年，国家烟草专卖局实施大企业、大品牌、大市场战略，关闭10万大箱以下的小烟厂，推行工商分离，建立工业集团，受行业内进行体制创新和产业结构调整的影响，永州卷烟销售面临结构性压力，为此，市公司抓好调整货源渠道、培育新品市场、替代产品投放等工作。是年，销售卷烟147323箱，实现销售收入9.24亿元，其中纯销售138215箱、省内系统内销售9108箱（纯销售主要是指公司购进卷烟后直接批发给零售户售卖，即在辖区境内产生的落地销售，省内系统销售是指省内各地市州公司间互相产生的卷烟销售行为，即二次交易行为），单项均价为6275元/箱，实现毛利1.19亿元、毛利率为12.8%，一至三类烟占总销量的比重为41.7%，四至五类烟占总销量比重为58.3%，市场消费实现平稳转向。2004年，市公司将卷烟体外循环专项治理作为重点工作来抓，采取与各县（区）公司签订规范经营责任状的方式，压实责任，进一步规范辖区卷烟经营行为。是年，销售卷烟149207箱，实现销售收入10.97亿元，其中纯销售136130销、省内系统内销售13077箱，单项均价为7215元/箱，实现毛利1.77亿元、毛利率为16.1%，一至三类烟占总销量比重为43.3%。2005年，市公司在全市系统各单位着手实施财务集中管理外的“四个集中”方式，并建立以市公司为经营主体的城乡一体卷烟营销网络体系，辖区卷烟销售实现100%入网、100%落地、100%送货到户，销售卷烟196987箱，其中纯销售147100箱、省内系统内销售49887箱，单项均价为9390元/箱，实现销售收入18.4亿元，实现毛利2.29亿元、毛利率为20%，一至三类烟占总销量比重为47.4%。

2006年5月29日，按照国家局、省局部署安排，市公司取消全市系统10家县级烟草公司法人资格，成立相应的营销部，机制体制进一步理顺，至此，以市公司为经营主体和比较科学、稳健、完善的城乡一体的卷烟营销网络体系正式建立，卷烟销售行为、模式进一步规范、清晰，卷烟销量与市场实际需求进一步匹配。是年，销售卷烟156564箱，同比减少40423箱，单项均价为9948元/箱，实现销售收入15.44亿元，实现毛利2.79亿元，毛利率为21.1%，一至三类烟占总销量比重为16.2%，四至五类烟占总销量比重为83.8%，卷烟销量减少的原因主要是卷烟体外循环得到根治后，不再有省内系统内销售即二次交易的行为产生，卷烟销售数据与以往比较更加真实反映市场实际需求。2007年，市公司围绕“完善市场体系、健全市场机制、营造良好环境、实现和谐营销”工作要求，加强卷烟营销网络建设和品牌培育力度，卷烟销量同比增加，销售结构进一步提升。是年，销售卷烟165000箱，同比增加8436箱，单箱均价自2003年以来首次突破万元大关达到10842元/箱，实现销售收入17.78亿元，实现毛利3.35亿元、毛利率为22.15%，一至三类烟占总销量比重为19.6%，同比提升3.4个百分点，全市系统有9家县营销部超额完成全年销量计划，祁阳、零陵2个营销部名列前2位。

2008年3月31日，市公司组织的“按客户订单组织货源”培训班正式开班

2008年，国家烟草专卖局提出“按客户订单组织货源”的新概念，市公司将省公司网建要求与永州卷烟营销发展需要相结合，抓好卷烟销售工作。是年，销售卷烟165570箱，全面完成省公司下达的年度销售目标，单项均价为12237元/箱，卷烟销售收入自2003年以来首次突破20亿元，达到20.38亿元，与2003年相比增长120%，实现毛利4.12亿元，毛利率为23.66%，一至三类烟占总销量比重为26.4%；与全省相比较，卷烟销量占全省比重为7.08%，同比下降0.16个百分点，居全省第六位；全市共有7家县级分公司完成年度计划，8家县级分公司实现销量同比增长，增量最大的为宁远县分公司，同比增幅最高的为东安县分公司。2009年，国家烟草专卖局提出要全面理解“税利保增长”目标任务，市公司按照“保牌、稳价、规范、增效”工作要求，着手从订单采集、货源供应2个方面抓好“按客户订单组织货源”工作。是年，销售卷烟178248箱，单箱均价为13778元/箱，实现销售收入23.07亿元，实现毛利4.86亿元，毛利率为24.65%，一至三类烟占总销量比重自2006年以来首次突破30%，达到32.6%，卷烟结构进一步提升；与全省相比较，卷烟销量与增幅均位居全省第六，增幅高于全省平均水平（3.36%）

0.15 个百分点，单箱均价增加额与全省平均持平。

2010 年，国家烟草专卖局提出“卷烟上水平”的工作方针，市公司根据国家局要求，按照“夯实基础、规范运行、注重创新、科学发展”工作思路，抓好卷烟销售工作。是年，销售卷烟 178248 箱，实现销售收入 27.94 亿元，卷烟单箱均价为 15677 元/箱，卷烟毛利自 2003 年以来首次突破 5 亿元，达到 6.12 亿元，卷烟毛利为 25.61%，一至三类烟占总销量比重为 40.6%；与全省相比较，卷烟销量占全省总销量比重为 7.10%，同比上升 0.01 个百分点，增量占全省的比重为 5.19%，卷烟销量、同比增幅、卷烟增量分别排全省第 6、7、8 位；全市各县级分公司同比均实现增长，其中有 8 家县级分公司超额完成年度销量计划，增幅最大的为宁远县分公司。市公司被省公司评为“2010 年度全省卷烟销售工作先进单位”。

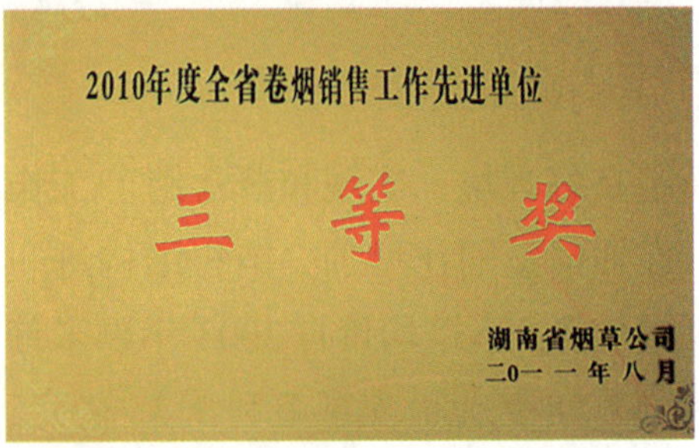

2011 年，市公司被省公司评为“2010 年度全省卷烟销售工作先进单位”

2011 年，是国家实施“十二五”计划的头一年，国家烟草专卖局提出“532”“461”品牌战略规划。2 月 11 日，按照国家局、省局要求，市公司制订出台《永州烟草“十二五”卷烟上水平总体规划》，从卷烟销量、品牌规模、卷烟结构等方面，做好全市卷烟营销工作的 5 年规划。是年，卷烟销售保持量增价升的良好态势，卷烟销量自 2006 年以来首次突破 18 万箱大关，达到 184085 箱，单项均价继续保持增长，达到 18621 元/箱，销售收入自 2003 年以来首次突破 30 亿元，达到 34.27 亿元，实现毛利 7.76 亿元、毛利率为 26.5%，一至三类烟占总销售量比重自 2003 以来首次突破 50%，达到 50.6%，市公司被湖南省消费者委员会评为“2010—2011 年度湖南省保护消费者合法权益先进单位”。2012 年，市公司贯彻落实“两个推广”，继续抓好“532”“461”知名品牌培育工作。是年，卷烟销量再创新高，自 2006 年以来首次突破 19 万箱，达到 190100 箱，单项均价自 2003 年以来首次突破 2 万元大关，达到 20856 元/箱，实现销售收入 39.65 亿元，实现毛利 8.59 亿元、毛利率 25.33%，一至三类烟占总销量比重继续上升，达到 61.1%；与全省相比较，卷烟销量同比增幅高于全省平均水平（2.71%）0.54 个百分点，排全省第 2 位，增量占全省的比重为 8.5%，排全省第 4 位，单箱均价低于全省平均

2012 年，市公司被湖南省消费者委员会评为“2010—2011 年度湖南省保护消费者合法权益先进单位”

水平；全市系统有 8 家县级分公司销量同比实现增长，同比增幅前三位的分别为江华、祁阳、蓝山分公司。

2014 年，市公司客户经理指导零售户进行网上订货

2013 年，市公司以规范经营为主线，从市场服务、品牌培育、终端建设、现代物流、基础工作和队伍建设 6 个方面入手，抓好卷烟营销工作。是年，卷烟销量继续保持增长，销售卷烟 194500 箱，单项均价为 22861 元/箱，实现销售收入 44.46 亿元，实现毛利 9.6 亿元、毛利率 25.27%，一至三类烟占总销量比重为 67.5%。2014 年，针对全行业卷烟营销工作增长速度回落、社会库存增加、结构空间变窄、需求拐点逼近的复杂形势，市公司坚持稳中求进的总基调，紧扣规范管理的主题，做好市场化取向改革的探索。是年，销售卷烟 198800 箱，单项均价为 24400 元/箱，实现销售收入 48.27 亿元，卷烟毛利自 2003 年以来首次突破 10 亿元，达 10.52 亿元，毛利率为 25.5%，一至三类烟占总销售比重自 2003 年以来首次突破 70%，达到 70.3%；与全省相比较，卷烟销量占全省的 7.18%，排全省第 6 位，销量增幅排全省第 2 位，卷烟销售收入占全省的 6.8%位列全省第 8 位；全市系统有 6 家单位销量同比增长，5 家单位同比下降，同比增幅最高的为 14.86%，同比降幅最大的为 5.79%，县级分公司发展不平衡。2015 年，面对宏观经济下行压力增大、市场需求疲软的严峻形势，市公司牢牢牵住卷烟营销“牛鼻子”，坚定信心，积极应对。是年，卷烟销量自 2006 年以来首次出现下降，销售卷烟 195700 箱，同比减少 3100 箱，但卷烟结构进一步提升，一至三类烟占总销量比重达到 75.8%，单项均价进一步增长，达到 26300 元/箱，销售收入自 2003 年以来首次突破 50 亿元大关，达到 51.39 亿元，卷烟毛利继续保持增长，达到 12.24 亿元，毛利率为 27.88；与全省相比较，卷烟销量继续稳居全省第 6 位，销量降幅低于全省平均水平 1.01 个百分点，为全省最优，卷烟销售收入占全省的 6.79%，排全省第 8 位。

2003—2015 年湖南省烟草公司永州市公司卷烟销量各项指标统计表

表 5-10

年份	销量（箱）	销售收入（亿元）	单项均价（元/箱）	毛利（亿元）	毛利率（%）
2003	147323	9. 25	6275	1. 19	12. 8
2004	149207	10. 97	7215	1. 77	16. 1
2005	196987	18. 4	9390	2. 29	20
2006	156564	15. 44	9948	2. 79	21. 1
2007	165000	17. 78	10842	3. 35	22. 15
2008	166570	20. 38	12237	4. 12	23. 66
2009	172419	23. 07	13778. 9	4. 86	24. 65
2010	178248	27. 94	15677	6. 12	25. 61
2011	184085	34. 28	18621	7. 76	26. 5
2012	190100	39. 65	20856	8. 59	25. 33
2013	194500	44. 46	22861	9. 6	25. 27
2014	198800	48. 27	24400	10. 52	25. 5
2015	195700	51. 39	26300	12. 24	27. 88

2003—2015 年湖南省烟草公司永州市公司一至三类烟、四至五类烟占总销量比重表

表 5-11 **单位：%**

年份	一至三类占比	四至五类占比
2003	41. 7%	58. 3%
2004	43. 3%	56. 7%
2005	47. 4%	52. 6%
2006	16. 2%	83. 8%
2007	19. 6%	80. 4%
2008	26. 4%	73. 6%
2009	32. 6%	67. 4%
2010	40. 6%	59. 4%
2011	50. 6%	49. 4%
2012	61. 1%	38. 9%
2013	67. 5%	32. 5%
2014	70. 3%	29. 7%
2015	75. 8%	24. 2%

第三章　网络建设与规范经营

第一节　网络建设

2003 年，蓝山烟草公司客户经理实行人工 POS 机访销

2003 年至 2015 年的网络建设工作，根据国家烟草专卖局的总体部署及省局的构想，全市烟草商业系统围绕卷烟经营模式战略转变的整体推进、现代营销体系的建立以及现代零售终端建设循序渐进地向前推进。

2003 年，按照国家烟草专卖局 2002 年在上海网建现场会上提出的“以‘电话订货、网上配货、电子结算、现代物流’为手段，以标准化、程序化、信息化管理为内容，以客户满意为追求目标的现代流通理念和模式”，着重开展电话访销、电子结算的探索和推广工作。4 月，制定下发《2003 年永州市烟草系统卷烟营销网络建设工作方案》，并在冷水滩、芝山两个地区进行试点，将之前的人工 POS 机访销改为电话访销，并与工商银行合作在全市着手推广电子结算。

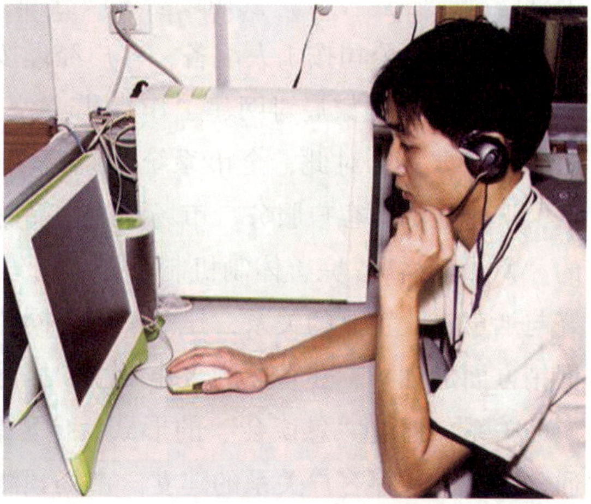

2004 年，客户经理对零售户进行电话访销

2004 年，根据试点经验，各县（区）公司相继组建成立电话访销中心，以县为单位开展电话访销配送服务，订单采集模式有新的突破。2005 年，着手大访销、大配送经营模式的探索，为取消县级公司法人资格，实行以市公司为经营主体的“四统一”“五集中”的运行模式作准备。“四统一”，即统一组织架构、统一业务模式、统一业务流程、统一信息平台。“五集中”，即集中采购、集中订货、

集中配送、集中财务管理，集中信息平台。模拟新的业务运行模式，市公司组建电话呼叫中心，将全市的订单采集工作集中在市公司进行，实行形式上的集中访销，电访员根据各县零售户规模从县公司抽调，按 300 客户/人配备，人事关系在各县公司，工作关系在营销中心。货源按照各县公司自行安排的计划由各县的电访员进行订单采集，然后进行配送。与此同时，电子结算在线代扣工作也在进一步推广，至年底全市电子结算率城区达 80%，农村达 30%。

2007 年，祁阳县分公司在白水镇成立服务大厅

2006 年，取消县级公司法人资格，以市公司为经营主体的“四统一”“五集中”“大访销”“大配送”运行模式正式确立。在新的运行模式框架下，市公司撤销销售科，全市按统一的流程开展工作。货源由市公司统一采购、统一访销、统一整合线路，按照流程最优、效率最高、成本最低的原则安排送货车组进行配送。统一使用省局委托东软公司开发的专卖销售管理信息系统，对商流、物流和资金流信息在一个信息平台上产生、收集、交流、处理和分析。财务管理方面，以市公司为独立核算单位，对资金、商品实施集中核算和管理。营销中心下设综合采供部、订单采集部、客户服务部。电访员除保留 4 名管理人员外全部改为外聘制，各县（区）公司设立客服分部，市场经理和品牌经理除市本级配备了 2 人外，其余县公司按 1 人配备，客户经理按 180~200 个客户/人配备。

2007 年，国家局对网建工作提出“突出服务，注重效率，优化流程，提高素质”的新要求。对此，全市系统围绕落实国家局的新要求，以夯实基础工作为起点，从建立健全客户服务、市场预测、品牌培育、农网运行、现代物流、流程管理的“六大体系”，完善体制机制，提升网建工作水平和质量。在客户服务方面理顺好与烟草工业企业的关系，建立工商协同营销机制，在品牌宣传、品牌陈列、品牌促销方面加大与工业企业的合作力度，搞好市场培育。同时，理顺好与卷烟零售客户的关系，通过“恳谈会”的形式，向零售户宣传烟草行业的发展形势，促进互通、互信、互存客户关系的建立。市场预测上，市公司组织成立需求预测工作领导小组，每月定期召开预测工作领导小组例会，听取营销中心关于上月预测结果的执行情况及下月货源计划的汇报，核定下月卷烟销量预测数据。组织建立市县两级信息采集点，制定信息采集方案和考核细则，全面开展重点品牌价格采集工作，掌握市场零售价格，分析重点品牌销售态势，加强卷烟零售价格采集和重点品牌市场分析工作，形成全方位的信息采集网络，逐步完善卷烟零售价格采集体系。农网运行上，主要是探索服务下乡模式试点工作，在这一工作上，祁阳县分公司率先在黎家坪、白水镇两个农村集镇创建服务大厅，之后江华、东安两个县级分公司在其辖区境内的码市镇、芦洪市镇也相继设立农村服务站，实行客户经理、市管员驻点农村，加强对农村客户的服务。除此之外，还健全岗位流程管理体系，包括货源采购流程、货源供应流程、客户管理流程、客户入网流程、协同营销流程、需求预测流程、品牌管理流程、物流作业流程等，同时按照国家局统一编制的访销员、市场经理、客户经理、品牌经理《四员手册》开展营销业务活动，整个营销物流工作开始迈入程序化管理轨道。

2008 年，蓝山县分公司组织零售户开展“按客户订单组织货源”培训

2008 年，烟草行业卷烟销售模式的改革进入到深水期，已形成的营销体系需要进一步健全与完善，营销队伍素质需要进一步提高，发展的路子需要创新，为此，国家局提出“完善体制机制，优化资源配置，增强竞争实力，全面提升水平”的战略部署，对网建工作提出新的要求。年初，国家局下发国烟办〔2008〕20 号文件，要求全行业进一步规范卷烟订单采集和货源供应工作，提出按客户订单组织货源的新概念，要在大力提高货源组织能力的基础上，制定科学合理、公平公正的货源供应政策，切实做到“市场需求基本满足、零售客户有所选择”。为认真贯彻国家局文件精神，解决当时“货源结构不合理、货源供应不科学、卷烟销售靠搭配”的问题，市公司在营销中心设立网建发展部，从客户分类管理、改善货源结构、创新供货模式、规范订单采集四个方面入手，在全省率先开展“以按客户订单组织货源、建立面向消费者的营销体系、营造公平市场环境、着力培育知名品牌、全面提高服务质量、全面建设一流网络”为内容的探索与创新。2 月，出台《湖南省烟草公司永州市公司 2008 年“按客户订单组织货源”推广工作实施

方案》，明确业务流程和各部门、各岗位的工作职责以及操作规范。3 月，出台《永州市烟草公司客户分类标准实施细则》，严格按照国家局的要求，结合全市卷烟市场实际情况，根据卷烟零售客户的市场类型（城镇、农村）、经营规模（销量位于前面20%的为大客户，位于中间的60%为中等客户，位于后面20%的为小客户）、零售业态（分为商场、超市、便利店、食杂店、烟酒店、娱乐服务、其他类七种业态）、守法情况进行细分，生成 84 种组合属性的客户群体，结合客户销售量、卷烟结构、品牌宽度，实际出样、品牌培育、低档烟、电子结算 7 项内容，建立客户评价体系评价其经营能力，然后根据评价结果，针对不同类型级别的客户群在货源供应、经营指导等方面采取个性化服务。根据国家局《地市级公司卷烟销售网络业务规范》要求，为全市系统配备客户经理 109 名，服务全市 19744 个卷烟零售户，平均每位客户经理服务 184 个客户。为改善货源结构，围绕国家局提出的“532”“461”品牌发展规划，建立三维三层的需求预测体系，三维预测，即市场部维度预测、订单部维度预测、采供部维度预测。三层预测，即客户经理预测、市场经理预测、市场部汇总预测。根据预测情况积极开展与工业企业的协调与沟通，整合品牌，努力调整货源结构，使采购的货源更加贴近市场。在对客户进行分类管理和改善货源结构的基础上，创新供货模式，7 月，出台《永州市烟草公司卷烟供应管理办法》《永州市烟草公司紧俏品牌供应管理办法》《永州市烟草公司品牌供应政策和合理限量办法》《永州市烟草公司 2008 年货源供应方案（修订）》《永州市烟草公司 2008 年事件用烟暂行管理规定》《永州市烟草公司特殊客户货源供应管理暂行规定》《永州市烟草公司自营店货源供应管理暂行规定》等系列规范性文件，制定货源投放标准，实行货源公开，明确紧俏品牌、顺销品牌、培育品牌范畴，按客户类别进行精准投放，同时实行月度供货总量管理，紧俏烟合理定量，顺销烟逐步放开由客户自主选择，按订单供货正式运行。在订单采集过程中，严格执行国家局作出的卷烟销售经营“六不准”规定，以电话订货为基础，按照“客户自愿、统一规范、稳步推进”三原则，稳步推进以电子商务为特征的网上订货工作，引导客户正确订货，不刻意放大需求，规定订单由客户自主提报和确认，订单采集员按照“五步工作法”进行订单采集，如实录入客户需求，不得因实际无货、断货、缺货而不记录或擅自变更客户需求，不得代理订单或空打订单，不得调整、分配货源。运行中对经营能力与级别不相符，为他人代订卷烟的行为，通过降级、限商定总量、停业整顿等措施达到规范的目的，这一创新成果在全省处于先进水平，得到省局的肯定。此外，在推行按客户订单供货宣传、提升卷烟营销服务过程中，加强与客户沟通，提高客户满意度。同时还在卷烟经营者协会建设、打造“636”卷烟零售形象店方面也开展大量工作，印制《告全市零售户书》分发给卷烟零售户，广泛宣传订单供货中的客户分类、客户评价及货源供应工作，做到让客户家喻户晓。召开 168 场次零售客户专场培训座谈会，培训面达到全市客户的 75%。全市系统市场经理、品牌经理、客户经理配齐摩托车，拜访的时效性得到进一步提高，走访面进一步扩大。10 月起，全市统一编写《客户经营指南》，将货源情况告知零售户，让客户获知公司货源信息，并有针对性加强经营指导帮扶。建立烟草服务中心，实行“前台受理、后台办理、前台反馈、跟踪督查”的一站式服务，通过坐席值班制度，采取上班坐席，下班录音的方式，受理客户的咨询与投诉，当年，烟草服务中心接听“96368”服务热线电话 12070 个，其中处理客户投诉 52 个，接受政策咨询 292 个，接受信息查询 10520 个，接受其他方面咨询 1206 个，实现客户投诉处理率 100%，客户投诉回访率 100%，客户投诉满意率 100%。同时，调整改变各分公司自成体系的协会管理、运行方式，成立独立、统一的永州市卷烟经营者协会，并审议通过《永州市卷烟经营者协会章程》，选举产生协会会长、副会长和秘书长、38 名理事会理事，引导广大卷烟经营者发挥自我协调、自我约束和自我管理的作用，明码标价，营造公平有序的市场环境。通过以上举措的实施，客户满意度大幅提高，在省局组织的 2008 年三季度客户满意度调查中全市客户满意度达到 92.69%，名列全省第一。是年年底，按照“统一管理、统一标准、统一服务”的要求，完成全市 11 个县（区）“636”零售自营店的建设工作。完善“636”零售店的管理模式和相关制度，不断总结经验，为下一步规范终端零售的柜台陈列、店面形象、明码标价等起到很好的示范作用。

2009 年，国家烟草专卖局提出“卷烟上水平”，为落实国家局新的网建工作要求，5 月，市公司制定下发《永州市烟草专卖局关于加强 2009 年网建工作的意见》《永州市烟草公司 2009 年卷烟营销工作质量及网建全面提升工作考核办法》，组织成立卷烟营销工作及网建工作考核办公室，加大考核力度，着重从八个方面加以完善和提升。在完善网络合理布局上，市公司结合全市卷烟零售网络的现状提出网络布局的方针，即城区网络“坚持标准、控制总量、改善结构、合理布局”，农村网络“坚持标准、适度扩网、同步跟进、管理到位”。全市营销、专卖部门进行深入调查摸底，将农村行政村的卷烟零售户纳入网络管理作为农村扩网的主攻方向，并根据国家发改委 2007 年 51 号令《烟草专卖许可证管理办法》精神，对现有持证经营零售客户进行全面摸底调查，清理、注销非法转让的零售许可证、不按法定程序停业、歇业在卷烟营销系统上长期不进货的零售客户，通过有计划，有步骤的零售许可证换发工作，到是年年底卷烟经营户由年初的 19850 户，扩大到 22787 户，其中城镇 8567 户、农村 14220 户，实现年初的布局目标。同时，对指定代送情况进行清理，凡是能通车的地方尽量送货到位，农村指定代送户的比例，控制到农网总数的 10%以内。物流管理和建设上，启动物流费用单独核算工作，并根据制度开展独立核算和物流费用对标检查，完成新物流中心勘测、选址、规划、设计工作，并破土动工。卷烟零售连锁经营上，新建 6 家自营“636”连锁店，发展 9 家以步步高大型连锁超市和中石油、中石化便利店为代表的“636”加盟连锁店，通过连锁店标准化的柜台陈列、整洁的店面形象、诚信的明码标价、规范的经营行为，带动全市零售终端向标准化看齐。信息协同上，与重点工业企业建立信息互通机制，通过短信平台、电话沟通、互联网等形式，每月与各中烟公司对货源供应情况进行有效对接，并进行货源投放、价格、库存等情况信息交流，为订单供货提供依据。客户服务上，规范货源供应，调整优化客户评价体系和货源供应办法，坚持均衡投放和平等互利、公平公正、公开透明的原则，以客户分类为依据，制定明确统一的紧俏品牌供应政策和合理限量办法，紧俏烟做到按客户级别合理定量供应，其他顺销烟由客户自主提报，基本满足客户需求，杜绝搭配、捆绑销售及变相捆绑现象。在访销送货频次上，无论客户级别大小，不分市场类型和业态一律平等，不搞差别待遇。规范客户经理服务，所有客户经理必须 100%配备拜访客户所需的交通工具并制定详细的客户拜访计划对客户进行拜访，为加强对农村客户的服务，对远离县城的乡镇，加大“烟草服务管理站”的建设力度，延伸服务，客户经理、市管员驻站服务，“烟草服务管理站”实行统一标识、统一制度、统一管理。规范服务内容，改过去重销量轻服务的做法，重点帮助零售户提高经营能力和品牌培育能力，提升盈利水平。做好零售户的信息维护工作，准确划分客户的市场类型、零售业态、经营规模，要求基础信息准确率达到 100%，访销成功率达到 100%，对于新办证的客户信息在 5 个工作日内 100%录入系统，让客户在办证后的第二周就能接受到烟草公司的访销送货服务，对停、歇业客户，在 10 个工作日内做好系统内的停、歇业处理。营销队伍素质提升上，针对过去营销线的人员不能很好地了解市场、掌握市场的现象，开展“四知四会”的学习活动，要求每个营销线的人员对所管辖的区域要做到“四知”，即知市情、知户情、知品情、知价情；做到“四会”，即会操作应用、会分析总结、会服务指导、会宣传推介，全年共组织培训 156 场次，参培人员达到 3600 人次，全市营销人员参培率达到 100%。人均培训时间达 82 学时。年末经省局考评小组考评均在 95 分以上。

2010 年，全市系统继续按照“卷烟上水平”的要求，围绕省局提出的建设有稳定适销的货源、有坚实的零售终端网络、有良好的配送基础设施及享有盛誉的服务品牌的“四有”发展目标和“育品牌，提结构，增销量”工作重点，推动客户自主选择货源工作进一步开展。货源管理方面，正确引导客户从“商定总量、均衡购进、自主选择、注重宽度”的角度进行理性提报货源需求，总的做法是：坚持

2010年，东安县分公司组织卷烟零售户开展网上订货培训

"一个标准"，即总量浮动管理；实施"三种投放"，即紧俏品牌合理定量、顺销品牌基本满足、新进品牌一品一案；达到"五个提高"，即提高客户经理服务客户的能力、提高零售户自主选择货源能力、提高订单满足率、提高零售户盈利水平、提高零售户满意度。7月，省局（公司）党组成员、副总经理程晓邵在永州调研时对市公司开展的该项工作给予充分肯定，市公司就"客户自主选择货源"工作在全省销售工作会议上作典型发言。网上订货方面，按照"客户自愿、统一规范、稳步推进"的原则扎实有序的推进。2月，制定出台《湖南省烟草公司永州市公司网上订货工作规划》，为方便零售客户进行网上订货，市公司为全市系统的"636"连锁零售店、烟草办证大厅、烟草服务站等服务窗口都添置电脑，并采用"一对一""点对点"的方式，对零售客户开展全方位的网上订货操作流程和技能指导。同时，按照"成熟一户、发展一户、带动一片"的工作策略，将条件成熟的客户早日纳入网上订货客户队伍，辐射带动其周边的零售户进行网上订货，在扩大网上订货覆盖面。除此之外，还将"订单跟进查询"纳入客户经理日常工作内容，抓好订单跟踪，对未订货客户进行电话提醒，对出现订货不成功客户进行分析，查找原因，及时给予解决。通过以上有效的措施，是年年底，全市网上订货客户达到10317户，占全市总客户数的45.8%，网上订货订单满足率达99%。工商协同营销方面，市公司先后与湖南中烟开展"白沙（尚品蓝）"宣传推介活动，与广西中烟开展"真龙轩云"宣传推介活动、"真龙（轩云）月度之星"评选活动，与安徽中烟开展"黄山（中国风）春耕计划"活动，与广东中烟开展"双喜"品牌消费者拉动活动、五叶神2010世界杯宣传推介等活动，加强工商协同，共同研讨永州烟草品牌发展方向，勾画未来五年和今后一个时间的战略蓝图。是年，国家局在兰州召开网建现场会，提出营销服务工作的过程管理，要按照"135"工作法的规程进行操作，由此，下一阶段的网建工作又有新的内容。

2011年，市公司全面推广"135"工作法。2月，制定出台《永州市烟草公司"135"营销工作法推广实施方案》，联合东软公司，组织市场经理和客户经理代表

2011年9月30日，全市首家“卷烟零售示范店”成立

共60余人进行5次15课时的“135”工作法系统上线操作现场培训。下半年“135”工作法在全市已全面推广实施。“135”工作法就是要以突出体现一条主线、三个要点、五个步骤为内容开展营销服务工作。一条主线就是与零售客户建立“平等互利、长期合作、共同发展”的新型客我关系；三个要点就是“客户、品牌、市场”；五个步骤：即“分析、计划、实施、评估、改进，”五个步骤贯穿整个卷烟营销活动全过程，是客户经理开展营销客服活动的标准化作业流程。3月，市公司开始现代零售终端建设的探索，由营销部门牵头，会同专卖、物流、信息等部门负责人及相关人员在祁阳进行调研。5月，制定下发《永州市卷烟零售终端规范守法经营示范店创建活动工作方案》，召开“卷烟零售示范店”创建活动培训会，与“卷烟零售示范店”创建对象签订《永州市“卷烟零售示范店”创建协议》。至此，全市首批73家“卷烟零售示范店”于是年9月30日正式启动全部授牌营业。10月，在全国网建柳州现场会上，国家局提出：建设“发展同向、工作同心、服务同步、利益同体”，以客户关系为基础，以品牌培育为主线、以信息化为手段、以完善终端功能为重点，以提升客户价值为目的，引导零售客户自愿参与、自主经营、自我发展，充分体现形象展示、品牌培育、宣传促俏、信息采集、消费跟踪和产品销售六大功能，实现工、商、零三方协同培育重点品牌，构建与客户共同成长的现代卷烟营销体系建设的总体要求。至此，全面推进现代卷烟零售终端建设正式拉开序幕。

2012年3月，市局（公司）党组书记、局长（经理）李刚华率领营销、物流、专卖、办公室及各县（区）公司主要负责人到柳州考察学习现代卷烟零售终端建设经验，回来后立即着手全市现代卷烟零售终端建设工作的安排部署。4月，成立永州市烟草公司现代卷烟零售终端建设领导小组，出台以“一个方案、四个办法、两个标准、一本操作手册”为主体的终端建设系列文件，明确现代卷烟零售功能终端建设的具体工作内容、业务流程、形象标准和有关要求。5月，召开全市系统现代卷烟零售终端建设动员大会，从“统一思想、加强领导、把握重点、明确责任”四个方面对如何提高对现代卷烟零售终端建设的认识、如何确保现代卷烟零售终端建设有序推进、如何紧扣现代卷烟零售终端建设相关要求抓落实、全面完成现代卷烟零售终端建设的各项任务作全面系统的部署和安排，明确现代卷烟零售终端建设“如何选、如何建、如何提”的工作思路和努力方向。10 月，在江华县召开第一场现代卷烟零售终端现场会，江华县分公司按照现代零售终端标准建起的 30 家样板店，为全市树立典范，使大家“学有依据、看有样式、做有标准”，起到很好的促进作用。

2013 年，为努力构建全市以直营终端为塔尖、以功能终端为塔身、以标准终端为基础的永州现代卷烟零售终端“金字塔”新格局，市公司制订《2013—2015 年现代卷烟零售终端建设规划》《现代卷烟零售终端示范店（潇湘情服务品牌店）建设实施方案》《现代卷烟零售终端识别甄选办法》《潇湘情服务品牌店面改造标准》《潇湘情服务品牌考核细则》《现代零售终端服务标准》等新的发展规划、方案和标准，对示范店的建设进行“品牌化”升级。根据新的方案，零陵区、祁阳县分公司积极响应，率先建起“潇湘情”服务品牌示范店，开创永州烟草服务品牌之先河，宣告结束永州烟草没有服务品牌的历史，开启品牌建设新的里程。8 月，市公司在祁阳县召开全市启动现代卷烟零售终端建设以来的第二个现场会，会上进一步明确零售终端“金字塔”概念，进一步明确现代零售终端的建设目标、建设标准和建设流程以及要发挥的品牌培育、宣传促销、信息采集、消费跟踪、产品销售、形象展示六大功能。

2014 年，江永县分公司按新标准建成的五星级示范店

2014 年，市公司对辖区的示范店建设进行优化升级，设立建网与用网相结合的 1 个一级指标、8 个二级标、18 个三级指标对示范店实行星级化管理。在建设过程中，市公司与湖南中烟、广东中烟、浙江中烟、安徽中烟、深圳中烟合作，开展探索“一店一品”、“一街一品”和“示范镇”的创建工作。同时，组织成立课题研究小组，开展现代零售终端应用的课题研究，相继撰写《现代卷烟零售终端合理布局研究与探索》《现代卷烟零售终端合理布局操作规范》，

形成《现代终端资源管理规范》体系文件。除此之外，还在江华、祁阳、零陵、市本级等地开展终端合理布局试点运行，并结合终端资源需求与调查数据，从资源分类、资源调查、资源评价、资源分配、资源维护与使用及资源利用效果评估等六个方面与湖南、浙江、山东、广东等中烟工业企业进行终端资源分配办法的试行，到2014年年底，全市共建卷烟零售示范店208家，其中三星店62家，四星店66家，五星店80家，现代零售终端2074家。

2015年，市公司继续加大力度提升零售终端活力和营销服务水平，全面完成现代卷烟零售终端3年规划目标，共累计建设现代卷烟零售终端3775户，占总客户数的20.22%，示范店303家，其中三星店89家、四星店97家、五星店117家，示范街32条、示范镇21个，与湖南、广东、云南、浙江、广西等中烟工业公司共建设“一品一店”313家。至此，以“636”终端为“塔尖”、以现代零售终端为“塔身”、以普通终端为“塔基”面向消费者的“金字塔”体系正式形成，全市现代卷烟零售终端建设取得初步成果。

第二节 规范经营

2003年，国家烟草专卖局对卷烟体外循环进行治理整顿，在国家局的统一部署安排下，省公司制定下发《〈关于进一步规范全省卷烟生产经营行为〉的紧急通知》，市公司按照省局提出的“五查、两落实”要求，严格执行“五条禁令”，做好卷烟体外循环自查工作。1月，市公司对卷烟营销信息管理系统内的零售户，以仓库为单位，按城区和农村进行分类管理，删除无销售记录的歇业户，规范入网零售户的管理。6月，组织成立2个检查小组，从物流、资金流两个方面对全市卷烟体外循环进行全面复查，并督促整改。8月26日，国家局制定下发《关于规范卷烟促销活动暂行规定》，规定从事促销活动只能通过取得烟草专卖批发企业许可证、烟草专卖零售户许可证的卷烟经营商在中国烟草总公司的卷烟销售网络进行；所需卷烟必须从促销活动所在地烟草公司购入，并不得以促销名义开展卷烟经营活动；促销宣传品单位价值不得高于所促销卷烟的单条价格等八条规定，市公司按照要求规范全市卷烟促销行为，保护卷烟经营者和消费者的合法权益。2004年年初，市公司与各县（区）公司签订规范经营责任状，对以前问题进行彻底自查、自纠，抓好卷烟体外循环专项治理工作。12月，体外循环治理工作顺利通过省局检查组验收，并获得肯定。2005年7月26日，市公司制定下发《关于卷烟规范经营的紧急通知》，重申全市系统卷烟规范经营的八条规定，对违反规定的，视情节轻重分别给予通报、扣罚奖金、警告、记过、记大过、撤职、开除处分。29日，局长徐文军签发局长1号令，特令全市系统各单位要规范卷烟经营行为，严格按照全市系统卷烟规范经营的八条规定执行。命令下发后，市公司组织开展2次治理卷烟体外循环专项检查，加强体外循环整治力度。至此，卷烟体外循环从根本上得到扭转，全市卷烟销售实现100%入网、100%落地、100%送货到户。

2006—2007年，在全市卷烟体外循环从根本上得到扭转后，市公司着手从卷烟零售户分类、指定代送管理、合理定量等基础环节入手，逐步规范卷烟经营行为。2006年2月6日，市公司联合市工商行政管理局制定下发《永州市卷烟零售户诚信等级分类管理暂行办法》，将全市卷烟零售户划为A、B、C、W共4个诚信等级，实行分类服务与管理，诚信等级计分标准以卷烟零售户的守法诚信承诺和经营承诺为积分内容，实行百分制扣（加）计分办法，守法诚信为60分，经营诚信为40分，按零售户月积分≥90分、75~89分、60~74分、≤60分的标准，分别将其划分为A、B、C、W等级；诚信星级示范户分为三星、二星、一星3个等级，按照6个月/期标准，在每年1月、7月在全市零售户中开展评选。4月25日，国家烟草专卖局下发文件，统一烟草商业企业卷烟零售户客户分类标准，根据零售户市场类型、经营规模、守法情况不同，将其分为84种组合属性的客户群体，进行分类管理和服务。8—9月，市公司先后制定下发《永州市烟草公司卷烟规范经营管理办法》《永州市烟草公司卷烟制定代送管理规定》，明确卷烟购进、卷烟销售、卷烟配送、卷烟货款等5个方面的具体规定和要求，对卷烟指定代送应遵循原则、指定代送需具备条件、卷烟指定代送业务办理流程、指定代送点工作要求、指定代送点的管理及计酬方式5个方面作出具体规定，加强卷烟购销过程管理，规范全市烟草系统卷烟指定代送行为，提高服务水平和网络市场调控能力。2007年10月9日，市公司进一步完善《永州市烟草公司指定代送管理规定》，新增代送户必须具备的条件、取消指定送取点须具备的条件两个方面内容。11月26日，根据省公司要求，市公司制定印发《卷烟零售户合理定量管理办法》，从客户分类、合理定量管理、周转数管理、职责要求等6个方面明确零售户合理定量的具体要求，并于月底正式实施42个类别零售户次供货总量和单品限量标准。

2008—2009年，国家烟草专卖局把“严格规范”作为全国行业发展的目标和要求之一，并提出“按客户订单组织货源”的新概念。根据国家局、省局要求，市公司在规范经营上开始由单一的零售户管理向零售户、公司自身、在辖区有业务往来的工业企业延伸，其中零售户管理由整体管理逐步向群体细分化管理转变。2008年，市公司规范经营工作主要是围绕“按客户订单组织货源”这一主线开展。2月28日，按照《湖南省烟草公司永州市公司2008年“按客户订单组织货源”推广工作实施方案》要求，市公司组织成立以局长（经理）徐文军为组长，副经理秦江顺为副组长的“按客户订单组织货源”工作领导小组，在全市范围内着手开展

2008 年 5 月 30 月，永州市卷烟经营者协会成立

“按客户订单组织货源”工作。5 月 30 日，市公司组织成立永州市卷烟经营者协会，并设立冷水滩、零陵、祁阳等 11 个分会。11 月 13 日，根据国家局对卷烟零售客户最新分类标准，市公司根据零售客户的 42 个类别，结合实际，制定印发《永州市烟草公司变更卷烟零售客户相关基础信息管理办法》，变更卷烟零售客户经营业态、市场类型、访销批次、特殊群体 4 个基础信息的操作流程，确保客户基础信息的真实性和准确性，进一步推进全市“按客户订单组织货源”工作，保持货源供应合理稳定。12 月 15 日，根据国家局、省局提出“限制大户，发展中户，扶持小户”的卷烟经营策略，市公司制定印发《湖南省烟草公司永州市公司卷烟销售大户管理办法》，规定超过当月预测数平均销量的 5 倍（含 5 倍）的零售户为卷烟销售大户，要求各分公司卷烟销售大户数量严格控制在 1.8%以内，并从申请及审批手续、销售大户卷烟销售的跟踪了解、专卖监管和查处的力度 3 个方面加强对卷烟销售大户的管理。是年年底，市公司建立“以市场为导向，以价格、存销比、客户满足率为依据”的调控机制，业务流程、订单采集和货源供应进一步规范，全市共有 2 万户卷烟经营者加入协会。2009 年，市公司将规范经营管理向企业自身、有业务往来的工业企业等方面延伸，规范经营行为。3 月 27 日，根据《国家烟草专卖局关于进一步规范工商企业零售终端营销活动的通知》文件要求，市公司制定印发《永州市烟草公司卷烟终端营销活动管理办法》，规定凡是与市公司签订卷烟购销协议的卷烟工业企业，不得直接在永州卷烟市场零售终端投资建设形象店、示范店、品牌店、专卖店；不得直接在永州卷烟市场零售终端开展营销活动，营销活动的开展，应与市公司提前联系沟通，并纳入年度营销规划，由二者统一组织开展；不得运用任何手段操控商业营销人员，对其产品进行特殊的宣传促销，影响正常的订单采集和需求提报等 5 条规定。30 日，根据国家烟草专卖局关于“三项检查”工作的有关规定要求，市公司又制定印发《永州市烟草公司卷烟宣传促销管理办法》，文件要求“公司不得以任何名义、任何理由收受和索要卷烟工业企业的钱款和财物及有价证券”“促销活动中选用的促销宣传品单位价值不得高于

所促销卷烟品牌的单条价格”“公司应按照财务管理有关规定单独列支宣传促销费用科目”“超过1000元以上的采购项目，不准用现金与供应商结账”等18条规定。文件出台后，市公司组织人员对各工业企业直接在永州卷烟市场零售终端投资建设和营销活动情况进行清查，加强辖区卷烟市场秩序管理。4月16日，市公司制定印发《湖南省烟草公司永州市公司“636”自营店管理制度》，从购进、零售、资金、库存、店面、工作纪律等10个方面，制定26条管理制度，加强对工作人员的服务质量和服务态度的管理，提升“636”自营店的产品展示力和市场引导力。

2010年，国家烟草专卖局提出要把“卷烟上水平”作为当前和今后一个时期行业工作的基本方针和战略任务，围绕这一要求，市公司从客户经理、零售户等方面切入，抓好规范经营工作。1月21日，根据省公司要求，市公司下发《湖南省烟草公司永州市公司关于调整客户经理拜访卷烟零售客户有关事项的通知》，要求全市各客户经理按照1月/次、2月/次、1季度/次频率，分别对A、B类客户及城区、省国道沿线C类客户、其他C类客户、被指定代送户进行拜访，统一客户经理日常工作流程和工作标准。2月5日，制定印发《卷烟零售终端信息采集工作实施细则》，文件规定市场信息采集系统由信息管理员、信息采集员和信息采集点组成，信息采集点按照各县（区）实际在网经营户的1.2%和城区：城镇：农村为5：3：2的比例进行选取，其中食杂店与便利店、烟酒店与小型超市、大型超市与娱乐场所的占比分别为70%、20%、10%，各县级分公司按1次/周频率上报信息，市局汇总后按1次/月频率上报省局。8月13日，按照《湖南省烟草公司永州市公司深入推进客户自主选择货源方案》要求，市公司组织成立以局长（经理）李刚华为组长，副局长刘名勤、副经理秦江顺为副组长的深入推进客户自主选择货源工作领导小组，率先在全省系统开展“客户自主选择货源”试点工作。通过以上措施，市公司对辖区市场状况和特点、品牌情况、社会库存、价格变化等方面的把握能力得到加强；客户自主选择货源上，做到紧俏品牌合理定量、顺销品牌基本满足，订货成

2010年，蓝山县分公司客户经理开展卷烟零售终端信息采集工作

功率达 90%，卷烟市场状态明显好转，价格稳定，社会库存合理，并在全省系统“客户自主选择货源”工作会上做典型发言，工作取得阶段性成绩。

2011 年，市公司将规范零售客户经营行为作为重点工作来抓。3 月，市公司按照《永州市卷烟零售终端规范守法经营示范店创建活动工作方案》要求，组织成立以局长（经理）李刚华为组长，副局长刘名勤、副经理秦江顺为副组长的卷烟零售终端规范守法经营示范店创建活动领导小组，正式在全市系统启动卷烟零售终端规范守法经营示范店创建活动，活动先行在冷水滩、零陵、祁阳、蓝山进行试点，试点成功后于 9 月 1 日正式开始在全市推广。9 月 16 日，根据省公司要求，市公司按照《永州市烟草公司关于进一步规范卷烟零售客户分类工作实施方案》要求，组织成立在以副经理秦江顺为组长的规范卷烟零售客户分类工作领导小组，通过科学分类卷烟零售客户、分类实施货源投放、分类实施客户差异化服务，在全市系统开展规范客户分类工作。是年年底，全市零售终端规模由 2010 年的 23361 户，精减到 20994 户，卷烟零售许可证的“含金量”得到提高，市公司推行电话访销“五步工作法”被列入全省系统对标课题成果。2012 年，市公司在规范经营管理上，将重心再次由零售户转向企业自身内部。4 月 17 日，针对高价位卷烟管理不明晰的实际情况，市公司制定印发《湖南省烟草公司永州市公司高价位卷烟货源分配和公示制度》，明确规定高价位卷烟是指批发价高于或等于 680 元/200 支的卷烟产品，并从货源供应原则、货源分配流程、公示与监督、责任追究等 6 个方面，制定 18 条规定，建立高价位卷烟货源分配和公示制度，规范高价位卷烟经营管理。8 月 13 日，针对当时存在少数人利用卷烟市场资源谋取个人利益的实际情况，市公司制定下发《永州市烟草系统贯彻落实行业关于进一步严格规范工商企业经营行为意见工作方案》，全面贯彻落实国家局“六个严禁、一个严控”的纪律要求，进一步维护生产经营秩序，营造公平市场环境。

2011 年，永州烟草商业系统启动卷烟零售终端规范守法经营示范店创建活动

2013 年，市公司着手推行专销联动的方式，加强对规范经营的管理，同时，根据国家局、省局要求，结合市场发展实际，对部分政策进行调整，推动市场规

范有序发展。年初，市局制定下发《永州市烟草专卖局专销例会制度》，通过定期开展同一 IP 地址订货、送货不到位、经营能力与经营规模不相符等情况市场清理工作，建立三员工作联动和“72 小时”问题处理机制，加强对卷烟市场规范管理的检查。1 月 31 日，市公司制定印发《湖南省烟草公司永州公司卷烟货源供应规范（修订稿）》，同时废止《湖南省烟草公司永州市公司卷烟货源供应规范》文件。新货源供应分“获取月度调运计划→制定供应策略→电话订货（采集需求）→订单执行→市场跟踪监控”5 个步骤进行，按大、中、小经营规模，客户实际购货量分别按商定总量的 5%、10%、15%幅度上浮，合理控制总销量上限；定量供应的品牌、规格不超过公司所经营的 30%、销售数量不超过总量的 20%；顺销品牌同品类、同价位可替代品牌（规格）要≥2 个，每月单品牌（规格）供应的断货天数不超过一个订货周期，品牌（规格）需求满足率达到 90%；按照中烟销网〔2006〕12 号文件要求，在规范的客户分类基础上，实行货源由信息系统自动分配。2 月 1 日，制定印发《湖南省烟草公司永州市公司卷烟零售客户评价规范（修订稿）》，同时废止《湖南省烟草公司永州市公司卷烟零售客户评价规范》。新的评价规范以营销系统为依托，采取定量和定性指标相结合的方式，将原有的 7 大类零售客户划分为“商场、超市”“便利店、烟酒店、食杂店”“其他、娱乐服务”3 大类，每个大类按照市场类型分为城镇、乡村 2 个分类，每个分类以 4 周为一个评价周期，按照评价周期内的总购进量，划分为 A、B、C 三类级别，各类级别按照 100 分制，从销售总量、卷烟结构、培育品牌、品牌宽度、电子结算、规范与守法经营 6 个指标进行打分，根据分值高低划分为 10 各级别，分别为 Al≥80 分、70 分≤A2<80 分、A3<70 分；B1≥60 分、55 分≤B2<60 分、50≤B3<55 分、45≤B4<50 分、B5<45 分；Cl≥35 分、C2<35 分。4 月 26 日，市公司制定印发《湖南省烟草公司永州市公司“636”自营店管理制度》，从购进管理、销售管理、库存管理、内部管理、处罚办法 5 个方面共制定 30 条措施，再次加强对“636”自营店管理。是年年底，市公司共改变客户订货方式 862 户，调减客户商定总量 2300 余户次。2014 年，市公司成为全省第一家卷烟零售终端管理系统推广实施的地市州公司，借此契机，从制度入手，抓好规范经营工作。1 月 7 日，市公司制定印发《湖南省烟草公司永州市公司卷烟货源协议供货管理办法（试行）》，方案从协议供货对象、审批流程、卷烟货源协议、监督与考核等 9 个方面，制定 29 条具体规定，丰富卷烟供应方式。9 月 29 日，制定印发《湖南省烟草公司永州市公司真烟非法流通涉案零售户卷烟货源供应管理办法（试行）》，对真烟非法流通涉案零售户，根据其涉案条数，分别给予书面整改通知、暂停协议供货、暂停供货、减少月度商定供货总量 4 种处罚措

2014年，蓝山县分公司客户经理向零售户推广卷烟零售终端管理系统

施，加强对真烟非法流通行为的打击力度。12月26日、28日，先后制定印发《湖南省烟草公司永州市公司卷烟营销信息公开管理办法（试行）》《湖南省烟草公司永州市公司客户月度供货总量管理办法（试行）》，对全市系统卷烟商品、货源供应、营销活动、客户服务4类信息进行公布，对全市系统卷烟零售户月度供货总量实行商定管理，加强与工业企业、卷烟零售客户、卷烟消费者的沟通与交流，增强对市场动态和市场控制力，优化货源配置，提升提高营销服务水平。是年年底，全市共开展客户基础信息维护专项工作3次，完成19382户零售户的基础信息维护；约谈大户147户，下发整改通知书421户，调整订货方式1324户，核减商定量862户，暂停供货6户。2015年，市公司通过建立市场信息反馈单制度、健全监管机制、加大真烟非法流通案件防范力度的方式，以问题导向，加大规范经营力度。是年，共调整订货方式274户，核减商定供货量1652户，暂停供货24户。

2006年国家烟草专卖局统一零售客户分类标识一览表

表5-12

维度		业务类太	食杂店	便利店	超市	商场	烟酒店	娱乐服务	其他
经营规模	市场类型	守法情况							
大	城市	合法	Z111	B111	C111	S111	Y111	F111	Q111
中			Z211	B211	C211	S211	Y211	F211	Q211
小			Z311	B311	C311	S311	Y311	F311	Q311
大	农村		Z121	B121	C121	S121	Y121	F121	Q121
中			Z221	B221	C221	S221	Y221	F221	Q221
小			Z321	B321	C321	S321	Y321	F321	Q321

续表5-12

维度		业务类太	食杂店	便利店	超市	商场	烟酒店	娱乐服务	其他
经营规模	市场类型	守法情况							
大	城市	非法违规	Z112	B112	C112	S112	Y112	F112	Q112
中			Z212	B212	C212	S212	Y212	F212	Q212
小			Z312	B312	C312	S312	Y312	F312	Q312
大	农村		Z122	B122	C122	S122	Y122	F122	Q122
中			Z222	B222	C222	S222	Y222	F222	Q222
小			Z322	B322	C322	S322	Y322	F322	Q111

2007 年市局（公司）各类别零售户次供货总量限量和单品限量标准

表 5-13　　　　**单位：条**

类别	总量限量	单品限量	类别	总量限量	单品限量	类别	总量限量	单品限量
Z111	300	160	B111	300	160	Y111	300	160
Z211	280	130	B211	280	130	Y211	280	130
Z311	250	100	B311	250	100	Y311	250	100
Z121	300	160	B121	300	160	Y121	300	160
Z221	280	130	B221	280	130	Y221	280	130
Z321	250	100	B321	250	100	Y321	250	100
C111	300	160	S111	300	160	F111	300	160
C211	280	130	S211	280	130	F211	280	130
C311	250	100	S311	250	100	F311	250	100
C121	300	160	S121	300	160	F121	300	160
C221	280	130	S221	280	130	F221	280	130
C321	250	100	S321	250	100	F321	250	100
Q111	300	160	Q121	300	160			
Q211	280	130	Q221	280	130			
Q311	250	100	Q321	250	100			

2008 年零售客户分类标识一览表

表 5-14

市场类型	经营规模	食杂店（Z）	便利店（B）	超市（S）	商场（N）	烟酒商店（Y）	娱乐服务类（F）	其他类（Q）
城镇	大	CZ1	CB1	CS1	CN1	CY1	CF1	CQ1
	中	CZ2	CB2	CS2	CN2	CY2	CF2	CQ2
	小	CZ3	CB3	CS3	CN3	CY3	CF3	CQ3
乡村	大	* Z1	* B1	* S1	* N1	* Y1	* F1	* Ql
	中	* Z2	* B2	* S2	* N2	* Y2	* F2	* Q2
	小	* Z3	* B3	* S3	* N3	* Y3	* F3	* Q3

2010 年永州市各县（区）信息采集点数量及分布情况表

表 5-15 　　　　**单位：户**

单位	现有在网经营户	按经营户 1.2% 选取信息点数量	信息点按区域比例分布情况			信息点按业态比例分布情况		
			城区	城镇	农村	食杂店和便利店	烟酒店和小型超市	人型超市和娱乐场所
合计	23000	276	141	84	51	195	54	27
市本级	2433	29	15	9	5	20	6	八硬 d
零陵区	2491	30	15	9	6	21	6	3
东安县	2210	27-	14	8	5	19	5	3
道县	2532	30	15	9	6	21	6	3
宁远县	3058	37	19	11	7	26	7	4
江永县	1012	12	6	4	2	9	2	1
江华县	1798	22	11	7	4	16	4	2
蓝山县	1451	17	9	5	3	12	3	2
新田县	1609	19	10	6	3	14	4	1
双牌县	858	10	5	3	2	7	2	1
祁阳县	3548	43	22	13	8	30	9	4

第四章　物流配送

永州烟草卷烟物流配送中心从 2005 年 10 月成立至 2015 年，先后实现从手工分拣到半自动化分拣、从租赁仓库到物流园区、从传统卷烟送货到现代卷烟物流的转变。2003—2004 年，全市购进的卷烟先发至市公司仓库，再由各县（区）公司派车将卷烟提回。2005 年，市公司适应现代物流模式，在真正实现货源统一管理基础上，成立卷烟物流配送中心，在全市实行干线配送模式，各县（区）公司购进的卷烟统一由市公司派车运送至各县（区）公司仓库。2006 年，撤销全市系统各县级公司卷烟仓库，通过“以租代建”方式完成中心仓库改建，彻底打破“一县一库”格局，形成以市公司为主体的“1+1”（即冷水滩中心库和宁远分库）库制卷烟物流配送模式。年底，数字仓储系统和电子标签辅助分拣线的投入运行，永州烟草实现从手工分拣向机械分拣、传统仓储管理模式向现代仓储管理模式的大跨越。2008 年，永州烟草物流通过实施“打码到条”信息系统项目，全面提升卷烟物流信息化水平。2009 年，市公司开始探索谋划“一库制”建设，并于是年年底完成永州烟草物流配送园区项目的选址、立项等工作。2014 年，市公司在物流线启动非法人实体化运作工作，通过构建完整的非法人实体组织架构及相关的管理制度，基本实现物流配送中心对全市物流人、财、物、事的集中管理和统一调度。2015 年，永州烟草物流园投入使用，正式开启大物流运作模式，北边 5 个县区实行“大配送”，南面 6 个县继续沿用二级配送，全市开始实行一访一配二送的访配模式。6 月 11 日，国家烟草专卖局局长凌成兴一行对物流配送中心进行调研，调研期间对物流配送中心的工作给予“三个充分肯定”，即对便利的交通选址、新颖的库房设计予以充分肯定；对高度现代化的卷烟仓储设施、分拣线及其科学布局予以充分肯定；对整洁有序的现场管理和员工队伍积极向上的精神面貌予以充分肯定。

第一节　卷烟送货

2003—2004 年，各县（区）零售户订购的卷烟由各县（区）公司自行负责配送。其间，市公司健全完善客户档案管理，积极探索客户关系管理和诚信登记管理，通过成本核算进一步整合网建配送点、线，农村网络运行效率得到有效提高。

2005 年，市公司适应现代物流模式，在真正实现货源统一管理的基础上，成立卷烟物流配送中心，在全市实行干线配送模式，各县（区）公司购进的卷烟统一由市公司派车运送至各县（区）公司仓库。是年，通过优化整合线路、科学制定配送路线、合理安排配送人员等方式，减少配送车辆 6 台、配送人员 10 人，节约配送费用 30 余万元。全年共配送卷烟 14.7 万箱，同比增长 8%；全市城区电子结算率达到 70%。2006 年，市公司通过“以租代建”的方式，形成以市公司为主体的“1+1”（一个中心库和一个分库）库制卷烟物流配送模式。其中中心库负责冷水滩区、零陵区、祁阳县、东安县、双牌县北边 5 个县（区）的配送，宁远分库负责宁

2005年，市公司卷烟物流配送中心成立

远县、蓝山县、新田县、道县、江永县、江华县南边6个县的配送。在冷水滩区、零陵区、祁阳县、东安县、双牌县探索一级配送车组集中统一管理。是年，在对原有配送路线进行两次整合的基础上，实现对冷水滩、祁阳、东安3县（区）边界零售户的跨区域配送，送货线路从53条压缩到49条，减少送货车辆4台，形成以两库为中心50千米范围内的一级配送到户、50千米外的二级配送到户的物流配送格局。同时，通过改变卷烟订单采集顺序和资金结算方式，实现用3台配送车辆完成9县（区）卷烟干线配送任务。全年共配送卷烟15.6万箱，同比增长6.1%；电子结算率71.61%，资金回收率100%。2007年，卷烟物流配送模式改为市公司物流配送中心进行仓储、分拣、业务指导等各项工作，配送业务由各营销部配送分部进行。6月，在充分调研的基础上，对全市卷烟送货批次进行清理，并统一规定“每周两次”“一周一次”“两周一次”3个送货批次；结合距离、送货数量等实际情况，优化整合全市配送线路，减少送货车辆2台、配送人员4人，优化配送线路2条，物流配送工作水平得到进一步提高。9月，制定出台《永州市烟草公司卷烟配送分部绩效目标考核细则》，试行全市统一的《卷烟送货服务标准》，加强对各县（区）营销部物流配送工作的考核，提升配送服务质量水平。10月，制定出台《永州市烟草公司指定代送管理规定》，规范全市卷烟指定代送行为。全年共配送卷烟16.4万箱，回收卷烟货款17.8亿元，电子结算率65.73%，资金回收率100%。

2008年，市公司共对卷烟送货线路进行两次大调整，优化配送线路70条，卷烟配送行驶时间由3小时/次缩短至1小时/次，减少卷烟配送车辆2台，“两库制”单位配送线路跨库整合的难题得到有效解决。冰灾期间，全市送货人员用实际行动实践“两个利益至上”的行业价值观，用实际行动确保冰灾期间卷烟零售户的货源供应及配送，且全部送货车组无一起重大安全事故发生。是年，共配送卷烟16.66万箱，回收卷烟货款20.38亿元，电子结算率56.53%。2009年，市局（公司）分4次对双牌、蓝山、道县、东安4个县配送线路进行调整优化，全面打破行政区域送货，对全市物流配送线路进行大范围的跨区优化整合，撤销双牌配送分部，将双牌零售户整合到宁远、道县、零陵进行配送，共减少送货车组 3 个，精减送货人员 9 名，减少重复运输及搬运卷烟 62035 件，节约物流费用 116.95 万元，截至年底，全市系统共有配送分部 9 个、配送车组 44 个，物流配送工作效率进一步提高。2010 年，市公司将将“6S”管理向物流办公场所、中转仓库、送货车组延伸，建立“6S”上车组总体推广方案，强化送货车组“6S”现场管理理念。深入开展对标管理，实现精减送货车组 1 个、送货人员 3 名，同时以电子结算不断提高为契机，东安、祁阳县分公司通过银行派人上车收款的方式精简收款员 10 名，物流中心仓库通过节能减排、改变分拣包装方式等多种办法，促进单箱物流费用同比降低 7.14%，人均劳效同比提高 15.94%，物流总费用同比下降 5%。全年共完成卷烟配送 17.82 万箱，回收卷烟货款 27.95 亿元，电子结算率 67.26%，资金回收率 100%。2011 年，市公司加强送货管理，前后清理出对已停业、转让、转产的空头户、无经营门面的零售户 38 户，分批分次的递交专卖内管核实处理。全年共配送卷烟 18.41 万箱，回收卷烟货款 34.3 亿元，其中电子结算 28.2 亿元，收回现金 6.1 亿元，电子结算率 82.2%，货款回笼率 100%；单箱物流成本费用为 189.12 元/箱，同比减少 5.14%。2012 年，市公司加强对卷烟配送规范的管理，通过建立月反馈制度、加强对县局物流配送分部规范情况检查整顿的方式，对集中送货、无经营场所客户送货、送货不到位和指定代送不规范情况进行全面清理和整改。全年共配送卷烟 19.01 万箱，回收卷烟货款 39.65 亿元，其中电子结算 34.96 亿元，电子结算率 88.17%，货款回笼率 100%。

2008 年冰灾期间，市公司物流工作人员为卷烟零售户配送卷烟

2013 年，市公司全面推行“潇湘情”服务品牌建设，通过在全市送货车组开展“贴心服务”、推行“送货准时制”、制定专业化服务标准的方式，做好各项客户服务工作，确保送货到户误差不超过“半小时”，实现全年无 1 起有效投诉发生的目标。全面共配送卷烟 19.45 万箱，回收卷烟货款 44.45 亿元，电子结算率达到 95.55%，首次突破 90%，货款回笼率 100%。人均配送效率为 1069.08 箱/人，同比

2015 年，市公司烟草物流园全面启用

提高 2.39%。2014 年，市公司以全面开展非法人实体化运作为契机，统一全市配送模式。全面精减配送车组送货人员，由原来的每个配送车组 2~3 人送货，统一为 2 人送货，共精减配送人员 9 人。全年配送卷烟 19.76 万大箱，同比增长 1.85%；回收卷烟货款 48.23 亿元，电子结算率 94.45%，货款回笼率 100%；人均配送效率 1212.5 箱/人，同比增长 13.42%。2015 年，永州烟草物流园正式投入使用，将零陵、祁阳、东安 3 个县（区）由二级配送全部改为一级配送，冷水滩区、零陵区、东安县、祁阳县、双牌县 5 个北面县区实现“大配送”，南面 6 个县继续沿用二级配送，全市正式实行一访一配二送的访配模式。进一步优化送货线路，精减送货车组 1 个、送货线路 5 条。全年共完成卷烟配送 19.57 万箱，回收卷烟货款 51.39 亿元，电子结算率 93.92%；货款回笼率 100%；单箱物流费用 208.11 元/箱，人均配送效率 1287.5 箱/人。

第二节　卷烟储配

2003 年，市公司加强对商品出入库的监管，通过“定期编制购、销、存报表”“建立健全各种台账”“定期开展商品盘查”等方式，确保台账归档及时准确，有效保障仓库管理的规范有序。是年，仓储管理全年无霉变、无损耗、无偷盗、无火灾、无差错情况。2004 年，市公司先后出台卷烟主要品牌销售制度、库存旬报表制度，为调剂余缺、安排货源提供准确决策依据，及时有力促进县级公司的经营，库存由年初 6873 箱下降到 12 月底 4054 箱，降幅 41%。

2005 年，市公司取消县级公司卷烟采购权，在芝山、宁远两地设立中心仓库对全市货源进行统一管理和调度。是年，全市卷烟平均库存量下降到 4000 大箱以下，共节约财务费用 58 万余元。2006 年，市公司在全省系统创造性的提出“以租代建”模式改建卷烟物流配送中心仓库，租赁天顺烟叶复烤有限责任公司烟叶仓库和宁远县分公司原烟叶仓库作为全市卷烟中心库，并对其进行改建，2月底正式投入运行。11月，按照现代物流建设要求和配送中心设计规划，市局（公司）在全省商业系统率先引进两条电子标签辅助分拣系统，并于当月18日正式启动，系统运行后，工作效率得到提高，分拣差错率有效降低。2007年，宁远分库电子标签辅助式分拣线投入使用，全市分拣速度达到140万支/小时，配送中心4条分拣线全部实施出库打码到条，卷烟经营行为得到有效规范。同时，按照省局要求，市公司优化业务模式，将干线运输业务外包给白沙运输公司，在干线交接流程中实行封签确认制和运输单确认制，确保货物交接安全性和准确性。

2006年11月，市公司正式启用两条电子标签分拣线

2008年，推广实施中烟电子商务公司的“商业企业物流配送中心数字化仓储管理系统”。5月，“打码到条”项目正式启动，全市卷烟出入库及在库管理均启用国家局统一软件，并通过“工商信息共享平台”“烟草行业卷烟生产经营决策系统”及时准确将数据上传至国家数据库，卷烟物流信息系统得到质的提升。2009年，市公司对耗材使用实行“以旧换新”的办法，规范耗材保管和领用流程，避免浪费，降低费用。制定印发《湖南省烟草公司永州市局（公司）卷烟纸箱管理办法》，建立空烟箱管理台账，规范卷烟纸箱的使用、保管和处理，有效控制物流成本费用。2010年，省局（公司）在市公司中心仓库、宁远分库，开展客户端程序部署、系统培训、现场保障3项测试工作，市局（公司）协助省局（公司）做好国家局“行业卷烟物流数据统计应用

2008年5月，市公司开展“打码到条”项目培训

项目”在湖南的试点工作。通过试点，全市卷烟库存比上年同期减少 1489 箱，减幅达到 21.5%。

2011 年 12 月 1 日，永州烟草物流配送园区项目完成设备联合工房物流仓储、分拣及配套设备招标工作，联合工房建设稳步推进。是年，全市卷烟库存周转次数为 30 次，高于全省 24.16 次的平均值，库存周转次数合理，年末卷烟库存为 6944 箱，较去年同期增加 1520 箱。2012 年，市公司制定出台《物流中心仓库费用定额管理办法》，从“管理、服务、效率、成本、安全”5 个方面，健全完善考核体系。全面梳理单据处理、信息、仓储、分拣等岗位的作业流程，制定作业操作时间，推动整个物流工作流程无缝斜街。是年，全市卷烟分拣配送差错率小于 1/100000；年末卷烟库存为 6902 箱，较去年同期减少 42 箱。2013 年，市局（公司）以“现代、经济、适用、效率”为建设方针，推行“密集式仓储”和“储分一体”两项新技术，全力打造“科技物流、精益物流、人本物流”。10 月，在全省范围内率先与工业企业实现包装箱的循环利用，按照“先同城、再省内、后跨省”的工作步骤，细化回收卷烟包装箱的品规、时间安排、回收方法、回收交接等工作，工业企业回收循环利用卷烟包装箱 136827 只。《提高装卸搬运作业效率》课题成果获得全省系统 2013 年度 QC 小组活动成果二等奖。精益物流工作效果凸显，市局（公司）在全年全省现代物流建设工作考核中，获得三等奖。

2014 年，启动与湖南中烟托盘联运工作，成为继浙江中烟托盘联运后首家工商同城卷烟托盘联运，物流对接效率和作业质量得到显著提升，单车卸货时间由原来的 35 分钟降低到 13 分钟，全年共完成同城托盘联运入库卷烟 800 件。是年，共完成回收利用纸箱 327682 个；年末卷烟库存为 5850 箱，较上年同期减少 1621 箱。2015 年，市局（公司）全面开展精益物流建设，通过完善精益机制、搭建精益平台，全年共解决和优化设备问题 62 个、流程问题 31 个、信息问题 44 个、现场管理问题 130 个。其中，《循环烟箱回收合格率》《降低分拣环节卷烟破损率》两个 QC 成果分别获全省系统 2015 年度 QC 小组活动成果二、三等奖。是年，共回收纸箱 391935 只，回收率 92.61%，在全省排第 2 位；库存周转率 22.43 次，卷烟破损率 0.001‰；年末卷烟库存为 6506 箱，较上年同期增加 656 箱。

第三节　综合管理

2003—2004 年，各县（区）零售户订购的卷烟由各县区公司自行负责配送。2005 年 10 月，永州市烟草卷烟物流配送中心成立，初期设立仓储部和送货部，负责全市卷烟物流配送业务指导工作。2006 年，按照省局（公司）机构设置及全省网建物流配送的要求，市公司先后制定下发《永州市烟草专卖局关于各单位委派物流配送人员的通知》《永州市烟草专卖局关于物流配送中心下设机构的通知》，从全市系统 11 个单位抽调 136 人充实到物流配送中心冷水滩部和宁远部，并在物流配送中心下设综合管理部、仓储配送部、卷烟送货部 3 个部门，物流配送力量得到充实，机构设置进一步完善。2007 年，市公司继续从制度入手，加强物流管理，编制印发《永州市烟草公司物流配送管理制度汇编》、制定仓储分拣现场标准和定置定位标准、推行“6S”现场管理，共制定完善 28 项管理制度、15 项工作流程，确定全市统一的卷烟物流配送工作标准。

2009 年，市公司组织开展第一届物流职业技能竞赛

2008 年，市公司全面推进现代物流配送体系建设，将原冷水滩营销部所属的卷烟配送人员全部划归市局（公司）物流配送中心统一管理。编制印发《永州市烟草公司卷烟物流配送中心运行规范和作业手册》，确保在制度上、管理上与上级要求保持一致。同时，在全市系统开展明星车组和配送之星创建活动，强化配送队伍建设。2009 年，市局公司健全完善考核制度，建立月度、季度、年度三层考核体系，考核结果与各分公司绩效工资和年度考核奖计划挂钩。是年，全市系统举办第一届卷烟物流配送职业技能竞赛，物流队伍业务能力得到进一步提升。

2010 年，市局（公司）开始“一库制”建设的探索，确定在永连公路上建设永州烟草物流配送园区项目，并顺利通过立项。2011 年，市局（公司）在全市系统开展“‘6S’上车组”活动，通过创新管理方法、加强现场管理的方式，将“6S”（清扫、清洁、规范、服务、安全、素养）管理理念向送货车组延伸。2012 年，市局（公司）实行分线管理，物流配送中心设立综合管理部、仓储分拣部、配送服务部 3 个部门，撤销现有分公司卷烟配送分部，设立物流配送中心宁远、道县、新田、蓝山、江华、江永 6 个中转站。

2013 年，市局（公司）成立“精益物流工作领导小组”，制定下发《湖南烟草公司永州市公司精益物流工作实施细则》，积极开展精益物流建设。12 月，市公司先后组织开展装卸、分拣岗位劳动竞赛和第五届物流职业技能竞赛活动，加强队伍建设。2014年，永州市公司物流配送中心实行非法人实体化运作，构建“物流配送中心→职能部门→中转站”的3级配送管理机构。按照“授权管理、目标考核”的总体思路，在体制、机制和物流业务流程上打破县（区）行政区域限制，取消县级分公司配送职能；对物流所涉及的人、财、物、事等物流资源进行明确界定；物流资产划归物流配送中心；物流配送中心转为单独的预算和核算单元，并建立详细的定额管理标准；整合优化配送线路；构建层级清晰的绩效考核分配体系。实现对全市物流工作的统一业务管理、统一配送模式、统一管理机制、统一薪酬分配、统一绩效考核，全面提升物流管理水平。2015年，新物流配送中心全面投入使用。物流园区新库投入使用后，市局（公司）及时跟进相关配套措施，撤销宁远中转库，全市系统正式实行“一库制”；推进物流配送中心非法人实体建设工作，制定下发《湖南省烟草公司永州市公司物流配送中心非法人实体运作权限管理办法》《湖南省烟草公司永州市公司物流配送中心非法人实体运作人员管理办法》，明确人员的进入与退出管理和部门授权管理；制定下发《湖南省烟草公司永州市公司物流配送中心绩效考核办法》，绩效工资向一线进行倾斜；统一全市配送员车组长补贴、加班补助，并明确开支渠道。“十二五”期间，永州烟草物流通过优化资源配置，完善体制机制，管理水平不断提升，物流指标得到持续改善，全市单箱物流费从2011年的189.12元/箱上升到2015年的208.11元/箱，上升18.99元/箱；物流费用率从

2011年，市公司开展6S上车组活动

2013年，市公司组织开展第五届物流职业技能竞赛

2011 年 1. 14%降低到 2015 年 0. 93%，下降 0. 21 个百分点；人均配送效率从 2011 年的 915. 89 箱/人提升到 2015 年的 1287. 5 箱/人，提升 40. 57%；资金电子结算率从 2011 年的 82. 2%提高到 2015 年 94. 57%，提高 12. 37 个百分点。

第六篇　烟草专卖

2003—2004 年，永州市烟草专卖局围绕专卖管理“三年阶段性工作目标”任务，以“抓诚信、强队伍、净市场”为工作重心，创新市场管理模式，保持打假高压态势，巩固宁远禾亭打假成果。2005 年，永州市局联合市法院、检察院、公安等部门，建立烟草制品打假协作机制，严厉打击破坏烟草市场秩序和制售假冒伪劣烟草制品违法犯罪活动。2006 年，成立全市系统内部专卖管理监督领导小组，加强内部专卖管理监督建设，建立内部专卖管理监督机制。2007—2009 年，围绕“严格规范、富有效率、充满活力”的指导思想，强化打假打私、内部监管等重点工作，提升烟草专卖管理水平。2010 年，全市烟草专卖部门联合公安、工商、法院、检察院、交通、运管等部门，形成“政府主导、烟草主体、部门协同、各方参与”的卷烟打假工作格局和烟草市场管理长效机制，以“端窝点、断源头、破网络、抓主犯”为重点，着力侦破大案要案。2013 年，永州市局设立内部专卖管理监督派驻办公室，进一步强化内部专卖管理工作，开展真烟非法流通治理，促进“两烟”生产经营秩序制度化、规范化。2008—2015 年，全市烟草系统先后开展“利剑”“猎鹰”“百日整治”“春雷”及“潇湘金剑”等系列专项治理行动 10 余次，有力打击制售假烟、走私烟和真烟非法流通等违法犯罪活动。2003—2015 年，全市累计查处各类涉烟案件 9238 起，查获各类卷烟 53869.49 万支，其中假烟 25828.69 万支；查获制假烟叶、烟丝 510.02 吨；缴获制假工具 97 台（套），取缔制假窝点 41 个。刑事拘留 213 人，逮捕 144 人，判刑 76 人；查处国标网络案 38 起，其中 1 起案件被国家烟草专卖局、公安部列为部级督办案件。

第一章　机构队伍

第一节　机构设置

1985 年 2 月，零陵地区烟草专卖局成立，局内设专卖科，专门从事烟草专卖管理。各县（市）局设专卖股，从事所在县（市）辖区的烟草专卖管理。1989 年，专卖科改为专卖管理办公室，各县（市）专卖股改为专卖管理办公室。1999 年，永州市局设立烟草专卖管理稽查支队，与专卖办合署办公，支队下设 11 个稽查大队，支队设有支队长、副支队长各 1 名。2001 年 9 月，全市烟草系统延伸专卖管理机构，各县（区）除建立城区管理中队外，成立 2 个以上的农村管理中队（或农村专卖管理所）。2004 年 2 月，市局专卖管理办公室改为专卖监督管理科，各县（区）局专卖管理办公室改为专卖监督管理股。2008 年 4 月，根据省局《关于加强专卖管理组织机构建设的实施意见》，永州市局设立内部专卖管理监督科，与专卖监督管理科合署办公，两块牌子，一套人马。县级局设内部专卖管理监督股，与专卖监督管理股合署办公。市局内部专卖管理监督科设科长、副科长各 1 名，设置涉烟（不含烟叶）生产企业监督管理岗、卷烟经营监督管理岗、烟叶生产经营监督管理岗、执法监督岗各 1 个。同年，按照国家局《烟草专卖稽查队伍管理规定（试行）》，市局设专卖稽查支队，稽查支队下设冷水滩专卖稽查大队，县级局设专卖稽查大队。稽查大队可以根据工作需要设立若干稽查中队。全市系统共设置专卖稽查中队 21 个、卷烟打假大队 1 个。2012 年，永州市局以内部专卖管理监督科为基础班底，成立内部专卖管理监督派驻办公室（简称内管派驻办），作为省局内部专卖管理监督处派出机构，受省局内部专卖管理监督处和永州市局的双重管理，以省局内部专卖管理监督处管理为主。2013 年，所属道县、江永、江华、宁远、蓝山、新田县局设内部专卖管理监督派驻工作组（简称内管派驻组），作为永州市局派驻办的派出机构，受市局内管派驻办和所在县局的双重管理，以市局内管派驻办管理为主。所属零陵、祁阳、东安、双牌 4 个县级局不单设派驻组，在专卖监督管理股设置内部专卖监督管理岗，单设专职内管员，负责所辖区域的专卖内管工作。

第二节 队伍建设

2003 年，永州市局围绕新一轮烟草专卖管理“三年阶段性工作目标”任务，加强全市系统烟草专卖稽查队伍建设。4 月 24 日，市局副局长徐招深在宁远县检查工作时，提出烟草专卖管理工作要实现“四化”（工作标准化、管理制度化、办事程序化、绩效数据化），要求各县（区）局按照“四化”指示，完善工作制度，规范工作标准，强化工作程序，严格工作考核，探索专卖管理工作新思路和好方法。随后，市局修订编印《永州市烟草专卖工作手册》，健全岗位职责，完善执法工作、业务培训、文书管理、证件管理、执法错案追究等制度。6 月 1 日，市局下发《关于专卖（稽查）人员实施“七条禁令”的通知》，要求各县（区）局坚持从严治队方针，强化专卖稽查队伍廉政建设，规范专卖行政执法行为，在专卖稽查队伍中实行“七条禁令”：1. 严禁私自从事两烟经营，或为谋取私利参与有关“两烟”经营活动；2. 严禁收受执法及管理相对人的礼金、财物，或向其借款、借物、接受请吃；3. 严禁在办案过程中滥用职权，为不法烟贩说情，充当保护伞，徇私枉法；4. 严禁违反执法办案程序，在专卖执法中发生简单粗暴、主观随意、乱扣乱罚、敲诈勒索；5. 严禁中午或工作时间饮酒，严禁酒后驾驶机动车辆；6. 严禁通风报信，泄露有关烟草专卖稽查私密或线索；7. 严禁聚众赌博或从事色情活动。7 月 10 日，永州市局下发《关于进一步充实烟草专卖稽查队伍的通知》，要求各县（区）局结合实际情况，在市局规定的专卖稽查队伍编制范围内，合理确定烟草专卖稽查人员编制；严把专卖稽查人员进入的素质关，挑选一批政治思想好、组织纪律性强、工作作风过硬、文化水平较高的年轻同志充实到专卖稽查队伍。2003 年，全市系统烟草专卖稽查队伍共 262 人，比 2002 年增加 26 人。全市系统采取“请进来、送出去”的办法，邀请市人民政府法制办、市中级人民法院等部门的法律专家授课，选派 420 余人参加国家局、省局及地方政府组织的各类培训。是年，宁远县局被湖南省烟草专卖局授予“专卖管理先进集体”称号；吕建国、郑生贵被评为“全省专卖管理先进个人”。

2004 年，永州市局出台《关于开展文明执法活动的实施方案》，要求各县（区）局围绕行为合法、政务公开、服务热情、用语文明、衣着整洁等内容，开展文明执法活动，树立烟草专卖行政执法良好社会形象。同时，市局依据国家局《烟草专卖文明执法行为规范》及“六条严禁”、市局“七条禁令”，在全市系统开展专卖执法队伍的组织纪律和作风整顿。市局制定《烟草专卖行政效能建设规定》及《投诉处理办法》，从岗位责任、政务公开、首问责任、限时办结、责任追究等方面对烟草专卖行政执法效能予以明确规定，并接受社会各界监督。是年，市局组织全市专卖执法人员分期分批参加省局举办的《中华人民共和国行政许可法》培训班，自主举办执法培训班 2 期，共培训 500 余人次。

2005 年，永州市局印发《关于开展创建“依法办事示范窗口单位”活动实施方案》。各县（区）局以创建“依法办事示范窗口单位”活动为契机，开展“文明执法、执法为民”活动。8 月 15 日，市局按照“抓诚信、强队伍、净市场”的专卖工作目标，出台《永州市烟草专卖队伍建设工作方案》，市、县（区）两级烟草专卖局成立“烟草专卖队伍建设工作领导小组”，对全市烟草专卖人员开展一次为期 3 个月的政治思想、组织纪律、业务能力和工作作风的整顿活动，转变烟草专卖执法观念，强化烟草专卖管理职能和服务意识，提升烟草专卖执法人员的综合素质和管理水平。是年，市局举办专卖管理系统培训班及真假卷烟识别培训班。2005—2006 年，全市系统组织专卖执法人员参训 1417 人次。2006 年，东安县局被湖南省依法治省领导小组授予“依法办事示范窗口单位”称号。

2007年7月，市局出台《永州市烟草专卖局加强县级局专卖管理建设工作的实施方案》和《永州市烟草专卖局加强专卖管理组织机构建设工作总体方案》，完善组织机构，明确机构职能，充实专卖管理人员。市局配备专卖监督管理科长/内部专卖管理监督科长/稽查支队长1名，专卖监督管理科副科长/稽查支队副支队长1名，内部专卖管理监督科副科长1名。市局专卖管理科设置专卖信息管理岗、专卖内勤管理岗、市场监管岗、证件管理岗、案件审理岗；县级局专卖监督管理股设股长兼稽查大队长1名，副股长兼稽查副大队长1~2名，下设综合事务、证件管理、内部专卖管理监督、案件稽查与市场监管、案件处理、涉案物品管理、信息管理等工作岗位。12月底，全市系统共有专卖管理人员176人，大专以上学历78人。同年，市局出台《专卖管理工作人员考核办法》和《全市烟草专卖行政执法工作评议考核计分标准》，推进全市专卖管理工作标准化、制度化、规范化建设。各县级局把考核指标细化到人，贯彻落实《行政执法过错责任追究制》《行政许可责任追究制》和《市场管理责任追究制》等制度，并兑现考核结果。同时，部分县级局对专卖执法队伍实行半军事化管理，开展市管员向辖区卷烟零售户述职述廉活动，拓宽社会监督渠道，提高专卖队伍廉洁奉公意识，树立起专卖队伍良好形象。

2007年10月，东安县局对专卖执法队伍实行半军事化管理

2008年，全市系统推广东安县局“抓基础、促规范；抓服务、树形象；抓执行、促落实”的专卖管理经验，细化县级局专卖管理的工作目标和考核办法。各县级局把市局考核指标细化到各个岗位，形成专卖执法人员“个个肩上有担子、人人身上有责任”管理局面，推动专卖基层建设和专卖队伍建设。9月25日，永州市局组织全市系统专卖执法人员赴祁阳县，现场参观学习祁阳县局农村专卖稽查中队建设经验，促进全市烟草专卖管理和服务向农村基层延伸。10月，市局下发《关于组织学习〈烟草行业内部专卖管理监督工作规范〉（试行）的通知》，并印制《烟草行业内部专卖管理监督工作规范（试行）》单行本1300册，按人手一册发

2008 年 6 月，市局举办行政执法证据学培训班

放给全市烟草系统在岗员工。11 月，市局举办两期全市烟草系统专卖内管培训班，重点学习烟草专卖法律法规及《烟草行业内部专卖管理监督工作规范》。是年，全市烟草系统开展专卖执法人员培训 71 场次、1418 人次。

2009 年 6 月 30 日，永州市局成立由副局长刘名勤任组长的专卖管理人员“四知四会”（知晓辖区基本情况、知晓管辖片区的卷烟零售户总数的情况、知晓辖区各零售户的基本情况、知晓卷烟零售户的意见和要求；会管理、会服务、会办案、会协调）活动领导小组，印发《关于开展专卖管理人员“四知四会”活动的通知》。随后，各县（区）局认真组织实施，开展专卖管理人员“四知四会”活动，提升专卖管理人员的综合素质和专卖管理业务技能，增强烟草市场监管服务能力。9 月，根据国家局、省局要求，市局出台《永州市烟草专卖局系统优秀县级烟草专卖局创建活动实施方案》，成立全市系统优秀基层单位创建活动领导小组，开展优秀县级烟草专卖局创建活动，促进专卖队伍的行政执法能力，增强专卖队伍素质，实现县级烟草专卖局建设的标准化、规范化和制度化。是年，东安、零陵、江永 3 个县级烟草专卖局创优工作通过省局检查验收。2009 年，市局邀请市人民检察院公诉处专家，举办专卖执法和证据学培训班。市局投入资金 10 万余元，为一线烟草专卖执法人员购置 100 套防暴工作服（含防暴头盔、软质防刺背心、防割手套）。

2010 年，永州市局围绕“严格规范、富有效率、充满活力”的创建目标，按照“重心下移、着眼基层、突出服务、加强基层”的工作方针，全面加强基层专卖队伍建设。8 月，市局根据国家局《关于进一步加强烟草专卖管理技能人才队伍建设的意见》及省局《关于举办首届烟草专卖管理员岗位技能竞赛的通知》，在全市系统举办以“竞技能、强素质”为主题的首届烟草专卖管理员岗位技能竞赛，分预赛、初赛和决赛 3 个阶段，参赛人员为全市系统在岗的专卖管理人员。此次技能竞赛，零陵区局代表队获得团体第一名，市局本级代表队获得团体第二名，祁阳县局代表队获得团体第三名；吕芳勇获得个人一等奖，张俊荣、李晓敏获得个人二等奖，周满红、李慧玲、滕翔获得个人三等奖。是年，祁阳、宁远、双牌 3 个县级烟草专卖局创优工作通过市局初次验收。

2011年，永州市局开展“创优争先”活动，以优秀县级局创建为载体，加强基层专卖队伍建设，推进专卖管理工作上水平。5月，市局举办真假卷烟鉴别专题讲座，并抽调两名专卖骨干奔赴各县（区）局“面对面、手把手”为专卖执法人员开展真假卷烟鉴别培训。10月，在全省卷烟产品鉴别技能竞赛中，永州市局代表队获得团体组织奖；宁远县局雷京军获得个人第三名。2011年，市局创办《永州专卖》月度内刊，开设工作聚焦、专卖动态、经验交流、监管分析、学习园地等栏目。同时，市局购置11台专卖执法车辆，统一喷涂专卖执法视觉形象，为基层专卖执法工作提供保障。是年，蓝山、道县、新田3个县局通过省局优秀县级烟草专卖局验收。零陵区局被湖南省依法治省领导小组授予“2011—2012年全省依法办事示范窗口单位”称号。

2010年8月22日，全市烟草系统首届烟草专卖技能竞赛表彰会现场

2011年5月，市局为县（区）局配备11台烟草专卖行政执法车

2012年，永州市局按照“重心下移、着眼基层、突出服务、加强基础”的方针，夯实专卖管理基础。5月，市局结合全省第二届专卖管理岗位技能竞赛，采取“以考促学、以赛促学”的方式，开展专卖技能培训。其中，东安县局制订内部培训方案，实行专卖人员轮流上课制，通过讲课者与听课者的身份互换，增强专卖队伍培训效果；零陵区局开展“反骄破满、反对固步自封”思想教育活动，对专卖队伍实行集中整顿。是年，市局设立内管派驻办，全市烟草系统共有专职内管人员27

人，其中市局本级 5 人、县（区）局 22 人。

2013 年，全市系统专卖管理部门通过集中培训、自主学习等多种方式，提升专卖队伍业务素质。5 月，市局向市人民政府做出优化经济发展环境和加强机关效能建设公开承诺，专题召开全市系统行政许可和依法行政执法视频会，开展改进作风、优化管理与服务活动，提升全市烟草专卖文明执法意识，树立“在服务中管理，在管理中服务”的执法理念。12 月底，全市系统共有 54 人通过专卖技能鉴定，其中专卖师 2 人、高级技能 22 人，专卖队伍持证上岗率达 91. 38%，中级以上技能人员占 65. 11%，高级以上人员占 25. 84%。是年，祁阳县局被省依法治省领导小组授予“2013—2015 全省依法办事示范窗口单位”称号。

2014 年，全市系统专卖部门推广落实专卖基层队伍建设规范，组织专卖人员参加国家局、省局举办的各类专卖培训，并自主编印烟草专卖技能等级鉴定的学习要点与题库。同时，本着“干什么、练什么，缺什么、补什么”的原则，结合日常岗位培训体系建设，抽调专卖骨干就假烟鉴别、案卷制作、案件查办和审理等方面制作课件，通过视频会议系统举办培训。同年，全市系统结合党的群众路线教育实践活动，开展专卖队伍作风建设，以“治庸、治懒、治散”等措施增强专卖人员工作责任感和紧迫感；倡导“潜心做事、低调做人”的工作作风，确保烟草专卖执法工作有理、有力、有节，全年未出现行政复议案件。是年，全市系统举办 3 次内管专题培训，派员参加省局组织的内管培训 2 次、专卖线技能比武 1 次、专卖管理员技能鉴定 2 次，共有 37 名专卖执法人员通过职业技能鉴定，其中高级 14 人、中级 6 人、初级 17 人。截至 12 月底，全市系统专卖队伍累计高级以上技能人才 50 人，占总数的 32. 89%；中级以上技能人才 102 人，占总数的 67. 11%。

2015 年，全市系统以专卖技能鉴定和技能培训为抓手，推动烟草专卖队伍建设。组织参加专卖管理技能鉴定 2 次，14 人通过鉴定；举办 3 期专卖业务培训，组织 20 余人参加省局举办的证件许可及案件查办技巧培训班，提高一线专卖执法人员的案件查办技能、案卷制作水平、真假烟识别能力和许可证管理水平。同时，市局按照“抓培训、强素质、提能力”的思路抓内管人员队伍建设，组织内管人员参加全省专卖内管人员培训班，自主开展全市系统内管人员专题培训 2 次。是年，全市烟草专卖管理部门结合“三严三实”专题教育活动，加强专卖执法人员法律、道德、纪律方面的教育，进一步增强专卖人员工作责任感、紧迫感和服务意识，建立弱势群体办证绿色通道，开展预约上门、送证到户等服务。

2003—2011 年永州市烟草专卖队伍建设情况表

表 6-1

年份	人数			培训		廉政情况					现场办案器材					
	专职专卖员	兼职检查员	协管员	专职人员培训	其他人员培训	拒绝请吃	拒收礼品	立功	拒收现金	受奖	专用汽车	摩托车	对讲机	录像设备	照相设备	其他
	人	人	人	人次	人次	人次	人次	人次	元	人次	辆	部	台	套	套	件
2003	235	6	21	466	386	0	1	0	500	10	27	4	2	5	12	29
2004	229	2	12	494	2	35	2	0	600	14	26	2	2	5	13	20
2005	168	0	4	482	0	10	0	1	0	27	26	1		7	17	9
2006	164	0	3	928	7	0	0	0	0	22	21	1	0	8	19	0
2007	184	2	0	1446	821	3	0	0	1	5	27	0	0	10	25	12
2008	175	0	0	1554	285	0	0	0	0	1	27	0	0	10	26	0
2009	163	0	0	1383	283	0	0	0	0	1	24	0	0	8	27	0
2010	156	0	0	2043	240	0	0	0	0	0	25	0	0	8	28	0
2011	158	0	0	2695	508	0	0	0	0	0	27	0	0	8	28	0

说明：表中数据来源于市烟草专卖局国烟报表

2012—2015 年永州市烟草专卖队伍建设情况表

表 6-2 单位：人

年份	岗位人员数量							专卖执法资格			岗位技能鉴定证书				
	合计	管理人员	内管人员	稽查人员	证件管理人员	案件审理人员	信息、内勤及综合管理人员	国家局执法徽章	烟草专卖检查证	其他执法资格证书	初级专卖管理员	中级专卖管理员	高级专卖管理员	专卖管理师	高级专卖管理师
2012	178	57	17	90	3	5	6	144	148	136	36	79	25	1	0
2013	184	57	20	89	3	8	7	100	123	108	44	63	41	2	0
2014	185	59	19	88	4	7	8	136	136	152	48	58	51	2	0
2015	206	59	19	106	5	9	7	118	136	136	49	59	49	3	0

说明：表中数据来源于市烟草专卖局国烟报表。自 2012 年起因数据统计口径调整而分开列表

第二章　法律法规

第一节　专卖法律法规

1983 年 9 月 23 日，国务院发布《烟草专卖条例》。1984 年 9 月 10 日，国家烟草专卖局制定《烟草专卖条例施行细则》，对烟草专卖条例的实施进一步作出详细规定。1985 年 2 月 10 日，零陵地区烟草专卖局、零陵地区烟草分公司成立，并依据国家《烟草专卖条例》和《烟草专卖条例施行细则》的规定，对辖区内烟草行业的产供销、人财物、内外贸业务实行管理。1991 年 6 月 29 日，第七届全国人民代表大会常务委员会第二十次会议通过《中华人民共和国烟草专卖法》（简称《烟草专卖法》），自 1992 年 1 月 1 日起施行，《烟草专卖条例》同时废止。1997 年 7 月 3 日，国务院令第 223 号发布并施行《中华人民共和国烟草专卖法实施条例》（简称《烟草专卖法实施条例》）。《烟草专卖法实施条例》对《烟草专卖法》确立的烟草专卖许可证制度、准运证制度以及烟草专卖品的生产、经营等管理制度进一步具体化。2002 年 6 月 4 日，国家经贸委第 31 号令发布并实施《烟草专卖品准运证管理办法》。2007 年 2 月 5 日，国家发展和改革委员会发布并实施《烟草专卖许可证管理办法》，自 2007 年 3 月 7 日起施行。2009 年 8 月 27 日，第十一届全国人民代表大会常务委员会第十次会议对《烟草专卖法》进行首次修正。2009 年 10 月 9 日，湖南省人民政府第 37 次常务会议审议通过《湖南省烟草专卖管理办法》，自 2010 年 1 月 1 日起施行。2010 年 1 月 21 日，工业和信息化部公布《烟草专卖行政处罚程序规定》，自 2010 年 5 月 1 日起施行，国家烟草专卖局于 1998 年 9 月 2 日公布的《烟草专卖行政处罚程序规定》同时废止。2010 年 3 月 25 日，最高人民法院、最高人民检察院联合发布《关于办理非法生产、销售烟草专卖品等刑事案件具体应用法律若干问题的解释》，自 2010 年 3 月 26 日起施行。2013 年 7 月 18 日，国务院对《烟草专卖法实施条例》进行修正。2013 年 12 月 28 日，第十二届全国人民代表大会常务委员会第六次会议对《烟草专卖法》进行第二次修正。2015 年 4 月 24 日，第十二届全国人民代表大会常务委员会第十四次会议对《烟草专卖法》进行修订，并以中华人民共和国主席令第 26 号公布，自公布之日起施行。

第二节　普法宣传学习

2003 年，全市烟草系统以“四五”普法工作为契机，结合卷烟打假打私、市场整顿、依法行政等内容，开展形式多样的烟草专卖法律法规宣传活动。3月15日，各县（区）局利用“3·15”消费者权益日在当地电视台、广播电台、报刊开展专题宣传报道活动。其中，江华县局在《江华周报》刊登专版，宣传“打击制售假冒商标卷烟，维护消费者权益”“怎样识别真假卷烟”等内容；东安县局把《烟草专卖法》及其《实施条例》和《烟草零售许可证管理办法》等制作成录音带，在各乡镇巡回播放宣传；冷水滩稽查大队、芝山区局制作专卖社区化管理和整顿规范烟草市场秩序宣传专栏。同时，永州市局分批次、按岗位组织干部职工开展法律知识考试，通过以考促学的方式，提高全市系统员工依法行政、依法经营和依法管理的能力。是年，全市烟草系统出动普法宣传车424台次，组织现场咨询18场，接待咨询人员28921人次，发放普法宣传资料9.78万余份。

2006年9月，市局获全市“四五”普法依法治理工作先进单位

2004—2005年，永州市局结合“四五”普法工作，印发宣传资料23.44万份，组织学习辅导1661人次，举办实物展览52场次，现场接待消费者咨询4.99万人次，出动宣传车562台次，广播电视宣传99次，宣传内容涉及到烟草专卖法律、法规及有关政策。2005年，李永强被省局评为“全省系统‘四五’普法依法治理先进个人”。

2006—2007年，永州市局结合“五五”普法，在“3·15”消费者权益日、“9·16”全国科普日，开展“法制进社区”“送法下乡”等活动，发放普法宣传资料，提供现场法律咨询服务，强化烟草专卖法律法规宣传。2006年9月，永州市局被市人民政府授予“永州市‘四五’普法依法治理工作先进单位”称号。2007年3月，市局出台《永州市烟草专卖局开展新烟草专卖许可证管理办法宣传活动方案》，成立由局长徐文军任组长的宣传活动领导小组，负责指导、协调全市系统的普法宣传活动。各县（区）局按照市局统一部署，向干部职工、辖区卷烟经营者及广大消费者开展新《烟草专卖许可证管理办法》宣传活动，在系统内，按照“五个一”开展宣传活动，即编印一本《烟草专卖许可证管理办法》小册子、开展一次专题学习培训、开辟一个学习专栏、举办一次论文征文、组织一次专题考试；在系统外，宣传做到“四有”，即广播上有声、电视上有影、报刊上有字、网络上有文。

2008年11月7日，市局调整以局长李刚华为组长的全市系统法制宣传工作领导小组，加强对全市系统法制宣传教育工作的领导。是年，全市系统烟草专卖法律法规宣传工作，坚持集中宣传与日常宣传相结合，综合宣传和专题宣传相结合，开展“3·15”“送法下乡”“和谐永烟，与法同行”等专题普法宣传活动，共发放宣传资料5万余份，开设现场咨询、烟草打假成果展览、举办知识讲座等方式，宣传烟草专卖法律法规，为依法经营和专卖管理营造良好环境。

2011年3月15日，东安县局出动普法宣传车辆

2009—2010年，永州市局对新修订的《中华人民共和国烟草专卖法》《烟草专卖行政处罚程序规定》和《湖南省烟草专卖管理办法》进行宣传，通过具体案例、新旧对比、印发宣传资料等手段宣传普及法律法规，共发放宣传资料33200份。各县（区）局开展“送法进机关”“送法进社区”“法律下乡村”等普法宣传活动。蓝山县局、江华县局在烟叶收购期间，出动宣传车，深入烟叶收购点和街道开展专卖法律法规政策流动宣传。

2011年10月21日，根据省烟草专卖局和市人民政府关于开展法制教育第六个五年规划的文件精神，永州市局制订《全市系统法制宣传教育第六个五年规划（2011—2015年）》。是年，全市系统发放普法宣传资料4. 59万份，出动宣传车辆1072台次，广播电视宣传23次，现场接待咨询7540人次。

2012年3月15日，市局开展烟草专卖法律法规宣传

2012—2013年，永州市局根据《国家局关于开展“深化‘法律六进’推进烟草行业法治建设”宣传教育主题活动的通知》要求，结合本地实际，围绕活动主题，开展法律进班子、进机关、进企业、进院所、进烟站、进网点活动，广泛宣传宪法、中国特色社会主义法律体系、烟草专卖法律法规。各县

区局创新普法宣传，以群众喜闻乐见的方式开展“法制进社区”“送法下乡”等活动，广泛宣传烟草专卖法律法规。

2014 年，永州市局结合“六五普法”强化全市系统员工的法律知识学习普及，按人手一册发放《六五普法读本》，组织开展“法宣在线”法律知识学习和学法用法考试，邀请资深律师为全市系统干部职工作“提升法治意识，提高依法治企能力”法律知识专题讲座，提升企业内部人员的法律意识。利用“3·15”国际消费者权益保护日、“12·4”国家宪法日等契机，以开展法律咨询、真假卷烟识别、全市烟草市场整治成果展示、集中销毁假冒伪劣卷烟、发放宣传材料等形式，开展烟草专卖为主题的法律法规宣传，增强广大零售户的守法意识和消费者的维权意识、烟草专卖意识。是年，全市系统共发放烟草专卖法律法规、真假烟识别知识等普法宣传资料 8304 份。

2014 年 3 月 15 日，市局向社会公众宣传卷烟打假知识

2015 年是“六五”普法“收官”之年，永州市局将行业普法宣传与“六五”普法紧密结合，出台《永州市烟草专卖局“学习宪法、尊法守法”主题活动实施方案》，开展“学习宪法、尊法守法”主题系列活动，为全体员工发放宪法读本，在系统内刊《潇湘烟语》制作法治宣传专版、举办法治讲堂等，提升全市系统干部职工、卷烟零售户和广大烟农的法治意识。在年度“法宣在线”无纸化学法用法考试活动中，市局党组成员带头示范，积极参学参考，促进“普遍多数”法律意识得到提升。在“3·15”消费者权益保护日、“12·4”国家宪法日宣传活动中，向零售户、烟农发放“学习宪法、尊法守法”专版内刊《潇湘烟语》等宣传资料 2 万余份。

2003—2011 年永州市烟草专卖局学习宣传专卖法律法规统计表

表 6-3

年份	在新闻单位发稿	印发学习宣传资料	组织学习辅导	举办学习班	举办实物图片展	召开报告会座谈会	出动宣传车	广播电视宣传	组织咨询	出版报	组织演讲知识竞赛
	篇	份	次/人	期/人	场	场/人	台次	次	场/人	期	次/人
2003	45	97800	54/1051	28/1081	12	10/344	424	73	18/28921	40	3/432
2004	76	77700	38/749	33/899	16	5/96	195	54	18/24702	35	0
2005	110	156700	63/912	31/550	36	17/637	367	45	35/25186	39	1/30
2006	147	106600	46/515	41/881	9	5/90	254	43	27/22151	24	0
2007	201	129900	142/2456	62/1562	10	20/1946	337	159	44/14042	26	0
2008	125	47580	96/1806	79/1393	18	0	729	84	23/5102	16	1/2
2009	85	75400	88/1477	82/1083	7	2/20	664	15	20/6107	24	0
2010	87	77945	124/2323	91/1682	15	2/75	848	22	31/10308	28	5/86
2011	111	45918	147/2478	64/980	10	0	1072	23	21/7540	28	0
合计	987	815543	798/13767	511/10111	133	61/3208	4890	518	237/144059	260	10/550

说明：表中数据来源于市局上报国家烟草专卖局报表数据。2012 年以后，国烟报表不再统计法律法规学习宣传有关数据，导致相关数据无法考证

第三章　专卖管理

第一节　证件管理

一、烟草专卖许可证

（一）烟草专卖许可证种类

2003—2015 年，永州境内的烟草专卖许可证有 4 个种类 6 个样式，分别是烟草专卖生产企业许可证、烟草专卖批发企业许可证、烟草专卖批发企业许可证（经营）、特种烟草专卖经营企业许可证、烟草专卖零售许可证、烟草专卖零售许可证（个体）。

1. 烟草专卖生产企业许可证。该证是烟草专卖行政管理机关发给依法从事烟草专卖品生产的企业，准许起从事某一烟草专卖品生产的证明文书。其发放对象是

经国家批准的卷烟厂、雪茄烟厂、烟叶复烤厂、烟丝厂以及烟草系统内的烟草专用机械厂、卷烟材料厂、卷烟纸厂、烟用丝束及烟用滤嘴棒定点生产企业。2003—2015年，永州境内的零陵卷烟厂、永州烟叶复烤厂由国家烟草专卖行政主管部门颁发生产企业许可证。

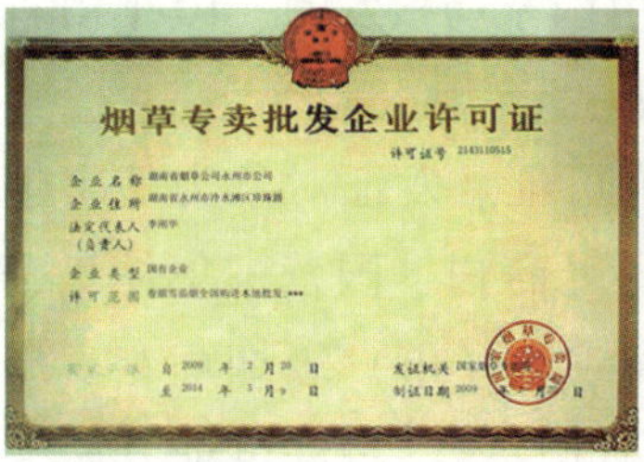

2009年国家局核发的特种烟草专卖经营企业许可证

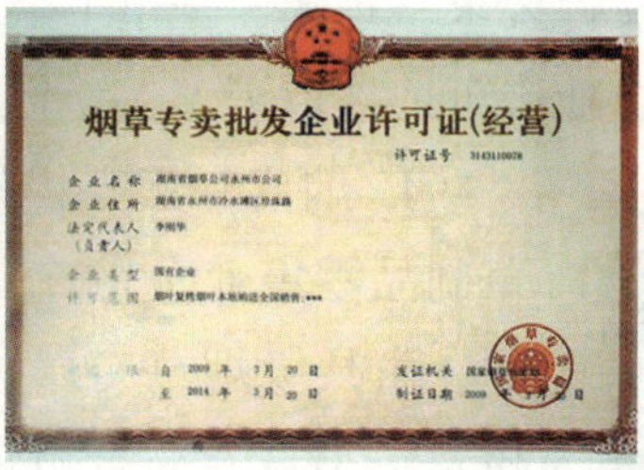

2009年国家局核发的烟草专卖批发企业许可证（经营）

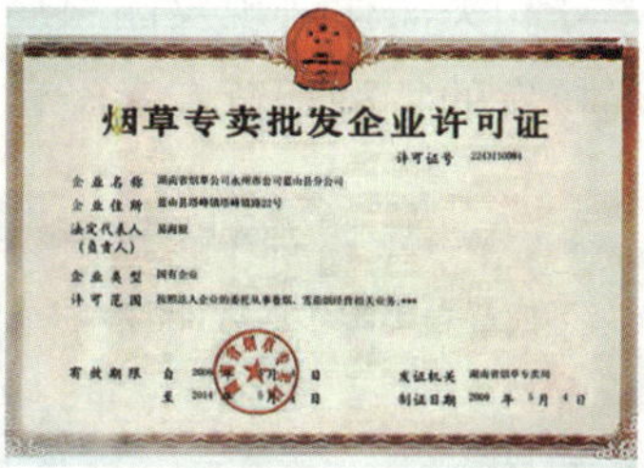

2009年省局核发的特种烟草专卖经营企业许可证

2. 烟草专卖批发企业许可证。（1）烟草专卖批发企业许可证的发证对象是从事卷烟、雪茄烟批发业务的企业，其中跨省经营的由国家烟草专卖局核发；在湖南省范围内经营的由省烟草专卖局核发。2015年12月底，永州市境内有1个烟草专卖批发企业许可证由国家烟草专卖局核发，10个烟草专卖批发企业许可证由省烟草专卖局核发。（2）烟草专卖批发企业许可证（经营）的发证对象为从事烟叶、复烤烟叶、烟丝、卷烟纸、滤嘴棒、烟用丝束、烟草专用机械经营业务的企业，由国家烟草专卖局核发。经核准，全市共持有烟叶收购许可证73个。2015年，全市取消6个2014年办理的临时烟叶收购证，共持有烟叶收购许可证48个，均为长期烟叶收购证。

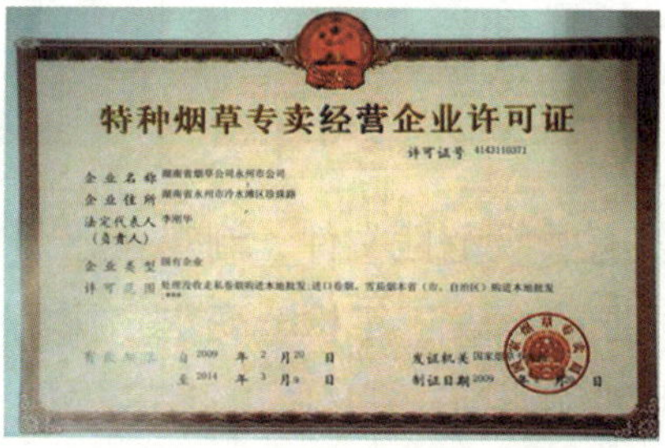

2009年国家局核发的特种烟草专卖经营企业许可证

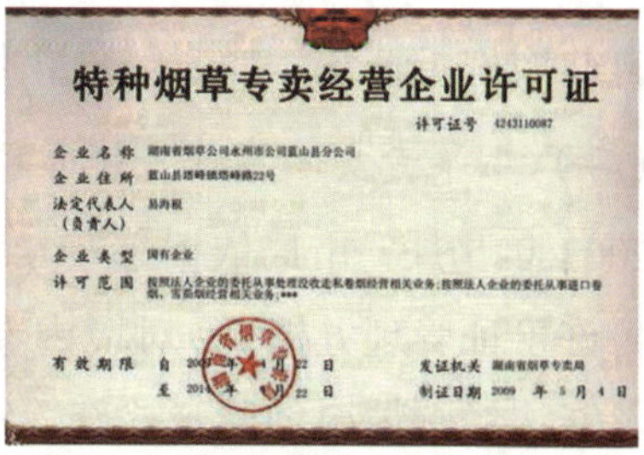

2009年省局核发的特种烟草专卖经营企业许可证

3. 特种烟草专卖经营企业许可证。发证对象为从事烟草专卖品进出口业务、外国烟草制品批发业务、免税烟草制品经营业务、罚没国外烟草制品拍卖和批发业务的企业。其中，从事烟草专卖品进出口业务、外国烟草制品批发业务、免税烟草制品经营业务、罚没国外烟草制品拍卖业务的市级烟草公司，由国家局核发；从事外国烟草制品批发业务、罚没国外烟草制品拍卖业务的县级烟草公司（营销部或分公司），由国家烟草专卖局授权省烟草专卖局核发。2015 年，新修订的《中华人民共和国烟草专卖法》规定：取消特种烟草专卖经营企业许可证的核发；按照《烟草专卖法》原第二十九条规定核发的特种证，有效期届满后不再延续；从事《烟草专卖法》原第二十九条规定的烟草专卖品经营业务的，不再领取特种证，经营活动应遵守相关法律法规及国家局文件要求。是年，全市 1 个由国家局核发的、10 个由省局核发的特种烟草专卖经营企业许可证被取消。

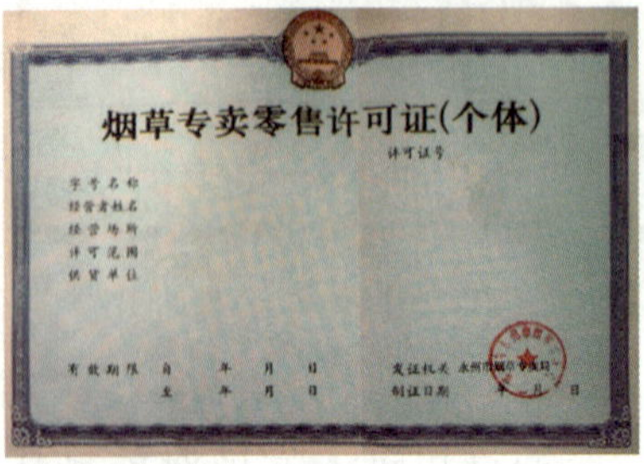

2008 版烟草专卖零售许可证（个体）

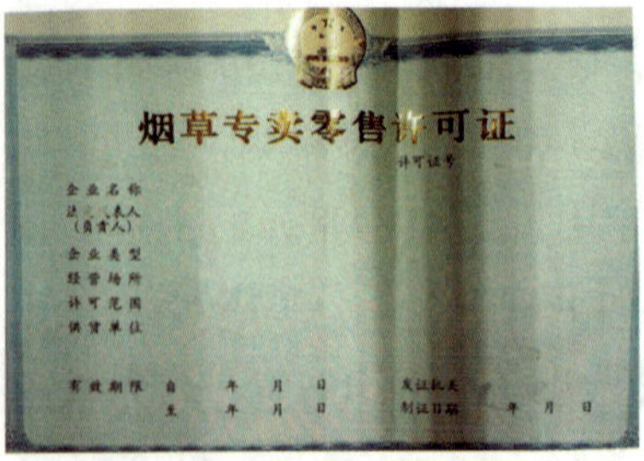

2008 版烟草专卖零售许可证

4. 烟草专卖零售许可证。发证对象为从事烟草制品零售业务的个体工商户、国营、集体、企业，由县级烟草专卖局或地（市）级烟草专卖局核发。2003 年，全市烟草专卖零售许可证开始换发 2003 版的烟草专卖零售许可证正文部分为淡绿色、边框为深绿色，同时 1998 版许可证自此次许可证统一换发后停止使用。2004 年，根据国家局《关于取消特种烟草专卖零售许可证的通知》，全市取消特种烟草专卖零售许可证 9 个。2008 年，换发 2008 版的烟草专卖零售许可证，其正文部分为天蓝色，边框为深蓝色；并加入 12 位编码，其中，前 6 位为行政区划代码（GB/T2260），第 7 位为代表零售商户性质的阿拉伯数字 1 或 2（“1”代表个体工商户，“2”代表企业、组织或其他），后 5 位为流水顺序号。同时，2003 版烟草专卖零售许可证自此次许可证统一换发后停止使用。

（二）烟草专卖零售许可证管理

2003 年 5 月，市局依据烟草专卖法律法规及有关规范性文件，制定《永州市卷烟零售许可证管理办法》，对境内卷烟零售许可证的核发、年检、变更、注销、歇业以及守法经营情况的监督检查等管理事项予以明确规定。11 月 25 日，根据《国家烟草专卖局关于换发 2003 版烟草专卖许可证的通知》，市局成立以副局长徐招深为组长的换发许可证领导小组，负责领导全市换发许可证工作，下发《永州市烟草专卖局关于换发烟草专卖许可证的通知》，要求各县（区）局周密部署，广泛宣传，稳妥推进换发许可证工作。各县（区）局结合辖区实际，制订实施方案，并严格按照国家物价局、财政部〔1993〕价费字 153 号《关于调整烟草专卖许可证收费标准的通知》执行烟草专卖许可证收费标准：烟草专卖生产许可证 200 元，批发许可证（含委托代批）60 元，国营、集体企业零售许可证 24 元，个体零售许可证 12

元，特种批发许可证100元，特种零售许可证50元，烟叶收购许可证10元，烟叶临时收购许可证10元；各县（区）局不得擅自提高收费标准，根据国家政策可以免交许可证费的，不得收取费用，并做好登记。换证发证收取的规费，直接上交当地财政部门；如需开支，按每年编写的预算资金使用表，从当地财政返回的规费中进行开支。

2004年1月1日至3月31日，各县（区）局成立以"一把手"为组长的换证工作领导小组，采取调查摸底、宣传发动、约时定点等措施，稳步推进许可证换发工作。1月，执行《关于取消零售环节的特种烟草专卖经营企业许可证的规定》，全市取消特种烟草专卖经营企业许可证9个。7月，市局执行《国家烟草专卖局关于取消烟草专卖许可证收费的通知》，要求各县（区）从2004年7月1日起取消对烟草专卖许可证的收费。是年，全市共换发烟草专卖零售许可证12186份，其中城区5376份、农村6810份，并逐步扭转卷烟零售户布局不合理的局面，提高烟草专卖零售许可证的"含金量"。

2005年1月，永州市局针对农村网点发证工作力度不够、难以满足市场需求等问题，召开专题会议，研究扩增农村卷烟零售户发证数量，并下发《关于扩增农村卷烟零售户的通知》。通知下发后，各县（区）局安排人员对辖区内农村市场状况进行调查、摸排，进一步细分客户类别，同时组织专卖部门开展上门办证服务。7月，市局为防止滥发、多发零售许可证，在达到规定目标任务的前提下，实行规范化管理，发挥调控、规范管理的作用。是年12月底，全市卷烟零售户由2004年12月底的13238户增加到21251户，达到省局零售许可证发证密度城区0.5%、农村0.3%的目标要求。

2008年，是2003版烟草专卖零售许可证的换证年。1月8日，永州市局在《永州日报》刊发《关于〈永州市卷烟零售点合理布局规划〉听证会公告》。1月15日，市局组织召开《永州市卷烟零售点合理布局规划》听证会，共有卷烟零售户代表、消费者代表、听证代表等28人参加听证，市政府职能

2008年1月15日，全市卷烟零售点合理布局规划听证会召开

部门、市人大、市政协8名代表列席会议，对听证会进行监督和见证。7月，市局下发《关于烟草专卖零售行政许可有关事宜的通知》，明确规定：从2008年10月1日起，烟草专卖零售许可证的申请、受理、许可文书应用及卷宗档案管理，统一按照省局《湖南省烟草专卖零售许可证申请与办理程序规定》和《关于烟草专卖零售许可文书和卷宗档案管理有关事宜的通知》文件执行。8—9月，永州市局根据《湖南省烟草专卖局办公室关于对烟草专卖零售许可证进行清理的通知》要求，对全市辖区内卷烟零售市场所有卷烟经营户的持证经营情况进行清理，加强烟草专卖零售许可证管理，夯实卷烟营销网建工作基础。9月18日，市局按照总量控制、公开公平、便民利民、先出后进、受理优先、照顾特殊群体的原则，制订并印发《永州市烟草卷烟零售点合理布局规划》，对全市卷烟零售点合理布局予以明确规定，规范全市卷烟市场流动秩序，有效配置卷烟市场资源。

2009年1月12日，市局召开烟草专卖许可证换发工作视频会

2009年，全市系统按照“坚持标准、依法行政、严格管理、逐步优化”的工作原则，开展零售许可证发放、清理及规范工作。1月8日，按照国家局《关于换发烟草专卖许可证的通知》精神，市局制定并发布《永州市烟草专卖局关于换发2008版烟草专卖零售许可证的通告》，通告明确：1. 烟草专卖零售许可证换发的范围为2004年1月1日至2008年12月31日永州市烟草专卖局及所辖县（区）烟草专卖局发放的烟草专卖零售许可证。2. 烟草专卖零售许可证换发从2009年1月10日起至2009年3月31日止；原2008年12月31日到期的2003版烟草专卖零售许可证有效期延至2009年3月31日。3. 冷水滩区烟草专卖零售许可证换发由永州市烟草专卖局负责办理，其他县（区）由当地烟草专卖局负责办理。4. 烟草专卖零售许可证换发不收取任何费用。5. 卷烟零售户领取新的烟草专卖零售许可证正、副本时，必须将原所持的2003版烟草专卖零售许可证正、副本交回发证机关。6. 永州市烟草专卖局及各县（区）烟草专卖局的办证工作应该依法行政，坚持公开民主、便民原则，为卷烟零售户提供上门服务。同月，市局出台《永州市烟草专卖局关于换发烟草专卖许可证工作实施方案》，成立以副局长刘名勤为组长的许可证换发工作领导小组，负责统一组织、协

调许可证换发工作。各县（区）局成立相应机构，由分管副局长牵头组织实施，制订具体实施方案，按照《永州市卷烟零售网点合理布局规划》要求，将换证和守法经营情况相结合，对持证者经营能力、经营水平、守法状况进行重新审查，对不具备经营条件的或多次被烟草专卖行政处罚的，严格依照《永州市烟草专卖零售许可证管理办法》规定执行，相应给予教育培训、暂停业务、整顿或者不再换发许可证等处理。同时，利用电视、广播等媒介宣传发动，使换证条件、有效期限让每一户卷烟经营户知晓，为换证工作营造良好的社会环境。是年，全市系统换发 2008 版零售许可证 19500 份，全面完成 2008 版零售许可证的换发任务，获得省局的通报表扬。

2010—2011 年，全市烟草系统城依据《烟草专卖许可管理办法》和《永州市卷烟合理布局规划》，对城区按照“坚持标准、依法行政、严格管理、逐步优化”的原则，对农村按照“坚持标准、适度扩网、同步延伸、管理到位”的原则，开展烟草专卖零售许可证换发、清理及规范工作。2010 年 7 月 30 日，市局举办《卷烟零售点合理布局规划》修正草案听证会，有零售户代表、消费者代表等 38 人参加听证，并提出建议和意见。2012 年，按照“坚持标准、改善结构、优化布局”的原则，采取调结构、控总量、“退一进一”、动态管理等方法，开展零售许可证的发放和管理工作，促进市场状态和社会需求和谐统一。截至 2012 年 12 月底，全市持证卷烟零售户 20298 户，其中城镇 11890 户，占城镇人口 0. 647%；农村 8408 户，占乡村人口 0. 25%。

2013 年，全市 2008 版烟草专卖零售许可证有效期届满，需依法办理延续审批手续，换发许可证。8 月 23 日，市局组织举办《永州市卷烟零售点合理布局规划》听证会，广泛征求社会各界的意见和建议。同月，市局出台《2013 年烟草专卖零售许可证换发工作实施方案》。各县（区）局成立换发证工作领导小组，通过调查摸底，结合实际，制订具体实施方案。祁阳县局在许可证换发期间，抽调人员开展上门服务，宣传政策，提高客户办证一次性审核过关率。东安

2013 年 10 月，市局烟草专卖办证服务窗口

县局每日由一名党组成员“坐镇”烟草服务中心，安排专人接待咨询，引导零售户办理许可证换发工作。零陵区局推行“四到位”（办证程序和法律宣传到位，客户基本情况摸排到位；客户情况汇总到位，认真审查把关到位）换发证工作措施。是年1—11月，全市换发烟草专卖零售许可证10085户，新办1668户，注销1755户，停业55户，责令暂停烟草专卖业务进行整顿287户。

2015年4月，全市系统按照“每户必查，每证必核”的原则，开展烟草专卖零售许可证管理专项检查，对查出的问题，分类处理，认真整改。11月，全市烟草专卖部门按照“简政放权、宽进严管”的工作要求，优化办证流程，提高行政效能，进一步压缩办理时限，将依法受理行政许可申请到作出行政许可决定的期限从20个工作日压缩至7个工作日；市局专卖科联合法规部门对办证所需材料进行重新审核，将原来由申请人提交的“经营门面照片”，改由市管员现场勘验时提取，减少申请材料，提高行政效率，提升群众满意度。同年，市局本级烟草专卖零售许可证办证窗口进驻市政府政务中心，道县、新田等县级局也相继将办证窗口搬至县政府政务中心，为群众提供优质、便捷、高效的烟草专卖零售许可证办理服务，全年新办烟草专卖零售许可证2119户、延续3321户，变更119户，注销2070户，停业53户，责令暂停烟草专卖业务进行整顿148户。是年12月底，全市系统共有持证卷烟零售户18830户，比2014年同期减少380户。其中，城镇发证11365户，占城镇人口的0.517%；农村发证7465户，占乡村人口的0.239%。

二、准运证

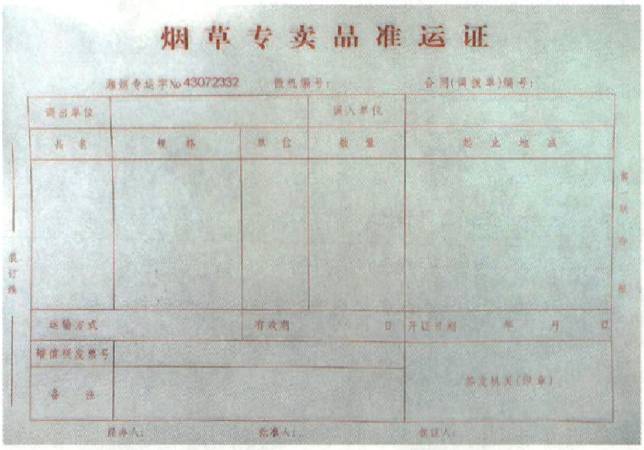

2003版烟草专卖品准运证

根据《烟草专卖法》及其实施条例规定，运输卷烟、雪茄烟、烟丝、复烤烟叶、烟叶、卷烟纸、滤嘴棒、烟用丝束、烟草专用机械等烟草专卖品，应当持有烟草专卖品准运证。烟草专卖品准运证是具有法律意义的证明文书，有无“证运证”是区分合法与非法运输的依据。

2004年11月，永州境内的市局和各县区局获得省局签发准运证的授权。同时，永州市局、宁远县局、新田县局、蓝山县局、江华县局、江永县局获得省局签发省内烟叶准运证的授权。2004年12月，永州市局执行省局印发《湖南省省内烟草专卖品准运证使用管理办法》，并要求各县（区）局组织学习，遵照执

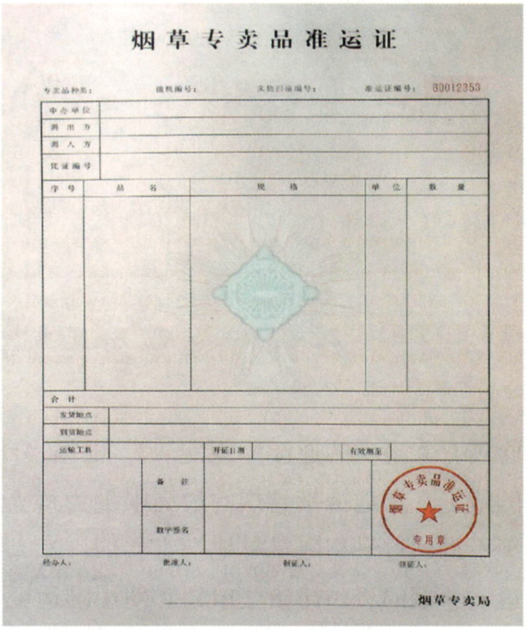

烟草专卖品准运证

专卖品种类： 微机编号： 实物扫描编号： 准运证编号： 60012353

申办单位	
调出方	
调入方	
凭证编号	

序号	品名	规格	单位	数量
合计				

发货地点					
到货地点					
运输工具		开证日期		有效期至	
	备注				
	数字签名				

烟草专卖品准运证专用章

经办人： 批准人： 制证人： 领证人：

烟草专卖局

2006 版烟草专卖品准运证

行。2005 年 9 月 7 日，永州市局执行国家局印发《关于实行准运证确认与实物扫码确认统一的卷烟到货确认制度的通知》，实行卷烟运输到货确认制度。

2006 年 7 月，根据国家局《关于启用 2006 版烟草专卖品准运证的通知》，永州境内自 2006 年 7 月 1 日起，运输卷烟、雪茄烟使用 2006 版准运证；运输烟叶、复烤烟叶、烟丝、卷烟纸、滤嘴棒、烟用丝束、烟草专用机械暂时使用 2000 版准运证。2006 版准运证为不分联的单证，大小与 A4 纸相同，使用激光打印机打印。同年，市局执行国家局《关于卷烟准运证实行统一管理的通知》规定：自 2006 年 7 月 1 日零时起，卷烟准运证不分省内、省际，统一纳入国家局升级后的准运证管理系统管理，并统一使用国家局印制下发的 2006 版准运证；自 2006 年 8 月 1 日零时起，省局准运证管理系统开具的卷烟准运证、手工开具的卷烟准运证无效；运输工商交易卷烟、商商交易卷烟、工业企业联营加工卷烟、退货卷烟，应开具准运证，收货方应同时进行实物信息和准运证信息确认；运输进出口卷烟、罚没拍卖卷烟、手卷雪茄烟、工商企业移库卷烟、补货或置换卷烟等，应开具准运证，收货方应进行准运证信息确认；运输品吸卷烟、新产品促销卷烟、检测用卷烟及其他非交易用烟，应开具准运证，申请单位对所运输卷烟的流向负责，不做到货确认；已实行卷烟统一配送的地区，配送卷烟不开准运证，配送单必须随货同行；卷烟配送需跨地区运输的，不开准运证，由毗邻地区协商管理办法；个人携带卷烟（雪茄烟）10 条以上的，必须开具“烟草专卖品个人携带证”。个人携带卷烟每人每次不得超过 50 条。企业运输品吸卷烟、新产品促销卷烟、检测用卷烟等，不得使用个人携带证。

2008 年 1 月 11 日，永州烟草执行《国家烟草专卖局关于规范异地携带卷烟管理和携带证使用的通知》，个人乘坐车、船、飞机等交通工具，跨地（市）携带卷烟的最高限量为每人次 1 万支（50 条），个人在最高限量以内携带卷烟，不需办理携带证明；卷烟工商企业的公务人员超过个人携带卷烟最高限量的，必须向烟草专卖局申请办理携带证，跨地（市）携带业务用烟的数量每人次不得超过 5 万支（250 条）；携带证由携带起始地的地（市）级烟草专卖局或地（市）级以上烟草

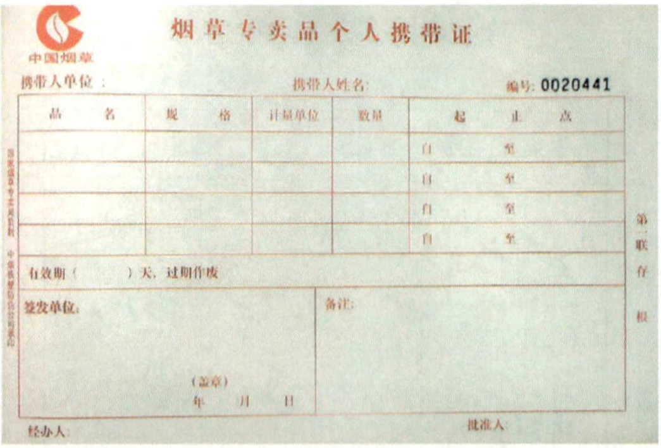
烟草专卖品个人携带证

中国烟草

携带人单位：　　携带人姓名：　　编号：0020441

品名	规格	计量单位	数量	起止点
				自　至
				自　至
				自　至
				自　至

有效期（　　）天，过期作废

签发单位：（盖章）年　月　日　　备注：

经办人：　　批准人：

第一联存根

烟草专卖品个人携带证

专卖局签发；携带证的有效期限，从签发之日起计算，最长不得超过 10 日。一份携带证只能签发给一名携带人；烟草专卖局对无携带证超过个人携带最高限量以及超过携带证规定数量异地携带卷烟的，参照对无准运证运输卷烟违法行为的处罚规定处理。

2013 年 12 月 1 日，市局执行《国家烟草专卖局关于调整异地携带卷烟管理有关事项的通知》规定：1. 根据《中华人民共和国烟草专卖法》第二十三条的规定，异地携带卷烟的最高限量为每人次 1 万支（50 条），公民、法人和其他组织不得超过最高限量异地携带卷烟；2. 卷烟生产经营企业超过最高限量异地携带、运输卷烟的，一律依法申领和使用准运证。3. 于 2008 年 1 月 11 日印发的《国家烟草专卖局关于规范异地携带卷烟管理和携带证使用的通知》（国烟专〔2008〕18 号）停止执行。是年，全市签发 2006 版烟叶准运证 1985 份；卷烟准运证 2106 份，全部由工业公司制证；签发 2003 版准运证签发 47 份，其中烟叶 39 份、物资 8 份；开具烟草专卖品个人携带证 1 份，携带卷烟 2 万支。

2014—2015 年，市局贯彻执行《湖南省省内烟草专卖品准运证使用管理办法》，在烟草专卖准运证的申办、签发、使用和管理中严格遵循合法原则，进一步规范烟草专卖品流通秩序。2014 年，共签发 2006 版烟叶准运证 1739 份，签发卷烟准运证 1552 份。2015 年，市局共签发 2006 版烟叶准运证 2615 份，签发卷烟准运证 2328 份。

三、行政执法证

烟草专卖执法证件是烟草专卖行政执法人员在辖区内履行专卖行政执法职责时出示的执法证件，是表明执法资格的凭证。全市烟草系统行政执法证主要有烟草专卖执法检查证和行政执法证两种，用作执行烟草专卖管理检查任务时的凭证。永州市局加强烟草专卖执法资格管理，组织专卖执法人员参加全省系统专卖执法资格考试，并经过市政府法制办组织的法律培训班培训、考核合格后，核发“行政执法监督证”和“行政执法证”，执法证每年年检一次。

2003 年 5 月 17 日，永州执行省局印发《关于换发烟草专卖检查证的通知》和《烟草专卖执法检查证管理办法》，规定新申请办理烟草专卖执法检查证的人员，必须是专职专卖管理人员，经过专门培训考核和行政执法专业培训考核合格，持有国家烟草专卖局组织考试的合格证明和当地法制部门核发的行政执法监督证、行政执法证，方可申办烟草执法检查证。烟草专卖执法检查证采取逐级申报、审核，由所在县级局填写“领取烟草专卖执法检查证申报表”，经市局审批同意后，将办证人员资料扫描存档，并将申请表、花名册等相关资料上报省局申报办理。烟草专卖执法检查证的换发坚持以旧换新的审核制度与程序，凡遗失烟草专卖执法检查证的，应及时上报省局作废，在市级以上报刊刊登遗失声明，进行补办手续。烟草专卖执法检查证的有效期为 3 年。

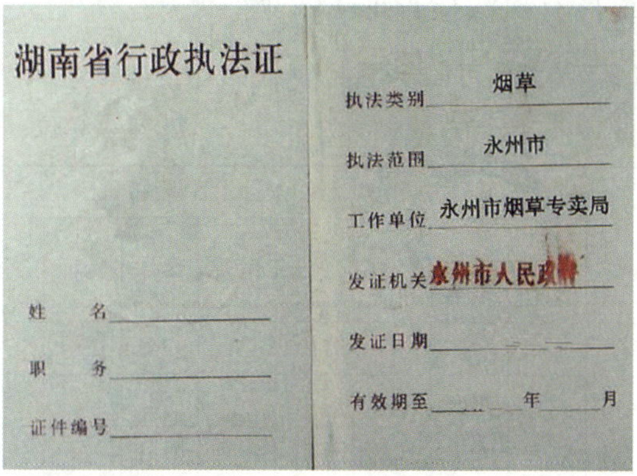

湖南省行政执法证

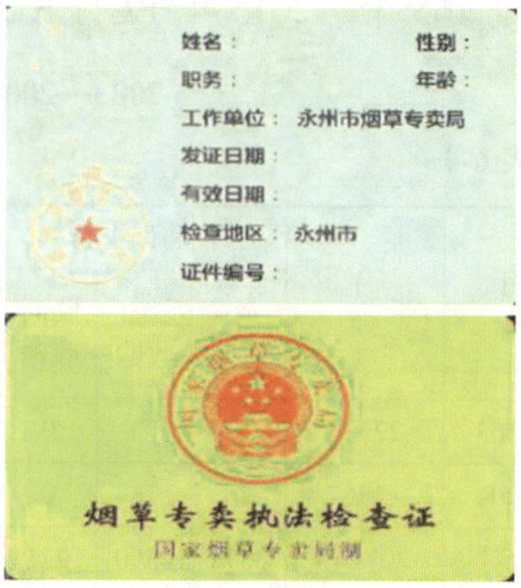

烟草专卖执法检查证

2004 年，国家统一取消所有非必要的行政执法制服。同年 7 月，为贯彻落实《国务院办公厅关于整顿统一着装的通知》及国家烟草专卖局下发《关于做好整顿统一着装工作的实施方案》，永州市局对 1999 年 9 月以来发放的标识和服装收回，停止使用。2005 年 6 月，全市烟草专卖执法人员开始佩戴新的“烟草专卖执法徽章”。

2008 年 10 月，永州市局执行国家局《烟草专卖执法检查证管理办法》（国烟专〔2008〕513 号），进一步明确烟草专卖执法检查证的申领、换领、补领、使用和管理，规范烟草专卖行政执法行为。

2012 年 3 月，根据国家局《关于加强烟草专卖执法检查证发放管理有关问题的通知》，永州市局开展专卖执法检查证发放、使用情况的清理自查工作。截至 2011 年 12 月 31 日，全市烟草系统共有在岗专卖管理人员 182 人，办理执法督察证 3 个，执法检查证 167 个，未办理执法

2012 年 7 月，宁远烟草专卖执法人员在例行检查前，按照文明执法要求向零售客户出示证件

检查证人员 12 人。

2014 年 12 月，永州市局根据省局《关于换发烟草专卖执法证件的通知》的要求，对 2009 年换发的烟草专卖执法检查证进行集中换发。12 月 23—25 日，市局对全市系统烟草专卖执法人员检查证、督察证持有情况进行清理，并将申领、换领、补领及注销证件的情况汇总，提交省局专卖处。全市系统新办检查证 33 个，换领 1 个，补领 3 个，注销 30 个。截至是年 12 月底，全市系统持有督察证 1 个、执法检查证 165 个。2015 年 12 月底，全市系统持有执法检查证 145 个。

2003—2004 年永州市烟草专卖许可证分类统计表

表 6-4　　单位：个

年份	合计	收购许可证			二级批发许可证	批发许可证				零售许可证				
		小计	系统内收购	临时收购		小计	系统内批发	委托批发	特种批发	小计	国营	集体	特种	个体
2003	27318	73	73	0	12	131	130	0	1	37102	21	34	9	27038
2004	12867	76	76	0	0	23	12	0	11	12768	1	53	0	12714
合计	207240	5511	4590	921	144	2143	1498	651	22	199374	1941	6151	166	191140

说明：表中数据来源于市烟草专卖局国烟报表

2005—2015 年永州市境内由国家、省烟草专卖局核发许可证统计表

表 6-5　　单位：个

年份	合计	国家局核发许可证					省局核发许可证			
		小计	生产企业	批发企业	批发经营企业	特种经营企业	小计	批发企业	特种经营企业	烟叶收购
2005	21366	5	2	1	1	1	94	10	10	74
2006	23591	5	2	1	1	1	91	10	10	71
2007	26476	5	2	1	1	1	86	10	10	66
2008	27237	5	2	1	1	1	85	10	10	65
2009	22996	5	2	1	1	1	80	10	10	60
2010	22614	5	2	1	1	1	72	10	10	52
2011	21091	5	2	1	1	1	72	10	10	52
2012	20374	5	2	1	1	1	71	10	10	51
2013	20384	5	2	1	1	1	74	10	10	54
2014	19288	4	2	1	1	0	74	10	10	54
2015	18902	4	2	1	1	0	68	10	0	48
合计	244319	53	22	11	11	9	867	110	110	647

说明：表中数据来源于市烟草专卖局国烟报表。2005 年因报表口径变化而分开列表

2005—2008 年永州市烟草专卖零售许可证发放情况统计表

表 6-6　　单位：个

年份	合计	国营	集体	个体	其他类型
2005	21267	17	37	21190	23
2006	23495	35	37	23381	42
2007	26385	38	34	26264	49
2008	27147	38	33	26450	51
合计	148164	150	228	137037	174

说明：表中数据来源于市烟草专卖局国烟报表

2009—2015 年永州市烟草专卖零售许可证发放情况统计表

表 6-7　　单位：个

年份	合计	食杂店	便利店	超市	商场	烟酒店	娱乐服务	其他类型
2009	22911	17199	184	75	0	2317	1485	1628
2010	22537	17066	155	72	0	2205	1391	1595
2011	21014	16093	178	84	0	2256	1343	986
2012	20298	15792	221	97	0	2122	1168	898
2013	20384	15906	262	117	1	1566	1042	1490
2014	19210	14380	295	135	1	1083	909	2407
2015	18830	14971	305	156	2	999	671	1726
合计	145184	111407	1600	736	4	12548	8009	10730

说明：表中数据来源于市烟草专卖局国烟报表

第二节　市场监管

一、烟叶市场监管

2003 年，市局加强烟叶收购、调拨等环节的专卖管理，批准设置烟叶收购站点 73 个，基本实现“一乡一站、以站收烟”的管理目标。各产烟县严格按合同收购烟叶，依法严厉打击烟叶流通领域的违法经营活动，收购秩序保持稳定。是年，全市系统共查获烟叶 113 吨、烟丝 80 吨。

2004 年，全市烟草系统按照“早动员、早部署、早介入”的思路，提前着手烟叶市场管理工作。4 月，在各县（区）局摸清烟叶贩子活动情况后，市局及时向市人民政府作专题汇报，并与产烟县人民政府商讨管理对策。5 月 31 日，市人民政府首次就烟叶市场管理召开专题工作会。会上，市委常委、市政府常务副市长崔永平对全市烟叶市场管理作安排部署，并提出“不收购外地一片烟叶，不让自己一片烟叶流失”的“两不”方针和“政府为主、驻村入户、秋后算账、奖惩兑现”的烟叶市场管理模式。随后，永州市局副局长徐招深和市政府有关领导专程到广西，与当地政府和烟草部门就烟叶收购工作协商洽谈，并签订相关协议，维护省际间毗邻地区正常的烟叶生产、收购秩序。6 月 3 日，湖南、广西两省（区）达成江永、江华、富川毗邻地区烟叶收购协议：1. 严格按照国家烟叶收购计划组织烟叶收购工作，严格按生产收购合同收购烟叶；2. 三方严格执行国家烟叶标准和收购价格政策，不压级压价，也不抬级抬价；3. 治理整顿好烟叶收购内部流通秩序，按照“看好自己的门、管好自己的人、收好自己的烟”的原则，杜绝烟叶外流，打击非法经营行为；4. 加强省际间毗邻地区烟叶收购监督检查工作，建立烟叶收购信息交流体系，互通情况；5. 加强专卖管理，联合打击扰乱烟叶收购秩序的违法违规行为。7 月 4 日，湖南与广东签订省际间毗邻地区烟叶收购协议，共同维护边界烟叶收购秩序。2004 年烟叶收购期间，蓝山县部分边界乡镇烟叶收购工作受阻。市人民政府、市烟草专卖局派人赴蓝山县现场办公，并请求省局专卖处出面协调与郴州嘉禾、临武的关系，及时取缔不法烟贩在嘉禾、临武与蓝山交界设立的两个非法烟叶收购点。同时，市局从北面 5 个县（区）局抽调 15 名精干专卖执法人员进驻蓝山县产烟乡镇，协助开展烟叶市场管理。是年，全市烟草系统查获烟叶 47.06 吨、烟丝 17.96 吨。

2005—2006 年，各产烟县人民政府牵头，组织成立由烟草、公安、工商等部门组成的烟叶市场管理工作组，对辖区内的烟叶贩子开展全面摸底排查，并对重点人员进行诫勉谈话、跟踪管理和严密监控。在收购期间，各县（区）烟叶市场管理工作组对辖区内烟叶收购情况采取全天候监控，严防死守，烟叶收购秩序平稳。2005 年 8 月 29 日，永州市局下发《关于进一步维护烟叶收购工作秩序的紧急通知》，要

2006 年 9 月 8 日，宁远县局查获一起无证运输烟叶案件

求各县（区）局：1. 严格执行国家烟叶的专卖管理规定和烟叶收购政策，严格执行烟叶收购工作《七条要求》和《五条纪律》；2. 依靠当地党委、政府，充分发挥市场管理领导小组的职能和作用，形成覆盖县（区）、乡（镇）、村三级的管理网络，抓好烟叶收购市场的监督管理；3. 联合公、检、法及工商部门严厉打击违法违规收购烟叶行为，对违法违规收购烟叶性质严重、影响较大且构成犯罪的，要依法追究其刑事责任；4. 开展“秋后算账”行动，加强对烟叶市场的清理整顿工作，专卖稽查人员要进村入户，发动群众，查清烟叶贩子的违法违规事实，对烟叶贩子的购销网络实行一网打尽。2006 年 9 月 8 日，宁远县局查处一起无证运输烟叶案件，罚款 1.4 万元，对烟贩予以沉重打击。是年，全市共查获烟叶 52 吨、烟丝 14 吨。

2007—2008 年，全市烟草系统按照“早介入、抓苗头、防重点、严控制”的原则，进一步理顺和创新烟叶市场监管机制，提出“四早、三严、两协调”（即安排部署早、机构组建早、宣传教育早、市场介入早；严肃收购纪律、严厉查处内部违纪违规行为、严厉打击扰乱烟叶市场秩序违法犯罪活动；协调边界烟叶收购工作、协调烟农关系）的方法，防治烟贩搅乱烟叶收购市场秩序。2007 年 6 月，永州与郴州、广西贺州分别召开边界烟叶市场管理协调会，签订加强市场管理、共同打击烟贩的边界协议。收购期间，各边境产烟县加强边界乡镇烟叶市场管理，防止烟叶外流。2007 年，根据省局《关于永州市烟草专卖局销毁报废烟叶的批复》，永州市局指派专卖管理人员监督各烟叶产区营销部销毁报废烟叶 31981.9 千克。2008 年 6 月，永州与广西贺州举行边界烟叶收购协调会。会后，永州、贺州两地首次实行互派市场管理联络员和质量检查员，共同加强边界烟叶市场监管，维护烟叶收购秩序。

2009 年 6 月 18—19 日，永州市局与广西贺州市烟草专卖局在冷水滩召开烟叶收购边界座谈会，对 2009 年度双方边界烟叶收购和烟叶市场管理工作进行协商，并签署《2009 年度烟叶收购边界协议书》。在收购期间，永州市局通过发布通告和印发《致烟农的一封信》，向烟

2009 年 6 月 19 日，永州与广西贺州召开烟叶收购边界协调会

农群众进行广泛宣传，对烟贩全面排查和教育说服，并逐户掌握烟农种、烤、交、存烟情况。各县烟叶市场管理领导小组制定工作方案，由政府牵头层层签订责任状，落实工作责任。烟草联合交警、林业、畜牧水产等部门严把运输环节关，严厉打击非法烟叶运输，确保烟叶不流入制假窝点。2009 年，是历年来边界烟叶收购秩序最为平稳的一年。2009—2012 年，全市累计查获烟叶 23.64 吨、烟丝 8.55 吨。

2013—2014 年，各产烟县烟草专卖局根据《湖南省烟草专卖局办公室关于进一步加强全省烟叶市场监管的通知》，积极联合与当地公安、工商、交通运行等部门，对辖区内烟叶市场开展巡查监管，严厉打击非法收购、运输、倒买、倒卖烟叶等行为，全市烟草系统累计查获烟叶 10.1 吨、烟丝 124.3 吨。

2015 年，永州市局突出源头打假，严厉打击非法经营烟叶行为。各产烟县局加强对烟叶的监管，打击非法运输、仓储烟叶和烟丝活动，防止各类烟用原辅料流入地下制假窝点。是年，全市查获烟叶烟丝案件 56 起，罚没烟丝、烟叶 81.84 吨。新田县局会同司法部门破获 1 起非法经营烟叶案，查获烟叶 11.15 吨，涉案金额 109 万元，该案共刑拘 4 人，批捕 4 人，达到国标网络案标准。宁远县局联合县公安局查获肖某等人非法经营烟叶案，共查获烟叶 23.78 吨，刑事拘留 2 人。蓝山县局查获 2 起非法运输烟叶案，查获烟叶 46.15 吨。

二、卷烟市场监管

（一）卷烟打假打私

2003 年，全市系统烟草专卖工作按照“主动出击、严防死守、打防结合、巩固成果”的指导思想，保持卷烟打假高压态势，巩固宁远禾亭卷烟打假成果，严防死灰复燃。全市烟草部门积极向地方政府汇报，争取政府重视和支持。市、县两级政府把卷烟打假工作纳入政府工作议事日程，层层签订卷烟打假责任状，并对卷烟打假工作实行一票否决制。同时，全市烟草部门与当地公安、质监等部门建立

2003 年 10 月，祁阳县局在制假窝点查获的烟机

联合打假的协作机制，确保联合打假工作制度化和常态化。其中，宁远县从公安部门抽调两名公安干警常驻县烟草专卖局，并组成20人的“禾亭打假大队”持续开展卷烟打假宣传、巡查及监控工作。3月22日，宁远县局接群众举报后，联合县公安局迅速集结50人，在宁远县仁和镇白马村查获一台散装的JY14-23卷接机组。10月22日，祁阳县局会同公安部门，出动人员113人、车辆41台，在制假窝点现场查获YJ14制烟机2台（套）、滚筒式炒烟丝机2台、大小电机7台，查扣运输假冒卷烟车辆1台，查获制假烟丝8000余千克、成品卷烟559件、水松纸30箱、卷接纸103盘。是年，全市共出动卷烟打假人员6162人次，查处假冒卷烟案件223起，查获假冒卷烟5569件，取缔制假窝点13个、贩藏假烟窝点9个，收缴制假卷烟机12台、接嘴机12台、3000型包装机2台、土造电动卷接包机械2台、其他制假设备11台，没收制假卷烟纸15吨、滤嘴棒817万支、假冒商标标识9.17万张，销毁假冒卷烟7081件，4名卷烟制假分子被依法追究刑事责任，2名卷烟制假分子被劳动教养。

2004年，全市烟草专卖管理部门保持卷烟打假高压态势，坚持露头就打的原则。1月6日，芝山区烟草专卖局联合公安部门在芝山区珠山镇新宅里乡取缔一个制假窝点，收缴制假卷烟机1台（套）。5月30日，市烟草专卖局联合市公安局技侦支队对祁阳县文明铺镇制假案件开展两个余月的跟踪侦查，采取先打“人”、后打窝点的策略，一举抓获涉假犯罪嫌疑人11人，收缴制假卷烟机2台（套）。5月27日，与郴州市烟草专卖局联手在嘉禾县塘村镇清水村捣毁一个制售烟丝窝点，收缴制丝电动设备12台、膨化机1台以及一批原辅材料。同年，“禾亭打假大队”对原制假重点村实行户籍化管理和重点监控；禾亭镇政府与原7个制假重点村签订卷烟打假责任书；经当地政府和烟草部门的“一对一”帮扶教育，30户重点监控人员自主转行，签订卷烟打假保证书，主动上交手工制假工具20余套。2004年12月，市烟草专卖局、市公安局

2004年3月1日，市局副局长徐招深（中）与放弃卷烟制假成为种烟能手的宁远烟农黄海旺交谈

成立联合开展今冬明春严厉打击制售假冒伪劣卷烟违法犯罪活动的专项行动领导小组，领导小组下设办公室于市烟草专卖局稽查支队，下发《关于开展今冬明春严厉打击制售假冒伪劣卷烟违法犯罪活动专项行动的工作方案》。各县（区）烟草专卖局与公安局完善联合打假协作机制，制定打击行动方案，严厉打击公开摆卖假烟、走私烟、非法流入卷烟，遏制农村市场烟丝加工作坊、白包烟的泛滥，重点打击制假窝点、制售假烟网络。是年，全市共出动卷烟打假人员4909人次，查处假冒卷烟案件102起，查获假冒卷烟4493.4件，取缔机械制假窝点4个，收缴制假卷烟机7台、接嘴机6台，没收制假烟叶3.9吨、烟丝15.95吨，销毁假冒卷烟6865件，抓获犯罪嫌疑人12人。

2005年，市局以打击制售假烟网络作为专卖管理工作重点，争取地方党委政府支持，联合公安部门开展打击制售假烟网络。5月25日，市人民政府组织召开全市整顿和规范烟草市场秩序暨卷烟打假工作会议。会上，市政府与各县（区）政府签订以卷烟打假为重点的整顿和规范烟草市场秩序目标责任书，市烟草专卖局与各县（区）局签订卷烟打假目标责任书，进一步强化和落实各级政府和职能部门的职责和责任。8月，市烟草专卖局、市公安局出台《永州市打击制售假烟网络实施方案》，并成立打击制售假烟网络领导小组，领导小组下设办公室于市烟草专卖局专卖稽查支队，负责组织、协调全市打击销售假烟网络工作，并抽调业务骨干，专职收集、汇总、分析有关案件线索，指导各县（区）打击销售假烟网络工作。10月10日，市局联合市公、检、法等部门下发《关于建立烟草制品打假协作机制的意见》，成立永州市烟草制品打假协作领导小组，下设办公室于市烟草专卖局专卖监督管理科。市烟草制品打假协作领导小组每半年定期召开一次联席会议，督促、指导大要案件和疑难案件的查办；分析烟草制品打假工作中遇到的困难和问题；研究适用法律问题及解决办法；通报和总结烟草制品打假工作开展情况，部署打假工作。是年，全市专卖管理人员查处机械制假、售假烟窝点9个，查获假冒卷烟819.88万支，查扣烟机12台，抓获制售假烟人员29人。

2006—2008年，全市烟草系统与公、检、法等部门建立和完善卷烟联合打假协作机制，定期召开联席会议，研究打假形势，分析具体案情，共同安排部署工作，形成齐抓共管、严厉打击的工作格局。2006年3月7日，永州市局下发《关于开展卷烟市场清理整顿及打击制售假冒卷烟紧急行动的通知》，要求各县（区）局以“3·15”消费者维权日活动为契机，与当地公安、工商、质量技术监督等部门协调配合，开展一次卷烟市场清理整顿及打击制售假冒卷烟专项行动。2006年，市局探索专卖执法与刑事司法的有机衔接，对查获的制售假烟案件，及时向检察、法院汇报，争取司法机关对卷烟制假、售假犯罪分子依法予以从快、从重打击，确保在

"打窝破网"的同时，实现"打假要打人"的目标，提高卷烟打假工作质量。2007年6月25日，市局从四条半假烟的小案着手，经过两个月的精心组织，于同年9月破获一起案值达206万元的卷烟售假网络案，涉案人员51人，3人被提起公诉。2008年4月21日，为有效打击制售假冒卷烟违法犯罪活动，市烟草专卖局、市局公安局联合成立卷烟打假协作小组。是年，全市共查处假烟案件265起，查获假冒卷烟3028.57万支，取缔制售假烟窝点1个，查获各类制假烟机设备10台，拘留10人，逮捕6人，判刑7人，其中查处国家局标准网络案1起、市级标准网络案6起。

2009年7月21日，全市卷烟打假总结表彰大会召开

2009年，全市烟草专卖管理部门以打假破网工作为突破口，按照"突出重点、分类管理"的方法，实现"日常监管、分类监管、错时监管、及时监督"有机结合，提升服务和监管水平。全市健全和完善卷烟打假协作机制，搭建市、县两级烟草专卖局与公安、检察、法院、工商等部门的联合执法平台，开展"猎鹰"专项行动，蓝山县、零陵区烟草专卖局分别破获一起国家局标准的网络案。7月8日，宁远县局公开销毁假冒"芙蓉王""芙蓉""白沙"系列卷烟490万支，标值226万余元。是年，全市查获假冒卷烟2330.49万支；查获各类制假烟机2台；滤嘴棒（纸）1.5吨；查获符合国家局标准的售假网络案3起，省局标准网络1起，市级标准网络案8起；拘留16人，逮捕9人，判刑7人。

2010年，市局按照"标本兼治、重在治本、破网追刑"的工作方针，以查处、打击涉烟网络案件与市场检查、清理整顿相结合，促进烟草市场健康有序发展，出台《永州市烟草专卖局2010年度打击涉烟网络案件总体实施工作方案》。全市专卖管理人员结合卷烟市场实际情况，充分利用打假情报网络和情报信息人员，寻求"打假破网"的突破口，着力查办制售假烟网络案件。是年，全市共破获卷烟售假网络案10起，其中国家局标准2起、省局标准1起、市局标准7起。

2011年，根据国家工商行政总局、国家质量监督检查检疫总局、国家烟草专卖局、公安部联合印发《关于印发〈打击假冒卷烟和规范烟草市场专项行动工作方

2011 年 6 月 10 日，永州烟草专卖执法人员联合公安部门抓获卷烟制假分子

案〉的通知》，市局党组及时研究部署，并专题向市人民政府汇报。市人民政府调整了整顿和规范烟草市场秩序领导小组，进一步完善“政府主导、部门参与、各方联动、烟草主动”的协作机制，加强对烟草市场管理工作的领导。9 月 1 日，市人民政府印发《关于打击假冒卷烟规范烟草市场秩序的通告》，进一步规范烟草市场秩序，维护国家利益和消费者利益。9 月 5 日，市局出台《永州市烟草专卖局关于开展打击假冒卷烟和规范烟草市场秩序专项行动实施方案》。随后，各县（区）局建立健全烟草市场管理领导和协调机制，在辖区内按照“打击一户、震慑一批、教育一片”的原则对典型案件开展宣传教育，围绕卷烟经营重点场所、物流环节、运输交通要道及关口等重点区域，打击制售假冒卷烟、走私烟及非法流通卷烟的窝点团伙及网络。是年，全市共出动卷烟打假人员 14426 人次，查处假冒卷烟案件 310 起，其中破获符合国标网络案件 3 起；查获假冒卷烟 1984.84 万支；刑事拘留涉烟案件犯罪嫌疑人 8 人，逮捕 6 人，判刑 6 人。

2012 年 5 月，市局联合公安部门召开全市卷烟打假工作会

2012 年，全市系统把“端窝点、断源头、破网络、抓主犯”作为卷烟打假工作重点，认真分析制售假烟活动的情况和特点，以稳、准、狠的方针打击假售假烟违法犯罪活动。5 月，新田县局分别与公安、工商部门召开卷烟市场综合治理联席会议，签订《关于清理整治烟草市场及打假打网络联合执法的协

议》和《关于整治烟草市场、优化两烟生产经营环境的协议》，制定《查处网络案件工作方案》。祁阳县局与县公安局签署协议，由治安大队指派1名干警常驻烟草，并根据需要随时增派力量协助办案，为联合整治烟草市场提供机制保障。东安县局采取“错时制”的打假打私工作方法，工作日与节假日实行轮休，以日夜不停的方式突击搜集有价值的案件线索，灵活机动开展卷烟打假工作。是年，全市系统公开销毁假冒卷烟900余万支，标值达816万元。

2013年，全市专卖部门加大对辖区卷烟制售假案件的排查力度，充分利用公安部门技侦优势，打击制售假烟的违法行为。8月27日，永州市烟草专卖局、市中级人民法院组织召开全市涉烟犯罪案件审批工作会议，总结全市卷烟打假追刑工作情况，专题部署严厉打击涉烟犯罪活动，进一步完善行政执法与刑事司法的衔接协调机制。同时，市局专卖科对各县区卷烟打假工作进行督促指导和组织协调，促进各县区的办案水平和“打假破网”能力。在侦办蓝山“6·26”非法生产、销售烟丝网络案过程中，市县两级烟草、公安联合出击，成立市县两级联合办案专案组，为案件破获提供有力的队伍保障；在江永县“李某某、卢某某等人销售假冒卷烟网络案”的侦办过程中，专卖科指派专人跟踪指导经营该案，使这起陷入死局的案件成功侦破，并从中经营出另一起国标网络案。是年，全市系统假烟网络侦办工作取得历史性突破，共破获国家标准假烟网络案7起，其中江永县局破获3起。

2013年3月15日，市局副局长阳天和（左一）指挥销毁假冒卷烟活动

2014年，全市烟草系统保持打假打私高压态势，充分发挥烟草与公安、工商等部门联合打假长效机制作用，加强烟草专卖执法与刑事司法的衔接，突出“端窝点、断源头、破网络、抓主犯”工作重点，通过摸排分析、深查深挖、指导督办、打私破网等举措，提升经营案件能力、侦破案中案能力。全市共查处假烟案件188起，查获假冒卷烟1005.35万支；拘留62人，批捕49人，判刑7人；破获制售假烟国标网络案10起，完成公安部、国家局督办案件1起。是年，永州市局被省局、省公安厅授予“全省卷烟打假工作特殊贡献奖”。

2015 年 4 月，市局获“全省卷烟打假工作特殊贡献奖”

2015 年，全市系统专卖部门深化与公、检、法等部门协作配合，注重源头打假，畅通协作机制，强化指导督办，共享情报信息，有效打击假、私烟案件。市局定期组织召开重大案情分析会、网络案督办会，通过交流信息情报、案件线索，分析制售假烟动态趋势。3 月 13 日，永州市局在东安县芦洪市镇举行公开销毁假冒卷烟活动，共销毁假冒卷烟 1600 万支，涉及 20 余个品牌，标值 1200 余万元。7 月，市局本级在办理周某等人销售假烟网络案过程中，发现该案的上线王某与零陵区局办理的吕某等人销售假烟网络案有交集。市烟草专卖局与市公安局统一协调，将两起案件串并经营，并在冷水滩、零陵、广东、福建 4 地同时起网，两起案件均达到国标网络案标准，既节约办案成本，又提高破网效率。10 月，祁阳县局联合公、检、法等部门，召开重大案件联席会议，解决调查取证的关键难题，成功破获全市首起互联网售假国标网络案件，查明涉案人员 80 余人、涉案金额 222.5 万元，刑拘并批捕犯罪嫌疑人 4 人，为全市办理互联网涉烟案件积累宝贵经验。2015 年，全市系统共查处假、私烟案件 180 起，其中破获国标网络案 8 起；查获假烟 226.8 万支、走私烟 9.69 万支；刑事拘留涉烟犯罪嫌疑人 52 人、逮捕 35 人、判刑 17 人。是年，永州市局再次获得“全省卷烟打假工作特殊贡献奖”。

（二）市场综合治理

2003 年，永州市局围绕新一轮专卖管理“三年阶段性目标”要求，探索烟草市场管理模式，促进专卖管理水平。3 月中旬，冷水滩区专卖稽查大队联合工商部门召开清理取缔无证户联席会议，在城区开展卷烟零售户专项整治。3 月 18 日，芝山区人民政府组织区烟草、工商、公安、城管等部门召开清理整顿卷烟无证经营户联席会议，部署市场清理整顿工作。随后，市局转发冷水滩、芝山两区的联席会会议纪要，要求各县局结合本地卷烟零售市场实际，争取当地党委政府支持，联合当地工商、公安、城管等执法部门，对辖区卷烟零售市场开展整顿和规范，并建立长期协作的管理机制。4 月，永州市局借鉴上海烟草市场管理经验，制订《永州市烟草市场社区化管理实施方案（试行）》，并在芝山、冷水滩两个区开展专卖社区管理试点，再向全市推广铺开。在试行阶段，永州市局向市政府汇报，取得市政府领导的重视和支持。市政府主管副秘书长率市整顿办领导数次赴芝山、冷水滩两区调研指导工作。芝山、冷水滩两区人民政府把烟草专卖社区化管理工作纳入政府工作议事日程，组织工商、公安、城管、质检、各街道办事处等部门召开有关烟草专卖社区化管理工作专题会议，成立烟草专卖社区化管理工作领导小组，制定并印发烟草专卖社区化管理实施方案和有关社区化管理文件。各街道办事处成立烟草专卖社区化管理工作办公室，与烟草部门签订工作协议，实行工作目标责任制，并在各社区居委会建立专卖信息员监管网络。6月，市人民政府分管副秘书长率市烤烟办及芝山、冷水滩区政府等有关人员，赴郴州、杭州、上海等地考察学习整顿规范烟草市场秩序和社区化管理经验。考察学习后，永州市成立以常务副市长崔永平为组长、市直各职能部门负责人为成员的整顿和规范烟草市场领导小组，并下发《永州市整顿和规范烟草市场秩序实施方案》《永州市卷烟零售管理办法》《永州市人民政府关于整顿和规范烟草市场秩序的通告》等文件。8月25日，市整顿办负责人就整顿和规范烟草市场秩序工作举行答记者问。8月27日，市政府组织召开各县（区）政府主管领导参加的全市整顿和规范烟草市场秩序工作会，常务副市长崔永平就整顿和规范烟草市场秩序作动员部署。会后，各县（区）成立相应机构，开展烟草市场专项整治工作，实现烟草专卖管理由部门行为转变成政府行为。

2004—2005年，全市系统开展整顿和规范烟草市场秩序专项行动，推行烟草专卖诚信等级管理模式。2004年，江华县局联合公安等部门对手工卷烟摆卖行为包抄清缴，轮流监管，对城区各街道实行地毯式摸查和整治；祁阳县整顿办牵头，组成联合执法队伍，对重点乡镇开展集中整治；冷水滩稽查大队在驻烟草工商执勤室的协助下，对辖区宾馆、酒楼无证经营和销售非法卷烟行为进行整顿和规范。同时，永州市局在芝山、冷水滩两区烟草专卖社区化管理工作试点的基础上，探索推行烟草专卖诚信等级管理模式，构建诚信等级服务的考核评价机制。6月，市局组织各县（区）局主管专卖副局长、专卖办主任，分两组赴江苏如皋市和山东枣庄市烟草专卖局考察学习诚信等级管理经验。2005年，永州全面推行“双向承诺、计分考核、分类管理、星际服务、专销结合”的卷烟零售户诚信等级管理模式，印发《诚信等级管理宣传资料汇编》小册子2.2万份，通过政务广场、零售户座谈会、宣传栏、新闻媒体等形式，促进卷烟零售户及社会各界对诚信等级管理的理解和支持。通过实施诚信等级管理，全市烟草系统取得“三升一降”的效果：即销量上升，全市卷烟销量较上年增长7.7%；行业效益上升，卷烟综合毛利率较上年净增1.62%；零售户获利空间上升，零售户平均获利10%左右，市场发案率降低。11月29日，市局出台《永州市清理整顿烟草市场专项行动实施方案》，各县（区）局按照宣传发动、清理整顿、巩固提高3个阶段，对重点辖区、重点市场开展专项整治，打击制售假冒卷烟网络违法犯罪活动，强化卷烟市场日常监管及零售户诚信等级管理，对无证经营进行全面清理和取缔。其中，蓝山县局联合工商、公安在全县范围内开展拉网式清理整顿，效果明显；新田县局召开60户卷烟零售户座谈会，广泛听取卷烟零售户意见，发动卷烟零售户积极参与市场整治工作；江华县局通过调查摸底，对21户烟丝、手工卷烟制售人员建立台账，进行一对一帮教，促使5户停业，11户转行。

2007年10月，市局副局长刘名勤（左二）调研卷烟市场

2006年4月15日，永州市局联合市工商部门出台《关于取缔卷烟无证照经营工作实施方案》，并成立永州市取缔卷烟无证经营工作领导小组，定期召开烟草、工商联席会议，加强对卷烟无证经营的管理，规范烟草市场秩序，维护国家利益和广大卷烟零售户利益。4月20—30日，各县（区）烟草、工商部门成立相应机构，按照调查摸底扩网办证、取缔两个阶段，开展一次卷烟无证经营全面调查摸底，对无证经营户的基本情况登记造册并建档两份（工商、烟草各一份），对符合办证条件的城乡经营户及时补办烟草专卖零售许可证，对不符合条件的城乡卷烟经营户，将其档案汇总后移送当地工商行政管理部门，由工商行政管理部门依法予以取缔。全市共摸底无证户2316户，其中符合办证条件的967户；办证498户，清理取缔1335户，无证经营现象得到遏制。同年，永州市局按照《湖南省卷烟专卖营销管理信息系统应用规范》，制订《永州市烟草专卖局专卖管理信息系统应用规范》，为全市专卖网络建设提供制度保障。是年，全市烟草专卖网建工作通过省局验收。

2007—2008年，全市烟草系统寓管理于服务，探索创新烟草专卖管理模式。2007年1月，市局下发《进一步整合市管员和客户经理工作职责的实施意见》，提升客户服务和市场管理水平，规范烟草市场秩序。市管员在走访过程中，注重收集片区相关动态信息，把各类信息进行分类处理，优化市场服务功能。市管员自带钉子、锤子，解决一批亮证经营方面的问题，对偏远农村零售户实行送证上门服务；对符合条件的无证户，鼓励其申请办证；对不符合办证条件的无证户，坚决予以取缔。4月，全市烟草系统联合工商部门对全市卷烟经营户进行摸底汇总，全市共摸底无证户2429户，符合办证条件的1034户，清理取缔1395户，各类违法卷烟经营现象得到有效遏制。是年，各县（区）局建立由公安、工商、烟草、城管等部门组成的联合执法队伍，坚持全面清理与重点整治相结合，地毯式清理与日常监管相结合，先后开展3次清理整顿卷烟市场秩序专项行动，其中“中秋、国庆”两节期间专项清理整顿行动就取缔无证经营385户，查获“假、非”卷烟328.7万支。2008年，永州市局以本级与冷水滩稽查大队业务整合为契机，围绕专卖管理工作创新管理理念、市场管理机制、市场管理模式等内容，开展服务型管理，整合市管员、稽查员工作职责，不再单设市管员或稽查员，实行分片管理、单独考核，将卷烟零售客户细分为5个类型，实行差异化管理，采取错时检查的方式，加强对重点客户、重点区域的检查，正确处理“露头就打”与“案件经营”的关系。同时，全市建立烟草“110”快速反应机制，协同消费者委员会和基层公安积极化解“消费侵权”“调包”等“涉烟”社会矛盾。

2009年8月，永州市局执行国家烟草专卖局、工业和信息化部、公安部、国家工商行政管理总局联合下发的《关于严厉打击利用互联网等信息网络非法经营烟草专卖品的通告》，主动联系有关部门，建立联合打击机制，密切关注利用互联网等信息网络非法经营烟草专卖品的动向，坚持露头就打，严厉打击利用互联网等信息网络非法经营烟草专卖品的违法犯罪活动，维护好全市烟草市场秩序。9月18日，为进一步规范烟草市场流通秩序，市局与工商部门联合成立烟草市场综合治理领导小组，领导小组办公室设于市烟草专卖局专卖科，负责全市烟草市场综合治理工作的组织、指挥、协调和检查考核工作，并联合下发《关于加强烟草市场综合治理工作的意见》。随后，各县（区）烟草专卖局联合工商行政管理局，建立联席会议制度、案件查办协作通报制度、工商与烟草部门的疑难个案联动查处等协作机制，坚持专项行动与日常监管相结合，全面治理无证无照行为，配合公安部门打击制售假烟网络、走私烟网络、非法经营卷烟网络活动，进一步规范烟草市场流动秩序。12月16日，市局出台《永州市烟草专卖局今冬明春集中清理整顿“两烟”市场专项行动工作方案》。各县（区）局按照“毫不放松、守土有责、巩固成果、严防反弹”的工作方针，于2009年12月1日至2010年3月31日在辖区开展集中清理整顿烟草市场专项行动，整治卷烟零售市场秩序，遏制卷烟制假活动以及打击非法运输烟草专卖品等违法犯罪活动。

2010年，市局提出构建“以我为主、多方协作、联动便捷、考核有力”的多元化市场监管模式目标，遵循“属地管理、分片包干、责任到人”的原则，抓住重点客户、重点区域，实行分类监管，提升专卖管理工作整体水平。4月20日至7月

2010年1月，全市烟草部门联合工商部门开展取缔无证经营专项行动

31日，全市开展卷烟市场“百日整治”专项行动，共出动打假3078人次，查获卷烟总案值400万余元；查获案件125起，其中案值50万元以上案件2起；查获各类违规卷烟1362万支，其中假冒卷烟886万支，刑拘涉烟犯罪人员12人，批捕4人，有力打击了卷烟制售假和非法贩运、无序流动等违法行为。9月15日至10月10日，永州市局在全市范围开展“中秋”“国庆”节日期间卷烟市场治理整顿活动，共查处违法经营卷烟案件75起，查获回流卷烟208.59万支，手工卷烟23.6万支，烟丝399千克。是年，全市共取缔无证户642户、清理注销非法使用许可证1176份。

2011年2月，永州市局探索市场监管新模式，在全市系统推行“五统一市场监管工作法”（统一市场管理流程、统一监管工作内容、统一执法行为规范、统一信息反馈途径、统一系统维护标准），促进专卖管理工作规范化、标准化、精细化，提升卷烟市场净化率。4月25日，市烟草专卖局、市工商行政管理局联合下发《2011年全市烟草市场综合治理工作方案》《2011年全市烟草市场综合治理工作考核实施办法》，进一步明确治理重点，增强烟草市场综合治理工作合力。4月26日，市烟草专卖局、市工商行政管理局联合召开全市烟草市场综合治理工作会议，传达全省烟草市场综合治理工作会议精神，安排部署全市烟草市场综合管理工作，并要求全市烟草系统联合工商部门按照“一清、二建、三取、四核”（即清查辖区内无证经营户并造册登记，以

2011年4月11日，召开全市烟草市场综合治理工作会议

县（区）为单位建立取缔档案，按照法定职责和程序依法取缔，由工商、烟草联合对取缔情况进行检查考核）的步骤和方法，开展无证户取缔工作。5—12月，全市工商部门共下发整改通知书741份，下发处罚决定书161份，取缔无证经营卷烟户524户。同年，永州市局借鉴岳阳县局“六无示范一条街”（“六无”即无假烟、无走私烟、无非法渠道购进卷烟、无无证经营、无不规范执法、无不规范服务）创建经验，全面推行“135工作法”和市场监管“五统一工作法”，推进精细管理和精准营销，充分发挥卷烟经营者协会的规范自律作用，创建卷烟零售终端规范守法经营示范店。是年，全市创建首批卷烟零售守法经营示范店73家，起到良好的示范带动效果。

2012—2013年，市烟草专卖局与工商、公安、质监部门建立卷烟市场综合治理联席会议制度，不断巩固“地方政府总负责、职能部门相互配合、各方联合行动”的工作格局。2012年5月11日，市烟草专卖局与市工商行政管理局联合召开全市烟草市场综合治理会议，明确以“12313”与“12315”申诉举报电话协同配合为平台，实现市场监管和举报投诉的快速响应，增强烟草市场综合治理合力。各县（区）局与公安、工商分别签订《关于清理整治烟草市场及打假打网络联合执法的协议》《关于整治烟草市场、优化两烟生产经营环境的协议》，为联合整治烟草市场提供制度和机制保障。

2014年7月23日，市局联合工商部门召开全市取缔卷烟无证经营户联席会

2014年1月1日，市烟草专卖局与市工商行政管理局签订《清理整顿卷烟市场协议》，协议明确市烟草专卖局、市工商行政管理局在清理整顿卷烟市场中的主要工作职责，完善联合清理整顿卷烟市场工作机制，联合清理整顿卷烟市场，规范全市烟草市场秩序。2014年7月，为科学配置卷烟市场，合理布局卷烟经营零售点，永州市局根据烟草专卖法等相关法律法规及规范性文件，对2013年制定的《永州市烟草制品零售点合理布局规划》进行修订，形成新的《永州市烟草制品零售点合理布局规划》，并在市人民政府法制办备案。2014年，全市烟草专卖部门严格执行

日常监管痕迹化管理，推行使用《市场监管记录本》，明确市场检查目的和内容，解决日常监管工作走过场问题；对持证零售户实行分类管理，按类别设计检查走访频次，保证辖区所有零售户每季度必须走访一次；同时突出对违法频次高、卷烟销量波动较大的客户的治理，提高监管针对性。各县（区）局联合公安部门开展错时检查，在法定假日、周末、晚上开展市场巡查，有针对性地对边界交通要道口、汽运站点开展夜间巡查，对违法贩运卷烟活动较为猖獗的路段实施蹲点监控。7 月，全市系统联合工商部门开展清理取缔无证户行动，市工商与市烟草还联合派出两个督导组，对零陵、冷水滩、宁远、道县的无证户取缔行动进行专项督导，明确取缔尺度，为后续正确开展无证户取缔工作指明方向，全市共摸底建档 559 户卷烟无证户。11 月中旬，全市烟草、工商部门集中力量对摸底无证户开展为期 1 周的取缔专项行动，对 272 户无证户予以责令整改，下达行政处罚决定 71 份。是年，全市共取缔无证经营户 251 户，进一步净化卷烟市场。

2015 年 5 月 12 日，市烟草专卖局联合工商部门召开烟草市场综合治理工作会，并下发《烟草市场综合治理工作方案》及其《考核实施办法》，同时将烟草市场综合治理工作纳入年度考核，完善和巩固卷烟市场管理协作机制。2015 年，全市烟草专卖部门联合工商部门按照“查处与引导相结合、处罚与教育相结合、取缔与规范相结合”的原则，对无证户建立明细台账，实行分类治理，集中开展“查无”专项行动 2 次，出动联合执法人员 630 人次，摸底建档 180 户，引导办证 67 户，移送工商部门清理取缔无证户 113 户。是年，全市烟草专卖部门开展分类管理、错时检查、重点监管等市场监管方法的探索和实践，零陵、祁阳、江华等县级局推进 APCD 工作法的消化落地。市局组织开展 5 次异地交叉检查，采取不定期、随机抽查方式累计检查重点零售户 1080 户次，查处各类涉烟案件 120 余起，查获各类卷烟 188.64 万支。

（三）打击“真烟”非法流通

2003—2006 年，全市烟草专卖部门联合交通部门，严厉打击不法分子利用运营车辆非法运输烟草专卖品行为，累计查处无证运输案件 119 起，罚没真品卷烟 1568.01 万支。

2007 年 10 月，根据《湖南省涉案物价格鉴证管理条例》和《关于印发湖南省烟草系统涉案真品卷烟管理暂行规定的通知》，市烟草专卖局联合市物价局成立全市涉案真品卷烟估价工作领导小组，负责对全市涉案真品卷烟进行估价鉴证，处理涉案真品卷烟销售事宜，指导各单位涉案真品卷烟的定价工作。领导小组下设办公室于市物价局价格认证中心，负责收集汇总各单位上报的涉案真品卷烟数量，提出初步的审核批复意见，办理领导小组交办的其他事宜。2007—2009 年，全市烟草系统共查处无证运输 182 起，罚没真品卷烟 6978.68 万支。

2010 年，全市烟草专卖部门与高速交警支队开展联合执法，积极查处非法运输卷烟案件，以“守土有责、守土尽责”的高度守住湖南的“西南大门”，堵住“两广”真烟向湖南境内非法流通。2010—2012 年，全市烟草系统共查处无证运输案件 323 起，罚没真品卷烟 6087.52 万支。

2013 年 8 月，蓝山县局查获一起真烟非法流通案

2013 年，全市系统按照规范经营“一盘棋”思想，建立专卖、营销、配送“三员联动”工作机制，定期召开联席会议，加强信息流转和工作衔接。全市各级专卖部门加强情报信息建设，开展集中交叉整治、突袭检查、暗访检查、专项检查等行动，组织辖区内零售大户约谈，联合工商部门对辖区无证户实施地毯式清理整顿，开展真品卷烟“断渠道”工作。同年 9 月 4 日，永州市局与广西桂林市烟草专卖局建立边界地区专卖联合执法工作机制，加强边界烟草市场的监管力度。市局将治理卷烟非法流通纳入日常工作，对单位（部门）和个人实行月度和年度，对市内跨县区流动真品卷烟案件案值在 3 万元以上的定为市局追查案件，对是否涉及内部人员违规进行跟踪调查，促使全市卷烟打非行动始终保持高压态势。是年，全市共查获真烟案件 850 起，查获真品卷烟 3719.49 万支，同比增长 130%，组织零售大户约谈 29 次，累计约谈 348 人次，全市零售户销售非本店码段卷烟的现象明显减少，零售户规范经营意识有明显增强。

2014 年，全市系统专卖部门对 147 名有违法经营记录或有真烟非法流通嫌疑的零售户实行警示约谈，宣传有关法律法规及违法后果；将有非法流通卷烟、囤积卷烟嫌疑的零售户列为重点监控对象，安排人员采用蹲守监控、错时检查等手段收集固定违法经营证据，进而依法取消该零售户的经营资格，避免当事人企图利用持有零售许可证逃避刑事司法追责。同时，全市烟草部门加强与交通运管、高速交警等机构协作，从严打击无证运输卷烟行为。新田县局加强对利用蔬菜运输绿色通道运输非法流通卷烟行为的查处；蓝山县局对南风坳等出境重要交通路口进行重点监控，为永州乃至湖南把守好真烟非法流通“南大门”关口。全市系统每月开展一次卷烟市场集中整治行动，对非法流通重点区域不定期开展突击检查，注重收集非法收购囤积卷烟线索，并顺藤摸瓜摧毁真烟非法流动网络。是年，全市共查获真烟案件1022起，其中5万元以上大要案件55起；查获真烟3550.14万支；破获非法经营真烟网络案7起，共拘留14人，逮捕13人，判刑1人。其中，案值上1000万元的非法经营真烟网络案2起（见第298页“典型案例”）。

2014年10月，新田县局查获一起真烟非法流通案

2015年，全市系统加大真烟非法流通查处力度，既坚决查处真烟非法流入，又防止真烟非法流出，严厉打击真烟非法经营网络。各县（区）局先后对120名有违法经营记录的零售户及有真烟非法流通嫌疑的相关客户进行警示约谈，宣传非法经营行为后果，敦促其守法经营。9月，各县区局共排摸出重点监管对象78人，并与其签订守法经营承诺书，逐个建立档案，安排市管员采取“一对一”监管，责任落实到人。各县（区）局分析辖区内卷烟非法流通的运输途径，争取公安交警、交通、运管等部门的支持和配合，有针对性地开展监管。新田县局加大对蔬菜绿色通道运输车的监管，坚持对各装货点及装货车辆进行巡查。蓝山县局与高速交警部门建立快速反应机制，对南风坳关卡实行全天候监管。全市系统按照“打大案、打网络、打主犯”的工作思路，注重收集非法收购囤积卷烟线索，顺藤摸瓜摧毁真烟非法流通网络，对涉案金额大、涉案卷烟数量多的案件依法从严处理。是年，全市系统共查获真烟非法流通案件902起，查获5万元以上真烟案件73起，查获真烟3306.19万支，其中破获非法经营卷烟网络案4起，刑拘12人，批捕9人。

2003—2015 年永州烟草查处案件统计表（一）

表 6-8

年份	查处案件							查处结果				
	合计（起）	无证经营	无证运输	假冒商标	非法渠道进货	处理走私	其他	查获假冒卷烟（万支）	没收走私卷烟（万支）	收购没收卷烟（万支）	罚没烟丝（吨）	罚没烟叶（吨）
2003	324	0	25	160	125	6	8	1741.97	0	20.00	15.70	22.70
2004	314	3	23	120	118	6	44	4493.40	0.3	1298.60	19.10	50.00
2005	334	0	30	113	167	2	22	1449.54	1.32	248.45	24.00	9.89
2006	361	1	41	198	113	2	6	373.86	0.7	0.96	19.80	68.90
2007	652	1	74	336	230	0	11	2460.71	0.51	1.83	12.30	5.69
2008	784	0	54	265	455	0	8	2998.26	0	0	9.56	10.30
2009	807	8	54	292	474	0		2402.11	0	1464.62	3.32	9.78
2010	805	1	118	288	433		253	2586.06	0	2236.04	1.77	5.30
2011	846	4	139	310	426		277	1984.84	0	2252.23	0.97	6.11
2012	931	1	66	260	601		263	2123.34	0.92	1599.25	2.49	2.45
2013	947	1	74	121	751		121	794.86	0	3294.64	109.00	7.84
2014	1124	4	87	111	916		117	748.34	6.47	3565.82	15.30	2.26
2015	1009	2	58	104	825		124	172.57	9.09	3285.98	0.52	74.60
合计	9238	26	843	2678	5634	16	1525	24329.86	19.31	19268.42	234	276

说明：表中数据来源于市烟草专卖局国烟报表

2003—2015 年永州烟草查处案件统计表（二）

表 6-9

年份	出动打假人员（人次）	取缔制假窝点（个）	取缔贩藏窝点（个）	没收原辅材料			没收制假机械（台/套）	罚没款（万元）	国标网络案件（起）	拘留（人）	逮捕（人）	判刑（人）
				卷烟纸（吨）	滤嘴棒（万支）	烟用丝束（吨）						
2003	2486	6	4	10.5	145	0	18	7.21	0	2	0	3
2004	5493	4	0	0	0	0	13	17.56	0	6	0	0
2005	6800	7	3	0	0	0	24	10.5	0	13	9	3
2006	5441	10	7	0	0	0	11	44.81	0	8	1	8
2007	8819	13	5	0	0	0	11	62.90	0	10	11	4
2008	11630	1	14	0	0	0	10	55.72	1	22	10	7
2009	16208	0	0	0	1.5	0	2	46.74	3	18	9	7
2010	18431	0	0	0	0	0.075	1	96.02	3	31	16	10
2011	14426	0	0	0.07	6	0	4	152.34	2	10	8	0

续表6-9

年份	出动打假人员（人次）	取缔制假窝点（个）	取缔贩藏窝点（个）	没收原辅材料			没收制假机械（台/套）	罚没款（万元）	国标网络案件（起）	拘留（人）	逮捕（人）	判刑（人）
				卷烟纸（吨）	滤嘴棒（万支）	烟用丝束（吨）						
2012	14198	0	0	0	4.5	0	0	113.87	3	8	13	9
2013	11941	0	0	0.225	0	0	3	348.13	7	2	8	4
2014	11106	0	0	0	0	0	0	340.35	11	53	42	7
2015	9568	0	0	0	0	0	0	251.27	8	30	17	14
合计	136547	41	33	10.795	157	0.075	97	1547	38	213	144	76

说明：表中数据来源于市烟草专卖局国烟报表

第三节　专项行动与大要案查办

一、专项行动

（一）“旋风”专项行动

2008年，祁阳县召开卷烟市场清理整治“旋风”专项行动部署会

2008年4月15日至5月31日，市烟草专卖局联合公安、工商等政府职能部门，在全市集中开展卷烟市场清理整治“旋风”专项行动。市局成立以副局长刘名勤为组长的“旋风”专项行动领导小组，负责全市系统组织、指导和协调工作。各县（区）局由局长负总责，分管专卖副局长和分管营销副经理负责“旋风”行动的组织和实施工作。市局抽调10名科长驻点督导各县（区）局组织开展“旋风”专项行动。此次专项行动，全市共出动执法人员3821人次，出动车辆616台次，取缔无证经营164户，查处各类卷烟违法案件230起，案值合计835.17万元，查获假冒烟591.9万支，非渠道卷烟368.8万支，手工卷烟52.6万支，走私烟0.84万支，烟叶、烟丝3222千克，辖区烟草市场得到净化，卷烟销量明显提升。

（二）“利剑”专项行动

2008年6月20日，根据省局《全省开展严厉打击卷烟制售假行为“利剑行动”工作方案》，永州市局成立以副局长刘名勤为组长的打击卷烟制售假行为“利剑行动”领导小组，制订下发工作方案。2008年6月20日至9月30日，各县（区）局与公安、工商等执法部门加强协作，以“打源头、破网络、抓主犯”为重点，在辖区内开展“利剑行动”的专项整顿活动。在此次行动中，全市系统共出动执法人员6203人次、车辆1153台次；查处涉烟案件271起，涉案金额916.1万元；查获假冒卷烟865.13万支，非渠道卷烟404.99万支；收缴烟叶、烟丝5593千克，有效遏制假冒卷烟的蔓延、扩散和反弹势头。

（三）“猎鹰”专项行动

2009年4月14日，市局成立以副局长刘名勤为组长的“猎鹰行动”领导小组，出台《永州市烟草专卖局关于开展卷烟市场专项清理整治“猎鹰”行动的方案》，在全市开展“猎鹰”专项行动。2009年4月15日至5月31日，各县（区）局成立相应组织，制订具体实施方案，联合当地公安、工商等部门，对辖区卷烟市场开展地毯式的清理整顿。此次专项行动，全市共出动人员4442人次、车辆722台次，查处各类卷烟违法案件188起，其中5万元以上的大要案件3起，查获假冒卷烟329.91万支，手工卷烟28.58万支，非法渠道流入卷烟98.94万支，烟丝1063.6千克，取缔无证经营34户。

（四）“百日整治”专项行动

2010年4月20日，永州市局成立由局长李刚华任组长、副局长刘名勤任副组长的“百日整治”专项行动领导小组，召开专项行动动员大会，下发《永州市烟草专卖局关于开展卷烟市场“百日整治”专项行动的实施方案》，明确专项行动的目标任务。2010年4月20日至7月31日，各县（区）局在辖区开展卷烟市场“百日整治”专项行动，共出动人员4460人次；查获涉烟案件306起，查获卷烟制售假网络案件5起，其中国标案1起、省标案1起、市标案3起；查获各类卷烟1715.97万支，其中假冒卷烟806.46万支；查获烟叶、烟丝5593千克；刑拘12人，批捕4人，取缔无证经营户505户。

（五）“春雷”专项行动

2010年12月24日，市局召开“春雷”专项行动动员大会，下发《永州市烟草专卖局“春雷”行动实施方案》，明确“春雷”专项行动工作目标和行动重点。2010年12月26日至2011年2月15日，各县（区）局成立以“一把手”为组长的领导小组，制订具体行动方案，以重点排查和全面监控为手段，严厉打击辖区内卷

2011年，新田县召开“两节”期间卷烟市场“春雷”专项行动联席会

烟制假、贩假、售假和无序流动等违法行为。此次专项行动，全市系统共出动执法人员2088人次，查获涉烟案件149起，查获各类卷烟519.23万支，其中假冒卷烟362.42万支；破获市级网络案1起，批捕2人，确保节日期间烟草市场平稳有序。

（六）“春雷2号”专项行动

2011年12月15日，市局召开“春雷2号”专项行动动员大会，安排部署全市元旦、春节两节期间卷烟市场监管工作，并下发《永州市烟草专卖局元旦、春节两节卷烟市场暨“春雷2号”专项清理整治行动方案》。2011年12月20日至2012年2月20日，各县（区）局联合公安、工商等部门，开展卷烟市场清理整顿“春雷2号”专项行动。行动期间，全市共出动人员2667人次，出动车辆621台次，查获案件173起，查获卷烟457.46万支，其中假冒卷烟224.5万支，非渠道卷烟232.96万支，取缔无证户43户，维护了“两节”期间烟草市场秩序。

（七）“利剑-2012”专项行动

2012年4—6月，永州市局成立“利剑行动”领导小组，制订实施方案对“利剑行动”进行安排和部署，在全市范围内开展为期60天的卷烟打假和市场监管“利剑-2012”专项行动，联合公安、工商等部门，对重点区域、重点路段开展地毯式检查，共出动执法人员4153人次，查处涉烟案件266起，查获各类卷烟670.88万支，其中假冒卷烟352.43万支。

（八）“春雷3号”专项行动

2012年12月20日，市局下发《2013年全市清理整顿卷烟市场“春雷3号”专项行动方案》，要求各县（区）局以主要路段、重点区域为整治重点，集中时间与力量重点整治售卖假冒卷烟与非法渠道卷烟行为、取缔无证经营户。2012年12

月21日至2013年3月20日，各县（区）局成立相应领导小组，制订具体行动方案，开展辖区“春雷3号”专项行动，打击销售假冒卷烟、非法流通、无证经营等违法活动。在行动期间，全市共查处涉烟案件185起，查获涉案卷烟630.24万支，其中假冒卷烟195.74万支，真品卷烟434.49万支，摸底排查无证户621户，取缔无证户473户，进一步强化烟草市场监管。

（九）“潇湘金剑”专项行动

2013年5月15日至10月30日，市局成立以局长李刚华为组长、副局长阳天和任副组长的“潇湘金剑”专项行动领导小组，在全市开展烟草市场清理整顿“潇湘金剑”专项行动，通过地毯式清理整顿行动，强化卷烟市场综合治理，打击公开摆卖“假、私、非”卷烟等违规经营行为，侦破一批制售假烟网络案件。6月27日，市烟草专卖局、市公安局在蓝山县取缔1个大型地下制丝窝点，查获烟丝及烟梗60余吨、烟丝膨化机组及锅炉1台（套）、大型切丝机1台（套）。7月2日，零陵区烟草专卖局、区公安局联合行动，查获1起重大假烟窝点案，当场查获各类卷烟83.68万支，涉案金额达27万余元。此次专项行动，全市共查获涉烟案件454起，其中假烟案件40起，国家级标准网络案件4起；查获涉案卷烟2584.544万支，其中假烟211.726万支，查获烟叶、烟丝18.41吨；查获大型烟草机械3台，拘留19人，逮捕17人，其中9人判刑；全市共摸底无证户553户，成功取缔无证户244户。

2013年5月14日，市局召开“潇湘金剑”专项行动动员大会

（十）“春雷4号”专项行动

2013年12月25日，根据省局《2014年全省清理卷烟市场“春雷4号”专项行动方案》要求，永州市局成立以副局长阳天和为组长的专项行动领导小组，负责统一指导各县（区）局开展专项行动，并出台《2014年全市清理整顿卷烟市场“春雷4号”专项行动方案》。2013年12月25日至2014年3月20日，各县（区）局在辖区内集中开展清理整顿卷烟市场“春雷4号”专项行动，严厉打击真品卷烟

非法流通、非法经营烟叶、制售假烟等违法犯罪等行为，提升烟草市场综合治理效能。此次专项行动，全市共查处涉烟案件238起，其中查获假烟案件31起，查获假冒商标卷烟32.96万支，查获烟叶2.28吨，拘留4人。

（十一）“潇湘金剑2号”专项行动

2014年3月4日，市局召开“潇湘金剑2号”专项行动动员会

2014年3月1日至10月31日，市局成立以副局长阳天和为组长的“潇湘金剑2号”专项行动领导小组，负责统一指导专项行动，适时抽查和督导各县区局开展情况，并对重大案件实行督办。此次行动，全市共查处各类涉烟案件1060起，查获各类卷烟3352.48万支；破获制售假烟国标网络案10起，其中1起被国家烟草专卖局、公安部列为部级督办案件；破获非法经营真烟网络案件7起；拘留62人，批捕49人，判刑8人；取缔无证经营户251起，进一步遏制全市涉烟违法犯罪活动势头。

（十二）“春雷5号”专项行动

2015年1月1日至3月25日，永州市局按照省局《2015年全省清理整顿烟草市场“春雷5号”专项行动方案》要求，在全市集中开展“春雷5号”专项行动。在行动期间，共出动执法人员2294人次，共查处案件215起，其中假冒商标卷烟案件31起；查获假烟3398万支；破获国家局标准网络1起，刑事拘留4人，逮捕8人，判刑3人。

（十三）“潇湘金剑3号”专项行动

2015年3月23日，永州市局召开在全市开展“潇湘金剑3号”卷烟市场清理整顿专项行动动员会，对专项行动作安排部署，并下发《永州市烟草专卖局关于卷烟市场清理整顿“潇湘金剑3号”专项行动实施方案》。此次专项行动，全市共查获各类涉烟案件799起，查获各类卷烟2568.32万支、烟叶烟丝81.61吨，破获国标网络案5起，非法经营真烟网络案3起，进一步净化全市烟草市场。

2008—2015 年永州烟草专项行动成果统计表

表 6-10

行动时间	行动代号	查处案件（起）	查获各类卷烟（万支）	查获假冒商标卷烟（万支）	查获大型烟草机械（台）	捣毁大型制假窝点（个）	查获烟叶烟丝（公斤）	网络案件（起）			拘留	逮捕	判刑
								国家局标准	省局标准	市局标准	（人）	（人）	（人）
2008 年 4 月 15 日至 5 月 31 日	“旋风”	230	1014.17	591.91	0	0	3222	0	0	0	0	0	0
2008 年 6 月 20 日至 9 月 30 日	“利剑”	271	1111.79	708.58	0	0	5593	0	0	0	7	3	1
2009 年 4 月 15 日至 5 月 31 日	“猎鹰”	188	457.43	329.91	0	0	1063.6	0	0	3	0	0	0
2010 年 4 月 20 日至 7 月 31 日	“百日整治”	306	1715.97	806.46	0	0	5593	1	1	3	12	4	0
2010 年 12 月 26 日至 2 月 15 日	“春雷”	149	519.23	362.42	0	0	0	0	0	1	0	2	0
2011 年 12 月 20 日至 2 月 20 日	“春雷 2”	173	457.46	224.5	0	0	100	0	0	0	0	0	0
2012 年 4 月 1 日至 6 月 1 日	“利剑—2012”	266	670.88	352.43									
2012 年 12 月 21 日至 3 月 20 日	“春雷 3”	185	630.24	195.74	0	0	20	0	0	0	0	0	0
2013 年 5 月 15 日至 10 月 30 日	“潇湘金剑”	454	2372.82	211.73	3	1	18412	6	0	0	19	17	9
2013 年 12 月 26 日至 3 月 15 日	“春雷 4”	199	408.56	32.96	0	0	2337	3	0	0	14	10	0
2014 年 3 月 1 日至 10 月 31 日	“潇湘金剑 2”	824	3352.48	820.08	0	0	531	7	2	1	63	50	7
2015 年 1 月 1 日至 3 月 25 日	“春雷 5”	254	697.76	3.40	0	0	90	1	0	0	4	3	0
2015 年 4 月 1 日至 11 月 30 日	“潇湘金剑 3”	799	2568.32	176.68	0	0	81609.8	6	3	0	39	29	18
合　计		4298	15977.11	4816.8	3	1	118571.4	24	6	8	158	118	35

二、大要案查办

2010 年 1 月，市局召开全市卷烟打假网络案件督办会

2007 年，根据湖南省公安厅、省烟草专卖局联合印发的《关于对制售假烟重大案件实行督办制度的若干规定》，永州加大制售假冒伪劣烟草制品犯罪活动的打击力度，对制售假烟重大案件实行挂牌督办制度，推动卷烟打假工作深入开展。2009 年，永州市局联合市公安局完善涉烟网络案件专案制和案件督办制，对全市涉烟刑事犯罪案件均实行专案组制度，加强对重大涉烟案件的督办指导，提高重大涉烟案件侦破的成功率。2011 年，市局以“端窝点、断源头、破网络、抓主犯”作为卷烟打假工作重点，按照《永州市烟草专卖局、永州市公安局关于打击制售假冒卷烟网络案件专项行动工作方案》，突出案件经营、重大案件督办、部门联合执法等方面的工作力度，多管齐下，着力提高破网质量和效果。2013 年，全市专卖部门加大对辖区卷烟制售假案件的排查力度，利用公安部门技侦优势，共破获国家局标准网络案 6 起，其中江永县侦破国标网络案 3 起，国标网络案侦破数量取得历史性突破。2014—2015 年，全市烟草系统与公、检、法等部门建立畅通协作机制，对重大涉烟网络案的侦破和犯罪嫌疑人的锁定和抓捕发挥积极作用。2007—2015 年，全市累计查办国标网络案 38 起、省标网络案 10 起，案值合计达 8400 余万元，拘留 178 人，逮捕 139 人，判刑 100 人，对涉烟违法犯罪活动起到震慑作用。

2015 年 9 月 22 日，省高级人民法院、省烟草专卖局到新田指导督办“2014. 8. 29”假烟国标网络案审判工作

附：典型案例

（一）永州市局查办的“2008.10.8”销售假烟网络案

2008年10月8日，根据群众举报，永州市局联合公安机关查处唐某贩藏假烟窝点，当场查获假冒卷烟“芙蓉王”牌261.7条，标值5.4万余元。经调查，自2007年5月开始，唐某与暂住广州市张某结识，并建立假烟买卖关系。用手机互相联系业务，假烟通过物流公司发货。唐某接货后，通过银行信用卡将货款转付到张某账户。因犯罪嫌疑人抗拒审讯，侦破工作陷入僵局。市局专案组针对“10·8”案的犯罪嫌疑人爱上网、“聊QQ”的特点，另辟蹊径，通过银行账单、电话通话详单、物流货运单对犯罪嫌疑人的犯罪事实予以佐证，形成证据链。2009年4月，永州市局首次利用互联网对2008年“10·8”售假网络案进行调查取证，取得重大突破，非法销售金额400余万元的犯罪事实得以认定，3名主要犯罪嫌疑人被批准逮捕。2009年10月，该案在冷水滩区人民法院公开开庭审理。被告人唐某和张某因犯非法经营罪，分别被依法判处有期徒刑五年并处罚金5万元和4万元。“2008.10.8”售假网络案的查办，是永州成功打击利用互联网销售假烟网络案的一起典型案例。

（二）蓝山县局查办的“2011.6.10”制销假烟网络案

2011年6月，蓝山县局接举报电话称：蓝山县所城镇万年村有一个卷烟机械制假窝点。6月9日，蓝山县烟草专卖局与县公安局成立专案组，分析研究案情。6月10日下午14时，蓝山县公安、武警、特巡警和烟草专卖稽查员等127人组成联合行动组，一举捣毁该卷烟制假窝点。行动组当场抓获方某、肖某、陈某3名犯罪嫌疑人；现场查获YJ-14卷烟机1台、YJ-23接嘴机1台；查获散支假冒卷烟1937千克，涉及假冒品牌16个；查获烟丝350千克，卷烟纸30千克，滤嘴棒6万支，案值118万元。经进一步查实，该制假窝点自2011年5月21日开始投产，至案发共20余天，生产假烟1018箱，涉案标值达1200万元。这是自2008年以来永州境内发现的第一个机械制假窝点。为防止制假活动的转移蔓延，根据“端窝点、抓主犯”的工作方针，永州市局、市公安局及蓝山县局、县公安局认真疏理现场查获的相关证据，迅速明确办案思路，整合办案力量，深挖窝点幕后主犯。查明该案涉及3个省，涵盖卷烟的生产、存储、运输和销售四个环节，由李某1、李某2负责组织生产，肖某、陈某分别提供生产和存储场地，肖某还负责维持生产秩序，方某负责假烟的中转存储和销售。公安部门对肖某、陈某、方某3人批准逮捕并抓获归案，李某1、李某2已批准逮捕并上网追逃。

（三）东安县局查办的“2013.9·29”非法经营烟叶网络案

2013年9月29日，东安县局接群众举报称：有一台红色货车运输烟叶经过紫溪市镇高岩村1组。东安县局稽查人员立即会同县公安局民警赶赴高岩村1组，并于同日凌晨2时10分查获被举报车辆，当场缴获非法运输的烟叶2.04吨，价值8.92万元，承运司机陈某被控制。经调查，陈某交代该批烟叶准备运往邵阳，货主叫易某。因案情重大且具有深挖价值，2013年10月21日，东安县局依法将该案移送县公安局立案侦查。随后，东安县公安、烟草联合成立"9·29"非法经营烟叶案专案组，历时11个月，赴贵州、福建、广东等地调查取证。该案成功收网，抓获犯罪嫌疑人6人，其中批捕4人。经查实，自2012年以来，易某购买和销售的烟叶达50余吨，案值达140余万元。2014年9月23日，东安县人民法院对"2013.9.29"非法经营烟叶网络案3名案犯进行开庭审理，被告易某、侯某、陈某非法经营罪成立，分别被判处有期徒刑六个月到一年不等，并处1万元至2万元罚金。该案是永州查办的首起非法经营烟叶网络案。

（四）祁阳县局查办的"2014.6.28"真烟网络案

2014年6月28日，祁阳县局根据举报信息，联合祁阳县公安干警在祁阳县与常宁县交界处，现场查获雷某贩运的卷烟26万支，涉及云烟（紫）、红河（软甲）、白沙（硬）等品种，涉案金额6.42万元，扣押涉案车辆1台，在存储窝点查获非法卷烟30万支、账册2本、交易单据77张。因该案涉案地区广，涉案人员多且相对固定，祁阳县局立即联合公安部门成立专案组。经过数月深挖案源、悉心经营，专案组成功掌握被告人雷某、桂某、欧某3人在未取得烟草专卖许可证的情况下，自2012年11月以来长期在广东、深圳、衡阳、桂阳、嘉禾、祁阳等地倒买倒卖卷烟，从中牟取高额利润的犯罪事实。8月4日，祁阳县人民检察院依法批准对雷某、桂某、欧某3人执行逮捕。经查实，此案涉案金额达1160万元。2015年12月，祁阳县人民法院对祁阳县"6·28"非法经营卷烟案主犯雷某判处有期徒刑5年，并处罚金10万元，其他2名从犯均被判处有期徒刑1年。该案处罚之严厉，在永州治理真烟非法流通史上尚属首例，有力震慑真烟非法流通违法犯罪行为，打击了涉烟不法分子的嚣张气焰。

（五）新田县局查办的"2014.7.10"真烟网络案

2014年4月11日，新田县局联合县公安局在新田县黄沙溪路段查获一起非法运输卷烟案，现场查获混装于蔬菜中的38个品牌卷烟90万支，价值41.82万元。新田烟草、公安成立案专案组，经过近两个月的侦查，发现一个以4名主要犯罪嫌疑人为核心、10余人为主要下线、广东深圳烟贩为上线的家族式非法收购、囤积、运输和倒卖真品卷烟的网络。2014年7月10日，专案组开展收网行动，现场控制正在卸货和整理卷烟的4名主要犯罪嫌疑人，查获54个品牌卷烟94.6万支，价值金额42.14万元，扣押涉案车辆1台、电脑主机2台、银行卡2张、账册与小票数十张，刑拘并逮捕4人，并查获账册、小票、记录等大量重要证据。经当地公安机关查实，该团伙2012年以来非法倒卖卷烟2000余万支，涉案金额1107万元。2015年5月，新田县人民法院依法对“2014.7.10”真烟网络案作出一审判决，4名涉案当事人因犯非法经营罪，分别被判处有期徒刑2年、1年6个月、1年2个月、10个月，并分别处没收财产人民币8万元、12万元、13万元、7万元。

（六）蓝山县局查办的“2014.6.5”走私卷烟网络案

2014年6月5日14时，蓝山县局接到群众匿名举报称：从广东省深圳市龙华汽车总站开往湖南省武冈市的湘E7XXXX大巴车上装载着大批卷烟制品。接到举报后，蓝山县局稽查大队与县公安局治安管理大队组成联合执法组，并于17时40分在蓝山县所城镇长铺村高速公路入口红绿灯处将被举报的车牌号为湘E7XXXX的大巴车拦截。经检查，执法人员在该车行李箱内查获卷烟32万支（1600条），其中进口卷烟：南洋红双喜（软）2万支、希尔顿（金特醇免税版）2万支、南洋珍品红双喜（硬）2万支；专供出口卷烟：云烟（红云映辉）26万支。该车司机杜某因无证运输烟草专卖品被控制。经蓝山县物价局价格鉴定中心认证，现场查获的走私卷烟涉案金额34.48万元。6月6日，蓝山县局依法对涉案卷烟抽样送检，经省烟草质量监督检测站鉴定，送检样品为真品卷烟。同日，蓝山县局依法将此案移送县公安局治安大队立案侦查。经审讯，杜某交待该批卷烟货主是邵阳市武冈的杨某、王某，自2014年以来，5次受杨某、王某委托，运输走私烟147万余支，涉案价值高达112.2万元。随后，蓝山县局联合县公安局经过几个月的努力，侦破杨某、王某等人购进、运输、销售走私卷烟网络案。该网络案涉及2省3市，涉案金额累计达112.2万元，逮捕犯罪嫌疑人4人。该案是永州破获的首起运输、销售走私烟网络案件，标志着永州打击走私烟实现由“查个案”向“破网络”的转型升级。

（七）新田县局查办的“2014.8.29”部级督办假烟国标网络案

2014年7月，新田县局在对一起销售假烟网络案进行调查时，发现所有假烟均来自广东东莞上线王某。按照“打源头、端窝点、破网络、抓主犯”的要求，新田县局在向市局汇报后，迅速与市、县两级公安机关成立专案组，根据前起案件所掌握的情况顺藤摸瓜，前往广东东莞调查取证，经过1个半月的蹲点守候、跟踪调查，逐步查清以王某为首的犯罪团伙的基本情况，并掌握其位于东莞某工业园的仓库和收发货活动规律。2014年8月，由于该案王某等犯罪团伙成员户籍地及主要犯罪地均不在新田县，在省烟草专卖局、公安厅的协调下，公安部将该案指定由新田管辖。市、县两级烟草、公安部门迅速成立专案组，进行专案侦破。2014年8月29日上午，在省局专卖处的统一指挥下，专案组对该案进行收网，现场抓捕正在给下线发货的犯罪嫌疑人王某等6人，扣押涉案车辆3台，查获芙蓉王（硬）、白沙（精品二代）、双喜（软经典）、中华（硬）等25个品牌的假冒卷烟572万支，当场抓获犯罪嫌疑人王某、张某等6人，查获假冒卷烟572万支，案值达470.99万元，扣押涉案车辆3台；刑拘12人，批捕6人。经查明，自2014年以来，该犯罪团伙一直从事销售假烟犯罪活动，累计销售假烟价值达数亿元。案件涉及湖南、广东、福建、湖北、江西等省（市），具有集团化、贩运一体化及多层级分销的显著特点。2014年10月11日，该案被公安部指定由永州新田县公安机关管辖。同年12月，新田县"2014.8.29"假烟网络案被国家烟草专卖局、公安部列为部级督办案件。该案因涉案面广、案值大、案情复杂、成果突出，成为永州烟草史上首起部级督办案件。

（八）祁阳县局查办的于某等人利用互联网销售假烟网络案

2015年5月5日，祁阳县局专卖执法人员根据举报线索，发现一个网名叫"龙魅"的微信用户在其朋友圈发布大量推销假烟、走私烟的图片和文字。执法人员围绕该微信号及其关系人展开排查，经过两个多月的暗中调查，发现"龙魅"的真实姓名叫于某，是祁阳当地人，主要通过微信、陌陌等通信软件发布假烟信息、发展下线，销售额巨大。8月5日，祁阳县局依法将该案移送县公安局立案侦查，通过调取犯罪嫌疑人的通信记录、银行账单、聊天记录等证据，逐步摸清于某等人利用互联网购进、销售假私卷烟的基本情况。调查发现，犯罪嫌疑人于某、马某某将购进的"白沙和天下""鸭绿江""兰博基尼""阿里山"等品牌的假、私卷烟的图片和文字发布在"微信""陌陌"朋友圈和QQ空间，通过在线上发展下级代理或直接销售，再采取物流快递发货，支付宝、微信收款的模式销售假烟。该案涉及湖南、广东、广西、湖北等多个省市，涉案人员众多，金额巨大。10月9日，专案组利用于某某与其同伙马某接头的机会将2人抓获，并当场在其运输车辆及其仓库内查获"白沙和天下""黄鹤楼1916"等品牌的假冒卷烟107条，标值6万余元。随后，专案组赴长沙将该案的主要上线赵某、彭某等人抓捕归案。11月30日，祁阳县公安局与县烟草专卖局成功破获于某、马某等人利用互联网销售假烟网络案。该案已查明涉案金额222.5万余元，涉案人员78人，刑拘4人，批捕4人。该案是永州破获的首起利用互联网自媒体平台销售假烟的国标网络案，为全市办理互联网涉烟案件的查办提供了宝贵经验。

2008—2015年永州市查办涉烟网络案件统计表（一）

表6-11

年份	市局本级								零陵区局						
	国标案件(起)	省标案件(起)	涉案卷烟数量(万支)	涉案烟叶烟丝重量(吨)	案值(万元)	拘留(人)	逮捕(人)	判刑(人)	国标案件(起)	省标案件(起)	涉案卷烟数量(万支)	案值(万元)	拘留(人)	逮捕(人)	判刑(人)
2008	0	0	0	0	0	0	0	0	0	0	0	0	0	0	0
2009	1	0	8.4	0	300	3	3	1	1	0	75.82	200	3	3	2
2010	1	1	493	0	200	5	3	3	1	0	45	144	3	3	3
2011	0	0	0	0	0	0	0	0	0	0	0	0	0	0	0
2012	1	0	0.6	0.7	110.1	4	3	3	0	0	0	0	0	0	0
2013	1	0	16	0	113	3	3	1	0	0	0	0	0	0	0
2014	2	0	8	0	150	4	3	1	1	0	25.51	126	3	3	3
2015	1	0	34.8	0	137	5	4	1	1	1	76.14	235	6	5	5
合计	7	1	560.8	0.7	1010.1	24	19	10	4	1	222.47	705	15	14	13

说明：表中数据来源于市烟草专卖局国烟报表以及由各县区局专卖部门提供

2008—2015年永州市查办涉烟网络案件统计表（二）

表6-12

年份	祁阳县局							东安县局							
	国标案件(起)	省标案件(起)	涉案卷烟数量(万支)	案值(万元)	拘留(人)	逮捕(人)	判刑(人)	国标案件(起)	省标案件(起)	涉案卷烟数量(万支)	涉案烟叶烟丝重量(吨)	案值(万元)	拘留(人)	逮捕(人)	判刑(人)
2008	0	0	0	0	0	0	0	0	0	0	0	0	0	0	0
2009	0	0	0	0	0	0	0	0	0	0	0	0	0	0	0
2010	1	0	0.6	120	6	5	5	0	0	0	0	0	0	0	0
2011	0	0	0	0	0	0	0	0	0	0	0	0	0	0	0
2012	0	0	0	0	0	0	0	0	0	0	0	0	0	0	0
2013	0	0	0	0	0	0	0	1	0	5.38	0	120	5	4	4
2014	1	0	26	6.42	4	3	3	1	0	0	2.04	144.39	6	3	3
2015	2	1	69.38	428.5	11	9	6	1	0	30.46	0	122.4	3	3	0
合计	4	1	95.98	554.92	21	17	14	3	0	47.6	2.04	266.79	14	10	7

说明：表中数据来源于市烟草专卖局国烟报表以及由各县区局专卖部门提供

2008—2015 年永州市查办涉烟网络案件统计表（三）

表 6-13

年份	双牌县局							宁远县局						
	国标案件（起）	省标案件（起）	涉案卷烟数量（万支）	案值（万元）	拘留（人）	逮捕（人）	判刑（人）	国标案件（起）	省标案件（起）	涉案卷烟数量（万支）	案值（万元）	拘留（人）	逮捕（人）	判刑（人）
2008	0	0	0	0	0	0	0	1	0	1133	120	6	6	6
2009	0	0	0	0	0	0	0	0	0	0	0	0	0	0
2010	0	0	0	0	0	0	0	0	1	220	60	2	2	2
2011	0	0	0	0	0	0	0	0	0	0	0	0	0	0
2012	1	0	11. 86	109. 8	3	0	0	1	0	20	110	5	4	3
2013	0	0	0	0	0	0	0	0	0	0	0	0	0	0
2014	0	0	0	0	0	0	0	1	0	5. 4	122	8	4	0
2015	0	0	0	0	0	0	0	0	0	0	0	0	0	0
合计	1	0	11. 86	109. 8	3	0	0	3	1	1378	412	21	16	11

说明：表中数据来源于市烟草专卖局国烟报表以及由各县（区）局专卖部门提供

2008—2015 年永州市查办涉烟网络案件统计表（四）

表 6-14

年份	新田县局								蓝山县局						
	国标案件（起）	省标案件（起）	涉案卷烟数量（万支）	涉案烟叶重量（吨）	案值（万元）	拘留（人）	逮捕（人）	判刑（人）	国标案件（起）	省标案件（起）	涉案卷烟数量（万支）	案值（万元）	拘留（人）	逮捕（人）	判刑（人）
2008	0	0	0	0	0	0	0	0	0	0	0	0	0	0	0
2009	0	0	0	0	0	0	0	0	1	1	288. 14	126. 82	9	4	3
2010	0	0	0	0	0	0	0	0	0	0	0	0	0	0	0
2011	0	0	0	0	0	0	0	0	1	0	193. 70	1200	5	5	2
2012	0	0	0	0	0	0	0	0	0	0	0	0	0	0	0
2013	0	0	0	0	0	0	0	0	1	0	9. 35	172. 62	5	3	3
2014	2	1	786. 6	0	1682. 99	12	12	11	1	0	147. 52	112. 20	4	4	3
2015	1	0	0	13. 15	109	4	4	1	0	0	0	0	0	0	0
合计	3	1	786. 6	13. 15	1791. 99	16	16	12	4	1	638. 71	1611. 60	23	16	11

说明：表中数据来源于市烟草专卖局国烟报表以及由各县（区）局专卖部门提供

2008—2015 年永州市查办涉烟网络案件统计表（五）

表 6-15

年份	道县县局							江永县局						
	国标案件（起）	省标案件（起）	涉案卷烟数量（万支）	案值（万元）	拘留（人）	逮捕（人）	判刑（人）	国标案件（起）	省标案件（起）	涉案卷烟数量（万支）	案值（万元）	拘留（人）	逮捕（人）	判刑（人）
2008	0	0	0	0	0	0	0	0	0	0	0	0	0	0
2009	0	0	0	0	0	0	0	0	0	0	0	0	0	0
2010	0	1	60. 80	81	2	2	2	0	0	0	0	0	0	0
2011	1	0	71. 30	113	5	3	2	0	0	0	0	0	0	0
2012	0	0	0	0	0	0	0	0	0	0	0	0	0	0
2013	1	0	37. 74	0	2	0	0	3	0	66. 30	494. 44	13	10	10
2014	0	1	121. 80	59. 20	4	4	0	0	0	0	0	0	0	0
2015	1	1	70. 50	244	4	3	2	1	0	17	106. 50	4	3	3
合计	3	3	362. 14	497. 20	17	12	6	4	0	83. 30	600. 94	17	13	13

说明：表中数据来源于市烟草专卖局国烟报表以及由各县（区）局专卖部门提供

2008—2015 年永州市查办涉烟网络案件统计表（六）

表 6-16

年份	江华县局							全市合计							
	国标案件（起）	省标案件（起）	涉案卷烟数量（万支）	案值（万元）	拘留（人）	逮捕（人）	判刑（人）	国标案件（起）	省标案件（起）	涉案卷烟数量（万支）	涉案烟叶烟丝重量（吨）	案值（万元）	拘留（人）	逮捕（人）	判刑（人）
2008	0	0	0	0	0	0	0	1	0	1133	0	120	6	6	6
2009	0	0	0	0	0	0	0	3	1	372. 36	0	626. 82	15	10	6
2010	0	0	0	0	0	0	0	3	3	819. 40	0	605	9	9	7
2011	0	0	0	0	0	0	0	2	0	265	0	1313	10	8	4
2012	0	0	0	0	0	0	0	3	0	32. 46	0. 7	329. 90	8	4	3
2013	0	0	0	0	0	0	0	7	0	134. 76	2. 04	900. 06	28	20	18
2014	2	0	26. 94	153. 7	3	3	3	11	2	1147. 77	0	2556. 90	48	39	27
2015	0	1	0. 94	566. 6	4	3	0	8	4	299. 22	13. 2	1949	41	34	18
合计	2	1	27. 88	720. 3	7	6	3	38	10	4203. 98	15. 94	8400. 68	178	139	100

说明：表中数据来源于市烟草专卖局国烟报表以及由各县（区）局专卖部门提供

第四章　内部专卖管理监督

第一节　监管机制

2006年4月，永州市局成立由局长徐文军任组长、副局长刘名勤任副组长的内部专卖管理监督领导小组，出台《永州市烟草专卖局加强全市系统内部专卖管理监督实施办法》《永州市烟草专卖局内部专卖管理监督工作考核暂行办法》《永州市烟草专卖局内部专卖管理监督责任追究办法》等制度，初步形成内部专卖管理监督机制。2007年，市局制定《永州市烟草专卖局内部专卖管理监督工作制度》《永州市烟草专卖局内管专职人员开展内部专卖监管的工作制度》《永州市烟草专卖局内部专卖管理联络员工作制度》，建立"两级三层"的内管工作组织体系。2008年4月30日，市局设立内部专卖管理监督科，修订2007年制定的《永州市烟草专卖局内部专卖管理监督工作制度》，完善《内部专卖管理监督教育培训制度》《内部专卖管理监督工作报告制度》《内部专卖管理监督备案备查制度》等11项工作制度。2010年5月18日，市局下发《关于切实加强内部专卖管理监督工作的通知》，要求各县（区）局配齐专职内管人员，强化内管队伍建设，着力解决"不敢管"和"如何管、管什么"的问题。8月13日，市局制定《永州市烟草专卖局内部专卖管理监督工作规范实施细则》，明确市局负责组织所属县级局做好同级监管、日常监管工作，并对全市系统"两烟"生产经营活动和辖区内天顺烟叶复烤有限责任公司、湖南中烟工业有限责任公司零陵卷烟厂的生产经营活动实施监管，及时调查核实处理不规范生产经营问题。2012年9月26日，市局制定《永州市烟草专卖局治理卷烟非法流通工作制度》，规定查扣卷烟和大要案件上报、重大案件和重点单位督办、定期通报和奖惩标准等内容。10月30日，市局按照"垂直管理、双重领导、相对独立"的原则，调整专卖内管机构设置，建立专卖内管委派体制，构建"制度完善、职责明确、监管到位、奖罚严明"的监管体系。2013—2014年，市局出台《永州市烟草专卖局内部专卖管理监督工作制度》《永州市烟草专卖局内部专卖管理监督责任追究制度》，制订《永州市烟草专卖局内管工作标准汇编》《永州市烟草专卖局内管派驻办（组）作业指导书》等文件。2015年7月，市局制定下发《永州市烟草专卖局〈内部专卖管理监督责任追究制度〉补充规定》和《永州市烟草专卖局关于进一步加强真烟非法流通治理工作的意见》，进一步完善内部专卖管理监督机制。

第二节　两烟生产经营监管

一、烟叶生产经营监管

（一）对商业企业的监管

2003 年，永州市局按照规范经营行为的要求，加强对烟叶收购环节的内部监管。市局查处江永、蓝山县烟草公司及冷水滩区两烟办违规收购烟叶案件，并追究有关人员责任。2004 年，市局处理烟叶收购环节违纪违规人员 9 人。2005 年 5 月，按照国家局“烟叶整顿年”活动要求和省局有关精神，市局成立整顿规范烟叶生产经营秩序工作组，下发《关于开展整顿规范烟叶生产秩序自查整改工作的通知》。随后，各县（区）局成立相应工作组，围绕烟叶生产、收购、调拨及复烤加工等环节开展自查自整工作。2006 年 2 月 24 日，市局下发《关于认真贯彻落实全国烟叶生产和省局加强内部管理监督工作电视电话会议精神的紧急通知》，要求各县（区）局按照“先签后种、控稳并重”的原则，确保烟叶“双控”目标的实现，在取消县级公司法人资格过渡期间，扎实开展内部专卖管理监督检查工作，确保人心不散、工作不断、秩序不乱、效益不减。3 月 20 日，市局出台《永州市烟草专卖局开展行业内部专卖管理监督检查工作方案》，市、县两级局成立内部专卖管理监督工作领导小组，按照县级局自查、市局检查两个阶段对 2005 年烟叶生产经营情况进行全面检查。2007 年 4 月，市局成立两个检查组对全市系统 7 个产烟县营销部的烟叶种植收购合同、烟用生产物资和烟叶生产情况开展日常监管和全面检查。同年 8 月，宁远县局内管人员在烟叶收购例行检查中，发现禾亭烟草站收购“二道贩子”烟叶的线索，随即展开调查核实，并给予禾亭烟草站站长记大过、两名工作人员留用察看的处分。10 月，内管人员在烟叶收购例行检查中，掌握新田县知市坪烟草站收购外地烟叶 480 担的线索，经调查核实后，给予该站站长撤职处分。2008 年 4 月，永州市局抽调内管、整顿、烟叶等部门人员组成检查组对各产烟县分公司的烟叶种植收购合同签订、烟用物资发放等情况进行专项检查。烟叶收购期间，市局对烟叶产区及边界的烟叶收购情况开展监管和检查，及时了解烟叶收购和市场动态，准确掌握烟叶收购信息，确保全市系统烟叶收购秩序稳定。2009 年 9 月，市局内管科会同纪检监察科组成两个小组，对南六县的烟叶收购工作开展专卖内管监督检查，共抽查 6 个中心仓库、12 个烟叶收购点、80 户售烟农户，并于 9 月 28 日下发《关于对 2009 年烟叶收购工作开展专卖内管监督检查情况的通报》，防范烟叶生产经营不规范行为的发生。2010—2012 年，市局定期成立检查组，分赴各产烟县检查烟叶种植与收购合同签订情况，核实烤烟种植面积，确保按计划种植烟叶。同

2013 年 8 月，宁远县局内管人员在烟叶收购站点抽查是否凭合同收购

时，全过程监管全市系统残次、废弃烟叶的处理，防止残次、废弃烟叶流失。2013 年，永州市局以烟叶种植收购合同为主线，加强对烟叶种植收购合同签订、优化结构、烟叶收购、准运证管理等重点环节的监管，把全市烟叶育苗情况和拟签合同的摸底纳入内管部门的日常监管工作，从源头监管烟叶种植收购合同的签订。7 月 16 日，为防止不适用烟叶流入市场、流入制假窝点，市局下发《永州市烟草专卖局关于加强不适用烟叶管理的通知》，对违法收购和倒卖不适用烟叶行为坚持露头就打，对工作缺位、管理疏忽导致不适用烟叶流失，造成不良后果的，严肃追究相关人员责任。7—10 月，市局成立两个检查组，不定期对全市烟叶收购站点开展巡回检查，重点查处跨区收购、收购外地烟、烟站工作人员弄虚作假、虚开发票、内外勾结、谋取私利以及无合同、超合同收购等违法违规行为。是年，全市系统发现并调查处理 15 起有关烟叶的系统预警异常情况。2014—2015 年，市局内管办运用定期检查和专项检查手段，对烟叶育苗和合同签订、烟叶优化结构、烟叶收购工作等生产经营环节开展监管，提升烟叶生产经营工作规范化水平。2014 年，监督全市烟草商业系统处理废弃烟叶 269.3 吨。2015 年，监督全市烟草商业系统处理废弃烟叶 151.07 吨。

（二）对复烤企业的监管

2006 年 3 月 20 日，根据国家局《关于开展行业内部专卖管理监督检查的通知》，市局对永州天顺烟叶复烤有限责任公司烟叶复烤合同的签订和执行、烟叶复烤加工和调拨、烟梗及有关废料处理、准运证开具等情况开展监督检查。10 月 28 日，根据省烟草专卖局、湖南中烟公司联合印发《关于进一步加强全省烟草行业内部专卖管理监督工作的意见》，市局安排专卖科唐丽敏、郭有国作为永州天顺烟叶复烤有限公司驻厂监督员，在市局内部专卖管理监督办公室组织管理下开展监督工作。2007 年，市局通过驻厂监督员加强对永州天顺烟叶复烤有限责任公司的日常监管和检查，并由内管办进行考核，变事后查处为事前、事中监督和检查，提高监管效果。是年，国家局内管检查组抽查永州天顺烟叶复烤有限责任公司和湖南中烟公司零陵卷烟厂，对永州市烟草系统的内部专卖监督管理工作给予肯定。2008—2012年，根据国家局《关于加强打叶复烤烟叶流通管理的若干规定的通知》，驻厂内管办对打叶复烤烟叶流通环节实行全程监管，每月开展1至2次的日常监管，每季度开展1次定期检查，全面监督烟叶复烤合同的签订执行、烟叶进出库、原烟投料加工、烟梗及有关废料的处理和准运证开具使用等情况，确保全市烟叶复烤加工环节的规范运行。2013年，市局内管派驻办协助永州复烤厂修订完善《内部专卖管理日常监管方案》《内部专卖管理定期检查方案》等11项有关烟叶复烤加工环节的内管工作制度。是年，现场监督复烤企业处理废弃烟草专卖品2033.63吨。2014年6月30日，根据国家局《烟草行业内部专卖管理监督工作》和省局《关于组织对全省烟叶复烤企业2013年烤季专卖内管检查的通知》，永州市局成立由副局长阳天和任组长的内管检查组，于7月1日至2日进驻永州复烤厂进行烤季检查，通过听取汇报、查阅资料、核对账目、现场检查等方式，对永州复烤厂内部专卖管理工作开展全面检查。是年，定期检查复烤厂4次，监督处理废弃烟草专卖品8518.9吨。2015年，市局根据国家局和省局的要求，加强对属地复烤企业的日常监管和定期检查。市局成立以分管专卖领导任组长的内管检查组，于5月26日至27日对永州复烤厂内部专卖管理监督工作组织开展情况及2014烤季生产经营情况进行专项检查，针对存在的不足，反馈工作建议，提出整改措施。是年，永州市局监督复烤厂处理废弃烟草专卖品7660.29吨。

二、卷烟生产经营监管

（一）对工业企业的监管

2006年3月20日，根据国家局《关于开展行业内部专卖管理监督检查的通知》，市局出台《永州市烟草专卖局开展行业内部专卖管理监督检查工作方案》，定期安排专卖内管人员到常德卷烟厂零陵分厂检查生产经营情况，加强辖区内卷烟工业企业的监管。2007—2013年，永州市局内管派驻办协助零陵卷烟厂修订完善《内部专卖管理日常监管方案》《内部专卖管理定检查方案》《烟草废弃物管理办法》等有关卷烟生产环节的内管工作制度和工作流程，明确工业企业内部监管部门和人员的职责、范围及流程。2013年，现场监督零陵卷烟厂处理废弃烟草专卖品678.84吨、销毁淘汰烟草专用机械159台（套）。2014—2015年，根据《烟草行业内部专卖管理监督工作规范》和《国家烟草专卖局关于进一步加强卷烟打扫码管理监督的通知》及省局关于对工业企业季度卷烟打扫码专项检查的安排部署，市局成立由副局长阳天和任组长的检查组，对零陵卷烟厂每季度开展一次卷烟打扫码情况定期检查。2014年，监督零陵卷烟厂处理废弃烟草专卖品34.92吨。2015年，监督零陵卷烟厂处理废弃烟草专卖品517.31吨。

（二）对商业企业的监管

2003年6月，根据国家局、省局关于开展专项整治卷烟体外循环工作会议精神，市局召开专题会议，部署全市卷烟体外循环专项治理工作。7月2日，市局成立工作小组对11个县（区）局开展专卖准运证、物流、资金流等检查，通过边查边改、整章建制，规范卷烟经营市场秩序。2004—2005年，市局持续开展卷烟体外循环专项治理工作，实施卷烟到位确认工作监督检查，派专人对卷烟到货的数量、结构与准运证进行检查核对，发现存在卷烟体外循环问题，及时立案查处，保证卷烟到货确认的真实性，做到卷烟入网销售。2005年5月，市局根据全国烟草行业整顿规范工作电视电话会议精神和《湖南省烟草专卖局（公司）整顿规范烟叶生产经营秩序工作方案》要求，把拆单分摊、虚拟客户、向无证户供货、假入网销售和自营零售店倒卖卷烟等作为内部检查工作重点，及时发现和纠正内部违规经营行为。2006年3月20日，市局制订《永州市烟草专卖局开展行业内部专卖管理监督检查工作方案》，明确全市商业系统卷烟经营内部专卖管理监督对象为市公司卷烟销售部门、各县（区）公司卷烟营销中心；检查内容为卷烟购进、销售、库存、购销合同签订、准运证到货确认、扫码等情况，重点检查有无违规购进卷烟、虚假到货确认、违反扫码有关规定、拆单分摊、假入网和超许可范围销售卷烟等问题。2007—2009年，市局开展关键环节的内部监管，重点检查集中时间、集中品牌、集中区域、集中车组投放等行为，以及在订单采集和配送环节采取系统监管与市场调查相结合，流程监管与走访客户相结合，有针对性的开展内部监管，加强实地调查、走访核实。2010年，市局开展对客户基础信息维护的专项检查，对空挂户、进货量与实际经营能力不符的零售户、长期无进货记录的零售户进行规范清理。2011年5月，市局组织开展卷烟经营“规范月”活动，并组成5个检查小组，对全市各县（区）卷烟经营户业态、级别与经营能力明显不符的情况进行走访调查，随机抽取被检单位辖区内40%至50%的A类经营客户，现场检查其卷烟上柜经营品牌，核实库存情况，并对其卷烟购进、具体销

2014年9月18日，市局召开全市系统治理真烟非法流通专题会议

售流向进行了解，合理判别其真实经营能力和等级，清理不符合条件的网上订货户3437户、A类客户1065户，有效排除违规经营隐患。随后，市局根据检查情况开展深入剖析，及时印发《关于进一步加强零售客户管理严格卷烟规范经营的通知》，修订完善《卷烟零售大户管理办法》，促进卷烟规范经营。2012年3月26日，根据《湖南省烟草商业系统开展“天价烟”和卷烟过度包装专项治理工作的实施方案》要求，市局成立以局长李刚华为组长的治理高价卷烟和卷烟过度包装工作领导小组，在全市开展治理高价卷烟和卷烟过度包装治理工作。各县（区）局成立“天价烟”专项治理工作领导小组，把治理“天价烟”和卷烟过度包装纳入日常走访工作内容，及时通报、总结工作开展情况，推动“天价烟”和卷烟过度包装专项治理工作转入常态化的长效监管。5月17日，市局召开全市系统治理卷烟非法流通暨现代终端建设视频动员大会，出台治理卷烟非法流通工作方案。6月底至7月初，市局副局长刘名勤、副经理秦江顺带领相关部门人员组成两个检查组，采取随机走（暗）访的形式对全市10个县（区）局（分公司）和市本级2012年1月以来卷烟规范经营情况进行检查，整治和规范辖区卷烟市场不规范行为。在“9·3”卷烟非法流通案件发生后，市局党组高度重视，多次召开内管专题会议，剖析存在的问题，并对相关人员予以行政处分及经济处罚。2013年，市局内管派驻办采取日常监管、定期检查和专项检查等手段，对全市系统卷烟经营情况开展监管，探索出卷烟经营内部监管“1234”工作法，全方位开展卷烟经营监管工作。全市系统内管部门发现并调查处理有关卷烟的系统预警异常情况2115起，向卷烟零售户发放“告卷烟零售户规范经营建议书”22300份、发放“内部专卖管理监督联系卡”2325张，贴举报公告215份，下达《内部专卖管理监督整改通知书》38份、《内部专卖管理监督规范建议书》17份，上报省局5万元以上的真品卷烟案件16起，处理违规责任人员33人次、罚款40.73万元。2014年，全市系统内管部门加大日常监管和同级监管力度，开展各项检查（考核）22批次，督办真烟非法流通案件19起，对卷烟出现非法外流的单位下发整改通知书174份、规范建议书121份；追究卷烟经营违规人员责任252人次，其中警告1人、记过4人、降级2人、经济处罚218人，通报批评27人次，经济处罚39.51万元。2015年3月，为进一步加强真烟非法流通治理和监管，永州市局建立全市“四员”（即专卖、内管、营销、物流）联动机制，每月定期召开联席会，通报卷烟非法流通情况、零售户基础信息资料以及各类不规范现象，对存在的问题分门类别，归口到相关部门进行整改，共同商讨研究对策和措施。6月，根据省局《关于对全省系统2015年上半年卷烟经营情况开展全面内管检查的通知》，市局召开专题会议，部署全市内管检查工作。市局和各县（区）局均成立由分管专卖内管工作的副局长任组长的检查组，对全市系统2015年上半年卷烟经营情况、内控制度建设、七种真烟违法违规经营行为开展全面检查。9月，市局下发《永州市烟草专卖局关于进一步加强真烟非法流通治理工作的意见》，进一步强化卷烟规范经营，遏制真烟非法流通势头。是年，市局督办真烟非法流通案件8起，对卷烟违规经营人员责任追究185次，其中经济处罚827人，通报批评7人，诫勉谈话2人，经济处罚38.17万元，为规范经营起到警示教育作用。

2015年4月，蓝山县局内管员参与市场检查，严防真烟非法流通

第七篇　烟草科技与创新

2003—2015年，永州市烟草商业系统实施“科技兴烟”战略，累计投入科研经费3579.3万元，完成科研项目593个，获市厅级及以上科技进步奖40项，其中国家烟草专卖局科技进步奖3项、省人民政府科技进步奖3项、省烟草公司科技进步奖17项、市人民政府科技进步奖17项；选育烤烟新品种2个，并通过全国烟草品种审定委员会审定；取得国家知识产权局授权专利24项，为永州浓香型烟叶特色彰显、“九嶷金叶”品牌在全国畅销以及全市烟叶产业持续发展提供坚实的技术支撑。

在此期间，永州烟草工商系统注重管理创新，发布、实施ISO 9001质量管理体系和OHSAS18001职业健康安全管理体系，并通过行业内部和第三方认证，标志着永州烟草各项管理工作走向科学化、规范化、标准化轨道。2009—2015年，永州烟草商业系统先后开展“基础管理年”“全面质量管理年”和“精细管理年”等创建活动，全面加强企业管理创新，提升企业管理水平。

第一章　技术创新

第一节　科研机构队伍

20世纪90年代至21世纪初期，永州境内烟草商业科研机构主要有永州市烟草科学研究所、中国烟草中南农业试验站永州基地、中国烟草永州良种繁育基地。其中，永州市烟草科学研究所成立于1988年，原名零陵地区烟草科学研究所；1995年更名为永州市烟草科学研究所。1997年经国家局批准，在永州建立中国烟草中南农业试验站；于1999年基地建成并投入使用。2000年，省局机构改革，决定将中国烟草中南农业试验站总部改设长沙，永州作为中国烟草中南农业试验站直属基地，与永州市烟草专卖局（公司）烟草科学研究所（简称永州市烟科所）合署办公。中南农业试验站永州基地和永州市烟科所实行“两块牌子、一套人马”的运作模式，业务上接受中南农业试验站的指导和管理。

2012年6月11日，市局（公司）举行烟叶生产技术中心成立授牌仪式

2012年6月11日，根据省局《关于永州市烟草专卖局（公司）设置烟叶生产技术中心的批复》，永州市局（公司）以市烟草科学研究所为基本班底，成立烟叶生产技术中心，撤销永州市烟草科学研究所，并调整有关工作职能。市烟叶生产技术中心有试验田100余亩、病圃5亩、实验室1000余平方米、智能温室育苗大棚300平方米，配备单道扫描等离子光谱仪、烟草化学自动分析仪、气相色谱、超高效液相色谱-三重四级杆串联质谱仪、叶绿素荧光测定仪、便携式光合测定仪等研究仪器设备；承担国家局、省局下达的烟草农业科研课题，并结合永州烟叶生产实际自立科研项目，开展烟草科研、示范和推广工作，为永州乃至全省烟叶生产提供科技支撑。此外，承担全省烤烟良种的检验、种子加工、调拨和部分良种繁育任务。

2013年8月，按照《国家烟草专卖局办公室关于申报第二批行业认定烟叶生产技术中心的通知》，永州市烟草公司烟叶生产技术中心作为全省烟草系统唯一一家申报单位。市烟草公司成立申报小组，以申报行业技术中心为契机，加强市烟叶生产技术中心的软、硬件建设，提升自主创新能力和核心竞争力。9月9—13日，赴省局质监站、省农药检定所、湖北省恩施州烟叶生产技术中心考察学习先进经验。9月20日，市烟草公司投入200万元，购置有关仪器设备。11月27—28日，在国家烟草专卖局科技司组织的行业技术中心认定中，专家组对永州烟草的科技创新工作给予肯定，认为永州市烟草公司烟叶生产技术中心

2013年9月，市局（公司）为烟叶生产技术中心购置一批科研仪器设备

建设体现出“有历史、有基础、有创新、有成效、有人才”的“五有”特色，符合行业技术中心认定的申报条件。

2013—2015年，市烟草公司按照“夯实基础，规范运行，注重创新，科学发展”的指导方针，建立以中南农业试验站永州基地为创新平台、以“市公司烟叶生产技术中心+县分公司烟叶生产经营分部+基层技术推广站”为创新主体、以“对外合作科研院所+对口工业企业技术中心”为技术依托的企业技术创新体系，组建烤烟育种、烟草土壤与植物营养、植保保护与绿色生态烟草、烤房建设与烘烤工艺组4个创新团队，各创新团队均配备高级农艺师、全省烟草系统学科带头人培养对象及后备对象和市局学科带头人。

2015年，永州市烟叶生产技术中心有科技人员15人，其中在读博士2人，研究生学历10人，具有高级农艺师职称的7人，农艺师职称4人；拥有学科技术带头人5人，其中3人为全省系统学科带头人培养对象及后备对象。自零陵地区烟草科学研究所成立至2015年，永州市烟草商业系统科研机构培养出周国生、刘正日、周志成、胡日生、聂新柏、高春洋、唐绅、黄石旺、张大伟、靳志丽、蒋笃忠、胡卫东、杨全柳等高级农艺师13人。其中，靳志丽于2008年获得永州市人民政府科学技术突出贡献奖；杨全柳于2015年被湖南省烟草专卖局评为全省烟草系统科技“十优”工作者。

第二节　科研活动

2003年，永州市烟草商业系统科研机构承担国家局科研项目3个、省公司科研项目9个，自立科研项目15个，对外协作科研项目4个，共开展“优质多抗烟草新品种选育及配套技术研究”“种子催芽包衣研究”“烟叶优质高效施肥技术体系研究”等项目课题31个。

2003年永州市烟草商业系统科研项目及经费计划表

表7-1

序号	项目名称	经费（万元）	布点（个）	主持人
1	品种区试	1.5	5	胡日生
2	漂浮育苗配套技术研究及推广	2	4	聂新柏
3	稻草还田在烤烟生产中的应用综合技术研究	2.2	6	靳志丽
4	硼素对烤烟产量和质量的影响	0.75	5	靳志丽、黄石旺
5	新型肥料对比试验示范	0.8	4	唐　绅、杨全柳
6	烟农户籍化档案网络管理	2	2	刘正日

续表7-1

序号	项目名称	经费（万元）	布点（个）	主持人
7	花叶病药剂筛选试验	1.2	6	黄石旺
8	钾肥不同施用时期与方法对烤烟品质的影响	1.4	7	杨全柳
9	病虫害预测预报	1	2	黄石旺
10	烤烟叶面肥研制	0.6	3	靳志丽
11	烤烟温湿度报警仪推广	1.5	1	甘在德
12	“九嶷金叶”品牌开发	4	6	刘正日、甘在德
13	新品种示范	2.9	10	张大伟
14	黑胫病药剂筛选试验	0.2	1	黄石旺
15	烟科所科研项目及化学检测	3		聂新柏
合计		25.05	62	

2004年，承担国家局科研项目4个、省公司科研项目11个，市烟草公司自主科研、推广项目17个，与湖南农业大学、云南省烟草研究所、中国科技大学合作科研项目3个，获省、市公司科研经费71.8余万元。是年，编写《“九嶷金叶”标准化体系》《漂浮育苗技术规程》等科技资料，并下发各烟叶产区指导生产。

2004年永州市烟草商业系统科研项目及经费计划表

表7-2

序号	项目名称	经费（万元）	布点（个）	主持人
1	新品系生产试验	3.6	9	张大伟、胡日生
2	品种区试	2.4	6	张大伟、胡日生
3	新品种选育	1.0	1	胡日生、张大伟、杨全柳
4	稻草还田在烤烟生产中的应用综合技术研究	2.0	5	靳志丽、黄石旺
5	稻草还田示范	1.9	7	刘正日、聂新柏
6	Mg、K互作对烤烟生产发育及产质影响研究	3.5	7	杨全柳、靳志丽
7	生长调节剂对上部烟叶的影响	1.0	5	靳志丽、聂新柏
8	新型肥料试验	1.2	6	唐　绅
9	水肥调控技术示范	0.6	6	刘正日
10	新型温度计报警仪推广	0.7	7	甘在德
11	四叶五房烘烤技术	1.0	5	甘在德

续表7-2

序号	项目名称	经费（万元）	布点（个）	主持人
12	新农药筛选	1.6	8	黄石旺
13	测报	2.8	4	黄石旺
14	综合防治	1.2	6	黄石旺
15	漂浮育苗技术推广	0.9	9	唐　绅
16	土壤、烟叶样品化验及分析	2.0	1	聂新柏
17	片烟复烤机改造	3.0	1	吕　明
合计		30.4	92	

2005年，承担国家局项目2项、省公司项目2个，市公司自立烟草科技、示范项目18个，布点68个；投入科研经费69.95万元（不含国家局经费），其中市公司投入38.55万元。

2005年永州市烟草商业系统科研项目及经费计划表

表7-3

序号	项目名称	经费（万元）	布点（个）	主持人
1	新品种（系）区试	1.6	4	胡日生、张大伟
2	新品种（系）示范	4.1	10	张大伟、胡日生
3	HY-3-11、YZ-20-6栽培、烘烤技术研究	0.4	1	杨全柳、胡日生、张大伟
4	良种繁育技术研究	2.0	1	靳志丽、黄石旺
5	绿肥在烤烟生产中的应用技术研究	0.2	1	张大伟
6	烤烟适宜移栽期的研究	0.9	3	靳志丽、张佳文
7	稻草覆盖施肥模式优化的研究	1.5	5	靳志丽、成勋松、丁建冰
8	GGR对烤烟产质量影响的研究	0.2	1	靳志丽、袁　芳
9	烤烟生产调节剂研制	0.6	3	靳志丽
10	催芽包衣种生产验证	0.45	3	靳志丽
11	稻草还田对土壤及烤烟生长影响的研究	0.4	1	靳志丽
12	稻草覆盖示范	4.0	5	靳志丽、唐　绅
13	上部叶带茎烘烤技术推广	0.8	8	蒋笃忠、丁建冰
14	适度规模烤房设备开发及应用技术研究	14.5	8	聂新柏、甘在德

续表7-3

序号	项目名称	经费（万元）	布点（个）	主持人
15	烟草病虫害预测预报	2.9	4	黄石旺、周向平
16	烟草病虫害预测预报及综合防治示范	1.2	6	黄石旺
17	杀虫剂筛选	0.8	4	周向平
18	土壤、烟叶样品化验及分析	2.0	1	张　芳
合计		38.55	68	

2006年，承担国家局科研项目10个、省公司项目16个，自主开展科研、示范推广项目21项，布点97个，参试单位13个，投入科研经费34.2万元，有60余人参与科研工作。

2006年永州市烟草商业系统科研项目计划表

表7-4

序号	项目名称	经费万元）	布点（个）	主持人
1	新品种选育	1.0	1	胡日生
2	杂交制种技术研究	0.4	1	杨全柳
3	云烟85、87提纯复壮	2.0	1	张大伟
4	新品种（系）区试	0.8	4	胡日生、张大伟
5	新品种（系）示范	4.6	10	张大伟、胡日生
6	漂浮育苗壮苗技术研究	0.2	1	靳志丽、袁　芳
7	适宜移栽期研究	1.5	3	靳志丽
8	稻草还田定位试验	0.4	1	靳志丽
9	稻草盖膜推广	1.8	9	靳志丽、袁　芳
10	叶面肥研制及示范	2.4	8	靳志丽
11	增香降碱技术研究	1.5	3	靳志丽、袁　芳
12	绿肥试验	0.9	3	靳志丽、袁　芳
13	芽后除草剂示范	0.3	3	黄石旺
14	黑胫病药剂筛选	0.6	3	周向平
15	永州市线虫种类及发生量调查	0.2	1	周向平、黄石旺
16	病虫害综合防治示范	1.8	9	黄石旺
17	病虫害预测预报	2.5	4	黄石旺

续表7-4

序号	项目名称	经费 万元)	布点 (个)	主持人
18	密集烤房设备开发及烘烤技术研究	5.0	5	蒋笃忠
19	普通烤房智能化改造	4.5	9	蒋笃忠
20	带茎烘烤技术推广	0.9	9	蒋笃忠
21	远红外涂料推广	0.9	9	蒋笃忠
合计		34.2	97	

2007 年 5 月，市公司主持召开稻草覆盖及配套技术研究与推广应用项目验收会

2007 年，按照“自主创新、重点跨越、支撑发展、引领未来”的指导方针，市公司编制《永州市烟草科技发展三年规划（2007—2009 年）》，提出永州烟草 2007—2009 年科技发展的方向、目标和重点，要求通过增强自主创新能力，提高烟叶生产技术含量，提升“九嶷金叶”品牌的市场竞争力。是年，永州市烟草公司开展“创新年”活动，以“六个一”（提出一条合理建议、学习一门新技术、开发一项新成果、改革一项新工艺、刷新一项新记录、转化一项新成果）活动为契机，营造出浓厚的科研创新氛围。全年完成国家局项目 8 个、省公司项目 23 个，自立科研、示范推广项目 27 项，布点 112 个，参试单位 10 个；市公司投入经费 54.9 万元。

2007 年永州市烟草商业系统科研项目计划表

表 7-5

序号	项目名称	经费 (万元)	布点 (个)	主持人
1	湿润育苗技术研究	1.4	7	张大伟、胡日生、杨全柳
2	烤烟集约化育苗新技术研究	1.0	1	刘正日、黄石旺

续表7-5

序号	项目名称	经费（万元）	布点（个）	主持人
3	HY-3-11烘烤技术研究	2.4	8	胡日生、杨全柳、蒋笃忠
4	HY-9-7、HY-C-7示范	0.9	2	高春洋、杨全柳、胡日生
5	新品种种性示范对照	1.4	7	胡日生、杨全柳
6	市区试	1.6	4	杨全柳、胡日生
7	烤烟良种繁育技术研究	11.0	1	胡日生、杨全柳
8	杂交制种技术研究	1.0	1	杨全柳、胡日生
9	雄性不育杂交制种	1.6	1	胡日生、杨全柳
10	新品种选育	2.0	1	胡日生、杨全柳
11	适宜移栽期研究	1.5	3	靳志丽
12	绿肥品种和种植利用模式研究	0.3	1	靳志丽、胡卫东
13	不同连作年限土壤营养状况和烟叶品质变化规律研究	0.9	3	靳志丽
14	烟田冬前深耕晒垡生产示范	1.4	7	胡卫东、靳志丽
15	叶面肥研制及生产应用示范	1.5	6	靳志丽、张　芳
16	绿肥和后作烤烟合理轮作生产示范	1.2	6	胡卫东、靳志丽
17	稻草覆盖推广	2.8	7	高春洋、靳志丽、胡卫东
18	普通烤房密集化改造技术研究	5.0	7	蒋笃忠
19	烤烟适应度规模烘烤设备开发及配套工艺研究	2.9	7	蒋笃忠
20	上部叶带茎烘烤技术推广	1.4	7	蒋笃忠
21	提前烘烤试验	1.5	1	蒋笃忠
22	烟草病虫害综合防治技术推广	2.1	7	黄石旺、周向平
23	烟草病虫害预测预报	2.5	4	黄石旺、周向平
24	烟田不同覆盖模式对病虫害的影响研究	1.2	4	周向平
25	烟草气候斑病防治研究	1.2	4	黄石旺、周向平
26	烟草黑胫病药剂筛选	1.2	4	周向平
27	烟叶品质分析	2.0	1	张　芳、靳志丽
合计		54.9	112	

2008 年，承担“优质特色烟叶开发”“全国烟草种质资源平台建设”“烟草病虫害综合防治示范”和“全国烟草农药对比试验”等国家局项目 4 个；承担“中南烟区优质特色烤烟新品种选育”“经济适用高效密集烤房及配套工艺与应用”“烟草病虫害预测预报”等省公司项目 7 个；自主开展试验、示范及推广项目 24 个；参试单位 10 个，布点 110 余个，投入科研经费 76 万元。

2008 年永州市烟草商业系统科技项目计划表

表 7-6

序号	项目名称	布点（个）	经费（万元）	主持人
1	烤烟新型漂浮育苗基质研究与应用	9	4.4	徐文军、刘正日
2	烤烟品种区试	5	3	胡日生、杨全柳
3	烤烟品种示范	8	10	唐　绅、胡日生、杨全柳
4	烤烟不育系选育	1	5	胡日生
5	烤烟品种提纯复壮研究与示范	7	5.2	唐　绅、杨全柳、胡日生
6	烤烟良种繁育技术研究	1	8	胡卫东
7	烤烟新品种选育	1	4	胡日生、杨全柳
8	烤烟雄性不育制种	1	2	杨全柳、胡日生
9	烤烟适宜移栽期研究	4	2.8	靳志丽
10	绿肥种植和利用技术研究	1	0.4	靳志丽、胡卫东
11	不同连作年限土壤营养状况和烟叶品质变化规律研究	3	0.9	靳志丽、张　芳
12	烤烟叶面肥研制及生产示范	8	3.1	靳志丽、袁　芳
13	绿肥和后作烤烟合理轮作生产示范	4	1.2	靳志丽、胡卫东
14	烟田土壤改良综合技术生产示范	4	2	胡卫东、靳志丽
15	多方式燃烧炉在密集式烤房中应用研究	8	8	张大伟、蒋笃忠、袁　芳
16	“两拖一低”烘烤模式对中上部烟叶质量的影响	5	2.4	蒋笃忠、袁　芳
17	密集式烤房自控设备对比试验	1	0.6	蒋笃忠、袁　芳
18	烟草病虫害综合防治技术推广	6	3	黄石旺、周向平
19	烟草病虫害预测预报	3	4	黄石旺、周向平
20	烟草花叶病药剂筛选	3	1.5	黄石旺、周向平
21	烟草青枯病发生规律研究及药剂筛选	3	1.5	周向平、黄石旺
22	防治烟草黑胫病、青枯病药剂室内筛选	1	1	周向平、胡卫东

续表7-6

序号	项目名称	布点（个）	经费（万元）	主持人
23	烟草技术信息服务	7		刘正日、黄石旺
24	国家级烟叶标准化生产示范区建设	1	2	李玉辉
合计		95	76	

2009年，永州烟草承担“特色优质烟叶生产开发”“全国烟草种质资源平台建设”等国家局项目5项；承担“优质多抗特色烤烟新品种选育”“烟草病虫害预测预报”等省局项目12项。自主开展试验、示范及推广项目26项。全市共布点83个，投入科研经费118.4万元。

2009年永州市烟草商业系统科研项目计划表

表7-7

序号	项目名称	经费（万元）	布点（个）	主持人
1	烤烟品种市区试	4.0	4	杨全柳
2	烤烟新品种示范	6.0	8	刘正日、唐　绅、杨全柳
3	烤烟品种种性对照示范	3.0	3	刘正日、杨全柳
4	烤烟品种种性对照研究	4.0	1	刘正日、杨全柳、唐　绅
5	烤烟不育系选育	5.0	1	杨全柳
6	烤烟良种繁育技术研究	8.0	1	胡卫东
7	烤烟新品种选育	7.0	1	杨全柳
8	烟草种质资源研究与应用	4.0	1	杨全柳
9	烤烟雄性不育杂交制种	6.0	1	胡卫东、杨全柳
10	烤烟种子耐储性研究	4.0	2	胡卫东
11	烤烟高效施肥技术研究	3.5	5	靳志丽、胡卫东
12	永州市植烟土壤肥力动态变化及统筹技术研究	3.0	1	胡卫东、靳志丽
13	烟稻复种连作年限对土壤营养和烟叶品质影响研究	1.5	3	靳志丽
14	烤烟叶面肥研制及生产示范	6.0	9	靳志丽、张　芳
15	绿肥种植与利用技术研究与生产示范	2.0	4	靳志丽、胡卫东
16	有机肥添加菌种发酵技术研究与生产	3.0	6	靳志丽
17	环保节能密集式烤房技术研究	15.0	2	蒋笃忠、唐　绅、袁　芳

续表7-7

序号	项目名称	经费（万元）	布点（个）	主持人
18	HY-9-7 烘烤工艺研究	2.4	3	蒋笃忠、袁　芳
19	提质节能密集式烘烤工艺研究	6.0	5	蒋笃忠、袁　芳
20	烤烟漂浮育苗新型育苗基质研究与应用	9.0	8	刘正日、黄石旺
21	水稻田除草剂对烟叶生长及品质影响的研究	3.0	2	周向平、黄石旺
22	烟草病虫害预测预报	4.0	3	黄石旺、周向平
23	烤烟品种（系）黑胫病抗性鉴定	1.0	1	周向平、黄石旺、杨全柳
24	烟草病虫害综合防治技术推广	3.0	6	黄石旺、周向平
25	烟碱提取工艺与应用研究	3.0	1	周向平、唐　绅、黄石旺
26	烤烟品种展示	2.0	1	唐　绅、杨全柳、胡卫东
合计		118.4	83	

2010 年，承担国家局项目 6 个、省公司项目 12 个；自立试验、示范及推广项目 32 个，布点 126 个，参试单位 10 个，投入科研经费 248.8 余万元。

2010 年永州市烟草商业系统科技项目计划表

表 7-8

序号	项目名称		布点（个）	经费（万元）	主持人
1	永州浓香型特色优质烟叶生产综合技术研究		8	20	胡卫东、张大伟、李玉辉
2	永州市烤烟生产标准化示范区建设		7	20	袁长才
3	烤烟漂浮育苗新型基质研究与应用		7	7	刘正日、黄石旺
4	烤烟特色新品种选育		1	8	杨全柳
5	烤烟特色新品种示范	HY-9-7	7	3	刘正日、唐　绅、杨全柳
		HY-7-B1	1	2	
		HY-C-7	2	2	
		HY-K-C	2	2	
6	烤烟品种市区试		4	4	杨全柳
7	晒烟种质资源收集与评价		1	4	杨全柳
8	烤烟良种繁育技术研究		1	8	胡卫东

续表7-8

序号	项目名称		布点（个）	经费（万元）	主持人
9	烤烟雄性不育杂交制种		2	9	胡卫东、杨全柳
10	烤烟不育系选育		1	5	胡卫东、杨全柳
11	烤烟新品种展示		1	5	刘正日、唐绅、杨全柳
12	留种烤烟叶片衰老机制及其栽培调控措施研究		1	4	王　霈
13	烤烟沙培育苗示范		7	5.6	唐　绅、杨全柳
14	烤烟高效施肥技术研究		5	6.1	靳志丽、胡卫东
15	烤烟叶面肥研制及生产示范		9	7	靳志丽、张　芳
16	有机肥添加菌种发酵技术研究与生产示范		5	3	靳志丽
17	烟稻复种连作年限对土壤营养和烟叶品质特色影响效应及调控技术研究		4	8	靳志丽
18	烟田土壤综合改良技术研究及推广应用		6	6	靳志丽、胡卫东
19	永州烟区烟叶质量与土壤养分动态变化跟踪调查		8	10	靳志丽
20	烤烟工艺研究	HY-9-7	3	15.6	袁　芳
		K326	3		
21	密集烤房配套工艺研究		1	5	袁　芳
22	密集烤房装烟密度试验研究		1	1.5	袁　芳
23	环保节能烤房设备研究		2	12	蒋笃忠、唐　绅
24	密集式烤房结构优化研究		4	28	蒋笃忠
25	温湿度信息化管理系统在烟叶生产中的应用		8	8	唐绅、蒋笃忠
26	无公害烟叶生产研究与应用		2	4.6	黄石旺、周向平
27	烟草病虫害预测预报		3	4.5	黄石旺、周向平
28	烟草品种（系）青枯病抗性鉴定		1	1	周向平、杨全柳
29	防治青枯病药剂筛选		3	2.4	周向平、唐　绅
30	防治烟青虫药剂筛选		3	1.5	周向平、黄石旺
31	硫酸铜防治绿藻试验		1	1	周向平
32	烟叶、土壤样品化验		1	15	张　芳
合计			126	248.8	

2011年12月28日，市局（公司）召开全市烟草商业系统首届科技创新大会

2011年，围绕“夯实基础、规范运行、注重创新、科学发展”的总体思路，以开展“精细管理年”活动为主线，以提高企业综合竞争力为核心，围绕“卷烟上水平”总体目标，实施科技创新、研发及推广工作。全市烟草商业系统承担国家局项目8个、省公司项目12个，自立科研试验、示范及推广项目27个，布点111个，参试单位11个，投入科研经费378.7万元。12月28日，市烟草公司召开第一届永州烟草科技创新大会。局长（经理）李刚华出席会议并讲话，副经理刘正日作报告，总结2011年全市烟草科研和技术创新及推广工作，部署2012年科技工作。同时，邀请市科技局、市农科所、市植保站、宁远县植保站等单位领导和专家参会。

2011年永州市烟草商业系统科研项目计划表

表7-9

序号	项目名称	经费（万元）	布点（个）	主持人
1	烤烟漂浮育苗新型基质研究与应用	7	7	刘正日、黄石旺
2	烤烟砂培育苗技术研究	15	7	唐　绅、杨全柳
3	烤烟新标准转换	9	3	李玉辉
4	浓香型特色烤烟品种选育	15	1	杨全柳
5	烤烟新品系（种）示范	16	7	杨全柳
6	优质特色品种示范	5	1	王兵万
7	上部烟可用性研究	5	1	王兵万
8	湘烟3号繁育技术研究	12	3	刘正日
9	烤烟品种（系）市区试	6	4	杨全柳
10	烤烟种质资源收集、利用与研究	6	1	杨全柳
11	烤烟良种繁育技术研究	12	1	胡卫东

续表7-9

序号	项目名称	经费（万元）	布点（个）	主持人
12	烤烟不育系选育	8	1	杨全柳
13	永州浓香型特色优质烟叶生产综合技术研究	38	7	胡卫东、李玉辉、靳志丽
14	烟稻连作年限对土壤营养和烟叶品质特色影响效应及调控技术研究	9.5	4	靳志丽
15	烤烟高效施肥技术研究	7.5	5	靳志丽、胡卫东
16	烟田土壤综合改良技术研究与推广应用	40	8	靳志丽、胡卫东
17	农家肥菌种高温发酵技术研究与示范	9	7	靳志丽
18	无公害烟叶生产技术研究与应用	50	9	刘正日、黄石旺、周向平
19	烟草病虫害预测预报	6.7	4	黄石旺、周向平
20	烟草病虫害预测预报模型构建	1.5	1	周向平
21	烟草青枯病综合防治技术研究与应用	3	3	周向平
22	新型太阳能灭虫设备研究	20	2	周向平、蒋笃忠
23	湘烟3号烘烤工艺研究	3.5	4	蒋笃忠、袁　芳
24	烟叶烘烤燃煤技术研究	27	6	袁　芳、蒋笃忠
25	密集烤房余热共享设备开发与配套及应用技术研究	20.6	7	蒋笃忠
26	烟叶工场信息化管理技术研究与应用	11	5	唐　绅、蒋笃忠
27	新材料密集烤房及其配套烘烤工艺研究	15.4	2	袁　芳、蒋笃忠
合计		378.7	111	

2012年，承担国家局科研项目5个、省公司科研项目13个，自立科研项目48个、布点142个，市局投入科研经费442.5万元。4月1日，为营造良好的科技创新环境，调动员工的积极性和创造性，市局出台《永州市烟草专卖局（公司）科技创新实施方案》，成立以局长（经理）李刚华为组长的科技创新领导小组和知识产权领导小组。同时，永州市局（公司）依托市科技局成立项目评奖评审委员会专家库。

2012 年永州市烟草商业系统科技项目计划表

表 7-10

类别	序号	项目名称	经费（万元）	布点（个）	主持人
研究类	1	新品种选育	10	1	杨全柳
	2	烟草种质资源引进、鉴定与评价	6	1	高春洋
	3	烤烟品种省区域试验	0. 8	1	杨全柳
	4	烤烟品种市区试	4. 4	4	张大伟
	5	自育烤烟品种配套技术研究	1	1	杨全柳
	6	烤烟良种繁育技术研究	13	1	张大伟
	7	不育系选育	8	1	张大伟
	8	全国烤烟外引品种试验	1	1	张大伟
	9	烟稻复种连作对土壤营养状况及烟叶品质特色影响效应及调控技术研究	8	4	靳志丽
	10	特色品种高效施肥技术研究	4	4	靳志丽
	11	烤烟栽培模式改良研究	1. 6	2	靳志丽
	12	永州市烟草有害生物调查研究	2	2	黄石旺
	13	品种（系）花叶病抗性鉴定	0. 8	1	周向平
	14	新型太阳能灭虫设备研究	4. 5	2	周向平
	15	低危害烟叶生产技术研究与应用	36	8	刘正日
	16	烟叶二氯喹啉酸类除草剂药害解毒剂筛选	2. 4	3	周向平
	17	烤烟防冻剂筛选及应用	7. 2	9	黄石旺
	18	煤渣在烤烟生产上的应用研究	13. 4	9	黄石旺
	19	密集烤房余热共享设备开发与配套应用技术研究	13	8	蒋笃忠
	20	箱式烘烤设备开发及配套应用技术研究	23	5	蒋笃忠
	21	烤房金属设备的养护技术研究	8. 2	4	袁　芳
	22	浓香型烟叶烘烤关键技术研究	5	1	蒋笃忠
	23	优化烘烤工艺研究	1	1	蒋笃忠
	24	永州浓香型特色优质烟叶生产综合技术研究	22	6	李玉辉
	小计		187	80	
示范类	25	自育烤烟新品系（种）示范	35	8	刘正日
	26	浓香型品种筛选及示范	5	1	杨全柳
	27	农家肥添加发酵菌集中高温发酵技术研究及生产示范	9. 8	7	靳志丽
	小计		49. 8	16	

续表7-10

类别	序号	项目名称	经费（万元）	布点（个）	主持人
推广类	28	湘烟 3 号制种	18	3	刘正日
	29	烟田土壤改良综合技术推广应用	15.5	8	靳志丽
	30	永州市烟草主要病虫害预测预报技术研究与应用	7.2	6	刘正日
	31	永州市烤烟壮苗培育技术研究与应用	44	5	蒋笃忠
	32	烤烟新标准农业试验	6	1	李玉辉
	33	永州市市烟叶线切块管理“担烟工资制”模式研究与应用	7.2	7	刘正日
	34	在线培训及桌面会议系统研发应用	10	1	唐　绅、义　峰
	35	“六精”企业创建及实践	10	1	王旭辉
	36	卷烟零售户满意度评价体系及客户战略管理研究及应用	10	1	王旭辉
	小计		115.9	33	
追加科研项目	37	以改革创新为动力，实现企业管理全面上水平	2	1	梁爱刚
	38	烟草除草剂药害缓解技术研究	2	1	李永强
	39	进一步完善绩效考核机制	2	1	封东明
	40	财务“记账”方法在企业管理中的应用	2	1	张中平
	41	三比三评三培养	2	1	唐件国
		卷烟营销基层队伍建设探析	5	1	胡学军
	42	创新企业管理模式拓宽学习培训思路	2	1	易建勇
	43	增强客户经营能力、提升客户满意度	9	1	乐益辉
	44	新能源烤房综合利用	1	1	骆君华
	45	烟用设备的开发与利用	25	1	袁　芳、罗新志
	46	菇渣等废弃物在烤烟育苗中的应用研究	6	1	杨全柳
	47	永州市卷烟零售终端信息管理系统研发与应用	5.5	1	胡学军
	48	烤烟冬季异地繁种技术研究	5	1	与市农业科学研究所合作
	小计		68.5	13	
合计			442.5	142	

2013 年，围绕“夯实基础、规范运行、注重创新、科学发展”的总体思路，开展科技创新和技术推广工作，自立烟草科研、示范及推广项目 47 个，布点 125 个，投入科研项目经费 926.9 万元，是 2012 年科研经费的 2.63 倍，创历史新高。同时，承担国家局试验项目 7 个、省局试验项目 9 个。是年，市烟草公司投入资金 200 余万元，为烟叶生产技术中心购置一批农药残留、烟草致香物质及生物碱检测、

烟叶生理生化检测、烟叶化学成分分析仪器、通用仪器以及烤烟研究等科研设施设备66台（套）。

2013年永州市烟草商业系统科技项目计划表

表7-11

类别	序号	项目名称	经费（万元）	承担单位或部门	主持人
研究类	1	柔性贯通储分一体仓储系统技术与应用	101.5	物流配送中心	秦江顺
	2	烟农专业合作社建设及运行规范研究	8	烟叶经营部	刘正日
	3	永州烟草合理化建议模式研究与应用	12	经济运行科	阳天和
	4	新品种选育	12	技术中心	杨全柳
	5	烤烟品种省区试	1	宁远	杨全柳
	6	烤烟品种市区试	4.4	市农科所、宁远、新田、江华	杨全柳
	7	烟草种质资源引进、鉴定与评价	6	技术中心	杨全柳
	8	烤烟杂交制种技术研究	18	技术中心、永州及郴州农科所	杨全柳
	9	烤烟良种繁殖技术研究	13.5	市农科所	杨全柳
	10	烤烟不育系选育	8	市农科所	杨全柳
	11	湘烟三号异地制种技术研究	7	市农科所	杨全柳
	12	烤烟品种特色彰显关键栽培技术研究一：种植密度和施肥量对烟叶品质特色影响研究	2.4	技术中心、新田、江华	靳志丽
	13	烤烟品种特色彰显关键栽培技术研究二：烟田水分调控对烟叶品质特色影响研究	2.4	技术中心、农科所、蓝山	靳志丽
	14	烤烟地膜覆盖适宜方式研究	3.2	技术中心、宁远、蓝山	靳志丽
	15	烤烟高效简便施肥技术研究	2.4	技术中心、宁远、蓝山	靳志丽
	16	烤烟0522施肥技术研究	1	技术中心	王锡春
	17	烟梗灰利用研究：1. 以烟梗灰为主的肥料配方研究	3	技术中心	王锡春
	18	烟梗灰利用研究：2. 烟梗灰与煤渣在烤烟生产上应用研究	2	技术中心	黄石旺
	19	植物生长调节剂在烤烟生产上的应用研究	1	农科所	黄石旺
	20	永州市烟草有害生物调查	1.6	宁远、江华	周向平

续表7-11

类别	序号	项目名称	经费（万元）	承担单位或部门	主持人
研究类	21	烟草土传病毒生物防治技术研究与应用	11	技术中心、江永	周向平
	22	集约化育苗消毒技术研究	8	技术中心、宁远、道县、江华	周向平
	23	密集烤房余热共享设备开发及配套应用技术研究	13	宁远、新田、蓝山、江华、技术中心	蒋笃忠
	24	箱式烤房设备开发及配套应用技术研究	22	宁远、蓝山、江华、东安、农科所	蒋笃忠
	25	烤烟切柄初烤及配套技术研究	10	东安	蒋笃忠
	26	浓香型烤烟调制关键技术研究	15	技术中心、宁远	袁　芳
	27	永州市浓香型特色优质烟叶生产综合技术研究	22	宁远、江华、新田、蓝山、道县、江永	李玉辉
	28	食用菌渣在烟草育苗上的应用研究	3	技术中心	杨全柳
	29	专业化分级散叶收购管理模式探索	24	烟叶经营部	李玉辉
	30	资产运行管理模式与绩效评价方法研究	10	新田	凌　云
	31	以企业工会落脚点深入推进“思源”企业文化建设	4	蓝山	蹇红梅
	32	烟农辅导员“绩效考核”模式研究与应用	4	道县	张洪波
	33	现代烟草零售终端建设对品牌培育的作用研究	4	道县	蔡　渊
	34	烟草商业企业财务风险预警	3	道县	周　剑
	35	如何构建良好的组织气候对实现烟草企业员工保持长期高效工作状态的分析研究与应用	10	零陵	张　宇
	36	烟草商业企业品牌危机管理研究	10	零陵	李志术
	37	农庄式（庄园式）烟叶种植模式的探索	5	东安	吴朝霞
	小计		388.4		
示范类	1	新品种（系）示范	41	技术中心、南六县、东安	杨全柳
	2	有机肥添加 BM 发酵菌集中高温发酵技术示范	9.5	技术中心、宁远、新田、蓝山、江华、江永	靳志丽
	3	烟稻高复种连作年限烟株营养调控技术示范	10	技术中心、东安	靳志丽
	4	煤渣在烤烟生产上的应用研究与示范	18.5	技术中心、南六县、东安、农科所	黄石旺
	小计		79		

续表7-11

类别	序号	项目名称	经费（万元）	承担单位或部门	主持人
推广类	1	永州烟草病虫害预测预报技术研究与应用	7.5	宁远、江华、植保站、技术中心	黄石旺、周向平
	2	烤烟“标准修订”农业试收购验证	10	宁远	李玉辉
	3	烟田土壤改良综合技术推广	337	技术中心、南六县、东安	靳志丽
	4	永州市低危害烟叶生产技术研究与应用	70	技术中心、南六县、东安	周向平
	5	不同装烟方式烘烤技术推广	30	江华、农科所	蒋笃忠
	6	卷烟零售终端信息管理系统推广应用	5	祁阳	邓　呈
	小计		459.5		
合计			926.9		

2014年，全市商业系统自立烟草科研、示范及推广项目37项，投入科研经费659.4万元；承担国家局试验项目4项、省局试验项目12项。12月9日，为规范全市系统科技管理工作，健全科技项目管理机制，提高科技创新能力，市烟草专卖局下发《永州市烟草专卖局科技项目管理办法》，要求按照“依法公开、勤俭节约、合理高效、突出创新”的原则，做好全市系统科技项目的计划、申报、实施、经费、验收鉴定、审计和成果报奖等工作。

2014年永州市烟草商业系统科研项目计划表

表7-12

序号	项目名称	经费（万元）	承担单位或部门	主持人
1	浓香型特色烤烟新品种选育	55	烟叶生产技术中心、宁远、道县、江华、蓝山、新田、东安	刘正日、高春洋、杨全柳
2	湘烟3号高效制种技术研究	9	永州农科所、郴州市农科所	杨全柳
3	永州市烤烟品种科技示范园建设	20	宁远、新田	杨全柳
4	烤烟良种繁殖技术研究	13.5	永州农科所	杨全柳
5	烤烟不育系选育	8	永州农科所	杨全柳
6	烤烟育种南繁加代与冬季制种研究	10	永州农科所	杨全柳

续表7-12

序号	项目名称	经费（万元）	承担单位或部门	主持人
7	“南京”品牌导向型原料保障关键技术研究与应用	6	烟叶生产技术中心、蓝山	靳志丽
8	适应烤烟规模化生产的轻简优质高效栽培技术研究	41.1	烟叶生产技术中心、宁远、道县、江华、蓝山、新田、东安、永州农科所	王锡春、蒋笃忠、靳志丽、周向平
9	三酸营养调节剂对烤烟生理活性和内在品质的影响效应研究与示范	8.1	烟叶生产技术中心、江永、东安、永州农科所	靳志丽
10	烟稻复种连作区土壤改良综合技术推广应用	25.5	烟叶生产技术中心、宁远、道县、江华、蓝山、新田、东安、江永	靳志丽
11	集约化育苗消毒技术研究	9	烟叶生产技术中心、道县	周向平
12	烟草土传性病害生物防控技术研究与应用	17	烟叶生产技术中心、江永、湖南农业大学	周向平
13	人工影响天气在永州烤烟产区中的综合应用	60	永州市气象局	黄海涛、龙志华
14	浓香型试验烘烤项目	12	烟叶生产技术中心、宁远	袁　芳
15	永州市烟草病虫害预测预报技术研究	8	烟叶生产技术中心、宁远、江华、蓝山、新田、东安、江永	黄石旺、周向平
16	生态烟叶研究与开发	13	宁远、新田、道县、江永	黄石旺、周向平
17	煤渣在烤烟生产上的应用与推广	26	烟叶生产技术中心、宁远、道县、江华、蓝山、新田、东安、江永	黄石旺
18	烟叶复烤废弃物——烟梗灰在烤烟生产上的应用研究与示范	11	烟叶生产技术中心、宁远、新田、永州农科所	王锡春、黄石旺
19	烤烟0522品种施肥技术研究	1	烟叶生产技术中心	王锡春
20	壮苗早发技术研究	1	烟叶生产技术中心	王锡春
21	肥料高效运筹技术研究	1	烟叶生产技术中心	王锡春
22	烟叶烘烤建模及配套控制技术研究	13	烟叶生产技术中心	蒋笃忠
23	散叶烘烤设备开发及配套应用技术研究	18	烟叶生产技术中心、蓝山、东安、新田	蒋笃忠、陈洪浪
24	烤烟切柄初烤及配套技术研究	18	东安	蒋笃忠

续表7-12

序号	项目名称	经费（万元）	承担单位或部门	主持人
25	烟蚜茧蜂技术研究与应用	120	烟叶生产技术中心、宁远、道县、江华、蓝山、新田、东安、江永	刘正日
26	永州浓香型特色优质烟叶生产综合技术研究	22	宁远、道县、江华、蓝山、新田、江永	李玉辉、郭 军
27	“烤烟”标准预研农业转化及试收购验证配套项目研究	15	烟叶生产经营部、宁远	李玉辉、郭 军
28	永州烟草物联网散叶收购远程监管平台研究与应用	6	省局、市局	申玉华
29	烟叶品质分析	8.2	烟叶生产技术中心、永州农科所	张 芳
30	基于农村卷烟消费特征的卷烟品牌培育研究	9	零陵	李志术
31	基于团队生命周期理论的县级烟草公司“一线三员”团队激励研究	9	零陵	张 宇
32	企业人员激励机制创新项目	9	双牌	魏丽丽
33	基于价值链的现代烟草农业贡献度研究	7	烟叶生产技术中心、湖南工业大学	刘锦芳、袁 芳
34	探索离退休自我管理工作模式，建立和完善“文化养老”	8	蓝山	蒋一兵
35	基于客户 GIS 定位服务人员系统	8	祁阳	蒋海文
36	基于微信的烟草客户服务及管理平台构建研究	27.5	零陵	李志术
37	现代卷烟零售终端资源管理研究	6.5	营销中心	张 剑
合计		659.4		

2015 年，全市系统按照“大胆探索、创新驱动”的发展理念，科研创新内容从单纯的技术创新向管理、营销、模式等领域创新延伸，形成“全员创新”的新局面。是年，承担国家局试验项目 5 项、省局试验项目 10 项。自立烟草科研项目 33 项，投入科研经费 548.5 万元。全市系统开展烟叶技术推广项目 15 项，投入推广经费 2559.25 万元。

2015 年永州市烟草商业系统科研项目计划表

表 7-13

序号	项目名称	经费（万元）	承担单位或部门	主持人
1	永州 E 烟草	80	信息中心、营销中心、烟叶部、专卖办，祁阳、零陵分公司	李刚华
2	“三全”精益物流成本管理体系构建	40	配送物流中心	秦江顺
3	柔性贯通储分一体仓储系统技术与应用	20	配送物流中心	刘树林
4	基于市场化取向改革下的卷烟品牌培育模式建立	20	营销中心，蓝山、零陵分公司	唐庆华
5	探索烟草“六有”服务型基层党建组织建设的途径	1.8	江华县分公司	刘燕君
6	烟草商业企业执行力理论及创新研究	3	新田县分公司	尹三宝
7	“一线服务法”调研探索与效能分析	5	祁阳县分公司	唐明友
8	烤烟精益生产管理体系研究与应用	15	宁远县分公司	胡学军
9	全面提升现代零售终端星级店示范效应	3	东安县分公司	罗亚民
10	浓香型特色烤烟品种选育	64	烟叶生产技术中心、南六县分公司	刘正日、高春洋、杨全柳、袁　芳
11	烤烟品种示范园建设	30	宁远、新田县分公司	高春洋、杨全柳
12	湘烟 3 号高效制种技术研究	15	烟叶生产技术中心、永州市农科所、郴州农科所	杨全柳、袁　芳
13	烤烟良种繁育技术研究	13.5	永州农科所	张大伟、杨全柳
14	烤烟不育系选育	8	永州农科所	高春洋
15	烤烟育种南繁加代与冬季制种研究	10	永州农科所	杨全柳
16	适应烤烟规模化生产的轻简优质高效栽培技术研究与应用	50.4	烟叶生产技术中心、南六县分公司、永州农科所等	靳志丽、周向平、王锡春、蒋笃忠
17	富钾饼肥品种筛选研究与生产示范	13.8	烟叶生产技术中心、南六县分公司、永州农科所等	靳志丽
18	“南京”品牌导向型原料保障关键技术推广应用	10	蓝山县分公司	靳志丽
19	烤烟废弃物利用技术研究与应用	3	宁远县分公司	李小慧
20	烟蚜茧蜂技术研究与应用	16.8	宁远、新田、蓝山、道县、江华、江永、东安县分公司	刘正日

续表7-13

序号	项目名称	经费（万元）	承担单位或部门	主持人
21	永州市烟草病虫害预测预报技术研究	8	烟叶生产技术中心、市植保站，宁远、江华县分公司	黄石旺、周向平
22	生态安全烟叶研究与开发	10	宁远、道县县分公司	黄石旺、周向平
23	烟草病虫害生防制剂研究	9	烟叶生产技术中心、宁远、新田、道县、江永县分公司	黄石旺、周向平
24	煤渣在烤烟生产上的应用与推广	5	烟叶生产技术中心	黄石旺
25	烟草土传性病害生物防控技术研究与应用	13.5	烟叶生产技术中心、湖南农业大学，江永、江华、道县、新田县分公司	周向平
26	集约化育苗病毒病检测	0.5	烟叶生产技术中心	周向平
27	烟叶品质分析	9	烟叶生产技术中心、永州农科所	张　芳
28	散叶烘烤设备开发及配套应用技术研究	6	江华、新田、东安县分公司	蒋笃忠
29	烟叶烘烤建模及配套控制技术研究	4	烟叶生产技术中心、蓝山、新田、东安	蒋笃忠
30	湖南烟叶专业化烘烤精准调控技术与管理方式研究与应用	25	江华县分公司	蒋笃忠
31	烟叶专业化烘烤与管理方式研究	1.2	东安县分公司	谷　亮
32	永州浓香型特色优质烟叶生产综合技术研究	25	南六县分公司	李玉辉、郭　军
33	永州主栽烤烟品种参比样制作研究	10	宁远县分公司	李玉辉、郭　军
合计		548.5		

2003—2015年永州烟草科研项目数量及科研经费统计表

表7-14

年份	国家局科研项目（个）	省局科研项目（个）	自立科研项目（个）	布点数（个）	市局投入科研经费（万元）
2003	3	9	15	89	25.05
2004	4	11	17	92	30.4
2005	2	2	18	66	38.55
2006	10	16	21	97	34.2

续表7-14

年份	国家局科研项目（个）	省局科研项目（个）	自立科研项目（个）	布点数（个）	市局投入科研经费（万元）
2007	8	23	27	110	54.9
2008	4	7	24	110	76.0
2009	5	12	26	110	118.4
2010	6	12	32	126	248.8
2011	8	12	27	110	378.7
2012	5	13	48	142	442.5
2013	7	9	47	125	926.9
2014	4	12	37	120	659.4
2015	5	10	33	118	548.5
合计	71	148	372	1415	3582.3

第三节　科研成果

一、品种引进及选育成果

（一）品种引进成果

2003年5月，市烟科所选育烤烟新品系试验田

2003—2007年，永州烟草开展烤烟新品种适应性筛选试验，筛选出云烟203、云烟201、贵烟4号、中烟201等品种。2011年，开展浓香型烤烟品种筛选试验，筛选出云烟97、云烟99等烤烟品种，被列入永州烤烟生产后备品种。2012年，永州烟草从国外引进烤烟品种，试验表明PVH2310、NC196试点表现较好，并将PVH2310、

NC196 作为2013 年全省特色烤烟品种筛选材料。2015 年，永州烟草完成国家局“烟草种质资源平台建设”项目32 份烟草资源的品质鉴定，承担国家局下达的“国外烤烟引进品种对比试验”课题研究，筛选出 12 个综合性状较优良的株（品）系烤烟新品系。

（二）品种选育成果

20 世纪 90 年代末期至 21 世纪初期，永州市烟草公司联合中国烟草中南农业试验站等单位，组成湖南特色优质烤烟育种课题组，以国家局“湖南浓香特色烤烟品种选育”重点项目为载体，结合省公司“中南烟区优质多抗烤烟品种选育”项目要求，以优质、多抗、适产和适应性为育种目标，选育出一批具有典型浓香型的烤烟新品种。

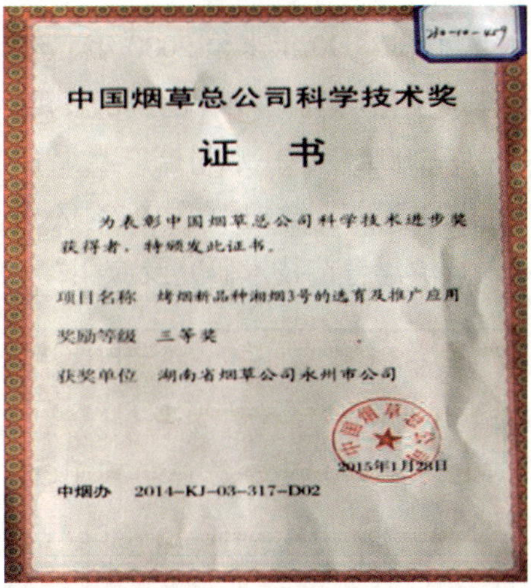
中国烟草总公司科学技术奖
证　书
为表彰中国烟草总公司科学技术进步奖获得者，特颁发此证书。
项目名称　烤烟新品种湘烟3号的选育及推广应用
奖励等级　三等奖
获奖单位　湖南省烟草公司永州市公司
2015年1月28日
中烟办　2014-KJ-03-317-D02

2015 年 1 月，“烤烟品种湘烟 3 号选育及推广应用”项目获中国烟草总公司科技进步三等奖

1. “湘烟 3 号”。2003 年，永州市烟草公司和中国烟草中南农业试验站联合，以自育品系 MSYZ206-9 为母本、82-11-7 为父本进行杂交，形成 HY-9-7。2004 年，对该品种进行株行试验。2005—2006 年，该品种参加省联合株系鉴定，2007 年参加省区试（代号为 HY-9-7）。经过逐年对筛选单株、株系、品系、品种比较、大区示范、生产验证等试验示范，结果表明：该品种田间长势较强、耐肥性好、易于烘烤，综合性状优于或接近 K326，产量、产值均名列第一。2008 年 6 月，该品种通过省作物学会组织的农业评审，并在全省烟叶主产区进行生产示范，示范面积累计达 3 万亩。2008—2009 年，被推荐参加全国区试（代号为 HN97-7）。2010 年 6 月，该品种通过全国农业评审，于 11 月通过全国烟草品种审定委员会审定，被命名为“湘烟 3 号”。2014 年，由杨全柳、胡日生、刘正日等主持的“烤烟新品种湘烟 3 号的选育及推广应用”课题项目获得省烟草公司科技进步一等奖、国家烟草专卖局科技进步三等奖。2015 年，由杨全柳等主持的“烤烟新品种湘烟 3 号的选育及应用”项目获市人民政府科技进步二等奖、省人民政府授予科技进步三等奖。

2. “湘烟 5 号”。2002 年，永州市烟科所以 K326 为母本，YZ-03 为父本，经过 5 个世代选育而成的稳定高世代材料 LS-1。2005 年，以高世代材料 LS-1 为母本，coker176 为父本，配置杂交组合，加代得到 F1。2006 年加代选育得到 F3。2007 年

参加株行试验，并将表现优秀的株系加代得到 F5。2008 年通过优良株系比较试验得到 F6。2009—2010 年，参加永州市烤烟品种区试（编号：0508），并在永州市开始示范种植。2011—2012 年参加湖南省烤烟品种区试。在区试中，该品种综合性状较好，在大田生长整齐，田间长势强，上部叶开片好，分层落黄明显，烟叶耐成熟，烘烤特性好；烟叶化学成分、感官质量档次与 K326 相当；综合经济指标优于 K326；综合抗性强于或相当于 K326。2011 年，在全省各市州烟叶主产区进行生产示范，并被推荐参加 2012 至 2013 年全国区试（编号：HN0508）。2013 年通过全国农业评审。2015 年 4 月，通过全国烟草品种审定委员审定。同年，该品种在全省推广种植 4000 余亩。

二、栽培技术研究成果

20 世纪 90 年末至 2000 年，永州市烟科所对烤烟漂浮育苗技术进行研究，突破了基质配方、营养液配方等关键技术，同时解决炭化谷壳大批量生产的难题。2001—2002 年，在永州推广漂浮育苗技术，并逐渐辐射到全省。至 2003 年，推广面积 23 万亩，增加效益 0. 74 亿元。2004 年，由张大伟、胡日生、聂新柏主持的“烤烟漂浮育苗技术研究及应用”项目成果获得市人民政府科技进步一等奖。

2006 年 5 月，“烤烟种子引发激活处理及配套技术研究”项目获市政府科技进步一等奖

2003 年，由徐文军、聂新柏、靳志丽等主持“烤烟种子引发激活处理及配套技术研究”项目，对种子引发剂配方、引发和回干方式与方法、种子包衣技术改良等进行研究，开发出烤烟引发包衣种，具有种子活力高、萌发速度快、出苗整齐、烟苗素质高、抗性强等特点。2003—2006 年，该项目技术在全省示范推广累计达 192. 62 万亩，增加效益达 2. 85 亿元。2006 年，该项目成果获得市人民政府科技进步一等奖、省人民政府科技进步三等奖。

2003 年，永州市烟科所靳志丽等参与的“烟草优质高效施肥技术体系及其决策系统的研究”项目，综合运用农业知识、3S 技术，开发出湖南省植烟土壤信息与烟草优质高效施肥专家决策系统；分区配方开发出烟草专用基肥和专用追肥。2005 年，该项目成果被省人民政府授予科学技术进步二等奖。

2003年1月，市烟草公司对“烟田稻草覆盖及配套技术研究与应用”项目进行立项。2004年，开展稻草还田技术研究，试验表明：通过稻草覆盖，可改良土壤，使土壤的水分、湿度趋于均衡一致，有利于上部叶的开片，提高上部叶的品质和可用性。2006—2007年，该项目累计推广面积14.53万亩，产生总效益3141.8万元，在改善植烟土壤营养环境、提高烟叶内在品质、减少地膜所产生“白色污染”等方面取得良好的社会效益和经济效益。2009年，由靳志丽、徐文军、胡卫东等主持的“烟田稻草覆盖及配套技术研究及应用”项目成果被市人民政府授予科技进步二等奖。

自2002开始，市烟草公司围绕提高上部叶品质和可用性目标，由靳志丽、刘正日等主持“烤烟专用叶面肥的配方研制与应用”项目研究。2005年，通过采用试验研究和生产应用相结合的方式，研制出一种以无机营养、生长调节物质、有机活性物质、展着剂为主要成分的复合型叶面肥配方。2006—2009年，推广应用面积7.05万亩，烟农增收1333.45万元，政府增税266.69万元，企业增加利润200.02万元。2008年5月，该项目研发出《一种烤烟复合型叶面肥》获得国家知识产权授权发明专利。2011年，“烤烟复合型叶面肥配方研制与应用”项目成果获省烟草公司科技进步三等奖。

2006年，市烟草公司开展烤烟—旱作—绿肥种植模式试验

2008年1月，市烟草公司对“南方烟稻复种连作区土壤改良技术研究与推广应用”项目进行立项。靳志丽、刘正日、梁文旭、周向平等科研人员围绕连作土壤障碍因素和烟叶品质的提高，针对性地开展烤烟—晚稻—绿肥种植模式、稻草不同还田方式、饼肥用量对烤烟矿质吸收和产量影响、连作烟田调茬菌剂应用效果、深翻晒垡和火土肥客土改良技术研究等土壤改良综合技术的系统研究。2010—2011年，在土壤改良综合技术分区集成应用的基础上，编制出《烟稻复种连作区土壤改良技术规程》。2012—2014年，该项目累计推广面积55.95万亩，增加经济效益9556.64万元。2014年，该项目科研人员编写《南方烟稻复种连作区土壤改良技术》专著，在湖南省科学技术出版社出版。2015年，该项目成果

获市人民政府科技进步二等奖。

2009 年 1 月，永州烟草对“烟稻复种连作年限对土壤营养和烟叶品质影响研究”项目进行立项，由靳志丽、刘正日、高春洋等主持。该项目在省公司同期立项实施，在对湖南烟区土壤肥力和烟叶质量系统调研的基础上，针对烟、稻复种连作区土壤和烟叶质量变化状况进行研究。2009—2012 年，开展烟草和水稻中间引入绿肥种植、饼肥和调茬菌剂配施等营养调控综合技术研究与示范应用，对改善土壤肥力和烟叶质量产生较好的改善效果。截至 2012 年，该项目创造经济效益 1689. 2 万元。2013 年，该项目成果获湖南省烟草公司科技进步三等奖。

2012—2015 年，靳志丽等科研人员针对永州烟叶浓香不浓、特色下降的问题，以对口工业企业的烟叶质量需求为导向，开展永州烟叶内在品质和风格特色的定位研究，跟踪调查分析永州烟叶年际间变化趋势，开展“浓香型特色品种适宜性研究”“微生物菌肥对烤烟增香提质作用研究”等综合技术的研究与集成应用，制定《永州浓香型烟叶增香提质生产技术规程》。2015 年，“永州烤烟品质特色定位及提升技术研究与应用”项目成果获市人民政府科技进步二等奖。

2014 年，“适应烤烟规模化生产的轻简优质高效栽培技术研究与应用”作为重点科技项目在省局立项。永州市烟草公司作为第一承担单位，靳志丽为项目主持人。2014—2015 年，市烟草公司科研人员开展轻简优质高效育苗技术、施肥技术、覆盖栽培技术、植保技术等方面研究以及配套农机具研发，研制出配套施肥打穴机和烟田覆膜机，为项目轻简高效机械化作业奠定基础。2015 年，该项目研发的“烤烟施肥打穴机”和“一种烤烟栽培用的覆膜机”均获得实用新型专利。

三、植保技术研究成果

2003 年 1 月，市烟草公司对“永州市烟草主要病虫害预测预报技术研究与应用”进行立项。该项目针对永州烟区的主要烟草病虫害种类及发生流行规律，研究出烟草花叶病、烟草黑胫病、烟草赤星病、烟蚜、烟青虫（含棉铃虫）、斜纹夜蛾等的测报技术，编制出《永州市烟草主要病虫害的预测预报技术规程》，建立永州市烟草病虫害预警机制。2003—2011 年，推广应用面积累计达 165. 56 万亩；共发布烟草病虫情报（信息）52 期；全市累计增加烟叶产量 8225. 29 吨，烟叶均价平均增加 0. 35 元/千克，全市共增加产值 17955. 82 万元，减少植保投入 3718. 77 万元。取得良好的经济效益、社会效益和生态效益。2012 年，周向平、刘正日、黄石旺、唐绅等主持的“永州市烟草主要病虫害预测预报技术研究与应用”项目获省烟草公司科技进步三等奖。

2004 年 1 月，永州烟草对“永州市烟草病虫害综合防治技术推广”项目进行立项，由黄石旺、周向平等人主持。该项目摸清永州烟区主要病虫害发生规律，建立以组织管理、技术管理、烟农培训、技术落实、激励机制等为主要内容的烟草病虫害综合防治技术推广体系和管理体系，组建完善的烟草病虫害预测预报及综合防治网络，编制出《永州市烟草农药合理使用技术规程》和《永州市烟草病虫害综合防治技术规程》。通过该项技术推广，永州烟区病虫害发生得到控制。2009 年，该项目成果被市人民政府授予科技进步二等奖。

2010 年 1 月，市烟草公司对“永州市低危害烟叶生产技术研究与应用”项目立项，由周向平、刘正日等主持。该项目在优质烟叶抗性栽培技术、烟草病虫害绿色防治技术、烟草病虫害高效综合防治技术三个方面进行研究，通过技术集成形成一套适合永州烟区的低危害烟叶生产技术体系。通过该项技术推广，减少烟田化学农药的使用，节省大量的人力和物力，减少农药对环境的污染，能满足烟叶生产“特色、优质、生态、安全”的总体要求。2010—2013 年，全市推广低危害烟叶生产技术面积累计达 21.65 万亩，增加烟叶产量 928.43 吨，增加产值 2709.43 万元，节省植保投入 874.27 万元。该项目获国家知识产权局授权实用新型专利 2 项。2014 年，该项目成果获省烟草公司科技进步三等奖。

2012 年，市烟草公司开展新型太阳能灭虫设备研究

2011 年 1 月，市烟草公司与长沙瑞和数码科技有限公司对“新型太阳能诱虫设备（RH-1）研究与应用”课题立项，利用害虫天生的趋光性、趋波性的生理特点，辅以特定的光源和波长，研制出新型太阳能诱虫设备。根据该新型太阳能诱虫设备特点和永州烟草虫害的发生规律，编制出《RH-1 型太阳能诱虫灯烟田使用技术规程》。推广应用表明，新型太阳能诱虫设备具有诱杀害虫能力强、节能环保的特点，减少农药的使用，减轻烟农劳动强度，节省种植植保成本，降低土壤和水源污染，保护生态环境，提高烟叶安全性。2012 年 3 月，该项目研发《一种能定位追踪的太阳能诱虫器》获国家知识产权局授权实用新型专利。2013 年，该项目成果被市人民政府授予科技进步三等奖。

四、烤房和烘烤工艺研究成果

（一）永州市密集式烤房及配套工艺推广应用项目成果

2006年1月，市烟草公司对“永州市密集式烤房及配套工艺推广应用”项目进行立项。针对原有老式烤房存在的烘烤过程复杂、劳动强度较大、烘烤质量不高等问题，开展密集式烤房及配套工艺推广应用研究。项目课题组派人赴云南、江西等省考察学习，并从上海、广东等地购置相关烘烤仪器设备，开始研究密集式烤房及配套烘烤技术。2006年，市烟草公司研发出具有永州特色的密集式烤房，在装烟方式、装烟密度、烘烤工艺、密集烤房的温湿度状况及气流规律、密集烘烤过程中的生理生化、自动控制设备开发等方面进行研究和创新，确定最佳的烤房结构、风机型号，编制出《密集式烤房建造技术规程》和《普通烤房密集化改造技术规程》；探索出省工省时的装烟方式及适宜的装烟密度、烘烤工艺，编制出《密集式烤房烘烤技术规程》。该项目的推广应用，给全市烟叶烘烤方式带来跨越式发展：1. 增强烘烤能力。密集式烤房的烘烤能力达20亩/座，是老式烤房的5倍，为烟叶专业烘烤提供条件，促进全市烟叶规模化种植。2. 降低劳动强度。应用温湿度自动控制系统，无需人工稳温、排湿等操作，同时采用烟夹、散叶等方式烘烤，有效减少人工。3. 节约烘烤成本。密集式烤房通过利用强制通风、热风循环，实现炕内热气流的再利用，有效节约用煤量，降低烘烤成本。4. 提高烘烤质量。密集式烤房通过热风循环，温度均匀，温湿度调控准确，可促使烟叶中的大分子物质降解充分，从而改善烤后烟叶质量，实现提质增效。经测算，2006—2008年，全市累计节约用煤27581.58吨，降低烘烤成本2339.25万元，可增加利润2659.58万元，新增税收1538.12万元。2006年，该项目研发出具有完全自主知识产权的烤房温湿度自控系统，通过省科技厅的成果鉴定和省经委的产品鉴定。2008年，永州参与省局项目“经济适用高效密集烤房及配套烘烤工艺研究与应用”获省烟草公司科技进步一等奖。2010年，“永州市密集式烤房及配套工艺推广应用”项目成果获省烟草公司科技进步三等奖。

（二）湘烟3号烘烤工艺研究项目成果

2009年1月，永州市烟草公司承担由省烟草公司下达的《湘烟3号烘烤工艺研究》项目。2009年，永州烟草通过研究探明湘烟3号的田间成熟规律、基本表象及烘烤特性，确定湘烟3号在烘烤过程中变黄期、定色期的温湿度及烟叶变化的诊断指标，建立湘烟3号烘烤工艺模式，提高湘烟3号的烘烤质量。2009—2011年，在宁远、新田、江华等烟区选点试验研究，探明湘烟3号烟叶成熟采收的外观特征，为准确掌握烟叶的成熟度，把握采收时期提供依据；摸清湘烟3号的烘烤特性，提出以“干球温度 42℃和 54℃时延长时间，变黄后期和定色期慢升温”为核心的延时慢烤工艺，并制定出《湘烟 3 号成熟采收及烘烤技术规范》。2011 年 11 月 21 日，该项目通过省烟草公司成果鉴定。2009—2011 年，在全省共推广种植湘烟 3 号 8. 6 万亩，应用延时慢烤烘烤工艺的烘烤面积 8. 5 万亩，经测算：烟叶产值累计增加 367. 2 万元，税利累计增加 275. 4 万元。该项目获国家知识产权局授权实用新型专利 3 项。2012 年，蒋笃忠、袁芳等主持的“湘烟 3 号烘烤工艺研究”项目成果获湖南省烟草专卖局科技进步三等奖。

（三）永州烟区高效节能型密集烤房的改进应用项目成果

2010 年，永州烟草自立项开展烘烤节能技术研究，通过连体密集烤房余热共享装置实现余热共享，利用定色、干筋期排出的余热，满足烟叶变黄所需的热量，节能效果明显。通过无线温湿度管理系统对原烟烟堆的温度、相对湿度进行实时监控，并无线数据传输，能及时提醒、督促烟农加强烟叶储存的温湿度管理，确保烟叶储存保管质量。2011 年，太阳能热泵密集烤房通过太阳能和热泵加热能满足烟叶烘烤的热量需求，在烘烤过程中干球温度容易控制，控制精度较高，节能效果明显。2013 年，“永州烟区高效节能型密集烤房的改进与应用”项目成果被市人民政府授予科技进步二等奖。永州烟草参与的省局项目“新材料密集式烤房及配套烘烤工艺研究”获省烟草公司科技进步一等奖和中国烟草总公司科技进步三等奖。

（四）烤烟切柄初烤及配套技术研究成果

2012 年，永州烟草自立项目开展烟叶切柄烘烤研究，基本摸清不同部位切除叶柄的长度、叶柄切除的方法及切柄后烟叶的烘烤效果。2013 年，承担省局下达的“烤烟切柄初烤及配套技术研究”项目课题，通过研究表明：烟叶切柄后宜采用两拖一低或中温中湿烘烤工艺进行烘烤，有利于提高烟叶的烘烤质量。2014 年，蒋笃忠主持的“烤烟切柄初烤及配套技术研究”项目，研究结果表明，烟叶切柄后进行烘烤，其内含物质转化规律与未切柄的烟叶基本一致；切柄后烟叶采用以适当提高变黄后期和定色期的湿球温度，干球温度 42℃和 53℃时稳温适当延长时间，保持干球温度 63~65℃干筋为核心的烘烤工艺，有利于改善烟叶的外观质量，促进淀粉的降解和香气的形成、减少香气的损失，提高烟叶的烘烤质量。2015 年，该项目成果通过省局验收，并申请专利 4 项，发表论文 1 篇。

2003—2015年永州市烟草商业系统科技进步奖统计表

表7-15

序号	成果名称	完成单位	授奖等级	授奖时间	主要研究人员
1	烟草活性有机无机专用肥的研究与开发	中国烟草中南农业试验站、湖南省土壤肥料研究所、湖南省稀土农用研究中心、湖南农业大学资源环境学院、湖南省金叶肥料有限公司	湖南省人民政府科技进步二等奖	2003年	肖汉乾、万　强、罗建新、余崇祥、彭先球、方　红、周万春、方其春、聂新柏
2	烤烟漂浮育苗技术研究及应用	永州市烟草公司	永州市人民政府科技进步一等奖	2004年	张大伟、聂新柏、胡日生、甘在德、刘正日、周米良、李东升
3	烟青虫生命表组建及其在测报和防治上的应用研究	永州市烟科所 永州市农科所	永州市人民政府科技进步一等奖	2004年	涂季花、周国生、刘清慧、刘正日、王文华、黄石旺、尹建萍
4	烟草优质高效施肥技术体系及其决策系统的研究	中国烟草中南农业试验站、湖南省土壤肥料研究所、湖南农业大学资源环境学院、浏阳市烟草科学技术研究所、常德卷烟厂技术中心、永州市烟科所	湖南省人民政府科技进步二等奖	2005年	肖汉乾、李明德、罗建新、张一扬、陆中山、朱列书、张延春、万　强、靳志丽
5	烤烟种子引发激活处理及其配套技术研究	永州市烟草公司 永州市烟科所	永州市人民政府科技进步一等奖	2006年	徐文军、聂新柏、靳志丽、张大伟、胡日生、周米良、周志成
6	烤烟种子引发激活处理及其配套技术研究	永州市烟草公司 永州市烟科所	湖南省人民政府科技进步三等奖	2006年	徐文军、聂新柏、靳志丽、张大伟、胡日生、周米良、周志成
7	湖南省永州市烟草病虫害综合防治技术推广	永州市烟草公司	永州市人民政府科技进步二等奖	2008年	刘正日、徐文军、黄石旺、周向平、王兵万、涂季花、聂新柏、袁长才、高春洋
8	经济适用高效密集烤房及配套烘烤工艺研究与应用	湖南省烟草公司 永州市烟草公司	湖南省烟草公司科技进步一等奖	2008年	赵松义、聂荣邦、肖春生、肖汉乾、徐双红、李　伟、蒋笃忠、刘　强、李跃平
9	烤烟胞质雄性不育杂交双季制种技术研究	永州市农科所 永州市烟科所	湖南省烟草公司科技进步二等奖	2008年	杨全柳、胡日生、刘正日、胡卫东、高春洋、唐　绅、周正红

续表7-15

序号	成果名称	完成单位	授奖等级	授奖时间	主要研究人员
10	湖南省永州市烟草病虫害综合防治技术推广	永州市烟草公司	湖南省烟草公司科技进步二等奖	2009 年	刘正日、徐文军、黄石旺、周向平、王兵万、涂季花、聂新柏、袁长才、高春洋
11	湖南烤烟良种生产综合配套技术研究	永州市农科所 永州市烟科所	永州市人民政府科技进步一等奖	2009 年	王　霈、秦宣才、胡卫东、卢朝军、谢平清、杨全柳、张淑贞、吕远刚、雷敏娟
12	烟田稻草覆盖及配套技术研究与应用	永州市烟草公司 永州市烟科所	永州市人民政府科技进步二等奖	2009 年	靳志丽、徐文军、胡卫东、高春洋、刘正日、聂新柏、唐　绅
13	湖南省永州市密集式烤房及配套工艺推广应用	永州市烟草公司	湖南省烟草公司科技进步三等奖	2010 年	刘正日、蒋笃忠、唐　绅、袁　芳、胡卫东
14	湖南省基本烟田适应性评价与可持续利用技术研究	中国烟草中南农业试验站 湖南省土壤肥料研究所 湖南农业大学	湖南省烟草公司科技进步二等奖	2011 年	肖汉乾、屠乃美、罗建新、李明德、朱列书、肖春生、周志成、彭曙光、罗井清、靳志丽、邓正平、谢鹏飞、田　峰
15	全数字式烤烟育苗温湿度监控系统	永州市烟草公司 科博电子有限责任公司	湖南省烟草公司科技进步三等奖	2011 年	蒋笃忠、唐　绅、袁　芳、胡卫东、骆君华、成勍松、胡京华、李才华、胡述泉、石江波
16	烤烟复合叶面肥配方研制与应用	永州市烟草公司	湖南省烟草公司科技进步三等奖	2011 年	靳志丽、刘正日、梁文旭、唐　绅、陈和春、邓满成、胡卫东、骆君华、吴朝霞、张　芳
17	新材料密集式烤房及配套烘烤工艺研究	中国烟草中南农业试验站 湖南中烟工业有限责任公司 长沙瑞和新材料科技有限责任公司	湖南省烟草公司科技进步一等奖	2012 年	汪耀富、肖春生、曾　中、蒋笃忠、李跃平、裴晓东、余金龙、彭德元、袁　芳、胡日生、谭方利、骆君华、谢鹏飞、何　阳、邓学锋
18	永州市烟草主要病虫害预测预报技术研究与应用	永州市烟草公司 永州市烟科所	湖南省烟草公司科技进步三等奖	2012 年	周向平、刘正日、黄石旺、唐　绅、王兵万、龙建忠、张洪波、龙　晖、肖晓波、欧放成、胡卫东、邹革利、张佳文、吴海燕、周正红

续表7-15

序号	成果名称	完成单位	授奖等级	授奖时间	主要研究人员
19	湘烟3号烘烤工艺研究	永州市烟草公司 中南农业试验站 永州市烟科所	湖南省烟草公司科技进步三等奖	2012年	袁　芳、蒋笃忠、唐　绅、胡日生、杨全柳、胡卫东、张　芳、肖晓波、骆君华、成勍松、李才华、胡京华、石江波
20	新材料密集式烤房及配套烘烤工艺研究	中国烟草中南农业试验站 湖南中烟工业有限责任公司 长沙瑞和新材料科技有限责任公司	中国烟草总公司科技进步一等奖	2013年	汪耀富、肖春生、曾　中、蒋笃忠、李跃平、裴晓东、余金龙、彭德元、袁　芳、胡日生、谭方利、骆君华、谢鹏飞、何　阳、邓学锋
21	XQ生防菌剂研制及其防治烟草青枯病的应用研究	中南农业试验站永州市烟草公司	湖南省烟草公司科技进步一等奖	2013年	肖启明、陈　武、易图永、曾维爱、曾　中、胡日生、黄石旺、田茂成、卓　军
22	永州烟区高效节能型密集烤房的改进与应用	永州市烟草公司	永州市人民政府科技进步二等奖	2013年	袁　芳、骆君华、刘正日、高春洋、蒋笃忠、张　芳、何明魁、周　博、许家平
23	新型太阳能诱虫设备（RH-1）研究与应用	永州市烟草公司	永州市人民政府科技进步三等奖	2013年	周向平、刘正日、蒋笃忠、邓学锋、沈　力、高春洋、黄石旺
24	烤烟新品种湘烟3号的选育及应用	中国烟草中南农业试验站 永州市烟草公司 郴州市烟草公司 邵阳市烟草公司	湖南省烟草公司科技进步一等奖	2014年	胡日生、杨全柳、杨清林、朱列书、刘正日、肖汉乾、聂新柏、高春洋、何华波、李宏光、李永富、成军平、张大伟、向世鹏、袁　芳、王生才、周正红、李玉辉、田　峰、雷天义、肖春生、陈前锋、张　震、刘建丰、姚雪梅、肖小波、袁谋志
25	湖南省烟叶智能管理系统研究与应用	湖南省烟草公司 永州市烟草公司 长沙市烟草公司 郴州市烟草公司 湘西州烟草公司 衡阳市烟草公司	湖南省烟草公司科技进步二等奖	2014年	李　云、侯杰华、彭曙光、刘　辉、李益文、钟冠华、申玉华、彭　俊、焦　璐、李玉辉、李　军、彭　莹、李　伟、肖春生、罗井清、邓满成、邓红飞、王玉帅
26	稻草复种连作对植烟土壤肥力和烤烟品质影响及营养调控技术研究	永州市烟草公司 衡阳市烟草公司	湖南省烟草公司科技进步三等奖	2014年	靳志丽、杨清林、刘正日、高春洋、梁文旭、单雪华、莫凯明、吴朝霞、张　芳、李玉辉、何华波、石江波、王锡春、蒋尊龙、蒋宇仙、向鹏华

续表7-15

序号	成果名称	完成单位	授奖等级	授奖时间	主要研究人员
27	永州市低危害烟叶生产技术研究与推广	永州市烟草公司	永州市人民政府科技进步二等奖	2014 年	周向平、刘正日、王锡春、袁　芳、黄石旺、张洪波、席国锋
28	烤烟新品种湘烟三号选育、配套技术研究与推广	永州市烟草公司	永州市人民政府科技进步二等奖	2014 年	杨全柳、胡日生、赵松义、刘正日、高春洋、朱列书、周国生、聂新柏、唐　绅
29	永州烟区浓香型烟叶提质采烤模式研究与应用	永州市烟草公司	永州市人民政府科技进步三等奖	2014 年	袁　芳、周向平、刘正日、高春洋、徐　辉、骆君华、何华波
30	烤烟新品种湘烟 3 号的选育及应用	中国烟草中南农业试验站 永州市烟草公司 湖南农业大学	中国烟草总公司科技进步三等奖	2015 年	胡日生、杨全柳、周清明、刘正日、朱列书、高春洋、李宏光
31	湖南浓香型特色优质烟叶研究与开发	中南农业试验站 湖南农业大学 郴州市烟草公司 永州市烟草公司 长沙市烟草公司 衡阳市烟草公司 邵阳市烟草公司	中国烟草总公司科技进步三等奖	2015 年	周清明、陈江华、赵松义、杨虹琦、邓小华、肖春生、屠乃美、朱列书、孙焕良、肖汉乾、阳　蓉、郑雄志、胡日生、彭曙光、李　伟、向世鹏、黎　娟、李　辉、李明德、杨全柳、陈瑞忠、王生才、靳志丽、龙　晖、裴晓东、袁　芳、王锡春、向鹏华、成军平、钟越峰
32	湖南烟农专业合作社建设研究	湖南省烟草公司 省农业经济和年农业区划研究所 永州市烟草公司 郴州市烟草公司 长沙是烟草公司	湖南省烟草公司科技进步二等奖	2015 年	肖汉乾、肖春生、朱雅玲、许清孝、罗井清、符建国、李　伟、陆中山、邓满城、曹志辉、周世民、詹　良、彭曙光、刘明月、祝琪雅、何　阳、候建林、蒋宇仙
33	湖南生态安全烟叶研究与开发	湖南省烟草公司 中南农业试验站 湖南农业大学 永州市烟草公司 郴州市烟草公司 衡阳市烟草公司 湘西市烟草公司 长沙市烟草公司	湖南省烟草公司科技进步二等奖	2015 年	李晓忠、赵松义、杨虹琦、黄石旺、邓　祥、赵阿娟、匡传富、周向平、单雪华、李宏光、汪修奇、汤若云、巢　进、汤层层、黄淑芳、尹艳凤、王锡春、彭曙光、周孚美、向鹏华、张洪波、朱三荣、丁志平
34	南方烟稻复种连作区土壤改良技术研究与推广应用	永州市烟草公司	永州市人民政府科技进步二等奖	2015 年	靳志丽、梁文旭、刘正日、周向平、王锡春、莫凯明、贾少成、李小慧、李才华

续表7-15

序号	成果名称	完成单位	授奖等级	授奖时间	主要研究人员
35	永州烟区烤烟化学成分区域特征及综合评价	永州市烟草公司 湖南农业大学	永州市人民政府科技进步三等奖	2015 年	袁　芳、邓小华、刘正日、王锡春、徐　辉、骆君华、高春洋
36	永州烤烟品质特色定位及提升技术研究与应用	永州市烟草公司	永州市人民政府科技进步二等奖	2015 年	靳志丽、刘正日、梁文旭、莫凯明、张洪波、李玉辉、袁　芳、贾少成、张双双、李才华、王凯歌、胡述泉、张　芳

2011—2015 年永州市烟草商业系统知识产权奖统计表

表 7-16

序号	成果名称	完成单位	授奖等级	奖励类别	授奖时间	主要研究人员
1	湘烟 3 号	中国烟草中南农业试验站 永州市烟草公司	省公司知识产权奖励	烟草新品种	2011 年	胡日生、杨全柳、朱列书、刘正日、周志成、曾　中、周国生、陆中山、周正红、胡卫东、张大伟、唐　绅、聂新柏、高春洋
	一种烤烟密集烘烤烟叶夹持装置	永州市烟草公司	省公司知识产权奖励	实用新型专利	2011 年	蒋笃忠
2	一种烤烟初烤用的烟夹	永州市烟草公司	省公司知识产权奖励	实用新型专利	2011 年	蒋笃忠
3	一种烤烟大棚育苗温湿度自动监控仪	永州市烟草公司	省公司知识产权奖励	实用新型专利	2011 年	蒋笃忠
4	一种烤烟复合型叶面肥	永州市烟草公司	省公司知识产权奖励	发明专利	2012 年	靳志丽、刘正日、梁文旭、胡卫东、唐　绅、黄石旺、张　芳
5	一种烟草种子引发剂	永州市烟草公司	省公司知识产权奖励	发明专利	2012 年	靳志丽、聂新柏、胡日生、梁文旭、张大伟、张　芳、唐　绅
6	一种并排联体烟叶密集烤房用的余热共享装置	永州市烟草公司	省公司知识产权奖励	实用新型专利	2012 年	蒋笃忠、袁　芳、骆君华、成勍松、石江波、姚海平

续表7-16

序号	成果名称	完成单位	授奖等级	奖励类别	授奖时间	主要研究人员
7	一种用于烤烟大田的太阳能诱虫器	永州市烟草公司	省公司知识产权奖励	实用新型专利	2012 年	蒋笃忠、周向平、邓学锋
8	一种用于烟叶烘烤的生物质气化燃气炉灶	永州市烟草公司	省公司知识产权奖励	实用新型专利	2012 年	蒋笃忠、成勍松、陈和春
9	一种秸秆气化炉导流引风机	永州市烟草公司	省公司知识产权奖励	实用新型专利	2012 年	蒋笃忠、陈和春
10	一种新型风速仪探头配套固定架	永州市烟草公司	省公司知识产权奖励	实用新型专利	2012 年	袁　芳、唐　绅
11	烟草样品粉碎机	永州市烟草公司	省公司知识产权奖励	实用新型专利	2012 年	袁　芳、胡卫东
12	一种烟叶烘烤过程中新型改进取样编烟夹	永州市烟草公司	省公司知识产权奖励	实用新型专利	2012 年	袁　芳、骆君华、蒋笃忠、唐　绅
13	一种烟叶烘烤过程中新型改进取样编烟夹	永州市烟草公司	省公司知识产权奖励	实用新型专利	2012 年	袁　芳
14	一种烟气除烟除尘脱硫设备	永州市烟草公司	省公司知识产权奖励	实用新型专利	2012 年	袁　芳、蒋笃忠、唐　绅
15	九嶷金叶	永州市烟草公司	省公司知识产权奖励	商标注册证	2012 年	永州市烟草公司
16	南方烟稻复种连作区土壤改良技术（专著）	永州市烟草公司	省公司知识产权二等奖	专著	2015 年	靳志丽、梁文旭、刘正日、聂新柏、高春洋、周向平、张　芳

2003—2015 年永州市烟草公司专利统计表

表 7-17

序号	专利名称	专利类型	专利权人	授权时间	专利号	发明（设计）人
1	一种烤烟复合型叶面肥	发明专利	永州市烟草公司	2008 年	ZL200810143837. 6	靳志丽、刘正日、梁文旭、胡卫东、唐　绅、黄石旺、张　芳

续表7-17

序号	专利名称	专利类型	专利权人	授权时间	专利号	发明（设计）人
2	一种烟草种子引发剂	发明专利	永州市烟草公司	2008 年	ZL200810143838. 0	靳志丽、聂新柏、胡日生、梁文旭、张大伟、张　芳、唐　绅
3	一种烤烟大棚育苗温湿度自动监控仪	实用新型专利	永州市烟草公司	2010 年	ZL201020218540. 4	蒋笃忠、唐　绅、袁　芳
4	一种烤烟密集烘烤烟叶夹持装置	实用新型专利	永州市烟草公司	2010 年	ZL201020247197. 6	蒋笃忠、成勍松、吴朝霞、袁　芳、骆君华
5	一种烤烟初烤用的烟夹	实用新型专利	永州市烟草公司	2010 年	ZL201020501954. 8	蒋笃忠
6	一种并排联体烟叶密集烤房用的余热共享装置	实用新型专利	永州市烟草公司	2011 年	ZL201020248823. 3	蒋笃忠、袁　芳、骆君华、成勍松、石江波、姚海平
7	一种用于烤烟大田的太阳能诱虫器	实用新型专利	永州市烟草公司	2011 年	ZL201120041950. 0	蒋笃忠、周向平、邓学锋
8	一种用于烟叶烘烤的生物质气化燃气炉灶	实用新型专利	永州市烟草公司	2011 年	ZL201120116164. 2	蒋笃忠、成勍松、陈和春
9	一种秸秆气化炉导流引风机	实用新型专利	永州市烟草公司	2011 年	ZL201120057555. 1	蒋笃忠、陈和春
10	一种新型风速仪探头配套固定架	实用新型专利	永州市烟草公司	2011 年	ZL201120099496. 4	袁　芳、唐　绅
11	烟草样品粉碎机	实用新型专利	永州市烟草公司	2011 年	ZL201120099499. 8	袁　芳、胡卫东
12	一种烟叶烘烤过程中新型取样编烟夹	实用新型专利	永州市烟草公司	2011 年	ZL201120099498. 3	袁　芳、骆君华、蒋笃忠、唐　绅

续表7-17

序号	专利名称	专利类型	专利权人	授权时间	专利号	发明（设计）人
13	一种烟叶烘烤过程中新型改进取样编烟夹	实用新型专利	永州市烟草公司	2011年	ZL201120140138.3	袁 芳
14	一种烟气除烟除尘脱硫设备	实用新型专利	永州市烟草公司	2011年	ZL201120099494.5	袁 芳、蒋笃忠、唐 绅
15	一种能定位追踪的太阳能诱虫器	实用新型专利	永州市烟草公司	2012年	ZL201220094436.8	蒋笃忠、邓学锋
16	一种烤烟包内温湿度测定仪	实用新型专利	永州市烟草公司	2012年	ZL201220115178.7	蒋笃忠、邓满成、高春洋
17	一种蓄热式燃煤热风炉	实用新型专利	永州市烟草公司	2012年	ZL201220094439.1	蒋笃忠
18	一种烟草行业信息安全运维一体化应用平台系统	发明专利	永州市烟草公司	2013年	ZL201310327040.2	申玉华、李刚华、侯杰华、阳天和、杨深根、唐 绅、义 峰、罗雨晨、孟玮佳、刘汐隰
19	一种烤烟集约化漂浮育苗炼苗装置	发明专利	永州市烟草公司	2013年	ZL201310184456.3	蒋笃忠、成勍松
20	烟草育苗用的有机基质	发明专利	永州烟草市公司	2013年	ZL201310185480.9	袁 芳、高春洋、肖小波、刘正日
21	一种铡刀式夹烟切柄操作台	发明专利	永州市烟草公司	2014年	ZL201410073271.X	蒋笃忠、彭曙光、唐善军
22	一种烤烟栽培用的覆膜机	实用新型专利	永州市烟草公司	2014年	ZL201420700334.5	蒋笃忠、王锡春、靳志丽、邓学锋、席国锋
23	烤烟施肥打穴机	实用新型专利	永州市烟草公司	2014年	ZL201420637871.X	吴 琼、靳志丽、王锡春、高春洋
24	一种烟草轮作区烤烟轻简高效栽培方法	发明专利	永州市烟草公司	2015年	ZL201510734586.9	靳志丽、梁文旭、王锡春、周向平、高春洋

第四节 科技推广

一、良种推广

2008 年，江华涛圩镇 HY-9-7（湘烟 3 号）品种示范烟田

20 世纪 90 年代末期，永州市烟科所在省内率先成功研发出烟草种子包衣技术、催芽包衣技术，承担着全省烤烟催芽包衣种子的加工及服务工作。2003 年，加工烤烟种子 55.44 吨（其中含代加工 1.32 吨），销售种子 45.48 吨。2005 年，开始在全市推广催芽包衣种子技术。同时，推广新品种湘烟 1 号 3000 亩、自育新品系 HY-3-11、YZ20-2、YZ20-6、HY-3-28 种植面积 100 余亩。2006 年，在省内全面推广由永州生产加工的催芽包衣种子。2010 年，永州推广自育品种湘烟 3 号 3.2 万亩，全市浓香型特色品种 K326、湘烟 3 号面积占比超过 30%。2012 年，湘烟 3 号在全省示范推广 12 万亩，并成为全省第三大主栽品种。2015 年，永州自育品种湘烟 5 号示范推广面积 4000 余亩。在区试中，湘烟 5 号的综合性状超过云烟 87 名列第一。2015 年 11 月，在省烟草专卖局组织烟叶质量评价中，国内权威评委认为湘烟 5 号上部烟叶柔和细腻、可用性强，建议将湘烟 5 号作为湖南烟区重点推广的三个品种之一。

二、育苗技术推广

2003 年，全市推广漂浮育苗面积 6.5 万亩，是 2002 年 1.2 万亩的 5.42 倍。2004 年，全市全面推广漂浮育苗面积 11.3 万亩，并编制出《漂浮育苗技术规程》。2005 年，推广漂浮育苗基质和营养液配制技术。2007 年，永州市漂浮育苗推广面积达 100%，彻底淘汰两段式育苗方式。2008 年，开始推广集约化育苗、商品化供苗模式。2011 年，全面推广大棚集约化、专业化育苗技术，其中专业化育苗率达 80.9%。2013 年开展壮苗培育技术推广。2014 年，编制《烤烟集约化育苗大棚管理规程》《烤烟集约化育苗大棚消毒技术规程》，为烤烟育苗提供技术支撑。

三、栽培技术推广

2004 年，永州开始示范稻草覆盖栽培，示范面积 1530 亩。2005 年，永州烟草在烟叶主产县兴办稻草覆盖示范点，示范面积 1. 15 万亩，示范点平均亩产比全市平均高出 79. 32 元。2006 年，推广稻草覆盖面积 5. 18 万亩，占全市烤烟合同面积的 25. 2%。2006 年 6 月，湖南省烟草公司在道县召开全省稻草覆盖推广工作现场观摩会，向全省推广稻草覆盖栽培技术。2008 年，在烟田土壤改良项目的推动下，全市烟田稻草覆盖面积 7. 87 万亩，宁远和新田推广面积超过 50%。2012 年，永州烟草以科技项目经费、生产投入补贴的方式，推广覆盖栽培技术，全市稻草覆盖、地膜覆盖共占种植面积 90%。2013 年，推广深翻冻垡晒坯、稻草还田、煤灰及火土肥客土改良等土壤保育技术，受益烟田 6 万余亩。

2015 年，江永兰溪乡推广示范"烟叶增香提质剂"

2003 年，全市以土壤普查成果为基础，全面推广专用基肥、专用追肥和 101 施肥等平衡施肥方法，促进烟叶控氮、降碱、增香。是年，宁远县被国家烟草专卖局确定为平衡施肥示范县，示范面积 3000 亩，示范区烟叶均价比普通区增加 6. 12%、上等烟比例提高 6. 94%，烟农增收 61. 2 元/亩。2004 年，全市推广采取有机无机结合、地上地下结合、大量元素与中微量元素结合的施肥技术，平衡烟株营养。各烟叶产区根据土壤肥力情况，按亩施纯氮 9 千克、N∶P∶K 配比为 1∶1∶2. 5-3 的标准，采用双条、双层或者"101"施肥方法。2006 年，全市统一使用湖南金叶肥料公司生产的烟草配方肥料，全面推广"专用基肥+硝酸钾和专用基肥+专用追肥"的施肥模式，并配合使用提苗肥和磷、钾肥。各产区根据土壤和烟叶质量情况，选择性地使用腐熟有机肥和中微量营养元素。2011 年，推广由永州烟草自主研制的"烤烟复合型叶面肥"，推广面积 1 万余亩。2013 年，推广饼肥增香技术 6. 8 万亩，施用发酵饼肥 1020 吨。项目区的烟株生长稳健、上部叶开片好，烤后烟油分增加，烟叶品质得到改善。2014 年，推广应用发酵菜籽饼肥和三饼合一饼肥 5. 4 万亩。2015 年，利用永州复烤厂复烤废料烟梗灰，生产富钾饼肥，大面积推广应用，改善烟叶内在品质，进一步彰显永州烟叶浓香型风格特色。同时，全面推广“9+1”技术（冬前深翻、增施饼肥、培育壮苗、合理密植、精准施肥、绿色植保、科学打顶、上部叶一次性采烤、中温中湿密集烘烤工艺，加 GAP 管理）。

四、植保技术推广

2003 年，全市推广病虫害预测预报及综合防治技术面积 13.5 万亩，其中示范点 18 个、示范面积 17100 亩。2005 年，全市推广综合防治面积 21.6 万亩，其中示范点 36 个、示范面积 7.1 万亩，制作、发放《烟草病虫害防治技术》挂图 2 万余份。2006 年，推广统一农药进货渠道和套餐供药模式；发布烟草病虫情报 6 期，准确率达 95%。综合防治示范区比非示范区的虫害百株虫量减少 38%、病害平均减少 61%。2007 年，全面推广烟草病虫害综合防治技术，开展科普知识下乡活动，发放《烤烟生产技术科普》资料 15000 余份。2011 年，全市烟草病虫害综合防治技术推广达 100%，发布《烟草病虫情况》6 期。市烟科所组织各产烟县开展“病虫害综合防治技术”培训和资格认证，有 45 人取得病虫害综合防治技术资格证。是年，永州烟草在《湖南烟草》《永州日报》上宣传滥用除草剂的危害，指导科学使用除草剂。2013 年，推广低危害烟叶生产技术 10 万余亩，其中示范推广黄板诱蚜、性诱剂诱蛾等新技术 1 万余亩，减少化学药剂使用，降低烟农植保成本，减少烟叶农药残留量，提高烟叶安全性。2014 年，全市开展烟蚜茧蜂防治烟蚜技术推广工作，繁育烟蚜茧蜂 2000 万头，推广面积 2.1 万亩，制作发放《烟蚜茧蜂防治烟蚜》宣传册 1.2 万余份，防治效果达 78%。2015 年，永州烟草开展烟蚜茧蜂防治烟蚜技术本地化研究，成功繁殖烟蚜茧蜂 4000 余万只，防治面积 5 万亩，每亩可节省植保成本 6.2 元，为全市烟农节约植保成本 31 万元，初步建立起烟区绿色、安全、环保的虫害防治体系。

2015 年 4 月，宁远烟区投放烟蚜茧蜂

五、烘烤技术推广

2005 年，永州示范推广自主研发烤房 17 座、“长浏 2 号”烤房 54 座、珠海生产的密集烤房 2 座，同时推行适度规模烤房及配套烘烤工艺，并在烟叶主产区推广上部叶带茎烘烤技术。2006 年，全市推广密集烤房 1287 座，应用面积 26580 亩；推广热风循环烤房 1599 座。2007 年，永州推广卧式密集烤房 1400 座，“普改密”烤房推广 3388 座，密集式烘烤面积累计达 5 万多亩；推广上部叶带茎烘烤技术面积 4080 亩。2010 年，全市以烟农合作社为依托，以烟叶烘烤工场为平台，开始推广专业化烘烤模式。2011 年，永州在烘烤工场推广烟夹 11.4 万个，推广运用密集式烤房余热共享设备、叠层装烟技术；组织各产烟县开展“专业化烘烤技术”培训和资格认证，有 68 人取得专业化烘烤技术资格证。2012 年，推广适合永州的密集烤房配套浓香型烟叶烘烤工艺。同时，推广上部叶可用性技术 14485.5 亩、应用新材料密集烤房 900 座、助燃固硫剂 102.5 吨。2013 年，全市推广无机非金属材料烤房推广 3240 座，在 1700 座烤房推广烟夹 66.2 万个，同时制定《专业烘烤技术标准》，对 20 座以上的集群烤房实行专业化烘烤，促进烘烤环节减工降本、提质增效。2014 年，永州烟草编制并发放《永州 K326 烘烤技术规范》小册子 2 万余份。2015 年，永州烟区推广“中温中湿”烘烤工艺。

第二章　管理创新

第一节　标准化体系建设

一、烟草商业

2003 年，永州市烟草公司推行烤烟标准化生产，开办标准化生产示范点 332 个，示范面积 8.05 万亩，占合同面积的 59.7%，示范区收购烟叶 10225 吨，平均单产 127 千克/亩，比全市平均单产高 24 千克/亩；收购均价 9.22 元/千克，比全市均价高 0.22 元/千克。标准化生产示范区烤制出的烟叶颜色正、成熟度好、身份适中、结构疏松、油分足、香气浓，为“九嶷金叶”品牌烟叶赢得良好的市场信誉。是年，市烟草公司被市人民政府授予“2003 年度农业标准化工作先进单位”荣誉称号。

2004 年，永州烟草实施的“九嶷金叶”烤烟农业标准化项目研究，经过 3 年的试验、示范、验证及审查，编制《九嶷金叶烤烟标准化体系》。该体系包含烤烟种植、田间管理、采收等规程规范37项，采用国家、行业标准6项。2004年5月17日，召开《九嶷金叶烤烟标准化体系》发布会。会上，市人民政府常务副市长崔永平致欢迎词，市质量监督管理局副局长贺建民发布《永州市〈九嶷金叶烤烟标准化体系〉的公告》，省局（公司）烟叶处处长赵松义出席会议。同时，永州烟草邀请21家烟厂、12个技术依托单位参会，通过发布会推介“九嶷金叶”品牌。自此，永州烟叶生产形成一个完整的农业标准化体系，“九嶷金叶”品牌烟叶逐步走俏国内市场。

2004年5月17日，市局（公司）召开《“九嶷金叶”烤烟标准化体系》发布会

2008年2月28日，市烟草公司根据《烟草行业标准化中长期发展战略（2007—2020年）》和《湖南省烟叶生产标准化工作指导意见》，出台《2008—2010年永州烟叶生产标准化工作实施方案》，要求各产烟县以科学发展观为指导，坚持“夯实基础、重点突出、示范带动、持续提高”的标准化工作原则，采纳和借鉴先进适用的技术开发成果及相关管理经验，修订和完善烟叶综合标准化体系，以烟叶标准化示范区建设项目为重点，以点带面，促进烟叶生产标准化水平。同时，成立以副经理刘正日为组长的烟叶标准化工作领导小组，负责全市烟叶标准化工作的组织实施，根据烟叶生产的工作程序，选定标准宣贯实施负责人，推进烟叶标准化工作。是年，永州烟草举办首届烟叶标准化知识竞赛，把知识竞赛与标准宣贯相结合，选拔5名优秀员工参加全省烟叶标准化知识竞赛。

2009年12月20日，市局（公司）发布《九嶷金叶烤烟生产综合标准体系》

2009年，为全面推广烟叶标准化生产，规范烤烟质量控制和服务体系，市烟草公司遵循“尊重国标、行标，彰显本地特色”的原则，组织有关技术人员，结合永州烤烟生产实际，对2004年发布的《九嶷金叶烤烟标准化体系》进行完善和修订，制定出《九嶷金叶烤烟生产综合标准体系》。该标准体系由基础标准、技术标准、产品标准、管理标

准、服务标准5个部分组成，收录5个国家标准、12个行业标准和51个湖南省烟草公司永州市公司企业标准，是一套贯穿于烤烟生产产前、产中、产后的综合标准体系，具有科学性、实用性、指导性和创新性，成为全市系统烟叶工作的工具用书。12月20日，市烟草公司发布《九嶷金叶烤烟生产综合标准体系》，并印刷成书发放到产烟县分公司，要求从事烟叶生产工作的全体人员做到学标准、懂标准、会标准、用标准，促进全市烟叶生产统一管理、统一技术标准。是年，市烟草公司拍摄“九嶷金叶”标准化生产录像，并制作成“九嶷金叶”标准化生产技术科教片。

2011年9月，市公司承担的优质烤烟种植标准化示范区通过国家农业标准化示范区验收

2010年1月1日，永州实施《九嶷金叶烤烟生产综合标准体系》，按照全面质量管理体系要求，推进烟叶标准化生产。是年，全市烤烟育苗、移栽合理密植、大田管理、平衡施肥、病虫害综合防治等技术到位率均高于往年，烟叶长势、平衡一致性、烟叶质量均好于往年同期。

2011年1月20日，市烟草公司制订《永州市2011年烤烟标准化生产技术方案》，明确全市烤烟生产中的集约化育苗、土壤改良、烤烟栽培、合理施肥、病虫害防治、适熟采收、科学烘烤等关键技术措施，增强生产技术的规范性和可操作性，提高技术到位率和烟叶质量水平，彰显永州烟叶浓香型风格特色，促进原料保障上水平。2011年，市烟草公司紧密结合烤烟生产实际，修订和完善《九嶷金叶烤烟生产综合标准体系》，新增《烤烟漂浮育苗装盘播种机操作规程》《烤烟育苗剪叶机操作规程》等11项标准。8月5日，湖南省名牌产品评审组对永州市烟草公司“九嶷金叶”品牌烟叶进行现场评审。同年12月，“九嶷金叶”品牌被湖南省质量技术监督局授予“湖南名牌产品”称号。

2011年12月，“九嶷金叶”品牌获“湖南名牌产品”称号

2012年，市烟草公司结合实际和工业需求，认真梳理、优化烟叶生产综合标准体系，补充必要标准、细化管理标准，对《九嶷金叶烤烟生产综合标准体系》进行修订和完善，新增《烟草病虫害应急预案》《烟草育苗工场建设规范》《湖南省密集烤房适用新型烟夹制造规程》《湖南省密集烤房配套设施建设规范》和《不适用烟叶田间处理规范》5个标准，进一步提高标准体系的完整性、实用性和指导性。

2014年8月29日，根据国家局《烟草行业标准化工作“十二五”发展规划纲要（2011—2015年）》及省公司《关于全面推进标准化工作实施方案和企业标准制修订工作管理规定的通知》，市局（公司）按照“规范、精细、一流”工作方针，制定并印发《永州市烟草专卖局（公司）2014—2016年标准化工作发展规划纲要》，成立企业标准化工作领导小组，由局长（经理）李刚华任组长，副局长阳天和、副经理秦江顺、副经理刘正日、总会计师杨深根任副组长，各科室、各县（区）局主要负责人为成员，领导小组下设办公室于经济运行科，经济运行科科长何明魁兼任主任。同时，成立以副局长阳天和为主任的标准化技术委员会。是年，永州烟草制定《企业标准化工作导则》《企业标准体系编写要求》等相关制度，并通过梳理，建立起《标准体系表》。

2015年，永州市局（公司）把标准化工作与“精益管理”有机融合，全面推进全市系统标准化工作，提升科学化、规范化管理水平，组织编制标准化体系《管理标准》《工作标准》《技术标准》，形成永州烟草商业系统标准化体系文件。2015年8月，永州市局（公司）发布《企业管理手册》，为全市烟草商业系统各项工作规范化、科学化、程序化开展提供指南。

2004年永州烟草发布的《九嶷金叶烤烟标准化体系》一览表

表7-18

序号	标准属性	标准编号	标准名称	实施日期
1	推荐性标准	DB4329/T01-2004	烟草品种 K326	2004-05-01
2	推荐性标准	DB4329/T02-2004	烟草品种 云烟87	2004-05-01
3	推荐性标准	DB4329/T03-2004	烟草品种 云烟85	2004-05-01
4	推荐性标准	DB4329/T04-2004	烟草品种 湘烟一号	2004-05-01
5	推荐性标准	DB4329/T05-2004	大棚集约化烤烟托盘育苗技术规程	2004-05-01
6	推荐性标准	DB4329/T06-2004	烤烟漂浮育苗技术规程	2004-05-01
7	推荐性标准	DB4329/T07-2004	烤烟移栽技术规程	2004-05-01
8	推荐性标准	DB4329/T08-2004	烤烟地膜覆盖技术规程	2004-05-01

续表7-18

序号	标准属性	标准编号	标准名称	实施日期
9	推荐性标准	DB4329/T09-2004	烤烟田间管理技术规程	2004-05-01
10	推荐性标准	DB4329/T10-2004	烤烟平衡施肥技术规程	2004-05-01
11	推荐性标准	DB4329/T11-2004	烟田土壤改良技术规程	2004-05-01
12	推荐性标准	DB4329/T12-2004	烤烟中、微量元素补充技术规程	2004-05-01
13	推荐性标准	DB4329/T13-2004	烤烟叶面肥施用技术规程	2004-05-01
14	推荐性标准	DB4329/T14-2004	烤烟用肥类型规范	2004-05-01
15	推荐性标准	DB4329/T15-2004	烟草病虫害综合防治技术规程	2004-05-01
16	推荐性标准	DB4329/T16-2004	烟草病虫害预测预报技术规程	2004-05-01
17	推荐性标准	DB4329/T17-2004	烟草农药合理使用技术规程	2004-05-01
18	推荐性标准	DB4329/T18-2004	烟田杂草控制技术规程	2004-05-01
19	推荐性标准	DB4329/T19-2004	烤烟成熟采收技术规程	2004-05-01
20	推荐性标准	DB4329/T20-2004	烤房建造技术规程	2004-05-01
21	推荐性标准	DB4329/T21-2004	烟叶烘烤技术规程	2004-05-01
22	推荐性标准	DB4329/T22-2004	烤烟收购标准化站点设置及设施技术规范	2004-05-01
23	推荐性标准	DB4329/T23-2004	初烤烟分级扎把技术规程	2004-05-01
24	推荐性标准	DB4329/T24-2004	田间试验样品采集及处理标准	2004-05-01
25	推荐性标准	DB4329/T25-2004	田间试验科研调查标准	2004-05-01
26	推荐性标准	DB4329/T26-2004	烟田布局规范	2004-05-01
27	推荐性标准	DB4329/T27-2004	烟株田间长相标准	2004-05-01
28	推荐性标准	DB4329/T28-2004	烤烟产量、质量标准	2004-05-01
29	推荐性标准	DB4329/T29-2004	烤烟成包、运输、贮存规范	2004-05-01
30	推荐性标准	DB4329/T30-2004	烤烟交验规范	2004-05-01
31	推荐性标准	DB4329/T31-2004	烤烟调拨规范	2004-05-01
32	推荐性标准	DB4329/T32-2004	“九嶷金叶”烤烟标准规定	2004-05-01
33	推荐性标准	DB4329/T33-2004	烤烟收购工作规范	2004-05-01
34	推荐性标准	DB4329/T34-2004	烤烟生产技术指导服务标准	2004-05-01
35	推荐性标准	DB4329/T35-2004	“九嶷金叶”烤烟售后服务标准	2004-05-01

续表7-18

序号	标准属性	标准编号	标准名称	实施日期
36	推荐性标准	DB4329/T36-2004	烤烟生产物资供应及售后服务标准	2004-05-01
37	推荐性标准	DB4329/T37-2004	烤烟生产月历表	2004-05-01
38	强制性国家标准	GB2635-1992	烤烟	
39	强制性国家标准	YC/T43-1996	烟草原种、良种生产技术规程	
40	强制性国家标准	YC/T141-1998	烟草包衣丸化种子	
41	强制性国家标准	YC/T22-1994	烟草种子贮藏与运输	
42	强制性国家标准	YC/T147-2001	打叶烟叶　质量标准	
43	强制性国家标准	YC/T46-2001	烟叶　打叶烟叶　工艺规范	

2009年永州烟草发布的《九嶷金叶烤烟生产综合标准体系》一览表

表7-19

序号	企业标准编号	企业标准名称	实施日期
1	Q/RAKN 01—2009	九嶷金叶烤烟生产综合标准体系	2010-01-01
2	Q/RAKN 02—2009	烤烟品种	2010-01-01
3	Q/RAKN 03—2009	烤烟种子供应标准	2010-01-01
4	Q/RAKN 04—2009	烤烟种植布局规范	2010-01-01
5	Q/RAKN 05—2009	烟田土壤改良技术规程	2010-01-01
6	Q/RAKN 06—2009	烤烟漂浮育苗技术规程	2010-01-01
7	Q/RAKN 07—2009	烤烟湿润育苗技术规程	2010-01-01
8	Q/RAKN 08—2009	烤烟移栽技术规程	2010-01-01
9	Q/RAKN 09—2009	烤烟缺素症诊断及防治技术规范	2010-01-01
10	Q/RAKN 10—2009	烤烟平衡施肥技术规程	2010-01-01
11	Q/RAKN 11—2009	烤烟地膜覆盖技术规程	2010-01-01
12	Q/RAKN 12—2009	烤烟稻草覆盖技术规程	2010-01-01
13	Q/RAKN 13—2009	烤烟田间管理技术规程	2010-01-01
14	Q/RAKN 14—2009	烟株田间长相标准	2010-01-01
15	Q/RAKN 15—2009	田间试验样品采集及处理标准	2010-01-01
16	Q/RAKN 16—2009	田间试验科研调查标准	2010-01-01

续表7-19

序号	企业标准编号	企业标准名称	实施日期
17	Q/RAKN 17—2009	烟草病虫害预测预报技术规程	2010-01-01
18	Q/RAKN 18—2009	烟草病虫害综合防治技术规程	2010-01-01
19	Q/RAKN 19—2009	烟草农药合理使用技术规程	2010-01-01
20	Q/RAKN 20—2009	烤烟生产杂草控制技术规程	2010-01-01
21	Q/RAKN 21—2009	烤烟成熟采收技术规程	2010-01-01
22	Q/RAKN 22—2009	烟叶烘烤技术规程	2010-01-01
23	Q/RAKN 23—2009	密集烤房烘烤技术规程	2010-01-01
24	Q/RAKN 24—2009	烟叶分级扎把技术规程	2010-01-01
25	Q/RAKN 25—2009	小型普通烤房密集式改造技术规程	2010-01-01
26	Q/RAKN 26—2009	密集烤房技术规范	2010-01-01
27	Q/RAKN 27—2009	烤烟产量、质量标准	2010-01-01
28	Q/RAKN 28—2009	烤烟生产月历表	2010-01-01
29	Q/RAKN 29—2009	烟叶种植收购合同管理规程	2010-01-01
30	Q/RAKN 30—2009	烤烟收购管理规程	2010-01-01
31	Q/RAKN 31—2009	烤烟验收管理规程	2010-01-01
32	Q/RAKN 32—2009	烤烟成包、运输、贮存规范	2010-01-01
33	Q/RAKN 33—2009	烤烟等级质量监督管理规程	2010-01-01
34	Q/RAKN 34—2009	烤烟科研项目实施和管理规程	2010-01-01
35	Q/RAKN 35—2009	新品种、新技术和新产品研发规程	2010-01-01
36	Q/RAKN 36—2009	烟草科学研究所实验室管理规程	2010-01-01
37	Q/RAKN 37—2009	烤烟非烟物质控制技术规程	2010-01-01
38	Q/RAKN 38—2009	烤烟生产环境保护管理规程	2010-01-01
39	Q/RAKN 39—2009	外包方评价选择准则	2010-01-01
40	Q/RAKN 40—2009	计量、监测装置管理规程	2010-01-01
41	Q/RAKN 41—2009	烟用物资管理规程	2010-01-01
42	Q/RAKN 42—2009	烟田水利工程质量管理规程	2010-01-01
43	Q/RAKN 43—2009	标准化烟草站建设及管理规程	2010-01-01
44	Q/RAKN 44—2009	烟叶标准化示范区管理规范	2010-01-01

续表7-19

序号	企业标准编号	企业标准名称	实施日期
45	Q/RAKN 45—2009	烤烟生产技术培训规范	2010-01-01
46	Q/RAKN 46—2009	烟叶技术员管理规范	2010-01-01
47	Q/RAKN 47—2009	烟农户籍化管理规程	2010-01-01
48	Q/RAKN 48—2009	烤烟生产技术指导服务标准	2010-01-01
49	Q/RAKN 49—2009	烟叶调拨销售服务规范	2010-01-01
50	Q/RAKN 50—2009	烤烟生产防灾减灾管理规程	2010-01-01
51	Q/RAKN 51—2009	烤烟生产自然灾害评估上报管理规程	2010-01-01
52	GB/T 12366. 3	综合标准化工作导则：农业产品综合标准化的一般要求	2010-01-01
53	GB/T 18771. 1	烟草术语　第 1 部分：烟草栽培、调制与分级	2010-01-01
54	GB/T 19616	烟草成批原料取样的一般原则	2010-01-01
55	GB/T 21138	烟草种子	2010-01-01
56	GB 2635—92	烤烟	2010-01-01
57	YC/T 220	烟草农业科技成果经济效益计算方法	2010-01-01
58	YC/T 237	烟叶标准化生产示范区工作规程	2010-01-01
59	YC/T 43	烟草原种、良种生产技术规程	2010-01-01
60	YC/T 22	烟草种子贮藏与运输	2010-01-01
61	YC/T 141	烟草包衣丸化种子	2010-01-01
62	YC/T 142	烟草农艺性状调查方法	2010-01-01
63	YC/T 39	烟草病害分级及调查方法	2010-01-01
64	YC/T 40	烟草病害药效试验方法	2010-01-01
65	YC/T 42	烤烟基本烘烤技术规程	2010-01-01
66	YC/T 25	烤烟实物标样	2010-01-01
67	YC/T 23220	烟叶存储保管方法	2010-01-01
68	YC/T 192	烟叶收购及工商交接质量控制规程	2010-01-01

二、烟草工业

零陵卷烟厂标准化建设自 2000 年正式引入 ISO 9000 质量管理体系标准开始，

经过多年的不断修订和完善，至2015年已建立形成包含管理标准、技术标准、工作标准三类共300余个内控标准的标准化管理体系，并实现标准文件的信息化管理，管理流程的信息化运转。

2000年4月，工厂成立ISO 9000贯标办公室，隶属企业管理部，全面推行ISO 9000质量管理体系标准建设。2002年，开始推进ISO 9000标准换版后的内控标准整合及修订工作。2003年5月，正式发布符合ISO 9001：2000《质量管理体系-要求》标准的《质量管理手册》和体系标准文件243个，质量记录277个。该次质量管理体系标准涉及部门16个，相关人员近2000人，涉及的工序控制范围包括：烟叶发酵、烟叶复烤、滤嘴成型、制丝、卷接、包装等工序。

2004年，零陵卷烟厂并入常德卷烟厂后，组织推进并完成与常德总厂质量管理体系标准的有效整合。2005年10月，在常德总厂进行复审换证时，零陵卷烟分厂顺利通过中国质量认证中心的外审认证。

2006年11月，零陵卷烟厂成为公司下属非法人卷烟厂，取消设计开发和营销职能。根据公司对标准化建设的总体规划，开始推行质量管理体系与职业健康安全管理体系“二标一体”工作。2007年，发布零烟〔2007〕76号文件《企业标准体系表》，初步明确“二标一体”标准化体系的整体架构。2007—2008年，对相关体系文件进行整体修订，发布管理标准130个、技术标准150个、工作标准345个，将《综合考核规定》及考核细则与公司《质量奖惩办法》进行接轨，初步搭建起“三权”分离的标准制度体系，在ISO 9000、OHSAS18000“二标”的基础上推进综合管理体系的整体融合。

2009年，工厂在以“两标”为基础的管理体系文件整合完毕的基础上，开始推行内部三级审核机制，即部门内部审核、职能归口审核、厂部审核。全年共查找各类问题近3000条，全厂人员的标准化意识得到整体提升，初步形成“用制度管人、按流程做事、照标准执行、凭目标考核”的管理机制。同年8月顺利通过认证审核，质量管理体系、职业健康安全管理体系整合完毕，以“两标”为基础的综合管理体系初步构建。

2010—2012年，工厂有效运用体系审核、文件评审等手段，不断完善内控标准，持续优化内部流程，于2012年运用信息化技术建立EKP流程管理平台，实现流程的互联网信息化运转；同年，在生产车间的37个岗位（工序）建立标准化作业程序（SOP），实现管理体系标准化工作向基层管理的进一步拓展和延伸。同时在全厂开展多层级、多渠道的标准化知识普及培训，至2012年年底，全厂所有中层干部均取得质量体系内审员证。

2014年，工厂推进标准管控平台优化，对全厂标准文件、记录及外来引用文件进行梳理完善，建立形成外来引用文件库，开发建立全新的制度标准管控信息化平台，新增记录表单库、外来文件库、自定义查询、适用清单导出等功能，标准管控平台于2014年11月正式启用。

2015年，工厂重点围绕“芙蓉王”均质化保障体系建设，根据公司对“芙蓉王”品牌生产的总体要求，组织对公司“芙蓉王均质化保障体系”的31个标准和工厂相关的50多个标准文件进行全面细致评审，对其中22个标准进行直采，废止原有标准4个，同时对工厂需要细化、完善的标准有针对性地进行修订，实现“芙蓉王”均质化保障体系与工厂原有体系的整合和无缝对接，为芙蓉王制丝线的正式投产奠定基础。

第二节　质量管理体系建设

2007年1月6日，市局（公司）举办烟叶全面质量管理体系发布会暨专家讲座

2005年，为进一步规范全市烟叶科研、生产、收购、销售等环节的作业行为，提高烟叶质量管理水平，永州市烟草商业系统在烟叶生产中引入ISO 9000质量管理理念。2006年，永州市烟草公司按照GB/T19001-IS09001：2000国际标准，结合永州烟叶生产实际，吸取GPA（良好农业规范）管理和ISO 9000：2001质量管理模式的经验，选择技术依托单位，与对口工业企业加强交流，运用信息化手段，开展烟叶质量管理，在全省率先建立并形成永州市ISO 9001烟叶质量管理体系。2007年1月，市烟草公司召开烟叶全面质量管理体系文件发布会暨专家讲座，省烟草专卖局（公司）总农艺师赵松义、市人民政府副市长刘事青出席会议。永州烟叶质量管理体系的发布与实施，标志着永州烟叶走上以标准规范生产经营、以持续改进满足客户需求、以创新塑造“九嶷金叶”品牌的健康发展轨道。2007年5月，市烟草公司对《永州ISO 9001烟叶质量管理体系》开展内审，进行自我检查和完善。9月，经北京中经科环质量认证有限公司现场审核，审核组认为永州市烟草公司烟叶质量管理体系运行符合ISO 9001：2000标准要求，体系文件适宜，体系运行充分、有效，并做出“予以推荐认证注册”的审核结论。同年10月，

为永州烟草颁发“质量管理体系认证证书”，标志永州烟叶质量管理体系通过 ISO 9001：2000 认证。

2007 年 3 月 6 日，永州市局（公司）下发《关于做好实施质量/职业健康安全一体化管理体系前期准备工作的通知》，标志着永州烟草商业系统质量管理体系工作的启动。4 月，市局（公司）出台《永州市烟草专卖局质量/职业健康与安全管理体系建设方案》，成立以局长（经理）徐文军为组长的贯标工作领导小组，下设办公室于市局安全保卫科，由安全保卫科科长石江南兼任主任。随后，市局制定《永州市烟草专卖局（公司）实施质量/职业健康安全一体化管理体系咨询运作流程》《永州市烟草专卖局（公司）实施质量/职业健康安全一体化管理体系培训计划》，并聘请康达信管理咨询有限公司作为指导顾问。4 月 12 日，市局（公司）下发《永州市烟草专卖局（公司）关于实施质量/职业健康安全一体化管理体系标准的通知》，全面启动质量/职业健康安全一体化管理体系标准工作，要求各县局（分公司）贯彻落实 OHSAS18001 职业健康安全管理体系/ISO 9001 质量管理体系的各项职责和标准。4 月 12 日至 5 月 18 日，市局贯标工作责任部门协助咨询单位，走访全市系统 10 个县（区）营销部、市局机关 16 个职能科室，开展顾客现状及需求分析、企业管理体系及业务流程诊断、顾客满意度调查等工作。同时，举办标准基础知识、标准理论、体系整合及体系文件编写等系列培训，参训人员达 2800 人次。5 月 19 日至 6 月 15 日，市局开展流程优化、业务流程描述、职业健康安全评审、职能分配/职责/组织结构设计、体系文件框架设计、质量/安全方针和目标设计以及体系文件编写辅导等工作。6 月 16 日至 7 月 7 日，根据全市系统“两烟”生产经营实际，市局（公司）明确全市系统质量/职业健康安全管理体系的方针、目标，按照 GB/T19001-2000 和 GB/T28 001-2001 标准，结合各单位、各部门、各岗位的管理要求和工作流程，开展管理手册、程序文件、作业指导书等三级文件的编写、审查、修订和讨论工作，确保体系文件的操作实用性和运行有效性。8 月 15 日，市局（公司）召开质量/职业健康安全管理体系文件发布会，颁布质量/职业健康安全管理体系代表任命书，由局长（经理）徐文军签发体系文件批准令，颁发体系文件。8 月下旬，全市烟草系统质量/职业健康安全管理体系贯标工作进入试运行阶段。10 月 15—22 日，市局组织开展全市系统质量/职业健康安全管理体系内审员培训考试暨体系内部审核工作。是年，各县（区）局（分公司）按市局要求组建了一支既懂管理体系，又懂安全技术的内部审核员队伍，推动体系标准文件的宣贯和落地，促进企业管理标准化、规范化和科学化。

2008 年 3 月，为推进职业健康安全管理体系建设，永州市局召集全市系统 46 名内审员进行岗位培训，从体系运行、内审、维护等方面提升管理水平。5 月 23—

2008 年 4 月 17 日，市局（公司）举办质量/职业健康安全管理体系知识竞赛

29 日，永州市局成立以安保科科长石江南为组长的内部审核组，审核组下设 6 个小组，负责组织全市系统质量/职业健康安全管理体系内部审核工作开展实施。接受审核的单位 10 个、部门 17 个，接受审核的人员 396 人；发现 173 项不合格项，开出不合格项报告 38 份，对所查出的不符合项责成责任单位进行研究、分析原因，提出纠正措施，实行限期整改，并进行复核验证。

2009 年，永州市局（公司）遵循“统一组织、突出实效、注重培训、强化内训”的原则，围绕“基础管理年”活动，全面贯彻和推行 ISO 9000 质量管理体系，3 月，按照《湖南省烟草商业系统质量管理体系建设实施方案》，市局出台《永州市烟草专卖局（公司）质量管理体系建设实施方案》，成立以局长（经理）李刚华为组长的全面实施质量管理体系建设工作领导小组，领导小组下设办公室于市局经济运行科，对 2007A 版质量/职业健康安全管理体系文件进行改版修订，以部门为单位组织编写，经过反复讨论修改，形成以各条业务线工作内容为主的作业指导书 8 本，使修订后的 2009B 版质量管理体系文件方针更具体、目标更明确、责任更清晰、操作更方便。同时，市局成立体系文件审核小组，对体系文件进行全面评审，实现 ISO 9000 标准与实际工作的紧密结合，完成质量手册、程序文件、作业指导书的评审、定稿工作。4 月 15 日，市局召开全面质量管理和职业健康安全体系改版发布会，标志着永州市局（公司）质量、职业健康安全体系由“两标合贯”变为“两标分贯”，2009B 版质量管理体系文件的正式运行。4 月 27 日，市局局长（经理）李刚华作为最高管理者，签署颁布令，宣读管理者代表任命书，以及质量方

2009 年 6 月，全市烟草商业系统质量管理体系通过北京中经科环质量认证有限公司认证

针、目标，手册管理规定，并就贯彻落实体系作动员讲话。8 月，为验证质量管理体系运行的有效性，市局开展为期 8 天的质量管理体系运行情况内部审核，访谈干部职工 250 人，抽查流程执行情况 188 次，查看记录 488 份，发现不合格项 51 项。审核组经过充分讨论，认为全市烟草商业系统的质量管理体系符合 GB/T19001：2008 和标准的要求，并能正常、持续、有效地运行。9 月 25—27 日，永州市烟草专卖局（公司）以视频会议形式，举办内审员培训班，邀请康达信公司专业人员授课，营造浓厚氛围。2009 年 10 月，根据《湖南烟草商业系统质量管理体系建设回头看活动实施方案》，市局开展质量管理体系建设“回头看”，总结体系建设的经验和不足，按照“深、细、实、新”的思路，把标准转化为企业的行为规范，突出解决企业管理中存在的问题，加强基础管理工作。在梳理文件清单、记录清单的基础上，全市系统总结出“六有工作法”（有职责、有流程、有文件、有记录、有目标、有办法），提高文件的执行率，全面推进质量体系建设。2009 年 11 月 2 日，永州市局聘任 53 名质量管理体系内审员，负责各单位、部门质量体系运行工作，并参与市局（公司）质量体系内部审核工作。

2010 年，为推进企业内部质量管理上水平，永州市烟草商业系统开展“全面质量管理年”活动。4 月 16 日，市局举办首届“全面质量管理论坛”活动，各科室结合业务工作管理，围绕“问题与思考”“细节与管理”撰写论文，并由各科室负责人在论坛上作专题发言。市局对 11 篇“全面质量管理论坛”优秀论文予以表彰和奖励。4 月 19—29 日，市局在全市系统开展 2010 年第一次内部审核，验证体系运行的有效性，分析管理现状，诊断管理体系运行中存在的问题，提升企业基础管理水平。5 月，市局举办质量管理体系知识抢答赛，分县选拔，集中竞赛，充分检验体系知识熟知、应用程度。5 月 24 日，为提高全员贯标意识，市局举办全市系统质量/职业健康安全管理体系知识在线答题竞赛活动，共 693 人参赛。8 月，省局组织行业审核组对永州市局（公司）质量/职业健康安全管理体系进行审核。审核组认定永州市局（公司）质量体系建设运行有效，体系文件执行率达 97. 5%，同意申请第三方认证。这标志着永州

2010 年 4 月，市局（公司）举办“全面管理质量论坛”

市局（公司）质量/职业健康安全管理体系通过省局行业审核。同年11月，市局（公司）质量管理体系通过外部认证初审。

2011年8月，市局（公司）举办“精细管理论坛”

2011—2012年，永州市局（公司）以“精细管理年”活动为主线，加强基础管理，完善管理体系。2011年，永州市局在“突出运用”上下功夫，注重全员参与，将体系文件的实用性和执行率作为满足业务需求和日常管理的出发点，以管用、好用为落脚点，组织各部门开展体系文件进行全面评审，对体系文件予以补充、修订、删除和改进，将长期指导性的文件和制度添加到部门作业指导书，进一步完善作业指导书，并及时发布2009B/2版质量管理体系文件。2011年4月20日，为确保质量管理体系的持续运行和提升，市局制订《永州市烟草专卖局（公司）2011年贯标工作要点》，以全面评审、梳理、固化、推动、创新为手段，进一步落实体系目标化、管理流程化、基础规范化、改进持续化等工作。2011年12月，在省局组织的交叉检查中，永州烟草获得省局检查组的肯定，认为永州烟草质量管理体系建设工作具有“五新”（即新高度、新思路、新突破、新看点、新提升）。2011年，东安县局（分公司）被市质量协会授予“质量管理优秀单位”称号。2012年，永州烟草坚持“突出运用、突出创新、突出解决管理中存在的问题”的原则，加强“五项”基础管理工作，推进“五化”（体系目标化、管理流程化、流程信息化、基础规范化、改进持续化）建设，以开展“精细管理年”活动为依托，坚持一流的质量目标引领，建立一流的体系文件，实施一流的信息化支撑，实现一流的持续改进，强化一流的队伍保障，全面推进质量管理体系建设，迈向创建“一流的质量管理体系”目标。2012年10月，永州市局（公司）顺利通过方圆国际认证集团有限公司实施的外部监审。

2013年，永州烟草围绕“规范、精细、一流”质量方针，以落实“五化”为工作要点，持续推进质量管理体系建设。市局（公司）完善质量目标体系，建立涵盖烟叶产品质量、营销服务质量、工作质量、经营性成果的多维度质量目标体系，并对质量目标进行全面分解，实现全面覆盖、自上而下、基层支撑的多级目标指标体系，发挥目标的导向引领作用。从企业实际出发，分线进行流程梳理，完善流程文件，集中全市系统智慧，实现“写我所做，做我所写”，有效避免“两张皮”现象。2013 年 12 月 10 日，根据省局《关于市州公司一体化综合管理体系文件发布的通知》，为持续提升全市系统体系建设“五化”水平，构建以质量管理体系为基础的科学、规范、统一、高效的一体化综合管理体系，永州市局下发《关于开展质量管理体系文件换版的通知》，组织开展全市系统一体化综合管理体系文件的撰写、评审及发布工作。

2014 年 2 月，根据《全省烟草商业系统推行精益管理工作实施方案》，永州市局（公司）成立以局长（经理）李刚华为组长的精益管理工作领导小组，要求各县（区）局全员导入、精心组织，把推进精益管理作为“管理创一流”活动的重要载体，围绕“优服务、提效率、降成本、增效率”的方针，推行精益管理，促进精益营销、精益烟叶生产、精益物流、精益研发等工作，提升企业管理水平。2014 年，永州烟草优化体系文件、工作流程、规范企业生产、经营和管理工作过程，理清责权关系，形成高效顺畅、协调运转的管理基础平台，持续改进质量管理体系。5 月 1 日，永州市局结合省局“1+1”体系规范性文件，对 D/1 版《质量/职业健康安全管理手册》进行修订，形成 A（1.0）版的《一体化综合管理手册》，规定“规范、精细、一流”的管理方针，优化质量管理体系与职业健康安全体系，促进企业质量管理融合。7 月 1 日，《一体化综合管理手册》正式颁布实施。2014 年 9 月，永州市局（公司）ISO 9001 质量管理体系、OHSAS18001 职业健康安全管理体系通过第三方现场认证审核。

2015 年，永州市局按照国家局“精益管理做除法”的要求，制订并下发《永州市烟草公司关于推进精益管理工作通知》，要求围绕烟叶、营销、物流、科研等领域推进精益管理工作，坚持以课题为载体、以问题为导向、以培训为手段、以考核为依托，把精益管理与质量管理体系建设深度融合、有机结合，突出重点，寻求突破。市局邀请专家举办以“提升管理体系支撑作用，促进体系建设与精益管理深度融合”为主题的培训，推动精益思想与体系建设的融合。8 月 13 日，永州市局聘任邓小春、李玲、黄石旺、雷海洲、邓呈等 5 人为市局（公司）精益内训师，推动全市系统精益管理建设。同时，永州市局完善质量管理目标体系，通过问题分析和科学测算，设定质量目标 24 个，围绕“精益管理”推进方案，对工作效率提升、成本费用下降、企业形象提升、客户满意度提升、市场状况提升等目标实行层级分解，并制定《质量目标控制程序》，确保各级目标的实现。12 月，市局组织一次外审，进一步完善质量目标。是年，在全省系统精益管理交叉评价中，永州市局精益管理工作位列全省系统前茅。

第三节　创新成果

一、烟草商业

（一）管理类创新课题成果

2010年12月26日，省局科技处组织召开《永州烟草"三层三维"考核体系构建与实践研究》项目鉴定会

2008年10月，永州市局（公司）启动"永州烟草'三层三维'考核体系的构建与实践研究"课题项目，在市、县两级成立考核工作领导小组，开展调查研究，借鉴先进管理理念和方法，运用多学科知识策划、分析，广泛征求意见和建议，组织编写《永州市烟草专卖局考核办法》《永州市烟草专卖局对机关科室月度工作考核办法》《永州市烟草专卖局对县级局月度工作考核办法》《永州市烟草专卖局部门对员工月度工作考核细则》等文件；各单位、各部门根据市局考核方案，制定相应的考核办法和细则；初步建立一套涵盖全市烟草商业系统各单位、部门和岗位的绩效考核体系。2009年1—3月，永州烟草开展"三层三维"考核体系试运行，对考核体系进行验证和完善。2009年4月正式运行。永州烟草创建"三层三维"体系管理链（第一层级是市局对科室、县局对股室（烟站）考核；第二层级是市局对县局考核，包含市局科室对县局业务对口股室考核；第三层级是科室、股室对员工考核。同时，又分工作业绩、工作过程、遵纪守法三个维度），实现"以制度管人，按规章办事，促进工作，改善绩效"的考核目标。2010年12月，该课题项目通过省局科技处鉴定，与会专家认为：永州市局构建的"三层三维"考核体系具有实用价值和可操作性，研究成果处于全省烟草系统领先水平。2011年1月25日，该课题成果获省烟草公司科技进步三等奖。

2010年2月，永州市局（公司）在全省系统率先开展"县级分公司财务主管委派制模式的构建与实践"课题研究，构建"统一委派、交流任职、共同管理"的县级分公司财务主管委派制模式。委派财务主管由市公司统一选拔，委派到异地分公司交流任职。市公司财务科直接对县（区）分公司财务主管的工作业绩进行考核，考核结果与其绩效工资挂钩，工资由市公司造册发放；被委派单位对委派财务主管的出勤、工作态度、廉洁情况等进行管理和考核；原单位对其人事、五险一金等进行管理。市烟草公司通过对委派财务主管实行多方位的考核管理，保证财务监督的独立性、公正性。同年4月26日，市公司正式实施县级分公司财务主管委派模式。经过1年的应用实践，结果表明：县级财务主管委派模式具有创新性、可操作性和推广性，能促进企业财务规范管理，提升财务工作水平，提高财会队伍素质。2011年11月，该课题项目通过省局成果鉴定。

2010年，永州市局（公司）在全省率先开展以按客户订单组织货源、建立面向消费者的营销体系、营造公平市场环境等为内容的现代营销探索和创新，推广卷烟销售“135”工作法，即在营销创新探索过程中，以突出体现一条主线、三个要点、五个步骤为内容开展工作，一条主线就是与零售客户建立“平等互利、长期合作、共同发展”的新型客我关系；三个要点就是“客户、品牌、市场”；五个步骤即“分析、计划、实施、评估、改进”。客户经理应用A-PDCA循环管理思想以月度为周期按照标准化的作业流程，开展服务营销活动的过程管理模式。通过推广“135”工作法，全市卷烟营销实现市场价格稳定、社会库存更趋合理、客户满意度进一步提升的目标。是年，永州烟草卷烟营销工作创新被省局认定为全省系统领先水平。

2010年，永州市局（公司）卷烟营销中心为促进访销工作流程、用语、操作、服务等规范，探索出访销“五步工作法”，开展贯标对标工作。按照问候核对身份、真实录入需求、品牌个性推介、复核确认订单、致谢告别等五个步骤，推广“电访五步工作法”，解决访销不规范的问题，“按客户订单组织货源”订单由客户自主提报和确认，订单采集员如实录入客户需求。2011年，推广“电访五步工作法”，单行录入用时由19秒下降到17秒，客户电访服务满意度由84%上升到98%，订单采集实现访销工作流程规范统一、访销用语统一，真实反映客户需求，提高工作效率和客户满意度。

2011年，永州市局开展“卷烟市场监管五统一工作法”探索研究。在总结、提炼卷烟市场专卖监管工作经验的基础上，创新推出“五统一工作法”，即统一市场监管工作内容、统一市场监管流程、统一执法行为规范、统一信息反馈途径、统一信息系统维护标准。经过反复论证和县级局试点运行，表明“五统一工作法”对规范专卖基础工作，提升卷烟市场监管水平，具有较好的促进和推动作用。2012年3月，全面推广应用“卷烟市场监管五统一工作法”。

2012年，永州市局（公司）自立“烟叶线‘担烟工资制’考核体系研究与应用”课题项目，由烟叶经营部具体实施。该课题研究遵循PDCA循环管理法，探索永州烟草烟叶线切块管理“担烟工资制”，由市公司将烟叶线绩效工资从总体绩效工资中划分出来，实行切块管理，以当年烟叶收购担数和担额（每担烟叶的绩效工资，依据烟叶工作艰苦程度确定）作为绩效考核核心，创建烟叶担额工作系数，并结合烟叶生产经营过程管理和其他管理，建立一套以业绩考核为主，过程考核和其他考核为辅的量化绩效考核体系。2012 年，永州烟草开展烟叶线‘担烟工资制’考核体系试运行，全市烟叶实际种植面积 27.73 万亩，同比扩大规模 5.14 万亩；收购烟叶 69.48 万担，同比增加 10.3 万担。2013 年，永州烟草全面推行“担烟工资制”考核体系，全市种植烟叶 32.4 万亩，收购烟叶 72.17 万担，均创自 1997 年以来最高水平，有效推动全市烟叶产业的发展。

2012 年 4 月，永州市局（公司）组织开展现代卷烟零售终端合理布局、现代终端资源管理规范的课题研究。根据研究结果，撰写出《现代卷烟零售终端合理布局研究与探索》《现代卷烟零售终端合理布局操作规范》，并形成《现代终端资源管理规范》体系文件。同年，市局（公司）在江华、祁阳、零陵、冷水滩 4 地开展现代卷烟零售终端合理布局试点运行，结合终端资源需求与调查数据，从资源分类、资源调查、资源评价、资源分配、资源维护与使用及资源利用效果评估 6 个方面，与湖南、山东、广东等中烟工业企业联合开展终端资源分配办法试行，拓展现代客户零售终端管理方式。2014 年 1 月，“现代卷烟零售终端资源管理研究”课题项目通过省局组织的成果鉴定，并认为该项研究成果处于国内行业领先水平。

2013 年，永州市烟草公司设立管理类研究项目 11 个、推广项目 1 个，共投入科研经费 175.5 万元，其中“组织气候与绩效管理研究分析与应用”“烟草商业企业品牌危机管理研究”和“烟用物资‘三线四点’管理模式构建与实践研究”3 个管理类项目通过市科技局成果鉴定。

2014—2015 年，永州市局（公司）围绕精益管理，开展管理类课题项目研究与创新。2015 年 1 月，自立“永州 E 烟草”课题项目，由信息中心把县级局信息化创新纳入全市系统统筹考虑，成立永州 E 烟草手机应用 APP 项目组，并在祁阳县、零陵区局（分公司）试用推广。该项课题研究，利用移动终端平台，推广手机 APP 软件及“微信公众平台”，创新营销服务方式，强化舆论引导，增强与客户互动，拉近客我关系。在专卖管理上，永州烟草创新市场监管方法，开展分类管理、错时检查、重点监管等市场监管方法的探索和实践，推进 APCD 工作法的消化落地，提升监管效果。在物流管理方面，自立“柔性贯通储分一体仓储系统研发与应用”创新课题，对库区进行优化整合，减少备货面积 1110 平方米，年减少叉车位移 1435 千米，精简物流从业人员 8 人，同时开展“‘三全’精益物流成本管理体系构建”项目研究，促进物流工作管理上水平。2015 年，永州烟草精益物流工作在全省系统精益十佳评比中，名列全省第四。

（二）QC（质量控制）课题成果

2011 年 4 月 20 日，永州市局下发《永州市烟草专卖局（公司）2011 年对标工作要点》及“行业标杆”“内部标杆”，要求各单位围绕“卷烟上水平”，坚持“五个一”（即完善一个体系、建立一支队伍、树立一组标杆、形成一批课题、营造一种氛围）方向，以标杆为引领，以课题为抓手，完善对标体系，推进“创标建模”活动，与管理创新有机结合，以课题（项目）为载体，解决数据背后的管理问题，提升基础管理水平，带动重点对标指标的上升。是年，全市烟草商业系统发布对标课题成果4项。其中，由营销中心完成的“电访五步工作法”列入全省对标课题成果。

2012年，永州烟草对标工作围绕以标杆为引领，不断强化对标、追标、达标、创标工作，推动“管理创一流”活动落地，对全市商业系统11项季度对标指标进行分析，并与行业、全省平均对标指标进行比较，查找问题、分析原因，编制《2012年县区分公司对标指标目标任务分解表》，明确目标和任务，确保各项指标趋好发展。5月23日，永州市局出台《2012年对标课题（项目）小组活动方案》，成立以局长（经理）李刚华为组长的对标课题（项目）活动领导小组，下设办公室于经济运行科，负责建立对标课题征集、评审、奖励机制，审定对标课题的采用，评审实施情况及年度奖励计划。随后，各县局、各科室围绕以提高工作和产品质量、降低成本费用和各类物资、能源消耗，提高工作效率和经济效益为目的，运用标杆管理的理论和方法，开展查找和改进短板、提升对标指标的课题（项目）研究攻关活动。

2014年5月，市局（公司）召开对标/QC课题成果评审发布会

2013年，全市系统对标工作坚持“五个一”方向，以标杆为引领，以对标课题为抓手，开展对标课题小组活动，按照“小、活、新、实”的原则，结合实际工作，运用标杆管理的理论和方法，提高课题小组活动质量。4月，永州市局举办全市系统首届对标课题项目评审发布会，并推荐两项成果参加全省系统对标课题项目评审发布会。其中，市局（公司）烟叶生产技术中心承担的对标课题《新型太阳能诱虫设备研发》被省公司评为三等奖。

2014年，为全面推进全市系统群众性对标课题小组活动开展，永州市局成立以副局长阳天和为组长的对标课题（项目）活动领导小组，围绕精益管理，以提高全体员工素质和劳动效率、降低成本费用、节约能源资源、提升管理和服务水平、培育知名品牌、提高烟叶品质、培养人才和促进企业发展等为主要课题，成立群众性对标课题小组 19 个，营造全员参与对标的氛围。同年 5 月，市局召开全市系统第二届对标课题项目评审发布会，并推荐成果参加全省系统对标课题项目评审发布会，其中市局物流配送中心 QC 小组实施的《提高装卸搬运作业效率》课题（项目）获得全省系统二等奖。

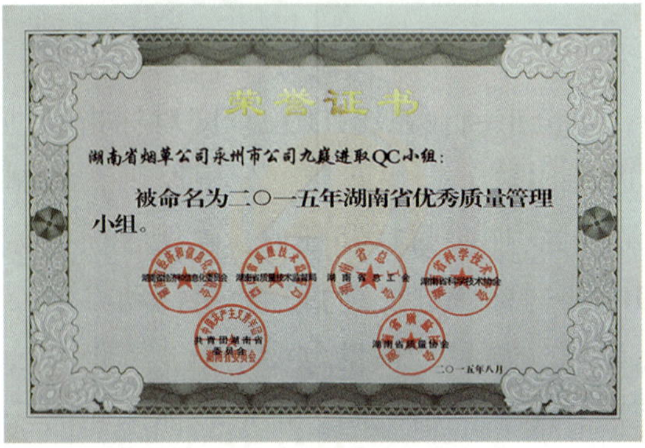

2015 年 8 月，宁远县分公司“九嶷进取”QC 小组被评为“2015 年全省优秀质量管理小组”

2015 年，全市系统对标课题（项目）小组活动围绕“精益管理”主题，通过定期分析指标趋势，挖掘数据背后的管理问题，有针对性地实施改进措施，提升企业管理效益。2 月，市局召开全市系统对标课题项目评审发布会，评出一等奖 2 个、二等奖 3 个、三等奖 5 个，鼓励和引导对标课题/QC 小组开展活动，提高对标课题/QC 小组活动质量和水平。2015 年 3 月，宁远县局（分公司）“九疑进取”QC 小组的《降低烟用肥料物资损耗率》项目，获得全省系统 QC 成果二等奖，位列全省系统第五名。8 月 21 日，在湖南省第三十六次质量管理小组代表大会上，宁远县分公司“九嶷进取”QC 小组被省经信委、省质监局、省总工会、省科协、团省委和省质协联合授予“湖南省优秀质量管理小组”称号。

（三）合理化建议（金点子）

2011 年，为推进“精细管理年”活动，提升基础管理水平，市局（公司）出台《永州市烟草专卖局（公司）金点子创意征集活动方案》，成立以局长（经理）李刚华为组长的金点子创意领导小组，建立合理化建议征集、奖励、实施机制。全市烟草商业系统员工围绕“卷烟上水平”、精细化管理、降本增效等方面存在的问题献计献策。是年，市局共采纳金点子创意 25 条，并全部分类派单到各科室予以运用。2012 年，市局（公司）出台《永州市烟草专卖局（公司）开展征集合理化建议（金点子）活动实施方案》，明确合理化建议要实用、管用和好用，不设定范围，无大小之分，只要有利于工作改进，有利于企业发展，均可提报。是年，征集合理化建议 160 条，其中采纳 30 余条。2013 年，市局（公司）设立“合理化建议奖”和“金点子大王奖”，调动员工参与的积极性。是年，市局征集员工合理化建议 500 余条，对具有可操作性的建议转化为现实、成果，并在全市系统推广应用，

2012 年 12 月 25 日，市局（公司）召开合理化建议（金点子）第一期评审会议

推动企业管理的持续改进。2014 年，全市系统干部职工全员参与、建言献策，共提交合理化建议 410 条，审定采纳 63 条并派单实施。2015 年，永州市局以管理机制、征集范围、全员参与和实施推广为着力点，持续开展合理化建议（金点子）征集活动，形成“征集→初审→评审→实施→推广→考核”的循环闭合机制，对建议的数量、质量予以明确规定，共征集员工合理化建议 510 条。2011—2015 年，市局（公司）累计收集合理化建议（含金点子）1428 条、采纳 118 条、派单实施 115 条，通过开展合理化建议（金点子）活动，调动员工参与企业管理的积极性，激发员工的聪明才智和创造潜能，促进企业管理水平。

2011—2013 年永州市烟草商业系统管理类创新成果获奖统计表

表 7-20

序号	成果名称	完成单位	获奖时间	授奖单位	授奖等级	参与人员
1	湖南烟草商业招标采购监管信息系统	永州市烟草公司	2011. 1. 25	湖南省烟草公司	科技进步奖一等奖	陈新田、颜　玫、侯杰华、陈晓燕、罗明贵、赵辉革、徐　智、邹　墩、彭凤玲、陈国风、吴宇、欧阳维胜、周　坤、刘景义、张　利
2	永州烟草“三层三维”考核体系的构建与实践研究	永州市烟草公司	2011. 1. 25	湖南省烟草公司	科技进步三等奖	李刚华、刘名勤、杨深根、周卫平、黄　浩、邓小春、徐崇瑞、唐　绅、尹三宝、蒋忠华
3	卷烟零售终端信息管理系统研发与应用	永州市烟草公司祁阳县分公司	2013. 1. 15	永州市人民政府	科技进步奖三等奖	蒋海文、邓　呈、胡学军、王旭辉、田国维、彭　岚、郑春阳
4	客户关系管理应用研究	永州市烟草公司零陵区分公司	2013. 3. 2	湖南省烟草公司	科技进步三等奖	王旭辉、李秧秀、李志术、彭　岚、周　娟

2012—2015 年永州市烟草商业系统知识产权名录

表 7-21

序号	名称	类型	授权/颁发日期	专利权人/权利人	专利号/登记号
1	客户战略管理软件 V1.0	计算机软件著作权	2012.06.08	湖南省烟草公司永州市公司；袁芳、肖小波	2012SR048339
2	卷烟零售户满意度评价系统 V1.0	计算机软件著作权	2012.06.08	湖南省烟草公司永州市公司；袁芳、王旭辉	2012SR048346
3	卷烟零售终端电子管理系统 V1.0	计算机软件著作权	2012.11.20	湖南省烟草公司永州市公司祁阳县分公司	2012SR111207
4	烟农综合查询系统 V1.0	计算机软件著作权	2012.10.24	申玉华、李刚华、阳天和、唐　绅	2012SR099821
5	烟农智能排队叫号系统 V1.0	计算机软件著作权	2012.10.24	申玉华、李刚华、阳天和、唐　绅	2012SR099824
6	信息资产管理系统 V1.0	计算机软件著作权	2013.12.21	李刚华、杨深根、唐　绅、申玉华	2013SR152964
7	信息安全运维服务一体化管理平台 V1.0	计算机软件著作权	2013.06.04	李刚华、宾　波、阳天和、汪少波、唐　绅、刘英平、李益文、申玉华、刘文明、罗雨晨、曾华实、义　峰、孟玮佳、周翔明	2013SR054659
8	基于 GIS 技术和移动平台的卷烟零售信息化平台 V1.0	计算机软件著作权	2014.11.26	湖南省烟草公司永州市公司祁阳县分公司	2014SR180509
9	零陵烟草 APP 零售终端服务平台 V1.0	计算机软件著作权	2014.12.16	湖南省烟草公司永州市公司零陵区分公司	2014SR195990
10	展示中心融合调试系统 V1.0	计算机软件著作权	2015.01.20	湖南省烟草公司永州市公司	2015SR011286
11	监控中心信息发布播报管理系统 V1.0	计算机软件著作权	2015.01.21	湖南省烟草公司永州市公司	2015SR011560

2012—2015 年永州市烟草商业系统 QC 课题成果获奖情况统计表

表 7-22

序号	课题名称	完成单位或部门	完成时间	授奖等级
1	新型太阳能诱虫设备研发	烟叶生产技术中心	2012 年	省公司三等奖
2	提高装卸搬运作业效率	物流配送中心	2013 年	省公司二等奖
3	降低烟用物资肥料损耗率	永州市烟草公司宁远县分公司	2014 年	省公司二等奖
4	提高循环烟箱回收合格率	物流配送中心	2015 年	省公司二等奖
5	降低分拣环节卷烟破损率	物流配送中心	2015 年	省公司三等奖

二、烟草工业

2003 年前，工厂管理创新工作主要开展了标准化管理，未开展课题项目建设工作。

2009 年，正式启动创优（现代卷烟工厂）与对标工作，主要通过课题管理的方式推进此项工作。制订发布《对标工作实施方案》和《“现代卷烟制造工厂”创建活动评价准则（2009 年试行）》，全年策划实施 16 个课题。2010 年，聘请专业咨询公司策划与指导工厂对标工作，建立和完善对标指标体系、运行体系和考核评估体系；3 月，成立 8 个对标改进小组，以课题及项目制方式推进创建与对标工作；组织策划《2010—2012 年三年管理进步规划》，每年滚动修改一次；组织制订《对标管理办法》。2011 年，制订“2011 年度对标指标一览表”。全厂各部门制订并提交 58 个对标改进项目。经过评审，确定 11 个重大项目和 18 个基础管理优化项目。2012 年，共评审通过 7 个重大项目（课题）和 31 个基础项目（课题），并向公司申报 27 个对标管理课题。

2013 年实施精益管理，制订工厂《课题管理评价办法》和《精益管理实施方案》，策划《2013—2015 年三年管理进步规划》，参与国家局“管理方法科学化”专题研究。3 月底，提交《质量管理方法研究》报告书，协助梅州卷烟厂完成《设备管理方法研究》报告书；完成《质量管理方法研究》《设备管理方法研究》结题报告。8 月，在南昌举行的“管理方法科学化”课题成果发布会上，发布“质量管理方法科学化”课题报告。

2014 年，围绕“点、线、面、体”推进创优工作，策划《2014—2016 年三年精益管理实施办法》，以芙蓉王制丝工艺调试为重点，以生产运营和职能保障为两条主线，围绕目标管理、基础管理和创新管理三个方面，搭建起以精益管理为统领的一体化创优运行机制。全年进一步应用课题管理推进管理创新的具体落地，策划

2014 年 12 月 18 日，零陵卷烟厂举行年度课题结题评审会

实施 48 个对标课题、10 个 QC（英文 QUALITY CONTROL 的缩写，中文“质量控制”）课题、19 个工艺质量改进课题和 22 个精益改善课题。

2015 年，进一步完善以创建优秀卷烟工厂为目标、以对标为突破、以课题为手段、以精益管理为统领的比较系统的管理运行机制，配套形成“1221+N”体系化工作方法。年初，制订《2015—2017 年精益管理三年规划》；3 月，对《课题管理办法》进行修订。全年共策划 23 个对标改进课题，课题的过程实施均在 EKP 项目管理模块中运行，实现课题的全过程信息化。

创新成果有：2010 年，制丝会员撰写的《烟草企业推行 TnPM 查找和清除六源（6HD）活动初探》获得 2010 年全国 TnPM 大会优秀论文奖。企业管理部撰写的《企业流程信息化运行评价体系的构建》在湖南企业管理现代化创新成果发布会上获二等奖。2012 年，卷包车间《提高 GD 铝箔纸包装质量的稳定性》和《烟支调向后对装烟盘的研究改进》获得公司 2011 年度创新小组项目二等奖。2014 年，卷包车间《降低 YF27A 型发射机发射水性胶丙纤嘴棒故障频次》和动力车间《锅炉鼓风节能降噪系统的研究与应用》获得 2013 年度公司创新小组项目三等奖。

2007—2015 年永州烟草工业系统 QC 课题成果获奖情况统计表

表 7-23

年份	课题名称	车间	获奖情况
2007	提高叶丝回潮水分合格率	制丝车间	公司二等奖 湖南省优秀成果奖
	提高使用丙纤机组的作业率	卷包车间	公司二等奖
	提高锅炉供汽压力稳性	动力车间	公司三等奖
2008	减少梗签含量	制丝车间	公司二等奖 湖南省优秀成果奖
	提高醋纤滤棒压降工序能力	卷包车间	公司一等奖 国家局三等奖
	电效改造—谐波治理	动力车间	公司三等奖

续表7-23

年份	课题名称	车间	获奖情况
2009	提高 GDX1 使用单头内衬纸的台时效率	卷包车间	公司一等奖
	降低烘丝头尾料重量	制丝车间	公司三等奖
	冷凝水回收系统的研制	动力车间	公司三等奖
2010	提高梗丝线生产效率	制丝车间	公司一等奖 湖南省优秀质量管理小组
	提高 GD 包装机小透飞包检测有效性	卷包车间	公司三等奖 湖南省优秀质量管理小组
	降低卷包车间 K3 区域温湿度波动	动力车间	公司三等奖
2011	降低小包喷码缺陷率	卷包车间	公司二等奖 全国优秀质量管理小组
	关键质量控制点自动防错软件系统的研发	制丝车间	公司三等奖 湖南省优秀质量管理小组
	降低 GD 设备烟支触头、挂烂频率	卷包车间	公司三等奖
2012	新型五轮内框纸检测器的研制	卷包车间	公司一等奖 国家局三等奖 全国优秀质量管理小组
	降低 GDX2 包装机烟库横烟次数	卷包车间	公司二等奖 湖南省优秀质量管理小组
	减少梗丝干燥膨化设备故障停机频次	制丝车间	公司三等奖 湖南省优秀质量管理小组
2013	减少烘梗丝机碳化梗残存量	制丝车间	公司二等奖 湖南省优秀质量管理小组
	油锅炉鼓风变频系统研制	动力车间	公司二等奖 湖南省优秀质量管理小组
	降低 YF27A 型滤棒发射机光纤误检频次	卷包车间	公司三等奖
2014	冷凝水回收系统的研制	动力车间	公司一等奖 全国优秀质量管理小组
	提高叶片加料出口水份 CPK 值	制丝车间	公司二等奖
	降低叶丝段异常断流频次	制丝车间	公司三等奖 湖南省优秀质量管理小组
2015	降低 GD 包装机烟包挤压变形频次	卷包车间	公司一等奖 湖南省优秀质量管理小组
	降低芙蓉王（硬）条包喷码缺陷率	卷包车间	公司二等奖 湖南省优秀质量管理小组
	提高芙蓉王（硬）卷烟烟支重量控制精度	质量管理部	公司二等奖 湖南省优秀质量管理小组

第八篇 企业管理

第一章 机构体制

第一节 机构

一、永州市烟草专卖局（公司）

（一）市局领导班子。2003 年 2 月 24 日，中共湖南省烟草专卖局党组以文件通知：徐招深任永州市烟草专卖局副局长，唐国生任湖南省烟草公司永州市公司副经理，免去李刚华、万克颖、彭金生 3 人永州市烟草专卖局副局长、湖南省烟草公司永州市公司副经理职务。2005 年 1 月 10 日，省局（公司）以文件通知：徐文军任永州市烟草专卖局局长、湖南省烟草公司永州市公司经理；免去陈雄四永州市烟草专卖局局长、湖南省烟草公司永州市公司经理职务，任永州市烟草专卖局调研员。6 月 6 日，省局（公司）以文件通知：秦江顺任湖南省烟草公司永州市公司副经理、永州市烟草专卖局（公司）总会计师，免去其湖南省烟草公司邵阳市公司副经理职务；刘正日任中国烟草中南农业试验站副站长，永州市烟草专卖局（公司）副处级干部；免去唐国生湖南省烟草公司永州市公司副经理职务；免去周国生中国烟草中南农业试验站副站长职务。7 月 19 日，省局（公司）以文件通知：免去何洪江助理调研员职务。11 月 16 日，省局（公司）文件通知：徐招深任湖南省烟草公司永州市公司副经理，免去其永州市烟草专卖局副局长职务；秦江顺任永州市烟草专卖局副局长，免去其湖南省烟草公司永州市公司副经理职务。

2006 年 2 月 21 日，湖南省烟草专卖局以文件通知：徐招深任湖南省烟草公司长沙市公司副经理，免去其湖南省烟草公司永州市公司副经理职务；周国生任湖南省烟草公司郴州市公司副经理，免去其湖南省烟草公司永州市公司副经理职务；刘名勤任永州市烟草专卖局副局长，免去其湖南省烟草公司郴州市公司副经理职务；

秦江顺任湖南省烟草公司永州市公司副经理，免去其永州市烟草专卖局副局长职务；刘正日任湖南省烟草公司永州市公司副经理。2008 年 2 月 20 日，湖南省烟草专卖局以文件通知：万克颖、彭金生退休。6 月 23 日，湖南省烟草专卖局以文件通知：李刚华任永州市烟草专卖局局长、湖南省烟草公司永州市公司经理；免去徐文军永州市烟草专卖局局长、湖南省烟草公司永州市公司经理职务，另行安排工作。10 月 8 日，湖南省烟草专卖局以文件通知：黄纯慧任永州市烟草专卖局副调研员。2010 年 7 月 8 日，省局（公司）以文件通知：义胜辉任永州市烟草专卖局副调研员、聂新柏任永州市烟草专卖局（公司）副处级干部。2011 年 7 月 8 日，省局（公司）以文件通知：陈雄四退休。9 月 30 日，省局（公司）以文件通知：免去义胜辉永州市烟草专卖局副调研员职务，另行安排工作。12 月 1 日，省局（公司）以文件通知：聘任阳天和为湖南省烟草公司永州市公司副经理。12 月 29 日，省局（公司）以文件通知：刘名勤明确为永州市烟草专卖局（公司）正处级干部。2012 年 9 月 7 日，省局（公司）以文件通知：免去刘名勤永州市烟草专卖局副局长职务。2013 年 1 月 16 日，根据永州市烟草专卖局（公司）领导班子副职竞争上岗结构，省局（公司）以文件通知：聘任秦江顺、刘正日为湖南省烟草公司永州市公司副经理，聘任阳天和为永州市烟草专卖局副局长，聘任期 4 年。1 月 22 日，省局（公司）以文件通知：杨深根任永州市烟草专卖局（公司）党组成员、总会计师。2014 年 1 月 20 日，省局（公司）以文件通知：陈国风任永州市烟草专卖局调研员。

2003—2015 年永州市烟草专卖局（公司）行政领导任职表

表 8-1

<table>
<tr><th>时间</th><th>职务</th><th>历任领导</th></tr>
<tr><td rowspan="4">2002. 12—2005. 1</td><td>局长（经理）</td><td>陈雄四</td></tr>
<tr><td>副局长</td><td>李刚华（2003. 2 免）　万克颖（2003. 2 免）
彭金生（2003. 2 免）　徐招深（2003. 2 任）</td></tr>
<tr><td>副经理</td><td>万克颖（2003. 2 免）　彭金生（2003. 2 免）
李刚华（2003. 2 免）　唐国生（2003. 2 任）
周国生（2000. 8 任）</td></tr>
<tr><td>其他领导</td><td>何洪江（助理调研员）
万克颖（2003. 2 任）
彭金生（2003. 2 任）</td></tr>
<tr><td rowspan="3">2005. 1—2008. 6</td><td>局长（经理）</td><td>徐文军</td></tr>
<tr><td>副局长</td><td>徐招深（2003. 2—2005. 11）　秦江顺（2005. 11—2006. 2）
刘名勤（2006. 2 任）</td></tr>
<tr><td>副经理</td><td>唐国生（2005. 6 免）　周国生（2006. 2 免）
秦江顺（2005. 6—2005. 11）　徐招深（2005. 11—2006. 2）
秦江顺（2006. 2 任）　刘正日（2006. 2 任）</td></tr>
</table>

续表 8-1

时间	职务	历任领导
2005. 1—2008. 6	总会计师	秦江顺（2005. 6 任）
	其他领导	陈雄四（调研员，2005. 1 任） 刘正日（副处级，2005. 6—2006. 2） 何洪江（助理调研员，2005. 7 免） 万克颖（2008. 2 免） 彭金生（2008. 2 免）
2008. 6—2015. 12	局长（经理）	李刚华
	副局长	刘名勤（2012. 9 免） 阳天和（2013. 1 任）
	副经理	秦江顺（2006. 2 任） 刘正日（2006. 2 任） 阳天和（2011. 12—2013. 1）
	总会计师	杨深根（2013. 1 任）
	其他领导	黄纯慧（副调研员，2008. 10 任） 陈雄四（调研员，2011. 7 免） 聂新柏（副处级干部，2010. 7 任） 胡晓军（副处级，2011. 9 任） 义胜辉（副调研员，2010. 7—2011. 9） 李中飞（审计科科长、湘南审计派驻办片区主任、副处级干部，2011. 12 任） 欧阳维胜（副调研员，2011. 12 任） 刘名勤（正处级，2011. 12 月任） 陈国凤（调研员，2014. 1 任）

（二）市局内设机构。2003 年 4 月 17 日，市局（公司）下发通知，成立机关车队，机关车队、烟草学会、信息中心归口办公室管理，合署办公；成立非常设的经济运行领导小组办公室；改政工科为人事劳动科，原职责不变；行政科与多种经营办公室合署办公，对外保持两块牌子。2004 年 2 月 23 日，市局（公司）研究决定，对机关有关职能科室进行设置、调整，撤销非常设的经济运行领导小组办公室；设置企业管理科；撤销机关车队，车辆管理归口办公室；改专卖办为专卖监督管理科，改计划财务科为财务科，其原有的职责不变。12 月，市局（公司）依据省局（公司）相关文件，撤销市公司销售科，成立营销中心。2005 年 6 月 29 日，市局（公司）下发通知规定，法制科与办公室合署办公，单独设立信息中心。9 月 9 日，成立永州市烟草公司物流配送中心。10 月 19 日，在营销中心下设采供综合部、订单采集部、客户服务部。2006 年 5 月 29 日，按照国家烟草专卖局、省局（公司）要求，市局（公司）下发通知，撤销市局（公司）冷水滩两烟生产经营管理办公室、冷水滩综合办公室、冷水滩卷烟配送中心、永州市烟草公司烟叶公司冷水滩烟叶经理部，设立湖南省烟草公司永州市公司冷水滩营销部。12 月 29 日，市

局（公司）依据《永州市烟草专卖局组织结构改进和定岗定编定员方案》，对机关科室进行调整，设立办公室/法制科、信息中心、财务科、审计科、人劳科/离退休人员管理科、经济运行科、专卖科/稽查支队、安保科、营销中心、物流配送中心、纪检/监察科、政工科/机关党委/工会、烟叶生产经营部、烟科所/烟草学会；成立烟叶生产基础设施办公室、基建办两个临时机构，二者合署办公；撤销行政科，成立三产办，为临时机构，后勤社会化，归口三产办管理。2008 年 9 月 23 日，市局（公司）研究决定，基建办与烟叶生产基础设施建设办公室两个临时机构分设，不再合署办公。12 月 22 日，根据省公司网建要求和永州卷烟营销发展需要，市局（公司）研究决定，成立营销中心网建发展部。2009 年 9 月，市局（公司）根据《永州市烟草专卖局（公司）机构、岗位设置与人员编制方案》要求，撤销三产办，其职能并入办公室，烟草服务中心与经济运行科合署办公，是年，市局机关共有科室 16 个，其中标准机构 15 个、临时机构 1 个。2012 年 3 月 8 号，省局（公司）批复同意市局（公司）成立烟叶生产技术中心，撤销烟叶科，并相应调整工作职能。2013 年 1 月，根据省局要求，市局成立内部管理专卖监督派驻办公室（内管派驻办）。2014 年 1 月 24 日，为加强全市系统政策法规工作，进一步完善政策法规机构建设，市局（公司）设立政策法规科。是年，市局（公司）本级共有内设机构 18 个，其中职能部门 15 个、专业部门 3 个。

2003—2015 永州市烟草专卖局（公司）机关内部机构设置表

表 8-2

年份	科室设置
2003 年	办公室（机关车队、信息中心、烟草学会）、专卖办（法制科、专卖稽查支队）、计划财务科、人事劳动科（4 月改）、烟叶公司、销售科、纪检监察室、审计科、安保科、行政科、多种经营办公室、烟科所（质检站）、冷水滩两烟生产经营办公室、经济运行领导小组办公室（4 月设）
2004 年	办公室（信息中心、烟草学会）、专卖监督管理科（法制科、专卖稽查支队）、计划财务科、人事劳动科、烟叶公司、营销中心、纪检监察室、审计科、安保科、行政科、多种经营办公室、烟科所（质检站）、冷水滩两烟生产经营办公室、企业管理科
2005 年	办公室（法制科、烟草学会）、专卖监督管理科（专卖稽查支队）、计划财务科、人事劳动科、烟叶公司、营销中心、纪检监察室、审计科、安保科、行政科、多种经营办公室、烟科所、冷水滩两烟生产经营办公室、企业管理科、信息中心、物流配送中心
2006 年	办公室/法制科、信息中心、财务科、审计科、人劳科/离退休人员管理科、经济运行科、专卖科/稽查支队、安保科、营销中心、物流配送中心、纪检/监察科、政工科/机关党委/工会、烟叶生产经营部、烟科所/烟草学会、烟叶生产基础设施办公室、基建办、三产办
2007 年	办公室/法制科、信息中心、财务科、审计科、人劳科/离退休人员管理科、经济运行科、专卖科/稽查支队、安保科、营销中心、物流配送中心、纪检/监察科、政工科/机关党委/工会、烟叶生产经营部、烟科所/烟草学会、烟叶生产基础设施办公室、基建办、三产办

续表8-2

年份	科室设置
2008 年	办公室/法制科、信息中心、财务科、审计科、人劳科/离退休人员管理科、经济运行科、专卖科/稽查支队、安保科、营销中心、物流配送中心、纪检/监察科、政工科/机关党委/工会、烟叶生产经营部、烟科所/烟草学会、烟叶生产基础设施办公室、基建办、三产办、烟草服务中心
2009 年	办公室/法制科、信息中心、财务科、审计科、人劳科/离退休人员管理科、经济运行科、专卖科/稽查支队、安保科、营销中心、物流配送中心、纪检/监察科、政工科/机关党委/工会、烟叶生产经营部、烟科所、烟叶生产基础设施办公室、基建办
2010 年	办公室/法制科/烟草学会、信息中心、财务科、审计科、人劳科/离退休人员管理科、经济运行科、专卖科/稽查支队、安保科、营销中心、物流配送中心、纪检/监察科、政工科/机关党委/工会、烟叶生产经营部、烟科所、烟叶生产基础设施办公室、基建办
2011 年	办公室/法制科/烟草学会、信息中心、财务科、审计科、人劳科/离退休人员管理科、经济运行科、专卖科/稽查支队、安保科、营销中心、物流配送中心、纪检/监察科、政工科/机关党委/工会、烟叶生产经营部、烟科所、烟叶生产基础设施办公室、基建办
2012 年	办公室/法制科、信息中心、财务科、审计科、人劳科/离退休人员管理科、经济运行科、专卖科/稽查支队、安保科、营销中心、物流配送中心、纪检/监察科、政工科/机关党委/工会、烟叶生产经营部、烟叶生产基础设施办公室、基建办、烟叶生产技术中心
2013 年	办公室/法制科、信息中心、财务科、审计科、人劳科/离退休人员管理科、经济运行科、专卖科/稽查支队、安保科、营销中心、物流配送中心、纪检/监察科、政工科/机关党委/工会、烟叶生产经营部、烟叶生产基础设施办公室、基建办、烟叶生产技术中心、内管派驻办
2014 年	办公室、信息中心、财务科、审计科、人劳科/离退休人员管理科、经济运行科、专卖科/稽查支队、安保科、营销中心、物流配送中心、纪检/监察科、政工科/机关党委/工会、烟叶生产经营部、烟叶生产基础设施办公室、基建办、烟叶生产技术中心、法制科、内管派驻办
2015 年	办公室、信息中心、财务科、审计科、人劳科/离退休人员管理科、经济运行科、专卖科/稽查支队、安保科、营销中心、物流配送中心、纪检/监察科、政工科/机关党委/工会、烟叶生产经营部、烟叶生产基础设施办公室、基建办、烟叶生产技术中心、法制科、内管派驻办

（三）市局下辖机构。2005 年 12 月 8 日，国家烟草专卖局批复同意市局（公司）成立永州天顺烟叶复烤责任有限公司。是年，市局（公司）共下辖 11 个单位，分别为芝山、祁阳、东安、双牌、道县、江华、江永、蓝山、新田、宁远一区九县烟草专卖局（公司）和天顺烟叶复烤责任有限公司。2006 年 4 月 21 日，国家烟草专卖局批复同意取消全市系统 10 家县级烟草公司法人资格，成立相应的营销部，其全部资产无偿划转至市局（公司），县级烟草局予以保留，负责辖区内的烟草专卖管理工作。5 月 29 日，按照国家烟草专卖局、省局（公司）要求，市局（公司）下发通知，取消全市系统所属的 10 家县级烟草公司法人资格，并设立相应的营销部；撤销永州市烟草专卖局（公司）冷水滩两烟生产经营管理办公室、冷水滩综合

办公室、冷水滩卷烟配送中心、永州市烟草公司烟叶公司冷水滩烟叶经理部，设立湖南省烟草公司永州市公司冷水滩营销部；各营销部由市局（公司）统一管理、统一经营、统一核算，继续保留各县（区）烟草专卖局，专卖执法职能不变；各县（区）烟草公司法人资格取消后，其全部资产无偿划转湖南省烟草公司永州市公司。同时，根据《永州市烟草专卖局（公司）现代人力资源体系建设总体实施方案》的配套措施《永州市烟草专卖局（公司）组织结构改进和定岗定编定员方案》规定，宁远、道县、江华、江永、新田、蓝山6个县烟草专卖局（营销部）内设机构数为8个，具体为办公室（法规室/安保室/烟草学会）、专卖办（稽查大队）、客户服务分部、物流配送分部、综合室（将人事、劳资、政工、党、工、团、妇等职能合并成立）、纪检组（监察室）、烟叶生产经营分部、财务室。东安县烟草专卖局（营销部）内设机构数为7个，纪检监察职能并入综合室，其他不变；祁阳、零陵两个县（区）烟草专卖局（营销部）内设机构数为6个，不设置烟叶生产经营分部，纪检监察职能并入综合室，其他不变；双牌县烟草专卖局（营销部）内设机构数为4个，财务职能并入办公室、物流配送职能并入客户服务分部、纪检监察职能并入综合室，不设立烟叶生产经营分部，其他不变；冷水滩营销部（稽查大队）内设机构数为6个，烟叶收购职能并入办公室，纪检监察职能并入综合室，其他不变。6月，全市系统10家县级公司全部取消，各营销部的设立工作全部办理完毕，永州烟草形成以市公司为市场主体的经营格局，企业组织结构调整取得阶段性成果。6月21日，市局（公司）根据国家民政部文件批复，同意将芝山区烟草专卖局更名为零陵区烟草专卖局。是年，市局（公司）共下辖12个单位，分别为冷水滩、零陵、祁阳、东安、双牌、道县、江华、江永、蓝山、新田、宁远二区九县烟草专卖局（营销部）/营销部（稽查大队）及天顺烟叶复烤责任有限公司。2007年12月11日，省局（公司）批复同意湖南省烟草公司永州市公司母子公司体制改革，湖南省烟草公司永州市公司所属的营销部变更为县（区）烟草分公司，其中冷水滩营销部（稽查大队）与永州市烟草专卖局（公司）机关业务实施优化整合，全市系统产权关系进一步理顺，市局（公司）现代产权制度和现代企业制度建设得到进一步推进。是年，市局（公司）下辖单位由12家减少到11家，分别为零陵、祁阳、东安、双牌、道县、江华、江永、蓝山、新田、宁远一区九县烟草专卖局（分公司）及天顺烟叶复烤责任有限公司。2009年9月，市局（公司）在以局长李刚华为组长，副局长刘名勤、纪检组长陈国风、副经理秦江顺、副经理刘正日为副组长的永州市烟草专卖局（公司）人力资源改革领导小组指导下，按照《永州市烟草专卖局（公司）机构、岗位设置与人员编制方案》要求，科学设置机构，调整优化下辖11个单位部门职能，宁远县局设标准机构8个、临时机构2个（物流配送分部、基建办），设立标准化烟草站9个，不计入县局股室机构数；道县、江华、江永、新田、蓝山设标准机构6个、临时机构1~2个，标准化烟草站设立上，分别为8、5、6、9、6个；东安县局设标准机构6个，物流配送相关职能并入客户服务分部；祁阳、零陵县局设标准机构5个，物流配送相关职能并入客户服务分部；双牌县局设标准机构4个，财务相关职能并入办公室。2011年8月1日，国家烟草专卖局批复同意《中国烟草总公司湖南省公司打叶复烤企业重组整合方案》，同意将郴州天泰、永州天顺烟叶复烤有限责任公司重组整合为湖南烟叶复烤有限责任公司，取消其二者法人资格，变更为湖南烟叶复烤有限公司所属的非独立法人分支机构，公司经营范围为烟叶复烤加工；同意将全省各地市级烟草公司在二者的股权转为中国烟草总公司湖南省公司在湖南烟叶复烤有限责任公司的投资，同意其他股东在二者的股权转为在湖南烟叶复烤有限公司的投资；同意《湖南烟叶复烤有限公司章程》，至此，永州天顺烟叶复烤责任有限公司正式从市局（公司）剥离出去。9月18日，永州天顺烟叶复烤有限责任公司与郴州天泰烟叶复烤责任有限公司整合挂牌，更名为湖南省烟叶复烤有限公司。此后，全市系统以市公司为市场主体，下辖零陵、祁阳、东安、双牌、道县、江华、江永、蓝山、新田、宁远一区九县烟草专卖局（分公司）的经营格局一直沿用至今。

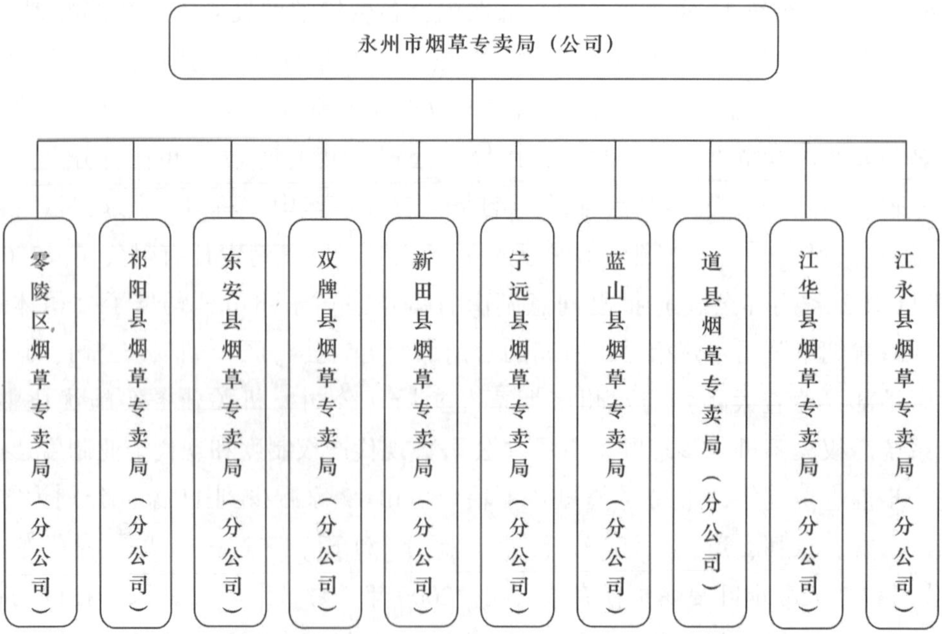

图8-1 2015年永州市烟草专卖局（公司）下辖机构示意图

二、零陵卷烟厂

（一）厂级机构。零陵卷烟厂党委成立于1981年6月。2003年，工厂有党委委员7人，书记兼厂长1人，副书记兼工会主席1人，纪委书记1人，副厂长3人，总工程师1人。2005年1月，工厂党委委员7人，书记兼工会主席1人，厂长1人，纪委书记1人，副厂长3人，总工程师1人。2006年12月，工厂党委委员5人，书记兼厂长1人，副厂长3人，总工程师1人。2007年1月，工厂党委委员6人，书记兼厂长1人，副书记兼纪委书记1人，副厂长2人，工会主席1人，总工程师1人。2008年4月，工厂党委委员5人，书记兼厂长1人，副书记兼纪委书记1人，副厂长2人，工会主席1人。2015年3月，工厂党委委员5人，书记兼厂长1人，副书记兼工会主席1人，纪委书记1人，副厂长2人。

2003—2015年零陵卷烟厂行政领导任职表

表8-3

厂长	副厂长	总工程师
孔　敏（2002.10—2005.1）	朱凌冰（2002.9—2005.1） 陈东平（2002.9—2005.1） 吕爱华（2002.9—2005.1）	易和新（2002.9—2005.1）
陈东平（2005.1—2011.2）	朱凌冰（2005.1—2011.2） 吕爱华（2005.1—2007.1，2010.4—2011.2） 邓永志（2005.5—2010.4） 王浩明（2010.4—2011.2）	易和新（2005.1—2008.3）
刘正宇（2011.2—2015.12）	朱凌冰（2011.2—2015.12） 吕爱华（2011.2—2015.12） 王浩明（2011.2—2012.4）	

（二）二级机构。2003年年底，工厂内设机构为厂长办公室、企业管理部、财务部、人力资源开发部、销售经理部、烟叶经理部、物资经理部、工程技术部、品质部（三级站）、安全保卫部、生产部、制丝车间、卷包车间、成型车间、动力车间、纪委（监察室、政策法规室）、工会、政治工作部、审计部、科研所、生活服务部、团委，第三产业包括九子龙经贸公司、湖南九子龙印务有限公司、海口金秋经济贸易总公司、永州市安达利运输有限责任公司共26个部门。2004年，撤销生活服务部成立生活服务公司、撤销海口金秋经济贸易总公司成立金峰纸业公司。2005年8月，为适应总分厂管理模式，零陵卷烟分厂对二级机构进行调整。调整后的机构设置如下：厂部办公室；企业管理部；撤销人力资源开发部，成立人力资源部；撤销财务部，成立财务管理部；撤销审计部，成立审计管理部；政治工作部；

撤销监察室，成立纪检监察部（与纪委合署办公）；工会（团委）；将生活服务公司中的离退休办公室分离出来，成立离退管理部；合并安全保卫部（武装部）和政策法规室，成立安保法规部（武装部）；撤销生产部，成立生产管理部；合并工程技术部和动力车间，成立设备工程部；撤销销售经理部，成立卷烟业务部（总厂卷烟销售处业务四部）；合并品质部和科研所，成立工艺技术部（总厂技术中心零陵卷烟分厂产品技术部）；合并烟叶经理部和物资经理部，成立物资管理部；制丝车间；撤销成型车间，职能并入卷包车间；撤销生活服务公司，成立物业公司；金秋实业公司；九子龙经贸有限公司；九子龙印务有限公司；安达利运输有限公司；江永潇湘食品有限公司。二级机构由27个缩减至23个。2007年1月，为适应公司部门管理职能对接，机构调整为：办公室、企业管理部、生产管理部、安保法规部（武装部、专卖办）、财务管理部、审计监督部、人力资源部、政治工作部（团委）、工会办公室、纪检监察部、物资配送部、质量管理部（质量检测站）、设备工程部、离退管理部、制丝车间、卷包车间、动力车间、物业公司、金秋实业总公司、九子龙经贸有限公司、九子龙印务有限公司、安达利运输有限公司、江永潇湘食品有限公司。2008年3月，撤销物业公司，成立后勤服务部。2010年7月底，撤销审计监督部，由湖南中烟派驻审计组。2015年7月，质量管理部更名为工艺质量管理部。2011年10月，湖南中烟投资管理公司成立，金秋实业总公司、九子龙经贸有限公司、九子龙印务有限公司、江永潇湘食品有限公司由投资公司与工厂共管，业务上主要由投资公司管理。2015年9月，湖南中烟公司出台《下属投资企业管理办法》，明确多元化公司由投资公司或物流公司归口管理，工厂只承担安全、综治维稳等属地监管职责。2015年年底，工厂内设机构为办公室、企业管理部（整顿办、多元化管理办公室）、生产管理部、安保法规部（武装部）、财务管理部、人力资源部、政治工作部（团委）、工会办公室、纪检监察部、物资配送部、工艺质量管理部、设备工程部、离退管理部、制丝车间、卷包车间、动力车间、后勤服务部共17个部门。属地多元化公司有金秋实业总公司、九子龙经贸有限公司、九子龙印务有限公司、安达利运输有限公司、江永潇湘食品有限公司。其中，安达利运输有限公司由湖南中烟物流公司归口管理，其他四家多元化公司由湖南中烟投资公司归口管理。

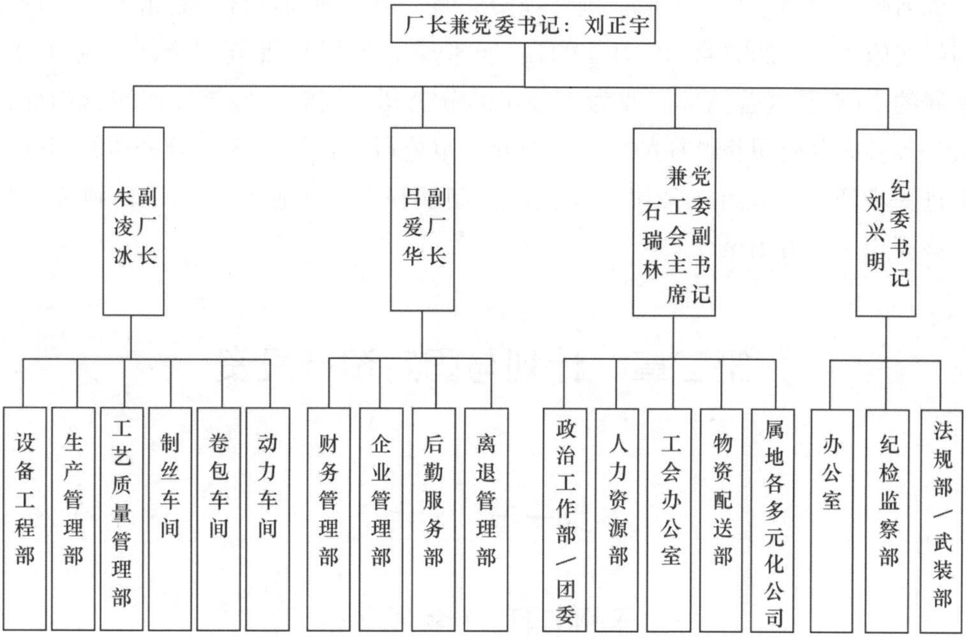

图 8-2　2015 年零陵卷烟厂机构设置及管理分工示意图

第二节　管理体制

永州市烟草专卖局（公司）

2003—2005 年，市局（公司）下辖的各个县区局（公司）均具有独立法人资格，市局（公司）对下辖单位的影响力较为有限。2003 年开始，行业开始对商业企业的组织架构进行调整，着手实施取消县级烟草公司法人资格工作。根据国家局、省局的相关要求，2004 年 6 月 4 日，市局（公司）组织成立永州市烟草公司企业组织结构调整领导小组，局长陈雄四任组长，副经理周国生、副经理唐国生、副局长徐招深、纪检组长陈国凤、助理调研员何洪江任副组长，领导小组负责全市烟草商业企业组织结构调整的组织、协调、调研、督查实施等工作，着手开展取消县级烟草公司法人资格的相关准备工作。

2006 年 5 月 29 日，经国家局批复同意，市局（公司）取消全市系统图所属的 10 家县级烟草公司法人资格，并设立相应的营销部，各营销部由市局（公司）统一管理、统一经营、统一核算，以市公司为经营主体的格局初步形成。11 月 10 日，根据国家局《烟草商业企业建立母子公司体制改革指导意见》《中国烟草总公司湖南省公司建立母子公司体制改革的实施方案》的要求，市局（公司）组织成立湖南省烟草公司永州市公司母子公司体制改革工作领导小组，局长徐文军任组长，副局长刘名勤、纪检组长陈国凤、副经理秦江顺、副经理刘正日任副组长，负责改革的组织实施工作。2007 年 12 月 12 日，经省局（公司）批复同意，市局（公司）将所属的 10 个县区营销部，改为市公司的分公司，同时，撤销冷水滩营销部，是年底，各县区分公司相继挂牌成立。至此，市公司与各县（区）分公司的产权关系得到进一步理顺，市局（公司）现代产权制度和现代企业制度建设得到进一步推进，该模式一直沿用至今。

第二章　计划与固定资产投资

第一节　计划

一、永州市烟草专卖局（公司）

2003—2015 年，市公司根据省局的部署安排，做好卷烟销售、烟叶生产、固定资产投资等方面计划的下达与执行。卷烟销售计划的下达，首先由市公司根据辖区上个销售周期实际销售情况，向省公司上报需求计划，省公司再根据行业发展形势及全省实际销售情况，在每年 12 月及来年 7 月分别下达下一年度上、下半年的销售计划，销售计划下达后，市州公司再派遣专人前往长沙参加由省公司举办的订货会，与各工业公司敲定具体货源量等工作。烟叶生产计划的下达，首先由市公司根据本年度的生产、收购、调拨情况，向省公司上报下年度的计划需求，省公司再按照国家局具体要求及全省的实际情况，确定市公司下年度的烟叶生产规模计划，计划确定后，市公司再将计划合理分配到各产烟区县级分公司。固定资产投资计划，主要根据全市两烟生产经营及企业管理实际来进行确定。2005 年 12 月，根据国家局、省局（公司）要求，市公司制订印发《永州市烟草专卖局（公司）2005—2007 年固定资产投资规划》，方案围绕“狠抓基础，稳中求进”的行业工作指导思想和“一要规范，二要改革，三要创新”的工作重点，做好全市系统固定资产投资管理，2005—2007 全市系统计划的固定资产投资项目为 38 个，投资总额为 11064 万元，2005 年投资项目 16 个，投资总额为 3959 万元；2006 年投资总额为 5510 万元，投资项目 13 个；2007 年投资总额为 1595 万元，投资项目 9 个。此后 3 年，市公司按照该方案规划，抓好具体项目的执行。2008 年，全市系统固定资产投资项目 30 个，计划投入资金 11793 万元。2009 年，全市系统固定资产投资项目 32 个，计划投资资金 12995. 2 万元。2010 年，市公司结合企业基础设施现状及发展需要，制订出台“十二五”投资规划，“十二五”期间，全市系统投资重点分别为：卷烟物流配送中心及配送中心中转站、烟叶基地单元的标准化烟站、烟叶仓库、经营业务用房、打叶复烤生产技术改造等生产经营设施，预计总投资额6.4亿元。是年，全市系统固定资产投资项目32个，计划投资资金8284万元。2011年，全市系统固定资产投资项目24个，计划投资资金9394万元。2012年，全市系统固定资产投资项目24个，计划投资资金9476万元，其中续建和新开工项目12个，拟建项目11个。2013年，全市系统固定资产投资项目21个，计划投资资金11701万元，其中续建和新开工项目14个、拟建项目7个。2014年，全市系统固定资产投资项目24个，计划投资资金15820万元，其中续建和新开工项目14个、拟建项目10个。2015年10月20日，省局（公司）制定下发《中国烟草总公司湖南省公司关于下达2015年度投资项目调整计划的通知》，通知规定，市公司年度投资计划由4000万元调整到5700万元。是年，全市系统固定资产投资项目21个，计划投资资金11805万元，其中续建和新开工项目16个、拟建项目5个。

2003—2015省局（公司）下达市公司烟叶种植面积、烟叶收购计划表

表8-4

年份	计划种植面积（万亩）	计划收购烟叶（万担）
2003	13.48	31
2004	14.51	36
2005	20.85	51.7
2006	25	60
2007	18.6	49.5
2008	22.18	55
2009	29.3	82
2010	19.97	49.53
2011	22.62	56.1
2012	25.2	68
2013	27.18	64
2014	25.65	58
2015	21.5	61

2003—2015 省局（公司）下达市公司卷烟年销售计划表

表 8-5 单位：万箱

年份	卷烟年销售计划	年份	卷烟年销售计划
2003	13.5	2010	17.62
2004	13.7	2011	18.4
2005	15.2	2012	19
2006	16	2013	19.6
2007	15.56	2014	19.8
2008	16.67	2015	19.88
2009	16.99		

二、零陵卷烟厂

2003 年，零陵卷烟厂具备法人资质，计划管理主要流程为确立目标、指标测算、征求意见、综合平衡、计划审定，最后由企业管理部形成企业年度生产计划文件，上报厂部批准后下达部门执行。计划考核，主要是通过经济责任制和目标管理方式进行。其中，综合计划由企业管理部根据省烟草公司（湖南中烟工业公司）下达卷烟生产计划确定企业年度目标，编制企业年度综合生产经营计划，并负责全年、季度和月度生产计划的编制及综合平衡工作；生产部负责生产计划的执行和综合调度平衡；各生产部门及与生产有关的供应、动力、设备等部门，根据厂部下达的生产经营计划，负责本部门的月度作业计划。

2004 年 1 月，零陵卷烟厂成为常德卷烟厂的一个分厂，计划编制的主要程序调整为：常德卷烟厂根据分厂产能、品牌市场需求，确立目标、指标测算、征求意见、综合平衡、计划审定，最后向零陵卷烟分厂下达年度生产计划文件，零陵卷烟分厂按计划文件执行。常德卷烟厂主要通过经济责任制和目标管理方式进行考核。其中综合计划由企业管理部根据常德卷烟厂下达的卷烟生产计划确定企业年度目标，编制企业年度综合生产计划，并负责全年、季度和月度生产计划的编制及综合平衡工作，年度生产计划根据常德卷烟厂下达的生产计划编制，月度生产计划根据常德卷烟厂月度计划指令逐月编制。生产部负责生产计划的执行和综合调度平衡。各生产部门及与生产有关的供应、动力、设备等部门，根据厂部下达的生产计划，负责本部门的月度作业计划。

自 2007 年 1 月起，零陵卷烟厂成为湖南中烟公司直辖的 6 个非法人卷烟生产企业之一，计划编制的主要程序变为：湖南中烟公司根据零陵卷烟厂产能、品牌市场需求，确立目标、指标测算、征求意见、综合平衡、计划审定，最后向零陵卷烟厂下达年度生产计划文件，并逐月下达月度生产计划。零陵卷烟厂按计划执行。湖南中烟公司主要是通过经济责任制和目标管理方式进行考核。其中，综合计划由企业管理部根据湖南中烟公司下达卷烟生产计划确定企业年度目标，编制企业年度综合生产计划，并负责全年生产计划的综合协调工作，生产管理部负责月度生产计划的排产、执行和综合调度平衡。各生产部门及与生产有关的供应、动力、设备等部门，根据月度生产排产计划安排生产。生产计划包括年度生产计划和月度生产计划。年度生产计划和月度生产计划均由湖南中烟公司下达与调整，工厂企业管理部接收并下达给厂生产管理部，生产管理部完成月度生产计划的排产。2015 年 6 月后，生产计划由生产管理部负责，月度生产计划排产报厂部审核决定后执行。

第二节　固定资产投资

一、永州市烟草专卖局（公司）

2003 年，市公司下属单位复烤厂完成建厂以来最大规模的设备技术改造，项目总投资 810 万元，严格按照 ISO 9001 标准和 YC/147-2001、YC/146-2001 标准进行改造，项目投产运行后，复烤加工质量显著提高。2005 年 7 月 29 日，市局局长徐文军签发局长 1 号令，特令全市系统各单位要规范固定资产投资管理，严格执行固定资产投资审批制度，完善投资管理委员会及其工作职责，重大投资项目必须集体研究并按程序办理有关事项，严禁不按程序办理导致投资失误的情况发生。9 月，根据《湖南省烟草专卖局（公司）关于处理不良资产和闲置资产的指导意见》文件要求，市公司组织专人对全市系统不良资产和固定资产进行全面清理，经调查统计，全市系统共拥有总资产 117608. 3 万元，其中固定资产 22975. 75 万元。各单位结合实际，对不良和闲置固定资产逐一造册登记，制定处理工作目标和具体措施，将固定资产划转清楚，做到家底清楚、证照齐全、管理到位。10 月 10 日，市公司组织成立投资管理委员会，副经理秦江顺任主任，副经理刘正日、副调研员黄纯慧任副主任，投资管理委员会负责审议全市系统投资规划，审议全市系统投资额 30 万元以上基建、维修、技术改造项目，审议市局机关投资额 15 万元以上项目和年度投资计划，审议跨行业及非烟产业的投资项目。是年，全市系统批复立项投资建设项目 29 个，批复立项投资金额 2360 万元，其中完成项目 13 个，实施项目 11 个，未实施项目 5 个，投资项目主要为复烤厂技改、县区公司标准化烟站、烟叶仓库、选烟棚等项目。

2007 年，市公司严格遵守省公司固定资产投资建设项目立项审批、报批程序，并出台文件规定：10万元以上项目经投资委员会审议通过，50万元以上项目经过党组会议做出决定；计划总投资300万元以上的项目需编制项目可行性研究报告，300万~1000万元以下项目报省局批准立项；1000万元以上项目报国家局批准立项；项目管理上，严格执行招标制度，5万~30万元的项目由市局经济评审委员会进行邀请招标确定施工单位，30万元以上项目均确定招标代理公司进行公开招标，并确定监理单位，对施工进度和质量严格监管。7月4日，根据上级要求，市公司下发通知，要求全市系统各单位严格控制办公楼等楼堂馆所的建设项目，禁止超标准建设办公楼；县级局、天顺公司建设办公楼项目一律报经省公司同意后，再报所在地人民政府审批，经所在地人民政府审批同意后，总投资低于1000万元的项目，由省公司对项目总投资及建设面积给予批复，报总公司备案，总投资高于1000万元的，由省公司转报总公司批复；市本级办公楼建设项目，一律经报省公司审查同意后，报所在地人民政府审批，经审批同意后，再由省公司转报总公司对项目总投资及建设面积等给予批复；项目批复后，按照预算管理的有关规定执行相应的预算编制、审计、审批程序。9月30日至12月6日，根据省公司要求，市公司对全市系统2005年1月1日至2007年6月30日的固定资产投资项目开展专项检查，共清查出项目61个，其中国家局批复项目1个、省局批复项目3个、企业自主批复项目57个，共有10个项目存在问题，其中超投资计划项目6个、未经过批复就实施项目4个，针对存在问题的项目，市公司制定出台4条整改措施并加以落实。是年，全市系统共获批固定资产项目60个，批复金额9050.12万元，实际完成投资金额5746.35万元，其中完工转固定资产项目4个，金额540.87万元。

2009年4月11日，市公司制定印发《固定资产购置、维修和投资建设项目审批的规定》，规范全市系统投资管理。是年，全市系统共批复项目54个，批复金额5032万元，暂缓立项12个，压缩项目金额1374万元；固定资产总额为10.73亿元，其中流动资产7.16亿元，占总资产66.71%，同比提高5.15个百分点，货币资金2.64亿元，占流动资产的36.89%，同比提高9.37个百分点，资产负债率为30.11%。2010年，市公司投资委员会对投资立项审议程序进行修订，规定“审议全市系统投资规划、年度投资计划、投资额100万元以上已列入年度投资计划的项目以及投资额20万元以上未列入年度投资计划的追加项目，而对于投资额100万元（含）以下已列入年度投资计划的项目、20万元以下未列入年度投资计划的追加项目，则由委员会办公室负责审议并提出处理意见”，提高细小项目审批效率。是年，全市系统共申报项目71个，申报金额13702万元，其中向市局公司申报项目69个、申报金额2764万元，向省局申报投资项目2个，申报金额10939万元，市公司批复项目56个，批复金额2186万元。2011年，市公司加快两烟生产经营设施建设步伐，加强项目动态管理，确保年度投资计划完成，全年全市系统共批复项目41个，批复金额1169万元。2012年3月6日，调整市公司投资管理委员会成员及委员会职责，局长李刚华任主任，副局长刘名勤、纪检组长陈国凤、副经理秦江顺、副经理刘正日、副局长阳天和任副主任，调整后的委员会职责主要负责审议全市系统投资规划、年度投资计划、所属企业重大投资项目（投资额度100万元以上已列入年度投资计划的项目、投资额度20万元以上未已列入年度投资计划的项目），解决项目实施过程中存在的问题。是年，市公司获省公司批复项目5个金额7656万元、获国家局批复项目1个批复3480万元，共完成基建项目投资8260万元。

2014年，省公司下达市公司投资计划为8000万元，针对全市系统项目多、项目实施进步不一实际情况，市公司优先确保重点项目实施，控制好投资计划完成进度。是年，全市系统在建工程共22个，其中续建项目8个、新开工项目5个、自批项目9个，完成年度投资额7525万元，计划执行率94.06%。2015年，省公司下达全市系统投资计划为5700万元，市公司着重加快市公司烟叶仓库、江永夏层铺、道县祥霖铺、宁远舜陵、江华白芒营烟叶工作站等项目建设进度，全年在建工程项目22个，实际完成投资5261万元，完成年度计划92.3%。

2005—2015年市公司在国家局、省局（公司）获批项目情况表

表8-6

年份	项目名称	投资额/转让价（万元）	批复单位
2005	零陵区城北芝山路房屋转让项目	320	省局（公司）
	机关大院内土石方工程项目	305	省局（公司）
	蓝山县局土地拍卖项目		省局（公司）
2006	市公司烤烟仓库新建项目	950	省局（公司）
	天顺烟叶复烤公司烟叶仓库新建项目	3000	国家局
2007	新田田家烟草收购站改建项目	412	省局（公司）
	宁远营销部业务经营用房新建项目	998	省局（公司）
	蓝山田心烟草收购站改建项目	383	省局（公司）
	江华涛圩烟草收购站扩建项目	513	省局（公司）
	道县四马桥标准化烟草工作站新建项目	515	省局（公司）
	新田新圩烟草收购站扩建项目	387	省局（公司）
	江永县潇浦标准化烟叶收购站新建项目	840	省局（公司）

续表 8-6

年份	项目名称	投资额/转让价（万元）	批复单位
2007	道县白马渡烟草站扩建项目	378	省局（公司）
	宁远县清水桥标准化烟草工作站新建项目	495	省局（公司）
2008	江华县沱江镇标准化烟草站新建项目	812	省局（公司）
	蓝山南平路烟叶仓库改建项目	455	省局（公司）
	新田县石羊标准化烟草站新建项目	716	省局（公司）
	宁远县仁和标准化烟草站扩建项目	393.4	省局（公司）
	宁远县湾井标准化烟草站扩建项目	311.6	省局（公司）
	市局卷烟配送中心新建项目	8070	国家局
2009	宁远县柏家坪标准化烟草站新建项目	910	省局（公司）
	宁远县禾亭烟草站改建项目	450	省局（公司）
	江华县分公司经营业务用房	998	省局（公司）
2011	蓝山县分公司土市烟叶基地单元烟叶工作站新建项目	1789	省局（公司）
	江永县分公司粗石江卷烟批发部房屋转让	1.2	省局（公司）
	天顺烟叶复烤公司挑选车间新建项目	2893	省局（公司）
	市局烟叶仓库扩建项目	2800	省局（公司）
	市公司卷烟物流配送中心卷烟物流设备采购项目	2600	省局（公司）
	市公司经营业务用房新建项目	9590	国家局
2012	江华县分公司职工食堂及生活辅助设施新建项目	880	省局（公司）
	宁远县分公司职工食堂及生活辅助设施新建项目	940	省局（公司）
	江永县分公司夏层铺烟叶基地单元烟叶工作站新建项目	2000	省局（公司）
	道县分公司经营业务用房新建项目	3500	省局（公司）
2013	宁远县分公司舜陵烟叶基地单元烟叶工作站新建项目	2850	省局（公司）
2014	江华县分公司白芒营烟叶基地单元烟叶工作站新建项目	2004	省局（公司）
	道县分公司祥霖铺烟叶基地单元烟叶工作站新建项目	1944	省局（公司）
2015	祁阳县分公司卷烟物流配送中转站新建项目	1980	省局（公司）
	市公司烟叶仓库新建项目	28380	省局（公司）

二、零陵卷烟厂

2003年，零陵卷烟厂固定资产共投资1158.72万元，主要为购买烟机及改造款（其中打叶及片烟设备购买款为177万元，ZJ17烟机改造款为166万元）。2004年，固定资产共投资1703.28万元，主要为购买烟机及配套设备（其中卷烟机组购买款为939.12万元，一号工程购置款为106.73万元）。2005年，固定资产共投资25621.80万元，主要是进行30万箱技改（其中购置烟机及配套设备15464.59万元，其余款项是为30万箱技改服务的房屋及其他配套设施）。2006年，固定资产共投资17363.23万元，主要是购置烟机设备、配套设备及房屋建筑物改造，其中购置烟机及配套设备3361.44万元，110亩征地拆迁款2750万元）。2007年，固定资产共投资13086.36万元，主要是购置烟机设备、配套设备及房屋建筑物改造（其中购置烟机及配套设备2782.32万元）。2008年，固定资产共投资22758.05万元，主要包括30万箱重点技术改造工程项目、仓库设施项目、采购卷烟设备、对原有设备进行改造等。其中采购ZJ17卷接机2组、购进ZB25软盒硬条包装机组1组。实施“制丝片烟线改造”“储梗丝柜改造”“卷接包设备PLC改造”等43个项目。2009年，固定资产共投资22089.46万元，主要包括烟叶仓库建设工程、贮丝房改造、一号工程、信息化基础建设等。2010年，固定资产共投资9286.94万元，主要包括中心配电房改造、油锅炉改造、条烟输送线改造、真空泵改造、网络抗干扰改造，厂区照明节能改造等76个项目。2011年，固定资产共投资3256.07万元，主要包括梗丝线改造、烟梗自动开包、梗线除尘排潮、卷包车间地面维修、101和102工房外墙保温工程、101工房岗位送风、一套PT-GDX1设备大修、101和102工房防潮防霉处理、燃油（气）锅炉及配套设施改造、运动场改造等项目。2012年，固定资产共投资3666.47万元，主要包括启动芙蓉王品牌制丝线技术改造重点工程项目、燃油（气）锅炉及配套设施改造，购置电制冷机、ZL26A成型机两台等。2013年，固定资产共投资9136.38万元，主要包括芙蓉王品牌制丝线技术改造项

2015年，零陵卷烟厂厂景

目、101 工房技术改造项目、购置烟机专卖设备等。2014 年，固定资产共投资 9910.77 万元，主要包括芙蓉王品牌制丝线技术改造项目、101 工房改卷包车间项目等。2015 年，固定资产共投资 2796.33 万元，主要包括芙蓉王品牌制丝线技术改造项目、101 工房技术改造项目、动力中心制冷机改造项目、生产区绿化工程等。

2003—2015 年零陵卷烟厂固定资产投资一览表

表 8-7 **单位：万元**

年份	主要投资项目	投资金额
2003	包装设备、2 号配电房、冷冻站、核子秤等	1158.72
2004	打叶线片烟线改造工程、香料厨房改造、YB43 机切丝机大修、成品仓库、菜市场改造等	1703.28
2005	30 万箱技术改造项目等	25621.80
2006	卷包线更新与搬迁、条烟输送系统改造等	17363.23
2007	片烟仓库、征地 110 亩等	13086.36
2008	卷接包设备、制丝线设备、片烟仓库、102 工房、动力中心、科技楼、综合楼、绿化工程等	22758.05
2009	贮丝房改造、MES 系统燃油锅炉、五号配电房、油库等	22089.46
2010	梗丝线、通用设备设施、中心配电房、厂区照明节能等	9286.94
2011	SPC 系统开发、安防系统、车辆、围墙等	3256.07
2012	芙蓉王品牌制丝线技术改造、外墙防霉防潮改造等	3666.47
2013	101 工房技术改造、门禁系统、配电房、叶丝生产线等	9136.38
2014	异味处理、2 号冷冻站改造、机房建设项目等	9910.77
2015	102 工房三楼成品烟箱出库系统、生产区绿化、制冷机改造等	2796.33

第三章　人事劳动

第一节　人事管理

一、永州市烟草专卖局（公司）

（一）干部管理。2003 年 5 月，市局（公司）党组制定下发《永州市烟草系统科级干部选拔任用工作实施办法》，调整全市系统副科级干部 29 名，其中变动干部

11 人，提拔干部 14 人。2004 年 2 月 27 日，市局（公司）在以党组书记陈雄四为组长，党组成员周国生、唐国生、徐招深、陈国凤为副组长的改革（制）领导小组指导下，在市局机关全面推行竞争上岗活动，整个竞聘过程采取自愿选岗、竞岗发言、测评等方式进行，通过公开竞聘，市局机关正科级职务由 22 人减少到 15 人，副科级干部减少 3 人。

2005 年，市局（公司）党组按照“德才兼备德为先”的原则提拔和使用干部，首次拿出两个科长岗位在全市系统进行公开选聘，营造公平公正公开的选人用人机制。是年，全市系统共调整科级干部 16 名，其中变动干部 10 人、提拔干部 6 人。2006 年，经首届职代会批准通过，市局（公司）党组在全市系统着手实施现代人力资源体系建设总体方案及相关配套措施，组织开展市局机关竞聘上岗和人员聘用工作，共有 42 人报名参加中层管理岗位竞聘，36 人成功竞聘，其中提拔 16 人，调整后的中层管理干部知识、年龄结构进一步优化，平均年龄为 44.28 岁，同比减少 2 岁，具有本科以上学历的 26 人，占 48%。2007 年 3 月 6 日，市局（公司）党组创新直属班子考核方式，制定下发《2006 年度永州市烟草专卖局（公司）直属领导班子考核实施方案》，在考核中新增任务绩效、管理绩效、能力考核 3 大块，任务绩效占 60%，管理绩效、能力考核、民主评议占 40%，考核方式按照正职一组、副职一组、非领导职务一组分组排序，根据个人考核得分按照一定比例划分为 A、B、C、D、E 五个等级，做好考核结构应用，并出台刚性措施，防止直属班子中出现不思进取、作风不实、不在状态情况。7 月 26 日，市局党组下发通知，在全市系统公开选拔 5 名县局（营销部）科级干部。是年，在直属班子考核中，全市系统有 3 人受到表彰和一次性奖励，3 人被诫勉谈话，干部危机意识增强，积极性得到提高；经公开竞聘，共提拔干部 20 人，其中正科级 6 人、副科级 8 人、另有 6 名县（区）局员工通过公开选拔考试提拔为副科级；同时，加大干部交流力度，市局机关科级干部和县级局正职干部交流 21 人，其中市县之间交流 8 人、机关轮岗交流 13 人，市局机关科级干部交流人数达 60%。

2008 年，市局（公司）党组进一步创新干部考核方式，将民主评议、工作实绩、考核组评分三者有效融合，提高科级干部考核的科学性，完善科级干部考核评价体系。4 月 21 日，制定下发《永州市烟草专卖局系统非领导职务设置及管理办法》，从设置原则、职数设置、任职条件、选拔任用程序等方面，对全市系统非领导职务设置做出明确规定，加强干部队伍建设与管理。2009 年，市局（公司）党组加强各直属单位领导班子作风建设，在全市系统领导干部中开展“四要”作风建设主题实践活动，注重对干部的日常管理和动态管理，及时掌握直属班子的思想、作风及相互配合协调情况。是年，共提拔 7 人，调整交流 14 人，降级 1 人。2010

年3月，市局（公司）党组制定出台《中共永州市烟草专卖局党组关于加强领导班子建设的意见》，继续在全市系统领导干部中开展“四要”作风建设主题实践活动和以坚定理想信念为主题的教育活动。5月，制定出台《大学生培养管理暂行办法》，分批次、分步骤的选调基层大学生到市局机关挂职锻炼，畅通年轻干部成长渠道。12月，制订下发《永州市烟草专卖局（公司）系统2011—2015年后备干部队伍建设规划》，并首次引入公示制度，完成全市系统直属单位后备干部集中调整工作，建立50人的后备干部人才库。是年，调整干部33人，其中提拔科级干部12名，非领导职务9名，调整交流3人，免职9人。2011年，市局（公司）党组探索“为发展配备干部”的导向机制、“靠制度选任干部”的选拔机制、“让群众评价干部”的监督机制，建立开放的干部工作体系，规范干部任用工作流程，将公示制度引入每个流程和环节，提高工作透明度。同时，通过上挂、下派、轮岗等方式，拓宽加强后备干部培养渠道，打造后备干部成长平台，全市系统严密、完整的干部工作运行体系逐步形成。是年，共调整干部48人，其中提拔科级干部5名、非领导职务7名、调整交流30名、免职6人。2012年，市局（公司）党组制定下发《永州市烟草系统关于全面开展“四深入两结对一测评”活动的实施意见》，将活动与“讲责任、讲奉献、讲纪律”教育活动、党风廉政建设、“精细管理年”等活动有机结合，推进全市系统干部作风建设，进一步强化干部职工责任意识、大局观念。是年，共调整干部37人，其中提拔科级干部6名、非领导职务3名、调整交流干部20名、到龄免职8人。

2013年，市局（公司）党组通过竞聘交流，促进干部职工队伍进一步优化。是年，共提拔干部20人，其中正科级4人、副科级16人。2014年，市局（公司）党组调整干部25人，其中提拔科级干部2名、非领导职务2名、调整交流干部11人、到龄免职10人。2015年，市局（公司）党组贯彻落实《党政领导干部选拔任用工作条例》，按照“五条标准”和“三严三实”要求，完善干部选拔任用机制。同时，首次将退二线的科级干部和一般员工纳入考核体系，全角度、全过程、全编制的考核体系得到进一步建立健全。

（二）人力资源。2004年7月31日，市局（公司）制订出台《2004—2008年人才队伍建设规划》，提出“力争到2008年，全市系统中专以上学历占从业人员总数比例提高到50%，初中毕业及以上人员下降到12%；全市系统博士研究生、硕士研究生、大学本科学历人员分别达到1人、10人、120人，具有高级专业技术职务资格的人员达到2人，重点培养1~2名烟叶分级、卷烟商品营销方面的技师和高级技术”的发展目标，各直属单位党组（委）按照党管人才原则加强对人才工作的组织领导，在全市系统营造“用事业造就人才、用环境凝聚人才、用机制激励人才、用法制保障人才”的培养机制。是年，全市系统拥有大专学历 518 人，大学学历 100 人，研究生及以上学历 11 人。2005 年，市局（公司）探索、尝试新型企业用工形式，适应市场经济发展需要，同时，按照省局要求，对新进人员实行“凡进必考”的管理办法，确保人才引进工作规范有序。10 月 13 日，市局（公司）组织成立以局长徐文军为组长，副局长秦江顺为常务副组长，副经理周国生、副局长徐招深、纪检组组长陈国凤、副处级干部刘正日为副组长的永州市烟草系统人力资源管理项目领导小组，抓好全市系统人力资源管理建设工作。11—12 月，通过公开举行考试选拔方式，从永州职业技术学院选拔一批应届毕业生人员充实到各直属单位烟叶产区生产一线。2006 年 8 月 1 日，市局（公司）在全市系统人力资源体系建设领导小组指导下，制定出台方案，着手在全市系统开展人力资源体系建设工作。11 月 15 日，召开首届一次职工代表大会，大会表决通过《永州市烟草专卖局（公司）现代人力资源体系建设总体实施方案》及配套措施，其配套措施包含《永州市烟草专卖局（公司）组织结构和定岗定编定员方案》《永州市烟草专卖局（公司）机关竞争上岗、人员聘用实施方案》《永州市烟草专卖局（公司）现代人力资源体系建设相关配套促使实施办法》《永州市烟草专卖局（公司）专业技术职务聘任实施办法》《永州市烟草专卖局（公司）薪酬管理制度》《永州市烟草专卖局（公司）绩效考核制度》《永州市烟草专卖局（公司）2007—2009 年各部门工作任期目标》7 个方案，涵盖组织架构、岗位设定、人员编制、专业技术职务聘用、薪酬管理、绩效考核、部门规划 7 个方面。经省局（公司）批复同意，12 月 22 日，市局（公司）按照全市系统现代人力资源体系建设工作要求，拿出机关部分岗位面向全市系统干部职工公开选调，共选拔 21 名员工充实到市局机关 17 个岗位工作。是年，全市系统拥有大专学历 452 人、大学学历 151 人、硕士研究生及以上学历 11 人。

2008 年 6 月，市局（公司）制定下发《永州市烟草专卖局关于调整完善〈永州市烟草专卖局（公司）现代人力资源体系建设总体实施方案〉及其配套措施有关内容意见》，对部分一线岗位职级进行调整，设置客户经理、烟叶技术员晋升通道，提供职业发展空间；按照“小步快跑”思路，通过合理确定用工需求、探索加大外聘力度、修改完善同工同酬考核体系等方式，完善同工同酬工作；同时，根据国家局省局要求，对已录入的单位组织架构和所有人员信息进行修改完善，建立全市系统人员数据库。是年，全市系统拥有大专学历 476 人，其中大学学历 197 人、研究生及以上学历 10 人；市局（公司）选派的代表队在全省系统人事劳资干部业务知识竞赛中，获得团体二等奖，并有 2 人获得一等奖、1 人获得二等奖。2009 年 9 月，市局（公司）在以局长李刚华为组长，副局长刘名勤、纪检组组长陈国凤、副经理秦江顺、副经理刘正日为副组长的全市系统人力资源改革领导小组指导下，按照《永州市烟草专卖局（公司）人力资源改革总体实施方案》要求，通过调整优化部门职能、优化细化各项业务工作流程、科学设置机构、合理配置工作人员等方式，着手在全市系统进一步开展人力资源改革工作。为配合工作开展，相继出台《永州市烟草专卖局（公司）机关竞聘工作方案》《永州市烟草专卖局（公司）人力资源改革相关配套措施》《永州市烟草专卖局（公司）绩效管理制度》，并经全市系统工会第一届一次会员代表大会表决通过，稳步推动人力资源改革工作开展。是年，全市系统拥有大专学历 534 人，其中拥有研究生及以上学历 10 人。

2010 年，根据省局（公司）要求，市局（公司）针对全市系统机构偏多、中层干部职数偏多、机关人员偏多现状，加大人力资源改革步伐，制定实施出台“三压”（压缩内设机构、压缩中层干部、压缩机关人员）措施，于 3 月底全面完成人力资源改革工作，共压缩机构 31 个，精简中层干部 61 人，其中江永县局（分公司）中层职数由改革前 52 人下降到 32 人，减幅 38%，改革后充实到基层一线人数达到 65 人。是年，全市系统拥有大专学历 613 人，其中大学学历 367 人、硕士研究生及以上学历 14 人。2011 年 7 月 29 日，根据省局（公司）要求，市公（公司）对全市系统人力资源信息系统一期数据进行更新完善，进一步完善人力资源系统基础数据，提高人事档案收集整理水平，推动人事档案管理标准化、规范化。是年，全市系统拥有大专学历 757 人，其中硕士研究生及以上学历 16 人。2012 年，市局（公司）全面推进基层队伍建设，制定出台《永州市烟草专卖局（公司）“薪火工程”师带徒工作方案》，在全市系统实施“薪火工程”师带徒计划，以 3 年为限，定下“一年合格，两年职称，三年成骨干”的阶段目标，为全市系统近 3 年引进的 66 名新进员工建立 132 人的导师库，一对一签订师徒协议，为员工成才开辟“绿色通道”。12 月 23 日，报经省局（公司）审查同意，并提交职交会讨论全票通过，市局（公司）按照《永州市烟草专卖局（公司）全员竞争上岗工作方案》要求，正式在全市系统全面启动第五轮全员竞争上岗工作，竞争上岗工作分市局（公司）领导班子副职竞争和全员竞聘上岗 2 个部分进行，聘用周期由 3 年调整为 4 年。其中以烟叶线基层队伍建设为突破口的基层队伍建设方案，取得初步成效，并在全省系统政工会上做典型发言。

2013 年，市局（公司）在全市系统持续推进第五轮全员竞争上岗工作，将“行政管理、专业技术、职业技能、创先争优”有机结合，员工根据自身特点与优势自主选择合适的职业发展道路，合理规划员工职业成长平台，截至年底，全市系统共完成 9 个县（区）全员竞聘工作，呈现出准备工作充分、组织实施严密、全员积极参与、工作平稳进展的 4 个特点。在人才引进上，根据企业发展需

2013 年，市局（公司）开展第五轮全员竞争上岗竞聘活动

求引进人才，深入河南农大等高校开展招聘宣传推介会，扩大企业知名度和吸引力，提高人才引进的针对性、实用性，全年共面向社会公开招聘大学生 35 名，其中烟叶技术员招聘人数占 50%，重点解决一般专业人才和基层一线工作人员缺乏的问题。是年，全市系统共有 3 人被入选为全省系统学科带头人培养对象和后备对象。2014 年，市局（公司）继续实行“薪火工程”师带徒工作方案，为近 3 年引进的 84 名新人配备“师父”，截至年底共有 8 名徒弟通过提拔为中层骨干、取得中级职称、评选为先进个人等方式正式“出师”，经考核，已有 2 人纳入导师库。

2003—2015 年永州市烟草商业系统在岗职工人数统计表

表 8-8　　　　　　　　　　　　　　　　　　　　　　　　　　　　**单位：人**

年份	2003	2004	2005	2006	2007	2008	2009	2010	2011	2012	2013	2014	2015
人数	2631	2635	2642	1787	1799	1729	1567	1481	1464	1471	1500	1502	1508

（三）职称评定。2003 年，市局（公司）在职称评定上继续沿用之前的管理办法。2004 年 10 月 9 日，根据省局（公司）要求，市局（公司）制定印发《永州市烟草专卖局（公司）专业技术职务聘用办法（试行）》，在全市系统全面推行专业技术职务聘任制，方案规定，专业技术岗位分为高、中、初 3 个级别，按照最低岗位、最少岗位、最适系列、最优结构、最佳组合、最高限额 6 个原则和全市系统实际进行设置。高级专业技术岗位全市系统最多设置 2 个高级技术岗位（不含中国烟草中南农业试验站永州基地），中国烟草中南农业试验站永州基地按专业技术人员总数的 35%设置岗位，其中正高级专业技术岗位为 1 个；中级专业技术岗位设置为 21 个，市局机关不得超过 5 个，中国烟草中南农业试验站永州基地按专业技术人员总数的 45%设置岗位；市局机关和中国烟草中南农业试验站永州基地原则上不设初级专业技术岗位，各县（区）局、复烤厂根据本单位实际设置岗位。专业技术职务按 3 年/次的标准进行聘任，聘期为 3 年，分为平时考核、年度考核、任期 3 种方

式考核，考核内容包括德、能、勤、绩4个方面内容，考核结果分为优秀、称职、不称职。在待遇上，正高级、高级岗位工资分别为1500元、1200元，市局机关中级岗位工资为950元，各县（区）、复烤厂中级岗位工资为1000元，其他待遇方面，正高级按市局副局长待遇享受，高级按市局科长与副局长之间的中间数待遇享受，市局机关中级专业技术岗位按副科级待遇享受，各县（区）局、复烤厂中级专业技术岗位按县区局股长与副局长之间中间数待遇享受；初级专业技术人员岗位工资按照助理级（650~800元）、员级（550~600元）2个标准制定。11月10日，根据《永州市烟草专卖局（公司）专业技术职务聘用办法（试行）》的要求，市局（公司）成立专业技术职务聘任委员会，局长陈雄四担任主任，副经理周国生、副经理唐国生、副局长徐招深、纪检组组长陈国凤、助理调研员何洪江担任副主任，负责指导全市系统专业技术职务聘任工作，委员会下设办公室，为日常工作机构，与认识劳动科合署办公。是年，市局（公司）认定助理农艺师4名、助理工程师1名，有2人被省局（公司）认定为农艺师；全市系统共拥有各类技术人员460人，其中高级职称技术人员1名、中级职称技术人员74名、初级职称技术人员385名；拥有高级工205人，中级工799人，初级工468人。

2006年，国家烟草专卖局把永州作为专业技术职务聘任工作在湖南的唯一试点单位，为做好试点工作，市局（公司）结合实际，把专业技术职务聘任试点工作与现代人力资源体系建设结合起来，制定出台《永州市烟草专卖局（公司）专业技术职务聘任实施办法》，规定市局（公司）可设置正高级专业技术岗位1个（研究员），副高级专业技术职务岗位3名（烟科所1名），市局机关设置专业技术岗位9名（烟科所4名），侧重于农艺、经济、会计、统计、审计、政工、营销、物流、人力资源管理、信息等方面，双牌县局（营销部）设中级专业技术职务岗位1个、助理级专业技术岗位1个，其他县区局（营销部）设中级专业技术职务岗位1个、助理级专业技术职务岗位2个，烤烟收购10万担以上的县局（营销部）增设农艺师、助理农艺师各1名。市局（公司）将专业技术岗位设置、竞聘程序、薪酬分配、绩效考核等全部纳入人力资源体系建设的总体框架同步进行的工作思路和做法，得到国家局、省局的肯定和好评，并被国家局人劳司作为典型案例分析。是年，共有8人被聘任为专业技术岗位，全市系统共有专业技术人员482人，其中高级2人、中级95人、初级285人；各类技能工人1286人，其中高级技师和技师3人、高级工121人、中级工519人、初级工156人。2008年11月11日，市局（公司）根据中国烟草总公司湖南省公司专业技术资格评定工作规定要求，决定成立湖南省烟草公司永州市公司职称考评推荐组，实行职称改革领导小组与职称考评推荐组“两块牌子、一套人马”的运作模式。是年，省局（公司）认定市局（公司）1

人为高级农艺师、1人为农艺师；全市系统拥有专业技术人员430人，其中高级5人、中级113人、初级312人；共有各类技能工人1242人，其中高级技师和技师153人、高级工116人、中级工457人、初级工72人。

2009年，市局（公司）在全市系统开展自2003年以来力度最大的一次职称评审工作。根据省局（公司）职称评审要求，市局（公司）成立职称考评组对全市系统全日制正规院校毕业人员进行确认，推介4人参加高级职称评审、7人参加中级职称评审、74人参加助力职称认定，有7人通过评审获得农艺师任职资格，50人通过评审获得助力农艺师任职资格。是年，有3人被市局（公司）认定为助力农艺师；全市系统拥有专业技术人员488人，其中高级6人、中级146人、初级336人；共有各类技能工人1094人，其中高级技师和技师149人、高级工126人、中级工403人、初级工54人。2010年，经永州市农业系列初级专业技术资格评审委员会及相关部门评审通过，市公司职称改革领导小组审核，全市系统有46人被认定为助理农艺师。4月19日，经中国烟草总公司农业系列高级专业技术资格评审委员会评审，中国烟草总公司职称改革领导小组审定，市局（公司）有1人被认定为高级农艺师。是年，全市系统拥有专业技术人员497人，其中高级7人、中级152人、初级338人；全市系统共有各类技能工人1043人，其中高级技师和技师235人、高级工115人、中级工308人、初级工29人。2012年，市局（公司）加大专业技术资格申报力度，全市系统共有4人被省局（公司）推荐为国家局专家库成员。2月13日，有2人被省局（公司）评定为高级专业技术资格，其中高级农艺师1人、高级经济师1人。

2013年，市局（公司）全面开展专业技术与职业技能职务聘用，建立从初级、中级、高级专业技术人员晋升成长通道。加大专业技术人才建设力度，从专业技术的岗位设置、管理模式和考核评价等关键点入手，建立“三创三控”管理机制，掌控好“岗位竞聘、双重管理、动态聘任”三个关节点。5月31日，经永州市农业系列中级专业技术职务任职资格评审委员会评审通过，市职称改革领导小组审定，市公司有5人被评定为农艺师、7人被评定为助理农艺师。是年，市局（公司）共聘用高级专业技术职务5人，中级专业技术职务28人；有2人入选全省系统学科带头人，1人通过行业高级分级技师鉴定。2015年，全市系统拥有专业技术职务任职资格573人，其中高级13人、中级270人、助理级281人、员级9人。

二、零陵卷烟厂

（一）干部管理。2003年，零陵卷烟厂干部任免主要实行民主推荐、组织考察、党委研究决定、厂长（党委）任命的方式，个别岗位采取公开竞聘方式。2004

2008 年 7 月 25 日，零陵卷烟厂举行中层干部、主任专家竞争岗述职测评

年，引进常德卷烟厂干部管理机制，并按照常德卷烟厂相关要求，建设中层后备干部队伍。通过推荐考察，确定 45 人的中层后备干部队伍，并建立相关管理制度。2005 年，中层干部全面实行竞争上岗制。作为“用工制度改革”主要动作之一，7 月 25 日，召开动员大会，经过资格审查、后备干部入围、笔试、述职民主测评、组织考察和党委研究等一系列程序。8 月 18 日，47 名中层干部全部人岗对号，新提任正职 3 名，占正职岗位 11. 5%；新提任副职 8 名，占副职岗位 38. 1%。正职岗位异动交流 16 名，占全部正职岗位的 61. 5%；副职岗位异动交流 10 名，占全部副职岗位的 47. 6%；中层干部平均年龄从 39. 6 岁降到 35. 7 岁，文化程度都在大专以上。干部队伍资源得到优化，队伍结构得到改善。2006 年，建立系统的中层干部绩效考评机制和后备干部选拔培养管理体制。年初，选拔两名中层后备干部赴常德卷烟厂挂职。6 月，工厂印发《中层干部绩效考评办法》，按“一岗双责”原则，在中层干部及主任级技术干部中正式实施绩效考核。2007 年，制定《中层干部半年综合考察方案》《中层干部年度综合考评方案》等系列管理规定，进一步加大中层干部管理和考核工作力度，有 3 名中层正职因工作质量事故调整为副职，两名中层副职予以免聘。2008 年，中层干部考核完善“一岗双责”制，实行党政工作相互融入、联动开展。采用月度绩效与半年绩效考核、年度综合考评相结合的方式，把中层干部的个人绩效与部门的经济目标、政工目标考核紧密联系，月度绩效考核结果与个人月奖挂勾。是年，通过公开竞聘，选拔 9 名中层后备干部或员工进入中层（技术）干部序列；通过组织考察，两名中层后备干部进入中层干部序列。

2009 年，按照湖南中烟用工制度改革思路，同步对干部评价结果实行强制比例分布。2011 年，在中层管理人员竞争上岗中，设置纪检监察评价程序，纪检监察部门对参加竞岗人员作出廉政评价和明确的任用意见或建议，为党委对干部选拔任用提供依据。全年共调整干部岗位 32 人次。中层管理人员绩效考核得到进一步量化，通过绩效评价、组织考察、领导评价、正副职互评、民主测评等“360 度”评价方式，进行干部综合考评。出台《中层干部离岗管理暂行办法》，制定干部退出机制。2012 年，制定《干部德的考核评价试行办法》，加强对干部德的管理。2013 年，在干部中开展“1+X”活动，“1”是指“进行一项课题调研”，“X”是指“考取一个职业资格、阅读一本管理书籍、制作一个培训课件、提一条合理化建议”，可以单选或多选。“1+X”学习活动与中层干部年度评价挂钩，促进干部工作主动性和工作创新。年内组织中层后备干部集中学习 17 次。2014 年，干部绩效考核流程在企业信息平台流程体系中运用，绩效评价机制得到持续完善。2015 年，落实《领导干部报告个人有关事项的规定》，按 10% 的比例抽查 8 名中层管理人员（专家）的车辆购置报告情况，对不符合要求的进行整改。

（二）人力资源。零陵卷烟厂高度重视员工队伍建设。随着工厂生产规模的变化和管理进步，根据有关法律和劳动法规变化，建立起一整套员工劳动合同管理、招聘管理、岗位管理、绩效评价、教育培训、薪酬分配等制度体系。员工队伍不断得到优化，素质不断得到提升。2003 年，工厂实行全员劳动合同制，设有专门的人力资源管理部门。年底工厂在册员工数为 1711 人。2004 年并入常德卷烟厂后，员工管理各项制度逐步与常德卷烟厂并轨。是年，实施岗级并轨，岗位级别设置在兼顾现实的前提下，尽可能与总厂保持一致。2005 年实施以“五定”（定岗、定编、定员、定责、定资）为主要内容的用工制度改革。完成组织机构重新设置和定编工作。在原有 21 个部室（车间）1400 多个岗位编制的基础上，缩减到 17 个部室（车间）1022 个岗位。3 月，分厂销售队伍通过竞争上岗完成与总厂销售队伍整合。2005 年 9 月至 2006 年 10 月，按照“精简、高效、科学”原则和“总体规划、分步实施、稳妥推进”的方针，分批完成全员竞争上岗，岗位设置、薪酬分配、考核奖惩等基本与常德卷烟厂接轨。2009 年，工厂按照湖南中烟统一部署，有序推进用工制度改革。出台《用工分配制度改革实施方案》《岗位设置及分类管理规定》《部门绩效管理程序》《员工绩效管理办法》《员工岗位考核办法》《薪点工资初次套入办法》《薪酬管理规定》《任职资格管理规定》《生产操作类作业岗位任职资格评价办法》《首席员工评价办法》

2005 年 10 月 27 日，零陵卷烟分厂举行“五定”之秘书干事综合管理员竞岗理论考试

等文件组成的一揽子改革方案，于当年7月1日起正式实施岗位（薪点）工资。完善了部门、干部、员工绩效考核体系，通过将月度考核与绩效工资挂钩，年底对考评结果进行强制分布的方式，同时打开管理、技术、技能三条晋升渠道。当年底，对全体员工实施了首次强制分布的考核评价。

2003—2015年零陵卷烟厂从业人员年末人数表

表8-9 **单位：人**

年份	2003	2004	2005	2006	2007	2008	2009	2010	2011	2012	2013	2014	2015
人数	1245	1237	1236	1253	1248	1400	1331	1312	1282	1273	931	923	925

（三）职称评定：2003年前，工厂设有主任会计师、主任工程师、主任统计师各1名。享受中层干部副职待遇。2005年，按照《常德卷烟厂专家管理办法》，分厂建立主任工程师制度。8月，出台《主任工程师竞聘实施方案》，经个人申请、资格审查、人选推荐、述职测评、综合评价、组织考察和党委研究。9月，完成主任工程师竞岗，9名技术人员成为主任工程师，定级J9，享受中层干部副职经济待遇。此后，陆续出台主任工程师管理办法、工作职责等规范管理文件，发挥发挥主任工程师技术引领作用。2011年，主任工程师改称专家，设主任级专家、副主任级专家，明确技术通道。2015年年底，工厂共聘用主任级专家2人，副主任级专家5人；在岗高级专业技术职称2人，中级职称132人，初级职称113人。

第二节　劳动管理

一、永州市烟草专卖局（公司）

（一）劳动关系管理。2003年，市局（公司）加强劳动合同管理，及时妥善解决劳动争议问题。是年，共终止解除劳动合同22人，企业、劳动者双方合法权益得到维护。2004年3月，按照省局（公司）要求，市局（公司）对全市系统11家单位用工情况开展自查自纠，经检查，全市系统共有员工3224人（不含离退休职工），其中在岗职工2530人、外聘人员88人、离开单位仍保留劳动关系的606人，全市系统劳动合同签订率为98.4%，但存在个别外聘人员未按规定签订劳动合同的情况，为此，市局（公司）制定发下《社会聘用人员招聘、管理暂行规定》，共清退不规范临时用工12人，加强企业人才和劳动用工管理。是年，全市系统共增加员工278人，其中从农村招收49人、从城镇招收95年、录用退伍军人32人、录用大中专技工学校毕业生1人、调入14人；减少员工261人，其中离退休79人、开除除名辞退3人、终止解除合同91人、离开单位仍保留劳动关系的职工64人、调出 17 人。2005 年 5 月 1 日，省局（公司）在全省系统开展全面清理和规范劳动合同制管理专项工作，根据省局要求，市局（公司）对全市系统各单位的劳动合同制管理工作进行清理、排查，共清退长期性临时工 278 人，清退工作完成后，全市系统各单位按照工作岗位用工需要，均与员工签订劳动合同，并建立合同台账。6 月 26 日起，市局（公司）在以市委常委、常务副市长崔永平为组长，市政府副秘书长蔡自新、市烟草专卖局局长徐文军为副组长，劳动、税务、财政、烟草、公安、工会等有关部门负责人为成员的永州市烟草专卖局（公司）系统改革改制工作协调领导小组指导下，按照“依法依规，公开公正公平、自愿、群众路线与民主集中制和稳中求进”五个原则，采取“统一部署，试点推广，分步实施”的办法，在全市烟草系统开展永州烟草历史上力度最大的一次人事劳动制度改革工作。市局（公司）在全面调查摸底的基础上，制定出台实施方案，经企业职工代表大会通过后，再报地方人民政府审批实施。在实施过程中，市局（公司）严肃政策纪律、坚决按照政策办事，科学设置岗位，按照平等自愿、双向选择、协商一致的原则，公开、公平、公正的开展全员竞争上岗，对成功竞争上岗的，依法变更或重新签订劳动合同，确定劳动关系，对未能竞到岗位的，在认真履行解除劳动合同关系的有关法定手续后，进行妥善安置，维护职工的合法权益不受损害，确保人员分流有偿安置各个环节规范运行。7 月，全市烟草系统人事劳动制度改革工作先行在宁远县公司、复烤厂进行试点，并获得成功。9 月，正式在全市系统全面推开。是年年底，全市系统共有偿安置 708 名自愿解除劳动合同关系的正式职工，支付一次性经济补偿金 11858.7 万元，全市系统从业人员从 2004 年底的 3224 人减少到 1829 人（不含内退人员）。通过改革，历史遗留问题得到有效清理，初步形成“干部能上能下、员工能进能出、收入能高能低”的竞争、激励和约束机制，全市系统干部职工的改革意识、竞争意识、危机意识和责任意识进一步增强，干部职工的年龄、文化和专业技术结构得到进一步优化，工作得到国家局、省局（公司）的肯定和赞扬。2006 年，全市系统增加员工 155 人，其中从城镇招收 51 人、录用复员退伍军人 14 人、录用大中专技校毕业生 7 人、行业内调入 19 人、其他 64 人；减少 200 人，其中离退休退职 58 人、终止解除合同 105 人、离开单位仍保留劳动关系职工 7 人、调出 22 人、其他减员 8 人。2007 年，市局（公司）加强《中华人民共和国劳动合同法》（以下简称《劳动合同法》）学习贯彻力度和劳动合同清理工作。在《劳动合同法》出台前后，召开 3 次专题座谈会，并对全市系统人力资源管理人员进行培训，提高干部职工对劳动法的熟悉度。7 月，按照省局（公司）关于劳动合同制管理工作的专题部署，在全市系统进行全面、彻底的自查和清理整顿工作，劳动合同专项检查工作通过省局验收，并位列全省第四。10 月，市局（公司）对全市系统劳动用工情

2008年，道县烟草专卖局（分公司）开展《明示与承诺书》签订仪式

况进行再次清理，经过两次清理整顿，全市系统共清退各类人员500余人。2008年是劳动合同法实施第一年，市局（公司）将全市系统各单位用工权限收到市局（公司）。10月，在全市系统建立“明示与承诺”制度，与所有员工签订《明示与承诺书》，进一步完善用工机制。是年，全市系统增加员工166人，其中从城镇招收56人、录用大中专技校毕业生8人、行业内调入15人、安置退伍转业军人28人、其他59人；减少171人，其中离退休退职58人、终止解除合同92人、离开单位仍保留劳动关系职工2人、调出17人、其他减员2人。2009年，市局（公司）通过省局（公司）统一招考，招聘大学生21人，为2005年以来引进大学生人数最多的一次。2010年，全市系统在岗在册职工增加100人，其中录用的复员退伍军人14人、录用的大中专技校毕业生8人、从城镇招收5人、行业内调入16人；聘用在岗职工减少127人，其中离退休60人、终止解除合同23人、离开单位仍保留劳动关系职工4人、调出30人、其他10人。2011年，市局（公司）根据市政府要求，做好当年度转业士官、城镇退役士兵安置工作，共接收、安置转业士官、退役士兵19名。同时，根据省局（公司）安排，做好电访中心优化减员工作，共减员20人，并依法依规做好劳动合同解除手续。2012年，根据省局（公司）文件精神，市局（公司）制定出台《永州市烟草专卖局（公司）劳动用工规章制度（讨论稿）》，并于12月9日提交职工代表大会讨论通过，劳动规章制度得到进一步完善。是年，全市系统从业人员增加83人，减少75人，其中增加83人中录用的复员退伍军人21人、录用的大中专毕业生11人、城镇招收6人、系统内调入27人、内退转退休11人、其他7人，减少75人中退休20人、终止解除劳动合同9人、系统内调出35人、死亡7人、其他4人。2013年，全市系统从业人员增加107人，减少78人，其中增加107人中录用的公开招聘人员38人、从城镇招收8人、系统内调入29人、内退转退休19人、其他13人，减少75人中离退休31人、终止解除劳动合同9人、系统内调出31人、死亡2人、离岗学习2人。

2014 年，全市系统从业人员增加 75 人，减少 87 人，其中增加 75 人中录用的公开招聘人员 27 人、系统内调入 26 人、内退转退休 13 人、其他 9 人，减少 88 人中主要有离退休 30 人、终止解除劳动合同 12 人。2015 年，全市系统从业人员增加 87 人，减少 67 人，其中增加 87 人中录用的公开招聘人员 44 人、系统内调入 1 人、本系统内调入 23 人、内退转退休 10 人、录用的复员退伍军人 2 人、其他 7 人，减少 88 人中主要有离退休 30 人、系统内调动 23 人。

（二）薪酬管理。2003 年，市局（公司）在全市系统实行“以事设岗、以岗定薪、以绩定酬、岗变薪变”劳动分配制度，建立竞争上岗、双向选择用人机制，工资向一线岗位和科技含量高、责任重、风险大的岗位倾斜，员工积极性得到进一步调动，企业进一步健康发展。是年，全市系统工资基数总额为 5169 万元，浮动比率为 1∶0.58。2004 年，市局（公司）在继续实行原有劳动分配制度的基础上，推进行业组织结构调整。10 月，对所属的 11 个单位的人员结构、从业情况、机构编制等进行一次全面摸底调查，结合全市实际情况，制定好组织结构调整中的人事劳资方案，并呈报省局。是年，全市系统在岗职工工资总额为 6276.3 万元。2005 年，市局（公司）坚持“国家局宏观调控，省级公司协调监管，企业自主分配，职工民主参与”的分配原则，在“工效挂钩”政策及工资总额计划范围内，自主确定符合企业生产经营实际的收入分配制度。新增效益工资实行分 4 档提取办法，即新增效益工资相当于工资总额基数 10%以内（含）部分可全部提取；10%～25%（含）的部分提取 50%；25%～40%（含）的部分最高提取 30%；40%以上部分最高提取 10%。8 月 5 日，为加强对全市系统薪酬福利政策的研究，建立科学的薪酬分配决策机制，市局（公司）组织成立永州市烟草专卖局（公司）薪酬管理委员会，局长徐文军任主任，副经理周国生、副局长徐招深、纪检组长陈国风、副经理秦江顺任副主任。委员会于 11 日制定印发《永州市烟草专卖局（公司）薪酬管理委员会工作规则》，对委员会机构设置、主要职责、决策程序等方面内容进行明确规定。是年，全市系统薪酬管理制度进一步完善，工资性收入发放行为和渠道进一步规范，薪酬管理工作得到省局（公司）劳动合同专项检查组的肯定和表扬。2006 年，市局（公司）根据《永州市烟草专卖局（公司）薪酬管理制度》，严格执行劳动工资政策，加强对工资总额的宏观调控和管理，在“工效挂钩”政策及工资总额计划范围内，自主确定符合企业生产经营实际的收入分配制度。员工薪酬实行岗位绩效工资制，岗位绩效工资制收入由固定薪酬、浮动薪酬、福利 3 个部分组成，固定薪酬由历史工资、国家规定的政策性补贴、职级工资组成按月发放，员工职级分为 15 个级别，从 3 级开始，历史工资（由岗位工资和年功工资组成）仅适用于老员工，2005 年 1 月 1 日以后新进人员不予享受；浮动薪酬包含绩效奖、年终奖、项目奖、新增效益奖、局长（经理）特别奖，绩效奖与月度考核结构挂钩，按季度计算分月发放，项目奖只针对参与项目的员工享受，年终奖与年度考核挂钩，于次年年度考核与效益核算后发放，局长（经理）特别奖由部门申报或由局长/经理提名，由本单位薪酬考核委员会批准，对在年度工作中有突出贡献或在系统竞赛评比中取得较好成绩的个人或某一团队给予特别奖励，新增效益奖是全市系统在年度经营税利目标超额完成情况下，国家对企业贡献的奖励，与单位年度经营情况及个人薪资水平挂钩，按年度发放，计算标准为“新增效益奖额度=80%×单位新增效益奖”。是年，由于企业全面扭亏增盈和减员增效，使得员工工资性收入较上年度有所增加，全市系统在岗职工工资总额为7510.9万元，全市系统实行工资奖金向一线和县局倾斜，市局机关将新增效益工资366.9万元全部划给县局（营销部）。2007年，市局（公司）建立健全在职职工收入分配机制，通过人力资源改革，统一全市系统收入分配项目和分配系数，完善薪酬激励和约束机制，各县（区）局在职职工收入得到提高，市县收入差距进一步缩小。是年，全市系统共使用工资总额为9694万元，同比增长15.8%，新增的1327万元工资全部分配给县（区）局（营销部），并继续严格控制市本级的工资发放。2008年，市局（公司）按照总额控制、竞争激励、向基层一线倾斜、规范性4个原则，推动薪酬分配创新，充分运用薪酬杠杆，提高工资总额与两烟生产经营、财务等主要考核指标挂钩部分比例，继续贯彻新增工资向基层倾斜政策，缩小市县、县与县之间收入差距，提高员工积极性。12月，按照省局统一部署安排，全市系统取消历史工资、统一职级工资测算，进一步完善薪酬体系。是年，全市系统使用工资总额为12536万元，同比增长29%，新增的2856万元工资计划，除市本级与原冷水滩营销部合并拉平人均收入用去604万元外，其余2252万元全部分配给县局（分公司），市与县、县与县之间收入差距大大缩小。2009年，市局（公司）坚持总额控制、竞争激励、向基层一线倾斜和规范性的原则，将工资总额与卷烟销量、烟叶收购量、财务相关指标、专卖打假成果4项经济指标挂钩，引入竞争奖励机制，缩小市县两级收入差距。同时，按照“积极贯彻、稳妥推进、平稳过渡”的总体要求，逐步取消全市系统的历史工资、统一职级工资。12月18日，市局（公司）制定下发《永州市烟草专卖局（公司）岗位工资标准表》，全市系统员工工资标准，按照工龄每5年/阶段的标准，换分为5年以下、6~10年（含）、10~15年（含）、15~20年（含）、20~25年（含）、25~30年（含）、30年以上7个阶段，每个阶段对应3个薪档，共24个薪档，在按照1~17个薪级进行一一对应。2010年，省局（公司）制定下发《湖南省烟草商业系统2010年工资总额管理办法》，规定全省系统各单位工资总额提取数由“保障性工资”“劳动力价值因素工资”“历史因素工资”3部分构成，其中“保障性工资”

依据各位单的编制人数和认可的编制外人数，按人均5万元核算，保障性工资的人数=编制人数+该单位2010年离岗休息人员平均数-该单位业务外包冻结人数的四分之一，保障性工资=该单位计算“保障性工资”的人数×5万元；“劳动力价值因素工资”按编制人数和6个效益、效率指标因素确定，计算时剔除烟基投入；“历史因素工资”根据“上年度工资发放计划”确定，计算公式为：历史因素工资=本单位上年工资发放计划÷Σ（各单位上年工资发放计划）×［可分配工资总额-Σ（各单位“保障性工资”总额）］×30%。工资发放计划核定办法，按照“以来源确定计划”原则进行，对人均工资增长低于8%的单位，核增工资计划至人均增长8%，在此基础上，人均工资低于全省平均水平且有工资结余的单位适当核增工资计划，增长幅度控制在1.5%以内，增长率=｜本单位与全省平均水平的差值（百分比）｜×1.5%÷0.0532，0.0532为各单位与全省系统人均工资差的极大值。2010年，各单位提取数与发放数差额形成的当年工资结余，可用于办理企业年金、群众性的小改小革及科技创新奖励、改善离退休及离岗休息人员待遇。是年，市局（公司）实际使用工资总额为16549万元，同比增长9.6%。2011年，全市系统全年实际使用工资总额为18811万元，另纳入工资管理的五项补贴1148.3万元，合计19959万元，工资总额同比增长13.6%，增长的工资总额全部分配给县级局（分公司），市、县之间同级别人员收入基本持平。2012年，市局（公司）按照《湖南省市级烟草专卖局（公司）岗位工资管理办法》，建立并推行岗位工资与员工工龄、学历学位、技术技能资格、任职年限、年度岗位考核结果、评先表彰挂钩的正常调整机制，提高岗位工资标准，突出岗位工资的保障性基础作用，岗位工资比重由原来33%提升到50%。是年，全市系统全年实际使用工资总额为22572.4万元，工资总额同比增长13%。2013年，市局（公司）做好绩效管理试点工作。转变分配方式、考核模式、计酬办法、结果应用，提升绩效管理效果，推进“担烟工资制”，推行按量计酬绩效管理模式试点，并将绩效考核结果应用于员工绩效分配、岗位调整、评先评优和岗位竞聘等方面。是年，全市系统全年实际使用工资总额为263430万元。2014年，全市系统发放工资总额为39031万元，其中分配到县级局23406.4万元，同比增加3427.5万元，县市两级员工人均收入比为1∶1.09，收入差距进一步缩小。2015年1月5日，市局（公司）制定下发《2015年全市系统薪酬发放指导意见》，按照“注重公平、兼顾效益”的原则分配各单位工资总额，工资发放项目包含实发工资和五项补贴。实发工资包含在岗人员的岗位工资、绩效工资和保留劳动关系人员生活费，其中绩效工资由月度绩效工资、年度考核绩效工资、分线倾斜绩效工资组成，各县区局可从市局核发的绩效工资中提留不超过5%的比例，用于本单位局长特别奖、加班费、新闻稿件奖、竞赛优胜奖等项目，但不能分设倾斜奖。五项补贴中，节日补贴按照春节 1000 元/人、端午节 600 元/人、中秋节 600 元/人、“三八”妇女节 400 元/人、“八一”建军节 400 元/人标准发放，通信补贴按照《湖南省烟草公司永州市公司关于印发通讯费用限额报销办法的通知》执行，交通补贴按照“月交通补贴=（五项补贴-节日补贴-通讯补贴）/12 个月”计算办法发放，2015 年暂按照 650 元/月/人标准发放。12 月 30 日，省局（公司）制定印发《2015 年全省系统工资总额发放管理办法》，文件规定，工效挂钩单位实发工资总额增量按“因素法”进行分配，与国有资本保值增值率、成本费用利润率、人均实现税利 3 个指标挂钩。五项补贴上，因正常增人导致交通补贴、通讯补贴、节日补贴出现增量的，增量部分按照各单位 2014 年财务决算确认的上述三项补贴总额的 5%以内据实列支；工资总额中单列的“五项补贴”，各单位不得自行提高发放标准。是年，市局（公司）实发工资 28198 万元、五项补贴 1643 万元、其他 1025 万元。

（三）员工福利。2004 年，市局（公司）增加“集体福利设施费用及集体福利事业补贴费用”和“医疗卫生费”2 项员工福利，全年全市系统职工福利费用总额为 861 万元，与上一年相比增加 262.6 万元。2005 年 12 月 6 日，省局（公司）制定印发《湖南省烟草专卖局（公司）系统职工重大疾病救助暂行办法（试行）》。按照省局（公司）要求，市局（公司）做好全市系统职工医疗救助制度和建立健全职工福利保障制度的探索，帮助患重大疾病职工缓解生活困难。2008 年 4 月，市局（公司）市局（公司）建立健全补充养老制度，制定出台《湖南省烟草公司永州市公司企业年金方案》，规范企业年金管理。5 月 8 日，组织成立湖南省烟草公司永州市公司企业年金管理委员会，局长徐文军任主任，纪检组组长陈国凤任常务副主任，副局长刘名勤、副经理秦江顺、副经理刘正日任副主任，委员会办公室设人劳科。7 月 3 日，湖南省劳动和社会保障厅批复同意市局（公司）在全市系统组织实施《企业年金试行办法》，是年底完成企业年金资金建账和划拨工作。2010 年，市局（公司）制定出台企业补充医疗保险暂行办法，规范、完善职工大病医疗保险工作，确保广大职工“大病少花钱”，提高职工医疗保障支付水平，减轻参保大病医疗费用负担，完善多层次医疗保障体系。2011 年，国家烟草专卖局对劳资年报表内容进行调整，取消企业在岗职工福利费用情况表、从业人员参加包厢情况表、签订劳动合同情况表。至此，职工福利费用情况不在单独列表统计。是年，市局（公司）进一步完善企业多层次医疗保障体系，规范、完善职工大病补充医疗保险工作，全面铺开职工补充医保兑现工作。2012 年，市局（公司）将退休职工纳入门诊医疗待遇的享受范围，门诊医疗待遇额度的分配也调整为按年龄或工龄进行分配。9 月 19 日，为规范企业补充医疗保险管理，保障企业补充医疗保险工作正常有序开展，市局（公司）成立永州市烟草公司企业补充医疗保险管理委员会，纪检组组长陈国风任主任，副经理秦江顺、副局长阳天和任副主任，委员会负责制定企业补充医疗保险方案并持续修订完善、保险资金账户管理、保险报账、向职代会通报企业补充医疗保险资金管理及运行情况等日常管理工作。是年，企业年金实现连续四年保值增值，资产增值 302. 36 万元，平均年后收益 3. 16%，退休职工养老保障得到进一步加强。2013 年，根据国家烟草专卖局文件规定，市局（公司）对住房公积金和企业年金的缴费政策进行调整。住房公积金从 2013 年 7 月 1 日起，单位和职工缴存比例不得高于 12%，缴存的月工资基数，最高不超过职工工作地设区城市统计部门公布的上一年度职工月平均工资的 3 倍。企业年金从 2013 年 1 月 1 日起，缴费标准调整为上年度职工工资总额的 5%，个人缴费标准调整为不低于企业缴费标准的 1/4，并对 2011—2012 年企业缴费超过 5%的部分，从 2013—2014 应缴企业年金终进行扣回。是年，市局（公司）企业年金计划资产余额为 8086. 2 万元，全年实现收益 210. 5 万元，年收益率 2. 8%。

2003—2010 年永州市烟草商业系统职工保险福利费用情况表

表 8-10　　　　**单位：万元**

年份	合计	集体福利设施及福利事业补贴费	医疗卫生费	文体宣传费	其他
2003	589. 4				
2004	861	80. 2	510. 2	44. 1	226. 5
2005	787. 2	97. 3	462. 5	29	198. 4
2006	766. 4	118. 7	443. 3	21	183. 4
2007	1361. 6	115. 8	1121. 4	1. 3	123. 1
2008	1017. 7	179. 2	772. 8	3. 3	62. 4
2009	1125. 8	164	919. 9	0. 2	41. 7
2010	1271. 3	183. 4	973. 3	2. 5	112. 1

二、零陵卷烟厂

（一）劳动关系管理。工厂建厂时，以全民工为主，并根据生产情况外聘一部分临时工人。1986 年起，国务院发布四项制度改革，实行劳动合同制，开始招收合同制工人，合同工、固定工并存。1996 年，根据湖南省湘政发〔1995〕12 号文件《关于企业职工全面实行劳动合同制的通知》，制定《实行劳动合同制实施办法》，从 10 月 1 日起，除上级委任干部外，全厂实行全员劳动合同制。原职工身份统称企业职工，当年签订劳动合同人员2205人。1998年，为贯彻国家局的万箱用工达标精神及减员增效的劳动人事制度改革，制定实施《劳动人事制度及机构改革实施方案》。实行转岗分流，并鼓励职工自谋职业，第一次提出职工解除劳动合同的正式补偿标准。共有28人辞职自谋职业。2000年，在劳动用工方面本着“一要规范、二要改革、三要创新”的原则，采取全面清退临时工、内部退养等多种措施，实施转岗分流，优化组合，减员增效，当年内部退养103人。同时制定实施《劳务用工管理规定》，规范劳务用工，全厂劳务用工实行统一管理，由厂劳动服务公司代管，全年清退临时工400人。2005年由常德卷烟厂招聘大专院校学生10名、2006年招聘大专院校学生7名至工厂工作。2008年，从属地多元化公司工作的退役军人中招聘10人进入零陵卷烟厂工作。2009年起，由公司负责统招大专院校学生至工厂，当年招聘10名，2010年招聘5名，2012年5名，2013年8名，2015年9名。2010年开始，经公司批准同意，面向员工子弟招聘生产操作工人，当年共招聘子弟10名，2011年10名，2012年12名，2013年8名，2014年8名。

（二）薪酬管理。1997年6月，零陵卷烟厂严格按照法律法规和上级精神，贯彻效率优先、兼顾公平及公开民主原则，科学设置激励机制。每年均通过职代会审议表决通过《员工薪酬分配方案》等重要分配文件，制定《职工晋升工资实施办法》，将一岗一薪调整为一岗多薪工资制。1999年7月，制定《1999年调整工资实施办法》，进行岗位工资改革，全厂统一实行岗位工资制，取消技能工资。2009年，根据《国家烟草专卖局关于进一步深化烟草行业收入分配制度改革的意见》《湖南中烟工业有限责任公司关于深化用工分配制度改革的意见》精神，对在岗员工进行用工分配制度改革，制定《用工分配制度改革实施方案》，实行岗位绩效工资制，建立以岗位价值、任职资格及工作业绩为主线的工资分配制度。实施方案报公司批准后于7月1日起执行。

第三节 离退休人员管理

一、永州市烟草专卖局（公司）

2003年，市局（公司）在离退休人员管理上沿用之前的管理办法，做好离退休人员的关心与慰问工作。2004年春节期间，市局（公司）为每位退休老同志发放慰问金1000元。2005年春节期间，市局（公司）为市局机关退休老同志每人发放的慰问金由上年度的1000元上涨到2000元，加强对老同志的关怀。10月27日，市局（公司）组织机关离退休老同志开展麻将、扑克、象棋比赛，丰富其业余生活。2007年，市局（公司）以建设老年活动中心工作为重点，建章立制，规范服务，丰富离退休人员精神文化生活，加强和改进离退休党支部建设工作。是年，全市系统离退休人员生活补贴和活动经费新增 400 余万元。2008 年，市局（公司）新增 1 名专职离退休干事，专职做好离退休管理工作，首次组织召开全市系统离退休老同志座谈会。是年，市局机关第十三党支部被评为全省优秀离退休党支部、1 名老同志被评为全省“老有所为”先进个人。2009 年，市局（公司）制定下发《永州市烟草专卖局 2009 年老干工作要点》，合理设置离退休干部党支部或党小组，选配党性强、威信高、身体好、讲奉献的老同志担任党支部和党小组委员，发挥党支部和支部成员、党小组长的作用。10 月，举办全市系统庆新中国成立 60 周年老年门球赛，并选派优秀队伍参加全省商业系统首届老年门球赛。2010 年，市局（公司）将走访慰问与“办实事、送温暖”结合起来，通过开展老同志座谈会、新春茶话会、团拜等形式，做好老同志关怀工作。12 月 26 日，为提高离退休老同志生活待遇，共享企业发展成果，经市局党组研究决定，调整全市系统离退休人员企业补贴标准，在原补贴标准基础上，根据人员类别不同，分别增加 100 元/月、120 元/月、150 元/月。是年，全市系统共有专职离退休工作人员 24 人，建立离退休党支部 12 个，拥有离退休人员活动中心（站、室）13 个，建筑面积 2250 平方米，总投资 203 万元；共走访慰问老同志 428 人，发放慰问金和慰问物资 56 万余元。

2011 年，市局（公司）再次提高离退休老同志生活待遇，离退休时间 5～10 年（不含 10 年），每人每月增加 100 元；离退休时间 10～15 年（不含 15 年），每人每月增加 150 元；离退休时间 15 年以上的，每人每月增加 200 元。是年，市局（公司）在全市系统开展争创“五好”离退休老干支部、“老有所为”先进个人活动，共评选出“五好”离退休老干支部 6 个、“老有所为”先进个人 11 名，市局机关离退休十三支部获得全省系统“五好”离退休老干支部称号，1 名老同志获得全省系统“老有所为”先进个人称号；市局（公司）选送的“金叶颂余晖”节目，在全省系统“幸福金秋”老年活动周上获得一等奖。2012 年，市局（公司）进一步建立离退休人员走访工作制度，建立工作台账，实施分类管理，同时通过组织老同志前往烟区调研参观、举办全市系统老年人门球赛等方式，丰富老同志业余文化生活。7 月 31 日，市局（公司）调整全市系统离岗休息人员生活补贴，在现行月度生活费基础上增加一定额度生活费，具体增加标准为：一般员工 500 元/月，副股级 530 元/月，正股级 550 元/月，副主任科员、副科级 580 元/月，副科长级 600 元/月，主任科员、正科级 630 元/月，正科长级 650 元/月。是年，全市系统离退休服务管理工作得到国家局、省局（公司）肯定，有 1 人被评为“行业离退休管理工作先进个人”。

2013年，市局（公司）代表队参加全省系统“幸福金秋”杯老年门球赛并获得冠军

2013年，市局（公司）以学习中共十八大精神为契机，推动老同志党支部建设工作，顺利完成市本级老年支部改选。组织成立机关老年体育协会委员会，协调做好系统内外各项老干文体活动。组织代表队参加全省系统“幸福金秋”杯老年门球赛，并获得冠军。2014年，市局（公司）按人员类别再次调整退休人员企业补贴标准，全市系统离退休人员企业生活补贴人均增加500元/月，调整后离退休人员的收入分别为，正处级2800元/月、副处级2600元/月、其他离休2350元/月、正科级2220元/月、副科级2130元/月、正股级2050元/月、副股级2030元/月、其他一般员工2000元/月。同时，按退休年限满5年、10年、15年的档次，退休人员企业补贴分别在以前基数标准上增加100元/人、150元/人、200元/人。节日慰问金上，端午、中秋、重阳3个节日，慰问金均为600元/人，春节为1000元/人。

2003—2015年永州烟草商业系统离退休退职人数及保险福利费用情况表

表8-11 **单位：人、万元**

年份	离退休人数	年末实有人数	保险福利费用							离退休人员年均收入（元）
			合计	离休金	退休金	退职生活费	企业生活补贴	医疗卫生费	其他	
2003	27	708	837	24.3	518.2	1.4	0	70.5	218.2	10147
2004	79	787	839.4	25.9	519.7	1.6	0	71.4	220.8	10155
2005	15	791	1067.2	25.3	701	1.5	0	71.2	295.3	11477
2006	58	849	1216.7	24	761.8	1.5	0	71	358.4	13752
2007	76	900	1756.3	25.7	930	1.5	0	108.1	691	18837
2008	58	855	2317.6	28.6	1036.4	0	0	183.5	1069.1	25436
2009	58	894	2790.3	26.7	1107.7	0	0	491.5	1164.4	26332

续表8-11

年份	离退休人数	年末实有人数	保险福利费用							离退休人员年均收入（元）
			合计	离休金	退休金	退职生活费	企业生活补贴	医疗卫生费	其他	
2010	60	932	2864.1	29.6	1287.3	0	0	218.5	1328.7	28694
2011	14	921	3512.2	27.9	1717.1	0	1426.1	341.1	0	37970
2012	20	912	4128.4	23.2	1962.4	改为活动费：64.3	1750.3	328.2	0	42338
2013	31	916	5678.2	23.6	2207.4	67.7	2909.4	433.5	0	56842
2014	30	919	5590.2	19.3	2475.6	67.5	2851.4	81.9	94.5	62267
2015	30	917	6449.4	24.5	2766.8	55	3133.6	458.1	11.4	63370

二、零陵卷烟厂

2003—2004 年，零陵卷烟厂离退休服务工作归口离退休办公室（与生活服务公司合署办公）管理。2005 年 8 月 19 日，根据工厂离退休人员逐年增多的情况，单独成立离退管理部，部门本着“老有所养、老有所乐、老有所为”的宗旨，尽量满足老年人休闲、娱乐、健体、益智的愿望与需求，工厂创造条件，提供场地、设施和资金，开展各类适合老年人的活动。2012 年，工厂成立老年大学，通过与当地老年大学合作办学等方式，开设舞蹈、合唱声乐、拳剑扇、军鼓乐队共 4 个班级，当年共有 220 名学员。此后，陆续完善老年大学管理制度，根据离退人员需要和爱好增办瑜伽、电脑、摄影、书法、美术班等，丰富提升离退人员文化生活。此外，离退人员还自主组织羽毛球、乒乓球、广场舞等十余个爱好协会，在离退办指导下自主开展活动。2014 年，工厂参照社区网格化管理模式，为发挥离退人员自主管理积极性，推行离退人员网格化管理与服务：以离退总支所辖区域为基础，将下设的离退各支部定为二级网格，各离退支部把下设的党小组定为第三级网格，并与离退人员自主管理三级小组重合，以此来强化党建工作，并一岗双责，推动党建带群建。同步出台《网格管理手册》，对网格管理的性质、工作范围、职能及管理骨干职责等进行明确，并推荐选举政治过硬、经验丰富、有热情和意愿为离退人员服务的支部书记、党小组长等（各级网格长）。由此，以离退党总支为一级、5 个离退支部为二级、58 个小组为三级的网格框架形成。在离退管理部门（党总支）指导下，提升为党员群众办事服务的能力效率。

2003—2015年零陵卷烟厂离退休、离岗退养人数统计表

表8-12　　单位：人

年份	2003	2004	2005	2006	2007	2008	2009	2010	2011	2012	2013	2014	2015
人数	466	436	404	685	642	601	573	962	958	952	946	940	942

第四节　教育培训

一、永州市烟草专卖局（公司）

（一）职工培训。2003年，市局（公司）继续沿用之前的管理办法，抓好职工培训工作。2004年，市局（公司）将教育培训纳入年度目标和经济责任制同检查、同考核，建立员工考核办法和奖惩制度，确保培训效果，全年共投入培训经费117.2万元，其中教育经费投入109.5万元，设备设施投入7.7万元；全市系统共有1849人参加教育培训，培训人次为2308人次，毕结业2278人次；高等教育94人，毕结业64人，其中选送13人参加农学专业本科学历班深造，选送人数为全省系统最多。2005年5月27日，市局（公司）制订印发《全市系统2005年度教育培训计划》，做好全年员工教育培训工作。是年，全市系统开展培训83场次。2006年2月15日，市局（公司）印发《2006年全市系统教育培训计划》的通知，通知要求，短期培训由各县区烟草专卖局（公司）、天顺公司自行组织；各类培训班要尽可能开设专卖、营销、烟叶、财务、人力资源5个专业的课程。是年，市局（公司）共投入教育经费249万元，开展各类岗位培训255次，培训人员4162人次；开办继续教育培训班17次，培训人员97人次；开展学历教育培训班20次，培训人员68人次。

2007年，市局（公司）加快教育培训制度化建设和培训力度，从党校、培训机构、高效科研机构3个渠道，做好干部职工培训工作。先后制定出台《全市教育培训管理办法》《全市教育培训计划》，通过与湖南农大、湘潭大学等院校合作举办研究生教育班的方式，做好教育培训管理。同时，根据专业技术职务岗位职责要求，针对性的做好业务知识、管理理论培训，通过组织高中级专业技术人员深入基层举办烟叶、营销等各类适应性培训的方式，打造一批全市系统适应性中短期培训的骨干教师队伍，促进聘用人员向研究型高级人才方向发展。是年，全市系统共有994人参加培训，累计培训人员2091人次，其中工商管理培训45人次、适应性短期培训1125人次、学历学位教育培训55人次、继续教育培训866人次。2008年，市局（公司）分层次、分类别地制订全年教育培训计划。6月，与湖南农业大学合作联办的农业推广硕士班开课，全市系统共有60余人攻读硕士研究生、160余人攻

读本科及大专学历。9月，举办营销、专卖、物流人员专业素质与能力提升培训班，培训人员300余人次。11月，在宁远办班一期，培训鉴定烟叶工种110人。是年，全市系统共投入教育培训经费354万余元，举办培训班180个，共有2126人参加培训，培训人员8098人次，其中岗位培训7419人次、技能鉴定培训659人次、学历教育培训214人次、继续教育培训993人次、入职培训20人次。2009年1月9日，市局（公司）在以局长李刚华为主任，纪检组组长陈国风、副局长刘名勤、副经理秦江顺、副经理刘正日为副主任的内部培训管理委员会指导下，按照《永州市烟草系统职工内部教育培训体系建设实施方案》要求，通过“内部组织、自主授课、学分计划、考核挂钩”的措施，抓好全市系统干部职工内部教育培训工作，确保实现“促使内部健知教育队伍迅速发展，并充分发挥兼职教师队伍作用，提高部门负责人、业务骨干的综合素质；通过加强培训的针对性、实用性和强化岗位业务知识方面的培训，实现新知识和工作要求的快速传递，从而全面提升整个员工队伍的技能水平和业务素质”的目标。是年，全市系统共投入培训经费344万余元，举办培训班248个，其中岗位类培训班235个、入职类培训班4个、技能鉴定类培训班1个、其他类培训班8个，累计培训人次11205人次。2010年5月17日，市局（公司）制订印发《永州市烟草专卖局（公司）2010—2014年度职工教育培训规划》，方案提出通过建立和完善教育培训管理体系、加强学历教育、加强业务和综合素质提升培训、深入推进内训体系建设等措施，力争到2014年，实现“全市系统新增博士1人、硕士35人、本科以上130人，行业特有工种持证上岗比例达到96%”的目标。围绕规划目标，市局（公司）以“金叶职工夜校”为阵地，采取请进来走出去重点学、会者为师相互学、生产急需首先学、集中培训普遍学等方式，做好系统内的干部职工培训工作。同时，继续保持与湘潭烟校、湖南大学等院校人才培训合作关系，做好订单培训、合作培训、定向培训等多种企校合作培训模式的探索，抓好学历教育培训工作。全年共举办培训班276期，培训7974人次，其中有70名职工参加复合型技术和管理人才培训。

2007年，市局（公司）与湘潭大学合作的MBA班顺利开班授课

2011年6月，市局（公司）举办与湖南农业大学合作联办的农业推广硕士班毕业典礼

2011年，市局（公司）继续围绕职工教育培训规划目标，加大高层次教育组织力度，做好教育培训工作。4月，与湖南大学联合办学的2010级MBA永州烟草班正式开班办学授学。7月，首次承办与湖南农业大学合作办班的08届农业推广硕士毕业典礼。是年，全市系统共投入教育培训经费423.7万元，开展内部培训245期，参训6000余人次。2012年，市局（公司）根据国家局、省局（公司）要求，拓展干部职工培训渠道，利用行业教育培训管理网站，加强教育培训信息化管理水平，做好教育培训工作。同时，继续加大高层次、高学历人才培养力度，先后选送11名员工参加省局与高校合作开办的会计、营销、物流、农学专业脱产硕士研究生班；继续承办与湖南大学合作的MBA班，培养学员28人。是年，共投入教育经费613万元，开展网上培训班55个，受训2278余人次，总培训41816课时，培训计划完成率100%，实现50%以上在岗人员每人每年参加脱产培训累计不少于40课时的目标；兼职培训师建设方面，共有4名员工获得二级企业培训师，完成国家局、省局培训任务99%。2013年，市局（公司）启动岗位体系建设准备工作。6月，制定下发《永州市烟草专卖局（公司）岗位培训体系建设实施试点方案》，以烟叶日常岗位培训为突破口，分框架、分层次开发烟叶生产、烟叶收购调拨、物资管理、合作社建设等8大课程，细分31个课件列入必修和选修项，明确试点单位，做好组织实施。加强教育培训信息化管理水平，全年共建8小时以上培训班11个，参训人数达2460人次。同时，根据全市首次实行散烟收购方式的安排，选派20余名烟叶分级业务骨干，深入各产烟县、烟站、烟叶收购点，做好对全市80个散烟分级队、5000名分级工、烟叶技术员的培训工作，确保每位散烟收购分级工均通过测评持证上岗。2014年，市局（公司）制定印发《永州市烟草系统职工教育培训管理办法》，加强全市系统员工教育培训管理。全年共累计投入培训经费678.24万元，开办培训班23个，培训人数1037人，拥有兼职教师19人，职教干部13人。2015年，全市系统共累计投入培训经费667万元，开办培训班21个，培训人数1021人。

（二）技能鉴定。2003—2006 年，市局（公司）技能鉴定工作主要是根据上级单位要求，做好本系统内员工技能鉴定工作。2007 年起，市局（公司）正式与省局（公司）烟草职业技能鉴定站开展订单式职业技能培训合作，开始稳步推进人力资源管理师、物流管理师等社会职业技能鉴定工作，是年，共选送 20 人参加社会职业技能鉴定，鉴定培训卷烟商品营销员和烟叶分级工 167 人。2008 年，市局（公司）继续加大与省局（公司）烟草职业技能鉴定站的合作，提升鉴定的规格，拓宽鉴定的职业种类，首次开始送培专卖技能鉴定人员。2009 年，市局（公司）与省局（公司）职业技能鉴定站拓展合作深度，结合两烟生产经营实际，在烟叶分级和卷烟营销上推行订单式培训模式。是年，共有 142 人参加技能鉴定培训，其中卷烟营销技能鉴定 52 人、烟叶分级技能鉴定 60 人、专卖管理技能鉴定 30 人。2010 年，全市系统三线持证上岗率全省第一，烟叶分级、卷烟商品营销、专卖管理持证上岗率分别为 88%、49%、35%，其中高级工达到 218 人，技能鉴定工作获得省局（公司）肯定。2011 年，市局（公司）与 11 个直属单位签订技能鉴定质量工作责任状，加强技能鉴定管理。是年，共举办技能鉴定考试 5 批，合格率首次突破 73%，同比提高 12 个百分点，全市系统共有高级工 281 人、中级工 559 人，分别占员工总数 20%、39%，员工持证上岗率进一步提高。2012 年，市局（公司）继续采取与直属单位签订技能鉴定质量工作责任状的方式，加强技能鉴定管理。是年，全市系统参加初中高级工鉴定人数为 274 人次，平均合格率达到 80%，创历史最好水平；参加二级技能鉴定 12 人，有 3 人获得全市系统首批专卖和营销技师；全市系统有 2 人晋升高级经济师，高级专业技术人才同比增长 20%；67 人通过鉴定晋升获得高级及以上等级资格，高级技能人才同比增长 16%。2013 年 2 月 26 日，省局（公司）制定下发《湖南省烟草专卖局特有职业（工种）职业技能鉴定站关于下发 2013 年行业特有职业（工种）技能鉴定工作计划和安排的通知》，要求各地市州公司根据烟叶、卷烟、专卖基层队伍建设要求，做好技能鉴定工作，并提出全省系统各单位三线持证上岗率要达到 90%、高级工及以上达到 35%的要求。4 月 17 日，按照省局（公司）要求，市局（公司）下发通知，对全市系统专卖、营销 2012 年底持证情况进行摸底，经统计，全市系统专卖线持证率为 84.7%、卷烟线持证率为 79.6%，针对专卖、营销持证上岗率偏低情况，市局（公司）继续采取与各直属单位签订技能鉴定质量工作责任状，压实责任，加强技能鉴定管理。是年，全市系统三线持证上岗率达到 85%，其中烟叶高级工持证比例达到 50%。2015 年，市局（公司）技能鉴定工作重点抓好提升持证结构。是年，全市系统共有 126 人参加技能鉴定，三线队伍持证上岗率达到 95%，达到省局（公司）要求，7 人通过国家局二级技师鉴定。

2015年，市局（公司）参赛选手在全国第六届烟叶分级职业技能竞赛中取得优异成绩

（三）技能竞赛。2003年，市局（公司）在技能竞赛组织管理上主要沿袭之前的做法。2004年，省局（公司）举办全省系统首届烟叶分级技能竞赛，市局（公司）代表队有1人获“省级烟草技术能手”荣誉称号、9人获得优胜奖、4人获得鼓励奖，并获得竞赛团体第一名的好成绩。2006年8月30日，市局（公司）参照省局（公司）的做法，在冷水滩举办举办首届卷烟营销职业技能竞赛，全市系统共有140余人参加比赛。2008年，结合两烟生产经营实际，市局（公司）有针对性的开展在职在岗教育，抓好技能竞赛工作。是年，在全省系统烟叶分级技能竞赛中，市局（公司）代表队再次获得团体第一名的好成绩。2010年，市局（公司）通过开展物流配送职业技能竞赛、卷烟营销比武、烟叶分级比武等多种形式职业技能竞赛，加强队伍建设，先后组织职工参加国家局、省局（公司）开展的各类技术比武，并获得佳绩，共有1人获得“全国烟草技术能手”称号、4人获得“全省烟草技术能手”称号。

2011年，省局（公司）在全省系统开展企业兼职培训师竞赛活动，市局（公司）结合实际，选派人员做好各项参赛准备工作，共选派8名员工参加竞赛，有1人获得烟叶组三等奖，并被省局（公司）聘任为首批兼职培训师。2012年，市局（公司）大力开展竞赛比武活动，先后举办烟叶分级、卷烟商品营销、烟草专卖管理、卷烟物流技能竞赛，鼓励烟农辅导员和电访员参加竞赛，共有834名选手参加比赛，参赛人数为全省最多。在全省系统烟叶分级竞赛中，有1人获得“省级烟草技术能手”称号。2013年6月，市局（公司）举办永州市烟草专卖局第三届烟草专卖管理岗位技能竞赛，提升全市系统专卖管理队伍的岗位技能。2015年，在全省系统第五届烟叶分级技能竞赛中，市局（公司）获得团体冠军，并包揽个人奖项前三名，在全国第六届烟叶分级竞赛中，2人分别获得个人第2、第11名，共有7人被评为“全省烟草技术能手”、5人被评为“全国烟草技术能手”、1人被评为“全国技术能手”。

二、零陵卷烟厂

（一）职工培训。工厂员工教育培训工作由人力资源部门负责。2003 年以来，为适应发展需要，工厂每年制订教育培训计划，对员工进行培训。主要包括管理培训、岗位技能培训、上岗（任职）资格培训以及部分学历教育等。主要方式是短期、不脱产。特殊工种（岗位）人员的培训以外培为主，即通过参加资格认证机构举办的培训学习班获取资格证。2003 年，工厂送 9 名员工到中南工业大学参加两年 MBA 课程学习，送厂领导 1 名参加湖南大学两年 EMBA 课程学习。2004 年，首次建立兼职教师制度，选拔出首批 12 名兼职教师，开办以素质教育为主的“职工周末学校”，共有 130 多名职工报名参加学习。同时，在学历教育上，取消以往“与当地大学、电大或自考机构合作组织员工开展学历教育”的方式，改为“以员工自主学习为主，工厂给予取得毕业文凭的适当奖励”，员工开始通过成人高考、自学考试、党校及其他函授学习等方式，开展个人学历教育。2005 年，分厂 4 名大学毕业生员工考入湖南中烟与中南大学合作举办的 MBA 培训班学习。2006 年，组织行业特有工种的职业技能鉴定，共 190 名员工参加，17 名高级工、88 名中级工通过鉴定。此后持续开展行业通用工种和特有工种技能鉴定培训工作。2007 年，分三批将一线员工 50 人送到长沙烟厂跟班培训一个月。2008 年年初，首次系统性组织编写 23 个操作岗位技能培训教材。2009 年，工厂有两名员工考入国家局在职研究生学位班学习。2012 年，为配合芙蓉王生产，组织芙蓉王（硬）生产专项培训，全年度共分 5 批次组织 122 名生产车间操作工、管理员、维修工及检验员到常德卷烟厂学习。2013 年，分 8 批次组织 215 名生产车间员工到常德卷烟厂跟班培训，186 名员工参加上岗资格取证评价考核，通过人员 182 人，通过率 98%。2014 年，承办湖南中烟第三届烟机设备维修职业技能竞赛（经国家局批准的省级二类竞赛），工厂 8 名参赛选手均获得荣誉。2015 年，组织 80 余名员工参加公司网络课件竞赛，共产出课件成品 95 个，其中 17 个课件作品获奖。是年年底，工厂共有硕士研究生 17 人、大学本科 186 人，大专

2011 年 11 月，零陵卷烟厂举行特有工种职业鉴定理论考试

288 人、中专/技校/高中毕业及以下 427 人；取得职业资格 767 人（按证书统计，有一人多证情况），其中通用工种 358 人，中级工 24 人、高级工 112 人、技师 173 人，高级技师 49 人；行业特有工种 409 人，其中初级工 32 人、中级工 158 人、高级工 200 人、技师 19 人。

2003—2015 年零陵卷烟厂教育经费投入表

表 8-13　　单位：万元

年份	2003	2004	2005	2006	2007	2008	2009	2010	2011	2012	2013	2014	2015
投入经费	29	142	114	104	209	226	258	257	277	299	286	210	83

（二）劳动竞赛。2003—2015 年，零陵卷烟厂一直将劳动竞赛和技能比武作为重要工作内容，并结合工厂各个不同时期的生产特点，制订竞赛（比武）计划，确定竞赛主题和内容，最大限度调动员工积极性，激励职工奋发向上，比贡献、比心智、争先进、争荣誉，为工厂发展做贡献。2003 年，开展“安康杯”劳动安全竞赛和年度“达标班组”评选活动。2004 年，开展维修电工、维修钳工技能比武。2005 年，开展为期四个月的班组、机台的“百日星级”劳动竞赛；开展班组达标竞赛活动；开展“安康杯”劳动竞赛。2006 年，开展生产区“7S”现场管理竞赛活动；职工参加市技能大赛；举办卷包车间主操作工技术比武活动；开展“安康杯”劳动竞赛。2007 年，开展财会人员技术比武活动。2008 年，参加永州市第二届职工职业技能（钳工、电工、焊工、计算机操作）竞赛；开展“两个至上”（国家利益至上，消费者利益至上）岗位争先创优竞赛活动；开展设备维修工技能比武活动；开展车间操作工（GDX1/GDX2/PT/KDF2/SQ3）技术比武活动。2009 年，在小车班开展“百日安全竞赛活动”，探索非车间班组劳动竞赛开展模式；开展“安康杯”竞赛活动。2010 年，开展动力车间司炉操作工技术比武和制丝车间烘丝、加香、加料、切丝操作工技术比武；开展卷包车间 PT、GDX1、GDX2、KDF2（成型）操作工技术比武。2011 年，开展厂级劳动竞赛及技能

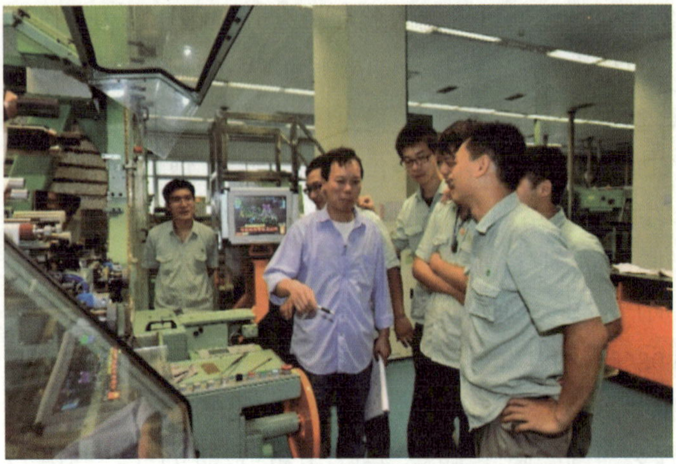

2014 年 6 月，零陵卷烟厂卷包车间举办新员工操作技能比武

比武活动 11 项。2012 年，开展技能比武劳动竞赛项目 40 项，其中厂级技能比武项目 7 项，部门级比武项目 33 项。2013 年，开展技能比武劳动竞赛项目 23 项。共有 542 人参加；组织小车驾驶员、维修电工参加市第三届职工技能大赛，并获得电工三等奖、优胜奖各 1 名及组织奖。2014 年，完成厂内技能比武劳动竞赛项目 25 项，435 人参与。组织参加公司 7 项职业技能竞赛活动，共取得一等奖 1 名、二等奖 6 名、三等奖 8 名、优胜奖 15 名和团体金奖 1 项。承办公司第三届烟机设备维修职业技能竞赛。2015 年，建立部门技能比武积分评价机制，对年度积分排名前 3 名的部门给予优秀组织奖；建立技能比武题库信息平台；完成技能比武劳动竞赛 24 项。参加公司成品检验职业技能竞赛活动，获二等奖、三等奖各 1 名。

第四章　财务与审计

第一节　财务体制

一、烟草商业

2003 年，永州市烟草商业系统共有 12 个独立核算单位，其中 10 个县（区）烟草公司以及零陵烟叶复烤厂。2004 年 2 月，永州市烟草公司改计划财务科为财务科。2006 年，根据省局《关于对湖南省烟草公司永州市公司取消零陵烟叶复烤厂法人资格的批复》及《关于对湖南省烟草公司永州市公司取消所属县级烟草公司法人资格的批复》，取消零陵烟叶复烤厂及 10 家县（区）烟草公司法人资格，其资产无偿划转市烟草公司，以市烟草公司为独立核算主体；各县（区）成立县级营销部，实行非独立核算。自此，永州市烟草商业系统由 12 个独立核算单位合并为 1 个独立核算单位，由永州市烟草公司统一管理、统一经营、集中核算。2007 年 12 月，市烟草专卖局（公司）机关与冷水滩营销部实行业务整合。同月，根据《国家烟草专卖局关于县级烟草公司取消法人资格后资产无偿划转及有关财务管理暂行办法的通知》要求，市烟草公司将所属县（区）营销部变更为县（区）烟草分公司，对资产进行无偿划转，形成湖南省烟草公司对市烟草公司的投资关系，出资人为中国烟草总公司湖南省公司；市烟草公司对全市商业系统资金实行“统一信贷、统一使用、统一核算、收支分离”的管理体制。2010 年 4 月 22 日，市烟草公司制定《永州市烟草公司县级分公司财务主管委派制试行办法》，对县级分公司财务主管实行“统一委派、共同管理”的委派制模式，建立适应行业母子公司监督体系，创新财务管理方式，加强财务管理监督。2010 年 4 月 26 日，永州市烟草公司对宁远、新田、蓝山、道县、江永、江华、东安 7 个产烟县分公司推广财务主管委派制。

二、烟草工业

2003 年，零陵卷烟厂是独立核算、自负盈亏的企业法人。实行统一管理三级核算，工厂设有财务管理部门，负责全厂一级核算和管理，部室和车间设核算员负责对有关业务和车间成本进行核算。2003 年 12 月，并入常德卷烟厂后，按照“统一领导，目标考核，分级核算，就地纳税”分厂制管理，分厂为内部会计核算主体，在总厂授权范围组织生产经营活动，采用“内部核算，定期编报会计报表，就地申报纳税”的办法进行会计核算。2007 年，零陵卷烟厂成为湖南中烟工业公司不具法人资格的卷烟厂，公司对工厂实行“统一管理、分级核算、集中纳税、预算控制、分析评价”的财务管理模式，统一会计政策、统一核算办法和财务管理制度、统一资金筹措调度和运营。

第二节　财务管理

一、烟草商业

（一）财务制度。2005 年，市公司根据实际情况，修订和完善原始凭证管理、内部账务处理、财务收支审批、现金管理及借款管理等 16 项财务管理制度及内控制度。2006 年 2 月，制定和完善集中会计核算办法、财务审批制度、日常费用开支标准等 20 余项制度，适应组织结构调整过渡期的财务管理工作。2007 年，企业组织结构调整后，市公司制定《永州市烟草公司财务管理制度》，明确规定：全公司为一个会计核算主体和纳税主体，各县分公司为市公司的非独立核算的分支机构，公司经理是本单位一切财务活动的最高负责人；分公司负责人在公司经理授权范围内行使财务管理权。2008 年 6 月，市公司制定《卷烟物流费用核算细则》《会计核算制度》和《统一财产保险规定》等制度。2009—2012 年，市公司先后出台《永州市烟草公司财会人员工作交流暂行办法》《永州市烟草公司县级分公司财务主管委派制试行办法》，探索县级分公司财务主管实行“统一委派、共同管理”的委派模式，规范企业财务管理。2013 年 3 月 11 日，市公司修订《永州市烟草商业系统财务管理制度》，对审批权限管理、内部控制管理、资金管理、存货管理、固定资产及低值易耗品的管理、成本费用管理、报账制度、税收管理、会计机构设置等予以明确规定。2014—2015 年，市公司先后出台《永州市烟草公司专卖经费管理办法》《永州市烟草公司差旅费管理规定》《永州市烟草公司一线工作人员工作经费管理办法》《永州市烟草公司破损及霉变卷烟处理办法》及《永州市烟草公司食堂财务管理和会计核算办法》，进一步规范财务管理。

（二）预算管理。2003年，市公司推行经济目标考核管理，把各项经济指标分解到各所属单位，以预算管理为抓手，制定奖罚措施，对差旅费、业务招待费和办公费用实行部门包干使用、超支自负的管理办法。2005年，市公司出台《永州市烟草公司系统部分可控费用预算管理方案》，对所属单位的业务招待费、办公费、差旅费、会议费、邮电费、运杂费、装卸费、挑选整理费、车辆费用和低值易耗品摊销等10项可控费用，按照年度内超支、节约费用情况进行考核，依据考核结果予以相应奖惩，严控各项费用支出。2006年10月11日，市公司成立全面预算建设项目小组，并聘请湖南天华会计事所协助、指导编制预算，按照“上下结合、分级编制、逐级汇总、上报审批”的程序编制年度预算。2007年，市公司首次推行全面预算管理，出台《各县营销部2007年度预算管理指标表》《湖南省烟草公司永州市公司预算管理实施办法》及《湖南省烟草公司永州市公司预算考核办法》，规范全面预算管理。2008年，市公司印发《永州市烟草公司关于开展增收节支工作的通知》，所属单位加强预算控制，对招待费、办公费、差旅费、会议费、出访费预算全部按原预算额度减少5%执行。2009年，市公司按行业“两烟”核算规程要求，把费用预算管理纳入企业目标考核体系，严控预算调整，确保预算管理发挥约束作用。2010年，市公司围绕“质量管理年”活动，加强全面预算管理，以成本费用控制为重点，形成统一的预算编制、审核、控制、考核体系。是年，市公司在全省系统财务审计工作会议上作预算管理工作典型发言。2011年8月，市公司制定《全面预算管理工作考核实施细则》，以日常考核与年终考核相结合的方式，对预算体系运行、预算目标执行情况按照定性、定量、其他考核执行指标进行考核，提升预算管理工作水平。同年8月30日，市公司出台《全面预算管理软件项目工作实施方案》，成立以局长、经理李刚华为组长的全面预算信息系统

2009年11月，市局（公司）召开2010年度预算编制培训会

建设项目领导小组，下设办公室于财务科，由财务科科长杨深根兼任主任。领导小组办公室下设卷烟营销、卷烟物流、烟叶业务等10个专业实施小组。随后，全市商业系统开展预算管理信息系统的操作培训、数据录入、上报、审核及批复等工作。2012年，市公司把编制和完善预算定额标准体系作为预算工作重点，全面落实《烟草行业全面预算管理应用指南——预算定额标准》，建立定额指标体系，严控烟叶生产补贴标准，强化预算分线归口管理。2013年10月，市公司被省公司定为卷烟物流费用预算管理改革试点单位，开始探索分线预算管理。2014年，市公司被省公司确定为精益预算试点单位，成立精益预算工作领导小组，下设办公室于财务科，负责全市烟草商业系统精益预算日常工作，制定精益预算相关制度，组织、评价全市系统各单位精益预算工作。8月29日，出台《永州市烟草公司精益预算工作实施方案》及《永州市烟草公司2014年预算考核办法》。各县（区）分公司以成本费用编制与控制为重点，建立预算定额管理机制，促进企业开源节流、降本增效。是年，全市商业系统的业务招待费、宣传促销费、会议费比2013年下降55%、70%、38%。2015年，持续完善精益预算管理，探索建立预算定额标准体系和配套考核办法，并在烟叶产前投入和烟叶基础设施建设投入方面建立预算管理模型。业务招待费、会议费及车辆运行费比2014年下降50%、52%和20%，其他日常办公类经费均实现下降。

2013年11月4日，市局（公司）召开卷烟物流预算管理会议

（三）资金管理。2003年，市公司加强全市系统烟叶收购资金管理，实行统贷统还、收放平衡、全封闭运行的管理模式，合理调配资金，降低筹资成本，向银行贷烟叶收购款1.5亿元。2004年，全市烟草商业系统亏损严重，其中产烟区县级公司全部为亏损单位，银行信用等级差，难以从银行取得正常贷款。为解决县级公司烟叶收购资金筹集难题，市公司采取统一向银行贷款，以预付货款的形式拨付给各县级公司，作为烟叶收购资金。是年，市公司向银行贷款烟叶收购资金2亿元。2005年，市公司实行资金集中管理、全面监控的办法，将卷烟纯销区公司的富余资金调入市公司作为烟叶收购资金，减少向银行贷款规模。是

年，市公司向银行贷款 1.8 亿元。2007 年，市公司实行资金计划管理，根据各县（区）营销部在月初上报当月资金需求计划、市公司各部门预计当月资金支出与收入情况，由财务科每月 5 日前制订当月资金计划，对各单位、部门按实际需求调拨资金，既保证各部门的资金需求，又不让多余的资金滞留在各县（区）营销部，提高资金的使用效率和安全性。2007 年 5 月，市公司对烟叶收购资金在线支付开展调研，并确定金融机构代付方案，由金融机构在线支付烟农。2008 年，全市烟草商业系统烟叶收购资金首次全部自筹解决，未向银行贷款，共支付烟叶收购款 4.2 亿元。2009 年，全市烟叶收购资金由市烟草公司统一安排，烟叶收购款全部实行电子结算，支付烟叶收购货款 4.6 亿元。2012 年 11 月 23 日，市公司执行省公司《关于启用资金监管系统的通知》，所有资金支付都通过资金监管系统。2013 年，市公司成立联合检查组对 7 个烟叶产区县开展烟叶资金专项检查，重点检查烟叶生产投入补贴、烟用物资管理、科研经费支出、烟叶代垫付运费管理的规范性，针对检查发现的问题，提出整改建议，督促整改落实，确保专项资金使用安全高效。是年，通过预收烟叶货款、延期卷烟货款支付、省局预付补贴资金等渠道，筹措烟叶收购资金 11 亿元。2014 年，市公司采取多种存款方式，深挖货币资金保值增值潜力，存款利息收入达 1500 万元，与 2013 年同比增长 48%，创市公司成立以来的最高纪录。2015 年，建立大额资金使用联签制度，对每笔资金的支付、流向进行审核和监督，及时核对和清理对卷烟、烟叶货款回笼情况。新田县分公司在烟站开展移动 POS 机刷卡收取烟用物资货款试点，降低烟用物资资金风险。

2012 年 11 月 5 日，市局（公司）举办资金监管培训

（四）资产管理。2004 年，根据《湖南省烟草商业系统历史包袱消化处理实施意见》，市公司成立处理历史包袱专项工作小组，下设办公室于财务科，在全市烟草商业系统开展历史包袱消化处理工作。2005 年 9 月，市公司对零陵烟叶复烤厂实施股份制改革，对复烤厂的债权债务进行全面清理。针对复烤厂与各县烟草公司烟叶货款等历史遗留问题，专门召开现场对账会，明晰各县烟草公司与复烤厂债权债务金额。2006 年，根据国家局对烟草行业深化管理体制改革提出“理顺产权、调

整职能、规范运作、高效运行”的要求，市公司成立资产管理体制改革领导小组，下设专项工作办公室于财务科，负责制定具体实施方案，指导全市系统开展理顺行业资产管理体制相关工作，全市烟草商业系统共处理消化历史潜亏 7170 万元。2006 年 3 月，根据省局《关于对湖南省烟草公司永州市公司取消零陵烟叶复烤厂法人资格的批复》和《关于对湖南省烟草公司永州市公司取消所属县级烟草公司法人资格的批复》，全市系统确定以 2006 年 3 月 31 日为资产划转基准日，取消零陵烟叶复烤厂法人资格；以 2006 年 5 月 31 日为资产划转基准日，取消县级烟草公司法人资格。市公司对所属县级烟草公司和零陵烟叶复烤厂全部资产、负责、所有者权益进行全面清理，并经湖南恒信会计师事务所进行全面审计，核实资产 53532.16 万元、负责 37701.11 万元、所有者权益 15831.05 万元，并将所属 10 个县（区）公司和零陵烟叶复烤厂所有资产、负责、所有者权益无偿划转给市公司。市公司将全市烟草商业系统的净资产 2.34 亿元无偿上划到省烟草公司。10 月 9 日，省局湘烟财〔2006〕349 号文件批复：湖南省烟草公司将净资产 23391.86 万元以投资形式投入到永州市烟草公司，将原“实收资本——国家资本”改为“实收资本——国有法人资本”科目，其他权益科目保持不变。市公司针对全市烟草商业系统组织机构调整及复烤厂改制，及时向国有资产管理部门办理企业国有资产产权占有、变更、注销登记等工作，保证组织机构调整后国有产权的顺利过渡及国有资产的完整。同年 6 月 30 日，省局湘烟财〔2006〕206 号文件批复：同意将中国烟草中南实验站永州基地（以下简称永州基地）的资产无偿划转给永州市烟草公司，并由永州市烟草公司负责管理，经评估，截至 2005 年 12 月 31 日，永州基地资产的价值为 918.06 万元，其中土地 328.07 万元，房屋建筑物 568.84 万元，仪器设备 21.16 万元。2007 年，市公司在 2006 年决算工作前，组织人员对企业各项实物进行全面盘点，共处理各类坏账损失 331 万元，处理过期物资 610 万元。2009 年，根据省公司《关于永州市公司处理旧机动车辆的批复》，市公司按照《二手车流通管理办法》的相关规定组织资产评估，以公平拍卖方式，有偿转让 31 台旧机动车辆（合计原值 480.51 万元，净值 32.94 万元）。同年 6—12 月，市公司先后制定《全市烟草商业系统国有资产管理制度》《永州市烟草公司国有资产交易监督管理办法》等制度，进一步规范国有资产管理。2010 年 12 月 31 日，永州天顺烟叶复烤有限责任公司与郴州天泰烟叶复烤有限责任公司重组整合为湖南烟叶复烤有限公司。市烟草公司将所占永州天顺烟叶复烤有限责任公司全部权益无偿划转给湖南烟叶复烤有限公司。2011 年，全市烟草商业系统启用国有资产管理信息系统，对固定资产逐一编码、建卡、贴标、拍照，录入信息系统，完善资产档案，实行动态管理，提高国有资产管理水平，同时建立资产管理台账，及时对实物资产的购入、变动、维修、报废等情况实施跟踪管理。2012 年 1 月 3 日，根据省公司《关于无偿划转部分资产事项的批复》，市公司将拥有所有权的永州复烤厂在用的 27 项固定资产及部分土地无偿划转给湖南烟叶复烤有限公司，该项固定资产净值 112.29 万元，土地价值 160 万元，划转基准日为 2011 年 12 月 31 日。5 月 8 日，为加强国有资产管理，市公司成立国有资产清理工作领导小组，领导小组下设财务组、业务组，其中财务组负责固定资产卡片、账簿的登记与核对，业务组负责资产权证的办理与协调。6 月底，各县（区）分公司完成所有使用、管理的资产产权界定工作，做到物、卡、账、证"四相符"，推行资产条码管理系统，实现对资产生命周期的过程监控，全面掌握企业资产数据。同年 9 月 20 日，市公司成立流动资产清查专项工作领导小组，出台《流动资产专项清查工作实施方案》，对全市烟草商业系统的银行存款、往来账款和以烟叶为主的存货等流动资产开展专项清查。2013 年 3 月 11 日，市公司下发《关于流动资产专项清查工作有关补充事项的通知》，开展流动资产专项清查，核查清理银行存款、各类往来账款、存货，对存货实行盘点、抽查，对应收账款、预付账款和银行存款进行函证，对部分历史较长或地址不清的往来账，采取多渠道询证、实地找人核对的办法进行对账。2014 年，根据《中国烟草总公司关于印发国有资产基础管理工作指引和国有资产处置工作指引的通知》，市公司共处置 8 台卷烟配送车辆，原值 203.85 万元，净值 101.96 万元。2015 年，市公司开展全市系统烟用物资、物流新旧仓库转仓盘点、卷烟提税顺价后的卷烟库存盘点，根据差异原因做相应账务处理，确保资产账实相符，促进国有资产管理规范。

（五）会计。2003 年 6 月 9 日，市公司召开全市系统财经秩序专项治理整顿会议，传达国家局及省局关于财经秩序专项整顿工作的精神，部署全市系统财经秩序整顿工作，成立财经秩序专项整顿领导小组，抽调精干力量，开展各类清理整顿、自查及系统内重点检查工作。2004 年，市公司对所属企业开展复查工作。经复查确认，全市系统共收到各种名义的让利资金 870.49 万元，并对复查出来的情况实施全面整改。同年 7 月，聘请长沙恒兴会计师事务所对全市

2014 年 10 月 21 日，市局（公司）举办企业会计准则培训

系统 2003 年财务收支情况开展一次全面检查，共整改、更正会计基础工作 68 处。2005 年，市公司被省公司定为财务信息化建设试点单位，成立财务信息化建设项目小组，在市公司、江永县公司、两烟办 3 个独立核算单位开展试点工作。2006 年，根据《湖南省烟草商业系统会计基础工作规范实施办法》和《湖南省烟草商业系统会计基础工作规范化考核办法》，市公司出台《永州市烟草公司会计基础工作规范和实施方案》，明确各单位负责人为会计基础工作规范化达标第一责任人。各单位组织实施会计机构、会计人员、会计核算、内部会计管理制度等基础工作的问题整改，提升会计基础工作水平。2007 年，市公司结合县级公司法人资格取消及组织结构调整等情况，对所属营销部会计凭证进行审核，规范公司核算、统一核算口径，促进会计基础工作水平。在省公司组织的财务软件培训考试中，市公司代表队取得团体平均成绩第二名。在省公司组织的会计知识竞赛中，市公司代表队获得组织先进奖和两项个人二等奖。2008 年，市公司按照国家统一会计制度和行业规定，采取网上审核和原始凭证审查相结合、集中送审与就地稽核相结合的办法，开展会计稽核工作，稽核调整账务 986 笔，涉及金额 6868 万元。2010 年 8 月，为加强财务队伍建设，提高财务人员“四知四会”能力，市公司举办全市烟草商业系统会计知识抢答赛。2012 年 4 月 19 日，市公司下发《关于严肃财经纪律、规范财务行为的通知》，对工程投资、物资采购和宣传促销、职工薪酬、财务管理等内容予以明确规定。2013 年，市公司对会计凭证的审核模式进行改革，实行交叉稽核方式，由各单位财会人员交叉审核，审核单位一年内变化两次。通过交叉稽查，财会人员之间形成相互学习、相互促进的良好氛围。2014 年，市公司对全市系统的福利支出、节日慰问支出统一项目内容和标准，规定项目以外的、超标准的一律不得支付。统一专卖经费列支要求，为会计基础工作提供制度保障。2015 年 4 月，依据《企业会计准则》和《烟草行业商业企业会计核算办法》，市公司编制《会计实务操作手册》，以会计核算为主线，对烟叶生产、卷烟购销、长期资产、费用等经济业务的操作流程、会计处理、摘要说明和凭证附件等进行规范，统一全市系统会计核算口径，提高会计基础工作水平。是年，根据物流非法人实体运作要求，将全市物流部门从原来所属单位利润中心分离出来，专门设立“永州烟草物流配送”利润中心归集物流费用，统一核算全市物流部门发生的成本费用，提升全市系统物流会计核算的精准度。

（六）清产核资。2006 年 7 月，市公司根据省局《关于印发湖南省烟草商业系统多元化经营企业清产核资工作方案的通知》要求，成立多元化经营企业清产核资领导小组，开展对外投资、投资性质的往来账款投资性的在建工程及账外资产形式出资组建的各类多元化企业清产核资工作。是年，全市烟草商业系统共清理出多元化经营企业损失44万元。2007年5月14日，根据烟草行业统一部署，市公司召开全市商业系统主业清产核资工作动员大会，安排主业清产核资工作，决定成立清产核资领导小组，领导小组下设办公室于财务科，并组成烟叶及烟用材料物资、闲置资产、应收应付款3个专业化清查鉴定小组，全面核查清理各类往来账款、存货、闲置资产、土地及各类权属证明等。2007年，全市烟草商业系统共清理出资产损失328.31万元，其中流动资产损失为121.25万元、固定资产损失207.06万元；清理出闲置的固定资产129笔，原值金额共计2331.11万元，净值1161.92万元，清理出坏账损失26.77万元，收回各种欠款2.35亿元。2008年，根据国家国资委《中央企业账销案存资产管理工作规则》和省烟草公司对账销案存资产管理的精神，市公司制定《永州市烟草公司账销案存资产管理办法》，出台《闲置资产处置方案》，开展待处置闲置资产评估、权属证明补办或变更工作，严格规范处置国有资产。2008年11月14日，为建立“归属清晰、权责明确、保护严格、流转顺畅”的现代产权制度，市公司对无权属证明的房产或土地、原已办理权属证明的房屋或土地、新购置的房产或土地、车辆和其他无形资产等办理补办、变更手续，其中登记权利人统一为“湖南省烟草公司永州市公司”。2009年2月，根据省公司《关于永州市公司处置江永城关站仓库等闲置资产的批复》，市公司依法组织资产评估，集中以公开拍卖方式，有偿转让25项闲置资产项目。11月，市公司按照《中华人民共和国物权法》及《中华人民共和国土地管理法》，对因卷烟配送方式和烟叶种植区划调整等原因形成的部分闲置资产由政府有偿收回。

2007年5月14日，市局（公司）召开清产核资工作动员大会

（七）纳税管理。2007年1月，市公司被市人民政府授予“2006年永州市星级诚信企业”称号。2008年1月28日，市公司被市人民政府授予“2007年度全市纳税先进单位”称号。2008年，市公司被省地方税务局和省国家税务局评为“2006—2007年度省纳税信用A级单位”。2009年5月1日，根据《财政部、国家税务总局关于调整卷烟产品消费税政策的通知》，卷烟批发环节加征一道从价税，消费税税率为5%，全市烟草商业系统当年实现消费税6383万元。2009—2011年，

市公司连续 3 年被省人民政府授予“全省纳税 50 强企业”称号。2010 年，市公司经省地方税务局和省国家税务局综合评测，被评为 2008—2009 年度“湖南省纳税信用 A 级单位”。2013 年 4 月，根据《湖南省烟草公司关于积极配合税务部门开展税收风险管理工作有关事项的通知》，市公司成立税收风险管理工作领导小组，配合市国家税务局、市地方税务局，对 2008 年至 2012 年度全市烟草商业税收开展风险管理自查，对自查发现的问题，按照税法规定及时整改，做到应缴尽缴，同时完善税务风险内部控制机制，促进全市烟草商业系统财务管理水平。2014 年 12 月，经省地方税务局和省国家税务局综合评测，市公司荣获 2012—2013 年度“湖南省纳税信用 A 级单位”。2015 年 5 月 10 日，根据《财政部、国家税务总局关于调整卷烟消费税的通知》，卷烟批发环节从价税税率由 5%提高至 11%，并按 0.005 元/支加征从量税。全市烟草商业系统执行国家关于卷烟“提税顺价”政策，经测算当年增加税收 1.72 亿元。2003—2015 年，全市烟草商业系统累计缴纳税金 62.79 亿元，为国家财政增收和地方经济发展做出积极贡献。

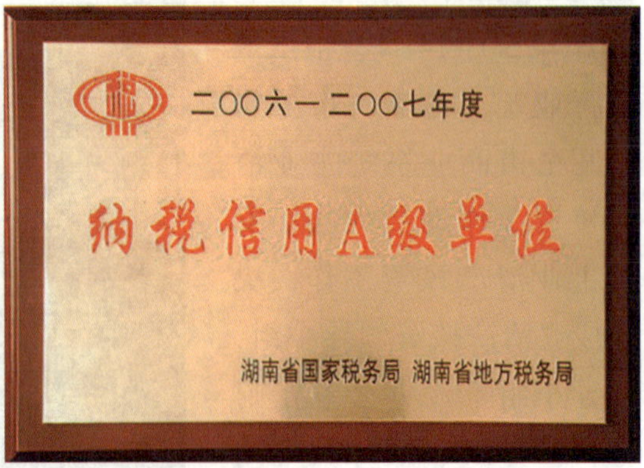

2008 年，市局（公司）被省国税局、省地税局评为“纳税信用 A 级单位”

2010 年，市局（公司）获“2009 年度湖南省纳税 50 强企业”称号

2003—2015 年永州市烟草商业系统主要经济指标统计表

表 8-14 单位：万元

年份	销售收入	实现毛利	费用总额	利润总额	上缴税金	税利合计	固定资产原值	资产总额	所有者权益
2003	156453	26428	23780	2829	6737	9498	33707	86994	-4512
2004	192107	36688	25324	15842	13082	27461	36547	95759	9661
2005	306379	49134	38116	19016	18073	34966	38422	124639	25153
2006	240474	47333	26700	26022	21447	39440	28254	84486	37555
2007	235683	63324	26243	28825	28588	50774	37332	89485	51566

续表8-14

年份	销售收入	实现毛利	费用总额	利润总额	上缴税金	税利合计	固定资产原值	资产总额	所有者权益
2008	264590	62803	36230	35499	35092	57944	38803	95016	62985
2009	298660	78677	41383	33865	41309	63207	40452	118135	72157
2010	335474	86386	45031	35327	48126	74219	42565	122938	97774
2011	394307	96941	46782	43370	57592	89896	33256	128655	95704
2012	474478	115558	54767	54217	70563	108267	36787	161360	114769
2013	545115	132605	60528	60823	80887	123992	43664	177895	134023
2014	608835	131332	62376	62435	92349	133658	54376	192509	146530
2015	611393	180369	63370	68229	113993	163293	64013	200115	145957
合计	4663948	1107578	550630	486299	627838	976615	528178	1677986	989322

说明：表中数据来源于市烟草公司财务报表。2005 年因卷烟和烟叶的重复销售，导致 2005 年比 2006 年销售收入多 90146 万元。2011 年，固定资产原值减少的原因是永州复烤厂的划出

2003—2015 年永州市烟草商业系统纳税情况统计表

表 8-15　　**单位：万元**

年份	合计	增值税	消费税	营业税	城建税	烟叶税	企业所得税	教育费附加	其他税款
2003	6736. 88	2073. 82	0. 00	10. 60	204. 04	3465. 07	662. 76	104. 86	215. 73
2004	13081. 74	5794. 33	0. 00	22. 99	260. 36	4769. 20	1760. 47	139. 77	334. 62
2005	18073. 29	7678. 13	0. 00	23. 17	415. 46	6234. 60	2828. 59	205. 96	687. 37
2006	21446. 61	7908. 40	0. 00	20. 49	516. 60	5798. 63	6231. 03	274. 42	697. 03
2007	28587. 61	8948. 70	0. 00	8. 36	471. 46	6252. 71	11558. 77	259. 92	1087. 69
2008	35091. 75	11674. 71	0. 00	32. 12	656. 67	9170. 87	11561. 85	485. 41	1510. 13
2009	41309. 52	14761. 90	5743. 94	31. 27	1209. 19	8849. 33	9490. 72	574. 91	648. 28
2010	48125. 83	15475. 00	11850. 06	5. 99	1706. 94	7883. 53	8887. 54	880. 60	1436. 16
2011	57591. 83	15982. 56	14627. 84	5. 08	2102. 75	11584. 61	10498. 29	1695. 32	1095. 38
2012	70563. 50	18980. 80	16809. 66	3. 16	2212. 11	16109. 93	13403. 68	1814. 98	1229. 18
2013	80887. 46	21916. 45	18856. 27	11. 18	2170. 33	17776. 40	17115. 44	1767. 23	1274. 17
2014	92349. 30	25202. 98	20251. 67	9. 20	2830. 54	18913. 35	21526. 74	2353. 74	1261. 07
2015	114005. 47	30445. 85	38163. 03	11. 81	4163. 56	16437. 66	19181. 85	3308. 88	2292. 82
合计	627850. 78	186843. 63	126302. 47	195. 42	18920. 00	133245. 88	134707. 73	13866. 01	13769. 62

说明：表中数据来源于市烟草公司财务报表

二、烟草工业

（一）财务管理。零陵卷烟厂财务管理主要包括会计核算、资金管理、成本管理、税务和固定资产投资管理等。工厂实行目标成本和目标费用管理，采用事前预测、事中控制、事后分析的成本管理模式。2003 年，财务管理加强开源节流，严把资金运用关，加强资金流向控制，确保生产经营正常运行和国家税收及时足量入库，减轻负债包袱和负债压力。应付账款年底比年初减少 11496 万元，银行贷款减少 1096 万元，入库税金同比增加 4466 万元。严把成本费用关，推行成本费用目标管理，初步建立成本费用预警机制。管理费用同比减少 855 万元，全年节支降耗共实现各种节约 3254 万元。及时清理核对应收应付账款，加强资产管理。是年，以财经秩序专项整顿检查和兼并重组资产清查为契机，组织专门班子逐项逐笔清理账目，为与常德卷烟厂并账打好基础。2004 年，根据“内部会计核算主体，在总厂授权范围组织生产经营活动”的原则，采用“内部核算，定期编报会计报表，就地申报纳税”的办法进行会计核算，与总厂执行统一的会计政策、会计核算科目、会计核算范围、会计账簿、会计报表格式，做到政策一致，核算口径一致。财务制度与财务软件按要求进行融合。2006 年，以预算刚性执行为重点强化财务管理，以降低消耗为重点强化成本管理，工厂超额完成总厂年初下达的 800 万元节约挖潜任务。2007 年，根据湖南中烟统一财务管理的要求，清理完善财务管理制度，整合修订《固定资产管理程序》《预算管理程序》《存货管理办法》《差旅费管理办法》《办公用品管理办法》《财务分析管理规定》《低值易耗品管理办法》《成本管理核算办法》《费用审批管理制度》《资金管理规定》等 10 个财务管理制度。2008 年 4 月，启用湖南中烟统一的财务软件，统一财务数据财务报表核算口径。是年，成本计算方法不再采用单纯品种法，采用品种法与分步法相结合的成本计算方法。2011 年，工厂开展全面审计自查工作，自查工作从工程投资、物资采购和宣传促销、职工薪酬、多元化投资管理、工商企业之间交易不规范、财务管理六个方面有序开展。以审计自查为契机，边查边改，加强内部管理。2012 年，改进“五险一金”计提往来挂账方式，简化并清晰区分个人与单位“五险一金”计提。全面预算管理和国有资产管理借助信息化手段，优化资金审批流程，前移审核、复核关口，每笔业务办理时间缩短 1~2 天。2013 年，按照国家局新颁布的行业成本费用核算管理办法，梳理工厂账务，完成财务系统的基础设置及调账工作；配合完成公司总经理离任经济责任现场审计。2015 年 1 月 1 日起，烟草行业全面执行新的会计准则，工厂配合公司实施新会计准则，确保新旧会计制度平稳过渡。

（二）固定资产管理。2003 年，零陵卷烟厂固定资产管理分为工程项目管理、设备购置管理、固定资产日常管理三大部分。工程项目管理由工程技术部门负责论证、报批、实施和验收，使用部门负责工程项目申报、提供项目要求、项目实施和验收情况。设备购置管理包括工程项目改造中的配置设备、旧设备更新、根据生产及经营需求新增加的设备。工程技术部门负责年度设备采购、更新计划的编制和采购安装、调试、验收工作。使用部门负责提出设备采购、更新计划和设备配置的可行性分析。固定资产日常管理采取厂级、部门级二级管理模式。财务管理部门负责价值管理、核算与分析工作；工程技术部门负责实物管理；使用部门负责建立、登记、保管本部门固定资产账卡物。随着工厂管理机制的变化，固定资产所有人进行两次变更，从“湖南零陵卷烟厂”变为“常德卷烟厂零陵卷烟分厂”“湖南中烟工业有限责任公司零陵卷烟厂”。至2010年6月，工厂所有房屋、土地权属清晰，权证齐全，国有资产产权完整。2011年，加强固定资产实物动态管理，采取实地盘点、全面盘查方式，粘贴固定资产卡片；通过评估、拍卖程序，加强对报废固定资产处置监管，设备、财务、审计、纪检监察部等部门全程参与，过程规范、透明。2012年，修订《固定资产管理程序》文件，完善《国有资产权证管理程序》《闲置资产管理办法》，出台《2012年资产管理考核评价方案》。加强固定资产实物管理，对全厂固定资产重新进行分类和编码，使每项资产只有一个唯一编码，为实现固定资产规范化、标准化和精细化管理奠定基础。聘请会计师事务所对报废固定资产进行评估；根据评估结果，进行公开拍卖。2012年9月，立项厂级重大课题《夯实基础，提升固定资产管理水平》，梳理并完善固定资产管理流程、管理标准，补充完善房屋、建筑物、土地、车辆、信息设备等相关信息，强化基础管理；建立固定资产管理考核评价体系，对固定资产管理工作的质量和成果进行定期综合评价，并纳入工厂目标管理，促进固定资产基础管理及资产生命周期管理的持续改进。2014年，开展实物资产“清抽屉”活动，对固定资产所有实物资产进行全面清查。规范固定资产命名，对实物资产账、卡、物、证进行核实，利用固定资产实物管理软件，创新盘点方法，将财务账面数导入软件，打印卡片，发各部门粘贴，对每项固定资产进行扫码，做到不重不漏，提升盘点质量。加强对闲置资产评估管理，明确闲置资产评估范畴，明确出租价格确定原则。细化固定资产报废程序，对重要报废资产进行现场核实，对报废固定资产处置前办理交接手续。及时掌握资产经营情况，对各项经营指标进行预测、分析和跟进，探索应对措施，提升资产管理水平。2014年，工厂资产经营指标在公司考评中为100分。2015年，加强资产基础管理，将固定资产按照资产性质分类，由办公室、后勤服务部、设备工程部、安保法规部、工会办公室、工艺质量管理部等七个职能部门管理。按照大、中、小进行分类、编码和描述，按照新标准进行重新命名，为公司编制物资采购目录提供依据。

采用扫码器扫描固定资产卡片的方式进行资产盘点，对资产盘点和“清抽屉”活动中发现的问题，扎实整改。变更车辆保险费购置方式，将原来的保险周期从购买日期到下年的同一日期，改变为完整年度。首次将报废资产交湖南省联合产权交易所挂牌交易，更加符合市场原则，符合有关国有资产处置程序和规定。

2014 年 11 月 27 日，零陵卷烟厂财务管理部参加湖南中烟公司举办的财务知识技能竞赛中获金奖

第三节　审计

一、烟草商业

2003 年，全市烟草商业系统共有审计机构 12 个，其中专职机构有市烟草公司审计科、宁远县烟草公司审计股，其余 10 个县（区）公司和零陵烟叶复烤厂的审计机构与纪检监察合署办公，共有内部审计人员 16 人，其中专职人员 5 人、兼职人员 10 人。年初，市局（公司）改革审计方法，拓宽审计内容，实现审计工作由单纯的财务审计向以内控制度评审为基础、以加强企业内部管理和防患企业经营风险为主的管理审计和效益审计转变，发挥内审职能作用。全年完成审计项目 110 个，其中：财务收支审计 1 个；任期经济责任审计 2 个；新建基建、修缮工程项目预、决算审计 107 个，审核金额 378.89 万元，核减工程造价 68.99 万元，核减率 18.21%。同年，对 2001 年至 2003 年 6 月审计意见和审计决定落实情况开展审计调查，查出违纪违规金额 1359.36 万元，并全部给予整改落实，为企业减少开支、增加效益。2004 年，市局（公司）被市审计局、内部审计师协会评为“2003 年度内部审计工作先进单位”。

2004 年 3 月 30 日，根据国家局下发《烟草系统经济责任审计工作联席会议制度》，市局（公司）调整以局长（经理）陈雄四为组长的经济责任审计工作领导小组，下设办公室于审计科，负责指导和监督开展企业领导任期、任中经济责任审计工作。全年完成经理（厂长）离任、任中经济责任审计11个，提出审计建议40条；审计新、扩建和基建维修工程123项，审核金额1347万元，核减工程造价118.43万元，核减率为8.8%。是年，各县（区）烟草公司、零陵烟叶复烤厂对大宗商品和物资采购实行比价审计，强化企业内部审计监督。

2004年4月，市局（公司）被市审计局、市内部审计师协会评为“2003年度内部审计工作先进单位”

2005年，审计工作围绕“立足改革、创新机制、抢抓机遇、加速发展”的总思路，修订《审计科工作职责》《审计科长岗位职责》《审计员岗位职责》《永州烟草内部审计程序》和《永州烟草基建预决算内部审计程序》，提高内部审计质量。全年完成审计项目205个，查出违纪金额167.75万元。其中，财务收支审计10个、打假经费补贴收入专项审计项目1个、经济责任审计4个、经济效益审计1个、基建维修预（决）算审计项目189个，审核金额1492.72万元，核减工程款181.59万元，核减率12.17%；提出审计意见25条。

2006年2月，根据《湖南省烟草专卖局关于加强同级审计监督的通知》，市局印发《永州市烟草专卖局关于开展同级审计监督的通知》和《永州市烟草专卖局2006年度同级审计实施方案》，对审计检查的对象、范围、内容、组织机构等进行安排部署。3月29日，成立以局长（经理）徐文军为组长的同级财务审计领导小组，下设同级审计办公室于审计科，并设立3个同级财务审计监督小组，对市局本级及所属10个县（区）公司和零陵烟叶复烤厂的财务收支、内部控制制度、预算管理执行情况、专项资金使用等开展审计检查，共查出违规资金404.97万元。全年完成审计任务180余项。其中，经理离任经济责任审计4个；新、扩建和基本建设维修工程项目预（决）算审计143个，审核金额1492.52万元，核减工程造价139.26万元，核减率9.33%；经济评审项目40余个。

2007年，永州市局（公司）审计科对2006年下半年的同级审计监督及2007年一、二、三季度开展同级审计监督工作，共查出违法违规金额43.76万元。是年，共完成经济责任审计5个；基本建设投资和维修工程项目预（决）算审计52个，审核金额1831.13万元，核减工程造价149.12万元，核减率8.14%；经济评审项目40余个，委托审计事务所对全市系统基本建设项目预、决算审计19个，配合审计事务所对2006年度全市烟叶基础设施建设结算开展审计。

2008—2010年，永州市局（公司）审计科注重开展同级财务审计工作，重点关注烟田基本建设补助资金是否按规定程序拨付，形成专题报告，对审计中发现的问题，提出审计意见和建议，并要求整改到位。2008年，完成基本建设投资和维修工程项目预（决）算审计104个，审核金额4406.02万元，核减工程造价287.72万元，核减率6.5%；对大宗商品物资实行“阳光”采购和比价审计，参与经济评审项目50余个。2009年，共完成工程项目预（决）算审计107个，审核金额5944万元，核减工程造价779万元，核减率13.1%，完成经济评审项目82项，审核经济合同100余份。2010年，全市商业系统共完成审计项目140项，审计资金总额21.18亿元。

2011年6月，市局审计科获“2008—2010年全省内部审计工作先进集体”称号

2011年，永州市局（公司）完成审计项目81项，审计资金总额48656万元，查出违规金额1547万元；完成基建项目预（决）算审计73项，审计金额3718万元，核减金额767万元。4月20日至5月29日，对全市2009、2010年度烟叶生产基础设施建设项目管理以及专项资金使用开展专项审计，并对各县项目组办公经费收支情况实行跟踪审计调查。此次专项审计金额24338万元，查出违纪违规金额636.8万元，并提出审计意见和建议，促进全市烟基工程项目规范运作。是年，审计科对全市系统2010年度专卖管理经费和打假经费使用情况开展专项审计，共审计金额408万元，查出违纪违规金额36万元，并提出处理意见及建议，为企业专项经费使用发挥内部审计监督的作用。是年，永州市局（公司）被市审计局评为“2008—2010年全市内部审计工作先进集体”。

2012年11月22日，市局（公司）举办全市烟草商业系统审计业务培训

2012年，永州市局印发《永州市烟草专卖局关于加强审计队伍建设的通知》，对专职、兼职内审员的工作职责等内容作出明确规定，强化审计队伍建设，提升审计业务能力。全年共完成审计项目91项，取得直接经济效益1095万元，提出审计建议

59条。对新田、江永、东安县局（分公司）原主要负责人进行任期经济责任审计。全年共完成工程项目预算审计33项，审核金额合计1127.2万元，核减金额157.6万元，核减率14%；完成工程项目结算审计33项，审核金额1941.7万元，核减金额291万元，核减率15%。全程参与物流园区基建项目建设，对其进度付款审计7次，审核金额合计2295.2万元，核减金额938.2万元。对2011年开展经济合同执行情况审计监督工作，抽查具有代表性的经济合同20份，针对问题并提出审计意见和建议。同年，聘请工程审计师事务所，完成全市烟基工程审计项目122个，审定金额13780万元，核减金额646万元。

2013年，全年共开展各项审计项目317个，其中自主审计项目251个，委托审计项目66个，审计取得直接经济效益577.7万元，提出各类审计建议41条。对宁远、零陵、道县、蓝山、祁阳、江华6个县（区）局（分公司）原主要负责人进行任期经济责任审计。完成工程项目预、结算审计115个，审核金额合计4832万元，核减金额574万元，核减率11.88%。对市本级及各县（区）公司2012年下半年和2013年的财务收支情况进行同级审计，以财务收支审计、内部控制制度审计、预算审计及资产管理为重点，从制度和程序上提出具体的整改建议，并履行“意见回访、问题回查、责任回追”的“三回机制”，确保审计中发现的问题整改到位。是年，市局成立以审计片区主任为组长的烟叶资金专项审计组，对7个产烟县的烟叶生产投入补贴、科研经费、烟叶运费等方面开展专项审计，进一步规范企业内部管理。

2014年10月，市局（公司）审计科获“2011—2013年全省内部审计先进集体”称号

2014年，市局审计部门探索构建以风险为导向、以控制为主线、以治理为目标、以增值为目的的现代内部审计模式，提升内部审计工作的预防性、主动性和时效性。全年共开展各项审计项目195个，其中自主审计项目126个，委托审计项目69个，审计取得直接经济效益4189.86万元，提出各类审计建议17条。其中，对祁阳、双牌、江永3个县局（分公司）原主要负责人开展任期经济责任审计；完成工程项目预、结算审计129项，审核金额合计6224.97万元，核减金额811.92万元，核减率13.04%；完成市公司重大工程项目进度付款审计13次，审核金额合计2683.53万元，核减金额741.6万元，审减率27.64%。全年参与经济评审项目62个，合计审核金额3904万元，核减金额

612 万元，核减率 15.68%。是年，永州市局（公司）被湖南省内部审计师协会评为“2011—2013 年全省内部审计先进集体”。

2015 年，坚持“依法审计、服务大局、围绕中心、突出重点、求真务实”的工作方针，开展各项审计项目 92 个，其中自主审计项目 28 个，委托审计项目 64 个，审计取得直接经济效益 601.29 万元，提出各类审计建议 13 条。全年共完成基建工程项目预、结算审计 86 项，审核金额合计 4718.54 万元，核减金额 601.29 万元，核减率 12.74%。4—5 月，对 2014 年至 2015 年产烟县分公司的烟用物资开展专项审计，针对存在的问题和管理薄弱环节，提出针对性的意见和建议，进一步规范烟用物资管理。6 月，根据《湖南省烟草专卖局办公室关于开展经济合同管理专项审计调查的通知》，审计派驻办湘南片区成立审计组，对片区内所属单位开展现场审计调查，对合同管理存在的问题和不足，提出具有可操作性的整改意见。是年，审计科参与经济评审项目 45 个，审核金额 2232 万元，核减金额 359 万元，核减率达 16.08%。

二、烟草工业

（一）财务制度。2003 年，零陵卷烟厂有《财务人员岗位责任制度》《内部稽核制度》《财产物资报损制度》等十项财务管理制度。2004—2006 年，工厂在并入常德卷烟厂期间，根据总分厂实际情况，细化总厂制订的统一财务管理制度，建立健全《财务内控制度》《预算管理制度》《会计基础工作管理制度》《预算管理制度》《生产成本核算规定》《固定资产管理制度》《货币资金管理制度》《存货管理制度》《成本费用审批管理制度》《差旅费管理办法》等制度。2007—2015 年，根据工厂实际情况和湖南中烟工业公司统一财务管理的要求，清理完善财务管理制度，先后整合制订《固定资产管理程序》《预算管理程序》《存货管理办法》《差旅费管理办法》《财务分析管理规定》《成本管理核算办法》《成本费用开支制授权审批管理办法》《资金管理规定》《国有资产权证管理程序》《发票管理办法》《财产投保和索赔管理程序》《国有资产权证管理程序》等制度。

（二）资金预算管理。2003 年，工厂资金使用严格实行“一支笔”审批。资金管理实行“两条线”，以收定支，每月根据货款回笼情况安排资金使用。定期召开资金计划会、分析会、调度会。资金收支计划经厂务会议通过后严格执行。由于资金管理力度加强，11 月底比年初应付账款减少 11400 多万元，银行贷款减少 1100 万元，入库税金同比增加 3695 万元。2004—2006 年，各类生产经营开支按照总厂批复的年度资金预算计划执行，每月资金计划上报总厂财务处备案，对各项资金使用严格实行“一支笔”审批。超预算、超概算的资金部分专题报告总厂审批后执行。2007 年，按湖南中烟工业公司要求设立新的银行户名，年度资金预算报公司批复后执行。每月编制月度资金计划上报公司，合理调控预算支出。建立预算执行结果考核奖惩制度。2011 年，开展“小金库”专项治理自查自纠工作，堵塞资金管理漏洞，确保资金安全。制定零陵卷烟厂《全面预算管理考核评价方案》，将预算管理责任落实到各部室、车间，纳入绩效目标考核评价。对重点控制的办公费用、差旅费、小车费，业务招待费实行定额包干，超支自负。2012 年，预算信息系统上线实施运行。预算申报在预算编制系统中进行，资金费用开支在预算控制系统中审批。2014 年，按照公司统一要求启用行业资金监管系统。每笔资金开支通过预算控制系统审核审批，经过行业资金监管系统发送至工厂网上银行支付。2015 年，与开户银行签订协定存款协议，提高货币资金保值增值水平，全年利息收入 38.15 万元，是同期活期利率计息的 3.2 倍。建立完善预算定额体系，编写预算定额标准应用指南，推进预算定额标准化管理，基本实现从经验预算、增量预算向零基预算、参数化预算的转变。预算控制实行归口管理部门职能管控与预算责任主体自我控制相结合的方式。年度资金预算执行率 93.49%，全年 7 个月月度资金符合度达期望值。年度预算执行符合度 100%，年度重点控制成本费用项目均控制在批复范围内。

（三）会计管理与核算。2003 年，以财经秩序专项整顿检查和兼并重组资产清查为契机，组织清理账目，派人到常德卷烟厂考察、交流，对执行的会计政策、会计科目设置、会计核算内容、财产物资报损程序、财务管理制度、沿用三门财务软件等进行协调，对统一核算口径达成一致，对具体操作方法达成共识。2004 年，执行总厂统一会计政策、会计核算科目、会计核算范围、会计账簿、会计报表格式，做到政策一致，核算口径一致，财务制度与财务软件按要求进行融合。2005 年，组织完成财务审计人员竞争上岗“五定”（定岗、定编、定员、定责、定资）试点工作。加大对多种经营企业的财务监督力度，制定《零陵卷烟分厂多元化公司财务管理制度》，规范各公司财务行为，加强会计核算和财务管理。对所属多元化公司委派财务会计主管，会计主管一切待遇与多元化公司脱勾，财务工作受多元化公司负责人和卷烟厂财务部双重领导，对多元化公司负责人和卷烟厂财务部负责。同时，积极组织财务人员进行税务知识、财务知识培训，参加国家局组织的培训、聘请湖南商学院的教授给全厂财务人员授课、组织全厂在岗财会人员分批参加省中烟工业公司在长沙举办的财会知识培训，了解最新财务知识，拓宽知识面，提高业务能力。2006 年，以预算刚性执行为重点强化财务管理，以降低消耗为重点强化成本管理，超额完成总厂年初下达的 800 万元节约挖潜任务。2007 年，配合湖南中烟工业公司完成福利费调查及福利费余额上划工作。根据公司统一安排，红豆宾馆取消法人资格，清算后并入主业统一管理，按公司统一要求进行财务核算。按照公司要求，开展同级审计自查自纠工作。根据公司安排，配合公司做好集团化财务软件的应用调研、前期培训工作。2008年，停止使用三门财务软件，完成用友财务软件NC系统初始设置，实现核算口径、核算方法的统一，建立总账、固定资产、存货、成本等模块。2008年4月，启用湖南中烟统一的财务软件NC系统，统一财务报表口径。是年，成本计算方法不再采用单纯品种法，采用品种法与分步法相结合的成本计算方法。2010年，采取请进来，走出去等多种方式开展学习培训。请公司财务专家到厂进行财务知识与管理软件系统的强化培训，增强实践操作能力；举办财务人员理论与实操比武，开展经验交流会，经验共享；组织派员参加公司财务知识内部培训、会计知识竞赛。在各项审计和检查中，强化对财务人员解决问题能力的培养。2011年，优化工作流程，稽核关口前移，工作效率提高，月度结账时间提前2天完成。强化财务分析，对水电耗量进行专题分析、对车间各类物资消耗进行对比分析，提出可靠的建议和措施，堵塞漏洞，在降低生产成本上取得实效，全年各项可控财务指标均控制在公司下达的预算范围内，单箱招待费、单箱力资费、单箱设备设施维修费用同比均有不同程度的下降，各项主要消耗指标均控制在目标值内，单箱管理费用、制造费用指标达到“国家优秀卷烟工厂”指标要求，全年节约挖潜940万元，超额完成300万元的节约挖潜目标。组织开展全面审计自查工作，从工程投资、物资采购和宣传促销、职工薪酬、多元化投资管理、工商企业之间交易不规范、财务管理六个方面有序开展。以审计自查为契机，边查边改，规范企业经营管理。2012年，改变自制嘴棒材辅料核算方法，由原来平均分摊改成领用时直接分配到各品牌上。改进“五险一金”计提往来挂账方式，简化并清晰区分个人与单位“五险一金”计提。2013年，按照新颁布的行业成本费用核算管理办法，梳理工厂账务，完成财务系统的基础设置及调账工作。制丝线技术改造，调拨烟丝按还原法计算“芙蓉王（硬）”成本。配合完成公司总经理离任经济责任现场审计。2014年，出台《关于做好各类单据传递的规定》《单据传递时间登记表》《关账流程》规定，确保工厂会计核算工作及时、准确、有序。2014年11月27日，零陵卷烟厂财务管理部派员参加公司举办的财务知识技能竞赛，获得团体金奖。2015年1月，烟草行业全面执行新会计准则，零陵卷烟厂积极配合公司，确保新旧政策平稳切换。落实中央八项规定，按公司要求开展全面健康风险体检自查，规范执行行业、公司要求，倡导勤俭节约，对发现的问题及时整改落实。实施员工意外伤害保险服务，转移企业支付意外损害赔偿损失风险。2015年，朱晓雄获“湖南省先进会计工作者”称号。

（四）纳税管理。2003—2006年，零陵卷烟厂上缴税费166943万元。2006年12月，湖南省政府对湖南中烟工业公司重组后有关财税体制进行调整，根据2006

年省内四家卷烟厂实现的城建税、教育费附加收入和印花税决算数，计算4家卷烟厂所占比例，确定2007年及以后年度长沙等4市城建税、教育费附加收入和印花税享比例，其中永州市2.66%。增值税、消费税、企业所得税由湖南中烟工业公司统一申报、集中缴纳；城建税、教育费附加收入和印花税由湖南中烟工业公司统一申报、按分享比例分别缴入4市金库；其他税费能由4家烟厂就地申报缴纳的由烟厂直接缴入4市金库。为做好依法诚信纳税工作，零陵卷烟厂组织学习解税务政策变化，加强税企沟通联系。2007—2015年，零陵卷烟厂入库地方税费107347.24万元。2012年，零陵卷烟厂获湖南省国税局、地税局联合授予发的“2010—2011年度A级信用单位”称号。2014年，获湖南省国税局、地税局联合授予的“2012—2013年度A级信用单位”称号。

（五）资产管理。2003年，零陵卷烟厂与常德卷烟厂联合重组，对工厂固定资产、流动资产、长期投资等资产及应付账款、银行借款等负债进行清查，摸清家底，为两厂并账提供真实、准确的数据，为正确经营决策提供准确依据。2007年5月，根据中烟办《中国烟草总公司关于开展烟草行业清产核资工作的通知》精神和公司要求，开展清产核资工作，成立清产核资工作领导小组，重点对存货、闲置资产、往来账、土地及各类权属等进行清查核对，对清查发现的问题及时整改，同时总结经验，修订完善财务内控管理相关制度，建立长效机制。2010年，按公司要求完成土地、房屋、车辆的清理及资产权属更名办证登记工作，所有房屋、土地、车辆权属清晰，权证齐全，国有资产产权完整。同时，清查理顺主业与多元化资产的权属关系。对23套闲置住房进行拍卖，成交金额大幅高于资产净值，确保国有资产的保值增值。2011年，加强固定资产实物管理，实地盘点并粘贴固定资产卡片。加强对报废资产处置的监管，报废资产处置公开拍卖，设备、财务、审计、纪检监察部等部门全程参与，过程规范、透明。2012年，出台《资产管理考核评价方案》，对资产管理工作质量和成果定期评价，纳入工厂目标管理。2013年，开展保险柜专项清查工作，规范保险柜内物件存放、保管，明确用途及管理责任，对全厂各部门保险柜登记备案，预防、杜绝“小金库”滋生。2014年，开展实物资产“清抽屉”活动，对固定资产全面清查，及时掌握资产经营情况，对各项经营指标进行预测、分析和跟进，探索应对措施，提升资产管理水平。2015年，首次采用扫码器扫描固定资产卡片方式进行资产盘点。首次将报废资产交湖南省联合产权交易所挂牌交易，更加符合市场原则，符合有关国有资产处置程序和规定。定期开展资产管理制度执行情况检查与考核，以查带培，提升专兼职资产管理员管理水平，确保资产账实相符，国有资产安全完整。

第五章　信息与档案

第一节　信息

一、烟草商业

2003 年，永州市局（公司）成立信息中心部门，与办公室合署办公，推广实施信息化工作，制订《永州市烟草公司微机申请接入互联网规范》《永州市烟草公司计算机应用管理制度》。3 月，建立专卖管理综合信息、专卖执法案件管理、卷烟打假案件网络管理、证件网络管理以及专卖户籍化管理等信息系统。7 月，宁远、新田、蓝山、江永、江华 5 个产烟县全面推广应用金沙烟叶综合管理系统，推动烟叶收购工作信息化。是年，全市烟草商业系统共投入资金 120 万元，购置计算机 90 台、打印机 90 台、UPS 电源 87 台、扫描仪 2 台、金沙烟叶收购专用设备 67 套。2004 年，市局（公司）编制《烟叶信息化三年规划方案》，完成烟叶收购信息系统的检测与运行，与福建海晟公司合作开发“永州市烟叶中心仓库管理系统”。同年 9 月 23 日，获省局批复，同意实施卷烟营销系统二期工程、办公及生产经营决策系统、企业门户网站及电视会议系统等项目。

2005 年，永州市局（公司）单独设立信息中心部门，强化全市烟草商业系统信息化工作。1 月，下发《关于做好全市烟草商业系统网络升级改造实施工作的通知》，实施网络改造升级，满足业务数据集中、统一信息平台、网络安全监控的需求。2 月 4 日，出台《永州市烟草专卖局（公司）机关计算机软硬件及配件、耗材采购暂行管理办法》，规范计算机软硬件及配件、耗材的采购管理。5 月，完成烟叶中心仓库管理软件与行业烟叶基础软件的数据库部署与联网工作，编制《烟叶中心仓库网络布线技术规范》。7 月，完成烟草行业卷烟生产经营决策管理系统（即“一号工程”）硬件和软件的安装、调试与运行。11 月，全市系统“一号工程”与烟草专卖准运证到货两个系统联合运行。12 月，编制《永州市烟草系统视频会议室建设技术规范》，完成全市烟草商业系统视频会议系统的联调和试运行。是年，市局机关共采购 DELL 电脑 105 台、UPS 电源 76 台、打印机 5 台、摄像机 1 台、数码相机 1 台，录音笔 1 支。

2006 年 1—3 月，按照卷烟配送“一库制”的要求，永州市局将全市烟草商业系统 11 个仓库调整为 2 个中心库，完成 2 个中心库的广域网和局域网施工建设。

4—7 月，市局（公司）作为全省系统烟叶进销存管理系统试点单位，完成相关软件产品的验收和推广运用。7 月，在全市系统推广应用办公自动化系统，实现公务流转、综合事务、档案管理及个人工作等无纸化办公。9 月，实现各县（区）营销部的财务数据统一到市公司专用服务器的联接，建立财务系统与烟叶、卷烟系统一体化的集成平台。

2007 年，市局（公司）制订《永州市烟草专卖局（公司）网站运行管理办法》《全市商业系统计算机信息系统安全管理规定》等制度。3 月，开展专卖市场检查自助登记系统的开发与试点工作。5 月，全市烟草系统改进烟叶收购模式，实现由 POS 机收购模式升级为收购站点主机收购模式。9 月 3 日，市局出台《永州市烟草专卖局互联网接入管理实施方案》，规范全市系统互联网的接入行为。12 月 26 日，市局举办首届信息技能竞赛，全市商业系统共 25 名信息管理岗位人员参赛。其中，祁阳县局蒋海文获得第一名，被授予“信息管理技能标兵”称号，第二、三名被授予“信息管理技能能手”称号。

2007 年 12 月 26 日，永州市局（公司）举办首届信息技能竞赛

2008 年，市局制订《永州市烟草公司信息化设备和大宗耗材及配件采购管理办法》《永州市烟草专卖局（公司）移动、便携式信息化设备配置暂行管理办法》等制度，规范信息设备的采购、管理和使用。5 月，市局启用国家局“一号工程”的二期“两打三扫”项目，实现两个卷烟中心仓库的联调。同时，“一号工程”系统与准运证到货系统联合运行，并与卷烟营销系统进行集成优化。6 月，完成数字化仓储项目初验，实现卷烟入库、在库和出库信息化管理。11 月 13 日，市局下发《永州市烟草专卖局短信群发平台使用管理办法》，对短信群发平台实行“专人专号、严格审批”管理制度，规范短信群发的使用。是年，信息中心对营销信息系统、办公自动化系统等进行升级。

2009 年，全市烟草商业系统开展车载 GPS 终端试点工作，并制定 GPS 终端使用管理办法，并对物流配送车辆全部安装 GPS 终端。同时，GIS 系统新增烟叶基础

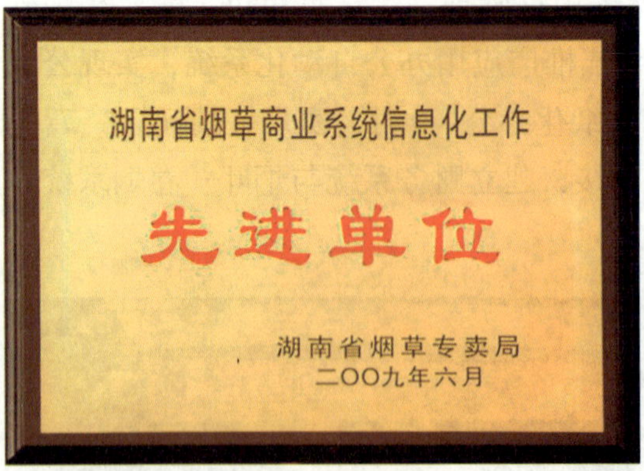

2009 年 6 月，市局（公司）获“湖南省烟草商业系统信息化工作先进单位”称号

设施和固定资产信息，完成相关地理信息的采集和校正。同年，市局信息中心完成承担省局数据中心、服务中心及财务系统预算管理模块 3 个试点项目；自主创新开发在线考试系统；对县局至市局的主干链路带宽由 2M 升级到 4M，并启动烟草站网络改造试点工作。是年，永州市局被省局授予“湖南省商业系统信息化工作先进单位”称号。

2010 年 4 月，根据省局《关于在全省系统推广应用新客户评价及货源分配系统的通知》，完成对客户评价及货源分配系统进行升级。5 月，全市烟草商业系统按照“办公电脑不上外网，上外网电脑不办公”的原则，采取外接无线路由器结合双线分离的方式，实现内外网物理隔离。同时，信息中心在全市烟草商业系统建立内部即时通讯系统，为每台办公电脑安装“布谷鸟”通讯终端，解决内部即时通讯问题。7 月，市局成立保密领导小组，制定《永州市烟草专卖局涉密和非涉密计算机保密管理制度》《永州市烟草专卖局涉密网络保密管理制度》等制度，规范全市系统信息安全保密工作。是年，实施全市系统网络改造升级，架设市局到县局的专用光纤线路并开通 10M 带宽，将极速通备份链路改造为由移动公司提供 100M 光纤，并架设县局到烟站的专用关卡线路。

2011 年，永州市局（公司）信息中心对物流数据服务器程序进行升级，在国家局“一号工程”“两打三扫”系统中设置系统管理、运行监管、数据查询、单据确认、审核报送、价格查询及自营店等功能模块，满足项目建设的功能需求。同时，完成现场扫描客户端升级工作及系统集成对接，确保系统运行操作“一数一源、数入一库、数出一门”的目标。是年，根据省局《关于对 2011 年全省系统信息安全工作进行检查的通知》，永州市局开展全市系统信息安全检查和管理，促进信息化工作安全稳定运行。12 月 7 日，申玉华撰写的《浅淡湖南烟草商业系统卷烟营销系统的省局集中部署》论文被省烟草学会评为“2011 年信息化专业论文二等奖”。孟玮佳撰写的《统筹规划、大踏步推进烟草物联网建设》论文被省烟草学会评为“2011 年信息化专业论文三等奖”。

2012 年 5 月，市公司制订《永州市烟草公司信息化设备配置标准暂行管理办法》，规范全市系统信息化设备配置标准和管理。同时，信息中心配合物流部门开展新物流中心信息系统的建设规划论证及分拣主体设备的选型工作。6月，市局作为省局信息安全运维服务一体化管理系统试点单位。11月7日，省局在永州召开湖南烟草安全运维管理体系建设项目阶段性评审总结会。永州市局完成该项目配套制度建设、工作流程化、业务拓扑等的电子化基础工作，并获得省局充分肯定。12月，市局信息中心联合办公室推广应用"一卡通"平台。是年，市局信息中心研发的烟农售烟智能排队叫号系统、综合信息查询系统，获得两项计算机软件著作权登记专利授权，其证书号分别为软著登字第0467857号、软著登字第0467860号。

2013年3—6月，根据省公司《关于进行烟草商业地理信息采集的通知》，市公司出台《永州市烟草公司关于进行地理信息采集工作的实施方案》，成立地理信息采集工作领导小组，组织实施地理信息采集，完成地理信息的数据梳理和修正工作。6月，市局出台《2013年永州市烟叶收购信息化巡检方案》，对各烟叶收购站点开展信息系统巡检工作。同时，根据省局关于非自动化流水线收购站点统一采用BS收购模式要求，制订《永州市烟叶收购信息系统应急预案》，针对收购系统、网络和电力等故障因素开展应急演练。2013年，完成安全运维平台试点工作，并向国家知识产权局申报新型实用型专利。是年，永州市局新增1条省局到市局的备用光纤、15条县局到烟草站光纤、14条站内光纤，实现县局到站的全面光网化，保障信息网络快捷可靠运行。

2014年1月，完成市局中心机房到新物流中心的千兆双链路网络连接工作，新增1根市局中心机房至电信网络的光纤，实现网络的双线通信，确保网络运行畅通。5月，按照国家A级机房标准建设新物流中心机房网络，对物流中心机房设备U口摆放、暗线布置进行设计，实现新物流中心园区无线全覆盖。6月，根据省局《关于加强烟叶收购远程高清视频监控系统建设的通知》，投资330余万元，采用物联网技术，在全市7个产烟县、16个基地单元、50个散烟收购站点建成散烟收购远程高清视频监控平台，并在市局建立远程监控展示中心，对散烟收购站点分级区、质检定级区、过磅区和打包成件等区域实时采集、存储和调用视频数据，为散烟收购质量和相关事项的追溯提供技术支撑。8月，按照省局要求，永州市局投资178.2万元，采购国家局"一号工程"系统的两台小机及存储设备，完成"一号工程"系统的数据迁移及应用集成工作。是年，信息中心获得软件著作权2项，在国内专业期刊上发表论文1篇，并获得省烟草学会2014年度信息化专业论文二等奖。

2015年，永州市局（公司）启用新物流配送中心，选购空间小、功耗低、性能优的DELLFC630刀片服务器，并对原中心库、宁远库的营销系统、数字仓储、统一订单平台等业务系统进行整合，实现各项业务的平稳过渡。6月，市公司出台《2015年永州市烟叶收购信息化巡检方案》，成立由信息部门、烟叶部门、海晨公

2015 年 6 月，市局（公司）信息中心开展机房巡查管理

司、瑞和公司四方人员组成巡检组，对烟叶收购站点的电子设施设备开展全面检修，并举办烟叶收购信息系统培训，为烟叶收购提供技术保障。11 月，市局承担全省商业系统网络优化项目的试点工作取得成功，为全省系统网络升级提供接入标准和规范。11—12 月，按照省局部署，信息中心对全市系统视频会议系统实施改造升级，完成高清视频会议系统与原模拟视频会议视频系统的平稳切换，提高视频会议的音频、视频质量。是年 12 月，信息中心联合财务科开展市局机关电子信息设备固定资产盘点，共盘点信息设备 774 台（套），其中服务器 26 台、磁盘储存阵列 6 台、台式电脑 382 台、笔记本电脑 49 台、打印机复印机 98 台、数码相机 33 台、网络设备及其他电子设备 180 件。

二、烟草工业

零陵卷烟厂信息化建设于 90 年代起步，主要运行有财务管理信息系统及若干单机办公系统等。2001 年 3 月，按照“总体规划、分步实施、逐步见效、滚动投入”的方针，开始分步分期建设企业管理信息系统。12 月 13 日销售了系统投入试运行，12 月 26 日物资子系统投入试运行。2002 年 1 月 28 日，全厂计算机网络投入运行。2003 年，成立信息化建设领导小组，系统规划推进信息化建设。

2004 年，建立中心机房，完成网络综合布线，实现办公电脑联网，销售系统、物资系统、零配件系统、烟叶系统、烟厂门户网、一号工程等系统相继完成程序开发并投入使用。2005 年，编制计算机信息系统、信息设备、网络安全等标准制度。

2007 年，工厂提出数字零烟构想，建设新机房，配置 Cisco 4507 R 一台 ，Cisco 3750 G 一台 ，小机 P550 两台，PC 服务器四台、程控交换机升级、部署安全产品（防病毒网关、IPS 入侵防护系统、VPN 设备，上网行为管理系统和防火墙）等，同年 OA 办公自动化管理系统投入使用，为实现无纸化办公迈出了一大步；年底开始着手建设数据采集系统和 MES 系统、备件系统。至 2008 年年底，数据采集系统、MES 和备件系统正式投入使用，实现各车间机台、检测仪器数据实时采集，通过 MES 系统对数据进行分析，为管理层提供决策依据。

2009年，全年信息化基础建设投入资金近500万元（含公司对工厂的资金投入），主要包括增加服务器、升级程控交换机、部署安全产品、UPS改造、终端设备采购等。实现中心机房核心交换机和生产区主干交换机双机备份运行，对主干光缆网进行冗余。同时，由公司信息中心统一规划建设工厂信息网络安全系统，添置防病毒网关、IPS入侵防护系统、VPN设备，更换上网行为管理系统和防火墙，并进行信息安全加固处理，提高信息安全风险抵御和防范能力。至2010年，MES系统项目建设顺利应用，数采系统同步进行更新完善。一号工程系统改造后保障了稳定运行，全年上报打扫码数据与实际出库数实现零误差。

2011年，建设流程管理平台，基本实现流程信息化，办公无纸化。对MES系统进行升级改造，增加高级排产、过程监控、成本统计分析、质量管理、设备管理等模块，为加强对产品质量的把控，建设质量过程控制（SPC）。9月29日，MES系统完成项目验收，正式投入运行。SPC系统于12月13日进行项目验收，实现对生产过程中关键工序的指标和参数全面实时监控，并进行主动预报警，为生产过程中产品质量控制提供数据支撑，为生产决策提供依据。是年，从管理标准化入手，对标准文件中各项管理流程进行识别，并对各项审批类、事务类流程通过网络实施信息化。对操作类、服务类工作流程进行梳理、优化，推动标准作业程序（SOP）建设。下半年引入ARIS流程管理系统，信息化流程数量达到83项。

2012年，对MES、SPC、数据采集系统进行持续完善，加大信息系统的运维力度。积极参与创新对标项目实施，包括《构建流程管理体系，提升基础管理水平》《以SPC为工具评价和改进过程质量控制能力》《培训体系建设》《办事公开信息化建设》等项目。收集标准体系流程运行与维护需求信息，9月底，221个流程录入新版EKP平台，同时梳理出87个流程，开发77个审批流程。10月31日，新版EKP系统正式上线使用，基本建立起工厂流程图示化查询平台。是年，顺利完成公司《安全基准与安全配置检查技术研究》科技项目，后推广至长沙、常德、郴州卷烟厂及公司总部应用，并被公司评为2013年度科技进步二等奖。

2013年公司提出建设生态型系统。工厂启动生产区中心机房建设，配套“芙蓉王”品牌——“异地同牌、均质加工”的生产业务管理模式的调整、优化，对原MES系统进行升级改造，满足新制丝线的业务管理需求；同时对工厂管控、卷包生产业务等功能进行优化升级。2014年6月进行系统试运行。按照行业“管理流程化、流程信息化”的总要求，工厂开展流程梳理与流程信息化开发工作，全年共开发信息化流程22个，信息化流程增加到105个，基本实现信息化办公。同时，建立“流程质量运行监控”数字化管控平台，开发手机移动办公平台，流程效率由年初的45%提高到年末的90%。

2014 年 11 月 13 日，零陵卷烟厂制丝车间中央集控中心

2014 年，配合公司相继完成 ERP、BPC、SEM 系统在工厂落地。新 MES 系统于 10 月初正式上线运行。通过集成卷包数据采集系统、制丝中控系统、动力能管系统等，实现生产设备各类运行数据的全面采集，构建生产统计分析、生产绩效管理平台，提升工厂数字化管控水平。是年，根据秦皇岛烟机公司提供的数据接口和数据字典，进行新制丝线数据采集系统开发，11 月系统开始试运行，12 月正式上线运行。

2015 年，完成生产区中心机房建设。建设 RFID 托盘联运信息系统，11 月投入使用，实现整托盘出入库和整托盘运输，大幅降低重复装卸和卷烟损耗，减少劳动用工和作业强度，显著提升工商物流对接效率和作业质量。6 月，流程平台手机版 KK 正式上线运行，利用新技术将 PC、手机和平板电脑融合到统一门户入口，员工可随时随地移动办公。

第二节　档案

一、烟草商业

1986 年 5 月，市局（公司）成立本级机关档案室，配备具有专业知识的档案管理员，建立由一名副局长分管、一名办公室副主任主管、档案员具体负责的管理体制。所属各县（区）烟草专卖局（公司）均设专、兼职人员负责档案工作，对单位各类档案实行集中统一管理。1986—2015 年，为规范和指导全市烟草商业系统的档案管理工作，永州市局（公司）相继制定和完善《档案室工作制度》《档案员岗位责任制度》《机关档案保密制度》《档案借阅制度》《档案收集归档制度》和《全市系统档案工作上等级规划》等管理制度。为方便档案查阅，永州市局本级档案室编制《全宗介绍》《大事记》《基础数字汇集》《机构工作简介》《人物索引》《全引目录》《文件汇集》及《专卖案件专题目录》等检索工具，促进档案信息资源的开发利用。

2006 年，全市商业系统档案工作应用计算机和网络信息技术，通过办公自动化管理系统平台和紫光档案管理软件，实现公文的电子归档和电子检索，提升档案管

2009 年 11 月 30 日，市局机关档案规范化管理工作晋升“省特级”

理现代化、信息化水平。2007 年，祁阳县局通过省档案规范化管理省特级验收，成为新档案工作晋级标准实施后全市第一家晋升省特级的科局级单位。2008 年 12 月，永州天顺烟叶复烤有限责任公司晋升为档案工作规范化管理省特级单位，成为全省首家获此殊荣的生产性企业。同年，因冷水滩区两烟办撤销，原冷水滩区烟草专卖局所有档案移交永州市档案馆，共移交档案 3156 卷（册）。2009 年 3 月 5 日，市局成立档案规范化管理省特级工作领导小组，对全市系统档案晋级工作开展指导、协调和督促。同年，市局机关档案室设立档案库房、查阅室和陈列展览室，配有电脑、空调、防磁柜、文件消毒柜、复印机、刻录机、扫描仪等设备，配备消防器材、温湿度计以及防霉灭虫剂，达到档案管理“八防”（防尘、防火、防盗、防潮、防高温、防光、防鼠、防虫）要求。11 月 30 日，永州市局机关档案室顺利通过省档案局组织的湖南省档案工作规范化管理省特级验收，晋升为省特级标准。2011 年 12 月，东安县局、零陵区局档案室顺利通过湖南省档案工作规范化管理省特级验收。2012 年 1 月，根据《湖南省档案工作规范化管理标准》及省局有关要求，市局出台《永州市烟草系统 2012 年档案工作规范化管理实施方案》，成立以副局长刘名勤为组长的档案工作领导小组，全面推进档案管理规范化工作。是年 12 月，双牌、江永、新田县局顺利通过湖南省档案工作规范化管理省特级验收，晋升为省特级档案室。2013 年，永州市局被省档案局评为 2013 年度“全省档案宣传工作先进单位”。2014 年 3 月 20 日，市局被市档案局评为“2012—2013 年度档案工作先进单位”。2015 年 12 月，市局机关档案室通过湖南省档案工作规范化管理省特级复查验收，并被省人力资源和社会保障厅、省档案局评为“全省档案工作先进集体”。至 2015 年年底，市局机关档案室共藏档案、资料 22959 卷（件），其中：文书档案 15414 卷（件），会计档案 5170 卷，人事档案 338 卷，专卖档案 792 卷，科技档案 482 卷，权证档案 68 卷，特殊载体档案 137 件，实物档案共有 508 件；年平均查阅档案 100 余人次，档案利用率达 95%，准确率达 98%，为企业经营管理和领导科学决策发挥了积极作用。

二、烟草工业

零陵卷烟厂档案管理工作由厂办公室承担，主要负责收集、整理、保管历史资料，提供便利的检索查阅服务。工厂档案按文书、会计、科技、人事、照片、磁性载体、实物进行分类管理。2004 年，投资 25 万多元，进行档案室改造，安装密集架 32 组，增加库容，改变档案设施陈旧、库容不足、保管条件较差的状况。2006 年，清理历史遗留的人事档案资料 9000 余份，购置档案管理软件（网络版），添置信息设备。2007 年，制定《档案管理程序》，对档案收集、整理、利用等进行规范。2008 年，完成 1982 年以来文书档案的录入工作。共录入案卷 5979 卷，文件条目 29182 条，完成文件电子化 2530 份，提高了档案利用效率和对原始档案的有效保护。同时，严格按照国家《重大建设项目档案验收办法》的要求，对 30 万箱重点工程档案资料进行收集和整理，共整理档案 457 卷。10 月 21 日，通过湖南省重点工程档案验收专家组验收。2014 年，围绕档案规范化管理晋升湖南省特级开展各项工作，建设厂史陈列馆。12 月 23 日，通过湖南省档案局组成的评估小组的评估，达到湖南省特级。至 2015 年年底，共有两个档案库房，面积约 300 平方米，厂史展览室 1 个，面积约 100 平方米。共存放档案 28033 卷（盒），其中文书档案 5234 卷（盒）、会计档案 19041 卷、科技档案 1701 卷、职工档案 2057 卷、实物档案 691 件，照片 260 张，光盘 190 张、印章 530 枚。

第六章　安全生产

第一节　安全设施

一、烟草商业

2003—2006 年，永州市烟草商业系统在亏损严重、资金短缺的情况下，累计投入资金 358 万元，购置一批防火、防盗等安全设施，并对老化的消防器材、特种设备、电器、水电线路进行维修和更换。2005 年，祁阳烟草以技防为依托，投入资金 6.6 万元，对生产经营重点区域安装电视监控设备，成为全市系统首个安装视频监控设备的单位。2006 年，永州市局（公司）为两个卷烟中心库、市局机关大院安装视频监控系统、火灾自动报警系统，并投入资金 25 万元对烟叶仓库及烟叶复烤厂内的消防给水管网实施改造。

2007年，全市商业系统全面实现扭亏为盈，为弥补安全生产和综合治理基础设施方面的“欠账”，投入安全生产基础设施资金650万元，新增干粉灭火器460具、水带1230米、水枪43支、消防水池6处，新增储水容量75吨；投入资金92万元，对市局（公司）烟叶仓库、宁远营销部烟叶仓库安装火灾自动报警系统；投入86.6万元为新田、宁远、道县、东安、零陵、双牌等营销部及天顺烟叶复烤公司的办公场所、生产仓储场所、员工宿舍安装视频监控系统。是年，全市系统在安全生产、综合治理上，形成人防、技防、物防于一体的安全防范网络，改善“两烟”生产经营安全环境。

2008—2010年，根据《国家烟草专卖局关于进一步加强烟草行业安全设施建设的实施意见》和省局《全省系统加强安全设施建设整体实施方案》的要求，永州市局围绕“两烟”生产经营安全需要，累计投入安防建设资金530余万元。2009年，购置视频监控系统14套、火灾自动报警系统10套，安全设施实现由“低配置”向“高技术”转变。2010年，按照省局“基层基础建设年”活动要求，市局对全市系统的安防设施使用和运行状况开展全面调查摸底，投入专项整改资金225.16万元，并购置电子巡更系统3套、防盗抢报警装置5套、灭火器160余个。

2011—2014年，全市烟草商业系统累计投入500余万元，重点对电气线路、火灾自动报警系统、视频监控系统、电子巡更系统、车辆GPS卫星定位系统和防盗抢报警装置等安全设施予以改造升级。同时，投入65万元对安全设备设施进行维护，确保安全设施正常运转。2014年，结合安全生产标准化建设，投资16万元对安防设施进行改造升级。

2015年，市局为新物流配送中心配套建设红外线防盗系统、电子巡更系统、110联网报警系统等基础设施。7月，市局安保部门对所有配送车辆轮胎进行隐患排查，更换车辆轮胎25条。是年，全市系统安防共投入326万元，全面构筑和提升集人防、技防、物防于一体的安全防范体系。

二、烟草工业

零陵卷烟厂安全管理工作由安保法规部门负责。辖有专职安全保卫队伍和专职消防队伍。每年坚持持续投入，坚持安全标准，不断完善安全物防技防。

2005年10月，购置专项作业消防车1辆，投资54万元。

2006年，30万箱重点技改工程投产，工厂严格执行“三同时”制度。配置室内外消火栓灭火系统、消防供水和自动喷水灭火系统、气体浓度探测报警和通风排风联动系统、应急疏散标志系统、火灾报警联动系统、工业电视监控系统等。

2007年，对厂东大门警卫室和厂生产区西大门保卫室进行改造，投资92万元。

2008 年，装备专项消防作业车和车载式移动应急发电车各 1 辆，投资 250 万元。

2009 年，装备 GST 火灾自动报警联网监控系统 1 套，投资 104 万元。

2010 年，装备电视监控系统 1 套，投资 334 万元。

2014 年，完成厂东大门、生态泊车园、和谐园、南大门、西大门、正大门、北大门门禁安防系统建设，共投资 243 万元。

2015 年，“芙蓉王”品牌制丝线改造工程投产，工厂严格执行“三同时”制度。配置消防控制中心、消防给水系统、感烟感温探测器系统、火灾自动报警及消防联动控制系统、火灾自动广播及消防通讯系统等。对工厂 13 台电梯、5 台电动葫芦、37 辆叉抱车进行专业安全评估，对外来施工人员采用身份证、识别准入管理模式。

第二节　安全管理

一、烟草商业

2003 年，永州市烟草商业系统坚持“安全第一，预防为主”的工作方针，按照“立足防范、突出治本、重点突破、狠抓落实”的原则，开展烟叶收购、仓储安全、综合治理、车辆安全和“三同时”管理方面的安全工作。年初，市局与各县（区）公司及复烤厂的法人代表签订安全生产工作目标责任书。在“安全生产月”和“119”消防宣传教育月期间，全市烟草商业系统举办安全生产培训 7 次，安全教育 76 场次，开办安全专业技术培训 41 期，发放安全知识宣传资料 3460 余份。全年建立和完善安全管理制度 8 类 62 项；市局开展综合性检查 8 次，及时排查整改安全隐患。是年，市公司、蓝山县公司、宁远县公司及祁阳县公司被省局评为“2003 年度安全工作先进单位”。

2004 年，全市烟草商业系统树立“安全是企业最大的效益”理念，按照“谁主管、谁负责”的原则开展安全生产管理工作，制定《永州市烟草系统安全事故责任追究规定》《永州市安全仓储工作措施》等安全制度 36 项，组织安全教育 67 场次，举办安全专业技术培训 29 期，发放安全知识学习资料 3716 份，开展 4 次全面检查和 2 次小规模检查，排除安全隐患 59 处，安全隐患整改率达 100%。是年，永州市局被市人民政府授予“消防宣传工作先进单位”称号。宁远县、芝山区烟草公司被省局评为“2004 年度安全工作先进单位”。

2005 年，全市烟草商业系统按照“立足防范，标本兼治，齐抓共管，狠抓落实”的原则，先后开展“安全行车 365 天”“安全生产月”及“119 消防宣传教育月”等活动。在全市系统人事机构改革中，“南六县”烟草公司、天顺烟叶复烤有限公司保留安全管理部门；“北五县”公司安全管理机构设办公室，配有专职安全管理人员；全市烟草商业系统聘请义务安全监督员39名，完善全市系统安全管理网络体系。同年，全市烟草商业系统修订、完善各类安全制度10类40余项；市局开展安全生产检查8次，排查各类安全隐患293处，整改285处，实时整改率达97.26%；举办安全教育61场次，举办各类安全技术培训35期，发放安全知识宣传资料4170份，受教育员工3819人次，教育培训覆盖率达98%。10月6日凌晨2时，宁远水市烟草站发生一起火灾事故。凌晨3点20分，宁远县局党组成员接到报告后，立即启动《突发事件应急救援预案》，通过当地公安消防官兵和烟草干部职工的奋力扑救，于凌晨6点30分控制火灾。事发当天，市局、省局领导迅速赶赴火灾现场，查看灾情，指导扑救、抢险及善后处理工作。10月7日10时余火扑灭，抢救烟叶740担。此次事故造成直接经济损失29.25万元。是年，全市系统共追究安全事故责任人14人，追缴个人承担的事故损失金额26597.6元，扣缴工资和奖金3100元，以严肃追责强化安全警示教育。

2006年11月9日，市局（公司）举行消防应急救援演练

2006年，在取消县级公司法人资格后，永州市局对安全管理制度进行全面清理和修订，确保安全管理制度的实效性、系统性和持续性。1～4月，全市系统开展“安全生产百日无事故”活动，强化安全生产宣传教育和培训工作。5～7月，按照省局《关于开展消防和保卫基础设施专项整顿工作的通知》，对全市系统安全消防和保卫基础设施进行全面摸底、检查和整改，对全市系统103处一级安全风险部位、164处二级安全风险部位、115处三级安全风险部位进行全面核查；共查出消防安全隐患33项，治安保卫隐患16项；共投入资金96万元，对安全隐患实施整改。10月25日，市局制定《永州市烟草专卖局（公司）安全生产事故隐患举报制度》，强化全市系统安全生产事故管理。是年，市局组织15名领导干部分两批参加国家烟草专卖局举办的企业领导者安全生产素质建设培训班学习。

2007 年 4 月，启动《职业健康安全管理体系》和 ISO 9001 质量管理标准体系的贯标工作。5—6 月，在咨询机构的指导下，开展岗位危险源的查找和识别，全市系统共识别危险源 2528 条，归纳整理为 129 条，其中重大危险 49 条。10 月 30 日，根据《全国烟草行业全面开展突发公共事件应急预案编制工作的实施方案》精神，市局成立突发公共事件应急预案编制工作领导小组，以有效应对“自然灾害、事故灾难、公共卫生事件、社会安全事件”为目的，编制“横向到边、纵向到底”的各类突发应急预案体系文件。2007 年，市局按“四有四查”（检查前有计划、有步骤、有方案、有要求；检查中查领导、查制度、查管理、查隐患）的要求，开展安全检查工作，实行部门日查、单位月查、市局季查的检查制度，共查处各类安全隐患和危险源 179 处，落实隐患整改 177 处，整改率达 98.3%。同时，组织员工安全生产培训 2000 余人次，发放《安全应急手册》《常用安全知识汇编》各 2000 余册，开展安全防范知识“四进”（进车间、进科室、进站点、进家庭）活动，促进员工知安全、懂安全，提高全员自我保护意识。是年，永州市局被市人民政府授予“安全生产宣传教育先进单位”称号。

2009 年 2 月，市局（公司）获 2008 年度全市安全生产目标管理先进单位

2008 年，被确立为全市烟草商业系统“隐患治理年”，以安全体系建设、安全隐患排查治理、安全生产专项整治为重点，强化安全管理工作，全年各类安全事故为零。5 月，市局出台《永州市烟草专卖局安全生产隐患排查治理工作实施方案》，开展安全隐患排查 7 次，重点抽查 1 次，共排查出各类安全隐患 156 处；投入隐患整改资金 98.6 万元，整改各类事故隐患 154 处，重大隐患整改率达 100%，一般隐患整改率为 99.6%，通过开展安全生产隐患排查治理，促进全市系统安全生产状况好转。在“安全生产月”“119 消防安全宣传周”期间，向全市系统干部职工发放《119 消防安全知识专刊》《交通安全知识手册》各 2000 份；张贴宣传标语 143 处，横幅 110 条，黑板报 14 块，开展各类应急预案演练 13 场次。全年开展“职业健康安全管理体系知识竞赛”“驾驶员技能比武”等活动，增强安全生产意识，提高事故防范能力。是年，永州市局分别被省局和市人民政府评为“安全生产先进单位”。宁远、道县、新田县局被市防火安全委员会评为“消防工作先进单位”。

2009 年，全市系统安保工作围绕“安全生产年”活动，调整以局长、经理李刚华为主任的安全生产委员会，设立“一科、一部、三股室”（即市局安保科，天顺烟叶复烤公司安保部，宁远、新田、蓝山县局安保室）的安全管理专职机构，其他县级局安全管理职能设在办公室，由一名副主任负责主抓，并配备一名安全专干。1月9日，市局制定《永州市烟草系统2009年安全生产（综合治理）工作方案》，要求各单位结合工作实际，把年度安全生产目标分解到各部门，层层签订“安全生产承包责任书”。4月15日，市局发布2009B版职业健康安全管理体系文件，于4月25日起实施。4月30日，根据2008年度全市系统危险源辨别与风险评价情况，制订《2009年度职业健康安全管理方案》，针对车辆运行、消防、电梯和电器安全四项较大危险源，明确责任部门和责任人，并制定切实可行的技术控制措施和防范措施。10—11月，全市系统采取岗位查、部门议、单位审、市局评的方式，开展2009年危险源辨识与风险评价工作。全年共悬挂宣传标语、横幅562幅（张），印发宣传资料2800余份，创办宣传专刊40期（次），黑板报26期（次），举办消防知识讲座3期。市局开展全市性的安全隐患排查4次，共查出安全隐患240余处，下达《安全生产检查隐患整改通知书》31份，重大隐患整改率达100%。

2010年，永州市局围绕安全生产“基层基础建设年”主题，举办送安全生产和职业健康知识进烟草站点、进车间班组、进配送车组、进员工家庭。开展创建安全生产示范站、安全文明标兵车组和安全生产示范车间（班组）活动，提升安全管理工作的科学性和规范性。11月23日，永州市局举办一场大型消防演练，增强对火灾事故的应急处置能力。是年，全市烟草商业系统共发放宣安全知识手册800余份，举办各类安全培训班7次，参训人员达400余人次。全市系统共开展安全生产检查90余次，下达《安全生产检查隐患整改通知书》26份，重大隐患整改率达100%，一般隐患整改率达99%，防止各类事故的发生。

2010年11月24日，市局联合冷水滩区消防大队开展消防演练

2011年，全市烟草商业系统推行安全标准化和信息化管理，提升安全管理工作的科学性和规范性。6月，市局修改安全生产作业指导书，对制度、流程、岗位职责进行相应调整，使整个体系文件更适合日常工作的需要。11—12月，根据《危

险源辨识与风险评价管理控制程序》，市局对全市系统开展2011年度危险源辨识和风险评价工作，共查出各类危险源71项，并制订切实可行的技术和防范措施，防止危险源引发和次生安全事故。全年开展消防电气安全、资金安全、车辆交通安全等专项安全检查60余次，查出各类事故隐患20项，对检查出的安全隐患实行整改“三落实”（落实部门、落实责任人、落实整改资金），共投入整改资金5万余元，重大隐患整改率达100%。是年，永州市局在市人民政府举办的“移动杯”安全生产知识竞赛中获组织奖。在全省烟草商业系统突发公共事件应急演练评比中，永州市局被评为一等奖。

2012年，全市烟草商业系统开展“安全生产标准化建设年”活动，夯实安全生产工作基础，提高企业防范事故能力。3月15日，市局制定《安全隐患举报、整改奖惩制度（试行）》和《生产事故报告制度（试行）》，进一步强化全市系统安全生产管理，形成“横向到位、纵向到边、责任到人、不留死角”的安全工作格局。4月，永州市局根据《烟草企业安全生产标准化规范（YC/T384-2011）》，出台《永州市烟草专卖局安全生产标准化建设年活动方案》，成立安全生产标准化达标创建领导小组，召开“安全生产标准化建设年”工作动员会，部署安全标准化建设工作任务，要求各单位抓住“四个关键”（安全制度建设、安全摸底排查、安全投入、安全文化建设），做好“五项工作”（广泛宣传动员、科学制订实施方案、开展安全标准化培训、把安全标准化与安全隐患排查治理相结合、把标准化达标与职业健康安全管理体系相结合）。全年市局向全市系统所有员工发放《安全科普知识读本》2000本，开展安全检查80余次，查出隐患20余处，共投入整改资金6万余元，隐患整改率达100%。

2013年3月，根据省局《关于推进全省系统企业安全生产标准化建设的实施意见》，市局成立安全生产标准化达标创建工作领导小组，领导小组下设办公室于安保科，组织实施安全生产标准化达标创建工作。5月，市局聘请长沙科锐咨询公司为标准化创建工作指导单位，举办对标培训和诊断活动。5—10月，全市系统围绕诊断出的基础管理和现场管理问题实施整改，制定安全管理制度22项，统一安全标志21项；统一各类检查表、报表、台账29项。11月，市局与市疾控中心联合举办一次食物中毒演练，提高应对突发事件能力。是年，全市系统开展安全检查120余次，对检查出的安全隐患，投入安全整改资金270余万元，重大隐患整改率达100%。全市烟草商业系统通过省安监协会组织的安全生产标准化二级达标验收。永州市局被省局授予“2013年度安全保卫工作先进单位”称号。

2014年，全市系统安全生产工作以《烟草企业安全生产标准化规范》为指南，采取定量、定性相结合的方法，开展安全检查和隐患排查治理工作，全面严查“三违”（违章指挥、违章作业和违反劳动纪律）行为，按照“四定”（定责任人、定整改完成时限、定整改质量和定整改效果）原则，全面落实安全生产主体责任和监管责任。4月，永州市局召开安全生产标准化“回头看”座谈会并部署相关工作，要求各单位巩固安全生产二级达标成果，持续推进安全生产标准化工作。5月，按照省局《关于开展企业安全评估工作的实施意见》，市局结合实际，选定新物流中心仓储分拣现场评估为课题，开展安全评估工作，为新物流配送中心的启用提高保障。是年3月，永州市局（公司）被湖南省职业安全健康协会授予“安全生产标准化二级企业（烟草）”称号。

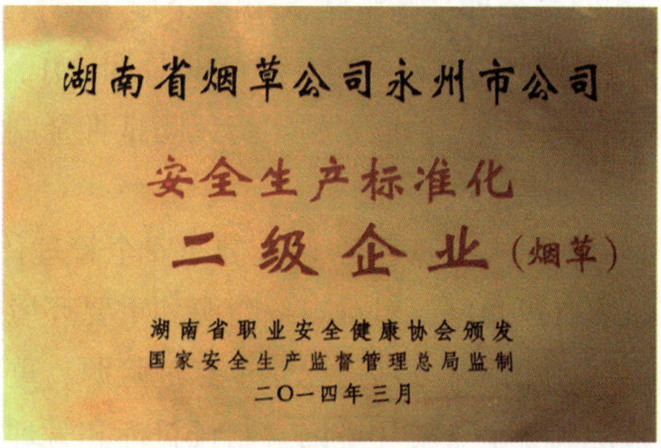

2014年3月，市公司获“安全生产标准化二级企业（烟草）”称号

2015年，全市烟草系统生产工作按照“党政同责、一岗双责、齐抓共管”的要求，建立健全安全生产责任体系，层层签订责任书，做到“人人有指标、个个担风险、全员有责任”，全年悬挂宣传标语、横幅130余幅（张）、印发宣传资料800余份、推出安全生产专题宣传栏20版次、发送安全生产知识短信63次，做到安全生产教育宣传全覆盖。市局在永州市安委会举办安全生产摄影比赛中获得组织奖。市局共开展综合安全检查4次、专项安全检查3次，市局主管领导按“四不两直”（不发通知、不打招呼、不定时间、不听汇报、直奔基层和现场）方式对县局检查2次；共检查出各类隐患38处，下达整改通知书20份，整改率达100%。截至2015年，永州市局连续9年被市人民政府授予“安全生产工作先进单位”称号。

二、烟草工业

21世纪初期，零陵卷烟厂安全管理工作坚持“安全第一，预防为主”的方针，按照“谁主管，谁负责”的原则，每年由厂部与各部门签订安全目标管理责任书，再层层分解到班组、机台、个人。安全管理部门定期或不定期到各部门检查安全生产责任制落实情况，实行每周、每月考核，进入厂部目标管理。建立有安全管理制度标准文件体系，并持续不断完善。坚持加强安全教育，加强日常巡查，加强安全隐患排查整改，加强新、改、扩工程项目的“三同时”管理，未发生过重大安全生产事故。2003年，工厂沿用《执勤训练制度》《交接班制度》《消防器材管理制度》《班组安全制度》《火灾登记制度》《车辆管理制度》等制度。

2005年，按照“三同时”原则，重点加强30万箱技改工程的安全监管工作。

对30多个外来施工队，50多个施工项目进行“三同时”审核。对重点工程地基打桩、电缆沟施工、蒸汽管道安装和101、102工房技改项目等实行全程安全监督。并对外来施工单位严格实行风险抵押金制度。共查出安全隐患165条，扣罚安全风险抵押金8500元。

2006年，按照《职业健康安全管理体系》（GB/T28001）和《环境管理体系》（GB/T24001），对重点危险源和重要环境因素进行辨识，共辨识重点危险源13项、重要环境因素6项。建立重点危险源、重要环境因素控制清单，对其中6个重点危险源和5个重要环境因素制订目标和管理方案。

2007年，根据公司总体规划，全面推行质量管理体系与职业健康安全管理体系“二标一体”工作，编制修订第三层次程序文件和技术标准。2008年，修订和完善29项安全管理标准和20项安全技术标准，全面实施“二标一体”职业健康安全管理体系。对全厂生产作业场所职业危害因素进行检测，对全厂所有危险化学品及在用的30个放射源全部建档立案，实行全程跟踪管理。

2009年，对生产作业场所职业危害因素进行检测，对在用的30个放射源全部予以置换，消除放射源潜在风险。

2011年，根据职业健康安全管理体系运行情况，评审29个程序文件，发布《门卫管理制度》《危险化学品管理程序》。是年，开展消防安全“四个能力建设”，被省消防安全委员会评为消防安全四个能力建设先进单位。

2012年，按照公司安全生产标准化二级达标的具体部署，工厂发布《2012年职业健康安全管理体系运行暨安全生产标准化建设实施方案》，将职业健康安全管理体系运行与安全标准化建设一体化实施，从对标整改评估、整合评审、修订文件、体系评审、改进提升五个方面提升职业健康安全管理绩效。是年，通过安全生产标准化企业二级评定。

2013年，继续推行安全生产标准化岗位达标建设和安全文化建设。制定17类设备的标准作业程序（SOP）、10类设备的安全标准化自检表、4个岗位的可视化巡检路线图、89个岗位的岗位达标标准及评价细则。

2014年，在2013年岗位达标建设成果的基础上，开展以岗位达标建设推动班组达标、以班组达标推进部门达标、以部门达标促进工厂安全管理上水平的岗位达标建设。利用课题形式，在厂部局域网搭建安全基础信息平台，初步实现过程信息的共享及监督管理，并发布安全信息化数据库管理办法。11月6日，公司在工厂举行“119”消防应急演练暨永州市“消防嘉年华”全民体验活动。加强“芙蓉王”制丝线项目及技改工程的重点监管，签订安全协议59份（不包括临时施工队伍），确保“芙蓉王”制丝线联机调试、带料调试和101工房顺利投产。

2015 年，工厂着力构建风险防控体系，健全安全生产责任体系、健全隐患排查治理体系，从关键点入手，关注隐蔽性、深层次的安全隐患。利用课题形式，编制起重设备专业安全评估方法。对全厂 13 台电梯、5 台电动葫芦、37 辆叉抱车进行专业安全评估工作，逐台做出安全风险评价结论。建立危险作业审批 E 化流程。

第三节 信访维稳

2005 年 6 月 24 日，根据省人民政府《关于进一步加强和改进信访工作的意见》和省烟草专卖局《关于建立和完善全省烟草系统局长接待日的通知》，永州市局出台《全市烟草系统局长接待日制度》，确定每月第一个星期六为局长接待日，由局领导轮流值班接待来访群众。同时，向全市烟草商业系统公布值班领导姓名、接待地点、接待电话和电子邮箱等信息，畅通信访渠道，维护群众合法权益；对群众反映的问题，能当场解决问题的，即时回复；不能当场解决的，指定承办部门、承办人员专项办理，并由办公室督办落实，做到“事事有回音，件件有着落”。随后，各县（区）烟草专卖局结合实际，相应建立局长接待日制度。7 月 24 日，零陵烟叶复烤厂内退职工向永州市局（公司）递交上访信件。7 月 29 日，永州市局（公司）对零陵烟叶复烤厂内退职工的上访问题作出书面答复。同年 8 月，零陵烟叶复烤厂内退职工赴省局上访，10 月赴国家烟草专卖局上访。11 月 19 日，省局作出《关于对零陵烟叶复烤厂内退职工上访（信访）有关问题的复核终结意见》。11 月 22 日，新田烟草、道县烟草“退一进一”临时工 30 余人到市局上访，反映请求解决承认正式职工，并按正式职工予以一次性补偿等问题。永州市局接访人员现场对有关问题进行解释和口头答复。12 月 14 日，根据《信访条例》等有关规定，永州市局对新田烟草、道县烟草原“退一进一”临时工的有关信访问题作出书面答复。12 月，根据《信访条例》和有关规定，市局制定《永州市烟草专卖局（公司）接待群众来访工作规则》，规范日常接待来访工作，维护来访群众的合法权益。

2007 年，永州市局共处理来信 65 件，接待来访 83 批次，妥善处理集访事件 2 起。4 月 28 日，市局成立稳定和信访工作领导小组，下设办公室于市局办公室。6 月 25 日，原协议解除劳动合同人员 110 余人到市局机关集体上访，反映 2005 年自愿解除劳动合同关系时国家局有人平均 30 万元的补偿政策以及要求按 2007 年郴州市烟草专卖局对富余人员分流有偿解除劳动关系的补偿标准进行补偿。永州市局根据《信访条例》规定，与上访人员约定于 7 月 10 日对信访问题进行书面答复。7 月 10 日，永州市局作出《永州市烟草专卖局（公司）关于对自愿与单位解除劳动合同关系人员有关信访问题的答复》。同日，省局法规处、维稳办负责人就有关信访问题进行现场解答，市人民政府副秘书长、市委稳定办主任参加答复会，此次上访事件得到初步平息。8 月 16 日，市局接到市公安局国保支队传真《永州公安情报》第 231 期称：全市烟草系统原协解人员拟于 8 月 20 日在市局机关门口进行为期一周大规模集会游行。接到讯息后，永州市局立即向省局和市委、市政府汇报情况。在市委、市政府的指导下，永州市局多次召开专门会议，专题研究应对决策，对工作进行安排部署。8 月 17 日，市局应急领导小组负责人按照市局党组分工，通过变“上访”为“下访”，分头奔赴各重点县（区）与当地政府协调沟通，与拟上访人员进行交流沟通，化解矛盾。在面对面交流时，发现上访人员代表未将市局 7 月 10 日的书面答复意见向自愿解除关系人员作传达，混淆视听，进行煽动。8 月 18 日，市局下发《关于送达〈永州市烟草专卖局关于对自愿解除劳动合同关系人员有关信访问题的答复〉的通知》，要求各县局（营销部）迅速把市局的答复意见送达到每一位解除劳动合同关系人员手中，并开展情况排查摸底，避免大规模集访事件的发生。8 月，根据省局、市委市政府关于维护稳定工作的有关规定，市局出台《永州市烟草专卖局（公司）机关处置群体性上访事件应急预案》，树立“稳定压倒一切”的思想，按照“预防为主、分级负责”的原则，对应急预案的适用范围、责任划分及处置程序进行明确规定，提高群体性上访事件的预防、处置能力，促进全市系统健康和谐发展。10 月 30 日，根据《全国烟草行业全面开展突发公共事件应急预案编制工作的实施方案》精神，市局成立以分管领导为组长的突发公共事件应急预案编制工作领导小组及其办公室，以应对突发事件为目的，编制“横向到边、纵向到底”的各类突发应急预案体系，确保防患于未然。

2008—2009 年，全市烟草商业系统来访来信数量下降，未发生集体上访事件，为“两烟”生产经营营造有利环境。2008 年，永州市局接待来访 12 批次，同比减少 71 批次。同年 11 月 21 日，永州市局在全省系统信访稳定工作暨突发公共事件应急处置现场观摩会上作经验交流发言。是年，永州市局被市人民政府评为“2008 年北京奥运会期间信访维稳工作先进单位”。

2010 年，永州市局加强信访稳定工作制度建设，建立市、县、站三级维稳组织机构，制订具体工作方案和工作职责，定期组织开展矛盾纠纷排查分析，健全信访维稳工作台账，实行不稳定事件及时报告制，并按月上报不稳定因素排查情况，每半年组织一次定期排查。全市系统严格落实“双岗制”和 24 小时值班制度及局长接待日制度，积极推进应急管理领导机构及办事机构建设，完善全市系统应急管理指挥体系，提高应对突发公共事件能力。是年，永州市局被市维护稳定工作领导小组授予“2010 年度全市维护稳定工作先进单位”称号。

2011 年 2 月 28 日，根据省局和市委、市政府信访稳定工作会议精神，永州市局召开 2011 年全市系统信访稳定工作座谈会，安排部署信访稳定工作。9 月 19 日，宁远县原烟叶生产技术人员到市局上访，提出要求补缴养老保险、解决退休养老等信访事项。10月10日，永州市局作出书面答复。2011年11月14日，永州市局开展群访事件应急演练，邀请市维稳办、市信访局、市公安局现场指导，切实增强突发群体性上访事件的应急处置能力。是年，永州市局被市人民政府授予“2011年全市信访工作先进集体”称号。

2011年11月24日，市局开展群体性上访事件应急演练

2012年2月20日，永州市局制订《永州市烟草专卖局全国“两会”期间维护稳定工作预案》，成立以局长（经理）为组长的特防期间维护稳定工作领导小组，负责全市系统全国“两会”期间信访问题的指挥协调。3月4日，市局下发《永州市烟草专卖局关于进一步做好全国“两会”期间信访稳定工作的紧急通知》，要求各所属单位统一思想认识，明确职责分工，开展矛盾隐患排查，落实稳控措施，实行24小时轮流值班、信访稳定情况每日一报，畅通信息渠道。各县级局按照包案制度，实行由单位“一把手”负总责，落实包案领导和具体负责人员，及时掌握信访对象的情况动向，着力把问题解决在基层，把人员稳控在当地，确保不发生集体赴省进京和严重非正常上访。10月9日，原“退一进一”人员25人到市公司集访。11月，市公司对原“退一进一”人员予以书面答复。是年12月，永州市局被市人民政府授予“2012年党的十八大期间信访维稳工作先进单位”称号。

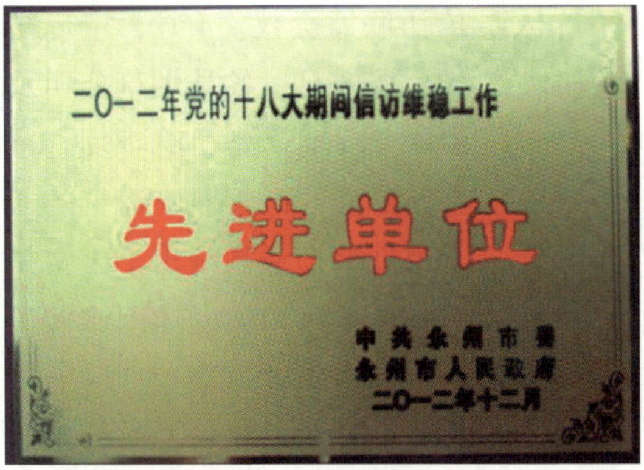

2012年12月，市局被市委、市政府授予“党的十八大期间信访维稳工作先进单位”称号

2013年，永州市局加强不稳定因素的摸底排查与分类处理，对近年来未息诉息访的老信访案件进行排查，对重要信访案件进行梳理，根据不同上访群体的特点，采取通过民政部门捐赠、定期走访送温暖、推荐到烟农合作社就业等方式，帮助家庭困难信访人员解决生活和就业问题，化解关

系群众切身利益和社会问题的信访积案。2月，市烟草公司出于人文关怀，推荐47名“退一进一”人员到与烟草行业有业务合作关系的烟农合作社从事烟农辅导员工作。2013年，全市系统未发生赴省进京重大集体上访事件，上级交办的稳定信访案件结案率达100%。

2014年，全市系统积极向当地党委政府汇报，强化与信访、公安部门的协调配合，突出重点，定期排查，执行日常信访接待制度、“数对一”沟通制度、特殊时期车站导访制度，积极开展矛盾纠纷排查化解妥善处理信访积案。全年接待来访22批次，其中集体上访13批次252人次、个体上访10批次14人次；共接到来信3件，其中联名信2件；承办省局及市政府交办信访事项3件；共息访息诉3人。2014年6月，永州市人民政府两烟工作领导小组办公室、市人力资源和社会保障局、市烟草专卖局联合对市四届人大四次会议第75号建议（即《关于解决原宁远烤烟技术员养老保险和回乡补助金的建议》）作出书面答复，明确表示不符合国家政策法规，不予支持。10月13日，永州市局出台《永州市烟草专卖局网络舆情处置工作方案》，并成立以局长（经理）为组长的网络舆情处置工作领导小组，开展网络舆情的收集整理、呈报转办、核实办理、回复反馈等工作，促进网路舆情处置工作规范化、制度化和常态化。是年，永州市局被市人民政府评为“全市信访稳定工作先进单位”。

2015年，全市系统信访工作坚持“一个依靠，四个落实”（紧紧依靠当地党委政府，落实“一对一”“数对一”的沟通制度、落实日常信访接待制度、落实特殊时期的车站劝访制度、落实赴省进京接访制度），注重矛盾纠纷化解，积极开展息访息诉工作，加大对非正常上访的处置力度，把信访工作与日常工作有机结合，变被动为主动，转接访为下访，市烟草公司领导及相关部门开展基层信访调研3次，与信访人座谈、约谈10次90人次。3月16日，永州市烟草公司与宁远县政府、县信访联席办在县信访局组织召开“退一进一”人员信访联席会议。4月，宁远县“退一进一”人员有21人与县信访局签订息访协议。5月18日，各县烟草公司及复烤厂协议解除劳动合同人员递交复查申请。5月28日，市烟草公司给予复查意见。11月，根据《关于湖南省网上信访信息系统基础版在全省正式推广运行的通知》，市公司本级共录入来信来访6件次。2015年，全市烟草商业系统出于人文关怀，按照适度帮扶原则，推荐相关信访人员就业23人次，慰问相关群体困难人员33人，提供帮扶资金6.6万元。是年，市局共收到来信5件，其中联名信3件、重复信5件；完成省委巡视组交办函件2件，完成省公司交办函件2件；共接待来访20批次115人次，同比减少2批；其中集体上访9批次，同比减少6批次；共息访息诉24人次，为“两烟”生产经营营造了和谐稳定的发展环境。

附：信访简介

2005—2015 年，永州市烟草商业系统接待的信访对象主要有烟叶生产技术辅导员、“退一进一”人员、协议解除劳动合同关系人员等。

一、烟叶生产技术辅导员

1989 年，零陵地区对烟草实行“一条鞭”管理，烟叶产、购、销业务由供销社移交各县烟草公司管理。根据烟叶生产、收购工作需要，各县烟草公司聘请了一批烟叶生产技术辅导员，并签订《临时（季节）工劳动合同》。合同规定：合同期满后，如工作需要可重新签订用工合同，也可以自行终止合同或者依法解除劳动合同。1994 年，各县烟草公司按照零陵地区烟草专卖局《关于清退长年临时工的通知》（零烟局字〔1994〕20 号）要求，依法对烟叶生产技术辅导员予以清退。1996 年以后，根据烟叶生产需要，各县烟草公司又聘请部分烟叶生产技术辅导员为短期季节工。2005 年，永州市烟草公司经报市人民政府批准同意，在全市系统推行劳动人事制定改革。按照相关要求，各县烟草公司依法制定《清退临时工实施方案》，对所有临时合同工予以清退。

烟叶生产技术辅导员的信访诉求：签订无固定期劳动合同，补缴养老、医疗保险，支付经济补偿金等。因其诉求不符合国家政策法规，不予支持。

二、“退一进一”人员

1999 年，永州市烟草公司出台《关于深化劳动人事制度改革的暂行规定》（永烟党〔1999〕4 号），按照“父母退一个，子女进一个”的原则，共招聘 144 人为临时合同工（简称为“退一进一”人员）。由于永烟党〔1999〕4 号文件与上级精神不符，永州市烟草公司于 2000 年下发《关于停止办理内退职工子女顶做临时合同工的通知》（永烟局〔2000〕39 号），明确规定：一律停止办理子女顶做临时工手续；已经办理了手续的，其他待遇由各单位自主确定。2005 年，永州市烟草公司为解决人员多、债务重的企业状况，经报请省烟草公司和市人民政府批准同意，在全市系统实施劳动人事制度改革。按照有关规定，各县（区）烟草公司制定出台《清退临时工实施方案》。该方案经各单位职代会讨论通过，报当地劳动行政部门审核备案，对所有与单位签订劳动合同的临时合同工（含“退一进一”人员）予以清退，并按国家规定标准发放了经济补偿金。

“退一进一”人员的主要诉求：恢复劳动关系，与烟草公司签订劳动合同，转为正式合同工，同工同酬等。2005 年至 2007 年，该群体多次通过劳动仲裁、法院诉讼等途径，均未得到支持。多次赴市局、省局、国家局以及地方政府上访，因其诉求无国家政策法规，不予支持。

三、协议解除劳动合同关系人员

2005 年，根据国家烟草专卖局《关于对烟叶生产经营富余人员分流有偿安置的资金补贴方案》（国烟法〔2005〕313 号）和省局湘烟法〔2005〕204 号文件精神，永州市局（公司）在全市烟草系统开展劳动人事制度改革，并对烟叶生产经营富余人员实行分流有偿安置。此次人事制度改革，永州市烟草系统经报请当地人民政府批准同意，按照坚持依法依规、公开公正公平、自愿、群众路线与民主集中制以及稳中求进等原则，各单位结合实际情况，精心制定劳动人事制度改革方案，认真召开多种形式的座谈会，发放调查问卷，广泛征求意见，全面宣传发动，反复修改方案，并均提交所属单位职代会或职工大会讨论通过。改革为员工提供了多种选择，如竞岗、内退、待岗、自愿申请解除劳动关系等。在人事制度改革过程中，员工申请与单位解除劳动合同关系属完全自愿行为，并认真履行解除劳动合同关系的有关法定手续，诸如：自愿提交了解除劳动合同关系申请书，与单位平等自愿签订《终止、解除劳动关系协议书》《终止、解除劳动关系证明书》等，解除劳动关系的合同均通过当地劳动行政部门鉴证，手续齐全，程序合法。全市烟草商业系统共有 708 名正式职工自愿申请与企业解除劳动关系，共支付一次性经济补偿金（安置费）11858.7 万元，人均 16.75 万元。2006 年，国家烟草专卖局、省局对永州烟草系统自愿解除劳动合同关系有偿安置人员分流工作开展专项检查，验收认定合格。

协议解除劳动合同关系人员的诉求：增加协议解除补偿金，补缴社保，恢复劳动关系，退休后享受正常退休职工待遇等。多次通过行政复议、劳动仲裁、法院诉讼等法定途径，均不予支持。同时，多次赴市局、省局、国家局以及政府上访，无国家政策法规依据，不予支持。

第九篇　党群与企业文化建设

第一章　党建

2003—2015 年，永州市烟草系统各级党组、党委以中共十六大、十七大、十八大系列会议精神为指导，学习宣传贯彻落实邓小平理论、“三个代表”重要思想、科学发展观，扎实开展以实践“三个代表”重要思想为主要内容的保持共产党员先进性教育活动、“知荣辱，树新风”活动、群众路线教育实践活动、“三严三实”专题教育活动，加强领导班子建设、领导干部廉洁自律建设、基层党组织建设。

第一节　组织建设

一、组织机构

（一）永州市烟草专卖局（公司）

1. 中共永州市烟草专卖局（公司）党组。2003 年 2 月 24 日，中共湖南省烟草专卖局党组以文件通知：徐招深、唐国生任中共永州市烟草专卖局（公司）党组成员，免去李刚华、万克颖、彭金生中共永州市烟草专卖局（公司）党组成员职务。2005 年 1 月 10 日，中共湖南省烟草专卖局党组以文件通知：徐文军任中共永州市烟草专卖局（公司）党组书记；免去陈雄四中共永州市烟草专卖局（公司）党组书记职务。6 月 6 日，中共湖南省烟草专卖局党组以文件通知：唐国生任中共衡阳市烟草专卖局（公司）党组纪检组组长、党组成员，免去其中共永州市烟草专卖局（公司）党组成员职务；秦江顺任中共永州市烟草专卖局（公司）党组成员，免去其中共邵阳市烟草专卖局（公司）党组成员职务。2006 年 2 月 21 日，中共湖南省烟草专卖局党组以文件通知：徐招深任中共长沙市烟草专卖局（公司）党组成员，免去其中共永州市烟草专卖局（公司）党组成员职务；周国生任中共郴州市烟草专卖局（公司）党组成员，免去其中共永州市烟草专卖局（公司）党组成员职务；

刘正日任中共永州市烟草专卖局（公司）党组成员；刘名勤任中共永州市烟草专卖局（公司）党组成员，免去其中共郴州市烟草专卖局（公司）党组成员职务。2008 年 6 月 23 日，中共湖南省烟草专卖局党组以文件通知：李刚华任中共永州市烟草专卖局（公司）党组书记；免去徐文军中共永州市烟草专卖局（公司）党组书记，另行安排工作。2011 年 12 月 1 日，中共湖南省烟草专卖局党组以文件通知：阳天和任中共永州市烟草专卖局（公司）党组成员。2012 年 9 月 7 日，中共湖南省烟草专卖局党组以文件通知：免去刘名勤中共永州市烟草专卖局（公司）党组成员职务。2013 年 1 月 16 日，中共湖南省烟草专卖局党组以文件通知：杨深根任中共永州市烟草专卖局（公司）党组成员、总会计师。2014 年 1 月 20 日，中共湖南省烟草专卖局党组以文件通知：免去陈国凤中共永州市烟草专卖局（公司）党组纪检组长、党组成员职务。

2003—2015 年永州市烟草专卖局（公司）党组（委）成员表

表 9-1

年　份	党组书记	党组成员
2002.12—2005.1	陈雄四	万克颖（2003.2 免）　彭金生（2003.2 免） 李刚华（2003.2 免）　徐招深（2003.2 任） 唐国生（2003.2 任）　陈国凤（2001.8 任） 周国生（2000.8 任）
2005.1—2008.6	徐文军	陈国凤　唐国生（2005.6 免） 徐招深（2006.2 免）　周国生（2006.2 任） 秦江顺（2005.6 任）　刘名勤（2006.2 任） 刘正日（2006.2 任）
2008.6—2015.12	李刚华	陈国凤（2014.1 免）　秦江顺 刘名勤（2012.9 免）　刘正日 阳天和（2011.12 任）　杨深根（2013.1 任）

2. 永州市烟草专卖局（公司）机关党支部、机关党委。2004 年，市局机关党委对市局机关党支部进行调整，将原党员多、科室多的机关一支部调整为 2 个支部，调整后市局机关共有 4 个党支部，各支部于 6 月底前完成换届选举。2007 年，市局党组结合"'两个至上'在岗位"主题实践活动，抓好党建工作。12 月 4 日，市局召开党员代表大会，对机关党委进行换届选举。大会选举产生新的机关党委会，成员 9 名，陈国凤担任第一届党委书记、林志远担任第一届党委副书记。年底，市局机关和冷水滩营销部业务整合后，市局机关党委成立第十四支部（河西离退休支部），组织设置进一步优化，党组织覆盖面进一步扩大。2013 年，根据市直工委要求和市局（公司）机关第五轮全员竞争上岗人员变动情况，3 月 15 日，市

局召开党员代表会议，对机关党委会委员进行调整，会议采取等额选举和投票表决形式产生 9 名委员，陈国凤任书记，邱小平任副书记。换届后机关党委对机关党支部进行整合，将原来的 14 个党支部整合为 10 个党支部。2015 年，市局机关共有基层党组织 12 个，其中党委 1 个、党支部 11 个。

2003—2015 年中共永州市烟草专卖局机关委员会领导任职表

表 9-2

党委书记	党委副书记	秘书
陈国凤 （2002. 12. 31—2006. 12. 4）	罗丽华 （2000. 12. 29—2004. 2. 23） 袁长才 （2004. 2. 29—2006. 11. 16）	刘宁华 （2000. 12. 29—2006. 12. 7）
陈国凤 （2006. 12. 4—2013. 1. 8）	林志远 （2006. 12. 4—2013. 1. 8）	
陈国凤 （2013. 1. 19—2015. 12. 31）	邱小平 （2013. 1. 19—2015. 12. 31）	

3. 县（区）局（分公司）党组。2006 年 11 月 17 日，中共永州市烟草专卖局党组研究决定，成立中共湖南省烟草公司永州市公司冷水滩营销部党组，设党组书记 1 名、纪检组长 1 名、党组成员 4 名，新成立的冷水滩营销部党组隶属冷水滩区直属机关工作委员会管理。2007 年 12 月 17 日，因机构设置调整，市局党组研究决定撤销冷水滩营销部党组。2008 年 3 月 21 日，中共永州市委组织部批复同意将湖南省烟草公司永州市公司冷水滩营销部党组织隶属关系由冷水滩区委组织部划归到市直属机关工委统一管理，隶属市烟草专卖局（公司）机关党委。

（二）零陵卷烟厂

1. 中共零陵卷烟厂党委。1977 年 4 月，零陵地区卷烟厂临时党支部成立。1979 年 2 月，成立党总支，1981 年 6 月，成立党委。2003 年 8 月 19 日，召开第六次代表大会，选举产生第六届党委会和纪委会。孔敏任党委书记、熊丽萍任党委副书记，郑雄志任纪委书记。2004 年 1 月，常德卷烟厂任命零陵卷烟分厂党委领导班子，孔敏任党委书记、熊丽萍任党委副书记，郑雄志任纪委书记。2005 年 1 月，常德卷烟厂调整零陵卷烟分厂领导班子，熊丽萍任党委书记。2006 年 11 月，成立湖南中烟工业公司零陵卷烟厂党委，陈东平任党委书记。2008 年 7 月 1 日，湖南中烟工业有限责任公司零陵卷烟厂召开第一次党员代表大会，选举产生党委会和纪律检查委员会，陈东平任党委书记，何洁松任党委副书记兼纪委书记。2011 年 2 月，湖南中烟公司调整零陵卷烟厂党委领导班子，刘正宇任党委书记，何洁松任党委副书记兼纪委书记。

2003—2015 年零陵卷烟厂党委成员表

表 9-3

时间	党委书记	党委副书记	党委成员
2002. 10—2005. 1	孔　敏	熊丽萍	孔　敏　熊丽萍　朱凌冰　陈东平　吕爱华 易和新　郑雄志（2004. 7 免）
2005. 1—2006. 11	熊丽萍		陈东平　熊丽萍　朱凌冰 吕爱华　易和新　邓永志（2005. 5 任）
2006. 11—2011. 2	陈东平	何洁松 （2007. 1 任）	陈东平　朱凌冰　吕爱华（2007. 1 免） 何洁松（2007. 1 任）　邓永志（2010. 4 免） 汤　华（2007. 1—2010. 4）　易和新（2008. 3 免） 吕芳德（2008. 7—2010. 4）　王浩明（2010. 4 任）
2011. 2—2015. 12	刘正宇	何洁松 （2015. 3 免） 石瑞林 （2015. 3 任）	刘正宇　朱凌冰　吕爱华（2010. 4 任） 何洁松（2015. 3 免）王浩明（2012. 2 免） 石瑞林（2012. 2 任）刘兴明（2015. 3 任）

2. 零陵卷烟厂基层党组织。2003 年至 2007 年下设基层党支部 7 个，2007 年 10 月，将离退休人员党支部更名为离退休人员党总支，下辖 5 个离退休人员党支部。2015 年 8 月，将原 6 个直属党支部全部调整为党总支，共设 7 个党总支，下设 34 个党支部。

二、党员队伍

（一）永州市烟草专卖局（公司）

2003—2015 年，市局党组贯彻执行“坚持标准，保证质量，改善结构，慎重发展”的方针，有计划地培训和发展党员，做到成熟一个、发展一个，保证党员发展质量。2003 年，市局机关党委发展党员 3 名，评选表彰“优秀共产党员”15 人。2004 年，市局机关党委发展党员 2 名，选派 1 名积极分子参加市直工委入党积极分子培训班学习，表彰优秀共产党员 10 名。2005 年 2 月、5 月，市局机关党委先后完成对各党支部及冷水滩区两烟办党总支委员会换届选举。选派 4 名入党积极分子参加市直工委的入党积极分子培训班学习。是年，机关党委组织的代表队在市直工委举办的“保持共产党员先进性党的知识电视抢答赛”中获得二等奖，市局机关党委被市直工委评为“先进机关党委”，1人被市直工委评为“优秀党务工作者”，7人被市直工委评选为“优秀共产党员”。2006年5月29日，市局（公司）设立冷水滩营销部，根据机构设置调整，中共永州市委组织部于11月24日批复同意冷水滩营销部党总支周卫平等53名党员的组织关系，由永州市烟草专卖局（公司）机关委员会转入冷水滩区，隶属区直属机关工作委员会管理。是年，市局机关党委共有党员93人。2007年，市局机关党委再次被市直属机关工作委员会评为“先进机关党委”，7人被市直属机关工作委员会授予“优秀共产党员”称号。2008年，原属冷水滩营销部的71名党员组织关系全部转入市局机关党委。是年，市局机关共有党员174人，其中离退休党员63人；全市烟草商业系统拥有基层党组织15个，其中党委1个、支部14个。2009年，市局机关党委、物流配送中心党支部被市直工委评为“优秀基层党组织”“学习型党支部”。2011年，市局党组加大党建宣传力度，加强党务培训工作，抓好党员警示教育。以党课、参观红色文化基地等形式，组织各支部开展丰富多彩的党建活动。3月，机关党委选派5人参加在湘潭烟校举办的支部书记培训班学习，加强党支部书记的党性修养。10月，在市直工委检查中，市局党务公开工作，得到市直机关工委肯定，市局营销、专卖支部被评为“学习型党支部”，机关党委连续6年获“优秀机关党委”荣誉称号。2012年，市局党组围绕“突出一个主题”“明确三个重点”，做好全市系统“基层组织建设年”工作。4月，组织全市系统300余名党员干部，分4批前往井冈山开展“讲责任、讲奉献、讲纪律”红色教育培训活动，加强干部职工对“坚定信念、艰苦奋斗，实事求是、敢创新路，依靠群众、勇于胜利”井冈山精神的理解。下半年，先后组织党员干部开展“认清形势，坚定信心，稳中求进开新局”“重基础，强素质，切实加强队伍建设”为主题的学习活动，并为每个党员购买3~5本学习用书，开展党员分类定级活动和党员公开承诺活动。2014年，市局机关党委组织开展党员民主评议、集中学习群教书目、群众路线大讨论活动，加强队伍建设。6月，市局机关党委组织全体党员干部开展中共十八届三中全会理论知识测试，优秀率达90%。12月，组织全市系统200余名青年员工前往井冈山传统教育基地进行党性锤炼。是年，全市系统开展群众路线大讨论活动1次，组织全市系统党支部书记集中学习2天，党建工作在全省系统第一环节通报会上做典型发言，市局机关党委连续8年被市直机关工委评为“优秀机关党委”。2015年，市局党组加强党务工作队伍建设，组织全市30名党支部书记参加全省系统基层党支部培训班，加强全市系统基层党支部队伍建设；组织开展党员评议工作，评选出40名2014年度优秀共产党员；开展“崇德守法、感恩奉献”为主题的党支部书记上党课活动，邀请市委党校教授授课、永州电视台予以专题报道，活动受到党员好评；机关第九支部荣获“行业离退休干部先进集体”。

2003—2015 年永州市烟草专卖局（公司）机关党员情况表

表 9-4 单位：人

年份	党员	年份	党员	年份	党员
2003	141	2008	174	2013	199
2004	144	2009	182	2014	203
2005	147	2010	190	2015	210
2006	93	2011	187		
2007	102	2012	193		

（二）零陵卷烟厂

2003—2015 年，零陵卷烟厂一直高度重视党员队伍建设，按照党章和党内制度以及上级党组织要求，加强党员队伍管理，制订出台《党支部工作标准》《三会一课制度》《党费收缴使用管理制度》等数十项管理制度。从严执行“三会一课”、民主评议、民主生活会、组织生活会等日常制度，开展专题学习教育活动。每年组织开展创先争优活动，并进行推优评先。涌现出多名“湖南省优秀共产党员”“湖南省优秀党务工作者”等省级以上先进。按照党章规定及“坚持标准，保证质量，改善结构，慎重发展”方针，建立入党积极分子培养和预备党员考察制度，每年坚持发展党员。截至 2015 年年底，工厂党员 679 名。

2003—2015 年零陵卷烟厂党员队伍情况表

表 9-5 单位：人

年份	发展党员	转正预备党员	党员总数
2003	26	19	591
2004	18	26	599
2005	17	18	616
2006	20	19	621
2007	10	20	643
2008	15	12	629
2009	18	14	643
2010	19	18	661
2011	19	19	680
2012	11	18	680

续表9-5

年份	发展党员	转正预备党员	党员总数
2013	4	12	683
2014	4	4	674
2015	4	4	679

第二节　思想建设

一、永州市烟草专卖局（公司）

2003 年，市局党组继续坚持和完善党组（党委）中心组学习制度，坚持每季度集中学习 2 天以上，并将其扩大到县（区）局领导班子和市局机关中层干部，要求各县（区）局开展中心组学习活动。5 月 6 日，根据市委、市政府要求，市局党组研究决定，在市局（公司）领导班子中深入开展“增强党性观念，增强群众观念，增强发展观念，创建先进班子”（简称“三增一创”）活动，并成立“三增一创”活动领导小组，党组书记陈雄四任组长，党组成员周国生、唐国生、徐招深、陈国凤为成员。活动采取学习培训、对照检查、集中整改、建章立制等方式进行，并在 6 月、10 月分别举办两期中心组学习（扩大）培训班，其中 10 月下旬在金叶山庄举办的党组中心组学习（扩大）暨领导干部培训班是永州烟草系统组建以来规模最大的一期培训班，参训人员 130 余人。是年，党组中心组集中学习 6 次 13 天，上辅导课 2 次，办培训班 180 人次，发放学习资料 3000 余份。2004 年，市局党组学习贯彻“三个代表”重要思想和党的十六大精神，抓好领导班子和领导干部的学习教育。4 月，市局党组在全市系统基层党组织中开展“为中心工作服务，为基层服务，争创先进基层党组织，争当优秀党员”的“两为两争”活动，用实际行动践行“三个代表”重要思想。下半年，根据市委要求，市局党组在市局领导班子和党员干部中开展以“提高执政能力，促进贴心为民，促进求真务实，促进勤政清廉”为主要内容的“一提高三促进”活动，结合党组、党小组民主生活会认真开展自查自纠，广泛征求群众意见，找准领导班子和党员干部中存在的问题，有针对性地制定整改措施。是年，共举办中心组学习（扩大）培训班 2 期，开展“一把手”上党课 1 次，为每个党员发放“两个条例”书籍 1 套。2005 年，党中央决定“在全党开展以实践‘三个代表’重要思想为主要内容的保持党员先进性教育活动”。根据中央、省委、市委的统一部署安排，市局党组从 1 月起在全市系统扎实开展以实践“三个代表”重要思想为主要内容的保持党员先进性教育活动，着手解决全市系统党员队伍和各级党组织存在的突出问题，保持全市系统党员队伍的纯洁性和先进性。市局党组通过各党组成员与各县（区）局、复烤厂建立联系点制度，加强对先进性教育活动的领导。3月8日，市局党组研究决定，在全市系统开展向吕建国、谢国胜、贺光辉3人学习的活动，推动以实践“三个代表”重要思想为主要内容的保持共产党员先进性教育活动的深入开展。是年，在以实践“三个代表”重要思想为主要内容的保持共产党员先进性教育活动中，全体党员集中学习参学率100%，学习教育时间40小时，征集意见建议536条，并从12个方面制定整改措施。活动得到市委保持共产党员先进性教育活动办公室肯定，并被市委誉为“实践三个代表重要思想最好的单位之一”。

2006年，市局党组贯彻落实胡锦涛总书记关于“八荣八耻”的社会主义荣辱观，认真开展学习党章和“知荣辱，树新风”活动。4月、6月，分别组织开展以学习贯彻党章和“八荣八耻”重要论述为主题的党组中心组学习。2007年10月下旬，市局党组在全市系统集中开展党的十七大精神学习贯彻活动，将学习“党的十七大”重要精神作为中心组学习的核心内容，并与永州烟草又好又快发展、加强干部作风建设、当前重点工作紧密结合，要求领导干部克服“浮、懒、软、骄、欲”，倡导“实、勤、硬、谦、清”，学习活动被市委誉为“全市干部作风建设搞得最早、工作最扎实、效果最明显”的单位。是年，党组中心组集中学习4次，其中3次专题学习《中华人民共和国劳动合同法》内容。2009年，根据《中共中央关于在全党开展深入学习实践科学发展观的意见》《中共永州市委关于开展深入学习实践科学发展观活动的实施意见》的要求，3月29日，市局（公司）在以党组书记李刚华为组长，党组成员刘名勤、陈国凤、秦江顺、刘正日及副调研员黄纯慧为副组长的学习实践科学发展观活动领导小组指导下，按照《中共永州市烟草专卖局（公司）党组关于开展深入学习实践科学发展观活动实施方案》要求，在全市系统各级党组织和广大党员干部中开展深入学习实践科学发展观活动，提高全市系统党员干部思想认识、解决突出问题的能力，贯彻落实科学发展

2009年3月，市局（公司）组织召开学习实践科学发展观活动动员大会

观。9月11日，市局党组结合上半年科学发展观实际学习情况，制定下发《中共永州市烟草专卖局（公司）党组贯彻落实科学发展观整改落实方案》，提出以“烟叶防过热、卷烟上水平、税利保增长”为主要任务，围绕“夯实基础、注重创新、科学发展”的总体工作思路，针对“经济总量偏小，经济效益综合指数不高”“企业管理不严，成本费用偏高”等5个方面内容，制定相应的整改措施，并落实执行。

2010年5月，市局党组结合开展“讲党性、重品行、做表率”活动，在全市系统党的基层组织和党员中深入开展争先创优活动。9月21日，市局党组召开“贯彻落实《党员干部廉洁从政若干准则》，切实加强领导干部作风建设”专题民主生活会，省局（公司）党组成员、副局长张志刚到会指导。会上，党组成员围绕会议主题，结合工作、生活、学习、思想进行深刻的工作检查和自我剖析，认真开展批评与自我批评，明确下一步整改措施，民主生活会效果得到省局的肯定。2011年，市局党组围绕以“卷烟上水平”和“中共十七届五中全会”精神为主题，坚持集体学习与个人自学相结合、请进来与走出去相结合，分4个专题12个学习日，系统学习十七大精神、科学发展观等知识。同时，按照省局（公司）、市委部署，开展“党组指定党建书籍、部门负责人制定业务书籍、员工自选书籍”的读书活动，抓好全市系统政治学习，全年投入18万元购置书籍，并印制学习笔记本2000多本分发给员工，员工文化、业务知识得到提高。2012年，市局党组再次投入18万元购置书籍，印制学习笔记本2000多本，发放到每一位党员手中，通过不定期的分支部组织学习，抓好员工思想教育。

2013年，市局党组把深入贯彻学习党的十八大精神作为首要政治任务，以增强“三个自信”为重点，通过中心组学习、党支部活动、座谈交流等形式，加大学习和宣传力度。2014年，根据中央和国家局、省局党组的统一部署，在省局（公司）第三督导组的指导下，2—10月，市局（公司）在以党组书记李刚华为组长，党组成员秦江顺、刘正日、阳天和、杨深根为副组长的群众路线教育实践活动领导小组指导下，在全市系统开展第二批党的群众路线教育实践活动。活动涵盖市本级、10个县（区）局的49个党支部、1023名党员。全市系统各单位均成立由“一把手”任组长的活动领导小组，并结合实际，制定出台《活动实施方案》，按照“照镜子、正衣冠、洗洗澡、治治病”的总要求，严格对照党章、“三严三实”要求，认真查找领导班子在形式主义、官僚主义、享乐主义、奢靡之风等方面存在的突出问题和不足，先后发放意见征求函1247份，召开各类座谈会32场次，收集意见和建议191条。针对收集的意见及建议，市县两级领导班子对照“三严三实”要求，坚持问题导向，通过谈心交心突出“诚”、对照检查材料突出“严”、民主生活会突

2014 年，市局（公司）召开党的群众路线实践教育活动专家辅导讲座

出“辣”、组织生活会突出“实”的方式，认真开展批评与自我批评，开展交心谈心 800 余场次，召开专题民主生活会 11 个、组织生活会 69 次，查摆问题 741 条，相互批评意见 506 条，民主评议党员 777 名，评定为“好”的党员 739 名、“一般”的党员 38 名。针对查找出来的问题，市局党组制订出台“两方案一计划”，提出整改落实任务 27 项、专项整治工作 14 项、制度建设任务 25 项，并按照中央“7+4+10”专项整治要求，在全市系统开展专项整治工作，查处 49 人，完成 154 项专项整治任务；形成规章制度“废改立”清单，其中新建制度规定 4 项、修订制度规定 5 项、废止制度规定 2 项。通过开展活动，全市系统干部职工思想认识、企业形象、企业绩效得到进一步提高，“四风”问题得到有效整治，建章立制得到全面加强，清理整合办公室 55 间，清理车辆 6 台，发文数量、会议费、业务招待费同比分别下降 38.5%、35%、40%，启动实施 14 项突出问题专项整治工作和 25 项制度建设。2015 年，市局党组在全市系统稳步推进“三严三实”专题教育活动。5 月 26 日，市局党组书记李刚华为全市系统党员干部作题为《认真践行“三严三实”，努力打造优秀团队》的党课，拉开全市“三严三实”专题教育序幕。是年，共组织全体党员干部集中学习 5 次，组织党组成员和相关科室负责人深入基层调研 98 人次，结合中心组学习开展 4 次专题学习研讨交流活动，形成个人心得体会 10 篇。

二、零陵卷烟厂

2003—2015 年，零陵卷烟厂坚持以党的路线方针政策，对全体党员和员工进行思想引导。厂党委坚持理论学习中心组制度，树立正确的世界观、人生观、价值观和权利观；提升思想理论素质和战斗力凝聚力。党员队伍思想理论建设始终坚持联系实际，与时俱进，用正确理论武装党员，坚定党员的理想信念，保持党员的先进性和纯洁性。同时，用党员的思想进步引领职工群众的思想进步。

2003 年，全厂干部职工深入学习“三个代表”重要思想和中共十六届三中全会精神，思想观念得到进一步解放，改革创新的自觉性得到进一步增强，以人为本的企业管理理念得到全面贯彻。

2004—2007 年，践行“两个至上”（国家利益至上，消费者利益至上），开展实践活动。配合两次体制改革，宣传贯彻“两个至上”核心价值观和烟草行业相关改革精神；宣传贯彻改革具体举措，教育引导员工感恩改革、感恩公司；结合构建和谐企业、先进性教育、员工队伍建设实际情况，精心组织和谐企业大家谈等 20 余项专题活动。

2008 年，在全厂员工中开展“我能为企业做什么，我为企业做什么”“强化管理、和谐发展”解放思想大讨论活动。是年，召开讨论会 20 余场，在岗员工参加学习讨论率达 100%。2009 年，工厂开展深入学习实践科学发展观活动，更新广大党员干部思想观念，改进党性党风。全体党员和员工围绕“做大做强品牌保持持续发展”“强化五项基础管理、建立规范的内部管理长效机制”两大主题，展开讨论。形成《中层以上干部应具备的素质和品质》“双七条”要求。2010 年，以“创建学习型党组织，促进卷烟上水平、管理上台阶”为主题，开展学习和创建活动。在党员中开展“道理先弄懂、技术先精通、业绩先提升、行为先规范”的“四先”竞赛等，引导党员干部学理论、学管理、学技术，进一步凸显党员队伍的先锋模范作用。围绕“我能为实现战略目标做什么”“对照战略目标找差距”主题，全厂员工分多个层面展开热烈深入的学习讨论。2011 年，围绕“卷烟上水平”中心工作，以“管理上台阶”为主题，以创新学习方法、提升学习效果为抓手，搭建好体系化的学习平台，打造学习型组织。是年，厂长、党委书记刘正宇在一届五次职代会上提出“工厂发展好、员工工作好、家庭生活好”的“三好”共同目标。全厂开展“三好”大讨论，召开讨论会 60 多场。

2012 年，深入学习贯彻中共十八大精神，学习社会主义核心价值观，与永州市委党校联合办班，组织党小组长、管理骨干 50 余人进行为期一周的学习。2013 年，开展改进作风年活动。深入学习领会中央八项规定精神、行业九条要求和公司相关制度，促进切实改进作风。2014 年，工厂作为第二批教育实践活动单位，深入开展党的群众路线教育实践活动。2015 年，开展“三严三实”专题教育，党员干部对照“八项规定”“九条要求”，从严从实改进学习、作风、工作和生活方面存在的问题。

第三节 廉政建设

一、组织机构

（一）永州市烟草专卖局（公司）

2003年，全市系统配有纪检监察干部38人，其中兼职4人。2006年4月16日，市局制定出台《中共永州市烟草专卖局（公司）党组纪检组关于对全市系统纪检监察机构和工作实行统一管理的实施方案》，规定各县（区）局（公司）和天顺公司纪检监察机构及其工作接受所在单位党组和市局纪检监察科双重领导，由市局纪检监察科统一管理和指导，加强对所在单位党组（党委）和行政领导班子及其成员的监督，明确纪检监察机构工作职责，理顺市县两级纪检监察机构工作关系。同时，根据《永州市烟草专卖局（公司）现代人力资源体系建设总体实施方案》及配套措施《永州市烟草专卖局（公司）组织结构改进和定岗定编定员方案》要求，宁远、道县、江华、江永、新田、蓝山6个烟叶主产区县局（营销部）单设纪检监察机构，配备纪检组长1人、设监察股长1人、纪检监察专干1人；东安、祁阳、零陵、双牌、冷水滩5个纯销区县（区）局（营销部）的纪检监察机构与综合股合署办公，配备纪检组长1人，明确1人负责纪检监察工作；天顺公司设立监审机构，配备纪委书记1人，设监审科长1人，纪检监察专干1人，审计专干2人。10月18日，根据《国家烟草专卖局关于对打叶复烤企业实行派员驻厂和定点联系制度的通知》要求，市局纪检组在永州天顺烟叶复烤有限责任公司建立工作联系点制度，首次向天顺公司派驻纪检监察员1名，加强对复烤企业的监管。是年，全市系统配有纪检干部37人，其中兼职3人。2007年，市局加强机关党风廉政建设，首次聘请15名员工为市局机关兼职纪检监察员，聘期3年。是年，全市系统有纪检监察人员52人，其中兼职纪检监察员18人。2009年10月29日，市局制定下发《永州市烟草专卖局行风监督员管理办法》，首次采取聘任行风监督员方式加强对全市系统的行风建设，方案明确行风监督员选聘范围、选聘基本条件、主要职责、权利与义务等相关要求，规定行风监督员聘任时间为1年。是年，全市系统有纪检监察机构12个，其中独立纪检监察机构7个（含市本级）、合署办公的纪检监察机构5个；有纪检监察人员50人，其中专职纪检监察干部34人、非专职纪检监察干部16人。2010年5月14日，市局制定下发《中共永州市烟草专卖局纪律检查组关于聘请机关兼职纪检监察员的通知》，聘请15名员工为市局机关兼职纪检监察员。9月28日，省局制定下发《中国烟草总公司湖南省公司关于建立行风监督员制度的意见》，文件明确行风监督员聘请范围、聘任条件、职权与职责、工作制度等方面的相关要求，规定行风监督员聘任期限为3年，届满后征得本人及所在单位同意，可继续续聘。是年，全市系统有纪检监察工作人员48人，兼职纪检监察员15人。2013年3月22日，市局制定下发《中共永州市烟草专卖局纪律检查组关于聘请机关兼职纪检监察员的通知》，聘请17名员工为市局机关兼职纪检监察员。2015年，市局继续厘清纪检监察部门的议事机构和参与事项，结合实际调整纪检组组长分工，纪检组组长不再分管生产经营业务。同时，加强对县级纪检监察部门领导，落实新任纪检组组长异地任职和下级纪检组向上级纪检组报告工作制度，县级局纪检组组长提名和考察，由市局纪检监察部门会同人事部门进行，以纪检监察部门意见为主；县级局纪检监察部门负责人任命前需征得市局纪检监察部门的审核同意。是年，全市系统有纪检监察工作人员48人，兼职纪检监察员17人。

2003—2015年永州市烟草专卖局（公司）纪检组成员情况表

表9-6

届别	组长	副组长
2001. 8—2014. 1	陈国凤	义胜辉（2002. 7—2006. 11. 16） 李永强（2006. 12. 4—2009. 12. 9） 欧阳维胜（2009. 12. 26—2012. 3. 28） 徐崇瑞（2012. 3. 28—2015. 12. 31）

（二）零陵卷烟厂

2003—2015年，零陵卷烟厂纪律检查委员会设纪委书记1名，副书记1名。历次党代会同步选举产生纪律检查委员会。2015年，工厂纪委下设工作机构为纪检监察部，纪委副书记兼纪检监察部长。

2003—2015年零陵卷烟厂纪律检查委员会领导任职表

表9-7

职务	姓名	任职时间
纪委书记	郑雄志	2000. 7—2004. 7 （2003年9月后借调省烟草专卖局）
纪委书记	何洁松	2007. 1—2015. 3
纪委书记	刘兴明	2015. 3—2015. 12. 31

二、制度建设

（一）永州市烟草专卖局（公司）

2003—2005年，市局建立健全党风廉政建设考评体系，加强全市系统作风建设。2003年，市局根据党风廉政建设责任的4个“具体办法”，结合实际，制定出台《党风廉政建设暨纪检监察工作考评方案》，对责任目标进行分解细化，设定分值，为年终考核提供依据。2004年3月25—27日，市局组织召开全市系统纪检监察工作会议，新增《纪检监察基础（内勤）工作考评方案》。2005年，市局在建章立制上将原则性和可操作性现结合，建立健全10多项廉政监督制度的方式，确保党风廉政建设责任制、监督机制落实执行，蓝山县局针对往年烟叶收购环节案件发生率高的情况，开展廉政谈话、询查谈话、诫勉谈话、家属谈话的四谈话制度，着力将问题控制在萌芽状态。

2006—2007年，市局以贯彻落实《建立健全教育、制度、监督并重的惩治和预防腐败体系实施纲要》为统领，开展构建惩治和预防腐败体系建设工作，细化从源头上预防和治理腐败措施，加强对重点部位和重点环节的监督。2006年，市局首次对下属11个单位纪检监察部门实行统一管理，严明工作程序和工作纪律。年初，在道县县局开展构建惩治和预防腐败体系建设试点工作，推进惩治和预防腐败体系建设。6月21日，制定下发《2006年度永州市烟草专卖局（公司）领导班子成员落实党风廉政建设责任制责任分解方案》，按照“党政领导班子全面负责、正职负总责和谁主管谁负责”的领导体制和工作机制，对领导班子成员落实党风廉政建设责任制、领导干部廉洁自律、贯彻执行党内监督各项制度3个方面的具体工作责任进行分解。10月28日，结合国家局开展“两项”检查要求，市局制定下发《中共永州市烟草专卖局纪检组关于派驻永州天顺烟叶复烤有限责任公司纪检监察员的通知》，在永州天顺烟叶复烤有限责任公司建立工作联系点制度，派驻1人到永州天顺烟叶复烤有限责任公司任纪检监察员，在市局纪检组指导下开展监督工作，加强对复烤企业监督。2007年，制定出台《贯彻落实〈建立健全教育、制度、监督并重的惩治和预防腐败体系实施纲要〉具体意见》和《建立健全惩治和预防腐败体系任务分解表》，将26项任务分解落实到相关责任部门，与全市系统各单位签订党风廉政建设责任书，将党风廉政建设落实到单位、部门及个人。5月21日，制定下发《2007年全市系统整顿规范和加强内部管理监督工作的意见》，在全市系统开展“两项检查”工作，加强对“两烟”生产经营环节和重大工程建设项目的监督。

2008年5月8日，市局制定下发《2008年全市系统纪检监察基础工作目标管理实施方案》，从统计报表、廉政档案、总结材料、案卷整理等7个方面对全市系统各单位纪检监察工作进行考核。10 月 28 日，制定下发《永州市烟草系统推行“明示与承诺”制度暂行办法》，从卷烟经营、烟叶经营、专卖管理、财务管理、综合管理 5 个方面确定 27 条“严重违反用人单位的规章制度”的行为，明确岗位职责和工作程序，全面规范全市系统干部职工从业行为，着力解决好两烟生产经营、专卖管理及其他管理中存在的不规范问题。2009 年，市局把党风廉政建设纳入全局重要议题和年度整体工作目标，认真落实党风廉政建设责任制。4 月，市局党组制定下发《中共永州市烟草专卖局党组关于进一步加强党风廉政建设责任制工作的意见》，组织成立以局长李刚华为组长，副局长刘名勤、纪检组组长陈国凤、副经理秦江顺、副经理刘正日为副组长的全市系统惩治和预防腐败体系建设工作领导小组，统一组织、指导、协调全市系统的惩治和预防腐败体系建设工作，研究处理全市系统与惩治和预防腐败体系建设有关的其他重要问题。2010 年，市局先后制定出台《全市系统专卖执法在监督机制》《基建管理办法》《关于重申规范烟叶收购秩序纪律要求的通知》《干部问责制度》等相关监督制度，以制度管人管事的机制基本形成。5 月 25 日，制定出台《关于加强对直属单位主要负责人监督管理的暂行办法》，从思想、制度等方面制定 17 条规定，确保各直属单位负责人正确行使权力。8 月 6 日，组织成立以局长李刚华为组长，副局长刘名勤、纪检组组长陈国凤、副经理秦江顺、副经理刘正日为副组长的办事民主公开工作领导小组，制定下发《永州市烟草专卖局推进办事公开民主管理的实施方案》，对应予公开、不予公开的内容作出 15 项明确规定，确定公开形式、载体、程序，制定出台公开事项预审、民主监督管理、办事公开民主管理评议、办事公开民主管理问责 4 项制度，率先在全省实施办事公开民主管理。2011 年，市局贯彻落实科学发展观，坚持标本兼治、综合治理、惩防并举、注重预防的方针，推进党风廉政建设。10 月 13 日，根据新修订的《关于实行党风廉政建设责任制的规定》要求，组织成立以局长李刚华任组长，副局长刘名勤、纪检组组长陈国凤、副经理秦江顺、副经理刘正日任副组长的全市系统党风廉政建设责任制领导小组，领导小组按照省局纪检组监察处和市纪委的部署和要求，统一组织、指导、协调全市系统的党风廉政建设责任制工作，研究处理全市系统与党风廉政建设有关的其他重要问题。19 日，制定印发《永州市烟草专卖局（公司）述职述廉制度》，明确述职述廉对象为全市系统各县局级领导班子成员、非领导职务及市局机关在岗的科级干部，规定 5 项述职内容、2 项述廉内容，述职述廉每年开展 1 次，由人事、纪检部门具体负责实施。11 月 10 日，市局相继制定印发《永州市烟草专卖局（公司）系统党员领导干部廉政谈话制度实施办法》《永州市烟草专卖局（公司）“三重一大”事项集体决策制度（试行）》，从党风廉政例行谈话、领导干部任前廉政谈话、提醒谈话、诫勉谈话、函询等 9 个方面制定出台31条规定，提高反腐倡廉建设水平。2012年，市局突出内部监管制度建立，加强源头工作治理，确保上级政策、纪律宣传执行到位。6月20日，制定出台《永州市烟草系统关于贯彻落实“三重一大”决策制度的实施细则》，明确重大决策事项、重要人事任免、重大项目安排事项、大额度资金运作事项的主要范围、决策程序，加强对“三重一大”集体决策情况的监督检查，严格落实“三重一大”事项集体决策责任制度。10—11月，按照《永州市烟草专卖局（公司）开展廉政风险防范规范权力运行工作实施方案》要求，在全市系统全面排查廉政风险点，共查找出各类岗位廉政风险点116个，绘制出18张关键环节廉政风险防控流程图，逐步建立起以岗位为点、程序为线、制度为面、环环相扣的廉政风险防控机制，为权力运行装上GPS，内部监督得到进一步强化。

2013年3月4日，制定下发《永州市烟草专卖局关于改进工作作风、密切联系群众的十项规定》，结合全市系统实际，制定出台深入调查研究、切实精简会议、控制发文数量、控制检查评比活动、规范工商企业往来、精简信息报道、规范出访活动、规范车辆配备和使用、遵守工作纪律、遵守廉洁规定的10项规定，加强全市系统作风建设。4月9日，市局相继出台《永州市烟草系统廉政风险防控管理办法》《永州市烟草系统廉政风险等级评审管理办法》《永州市烟草系统廉政风险防控管理工作考核办法》《永州市烟草系统廉政风险防控管理责任追究办法》4项整套廉政风险防控制度，认真查找廉政风险防控点，组织重要部门、重点岗位做好“部门廉政风险识别防控表”“个人廉政风险识别防控表”的填写工作，并进行分类评估，构建“结构合理、配置科学、程序严密、制约有效”的权利运行监控机制。8月7日，中共永州市烟草专卖局党组制定下发《永州市烟草专卖局贯彻落实“三重一大”决策制度监督管理实施细则》，制定出台21条规定，明确决策范围，规范决策程序，强化监督检查和责任追究，加强对权利运行的制约和监督。2014年，市局扎紧权力的“藩篱”、制度的“笼子”，对照中央八项规定和国家局、省局新规，加强制度建设。按照岗位、部门、单位三个层面，抓廉政风险点排查，排查出风险点74个，从教育、制度、监督等方面制定出台219条措施，全面覆盖、责任到位、监管透明的廉政风险防控体系得到进一步建立健全。修改完善会议管理、公文管理、车辆管理等制度，制定印发中共永州市烟草专卖局关于《贯彻落实中共中央〈建立健全惩治和预防腐败体系2013—2017年工作规划〉实施办法》《永州市烟草专卖局（公司）问责规定》等18个文件，推进全市系统惩治和预防腐败体系建设，加强对违法中央八项规定和烟叶生产经营方面的规范监管。稳步推进转思想、转职能、转作风“三转”工作，制定下发“全市系统纪检监察“三转”情况调查表”，梳理纪检监察职能，将原由纪检监察部门牵头、参与的19个议事协调机构减少到12个。2015年，市局贯彻落实中央纪委五次全会、省局纪检监察工作会议精神，以《中国共产党廉洁自律准则》《中国共产党纪律处分条例》为基本依据，严格监督执纪问责，营造清风正气的政治生态。制定出台《落实党风廉政建设主体责任和监督责任实施意见和责任追究办法》《廉政约谈制度》《干部廉政档案管理制度》《永州市烟草系统问责规定》等制度，制定下发党风廉政建设的任务分解方案，各县（区）局党组和市局各部门对承担的党风廉政建设责任签订责任状，加强对反腐倡廉各项分解任务的检查考核，为两烟生产发展提供保障。继续按照岗位、部门、单位三个层面，从思想道德、岗位职责、业务流程、制度机制等方面入手，继续找准、调整风险点，对全市系统进行两次风险防范措施检查，新增风险点6个，调减风险点3个，新增防控措施12条。同时，继续厘清纪检监察部门“既当裁判员又当运动员”的议事机构和参与事项，加强对县级局纪检监察部门领导，落实新任纪检组组长异地任职和下级纪检组向上级纪检组报告的工作制度，县级局纪检监察部门负责人在任前要征得市局纪检监察部门审核批准。

（二）零陵卷烟厂

2003年，零陵卷烟厂坚持党风廉政目标责任制，纳入工厂目标管理，实施月度考核、年度综合评价。2004年，下发《关于组织全体党员学习“两个条例”的通知》《关于做好重点工程项目廉洁工作的通知》；制定《效能监察管理办法》《法律事务管理规定》《重点工程合同管理规定》《重点工程项目监理管理制度》《重点工程项目管理制度》《重点工程项日招标投标管理制度》《重点工程项目法人责仜制度》等制度。2005年，完善党风廉政建设责任制，修订《廉政建设目标考核细则》，出台《领导干部廉政谈话制度》《事务处置时限制度》。2006年，制定《争创“四好”领导班子活动实施方案》。2007年，为明确廉政职责，强化党员领导干部责任意识，厂党委与厂领导、党支部书记、各部门和多元化各公司主要负责人签订党风廉政建设目标责任书，建立廉政风险抵押金制度。出台《党风廉政信息员管理办法》《2007年度效能监察实施方案》，修订《效能监察管理规定》，完善《重点工程管理流程》。

2008年，修订《招标投标、比价采购、业务谈判管理程序》《供应商管理程序》。2009年，修订《效能监察管理办法》。2010年，出台《关于领导干部报告个人有关事项的规定》《严禁领导干部收受礼金礼品的若干规定》，修订《技术改造和基本建设项目管理程序》《固定资产管理程序》《物资采购及交接程序》。2011年，制订《工程投资物资采购和宣传促销项目监督办法（试行）》《纪律检查委员会议事工作制度》《供应商“黑名单”管理办法》。2012年，修订《供应商管理程序》，出台《干部德的考核评价办法（试行）》《资金共管账户管理办法（试

2015 年 3 月 20 日，零陵卷烟厂各部门负责人向厂长递交目标责任书

行）》《“芙蓉王”品牌技术改造项目效能监察实施方案》《“芙蓉王”品牌技术改造项目监督工作实施细则》等。

2013 年，制定《贯彻落实“三重一大”决策制度的监督管理实施细则》《关于认真贯彻落实〈十八届中央政治局关于改进工作作风、密切联系群众的八项规定〉的实施细则》。2014 年，制订《反“四风”专项整治方案》。2015 年，制订《党风廉政建设“两个责任”落实情况自查实施方案》，修订《物资采购及交接程序》《公务车辆管理办法》《公务接待管理办法》《四项费用管理办法》等制度。

三、专题整治

（一）永州市烟草专卖局（公司）

2003—2006 年，市局开展效能监督，推行司务公开，加强财经秩序整顿。2003 年，市局加大对新建和基建维修项目审计监督力度，推行“阳光采购”制度，做好效能监督和司务公开工作。5 月 27 日，市局下发《关于在全市系统认真开展狠刹用公款大吃大喝歪风的紧急通知》，在全市系统开展用公款大吃大喝专项检查，遏制用公款大吃大喝歪风。2004 年，市局对全市系统 11 个单位及市本级领导和职工在与烟草主业相关的企业参股、入股问题进行摸底，7 月 19 日，完成零陵烟叶复烤厂 5 名厂级领导（合计集资入股款 5000 元）在其控股子公司永州市凤凰园烟草生产服务有限公司参股、入股的清理工作。同时，做好烟叶货款、烟叶亏损和化肥农药种子赊销款的清收工作，共清收各类欠款 325.1 万元。完成对 11 个县级法人单位届中经济责任审计工作，变事后监督为任期监督，共提出合理化建立 40 余条，纠正违规资金 564 万元。2005 年 7 月 29 日，市局局长徐文军签署局长 1 号令，规范大宗物资采购和工程招标管理，要求全市系统各单位要严格执行固定资产投资审批制度，完善投资管理委员会及其工作职责，严禁暗箱操作，严禁以权谋私、内外勾结、收取回扣和贿赂。根据要求，市局加强财经秩序整顿工作。是年，共审计项目 172 个，核减工程预算 793.23 万元，节省资金 156 万元；清收各类亏欠款 900.428 万元；完成对 2 个县级法人的离任经济责任审计工作，提出合理化建议 13 条，纠正违规资金 167.75 万元，财经秩序得到进一步规范。2006 年，市局通过建制党风廉政信息员制度、局长接待日等方式，做好监督措施、途径的探索工作，其中宁远县局采取社会聘请 10 名特邀监督员和内部确定 16 名建制信息员方式，拓宽监督渠道。

2007 年 6 月 8 日，市局党组制定下发《中共永州市烟草专卖局党组关于进一步加强作风建设的实施意见》，提出“十二条措施”，要求领导干部克服“浮、懒、软、骄、欲”，倡导“实、勤、硬、谦、清”，在全市系统开展作风建设。是年，市局作风建设工作被市委誉为“全市干部作风建设搞得最早、工作最扎实、效果最明显”的单位。2008 年，国家局在全行业开展物资采购、广告促销、工程投资项目专项检查工作。4—6 月，根据省局《湖南省烟草专卖局办公室关于印发全省系统“三项检查”工作实施方案通知》，市局按照《全市系统“三项检查”工作实施方案》要求，在以局长徐文军为组长、纪检组长陈国凤为副组长的“三项检查”工作领导小组的指导下，从烟叶种植配套物资采购、办公自动化及软件采购、服务保障类物资采购、广告促销、工程投资项目 5 个方面，对全市系统 2007 年 1 月 1 日至 2008 年 5 月 31 日以来实施的物资采购、广告促销、工程投资项目逐项逐笔进行检查。12 月 2 日，根据省局《湖南省烟草专卖局办公室关于进一步做好“三项检查”工作迎接国家局重点抽查的通知》，市局再次下发通知，在全市系统开展“三项检查”回头看工作，增强干部职工规范意识，促进生产经营管理各项工作的规范管理。2009 年，市局认真贯彻落实国家局关于“节奏要快、标准要高、工作要实、状态要好”（简称“四要”）的要求，进一步加强全市系统作风建设。8 月起，全市系统在以局长李刚华为组长，纪检组组长陈国凤、副局长刘名勤、副经理秦江顺、副经理刘正日为副组长的领导小组具体指导下，在全市系统开展为期半年的“四要”作风建设活动，活动共分三个阶段进行，对照当前全市系统存在思想解放不够开放、自我要求不严、工作作风不实、精神状态不佳、办事效率不高、全局意识不强 6 个方面问题，通过“三个坚持”举措，做好整改落实。2010 年，市局按照国家局《烟草行业工程投资、物资采购和宣传促销项目管理程序的规定》文件要求，在全市系统组织开展“三项检查”工作，围绕“制度是否完善、决策程序是否规范、实施过程是否合规、监督检查是否到位”四个环节，加强工程投资项目、物资采购、宣传促销内容监督检查。8 月 4 日，制定下发《中共永州市烟草专卖局纪检组关于禁止用公款或变相用公款旅游的通知》，提出坚决制止 5 类公款旅游行为，要求全市系统各单位在抓好教育的同时，要加强监督，各单位财务部门要严格按规章制度办事，对违反规定用公款旅游或变相旅游的费用，要坚决制止，不予报销，认真做好中央、省、市关于党风廉政建设和反腐败工作的各项规定的贯彻落实，制止和纠正用公款或变相用公款旅游的歪风。是年，共完成对全市14个烟草站、32个村、160份合同的专项监督检查；共参与采购监督372次，物资采购预算资金4669万元，实际招标采购项目资金4022万元，节约资金647万元。

2011年5月23、25日，根据《国家烟草专卖局关于全面推进“两项工作”的意见》《湖南省烟草专卖局办公室关于印发湖南烟草商业系统“两项工作”自查自纠实施方案的通知》的要求，制定下发《永州市烟草系统“两项工作”自查自纠实施方案》，组织成立以局长李刚华为组长，纪检组组长陈国凤、副局长刘名勤、副经理秦江顺、副经理刘正日为副组长的“两项工作”自查自纠领导小组，领导小组下设8个专项检查组，对全市系统各单位1—5月实施的工程投资、物资采购、宣传促销项目及开展办事公开民主管理情况进行逐项逐笔检查，如实反映存在的问题，对原有制度进行废、改、立。9月21日，为进一步深入推进全市系统“两项工作”的开展，市局组织成立以局长李刚华为主任，纪检组组长陈国凤、副局长刘名勤、副经理秦江顺、副经理刘正日为副主任的“工程投资、物资采购、宣传促销项目管理委员会”，做好全市系统工程投资、物资采购、宣传促销三项工作的指导协调及项目审批和市本级项目招标采购评审成员库成员的确定工作。12月31日，市局相继出台《永州市烟草专卖局（公司）工程投资、物资采购、宣传促销项目管理办法（试行）》《永州市烟草专卖局（公司）工程投资项目管理实施细则（试行）》《永州市烟草专卖局（公司）物资采购管理实施细则（试行）》《永州市烟草专卖局（公司）宣传促销管理实施细则（试行）》《永州市烟草专卖局（公司）“两项工作”考核细则（试行）》，加强对项目审批、预算、招标、验收等关键点控制。是年，完成工程投资、物资采购、宣传促销类自查项目126个，涉及金额13889.89万元，其中公开招标项目55个、涉及金额13224.6万元，未公开招标项目71个、涉及金额665.27万元，公开招标成为主要采购方式，并实现重点环节和内容的网上公开。2012年7月3日，市局结合实际对“两项工作”相关制度进行修订，新增《永州市烟草专卖局（公司）关于深入推进办事公开民主管理实施办法》《永州市烟草专卖局（公司）公开事项预审制度》《永州市烟草专卖局（公司）依申请公开制度》《永州市烟草专卖局（公司）办事公开民主监督制度》《永州市烟草专卖局（公司）办事公开民主管理评议制度》《永州市烟草专卖局（公司）办事公开民主管理问责制度》6项制度，废止《永州市烟草专卖局关于印发推进办事公开民主管理实施方案的通知》《永州市烟草专卖局关于印发“两项工作”相关制度的通知》，进一步加强对项目审批、预算、招标、验收等关键点控制。8

月13日，按照国家局“六个严禁、一个严控”的相关内容，市局制定下发《永州市烟草系统贯彻落实行业关于进一步严格规范工商企业卷烟经营行为意见工作方案》，结合实际制定6条工作目标，即与工业企业不再签署新的营销合作协议，已经签署的合作协议一律停止执行；不再有接收卷烟工业企业出资参与零售终端建设的情况和利用零售门店作为工业企业排他性促销活动的情况，对工业企业已经出资参与建设的，通过相关措施全面整改；不再出现向卷烟工业企业介绍关系、制定或推荐印刷、运输、宣传促销、工程、业务咨询等项目或供应商的情况；不再发生卷烟经营过程中，有互送、收受或索要钱物的问题；严格控制与工业企业联合召开各种推介会、恳谈会、联谊会、座谈会，对全年计划召开的进行全面清理，确需召开的压缩规模和数量；严格控制预算，确保2012年的宣传促销费用预算要比2011年基数减少5%。为做好此次专项治理活动，市局组织成立专项整治小组，各县（区）局相继成立组织机构，具体负责专项整治活动的组织开展工作。是年，共新建或修订相关制度16项、优化流程6个，完成“两项工作”《制度汇总篇》《流程操作篇》《作业指导篇》3本手册的编写，为“两项工作”规范运行提供重要依据和指导，内部规范管理水平得到进一步提高。

2013年3月，市局邀请市纪委对全市系统10个县（区）局、16个标准化烟草转和部分酒店、茶馆进行明察暗访，对全市系统作风问题进行突击检查。4—5月，按照《永州市烟草专卖局开展“两项工作”和“六个严禁、一个严控”专项治理工作自查整改方案》要求，从长效机制建设、“三项工作”、办事公开与民主管理、规范卷烟生产经营秩序和“六个严禁、一个严控”4个方面，在全市系统开展自查整改。是年，市局统一全市系统信息产品采购、绿化、车辆维修、低值易耗品等采购项目的标准和价格预算，避免县与县之间攀比；共实施“三项工作”项目254个、金额3.71亿元，其中公开招标3.32亿元，公开招标率89.5%。2014年，市局结合党的群众路线教育实践活动，围绕群众办事难问题、干部参赌涉赌问题等方面内容，从反对“四风”着手，制定出台整治方案和配套措施14项，每季度派遣2~3个联合暗访组，对全市系统各单位公车私用、公款大吃大喝、工作日中午饮酒、上班迟到、脱岗早退、工作时间上网、打游戏、炒股等从事与工作无关活动进行明察暗访，整治“庸懒散拖”，加强干部职工作风建设。是年，共查处49人，通报批评2个县（区）局，全市系统作风建设得到进一步加强。2015年，进一步加强全市系统作风建设，共组织2个暗访检查组分4次对全市系统各单位进行突击检查，各县（区）局坚持每月检查1次，查处18人。组织成立2个检查组对全市系统贯彻落实中央八项规定精神及国家局、市局党组9条要求情况开展专项检查1次，对违法中央八项规定精神的问题一律零容忍查处，推进作风建设常态化、长效化。10

月，邀请市人大、政协、纪委、卷烟零售户等9名行风监督员，对行业履职履责、政务公开、服务质量、纪律作风等方面进行监督检查，为行风政风“把脉问诊”，建立健全行风政风监督信息互动长效机制，畅通沟通渠道，确保行风监督员反馈的信息得到及时回应。

（二）零陵卷烟厂

2003年，在与常德卷烟厂兼并重组过程中，零陵卷烟厂进行政策法律审查，开展调查研究，听取职工群众意见建议。是年，共避免和降低各种税外收费40.9万元，企业生产经营环境得到进一步优化。对销售经理部促销品采购实行“效能监察”。加强廉政责任制落实，全年因工作质量责任事故，共有10人次受到警告至留厂察看一年处分。2004年，实行党风廉政责任制公开承诺。是年中层以上干部主动登记上交礼品、礼金折合人民币5.5万余元。强化廉政考核过程管理，修订考核细则。创新警示教育，8月13日和10月22日，分两批组织中层以上干部和后备干部共计96人次到湖南永州监狱，听取罪犯现身说法。开展《中国共产党党内监督条例（试行）》《中国共产党纪律处分条例》学习，并进行考试验收。2005年，召开中层以上干部家属座谈会，利用“枕头风”筑好家庭防腐墙。深入开展效能监察，服务企业改革调整。组织“五定”监督工作。加强30万箱重点工程建设项目的综合监督工作。加强对大宗物资采购、设备维修等招投标的监督。2006年，对主任工程师岗位、车间岗位、物业公司岗位、厂部空缺岗位等竞聘过程进行全程监督。加强对重点工程、大宗物资采购等项目的招投标、谈价和考察的监管，102工房吸音板项目采购以169万元签订合同，比原招标价节约151万元；固定资产、运输等三项财产险保费以230万元签订保单，比上年节约保费116万元；办公用品采购金额30万元，节约金额28996元；对加班费使用情况进行调查，清理和收缴5个部门留存的加班费余额共29256元。2007年，根据中纪委《关于严格禁止利用职务上的便利谋取不正当利益的若干规定》的要求，组织全厂中层以上干部开展自查自纠，填写“个人自查自纠表”67份，上交个人重大事项报告59份。

2008年，强化工程建设和物资采购的监督管理以及供应商评审考核。2010年，监督机关部室竞争上岗以及员工子女招工、白沙品牌储备人员的选拔。开展“小金库”和亲友在厂内从事业务专项清查，清理出两名中层干部亲友在厂内从事业务，并进行整改。2011年9月，印发《关于开展两项法规贯彻执行情况专项检查工作的通知》，围绕《中国共产党党员领导干部廉洁从政若干准则》和《国有企业领导人员廉洁从业若干规定》两项法规的贯彻落实，开展自查自纠和专项检查。对干部职工投资入股关联企业问题进行清理。此次清理对象为厂级领导和调入公司机关人员，未发现清理对象在关联企业有投资入股现象，未发现清理对象有在烟草行业投资的企业中兼职现象。2012 年，出台制度文件落实资金共管账户；扩大办事公开内容范围。

2013 年，制定落实中央八项规定实施细则。中层以上干部与党委签订责任书 33 份，上交党风廉政风险押金 4.46 万元。开展清退会员卡专项活动，全体在职党员和中层以上干部（含多元化公司）全部递交零持有报告。2014 年，3 名中层以上干部拒收红包礼金，1 名中层干部主动上交礼金 1 万元。2015 年 5 月，核查中层干部子女在长沙就读中小学情况，对 9 名周末在长沙出差并报账的中层管理，以“函询”方式进行处置。8 月，进行回头看检查，对发现周末报账的 3 人进行教育，各退交多报销的 200 元。

四、查办案件

（一）永州市烟草专卖局（公司）

2003 年，市局认真落实党风廉政建设责任制，坚持源头治腐、标本兼治，严肃查处违纪违规案件。2006 年，市局进一步完善监督机制，提高遵纪守法和反腐倡廉的自觉性。在全市系统“两项检查”中，严格按照国家局、省局要求，对不作为或故意违反内部管理规定的责任人的，实行责任追究，共追责 56 名人，其中 10 人予以行政警告处分，累计经济处罚 18301 元。2007 年，市局加强对“两烟”生产经营环节的监督，规范两烟经营行为，共通报批评 14 人，罚款金额 2720 元。2009 年，根据《建立健全惩治和预防腐败体系 2008—2012》文件要求，市局加强制度建设，强化监督机制，全年全市系统各单位共接到来信来访和举报电话 8 件次，立案 5 起，结案 5 起，处分 7 人。2010 年，市公司严格执行领导干部个人重大事项报告制度、礼品礼金上交制度和廉政谈话制度，强化查办违规违纪案件工作力度，以惩治促预防。2011 年 1 月，江华县分公司发生原烟叶生产经营分部主任曾某某挪用特色烟叶开发资金案，案件发生后，市局党组高度重视，1 月 5 日，由纪检组组长带队分 4 个小组深入案件发生地进行深入调查，全面了解案件情况。6—9 日，市局在全市系统全面开展查经费来源、查报账过程、查管理环节的自查工作。10—12 日，由审计、财务、烟叶 3 个部门组成调查组，对有特色烟开发资金使用情况进行专项检查，并对存在问题的个别县级局主要负责人进行诫勉谈话。结合检查情况，市局制定完善《与卷烟工业企业合作项目经费管理及保障办法》，规范全市系统合作项目资金的来源、使用、支付，加强监督管理，杜绝资金管理不善现象的发生。2014 年，市局结合第二批教育实践活动，组织 5 个暗访检查组分 3 次对市局本级和 10 个县区局进行突击检查，查处 49 人，通报批评 2 个县局，全市系统作风建设得到进一步加强。制定印发《关于规范烟叶收购和严守总量红线要求的通知》，重申收购纪律，并对违法相关规定的予以严惩，共处罚违反收购纪律相关人员 69 人，罚款 5.09 万元，扣发绩效奖金 3.1 万元。2015 年，市局执行《永州市烟草系统问责制度》，对“四风”问题突出，或发生区域性、系统性严重违纪违法案件，或发现重大腐败问题不制止、不查处、不报告的，实行“一案三查”制，一查当事人的违纪违法责任、二查党组的主体责任、三查纪检监察部门的监督责任，全年查处案件 1 起，处分 2 人，其中行政警告 1 人、通报批评 1 人；针对真烟非法流通情况，对县级局领导班子和内管、专卖、营销等部门人员约谈 3 次。

2003—2015 年永州市烟草系统查办案件情况统计表

表 9-8

年份	立案件数	结案件数（含结转案件）	处分人数	挽回损失（万元）
2003	6	6	9	9.2936
2004	2	2	6	0
2005	6	8	23	4.07
2006	0	0	0	0
2007	6	6	12	0
2008	0	0	0	0
2009	5	5	7	0
2010	0	0	0	0
2011	2	2	9	0
2012	0	0	0	0
2013	1	1	4	0
2014	0	0	0	0
2015	1	1	2	0
合计	29	31	72	13.3636

（二）零陵卷烟厂

2003 年，零陵卷烟厂对信访举报件 5 件进行核实。开展严重工作质量责任事故调查 1 起，收回 197 件共计 6378 千克报废烟叶，同时按照“四不放过”的原则，查清和追究有关人员责任。2004 年，受理废品处理工作信访，追回赃款 8.6 万元，下达监察建议，改进九子龙经贸有限公司的废品管理工作。开展业务赃款追缴，挽回经济损失和收回货款计 44.6 万元，行政记过处分 1 人。减少支付第三方经济损失 79.95 万元。2005 年，开展来信来访调查 3 起，下达工作改进建议 2 份。开展信访复查 1 起。处理与相邻单位有关赔偿事宜 1 起。直接收到或上级转办举报来信 8 件，均按有关规定及时予以查结、上报。2006 年，开展来信来访调查 1 起，开展内部管理调查 2 起。2007 年，来信来访调查 1 起，完成市纪委转办信访件调查 1 起，完成转办信访件1起。2008年，开展来信来访等各类调查5起。2009年，开展来信来访调查3起，完成匿名举报调查1起。2010年，完成市纪委交办信访调查1起，完成公司监察部转办信访调查1起，完成来信来访调查1起，完成匿名举报调查1起，完成公司审计部交办信访件1起。2011年，完成来信来访调查3起，完成匿名举报调查2起，并案调查1起，完成公司驻厂审计组提请调查信访件1起。完成案件查办1起，给予2人开除厂籍、开除党籍处分，给予11人党纪政纪处分。2012年，接待来信来访1件，完成匿名举报调查1起。2013年，开展匿名举报调查1起。2014年，开展来信来访调查3起，完成市纪委/公司监察部转办信访件调查1起。2015年，自办案件1件，给予1人党纪处分。

第二章　群团组织

第一节　工会

一、永州市烟草专卖局（公司）

2006年5月29日，市局（公司）召开全市系统首届一次职工代表大会

（一）机构。2006年5月29日，按照国家烟草专卖局、省局（公司）要求，市局（公司）撤销永州市烟草专卖局（公司）冷水滩两烟生产经营管理办公室、冷水滩综合办公室、冷水滩卷烟配送中心、永州市烟草公司烟叶公司冷水滩烟叶经理部，设立湖南省烟草公司永州市公司冷水滩营销部。10月26日，经永州市总工会批复同意，冷水滩营销部工会组织关系转入冷水滩区总工会。11月14—15日，永州市局（公司）召开全市系统首届一次职工代表大会，共有86名代表出席参加会议，大会投票通过成立永州市烟草公司职工代表大会机构，审议和通过《永州市烟草专卖局（公司）现代人力资源体系建设实施方案》。2008年，

湖南省烟草公司永州市公司冷水滩营销部并入市局机关。3月24日，经永州市总工会批复同意，冷水滩营销部工会组织关系由“冷水滩区总工会”转入“永州市烟草专卖局机关工会”。4月28日，市局（公司）召开全市系统一届二次职工代表大会，有76名职工代表出席参加会议，大会一致表决通过《湖南省烟草公司永州市公司企业年金实施方案》和《永州市烟草专卖局（公司）考勤制度》。10月29日，市局（公司）召开全市系统一届三次职工代表大会，共有75职工代表出席参加会议，大会一致表决通过《永州市烟草专卖局（公司）推行没事与公开承诺制度暂行办法》。

2009年12月12—13日，市局（公司）召开全市系统工会第一届第一次会员（职工）代表大会

2009年12月12—13日，市局（公司）召开全市系统工会第一届第一次会员（职工）代表大会。大会审议并通过湖南省烟草公司永州市公司系统工会第一届一次会员（职工）代表大会筹备工作报告、《湖南省烟草公司永州市公司企业补充医疗保险暂行办法》《永州市烟草专卖局（公司）人力资源改革总体实施方案》。选举产生湖南省烟草公司永州市公司系统工会第一届委员会、经费审查委员会，协商产生女工委员会。第一届委员会由陈国凤、黄纯慧、林志远等7人组成，陈国凤任主席、黄纯慧任常务副主席、林志远任副主席。2014年1月3日，市局（公司）组织召开全市系统工会第一届三次会员（职工）代表大会，大会应到代表106人，实到104人，依照法定程序，全表表决通过《永州市烟草专卖局（公司）工作人员违法违纪行为处理规定》《永州市烟草系统职工教育培训管理办法》《湖南省烟草公司永州市公司企业年金方案》。2015年8月23—24日，市公司召开全市系统工会第二届一次会员（职工）代表大会，大会审议并通过《永州市烟草系统问责规定》；推选出19名湖南省烟草公司第一届工会会员（职工）代表；采取差额和等额选举方式产生全市系统工会第二届工会委员会、经费审查委员会、协商产生女工委员会，第二届委员会由阳天和、聂新柏、邱小平等7人组成，阳天和任主席，聂新柏、邱小平任工会副主席。

全市系统工会委员会第一、二届领导任职表

表 9-9

任职时间 届别	主席	常务副主席	副主席	经费审查委员会	女工委员会
第一届 （2009. 12. 14—2015. 8. 22）	陈国凤	黄纯慧	林志远	林志远（主任） 李莉军 潘　虹	李春英（主任） 方　群 顾革珍
第二届 （2015. 8. 24—2015. 12. 31）	阳天和		聂新柏 邱小平	何文辉（主任） 刘文峰 柏晓英	李　曼（主任） 蒲　芬 李　丽

（二）组织活动。2004 年，市局（公司）机关工会借助永州烟草成立 20 周年契机，从福利制度、劳动保障、工作生活条件等方面入手，维护职工的各项权益。7 月、12 月，先后组织军转干部及复员军人座谈会、“新春联欢会”等文体活动，丰富员工精神文化生活。牵头筹划组织“组建 20 周年”全市系统职工文艺会演，配合有关科室编辑完成《永州烟草二十周年》纪念邮册，企业员工凝聚力得到进一步加强。是年，全市系统有 2 人获“2004 年度全市芙蓉百岗明星”称号、1 人获“全市女职工优秀干部”称号、1 人获“全市女职工工作最佳支持者”称号，市局机关、江永县烟草公司工会女职工委员会 2 个单位荣获“全市女职工先进集体”称号。

2005—2008 年，工会工作按照国家《全面健身计划纲要》要求，以活动为载体，增强职工体质。2005 年 6 月 16—18 日，市局（公司）在市体育中心举办全市系统 2005 年度乒乓球比赛，全市系统共有 12 支代表队、36 名运动员参加比赛，共评选出团体、个人奖项 17 个。11 月 9 日至 12 月 4 日，为提高干部职工的计算机操作水平，组织全市系统 200 余名职工，分 4 批在市委党校开展为期 5 天的计算机培训。是年，市局（公司）选派的代表队在全省系统男子篮球比赛和全省系统首届乒乓球比赛中，分别获得冠军和团体第一名的好成绩。2008 年 4 月，市局（公司）选送《永不熄灭的马灯》《追赶太阳》2 个节目代表省局（公司）参加全国烟草行业第四届文艺会演，分别获得二等奖、三等奖。7 月，市局选送的现代舞《雁之魂》在全省烟草商业系统第二届文艺汇演上获得二等奖。是年，全市系统共有 7 名员工被省局评为“明星员工”。

2010 年，工会工作以活动为抓手，通过举办读书活动月、开展“两个至上”在岗位的主题实践等活动，做好中共十七届四中全会关于建设学习型党组织和学习型企业的精神在全市系统的贯彻落实。在读书活动月开展中，机关工会将省委、市委举办的“三湘读书月”活动与单位实际相结合，投入资金 5 万元购买书籍 5000

2011 年，市局（公司）开展“党旗飘飘映金叶”书法美术作品展活动

余册，分发给干部职工，并通过举办读书报告会、开展优秀读书心得评选等方式，推动活动在全市系统干部职工中的开展，营造良好读书氛围，活动共评选出优秀读书心得 75 篇，工作获得省局政工处、市委宣传部等部门好评。是年，市局（公司）代表队在全省系统第三届男子篮球赛中获得第二名好成绩；工会组织开展的标兵员工先进事迹宣传活动，分 6 期在永州电视塔综合频道播放；在全省系统庆祝新中国成立 60 周年征文和摄影比赛中，市局（公司）选派的参赛作品，有 2 幅作品获得一等奖，15 副摄影作品入选《全省系统庆祝建国 60 周年摄影比赛优秀作品画册》。

2011—2013 年，工会通过组织职工参与公司民主决策、民主管理、民主监督，推进公司民主政治建设。2011 年，市局机关工会通过召开各类座谈会的形式，推进全市系统司务公开工作，同时，组织开展“金叶颂歌谢党恩”红歌赛晚会、“党旗飘飘映金叶”书法美术作品展等活动，职工业余文化生活得到进一步丰富。是年，市局选送的《金叶颂歌谢党恩》节目，在全省烟草商业系统庆祝建党 90 周年先进表彰大会上获一等奖。2012 年，工会创新员工文体活动组织方式，将工会小组组织文体活动改为俱乐部组织活动，共组建 67 个俱乐部，丰富员工文体活动。2013 年，工会先后举办全市系统第七届男子篮球比赛、“烟草杯”气排球比赛，承办全省系统第四届“636”杯男子篮球比赛永州赛区比赛，职工文体活动进一步丰富多彩。是年，永州代表队在全省系统第四届男子篮球赛中获得亚军，这是永州代表队第三次获得该名次。

2014 年，市局将“饮水思源、感恩奉献”文化理念与“235”教育实践活动紧密结合起来，通过举办各类文体活动，传播“思源”文化。先后“思源杯”第三届羽毛球比赛、“心系群众，行在作风”演讲比赛活动，并选派出优秀参赛选手参加全省系统比赛。5 月，组织召开全市系统青年员工座谈会，为 306 名青年员工赠送励志书籍，并在全市系统 35 岁以下青年员工中开展读后感写作比赛，收集读后感 710 篇，择优选取 100 篇修改后，编印成书。是年，在全省系统羽毛球比赛、演讲比赛中，市局（公司）选派的参赛选手分别获得团体第5名、三等奖；全市系统有1名同志被市总工会授予“全市劳动模范”称号，1个烟草站被评为“2012—2014行业标兵单位”。2015年，为庆祝永州烟草成立30周年，市局（公司）工会牵头组织机关相关科室开展一系列庆祝活动，全面梳理30年来企业发展历程，编印《印象永烟》《永州烟草成立30周年纪实邮册》《庆祝永州烟草成立三十周年书画摄影作品集》等书籍，并将庆祝活动与“八个更加懂得”“四个三”教育大讨论活动相结合，通过分单位、业务线、年龄层次召开召专题讲座及座谈会的方式，组织全市系统干部职工重温企业发展历程，加深干部职工对“饮水思源，感恩奉献”的理解。是年，市局（公司）组织开展全市系统第三届“思源杯”乒乓球比赛，并选派队伍参加全省系统“636”杯乒乓球比赛并获得冠军。

2014年，市局（公司）选派队伍参加全省商业系统第二届“636”羽毛球赛

二、零陵卷烟厂

（一）机构。零陵卷烟厂设有工会委员会及下属各分工会，常设办事机构为工会办公室。历届工会设有经费审查委员会、女职工委员会、民主管理委员会、生产经营工作委员会、提案管理工作委员会、福利委员会。历次职工（会员）代表大会履行民主管理职责，讨论（审议）表决《厂部工作报告》《经济责任制总纲》（后改称为《绩效工资分配方案》等）等重要议案。2003年5月9日，召开第七次职工（会员）代表大会，选举产生第七届工会委员会。2008年5月16日，召开湖南中烟工业有限责任公司零陵卷烟厂第一次职工（会员）代表大会，选举产生第一届工会委员会。2013年3月15日，召开第二次职工（会员）代表大会，选举产生第二届工会委员会。

（二）组织活动。工会组织严格遵循《中华人民共和国工会法》等法律法规，积极引导和教育职工以主人翁的姿态，通过职工代表大会、职工代表巡视、组织厂

2008 年 7 月 24 日，零陵卷烟厂举行网上民主接待日，为员工关注的重要问题进行释疑解惑

长民主接待日、合理化建议等多种形式参与企业的民主决策、民主管理和民主监督。2005 年，选举产生常德卷烟厂职工代表，参加常德卷烟厂八届三次职代会；组织职工代表对集体合同、劳动安全卫生、生活区用电等情况进行巡视；举办厂长网上民主接待日活动；全过程参与分厂“五定”工作。2006 年，举办厂长网上民主接待日活动；全过程参与分厂五定工作。2010 年，组织职工代表对员工餐厅服务和食品分供方情况进行巡视。安排职工代表或家长监督子弟招聘。2011 年，组织职工代表审议公司《劳动合同管理规定》《违纪违规员工处理规定》等。通过 EKP 系统面向全厂征集合理化建议，共收到各类合理化建议 394 条，归纳整理后 381 条。2012 年，推进“办事公开民主管理信息化”对标改进项目，10 月在 OA 系统上全面建成、运行办事公开民主管理信息平台，员工的知情权、表达权、参与权、监督权得到进一步落实。2014 年，全面修订办事公开目录。2015 年，按照国家局关于办事公开工作相关文件要求，全面规范办事公开目录，季度检查考核依托办事公开民主管理信息平台进行，深入推进办事公开三级公开模式，进一步强化班组级办事公开。

第二节　共青团

一、永州市烟草专卖局（公司）

2003—2015 年，共青团永州市烟草专卖局（公司）机关委员会在每年“五四”青年节都会组织市局机关青年员工开展座谈，同时，在日常工作中，也常组织单位青年员工开展义务植树、义务献血、亲情帮扶等社会公益活动，动员青年员工投身两烟生产经营，在工作中锻炼成长，为烟草事业做出应有的贡献。2009 年 8 月，共青团永州市烟草专卖局（公司）机关委员会进行换届选举，马荣华当选为团支部书记。2013 年 6 月 4 日，市局召开共青团第三次全体团员会议暨开展“636”青年志愿者活动，大会对共青团永州市烟草专卖局（公司）机关委员会进行换届选举，席国锋当选为团支部书记，同时，大会还成立“636”志愿服务支队和大队。此后，共青团开展公益事业活动主要通过“636”志愿服务支队来进行，团员开展活动的组织保障得到进一步加强。各县区局（分公司）机关团支部主要是在市、县两级党组及地方团委的领导下开展活动。

2013 年 6 月 4 日，市局（公司）成立“636”志愿服务支队和大队

二、零陵卷烟厂

共青团零陵卷烟厂委员会自成立以来，发挥桥梁和助手作用，积极组织全体团员青年参加劳动竞赛、技术创新、小改小革及各种文化活动，自主开展“青年文明号”“青年文明岗”等活动，丰富团员、青年的文化组织生活，团结和教育青年在企业改革和生产经营中发挥生力军作用，当好党的助手。2003 年 7 月 22 日，工厂团委召开第九次团代会，选举产生新一届团委领导班子，周能钊当选为团委书记。2005 年 8 月，工厂团委进行换届选举，李宁当选为团委书记，是年，工厂团委与共青团永州市委、永州市青少年发展基金会共同举办“爱心点燃希望”义演活动，共计接受现场捐款 2 万余元。2010 年 2 月，工厂团委进行换届选举，曾玲当选为团委书记。4 月，因工作变动，张蓉接替曾玲任团委书记。2011 年 6 月，工厂团委进行换届选举，卢绍林当选为团委书记。2014 年 6 月，工厂团委进行换届选举，李宁当选为团委书记。

第三节　烟草学会/科学技术协会

一、永州市烟草专卖局（公司）烟草学会

（一）机构。2003 年 7 月 2 日，市局烟草学会召开第四届会员代表大会，大会进行换届选举，选举确定彭金生为理事长，选举通过第四届理事会成员 27 人，常务理事会成员 15 人，并对《永州市烟草学会章程》进行修改，全年学会有国

家级会员 42 人、省级会员 221 人，其中新发展省级会员 77 人。2004 年，学会有 2 名会员当选为省烟草学会理事，全年共有国家级会员 52 人、省级会员 221 人，其中新发展会员 10 人，会员统一颁发会员证，会员队伍进一步壮大。2005 年 8 月 25 日，召开第四届第三次理事会，同意彭金生辞退理事长职务的要求，选举确定周国生担任第四届理事长。是年，烟草学会制定《学会工作细则》，新增国家级会员 10 名。2006 年，新增省级会员 16 名。2008 年 12 月 14 日，召开第五届会员代表大会，进行换届选举。选举确定刘名勤为理事长，选举通过第五届理事会成员 27 人，常务理事会成员 17 人，设立烟草农业、卷烟流通、专卖管理、思想政治、复烤加工 5 个专业学组。2010 年，学会对全市系统“国家级”“省级”会员进行重新登记确认，共有国家级会员 51 人、省级会员 161 人。2014 年，全市系统共有会员 334 人，其中发展新会员 161 人。2015 年 4 月 23 日，召开第六届会员代表大会，进行换届选举。选举确定杨深根为理事长，选举通过理事会成员 29 人，常务理事会成员 19 人，并对《永州市烟草学会章程》进行修改完善。

2003—2015 年永州烟草学会理事会成员表

表 9-10

届别	理事长	副理事长	秘书长	副秘书长
第四届理事会 （2003. 7. 2—2008. 12. 13）	彭金生（1999. 2—2005. 8） 周国生（2005. 8—2006. 2） 刘正日（2006. 3—2008. 12）	周国生 李爱斌	钟二春	胡学军 王飞华
第五届理事会 （2008. 12. 13—2015. 4. 22）	刘名勤	刘正日 李爱斌	黄昭胜	唐明友
第六届理事会 （2015. 4. 23—2015. 12. 31）	杨深根	聂新柏 李中飞	黄昭胜	邓满成

（二）组织活动：烟草学会成立以来，发挥桥梁和纽带作用，从科普读物编印、常规活动开展、科技项目研发等方面入手，做好全市系统科技服务工作。2003 年，完成第二届、第三届理事会《荣誉册》汇编，向上海烟草博物馆报送《科技兴烟在永州》VCD 光盘、女书书法等文物 25 件（套）。7 月 3 日，学会承办湖南省烟草学会湘南片学术交流会。2004 年 5 月 21 日，在道县召开由学会牵头承担的稻草覆盖试验示范课题研究评议会，推广示范面积 3500 亩，12 月，《永州烟草志》完成零陵、新田、江华 3 个卷烟厂增设内容的资料搜集，补充收集志书资料 150 多万字，并召开志书评议会。2005 年 12 月底，《永州烟草志》正式印刷出版，学会工作得到市科协和省学会的肯定。2006 年，学会制定下发《发表论文奖励规定》，调动会员撰写论文的积极性，鼓励会员在行业内外杂志、媒体上发表论文。2008 年 10 月 29 日，学会对 2008 年度烟草科技工作先进单位和先进个人进行表彰，表彰

“先进单位”2个、“先进个人”16人。

2009年5月18日，《潇湘烟语》创刊发行（双月刊），每期印制20000份，以免费赠阅的形式发放给系统员工及广大烟农和卷烟零售户，全年出版发行4期。至2015年底，共出版发行38期计76万份。2010年6月、11月，烤烟新品种“湘烟3号”先后通过全国农业评审、全国烟草品种审定委员会审定，实现永州烟科所成立以来烤烟品种选育零突破，全年该品种推广面积9万亩；“烤烟大棚育苗温湿度自动监控”“烤烟密集烘烤烟叶夹技装置”2项专利获国家专利局授权；学会编制印发《全面质量管理论坛优秀论文汇编》。

潇湘烟语
永州市政府专题部署2016年烟叶工作
《潇湘烟语》获“行业内部最具影响力十佳报纸”荣誉称号
永州烟草诚邀零售客户共商2016卷烟市场发展之道
《永州老三篇》
奇特的女人文字
文苑

2015年12月编印的《潇湘烟语》第38期（总）

2011年6月，学会以“办好《潇湘烟语》，服务生产经营”为题，在省烟草学会年度工作会议上作典型发言。

2012年6月，学会秘书长黄昭胜以“做了‘牛’就莫误春”为题，在省烟草学会年度工作会议上作典型发言。

2013年5月，市局烟草学会举办全国性“金叶杯”廉政书法大赛

2012年9月6日，联合市粮食局、市军休举办“永州市烟草局粮食局军休所书画联展”，共展出书法、美术作品100余件；12月，蓝山县土市烟草科普工作站通过省学会组织的考核与验收，全市系统共有科普工作站8个。2013年5月，举办全国性的“金叶杯”廉政书法展，营造廉政文化教育氛围；向基层烟草科普工作

站赠送各类科普知识读物1万余册，充实基层科普站图书藏量。2014年，编辑出版《永州烟草论文集》（第六集），开展“纪念永州烟草成立30周年”征文评选、书法绘画摄影作品展，并编印《纪念永州烟草成立30周年书法绘画摄影作品集》。2015年，湘烟5号通过全国烟草品种审定委员会审定，全年共授权发明专利1项、实用新型专利3项；11月，在东方烟草报社举办的“行业内部最具影响力十佳报纸、十佳期刊”评选活动中，《潇湘烟语》获得“全国烟草行业十佳报纸”荣誉称号。截至2015年，共编辑出版《永州烟草论文集》六集，举办或组织会员参加行业内外论文征集活动80余次，举办科普宣传、书法摄影活动40余次，开展科普讲座1134期，向社会各界发放各类科普宣传资料326万份（册）。学会工作连续获评全省烟草系统2013至2014年度、2015至2016年度先进单位。

二、零陵卷烟厂科学技术协会

2001年，零陵卷烟厂科学技术协会成立，每年组织广大科技工作者开展多系列、多层次群众性科技攻关活动，同时开展科普活动。至2015年，吸纳会员349人。科协自成立以来，加强科普宣传，在厂区内人员集中地段设立科普知识宣传栏，每年在科普日举办专题宣传活动，向员工们宣传、推广先进科学技术以及环境保护、节能降耗、健康生活等内容广泛的科普知识，提高员工科学素养。同时，对科技人员开展QC、专利、项目攻关等方面的知识培训，提升科技人员攻关能力。组织科技攻关活动，每年围绕工厂重点工作、技术难关瓶颈，组织群众性经济技术创新活动，开展课题项目攻关、组织会员撰写科技论文、进行科技项目、小改小革项目评审、操作技术比武活动等。发布《科技项目管理办法》《小改小革项目评比管理规定》（后直采公司文件）。2005—2015年，被列入公司级以上科技项目11项、创新小组项目19项。在工厂“芙蓉”“芙蓉王”“白沙”品牌输入实现均质化生产、质量稳定提高、生产保障、工艺优化、精益管理等各方面发挥重大促进作用。收集评审会员科技论文100余篇，向上级机构推荐10余篇，多个创新（攻关）项目、QC小组、QC项目获得过国家级、省市级奖励。

第四节　政研会

一、永州市烟草专卖局（公司）

2003年，根据省局（公司）政工处统一部署安排，由市局（公司）政研会牵头，联合衡阳、郴州、邵阳3个地市州公司政研会组成政研课题专题公关小组，做好课题资料收集及研讨工作。6月10日，全省系统第一次湘南片区思想政治工作专题研讨会在永州召开，会议共收集论文 144 篇，评选推荐出 66 篇优秀论文参加衡阳片区评审，其中 5 篇获得一等奖、8 篇获得二等奖、11 篇获得三等奖，政研工作得到省局（公司）肯定。2004 年 6 月 1 日，永州市委宣传部制定印发《关于表彰全市优秀思想政治工作者、优秀政研会和政研会积极分子的决定》，市局（公司）政研会被评为“永州市优秀政研会”，1 人被评为“永州市优秀思想政治工作者”。2005 年 12 月 15 日，省局（公司）制定下发《湖南省烟草职工思想政治工作研究会关于调整第五届理事会组成人员的通知》，市局（公司）徐文军任湖南省烟草职工思想政治工作研究会第五届常务理事、陈国凤任湖南省烟草职工思想政治工作研究会第五届理事。25 日，省局（公司）对 2005 年度优秀政研论文进行表彰，市局（公司）报送的 2 篇论文，获得三等奖。2006 年，市局（公司）政研工作在全市系统开展牢固树立“两个至上”共同价值观大讨论活动基础上，结合实际，在干部职工中启动“‘两个维护’在岗位”主题实践活动，活动通过集中组织学习、开展政研论文评选、联合媒体开办“烟草政务热线”、举办企业文化知识竞赛的方式进行，通过开展活动，干部职工思想的到统一、对“两个至上”价值观的认识进一步提高。是年，市局（公司）政研会再次被市委宣传部评为优秀政研会。2007 年，在全省系统 2007 年领导干部“两个至上”心得体会文章比赛中，市局（公司）有三篇论文分别获得一、二、三等奖。2009 年，市局（公司）政研会根据省局要求，结合实际，做好全市系统思想政治工作课题研究，全年共向省局（公司）报送优秀政研论文 27 篇，市局（公司）被省局（公司）评为“学习实践活动调研先进单位”。2011 年，市局（公司）政研会围绕生产经营的热点、难点、焦点问题开展调研工作，以行业共同价值观和思想政治工作为主体，做好政研论文撰写和评比工作，全年共向省局（公司）报送优秀政研论文 20 余篇，全市系统政研工作获得省局（公司）、市委宣传部肯定。2012 年，市局（公司）政研会以做好员工思想政治工作为重点开展工作，先后组织会员开展主题鲜明、内容丰富、形式多样的政研会活动，共组织会员撰写政研论文 40 余篇。并在全省系统政治工作会议上，就“235”教育实践活动做典型发言。2013 年，是全市系统“企业文化建设年”，市局（公司）政研会将“饮水思源、感恩奉献”的文化理念与“235”教育实践活动紧密结合，在烟农、零售户、员工中，开展“思源”文化传播活动。11 月，市局（公司）政研会承办全省系统“235”教育实践活动成果展示会暨 2013 年政研年会，为承办好会议，政研会先后拍摄会议专题片 1 部、微电影 4 部，并创作《思源赋》和企业之歌《金色梦想》，编写精彩故事集《‘源’来有你》，会议取得圆满成功。是年，政研会共向省局（公司）报送政研论文 30 余篇，其中有 3 篇在全省系统政研论文评比中获得奖励。2014 年，市局（公司）政研会共向省局（公司）报送政研论文 26 篇，主持编印《永州烟草 2013 年度政研论文集》。是年，市局（公司）政研会被省局（公司）评为“2012—2014 年度湖南省优秀政研会”。2015 年，市局（公司）政研会围绕省局（公司）下达的政研课题，做好全市系统政研活动。在全省系统政研论文评比中，政研会报送的论文有 2 篇分别获得三等奖、优胜奖。并主持编印《永州烟草政研会 2014 年度政研论文集》。

二、零陵卷烟厂

零陵卷烟厂职工思想政治工作研究会成立于 1990 年 3 月，成立以来会长由党委书记担任。工厂政研会主要组织政工干部、理论骨干广泛开展思想政治工作调查研究，撰写政研论文，指导工厂思想政治工作的开展，并组织论文评比，对优秀成果给予奖励。2006 年 4 月，创办《政工动态》（内部资料），主要用于政研信息交流、工作探讨。前后共编写 18 期，2008 年年初停刊。2009 年，推荐 15 篇优秀政研论文参与公司评比。2010 年，政研会以支部政研小组为单位，开展“HSC 管理体系建设探索”“创建学习型组织”“员工个性化识别与引导体系构建”“办事公开民主管理体系建设”等十余个课题的调研。2011—2012 年，开展“廉洁风险防范控制措施研究”“强化机关党员意识”“‘三好’大讨论经验总结”“办事公开民主管理路径探索”等十余个课题的调研，并形成理论成果。《创新政工管理，构建和谐企业》《企业基层党组织提升党建服务中心工作能力调查研究》《以“四师”要求为标准，努力提升政工干部素质》等 7 篇论文入选公司政研论文集。《运用 HSC 量化标准化考核，探索企业政工工作新路径》获湖南省 2009—2011 年优秀政研成果奖。《运用 LEC 法评价岗位廉洁风险的可行性探讨》获永州市 2009—2012 年优秀政研成果奖三等奖。2013 年，工厂政研工作紧紧围绕解决发展中的思想政治工作瓶颈问题开展。《运用 LEC 法评价岗位廉洁风险的可行性探讨》获公司一等奖。2014 年，工厂政研工作注重学以致用，推动干部作风转变，解决生产管理难题。党委成员带头认领干部管理、精益管理、精神文明建设、开源节流新环保、和谐稳定等 5 个重大课题，各支部、各部门启动实施 21 个直接解决问题的攻关项目。在公司的年度优秀政研论文评比中，工厂获一等奖 2 个，二等奖 2 个，三等奖 4 个。卢绍林的《新时期青年员工价值观透视及思考》获湖南省优秀政研成果一等奖，何洁松、陈国钧、轩永杰的《关键岗位廉洁风险评价与防范管理应用成果》获优秀成果奖。

第三章 公益事业

第一节 结对帮扶

一、永州市烟草专卖局（公司）

2013 年 1 月，永州祁阳县局工作人员走访慰问困难零售户

一直以来，市局（公司）响应地方党委政府倡议，通过提供资金、捐赠物资、结成结对帮扶关系等方式，帮助贫困户、贫困村脱贫致富，用实际行动支持地方经济发展。2003—2005 年，市局（公司）在结对帮扶对象选择上主要集中在与企业有关联的困难烟农和困难零售户。在每年的烟叶生产季节，市局（公司）都会组织 1000 余名干部职工深入烟田开展“三同四带”驻村办点，帮助烟农做好优质烟叶开发工作，确保烟农种好烟、烤好烟。2007 年，根据国家及地方相关扶贫政策，市局（公司）在结对帮扶上开始着手点对点帮扶、整村帮扶的探索。2008 年，根据市委市政府的统一部署，双牌县麻江乡湾夫村结成为市局（公司）对口扶贫点，形成结对帮扶关系后，市局（公司）捐资 7 万元为其修建公路、图书室，并额外捐款 5. 37 万元用于该村的其他建设，同时，针对烟叶种植遭受自然灾害侵袭的实际情况，市局（公司）出资 300 万元，建立烟叶生产风险基金，提高烟农抗风险能力。2011 年，市局（公司）在结对帮扶上积极发扬党员的先锋模范作用，机关 5 名党员与蓝山县楠市镇中心小学 5 名特困学生结成结对帮扶关系，通过点对点帮扶的方式，做好困难群体的关心慰问工作。是年，全市系统为扶贫帮困、新农村建设等社会公益事业捐赠 12 万余元。2012 年，市局（公司）在全市系统各单位开展“四深入两结对一测评”活动，按照活动要求，市局机关与 1 个村和 1 个社区结成结对帮扶关系，各县（区）局与 10 个村结成结对帮扶关系，全市系统共与 172 户困难零售户、165 户困难烟农、89 户

困难离退休职工、24户困难村（社）民结成结对帮扶关系。2013年，全市系统各单位以开展“践行思源文化，关爱困难群体”活动为契机，先后与417名困难零售户、困难烟农、困难离退休员工形成结对帮扶关系，共投入帮扶资金50.59万元，用实际行动践行思源文化。2014年，市局（公司）在全市系统开展“助孤行动”，市局机关党支部与全市8名孤儿结成长期结对帮扶关系。2015年，市局（公司）作为精准扶贫后盾单位，市局党组成员多次赴贫困村现场办公。并选派专人担任扶贫队队长、村第一书记，扎实开展扶贫工作，对口扶贫村村容村貌发生较大变化，扶贫工作得到市扶贫工作检查组的高度评价。同时，继续开展“助孤行动”，市局机关9个党支部与全市9名孤儿长期结对帮扶。

二、零陵卷烟厂

2015年10月25日，零陵卷烟厂团委组织全厂员工对定点扶贫村——双牌县金滩村的贫困学生进行助学捐款，图为该厂工作人员将员工捐款交到贫困生周孝红手中

零陵卷烟厂根据永州市委结对帮扶倡议，通过提供资金、物资或员工结对、捐助等，先后帮助多个贫困村脱贫走上致富道路。2003—2004年，先后结对帮扶新田县十字乡、宁远县九嶷乡、道县白马渡乡青口村、双牌县江村镇唐家漯村等。先后累计投入资金几十余万元，帮助当地人员迁移、通路通电、兴修水利、发展特色种养等。2005—2008年，向对口扶贫村双牌县麻江乡湾夫村支付建整扶贫资金20余万元，帮助该村兴建“村村通”公路、整修水利、开展特色种植等。2009—2010年，向对口扶贫村双牌县永江乡大坪塘村支付建整扶贫资金20余万元，帮助该村兴建“村村通”公路、开展特色种植等。2011—2012年，向对口扶贫村双牌县泷泊镇总管庙村支付建整扶贫资金20万元，主要帮助该村完成公路硬化、疏浚河道、修建河流防洪护坡等。2013—2014年，向对口扶贫村双牌县平福头乡冲头村支付建整扶贫资金20万元，主要帮助该村完成公路硬化、疏浚河道、修建河流防洪护坡等。2015年，向对口扶贫村双牌县江村镇金滩村支付建整扶贫资金18万元，主要帮助该村完成公路硬化、活动中心建设、果园建设等项目。同时，发动员工向该村贫困高中生捐款1万多元，另对口扶持一名高中生直至毕业。

第二节 慈善捐赠

一、永州市烟草专卖局（公司）

2003—2015 年，市局（公司）在公益事业的建设上，以企业自身开展的公益活动为主，同时也积极参加地方党委政府创卫、文明创建等活动，活动方式上主要集中公益捐赠、慰问看望、义务植树等方面。2003—2006 年，受当时体制影响，市局（公司）在公益事业开展上，由各个单位结合实际来开展公益事业，活动的方式以物资捐赠为主。2003 年“非典”期间，市局（公司）组织干部职工做好抗非典各项工作，并动员干部职工捐款捐物，仅市局机关干部职工就向市残疾人协会捐款 4000 余元。2007 年，取消县级公司法人资格后，市局（公司）统筹规划公益事业的开展，公益事业的活动方式开始多元化，帮扶对象开始转向行业内外两个维度，公益事业开展的力度逐步加大。是年，市局（公司）累计向社会各界捐款 185 万余元，其中为“金叶慈善医疗卡”捐赠 60 余万元、为患病困难职工捐款 5.4 万元，“责任永烟、诚信永烟、和谐永烟”的良好形象得到进一步彰显。2008 年，汶川地震发生后，市局（公司）立刻组织干部职工捐款捐物，用实际行动支援汶川灾后重建工作，共收集善款 35 万余元，同时，积极参加地方党委政府举办的“慈善一日捐”“无偿献血”等公益活动，共累计向社会各界捐款 148 万余元，其中向“金叶慈善医疗卡”项目捐赠 70 万元、为新农村建设捐款 32 万元、其他各类捐款 46 万余元。

2008 年，永州江永县局组织员工开展“心手相牵·情系灾区”捐款活动

2010 年，市局（公司）响应市委、市政府关于创建卫生城市的倡议，组织干部职工参加创卫活动，为城市建设贡献力量。是年，全市系统累计向社会各界捐款 140 万余元，其中向“金叶慈善医疗卡”项目捐赠 80 万元，向扶贫帮困、新农村建设等社会公益事业活动捐赠 60 万余元。2012 年，云南地震发生后，市局（公司）迅速响应政府号召，组织员工开展捐赠活动，共收集善款 40 余万元，是年，

2013 年，永州烟草员工为慈善助学捐

市局（公司）共向社会各界捐款 310 余万元，企业得到社会各界广泛肯定和好评。2013 年，市局（公司）在全市系统开展“践行思源文化，关爱困难群体”活动，为推动活动更好开展，6 月 4 日，市局（公司）召开共青团第三次全体团员会议暨开展“636”青年志愿者活动，成立“636”志愿服务支队和大队，使公益事业的组织保障得到进一步加强，“636”志愿服务队成立后，市局（公司）将志愿服务活动作为践行“饮水思源、感恩奉献”的“思源”文化理念的重要措施，结合市委政府“为民务实转作风，勤廉办事树形象”活动，相继开展进社区、进学校等公益活动，企业社会形象得到进一步彰显。2014 年，市局（公司）针对烟农受灾严重的实际情况，组织 1000 余名干部职工深入烟田帮助烟农抗灾救灾，并联合保险公司、地方党委政府，认真做好烟农灾后补损工作，同时，以抓好党建带团建工作为契机，在全市系统各单位开展“636 志愿服务”活动，全市 10 个县（区）局均成立“636 志愿服务”大队，共有注册服务队员 1400 余人。是年，市局（公司）累计向社会各界捐款 696 万元，捐款额度为 2003 年以来最高，其中向受灾烟农捐款 600 万元、向“金叶慈善医疗卡”捐赠 80 万元、其他各类捐款 16 万元，市局（公司）获“2014 年度无偿献血工作先进单位”荣誉称号。2015 年，市局（公司）“636”志愿者支队组织全市系统青年员工开展文明交通劝导等志愿服务活动 10 余次，市局（公司）团委被团市委评为“先进团组织”，并予以通报表扬。

二、零陵卷烟厂

2003 年，零陵卷烟厂组织全厂职工捐款 2.69 万元。2004 年，发动员工为制丝车间一已故员工家庭捐款，共捐款 2.28 万元。2007 年，组织全厂职工为残疾人捐款 4 万余元。2008 年 1 月冰冻期间，组织抗灾物资 6 万余元救助兄弟厂家。“5·12”汶川大地震后，多次开展募捐活动，共募集灾区救助资金 25 万余元。另捐赠困难家庭 0.2 万元，捐助残疾人 1 万元。2010 年 4 月 2 日，组织向西南灾区捐款

25291元。另为残疾人捐款46631元。2011年，组织全厂职工为残疾人捐款32685.5元，向永州市慈善总会捐款2万元。2012年，组织全厂职工为残疾人捐款59998元，向永州市慈善总会捐款2万元。2013年，组织全厂职工为残疾人捐款55200元，向永州市慈善总会捐款2万元。2014年，组织全厂职工为残疾人捐款54200元，向市残疾人协会捐款2万元、永州市慈善总会捐款1万元。2015年，组织全厂职工为残疾人捐款61610元，向市残疾人协会捐款2万元、永州市慈善总会捐款1万元。

第四章　企业文化建设

第一节　永州市烟草专卖局（公司）企业文化

20世纪80年代，永州烟草商业系统企业文化工作重心主要放在开展艰苦奋斗教育，倡导白手起家、自力更生、艰苦创业的企业精神。2005年，永州烟草商业系统在创造企业效益同时，开始注重打造企业文化品牌，着手启动系统性的企业文化建设，经探索实践，提炼出“雁文化”理念——做“鹰一样的员工，雁一样的团队”，倡导“我是永烟人，责任到我为止”，进一步阐明企业共同价值观。2013年，在传承历史的基础上，永州烟草商业系统按照“巩固、深入、提高、创新”的企业文化建设思路，将广大干部职工工作中体现出来的精神风貌及形成的共同理想信念加以挖掘、总结、提炼，形成“饮水思源，感恩奉献”为核心的“思源”文化体系，并逐步打造出“潇湘情”“九嶷金叶”两大服务品牌，深受全市卷烟零售户、消费者、烟农的拥护和赞同。

一、雁文化

2005年，市局（公司）深化体制机制改革，大刀阔斧实行减员增效，积极推进现代人力资源体系改革，两烟生产日趋规范，产权关系基本理顺，经济运行质量和效益逐年提高。2006年年底，彻底甩掉长达15年的亏损帽子，全面扭亏增盈。是年，国家局提出建设“诚信烟草、责任烟草、和谐烟草”，市局党组结合实际提出构建“诚信永烟、责任永烟、和谐永烟”的发展思路，并在全市系统倡导“鹰一样的员工，雁一样的团队”的团队精神和“我是永烟人，责任到我为止”的责任意识。2007年，市局（公司）借助作为全省企业文建设第二批试点单位契机，按照国家局、省局要求，围绕构建“责任永烟、诚信永烟、和谐永烟”总体目标，于年10月，在全市系统启动企业文化建设工作，在经历51天诊断调研、研读内部资料31份、访谈318人、发放调研问卷1200份基础上，总结提炼出“团队第一、责任至上”的雁文化。

“大雁”文化体系包含理念文化体系、战略文化体系、行为文化体系、形象文化体系。“大雁”文化体系建设按照“一体四翼”的企业文化发展方向（即“整合企业主体可持续飞翔力”突出“责任、和谐、创新、发展”四翼助推力），坚持“文化原创、战略主导、系统整合和实战提升”的原则，依托“雁之旅”、“雁文化大讲堂”等企业文化载体活动，定期开展企业文化大讨论，将员工思想统一到企业共同愿景和共同价值观上来，把员工的激情和活力引导到又快又好、做精做强上来，把员工的言行引导到维护烟农利益、维护消费者利益和国家利益上来。从而建设充满活力的市场经营主体，树立“团队第一，责任为主”的战略战术观，扩大社会认知和行业高层认可。进而实现企业全员掌握文化话语权，通过企业文化的构建，使全员参与率达到100%，对企业文化理念的认同度达到95%以上，员工满意度达到95%以上，客户满意度达到95%以上。

2007年12月28日，永州烟草商业系统“雁之旅”企业文化建设启动仪式

2007年12月26—28日，市局（公司）举办建立母子公司体制暨分公司成立大会、“雁之旅”企业文化建设启动仪式，标志着永州烟草企业文化建设正式启动。启动仪式后，市局（公司）共发放企业文化理念征集问卷450份，并将征集到的51篇企业文化论文、66篇企业文化故事、60余副企业文化故事照片，编印成《雁文化故事集》。2008年4月2日，市局（公司）“雁之旅”主题活动正式启动，标志“雁文化”建设进入宣贯落地阶段。下半年，国家烟草专卖局在全国烟草行业第三次企业文化建设会后，提出行业文化六个部分组成的架构体系，即行业共同价值观、行业愿景、行业使命、行业精神、行业行为信条、行业行为准则。市局（公司）结合实际进一步丰富“雁文化”的内涵，确定“雁文化”建设主要包含构建永州烟草的战略力、凝聚力、执行力、诚信力、和谐力的目标，明确“雁文化”体系是一个系统，即围绕

永烟企业核心理念、发展责任为主题的企业精神文化体系建设上；围绕人本发展、团队共进、自觉习惯为主体的企业行为文化体系建设；围绕运行机制、组织架构和执行力为主体的企业制度文化体系建设；围绕企业品牌和硬件环境为主体的企业物质文化体系建设；围绕企业资源整合、深化改革和可持续发展为主题的战略文化体系建设，至此，“雁文化”体系正式全面形成。是年，市局（公司）共选送2个节目参加全国烟草行业第四届文艺会演并获得二等奖，企业文化建设工作获得国家局领导肯定；《雁文化》企业文化内刊第一期出版发行，共印刷300册。

二、“思源”文化

2013年5月，永州烟草商业系统“思源”文化启动仪式

2012年，在多次调研、讨论的基础上，市局（公司）决定以历史文化为根基、时代文化为主线、行业文化为支撑，重新构建具有永州烟草特色的企业文化体系。6月，按照“巩固、深入、提高、创新”的企业文化建设思路，在对原有的“雁文化”总结、提炼的基础上，结合永州潇湘之源、“道德文化”之源的特点，形成“饮水思源，感恩奉献”为核心的“思源”文化体系，并正式在全市系统启动母子文化融合暨服务品牌建设工作。

所谓“思源”，就是要思行业之源，筑牢根基，厚待消费者；思发展之源，反哺农业，厚爱烟农；思价值之源，夯实网建，厚利零售户；思共赢之源，战略合作，厚籍工业企业；思活力之源，创新机制，厚看企业员工；思生态之源，履行使命，厚报社会。“思源”文化理念共包含12个子文化理念，其核心理念为“饮水思源感恩奉献”、经营理念为“诚信为本，和谐共赢”、管理理念为“爱在深处，严在明处”、创新理念为“同心同向，求变求新”、质量理念为“规范，精细，一流”、团队理念为“互信，互助，互进”、人才理念为“人才就在身边”、执行理念为“说到做到，做到最好”、学习理念为“真学，真懂，真用”、安全理念为“安全就是效益，平安就是幸福”、廉政理念为“自爱自律，廉绩立身”、执法理念为“阳光，理性，文明”。

2013年，为永州烟草“思源”文化建设年，全市系统围绕打造“一支队伍，两个品牌，三个永烟”为主要内容的“123”目标，做好建设“更加规范、更富效率”永州烟草的各项工作。“一支队伍”，即要打造一支优秀团队．通过深入践行“思源”文化“互信、互助、互进”的团队理念，致力打造一支团结协作、勇担重任、攻坚克难的干部职工队伍，为推进企业发展提供不竭动力。“两个品牌”即按照“发展同向、工作同心、服务同步、利益同体”的要求，全力打造“潇湘情”、“九嶷金叶”品牌，为客户提供更加优质服务。“三个永烟”即通过打造规范永烟、打造效率永烟、打造和谐永烟，营造和谐发展的内外环境，树立“生产经营有突破、企业管理有亮点、服务客户有好评、回报社会有成效”的永州烟草新形象。

三、“潇湘情”服务品牌

2010年12月，全国烟草行业服务品牌建设现场会指出，服务品牌是工商企业提供给服务对象并得到认可的总体体现，与“卷烟上水平”一起，构成中国烟草总体竞争实力的“一体两面”。服务品牌被提到一个前所未有的高度。在这一思路的引领下，自2012年起，永州烟草在建设企业文化的同时，秉承“思源”文化精髓，结合企业实际，确立以“合德共生”为灵魂的“潇湘情”服务品牌，以正确处理企业服务社会、全员服务客户、领导服务员工、机关服务基层、商业服务工业、上游服务下游的关系为前提，努力实现企业由产品为中心向客户为中心转变、由卖产品向卖服务为转变、由要我服务向我要服务为转变，持续提高服务对象的满意度和忠诚度。“潇湘情”服务品牌共包含8个方面内容，其服务品牌宣传语为“潇湘情、心连心”，服务宗旨为“用情服务，共创共享”，对烟农服务理念为“服务到田间、满意到烟农”、对零售户服务理念为“用心到户、满意到人”、对消费者服务理念为“尊重选择、绿色服务”、对工业企业服务理念为“共创共建、共同发展”、对社会服务理念为“利国惠民、真诚回报”、对员工服务理念为“细心细致、大爱大成”。在打造“潇湘情”服务品牌过程中，永州烟草通过持续开展“爱心无限，我们在行动”“建功立业在岗位”等活动，加大烟水烟路等基础设施建设，开展公益助学的方式推动品牌落地，真诚服务好广大烟农、零售户，不断提升企业形象，提高文化自觉、增强文化自信、走向文化自强。

第二节　零陵卷烟厂企业文化

2003—2015年，零陵卷烟厂历来重视企业文化建设，设有专门的机构（政治工作部）负责企业文化建设，工厂企业文化建设紧贴生产经营和改革发展实际，借助《零烟通讯》、红豆电视台、零烟新闻专栏等文化传播平台，着力宣传党的路线方针政策，积极弘扬社会主义核心价值观和烟草行业“两个至上”共同价值观。

2004 年 9 月 22 日，零陵卷烟分厂举行芙蓉文化周活动，图为员工风采展示晚会

2004 年，按照全面融入常烟的指导思想，工厂大力推行常德卷烟厂“芙蓉文化”，充分利用各种传播手段宣贯芙蓉文化：及时更新分厂有关标志和宣传文字，做到与总厂标识一致；下发《芙蓉金律》等书，在宣传栏和厂报上传播“芙蓉文化”，播出《传递价值》等相关电视节目；组织知识竞赛、电视抢答赛、演讲赛、讲座、文化周等丰富多彩的活动，并积极参与总厂的各种文化交流活动。使芙蓉文化理念在分厂得到逐步推广，并与分厂原有的优秀文化融合，员工对常烟的认同感、归属感日益增强，为工厂创新发展提供思想源泉和动力。

2007 年，工厂提出“构建和谐企业，共建美好家园”共同愿景，组织“和谐企业大家谈”等讨论活动，帮助员工进一步深化对和谐的理解。出台“管理精细严实，生产优质高效；制度保障有力，员工行为规范；竞争协作有序，内外和谐友好；科学稳健发展，企业生机盎然”48 字和谐企业方针，让广大员工明确工作努力方向，了解和谐企业理念内涵，激发热情和干劲。同时，参与公司关于企业文化建设的调研，提出对公司文化建设的意见建议，出台过渡期间的文化活动方案。以和谐园为主题公园，对厂内标志进行系统规划和变更，通过直观形式持续加深和谐印象。在活动开展方面，组织参加公司春节晚会，先后在厂内举办团拜会、元宵灯会、“永恒的记忆”大合唱、体育文化月、庆中秋歌舞晚会等各种活动，吸引员工广泛参与，营造企业和谐气氛。

2008 年，全面宣贯国家局《烟草行业文化架构体系》。将企业文化与企业管理相结合，厂报、电视台开辟专栏对和谐企业 48 字内涵进行解读与典型事例挖掘，组织体育文化月、“七一”诗歌晚会等，营造和谐文化氛围。

2008 年底，公司发布企业文化手册，工厂按照稳步推进、务求实效、全面规划、分步实施的原则，分普及认知、逐步深化、丰富落地三个阶段对公司文化进行宣贯。培训骨干力量，采取多种形式、不同层次的培训宣贯方式，促使员工对公司文化理念体系进行认知、熟悉、理解内涵。是年，按照公司建立母子文化体系的要求，组织专题调研，初步起草《零烟子文化体系》。

2009年，工厂对视觉标识进行逐步清理规范，在工厂主干道设置文化理念灯箱，在厂区园林内设立文化理念标识。进行全员企业文化理念测试，将企业文化宣贯纳入员工绩效考核及岗位异动考试，纳入创建与对标工作，每月进行考核、总结。将公司当年发布的《行为手册》部分强制性内容编入工厂《7S行为规范》，纳入考核，促进员工行为逐步规范。

2010年，工厂出台《企业文化中长期战略规划》《企业文化宣贯实施办法》《和谐稳定文化考核标准（试行）》《员工行为规范》，将企业文化宣贯纳入HSC（和谐、稳定、文化）考核，进入支部、部门、员工考核体系。出台《企业文化内训师管理制度》，建立文化内训师队伍。开展新员工企业文化入职培训、员工竞争上岗企业文化考试、企业文化抢答赛等，加强员工对公司文化的认知与理解。严格执行《中国烟草视觉识别系统》要求，对厂区标识逐步清理，更新工厂铭牌、岗位工作牌、办公室定置图等。

2011年5月9号，零陵卷烟厂举行“企业发展好，员工工作好、家庭生活好”三好大讨论动员会

2011年3月，工厂提出“企业发展好、员工工作好、家庭生活好”为“三好”目标，随即开展“三好”大讨论、文化大讲堂等活动。将“着力构建完善子文化体系，营造浓厚企业文化氛围”项目纳入厂部年度创建与对标项目进行规范管理、检查。2012年是工厂“文化年”，推进公司服务文化理念宣贯落地。引导基层党支部开展“庆重阳”文化主题活动、“见证文化、传递价值”文化经典诵读活动、“多姿多彩卷包人”文化晚会等。员工积极参与公司服务文化理念征集、企业歌曲征集、金点子征集、“我最喜爱的一本书”等活动。12月，在公司企业文化员工行为规范知识抢答赛上，获得第二名。是年，初步梳理出零烟子文化体系框架。

2013年，企业文化建设工作以实现“三好”愿景目标为指南，以推动“芙蓉王”落地生产为关注焦点。员工参与公司组织的学习培训和文化竞赛活动，先后获得“十大阳光服务岗”“十大精彩瞬间”优秀组织奖，“群众观、作风行”个人三等奖及组织优胜奖。零烟子文化体系建设历经三年，出台《企业文化手册（审定稿）》，后期因公司文化战略调整，建设终止。2013年下半年，公司提出“13233”

发展思路。工厂举办全员文化培训、文化晚会、青年辩论赛、摄影展等主题活动，开辟厂报专刊电视专栏，深入学习宣贯，促进“13233”落地。2014年，全面宣贯“让13233成为习惯”“和21”4.0，组织创意E工场、开源节流新环保等活动。2015年，实施《修炼职业精神，实现自我管理——“13233”“和21”4.0在工厂落地》重点课题，从精神修炼、机制完善、平台搭建、团队塑造四个方面入手，围绕“13233”“和21”4.0、“自我管理”“优质生产基地”“诚信”等关键词，开展学国学经典和十大主题活动。举办专家谈3场，大家议1次，青春大讲堂5场，天下和书院讲师巡讲多场，以及精益管理合理化建议、“和你一起共飞翔”体育月、“9·29”感恩日、重温底线清单、“和”你公益等活动，有效提升员工修养和精气神。

2013年11月4日，零陵卷烟厂举办“芙蓉王”杯职工辩论赛

人物与集体

一、人物简介

（一）劳动模范及技术能手

1. 永州市烟草专卖局（公司）

（1）获省部级科研成果的人才

高春洋 男，汉族，湖南零陵区人，1965年6月出生，1990年11月参加工作，中共党员，湖南农学院兽医专业毕业，农学学士，高级农艺师。1990年11月，进入零陵地区烟草公司烟科所（永州市公司烟科所）工作。1999年6月至2006年12月，历任质检站副站长、烟叶质量检测站副站长、质检部部长、副总农艺师。2006年12月至2007年10月，任永州市烟科所所长。2007年10月，调至新田县烟草专卖局（分公司）任局长、经理、党组书记。2011年12月至2015年底，调至永州市烟草专卖局（公司）任烟叶生产技术中心主任。自参加工作以来，长期从事烟叶科研、新技术推广、烟叶标准化及管理工作，累计获得地市级以上科技奖励10余项、在《中国农学通报》等刊物上发表论文10余篇。1996年，其主持研发的“烤烟种子包衣技术推广”项目获市科技进步一等奖；2002年，因工作出色被省局（公司）选为《在岗位上闪光》报告团成员，在全省系统各单位做巡回演讲；2008年，其主持的“湖南省永州市烟草病虫害综合防治技术推广”“烤烟胞质雄性不育杂种双季制种技术研究”项目，分别荣获市科技进步二等奖、省烟草专卖局科技进步二等奖；2009年，其主持的“烟田稻草覆盖及配套技术研究与应用”获市科技进步二等奖；2013年，其主持的“烤烟品种湘烟3号的选育与推广”“烤烟新品种湘烟3号的选育、配套技术研究与推广”获市政府科技进步二等奖；2014年，其主持的“烤烟新品种湘烟3号的选育及应用”“烤烟新品种湘烟3号的选育及推广应用”项目，分获省烟草专卖局科技进步一等奖、中国烟草总公司科技进步三等奖；2015年，其主持的“典型浓香新品种湘烟3号的选育及配套技术研制与应用”获省政府科技进步三等奖。

黄石旺 男，汉族，湖南宁远人，1969年1月出生，1991年7月参加工作，1995年5月加入中国共产党，湖南农业大学植保专业毕业，研究生学历，高级农艺师。中国烟草学会植保学组成员，永州市职业技术学院客座教授，中国烟草中南农业试验站学术委员会委员。自参加工作以来，长期从事烟叶科研和技术推广工作，获国家烟草专卖局特等奖1项，省烟草公司科技进步一等奖2项、二等奖2项、三等奖2项，市政府科技进步一等奖1项、二等奖3项、三等奖1项。3次被市政府评为烤烟工作先进个人。先后在《湖南农业大学学报》《植物病理》《湖南农业科学》《湖南烟草》《现代农业科技》等国家级刊物上发表科技论文20余篇。2009年，其撰写的《浅谈现代农业发展中农业生态环境保护》论文被湖南科技论坛评为一等奖。2010年，参加烟草行业第一届优质课评选活动获三等奖。

靳志丽 女，汉族，河南镇平人，1971年4月出生，1995年9月参加工作，2011年5月加入中国共产党，河南农业大学作物耕作与栽培专业毕业，研究生学历，高级农艺师。1995年9月至1997年8月，在河南省镇平县农业技术推广中心工作。2000年9月至2015年底，在永州市烟草专卖局（公司）工作，历任农艺师、高级农艺师技术职务。2005年5月，被省土壤肥料学会评为“湖南省优秀土肥科技工作者”，同年11月，其参与完成的《烟草优质高效施肥技术体系及其决策系统的研究》科技成果被省政府授予“湖南省科学技术进步奖二等奖”；2006年，其主持完成的《烤烟种子引发激活处理及其配套技术研究》科技成果被省政府授予“湖南省科学技术进步奖三等奖，并在全省全面推广，使全省烟苗质量得到明显提高，为大田烤烟均衡生长打下良好基础；2008年5月，获市政府颁发的“永州市2007年度科学技术杰出贡献奖”；2009年3月，被市委、市政府授予“永州市优秀专家”称号，并获第三届“中国烟草学会优秀科技工作者”称号。

蒋笃忠 男，汉族，湖南东安人，1969年2月出生，1993年7月参加工作，2004年6月加入中国共产党，湖南农学院农学专业毕业，在职研究生学历，高级农艺师。1993年7月至2003年12月，在东安县烟草公司工作，历任副股长、股长。2004年1月至2015年底，调至永州市烟草专卖局（公司）工作，历任农艺师、高级农艺师等职务。自参加工作以来，先后获得各类科技奖项10余项，其中，中国烟草总公司科

技进步三等奖1项，省烟草专卖局科学技术进步一等奖2项、三等奖3项，市科技进步二等奖1项，三等奖1项；获授权发明专利4项，授权实用新型专利30项；参与起草地方或行业标准3项；发表论文26篇，其中，在核心刊物发表论文10篇。2013年12月，其主持的“新材料密集式烤房及配套工艺研究”项目，研制出新型无机非金属C-C结构复合材料，该材料应用于密集烤房加热设备可实现一次性加煤和回流区分级着火燃烧，有效降低生产成本确保烘烤质量，该成果获中国烟草总公司科学技术三等奖。

王锡春 男，汉族，湖南冷水滩区牛角坝镇人，1968年3月出生，1990年7月参加工作，2003年7月加入中国共产党，河南农业大学作物学与耕作学专业毕业，在职研究生学历，农艺师。1990年7月至1992年12月，在湖南省烟草公司永州市公司工作。1993年1月至2008年12月，调至零陵区烟草专卖局（分公司）工作，历任副股长、股长、农艺师等职务。2009年，调至永州市烟草专卖局（公司）工作。2015年1月至年底，任永州市烟草专卖局（公司）烟叶生产技术中心农艺师。自参加工作以来，其主持完成的科研成果分别获市政府科技进步奖二等奖3项、三等奖1项，省烟草专卖局科技进步奖二等奖1项、三等奖1项；2个新型专利获国家知识产权局授权；参与出版专著《南方烟稻复种连作区土壤改良技术》；以第一作者或主要作者在国家级、省级期刊上发表科技论文15篇。2009年，被市政府评为“烤烟生产先进个人”；2013年、2015年，因在“湖南浓香型特色优质烟叶开发”项目中表现突出，分别在被湖南农业大学、中国烟草中南农业试验站评为“先进个人”。

杨全柳 男，侗族，湖南芷江人，1974年10月出生，2002年7月参加工作，中国民主同盟盟员，湖南省青年科协会员（省烟草系统唯一），永州市党外知识分子第一、第二界联谊会理事。湖南农业大学作物遗传育种专业毕业，硕士研究生，高级农艺师。2002年7月，进入永州市烟草专卖局（公司）烟叶生产技术中心工作。2009年11月至2015年年底，任永州市烟草专卖局（公司）农艺师。自参加工作以来，选育湘烟3号、湘烟5号两个烤烟品种，在《中国烟草科学》等刊物上发表论文近30篇。2005年，其主持完成的“南方红壤区陆稻高产优质栽培理论与技术”项目获得省科技进

步三等奖；2008年，其主持完成的“烤烟胞质雄性不育杂种双季制种技术研究”获省烟草专卖局科技进步二等奖；2009年，其主持完成的“烤烟良种繁育技术研究获市科技进步一等奖；2010年，其主持研发的“烤烟品种湘烟3号”获省烟草专卖局科技知识产权一等奖；2011年，其主持完成的“湘烟3号烘烤工艺研究”项目获省烟草专卖局科技进步三等奖；2013年，其主持完成的“烤烟品种湘烟3号的选育与推广”“烤烟新品种湘烟3号的选育、配套技术研究与推广”两个项目获得市政府科技进步二等奖，同期被遴选为全省烟草商业系统学科带头人培养后备对象；2014年，其主持研发的“烤烟新品种湘烟3号的选育及应用”“烤烟新品种湘烟3号的选育及推广应用”两个项目，分别获省烟草专卖局科技进步一等奖、中国烟草总公司科技进步三等奖，开启永州烟草商业系统获得中国烟草总公司科技奖励的先河；2015年，其主持研发的“典型浓香新品种湘烟3号的选育及配套技术研制与应用”项目获省政府科技进步三等奖，同期获2013—2014年度省烟草系统“十优”科技工作者。

周向平 男，汉族，湖南常德人，1979年3月出生，2004年7月参加工作，2010年6月加入中国共产党，湖南农业大学植物病理学专业毕业，研究生学历，农艺师。2004年7月至2015年年底，任湖南省烟草公司永州市公司烟叶生产技术中心农艺师。自参加工作以来，专注于烟草病虫害绿色防控、烟蚜茧蜂、烟草病虫害预测预报等方面的研究，先后在《湖南农业大学学报》《中国农学通报》《作物研究》等核心期刊上发表学术论文20余篇，参与编写《九嶷金叶烤烟生产综合标准体系》和《九嶷金叶烤烟生产安全标准体系》，5次被市政府评为“烤烟工作先进个人”。2007年，其参与的项目《湖南省永州市烟草病虫害综合防治技术推广》获市政府科技进步二等奖；2011年，其主持完成的《永州市烟草主要病虫害预测预报技术研究与应用》项目获省烟草专卖局科技进步三等奖，同期，由其研发的“一种用于烤烟大田的太阳能诱虫器”实用新型专利获国家知识产权局授权；2012年，其主持完成的《新型太阳能诱虫设备（RH-1）研究与应用》项目获市政府科技进步三等奖；2013年，其撰写的《几种水稻田除草剂对烟叶生长的影响》论文获永州市第九届自然科学获奖论文一等奖；2014年，其主持完成的《永州市低危害烟叶生产技术研究与应用》项目获市政府科技进步二等奖；2015年，其参与的《生态安全烟叶研究与开发》《南方烟稻复种连作区土壤技术研究与推广应用》两个项目分别获省烟草专卖局科技进步奖二等奖、市政府科技进步二等奖，其参与撰写的专著《南方烟稻复种连作

区土壤改良技术》获省烟草专卖局知识产权奖二等奖，其参与完成的行业标准 YCT 526—2015《烟草除草剂药害分级及调查方法》标准由国家烟草专卖局发布。

（2）获地厅级二等功以上荣誉的员工

陈昌军 男，汉族，湖南江永人，1973 年 6 月出生，1991 年 11 月参加工作，中央广播电视大学行政管理专业毕业，本科学历，高级烟叶技术员。1991 年 11 月至 2000 年 1 月，在湖南江永县烟草专卖局工作（其间：1996 年 9 月至 1999 年 6 月，在湖南农业大学植物科学技术学院农学专业学习）。2000 年 1 月至 2014 年 8 月，历任兰溪烟草站副站长、黄甲岭烟草站站长、桃川烟草站站长、夏层铺烟草站站长（其间：2007 年 3 月至 2010 年 1 月，在湖南广播电视大学零陵分校行政管理专业学习）。2014 年 9 月至 2015 年年底，在永州江永县烟草专卖局（分公司）烟基办工作。2008 年 7 月，被湖南省人事厅、湖南省烟草专卖局记二等功 1 次。

龙　晖 男，汉族，湖南宁远人，1975 年 5 月出生，1993 年 12 月参加工作，1996 年 9 月加入中国共产党，中南林业学院经济管理专业毕业，大学本科学历，高级营销师。1993 年 12 月，在武警广东总队佛山支队服役。1997 年 10 月至 2005 年 6 月，在永州江华县烟草专卖局（公司）工作，历任销售股副股长、股长、办公室主任。2005 年 6 月，调至永州蓝山县烟草专卖局（分公司）任党组成员、副经理。2007 年 7 月，调至永州江华县烟草专卖局（分公司）任党组成员、副局长、副经理。2008 年 2 月，因抗冰救灾期间工作突出，被中共永州市委、永州市人民政府记二等功；2012 年 1 月，因在现代烟草农业建设过程中表现突出，被湖南省“两烟”协调领导小组评为先进工作者。

熊云华 女，汉族，湖南永州人，1964 年 12 月出生，1981 年 12 月参加工作，1993 年 6 月加入中国共产党，中共中央党校函授学校经济管理专业毕业，大学学历，会计师。1981 年 12 月至 1984 年 12 月，在零陵县土产日杂公司任会计。1985 年 3 月至 2000 年 12 月，调至冷水滩区烟草公司工作，历任审计股长、纪检监察室主任。2001 年 1 月至 2009 年 12 月，调至湖南省烟草公司永州市公司工作，历任“两烟”生产经营办公室专卖办内审室主任、审计科审计师、财务科会计师。2010 年 1 月至 2015 年年底，任湖南

省烟草公司永州市公司基建管理办公室副主任。自参加工作以来，先后获得会计师、土建工程中级预（决）算员、国际注册内部审计师、国际注册造价工程师等职业证书，并入选为湖南省综合评标专家库专家。2011 年 7 月，因工作出色被湖南省人民政府记一等功并授功勋章一枚。

（3）行业技术能手

骆君华 男，汉族，湖南新田人，1977 年 5 月出生，2010 年 12 月加入中国共产党，1997 年 7 月参加工作，郑州烟草学校毕业，大学本科学历。1997 年 7 月至 2006 年 12 月，在宁远县烟草专卖局（公司）工作，先后在保安烟草站任生产技术员、原烟股任助理农艺师。2007 年 11 月至 2015 年年底，在宁远县烟草专卖局（公司）工作，历任原烟股农艺师，烟基办农艺师、烘烤技师，清水桥烟草站主任。自参加工作以来，先后承担国家局、省局、市局科研项目 30 多项，获省烟草局科技进步三等奖 3 项；先后在《中国农学通报》《河北农业科学》等刊物发表多篇学术论文，其中《烟叶主要化学成分在不同烘烤方式中的动态变化研究》《多方式燃烧炉在烟叶烤房中的应用研究》两篇论文分别被评为永州市第八届自然科学优秀学术论文二等奖、三等奖。2007 年 5 月，在全国烟草行业第三届烟叶分级比赛中，获“全国烟草技术能手”荣誉称号。

秦　凌 男，汉族，湖南冷水滩人，1984 年 7 月出生，2002 年 7 月参加工作，湖南农业大学农学专业毕业，本科学历。2002 年 7 月至 2009 年 10 月，在江华瑶族自治县烟草专卖局（公司）工作，历任基层烟草站技术员、主检。2009 年 12 月至 2011 年 9 月，在江华瑶族自治县鑫发烟叶生产技术服务有限公司工作，任基层烟草站技术员。2011 年 12 月至 2013 年 5 月，在江华瑶族自治县兴涛烟农专业合作社工作，任基层烟草站技术员。2013 年 6 月，由市局（公司）推荐，经省局（公司）党组研究决定，作为专业技术能手引进至江华瑶族自治县烟草专卖局（分公司）工作。2004 至 2006 年，因工作出色连续 3 次获得江华瑶族自治县人民政府嘉奖；2012 年 1 月，在全省烟草行业第四届烟叶分级职业技能竞赛中，获“省级烟草技术能手”荣誉称号；2013 年，被江华瑶族自治县人民政府评为“烤烟工作先进个人”；2014 年 1 月，被市局（公司）评为“科技创新先进个人”；2015 年 1 月，参加全省烟草行业第五届烟叶分级职业技能竞赛，获第二名；2015 年 6 月，参加全国烟草行业第六届烟叶分级职业技能竞赛，获“烟草行业技术能手”称号。

沈　力　男，汉族，湖南冷水滩人，1984年10月出生，2002年7月参加工作，2010年7月加入中国共产党，湖南农业大学农学专业函授毕业，本科学历。2002年7月，在宁远县烟草专卖局（公司）水市烟草站任培植员。2008年1月，调至新田县烟草专卖局（分公司）石羊烟草站工作。2009年10月至2015年年底，调至宁远县烟草专卖局（分公司）工作，历任烟叶生产经营分部任技术员、烟叶分级技师。2010年12月，参加湖南省烟草专卖局（公司）第三届烟叶分级职业技能竞赛，获全省第十名并被授予“省级烟草技术能手”称号；2012年，其主持的《新型太阳能诱虫设备研究与应用》研究项目获市科学技术进步奖；2015年1月，参加省烟草专卖局（公司）第五届烟叶分级职业技能竞赛，获全省第一名并被授予“省级烟草技术能手”称号；2015年6月，参加第十三届全国烟草行业职业技能竞赛暨第六届烟叶分级职业技能竞赛，获得全国第二名，并被授予“全国技术能手”“全国烟草行业技术能手”称号。

王　贵　男，汉族，湖南江永人，1975年10月出生，1994年8月参加工作，2006年6月加入中国共产党，中央广播电视大学行政管理专业函授毕业，本科学历。1994年8月，进入江永县烟草专卖局（公司）工作，先后在基层烟草站从事培植员、会计等工作。2003年1月至2013年5月，历任松柏烟草站副站长、黄甲岭烟草站站长、回龙圩烟草站站长、松柏烟草站任站长、回龙圩烟草站任站长、桃川烟草站任站长。2013年6月至2015年年底，任江永烟草专卖局（分公司）松柏烟草站站长。2005年1月，在湖南省烟草行业第一届烟叶分级比赛中，获得“全省烟草技术能手”荣誉称号；2005年4月，参加白沙集团举办的“白沙和”杯烟叶技术分级比武，获得第二名；2007年5月，在全国烟草行业第三届烟叶分级比赛中，获“全国烟草技术能手”荣誉称号。

（4）省、市、县人大代表、政协委员

成勍松　男，汉族，湖南蓝山县塔峰镇人，1971年12月出生，1993年7月参加工作，2008年12月加入中国共产党，湖南农学院农学专业毕业，在职研究生学历，农艺师。1993年7月至2015年底，在湖南省永州市烟草公司蓝山县分公司工作，历任副股长、副经理、股长、农艺师、主任等职务。2002年5月，当选为中国人民政治协商会议蓝山县第六届委员会委员；

2010 年 12 月，被湖南省“两烟”协调领导小组评为省政府烟叶工作先进工作者。

李秧秀 女，汉族，湖南祁阳人，1967 年 3 月出生，中共党员，湖南省农业机械化学校大专毕业，经济师，高级营销师。1989 年 7 月至 2010 年 2 月，在永州市零陵区烟草专卖局（公司）工作，历任批发部主任、三产办副主任、市场服务部主任等职。2010 年 3 月至 2013 年 2 月，任永州市零陵区烟草专卖局（分公司）党组成员、副经理。2013 年 3 月至 2015 年年底，任永州市零陵区烟草专卖局（分公司）党组成员、纪检组组长。2007 年，因工作出色被省烟草专卖局（公司）授予“明星员工”荣誉称号。2012 年 1 月，当选为永州市零陵区第九届人大代表。

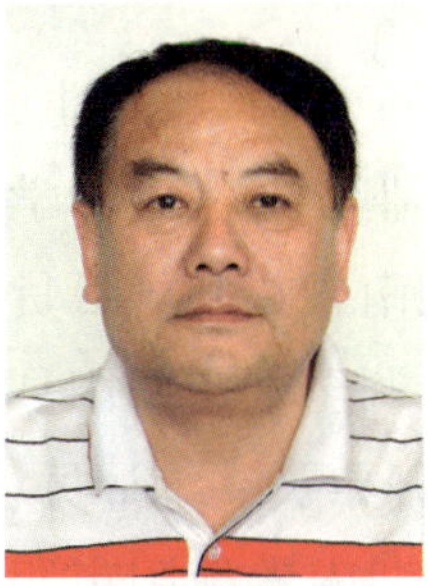

吕　明 男，汉族，湖南东安人，1964 年出生，1982 年 11 月参加工作，2000 年 6 月加入中国共产党，中央广播电视大学法律专业函授毕业，本科学历。1987 年 11 月，进入东安县烟草专卖局（公司）工作，先后在基层烟草站从事培植员工作。1990 年至 1999 年，历任东安县烟草专卖局（公司）芦洪市区烟草站副站长，烟叶经理部副经理、经理。1999 年 3 月至 2001 年 7 月，任东安县烟草专卖局（公司）党组成员、副局长、副经理。2001 年 7 月至 2005 年 12 月，调至零陵烟叶复烤厂任副厂长、厂长、党委书记。2006 年 11 月至 2009 年 2 月，调至双牌县烟草专卖局（分公司）任党组书记、局长、经理。2009 年 2 月至 2011 年 11 月，调至江永县烟草专卖局（分公司）任党组书记、局长、经理。2011 年 11 月至 2015 年，调至东安县烟草专卖局（分公司）任党组书记、局长、经理。2012 年 1 月，当选为永州市第四届人大代表。

唐红英 女，汉族，湖南祁阳人，1968 年 9 月出生，1990 年 7 月参加工作，2012 年 5 月加入中国共产党，湘潭烟草中等专业学校物价专业毕业，函授本科学历。1990 年 7 月至 2015 年年底，在永州祁阳县烟草专卖局（分公司）工作，历任财务股副股长、销售股副股长、销售股股长、客户服务分部主任、副主任科员兼专卖监督管理股股长、副主任科员兼客户服务分部主任。2008 年至 2012 年，当选为中国人民政治协商会议祁阳县第八届委员会委员。

左金云 男，汉族，湖南蓝山人，1957年11月出生，1975年4月参加工作，1978年加入中国共产党，大专文化，助理经济师。1978年至1990年，在蓝山县新圩供销社工作，历任副主任、主任。1990年12月至1997年2月，调至蓝山县烟草专卖局（公司）工作，任党组成员、副经理。1997年3月至2000年12月，调至东安烟草专卖局（营销部）工作，任党组书记、局长、经理。2000年11月至2005年8月，调至蓝山县烟草专卖局（营销部）工作，任党组书记、局长、经理。2005年9月至2009年12月，调至永州市烟草专卖局（公司）工作，历任行政科主任科员、烟叶基础设施建设办公室主任科员、基建办主任。2010年1月至2015年底，任永州市烟草专卖局（公司）基建管理员（正科级）。2003至2008年，当选为蓝山县第十四届人民代表大会代表。

邹　慧 女，汉族，湖南祁阳县人，1966年2月出生，1982年1月参加工作，衡阳市职工大学财会专业毕业，大专学历，经济师。1982年1月至1985年3月，在湖南省祁阳县百货纺织品公司工作。1985年4月至2001年1月，调至永州祁阳县烟草专卖局（公司）工作，先后担任保管员、开票员、统计员、会计（其间，1990年9月至1992年12月，在湖南省衡阳市职工大学财会专业学习）。2001年1月至2015年年底，历任计划财务副股长、客户服务中心副主任、物流配送分部主任、财务室主任。2012年，当选为中国人民政治协商会议祁阳县第九届委员会委员。

邹革利 男，汉族，湖南长沙人，1967年1月出生，1987年12月参加工作，1997年1月加入中国共产党，中共湖南省委党校法律专业毕业，本科学历，统计师。1987年12月至2015年底，在永州市烟草公司蓝山县分公司工作，历任副站长、股长，党组成员、副局长、副经理职务。2012年5月，当选为中国人民政治协商会议蓝山县第八届委员会委员。

（5）获地厅级以上的劳动模范及先进个人

周　娟 女，汉族，湖南零陵区人，1975年2月出生，1992年6月参加工作，中共永州市委党校经济管理专业毕业，大学文化，中共党员，统计师。1992年6月

2015年年底，在永州零陵区烟草专卖局（分公司）工作，历任销售股副股长、配送中心副主任、客户经理、市场服务分部副主任、综合室副主任、办公室副主任。2006年，因工作成绩突出被市优化经济环境领导小组授予“诚信建设满意工作人员”称号；2009年，被国家烟草专卖局评为全国烟草行业劳动模范；2012年，作为湖南烟草商业系统唯一一名代表，前往北京参加国家烟草专卖局召开的“庆祝中国烟草总公司成立30周年先进人物代表座谈会”。

蒋育良　女，汉族，湖南零陵人，1963年2月出生，中共党员，中共中央党校本科函授经济管理专业，1980年12月参加工作，现任永州市烟草专卖局（公司）人劳科正科级干部。1980年12月至1985年4月，在永州市副食品公司工作。1985年5月至1990年2月，在芝山区烟草专卖局工作。1990年2月至2006年12月，在永州市烟草专卖局（公司）财务科工作。2007年1月至2015年年底，历任永州市烟草专卖局（公司）人劳科/离退休管理科副科长、主任科员。2012年，因工作突出，被国家烟草专卖局授予“全国烟草行业先进离退休干部工作者”荣誉称号。

黄昭胜　男，汉族，湖南宁远人，1962年10月出生，1978年12月参加工作，1986年6月加入中国共产党，中央党校法律专业毕业，本科学历，经济师。1978年12月至1983年12月，在中国人民解放军89927、89736部队服役，历任战士、连队文书、营部通讯员、营部代理会计。1984年1月至1988年12月，在湘运新田县公司工作，任会计（其间：1985年9月至1987年12月，就读于湘运职工中专学校）。1989年1月，调至新田县棉麻烟公司工作。1989年4月，在新田县烟草专卖局（公司）工作。1992年4月至2015年，在永州市烟草专卖局（公司）工作，历任干事、老干科副科长、人事科副科长、专卖稽查支队副支队长、办公室副主任、烟草学会秘书长。1995年，被评为全国烟草系统清产核资工作先进个人；1996年，获首届全国烟草系统“宏声杯”硬笔书法大赛获三等奖；1998年，被评为湖南省烟草系统劳资工作先进个人；2002年，被评为湖南省烟草学会“十佳会员”；2004年，获“全国烟草行业书画影艺术作品联展”金奖；2011年，作品入展“湖南省第五届书法篆刻新人新作展”

并加入湖南省书法家协会；2013年，作品展播于中央电视台书画频道；2014年获“‘红塔山’（大师）杯”全国烟草行业在职职工书画作品大赛三等奖；2015年，获“‘中华’杯”全国烟草行业在职职工书画大赛三等奖。

刘宁华 男，汉族，湖南双牌人，1957年3月出生，1981年12月参加工作，1994年7月加入中国共产党。中国包装工程函授学院两年制函授专科进修班销售包装专业毕业，大专学历，工艺美术师。1981年12月至1985年10月，在湖南零陵卷烟厂从事卷烟商标装潢设计员工作。1985年11月至1993年2月，在湖南龙山卷烟厂工作，任卷烟商标装潢设计技术员。1993年3月至1999年9月，在省局（公司）《金叶时报》社从事美术编辑、摄影记者工作，任副主任科员。1999年10月至2015年年底，在市局（公司）工作，历任市局机关党委秘书（副科长）、机关工会副主席、副科级纪检监察员等职务。1985年12月，设计的“拳王”卷烟商标获省包装技术协会包装设计评比三等奖；1989年5月，设计的《龙山雪茄香烟包装》获省包装技术协会第三届包装装潢设计评比铜奖；1990年4月，其设计的《龙山雪茄香烟包装》《神农氏香烟包装》两项作品，在省局（公司）举办的首届卷烟包装装潢大奖赛中分别获二等奖、三等奖；1992年5月，在湖南烟草系统书法、绘画、摄影展览比赛中，其摄影作品《湖光焰火》《云雾山中》和书法作品《科技兴烟，为国聚财》分别获三等奖，同年8月，加入中国包装技术协会会员；1993年8月，被聘为省第五届包装装潢设计委员会委员；2004年5月，在由中国烟草学会、中国收藏家协会主办的“全国烟草行业书、画、影艺术作品联展”中，其书法作品获银奖；2009年3月，被评为“全省烟草系统纪检监察综合内勤工作先进个人”；2014年9月，加入湖南省书法家协会湖南烟草分会，任理事；2015年9月，参加由国家烟草专卖局、《东方烟草报》、上海烟草集团联合主办的“中华”杯第二届烟草行业在职职工书画作品大赛，其书法作品获一等奖。

李晓敏 男，汉族，湖南祁阳县人，1971年4月出生，1989年3月参加工作，1992年7月加入中国共产党，中共中央党校函授学院法律专业毕业，本科学历。1989年3月至1992年12月，在长沙市86344部队服役。1993年3月至2011年7月，在永州祁阳县烟草专卖局（分公司）工作，历任专卖管理员、销售内勤、专卖办副主任、专卖办主任、送货车组组长、专卖

办主任、办公室主任，2011 年 7 月至 2013 年 5 月，调至永州市江华瑶族自治县烟草专卖局（分公司）工作，任党组成员、副经理。2013 年 5 月至 2015 年年底，调至永州市祁阳县烟草专卖局（分公司）工作，任党组成员、副经理。2011 年，被湖南省烟草专卖局、湖南省公安厅评为“全省卷烟打假先进个人”。

雷清艳 男，汉族，湖南东安人，1979 年 9 月出生，1995 年 12 月参加工作，1997 年 7 月加入中国共产党，湖南科技大学法学专业毕业，本科学历。2001 年 3 月，进入永州东安县烟草专卖局（公司）工作，先后在销售股、办公室、专卖办从事送货员、司机、稽查员工作。2007 年 2 月至 2015 年 10 月，历任东安县烟草专卖局（分公司）专卖监督管理股任副股长/稽查副大队长、办公室任副主任。2015 年 10 月至 2015 年底，任专卖监督管理股任股长/稽查大队长。2009 年 3 月，在全省卷烟打假“利剑行动”中因成绩突出，被湖南省烟草专卖局授予“利剑行动”先进个人荣誉称号。

廖国辉 男，汉族，湖南蓝山人，1970 年 4 月出生，1995 年 12 月参加工作，2013 年 4 月加入中国共产党，长沙理工大学经管专业，大专学历。1995 年 3 月至 2000 年 12 月，在永州蓝山县烟草专卖局（公司）太平烟草站工作，历任培植员、主检员。2001 年 1 月至 2015 年年底，在永州市蓝山县烟草专卖局（分公司）土市烟草站工作，历任技术员、检验员。2008 年 6 月，在湖南省烟草行业开展“两个至上”在岗位争先创优竞赛活动中被评为明星员工。

沈振华 男，汉族，湖南宁远人，1970 年 2 月 13 日出生，1986 年 5 月参加工作，2002 年加入中国共产党，大学本科文化。1986 年 5 月至 1988 年 7 月，在永州市劳动服务公司办公室工作。1988 年 8 月至 1990 年 7 月，调至湖南省建华机械厂消防队工作。1990 年 8 月至 1994 年 7 月，调至零陵地区交警支队工作。1994 年 8 月至 2001 年 6 月，调至永州市烟草专卖局专卖办工作。2001 年 7 月至 2003 年 3 月，调至东安县烟草专卖局（公司）任党组成员、副局长。2003 年 4 月至 2009 年 2 月，调至芝山区烟草专卖局（公司）任党组成员、副经理。2009 年 3 月至 2014 年 2 月，调至双牌县烟草专卖局

（分公司）任党组书记、局长、经理。2014 年 2 月至 2015 年 3 月，调至永州市烟草专卖局（公司）专卖科任科长。2015 年 3 月至 2015 年底，在永州零陵区烟草专卖局（分公司）任党组书记、局长、经理。2006 年，被湖南省烟草专卖局、湖南省公安厅评为“2005 年度卷烟打假先进个人”。

谭国平 男，汉族，湖南江永人，1968 年 7 月出生，1990 年 8 月参加工作，2007 年 12 月加入中国共产党，中共湖南省委党校函授学院法律专业毕业，大专学历。1990 年 8 月，进入永州江永县烟草专卖局（公司）工作。2000 年 3 月至 2015 年年底，历任永州市江永县烟草专卖局（分公司）办公室任副主任（兼招待所所长）、上江圩专卖管理所所长、城关稽查中队中队长、潇浦稽查中队中队长、专卖稽查大队副大队长兼潇浦稽查中队长、兰溪烟草站任副站长、专卖监督管理股副股长、专卖监督管理股副大队长（其间：2003 年 9 月至 2006 年 6 月，在中共湖南省委党校函授学院法律专业学习）。2009 年 3 月，被湖南省烟草专卖局、湖南省公安厅授予“全省卷烟打假工作先进个人”称号，同年 7 月，被市政府授予“2008 年全市卷烟打假工作先进个人”称号。

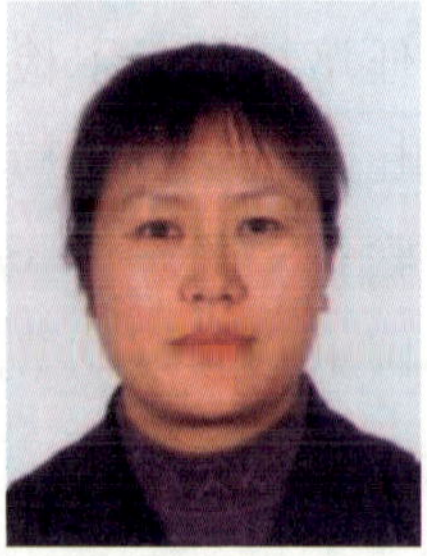

吴江丽 女，汉族，湖南江华人，1972 年 7 月出生，1990 年 4 月参加工作，湖南理工学院成人教育学院人力资源管理专业毕业，本科学历，助理农艺师。1990 年 4 月，进入永州江华县烟草专卖局（公司）工作。2010 年 1 月至 2015 年年底，历任永州江华县烟草专卖局（分公司）烟叶生产基础设施办公室任副主任、现代烟草农业整县推进办公室任副主任（享受正股级）、烟叶生产基础设施建设办公室任副主任。2008 年，因在烟基建设中表现突出，被省政府授予烟叶生产基础设施建设先进工作者荣誉称号；2010 年，被省“两烟”协调领导小组授予现代烟草农业建设先进工作者荣誉称号；2015 年 12 月，其主持研发的“现代烟草农业生产基础设施建设项目管理”科研成果获省局（公司）知识产权奖一等奖。

吴朝霞 男，汉族，湖南东安人，1970 年 5 月出生，1991 年 12 月参加工作，1997 年 7 月加入中国共产党，湖南广播电视大学金融管理专业毕业，大专学历。1991 年 12 月至 1994 年 11 月，在永州东安县烟草专卖局（公司）工作，先后在芦洪市烟草站、烟叶经理部从事烟叶培植员、业务员工作。1994 年 11 月至 2013 年 3

月，历任鹿马桥卷烟批发部主任、花桥烟草站站长、芦洪市烟草站站长、大盛烟草站站长、卷烟配送五车组组长、烟叶生产经营分部主任。2013 年 3 月至 2015 年年底，任永州东安县烟草专卖局（分公司）党组成员、副经理。2007 年、2010 年分别被市委、市政府评为“烤烟生产先进个人”；2010 年，其本人与同事合作研发的“一种烤烟密集烘烤烟叶夹持装置”科研成果，获得国家专利，并在全市烘烤工场推广使用；2012 年至 2013 年，连续两年被市政府评为“烤烟工作先进个人”。

张俊荣 男，汉族，湖南永州冷水滩人，1969 年 11 月出生，1989 年 3 月参加工作，1991 年 5 月加入中国共产党，永州市委党校涉外经济管理专业毕业，大专学历。1989 年 3 月至 1991 年 12 月，在武警深圳七支队八中队服役。1992 年 8 月，进入永州江华县烟草专卖局（公司）工作，历任专卖管理员、烟草站副站长、专卖稽查中队长（正股级）、专卖办主任、稽查大队长。2012 年至 2015 年底，任永州江华县烟草专卖局党组成员、副局长。2007 年 6 月，获永州市人民政府“卷烟打假先进个人”荣誉称号；2008 年 4 月，被湖南省公安厅、湖南省烟草专卖局评为“全省卷烟打假先进个人”。

周德英 男，汉族，湖南蓝山毛俊人，1971 年 11 月出生，1995 年 7 月参加工作，2012 年 4 月 5 日加入中国共产党。湖南农业大学农业推广专业毕业，硕士学位，农艺师。1995 年 7 月至 1996 年 12 月，在永州市烟草公司道县分公司烟叶经理部工作，任培植员、仓库保管员。1997 年 1 月至 2002 年 1 月，任烟叶经理部副经理。2002 年 2 月至 2014 年 10 月，调至永州市烟草公司蓝山县分公司工作，历任股长、总检、农艺师、基层烟草站站长。2014 年 11 月至 2015 年年底，任烟叶生产经营分部农艺师。2008 年 6 月，参加湖南省烟叶分级职业技能竞赛，获“省级烟草技术能手”称号。2009 年，其本人撰写的《普通烤房密集化改造对烟叶质量的影响》《永州地区提高上部烟叶质量的生产技术措施研究》两篇论文相继在《湖南农业科学》发表。

2. 零陵卷烟厂

（1）获国家级以上荣誉的员工

吕芳德 男，汉族，1971年11月出生，湖南省永州市冷水滩人，中共党员，大学文化，党委委员，2008年，任设备工程部部长、重点工程办公室主任。1993年6月，毕业于湖南农业大学，同年7月分配到厂工作，先后在车间从事辅工、操作工、车间技术员工作。2000年4月任工程技术部副部长，2005年1月到重点工程指挥部担任专业技术主管，2005年8月任工程技术部部长，2006年4月任厂重点办主任工程师。吕芳德在担任重点办负责人期间，认真做好30万箱重点工程项目，为保证工程质量，他先后带领设备工艺人员赴兄弟烟厂学习、了解其技改成功经验，并在制丝工艺方案的制定和卷、接、包设备搬迁、改造过程中，先后10余次提出重大设计修改意见和建议，均被设计院采纳，为优化设计和保证项目顺利实施起到重要作用。2007年，获厂劳动模范称号；2008年，被全国总工会授予“五一劳动奖章”。

汤　华 男，汉族，1964年5月出生，1983年6月参加工作，中共党员，大学本科文化．2005年11月至2006年1月，任长沙卷烟厂郴州卷烟分厂副厂长、党委委员，2006年2月任湖南中烟工业有限责任公司零陵卷烟厂工会主席。自担任零陵卷烟厂工会主席以来，作风正派、廉洁自律，从不计较个人得失，在干部和群众中威信高、口碑好。在其带领下，零陵卷烟厂先后获得2006年度全国民主管理先进单位、2006年湖南省工会系统先进集体、2006年度湖南省工会经审先进单位等荣誉称号。2007年，汤华获得市先进工会工作者荣誉称号；2008年，获全国优秀工会工作者称号。

梁先德 男，汉族，大专文化，中共党员，2009年任厂安全保卫部部长。担任安保部长期间，创新落实“责任单位自查，安保部门抽查，全厂组织普查”的三级安全检查模式，通过明确责任片区、强调服务理念、创新防控措施，治安管理得到有力推进。工厂连续7年未发生一般以上安全事故、火灾事故、交通事故及治安、刑事案件。2007年，安保法规部护卫大队被评为“湖南省示范护卫队”。2008年，其本人被评为全国烟草行业劳动模范。

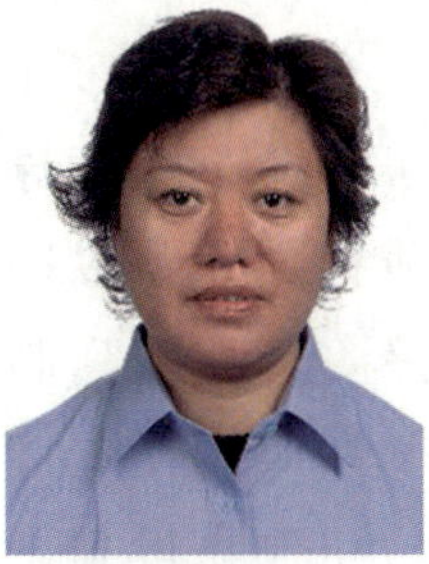

邓宁萍 女，1967年12月生，汉族，大学文化，中共党员，2009年任零陵卷烟厂离退管理部部长兼党总支书记。工作期间，本人对“两退”人员管理组织结构进行大胆的创新，构建三级管理网络，形成三级分层考核体系，后被湖南中烟所属生产企业予以借鉴。在学习实践科学发展观活动中，开展“一学、二比、三查”，学习模式与效果得到国家烟草专卖局的高度肯定。年均走访“两退”人员达120人次、慰问病号和丧事家属达180余人次、组织慰问“两退”员工生日达100%。2009年，获“全国三八红旗手”荣誉称号。

何友忠 男，卷包车间机械维修工。1993年技校毕业进厂以来，一直在生产一线从事挡车、维修工作。工作期间，结合自己平时工作经验，对设备各项技术标准提出了许多具体修订完善意见。2014年，仅在设备点巡检方面，有10多项建议被采纳完善到标准中。现场培训操作工20余次，主持完成各项小改小革10余项。在工厂生产芙蓉王后，何友忠建议将活动式内衬纸半圆切纸机构改成固定式切纸机构，消除质量隐患，提高设备运行效率。2014年，先后获湖南中烟第三届烟机设备维修技能比武GDX1设备一等奖、“2014年度全国烟草技术能手”。

（2）获地厅级以上的劳动模范

亢庆华 男，汉族，1959年10月出生，大专文化，工程师。1982年12月在零陵卷烟厂参加工作，历任四车间机械维修工，高烟车间技术员，高烟车间主任。1997年至2005年任制丝车间主任。1997年、1999年两次被评为厂劳动模范；由其组织的质量管理项目团队，获2001年度、2003年度全国优秀质量管理小组称号；2005年，其本人被湖南省人民政府授予“劳动模范”称号。

陶九龙 男，汉族，1966年出生，中共党员，制丝车间切梗丝操作工。他对工作勇于担责、乐于奉献，在多年的摸索实践中总结出影响切梗丝效果异常情况排除法，大大缩短更换刀片和砂轮的时间。经他切出的梗丝厚薄均匀，跑粗和掉梗率小，大幅减少梗签消耗，每年为企业节约3万多元生产成本。由于其在工作中表现突出，2005年被永州市人民政府授予“永州市劳动模范”称号。

陈东平 男，汉族，1964年9月出生，1985年7月参加工作，1987年加入中国共产党，研究生文化，永州市第三届人大常委。在2004年至2011年任零陵卷烟厂厂长期间，领导工厂连续七年实现安全管理“六无”目标。他指导完善以职代会为核心的民主管理平台，细化办事公开民主管理系列制度，改革用工分配制度，组织全员竞岗、干部竞聘，在工厂建立起一系列关心员工、关爱弱势群体的长效机制，得到干部职工的高度认同。在其带领下，工厂先后被评为2006年全国厂务公开先进单位、2008年度湖南省文明单位。2010年，被湖南省人民政府授予“湖南省劳动模范”称号。

张立新 男，汉族，1967年5月出生，1988年7月参加工作，中共党员，2011年6月任零陵卷烟厂设备工程部部长。在其担任设备工程部长不久后，零陵卷烟厂“芙蓉王”品牌制丝线技改重点工程启动。为确保工程质量，提高技改效率，他带领项目组人员评审方案、优化设计，提出的卷包生产“芙蓉王”技改新方案，减小投资300万元。在设备安装调试期间，他与专业技术员夜以继日地坚守在工地现场进行协调和监管，最终确保工艺调试顺利完成。2013年，被湖南省总工会授予“湖南省五一劳动奖章”；2015年，被湖南省人民政府授予“湖南省劳动模范”称号。

唐远飞 男，汉族，湖南永州人，1972年9月出生，1993年7月参加工作，大专学历，工程师。2007年4月，任卷包车间机械技术员。2008年，在全年生产任务紧、品牌多的情况下，他积极探索设备保养方式，减少设备故障停机时间，使GD设备的有效作业率同比增长6.8个百分点，获当年厂部专业类技术标兵称号。2014年，他组织课题攻关，自主设计热封烙铁规格尺寸，消除“芙蓉王”条包透明纸热封搭口不平整等质量隐患，被评为“厂劳动模范”。2015年，被永州市人民政府授予“永州市劳动模范”称号。

(3) 获省级以上技术能手、岗位能手

王　平　男，湖南冷水滩人，大专文化。现任制丝车间维修班班长。在其担任班长期间，多次参与制丝车间大型改造，主持完成制丝线小改、小革二十余项。其主持的《提高梗丝膨胀率》项目获湖南中烟公司 QC 发布一等奖，国家局 QC 发布二等奖。1998 年，被评为“湖南省烟草行业技术能手”；2006 年，被湖南省劳动与社会保障厅授予“湖南省烟草技术能手”称号。

熊　莉　女，汉族，湖南道县人，1980 年 6 月出生，1996 年 12 月参加工作，中共党员，大专学历。1996 年 12 月任卷包车间 GD 操作工，2009 年 1 月任卷包车间跟班工艺员。任 GD 操作工以来，熊莉注重对质量的把控，总结出机台上游工序为下游工序负责、下游工序为上游工序把关的质量共保模式，使产品质量在生产过程中得到有效的控制和预防。2008 年，熊莉机台被先后评为“车间 7S 样板”“厂部 7S 样板”“厂部 TPM 样板”。同年，其在厂部操作技术比武中获“2008 年厂技术能手”称号。2009 年获“湖南省青年岗位能手”称号。

张宏昌　男，汉族，湖南宁远人，1973 年 11 月出生，1994 年 7 月参加工作，中共党员，大专学历，工程师。2007 年 5 月，任卷包车间电气技术员；2011 年 5 月，任卷包车间电气副主任专家。在其从事电器技术员岗位期间，主持 6 台新进厂 GD 设备的安装调试工作，获得车间及厂部的肯定。此后担任车间电器副主任专家，推动卷接、包装设备电工深度融合，带领车间操作工、维修人员到常德烟厂学习，为芙蓉王转移生产提供技术支持。2009 年获“厂劳动模范”称号。2010 年 5 月，被湖南省素质提升工程领导办公室授予“湖南省百佳首席技师”称号；2011 年，被湖南省人力资源和社会保障厅授予“湖南省技术能手”称号。2012 年，其组织实施的《PT 油压报警装置》获湖南中烟工业公司创新小组项目。

高铁功　男，汉族，吉林长春人，1982 年 6 月出生，2006 年 7 月参加工作，中共党员，本科学历，工程师。2007 年 11 月任卷包车间电器维修工；2011 年 6 月任卷包车间电器技术员。2010 年，其主持的《降低小包喷码缺陷率》项目获

得湖南中烟公司QC发布二等奖，永州市QC成果一等奖。2012年，其主持的QC创新型项目《新型五轮内框纸检测器的研制》获得国家局QC发布三等奖，中质协国优成果奖；所在小组被评为全国优秀质量管理小组；同年，被湖南省青年职工工作委员会授予“湖南省青年岗位能手”称号。2014年，其主持的《降低GD包装机烟包挤压变形频次》《降低芙蓉王（硬）条包喷码缺陷率》项目分别获得湖南中烟工业公司QC发布一等奖和二等奖。

（4）先进个人及其他

廖述红 女，汉族，湖南零陵人，1975年12月出生，1993年9月参加工作，中共党员，大专学历。1993年12月任卷包车间包装3000型操作工，1996年4月任卷包车间成型工段KDF2操作工，2005年6月任卷包车间班组记录员，2015年10月任卷包车间跟班工艺员。在任KDF2操作工期间，廖述红自制过程记录表格，对发射过程中的故障、频次、时间进行记录，分析出发射过程中主要影响原因，为技术人员改进使丙纤嘴棒发射提供重要依据，不仅减少了故障频次，而且节约成本，累计每年达30余万元。2005年被评为“厂先进工作者”；2006年被评为永州市总工会“永州市芙蓉百岗明星”；2007年获湖南省总工“湖南省芙蓉百岗明星”称号。

袁拥军 男，汉族，湖南永州人，1979年6月出生，1996年9月参加工作，中共党员，大专学历。1996年9月任二车间辅助操作工，2001年1月任卷包车间GD操作工，2008年7月任卷包车间跟班工艺员。2002年至2004年，连续三年被评为零陵卷烟厂“优秀员工”，2005年被评为零陵卷烟厂“优秀团员”，2006年获零陵卷烟厂操作比武“技术能手”称号，2007年被评为“湖南省优秀共青团员”。

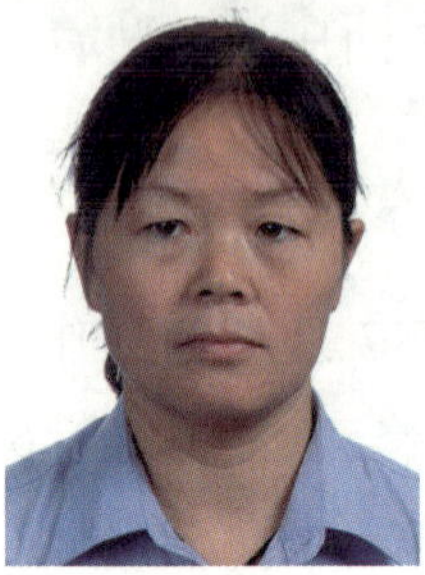

高文玲 女，汉族，湖南道县人，1966年7月出生，1986年9月参加工作，高中学历。1986年9月至1993年6月，在湖南永州零陵卷烟厂二车间挡车工。1993年7月至2016年9月任动力车间水化工。多年来她坚守在挡车岗位，严格把控各项生产指标，曾在厂部组织的高产竞赛活动中获得第一名。1994被评为厂优秀操作工，1995年获厂先进工作者称号。2010年，被

湖南省总工会评为“湖南省芙蓉百岗明星”。

唐微波 男，汉族，湖南零陵人，1968 年 8 月出生，1985 年 5 月参加工作，中共党员，大专学历。1993 年任零陵卷烟厂动力车间操作班班长，1997 年起任电器班班长。2004 年，被零陵卷烟厂评选为厂部标兵；2008 年，获湖南中烟有限责任公司 QC 成果三等奖；2009 年，被零陵卷烟厂评选为厂级劳模；2010 年，带领动力车间电器班获得市青年文明号；2010 年被评选为“省百佳首席技师”；2010 年，组织实施的《降低卷包车间温湿度波动》获永州市 QC 成果二等奖。

杨兴权 男，汉族，湖南常德人，1987 年 10 月出生，2010 年 8 月参加工作，中共党员，本科学历，工程师。自 2010 年 8 月进入零陵卷烟厂，一直在生产一线从事烟丝生产与烟机维修工作，曾多次被评为零陵卷烟厂 A 类员工。2012 年 5 月，获“湖南省优秀共青团员”称号。2014 年 5 月，参加湖南中烟工业有限责任公司首届电气技术职业技能竞赛获得二等奖。2014 年，被评为零陵卷烟厂岗位标兵。2016 年，其参与完成的 QC 课题《制丝线防晃电系统的研发》获公司 QC 成果发布一等奖，国家烟草专卖局 QC 成果发布三等奖。2017 年，其参与完成的课题“智能换柜程序开发”获湖南中烟工业有限责任公司创新小组项目三等奖。

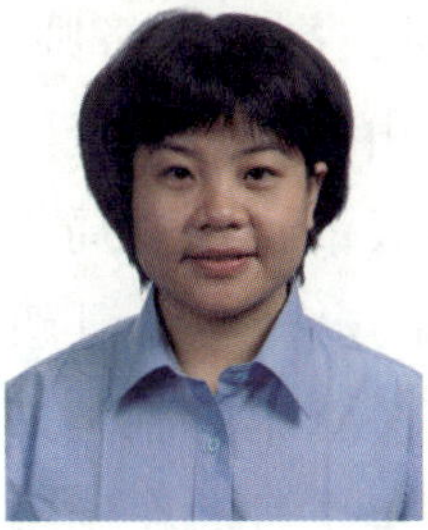

王　楠 女，汉族，湖南冷水滩人，1975 年 9 月出生，1993 年 9 月参加工作，中共党员，本科学历。1993 年 9 月进入零陵卷烟厂卷包车间从事生产工作；1996 年 8 月至 1998 年 12 月在工艺质量部从事质检工作；2002 年 1 月至 2006 年 9 月在动力车间从事水处理工作；2006 年 10 月至 2007 年 3 月在物资配送部从事烟叶分级工作；2007 年 4 月在物资部从事专卖管理工作。工作期间，多次被厂部评为优秀员工、优秀党员、优秀会员等称号；2014 年 3 月，获湖南省总工会颁发的湖南省 2013 年度“芙蓉百岗明星”称号。

（二）历任领导

1. 永州市烟草专卖局（公司）

（1）正职领导（按任职先后排列）

陈雄四 男，汉族，湖南东安人。1951 年 5 月出生，1969 年 1 月参加工作，1975 年 2 月入党。中国社会科学院国际贸易研究生毕业，助理经济师。1969 年 1 月至 1981 年 4 月，先后在零陵地区水泥二厂工作、部队服役、通用机械厂工作。1981 年 5 月调零陵卷烟厂，历任团委副书记、劳动服务公司负责人、党委办副主任，党委办主任、厂长办主任。1990 年 5 月至 2000 年 2 月，任零陵卷烟厂党委副书记。2000 年 2 月至 2005 年 1 月，调至永州市烟草专卖（公司）任局长、经理、党组书记。2005 年 1 月，任永州市烟草专卖（公司）调研员。2011 年 7 月退休。

徐文军 男，汉族，湖南望城人，1966 年 11 月出生，大学本科学历，农业推广硕士，高级农艺师，1988 年 6 月参加工作，1988 年 6 月加入中国共产党。1988 年 6 月，在湖南省烟草专卖局（公司）质检站工作。1998 年 12 月，任湖南省烟草专卖局（公司）质检站副站长。2001 年 1 月，任湖南省烟草专卖局（公司）烟叶处副处长。2003 年 12 月，任湖南省烟草专卖局（公司）人劳处副处长。2005 年 1 月，调至永州市烟草专卖局（公司）工作，任党组书记、局长、经理。2008 年 6 月，调至长沙市烟草专卖局（公司）工作，任党组书记、局长、经理（其间，2006 年 9 月至 2009 年 6 月，在湖南农业大学农学院烟草工程专业在职攻读硕士学位）。2013 年 1 月至 2015 年年底，任湖南省烟草专卖局（公司）党组成员、副总经理。

李刚华 男，汉族，湖南永州人。1963 年 9 月出生，1982 年 6 月参加工作，1991 年年底加入中国共产党，高级经济师，中央党校函授学院法律专业毕业。1982 年 7 月由湖南省物资学校储运专业毕业，分配至零陵地区永州市（县级市）物资局工作。1984 年 8 月至 1989 年 4 月，历任零陵地区永州市（县级市）物资公司储运股副股长、股长、金属材料公司第一副经理（正股级）、经理（其间：1985 年 9 月至 1987 年 7 月，在湖南广播电视大学零陵分校党政干部经济基础专业大专脱产学习）。1989 年 4 月，调至零陵地区永州市（县级市）烟草专卖局（公司）任销售股副股长（正股级）。1992 年 12 月，任零陵地区永州市（县级市）烟草专卖局（公司）党组成员、副经理。1994 年 2 月，调至零陵地区烟草专卖局（公司）任销售科副科长、卷烟销售经理

部副经理。1995 年 1 月，任零陵地区烟草专卖局（公司）销售科副科长、卷烟销售经理部副经理（享受正科级待遇）。1996 年 1 月，任永州市烟草专卖局（公司）销售科科长、卷烟销售经理部经理。1998 年 5 月，任永州市烟草专卖局（公司）党组成员、副局长、副经理兼卷烟销售经理部经理。1999 年 6 月，任永州市烟草专卖局（公司）党组成员、副局长、副经理（其间：2000 年 8 月至 2002 年 12 月，在中共中央党校函授学院本科班法律专业学习）。2003 年 2 月，调至衡阳市烟草专卖局（公司）任党组成员、副局长。2006 年 1 月，调至娄底市烟草专卖局（公司）任党组副书记、副局长、副经理（主持工作）。2006 年 8 月，任娄底市烟草专卖局（公司）党组书记、局长、经理（其间：2007 年 10 月至 2008 年 1 月，在中共中央党校中央国家机关分校国家烟草专卖局党校处级干部进修班第 52 期烟草班学习）。2008 年 6 月至 2015 年年底，任永州市烟草专卖局（公司）党组书记、局长、经理。永州市第三届、第四届人大代表，永州市第四届人大常委会常委，中共永州市第四届党代表，湖南省第十二届人大代表。

（2）副职领导（按任职先后排列）

万克颖 男，汉族，湖南华容县人，1947 年 12 月出生，1963 年 11 月参加工作，1980 年加入中国共产党，初中文化，助理农艺师。1963 年 12 月至 1985 年 4 月，先后在宁远县桐山区供销社、宁远县土产公司、县供销社工作。1985 年 5 月，任宁远县烟草专卖局（公司）党组成员、副局长、副经理。1986 年 3 月，调零陵地区烟草专卖局（烟叶经理部）任副科长、副经理。1989 年 4 月，调零陵地区烟叶购销公司（零陵复烤厂）任办公室主任、副经理、副厂长。1990 年 12 月，调至新田县烟草专卖局（公司）任党组书记、局长、经理。1993 年 3 月，调至零陵地区烟叶购销公司（零陵复烤厂）任党委书记。1993 年 10 月至 2003 年 2 月，调至永州市烟草专卖局（公司）任党组成员、副局长、副经理。2008 年 2 月退休。1984 年，被评为宁远县优秀共产党员；1991 年，被评为省烟草公司先进个人、新田县优秀共产党员；1992 年，被零陵行政公署记大功一次。

彭金生 男，汉族，湖南永州人，1947 年 12 月 14 日出生，1975 年 11 月加入中国共产党，大专文化，经济师。1969 年 1 月至 9 月，下放至零陵县朝阳公社蒋家田大队第三生产队务农。1969 年 10 月，在零陵通用机械厂工作，历任工人、车间调度员、车间主任、代理支部书记。1981 年 5 月，调至零陵卷烟厂任车间主任、支部书记。1985 年 3 月，调至永州市烟草专卖局（公司）任专卖科科长

（主任）（其间：1986年9月至1988年6月，在中国政法大学法律专业学习）。1993年10月至2003年2月，任零陵地区烟草专卖局（公司）党组成员、副局长、副经理、烟草学会理事长。2008年2月退休。1993年3月，被国家烟草专卖局授予“全国学习宣传《中华人民共和国烟草专卖法》先进个人”；2001年2月，被国家烟草专卖局授予“全国烟草行业卷烟打假标兵”荣誉称号；2002年8月，被公安部、国家烟草专卖局授予“全国卷烟打假先进个人”荣誉称号；2002年，被永州市人民政府授予“打假标兵”称号。

唐国生 男，汉族，湖南祁东人，1954年12月出生。1979年9月参加工作。1986年6月加入中国共产党。湖南大学机械专业毕业，经济师。1992年12月，任衡阳祁东卷烟厂副厂长。1994年12月，任衡阳祁东烟草局（公司）党组书记、局长、经理。2000年9月，任益阳卷烟材料厂党委书记、厂长。2003年3月，任永州市烟草专卖局（公司）党组成员、副经理。2005年5月，调离永州市烟草专卖局（公司）。

徐招深 男，湖南新宁人，1957年4月出生，1976年2月参加工作，1979年5月加入中国共产党，中国人民解放军军械工程学院军械管理专业毕业，大学文化。1976年2月至1979年8月，在中国人民解放军广州军区油坑、连平军械仓库任战士、副班长、班长。1979年9月至1981年7月，在中国人民解放军高级军械学校高炮维修专业中专学习。1981年8月至1985年8月，在中国人民解放军广州军区连平军械仓库工作，历任正排职保管员、副连职助理员。1985年9月至1991年6月，在中国人民解放军广州军区驻544厂军事代表室工作，历任正连职技术助理员、助理工程师（技术11级）。1991年7月至1993年6月，在中国人民解放军广州军区后勤部军事代表办事处政治部组织科工作，历任副营职干事、正营职干事（其间：1990年7月至1992年12月，在中国人民解放军军械工程学院自考大专学习）。1993年7至1996年9月，调至中国人民解放军总参谋部兵种部长沙军代处政治部组织科工作，历任副科长、副团职科长。1996年10月至2003年2月，调至长沙市烟草专卖局（公司）工作，历任机关委员会专职副书记、专卖办公室主任、专卖管理科科长、稽查中心主任。

2003年3月，任永州市烟草专卖局（公司）党组成员、副局长。2005年11月，任永州市烟草专卖局（公司）党组成员、副经理。2006年2月，调离永州市烟草专卖局（公司）。

刘名勤 男，汉族，湖南永兴人，1954年8月出生，1972年12月参加工作，1975年7月加入中国共产党，中科院商业管理专业在职研究生结业，助理农艺师。1972年12月至1978年9月，在部队服役。1978年10月至1987年6月，在郴州市永兴县供销社工作，历任郴州市永兴县供销社碧塘分社任主任、书记。1987年6月，调至郴州永兴县烟草专卖局（公司）工作。1991年5月，任郴州永兴县烟草专卖局（公司）副局长、副经理、委员。1994年1月，任郴州永兴县烟草专卖局（公司）党组书记、局长、经理。1996年6月，任郴州桂阳县烟草专卖局（公司）党组书记、局长、经理。1996年11月，明确为郴州市烟草专卖局（公司）副处级干部。2001年1月，任郴州市政府烤烟办副主任兼湘南烟草集团公司烤烟办主任。2002年2月，任郴州市烟草专卖局（公司）党组成员、副经理。2006年2月，任永州市烟草专卖局（公司）党组成员、副局长。2011年12月至2012年9月，任永州市烟草专卖局（公司）正处级干部、党组成员、副局长。2012年10月，调离永州市烟草专卖局（公司）。

周国生 男，汉族，湖南宁远人。1957年7月出生，1981年9月参加工作，1985年4月加入中国共产党，大学文化，高级农艺师。1981年9月至1984年3月，在零陵地区宁远县农业局土肥站工作。1984年3月，调至零陵地区宁远县原种场工作，历任副场长、场长兼党支部副书记。1989年4月至1999年2月，调至零陵地区烟草专卖局（公司）工作，历任烟科所副所长、烟叶质量检测站副站长、科技科副科长、科长、烟叶科研所所长、烟叶科科长。1999年3月，任中国烟草中南农业试验站副站长。2000年8月，任永州市烟草专卖局（公司）党组成员、副经理、中国烟草中南农业试验站副站长（其间：2000年9月至2000年12月，在参加中国科学技术大学举办的烟草系统大中型企业领导人员工商管理培训班）。2005年6月，任永州市烟草专卖局（公司）党组成员、副经理。2006年2月，调离永州市烟草专卖局（公司）。1999年，经国务院批准为享受政府特殊津贴人员。

陈国凤 男，汉族，湖南道县人。1956年8月出生，1972年2月参加工作，1977年7月加入中国共产党，中共中央党校函授学院政法专业毕业。1976年2月，在中国人民解放军汽车第十一团任战士。1979年12月，在中国人民解放军汽车第十一团政治处任排职书记。1981年9月至1986年3月，调至中国人民解放军乌鲁木齐军区后勤第三十一分部政治部干部科工作，历任正排、副连、正连职干事（其间：1983年9月至1985年7月，在新疆大学马列教研室政治专业专科班学习）。1986年3月，调至中国人民解放军汽车第十一团政治处任干部股股长。1987年5月至1992年5月，调至中国人民解放军兰州军区后勤第二十九分部工作，历任政治部干部科副营干事、教导队政治教导员、政治部干部科正营干事。1992年5月至1993年5月，调至中国人民解放军第十五医院政治处任副团职主任。1993年5月至1994年4月，调至中国人民解放军兰州军区后勤第二十九分部政治部任干部科科长（其间：1991年9月至1993年7月，在中国人民解放军汽车管理学院汽车运输管理专业学习）。1994年4月至1999年12月，调至中国人民解放军第十一医院任政治委员（其间：1996年8月至1998年12月，在中共中央党校函授学院本科班政法专业学习）。2000年1月，在永州市烟草专卖局（公司）工作，任专卖稽查支队队长。2001年8月，任永州市烟草专卖局（公司）党组成员、纪检组长。2014年1月至2015年年底，任永州市烟草专卖局（公司）调研员。在服兵役期间，荣立三等功。

秦江顺 男，汉族，湖南宁远人。1963年9月出生，1980年12月参加工作，1990年6月入党，中共湖南省委党校经济学（经济管理）专业毕业，湖南省委党校研究生学历。1980年12月至1983年9月，在零陵卷烟厂工作（其间：1983年9月至1986年7月，在湖南广播电视大学零陵分校工业会计专业大专脱产学习）。1986年7月至1998年6月，在零陵卷烟厂审计科工作，历任干事、副科长、科长。1998年6月，任零陵卷烟厂供销公司财务部主任。1998年11月，任零陵卷烟厂销售公司副总经理（正科级）。1999年9月至2000年11月，历任零陵卷烟厂审计部部长、财务部部长、副总会计师。2002年1月，调至邵阳市烟草专卖局（公司）任党组成员、副经理（其间：2001年8月至2003年12月，在中共中央党校函授学院经济管理专业本科学习）。2005年6月，调至永州市烟草专卖局（公司）任党组成员、副经理、总会计师。2005年11月，任永州市烟草专卖局（公司）党组成员、副局长、总会计师。2006

年2月，任永州市烟草专卖局（公司）党组成员、副经理、总会计师（其间：2006年10月至2007年1月，在中共中央党校中央国家机关分校国家烟草专卖局党校第五十期烟草班学习；2006年9月至2009年7月，在中共湖南省委党校经济学（经济管理）专业在职研究生班学习）。2012年12月至2015年年底，任永州市烟草专卖局（公司）党组成员、副经理。1994年，被国家烟草专卖局评为“全国烟草内部审计先进工作者”。

刘正日 男，汉族，湖南常宁人。1964年1月出生，1986年7月参加工作，1992年12月加入中国共产党，湖南农业大学农业推广硕士专业毕业，高级农艺师。1986年7月，在零陵地区烟草专卖局（公司）工作。1992年3月，任零陵地区烟草专卖局（公司）烟科所副所长、烟叶质量监督检测站副站长。1993年12月，任零陵地区烟草专卖局（公司）烟叶科副科长、烟叶质量监督检测站副站长。1995年1月至1999年6月，历任永州市烟草专卖局（公司）科技科副科长、烟叶质量监督检测站副站长、烟科所副所长、烟叶质量监督检测站站长。1999年6月，任永州市烟草专卖局（公司）烟叶生产科科长。2000年5月，任湖南省永州市烟叶生产购销公司副总经理。2000年12月，任湖南省永州市烟草公司烟叶公司副总经理。2004年2月，任湖南省永州市烟草公司烟叶公司总经理。2005年6月，任中国烟草中南农业实验站副站长、永州市烟草专卖局（公司）副处级干部兼湖南省永州市烟草公司烟叶公司总经理。2005年9月，任中国烟草中南农业实验站副站长、永州市烟草专卖局（公司）副处级干部。2006年2月至2015年年底，任永州市烟草专卖局（公司）党组成员、副经理（其间：2008年5月至2010年12月，在湖南农业大学农业推广硕士专业学习；2009年4月至2009年6月，在中共中央党校中央国家机关分校国家烟草专卖局的党校第六期学习）。2003年，在首届全国烟草行业烟叶分级技能竞赛中获得“优胜奖”。

阳天和 男，汉族，湖南常宁人。1960年3月出生，1977年9月参加工作，1982年8月加入中国共产党，华中师范大学思想政治教育专业毕业，政工师。1978年12月，在中国人民解放军武汉军区空军任战士。1984年12月，在中国人民解放军武汉军区空军后勤部工作。1985年9月，在中国人民解放军空军衡阳医院工作。1992年5月，在衡阳衡南县烟草专卖局（公司）工作。1993年5月，在衡阳市烟草专卖局（公司）工作。1997年1月，任衡阳市烟草专卖局（公司）人事老干科

副科长。2001年3月，任衡阳市烟草专卖局专卖办/稽查支队专职支部书记（正科级）。2003年8月，任衡阳市烟草专卖局专卖管理科科长/稽查支队长。2005年12月，任衡阳常宁市烟草专卖局（分公司）局长、经理、党组书记。2011年12月，任永州市烟草专卖局（公司）任党组成员、副经理。2013年1月至2015年年底，任永州市烟草专卖局（公司）党组成员、副局长。

杨深根 男，汉族，湖南永州人。1965年3月出生，1984年7月参加工作，1994年6月加入中国共产党，中共中央党校函授学院法律专业毕业，会计师。1984年7月由湖南省物资学校财会专业毕业，分配到零陵地区永州市（县级市）物资局工作（其间：1984年9月至1987年12月，通过自学考试取得会计专业专科毕业证）。1989年5月，调至零陵地区永州市（县级市）烟草专卖局（公司）工作。1994年2月，任零陵地区永州市（县级市）烟草专卖局（公司）副局长、副经理。1995年11月，任永州市芝山区烟草专卖局（公司）党组成员、副局长、副经理。1997年12月，调至永州市祁阳县烟草专卖局（公司）任局长、经理、党组书记。2001年7月，调至永州市烟草专卖局（公司）任销售科科长（其间：2002年8月至2004年12月，在中共中央党校函授学院法律专业学习）。2005年10月，任永州市烟草专卖局（公司）营销中心主任。2006年12月至2011年，任永州市烟草专卖局（公司）经济运行科科长。2011年2月，任永州市烟草专卖局（公司）财务科科长。2013年1月至2015年年底，任永州市烟草专卖局（公司）党组成员、总会计师。1995年至1997年，担任中国人民政治协商会议芝山区第六届委员会委员。

（3）非领导职务（按副处级任职时间及姓氏首字母排序）

何洪江 男，汉族，湖南道县人。1950年7月出生，1971年6月参加工作，1974年1月加入中国共产党，2002年5月任市局（公司）助理调研员，高中文化。1971年6月至12月，在湖南省道县农村三分之一工作组工作。1972年1月，到中共零陵地委党校学习。1972年2月至1979年6月，在湖南省零陵地区五一机械厂工作。1979年7月，调至湖南省零陵卷烟厂工作。1980年7月至1984年12月，历任零陵卷烟厂一、四车间主任。1985年1月至1986年11月，调至永州市烟草专卖局（公司）工作，任办公

室主任。1986年12月至1989年5月，任永州市烟草专卖局（公司）纪检组副组长。1989年6月至1992年3月，任永州市烟草专卖局（公司）人事教育科科长。1992年4月至1998年3月，任永州市烟草专卖局（公司）办公室主任。1998年4月至2002年4月，任永州市烟草专卖局（公司）劳动人事科科长。2002年5月至2005年7月，任永州市烟草专卖局（公司）助理调研员。2010年7月退休。1987年，先后被湖南省烟草专卖局、永州市烟草专卖局评为“湖南省烟草系统纪检工作先进个人”“永州市烟草系统先进工作者”。

胡晓军 男，汉族，湖南东安人。1962年3月出生，1982年8月参加工作，1989年7月加入中国共产党，2007年6月任张家界市烟草专卖局（公司）副调研员，中共中央党校函授学院法律专业毕业，助力会计师。1982年8月，在零陵地区东安县商业局工作。1985年4月至1994年1月，调至零陵地区东安县烟草专卖局（公司）工作，历任财计股股长、办公室主任、纪检监察室副主任（正股级）。1994年1月，调至东安县烟草专卖局（公司）任党组成员、纪检组组长。1995年8月，任东安县烟草专卖局（公司）党组成员、副局长、纪检组组长。2001年2月，调至江华县烟草专卖局（公司）任党组书记、局长、经理、（其间：2002年8月至2004年12月，在中共中央党校函授学院法律专业学习）。2006年6月，任江华县烟草专卖局（营销部）党组书记、局长、经理。2007年6月，调至张家界市烟草专卖局（公司）任副调研员。2008年1月，任张家界市烟草专卖局（公司）党组成员、副经理。2011年9月至2015年年底，调至永州市烟草专卖局（公司）任副处级干部。

黄纯慧 男，汉族，湖南宁远人。1956年9月出生，1973年4月参加工作，1981年1月加入中国共产党，2008年10月任市局（公司）副调研员，全国法院干部业余法律大学法律专业毕业，大学文化。1973年4月，下放到湖南省零陵地区宁远县旱粮农科所工作。1975年9月，在湖南师范学院零陵分院化学科化学专业学习。1977年9月至1979年10月，先后在零陵地区宁远县城关中学、大界中学工作。1979年10月，调至零陵地区宁远县人民法院工作。1984年3月，任零陵地区宁远县人民法院刑事庭庭长。1988年1月，调至零陵地区宁远县湾井镇任党委副书记（其间：1985年7月至1988年9月，在全国法院干部业余法律大学法律专业学习）。1989年2月，调至零

陵地区宁远县人民法院任副局级审判员。1989 年 4 月，调至零陵地区烟草专卖局（公司）工作。1990 年 5 月至 1997 年 12 月，在零陵地区宁远县烟草专卖局（公司）工作，历任党组副书记、副局长，党组书记、局长、经理。1997 年 12 月，调至永州市双牌县烟草专卖局（公司）任党组书记、局长、经理。2000 年 12 月至 2004 年 2 月，调至永州市烟草专卖局（公司）工作，历任两烟生产经营管理办公室常务副主任兼冷水滩综合办公室主任、两烟生产经营管理办公室主任、经济运行领导小组办公室主任、副总经济师、企业管理科科长。2006 年 3 月，调至永州市芝山区烟草专卖局（公司/营销部）工作，任党组书记、局长、经理。2008 年 10 月，调至永州市烟草专卖局（公司）工作，任副调研员。2011 年 11 月至 2015 年年底，任永州市烟草专卖局（公司）副处级干部。

聂新柏 男，汉族，湖南祁阳人。1963 年 8 月出生，1985 年 7 月参加工作，1994 年 12 月加入中国共产党，2010 年 7 月任市局（公司）副处级干部，湖南农学院园艺系果树专业毕业，高级农艺师。1985 年 7 月，在零陵地区农业科学研究所工作。1987 年 12 月，调至零陵地区农业局工作。1989 年 8 月，调至零陵地区烟草专卖局（公司）工作。1993 年 12 月，调至零陵地区江华县烟草专卖局（公司）任副局长、副经理。1995 年 5 月，调至零陵地区烟草专卖局（公司）任烟叶生产科任副科长。1998 年 4 月，任永州市烟草专卖局（公司）烟草科学研究所所长。2006 年 10 月，任永州市宁远县烟草专卖局（营销部/分公司）党组书记、局长、经理。2010 年 7 月，任永州市烟草专卖局（公司）副处级干部、宁远县烟草专卖局（分公司）党组书记、局长、经理。2012 年 11 月 2015 年底，任永州市烟草专卖局（公司）副处级干部。

义胜辉 男，汉族，湖南江永县人。1960 年 1 月出生，1976 年 9 月参加工作，1988 年 10 月入党，2010 年 7 月任市局（公司）副调研员，湖南省委党校函授大专经济管理专业毕业，大专文化。1976 年 9 月至 1978 年 3 月，在江永县桥头铺知青场工作。1978 年 3 月至 1981 年 12 月，在 89345 部队服役。1982 年 1 月至 1985 年 4 月，在江永县供销社车队当驾驶员。1985 年 5 月至 1994 年 12 月，调至江永县烟草专卖局（公司）工作，历任驾驶员、销售股副股长、股长。1994 年 12 月，任江永县烟草专卖局（公司）党组成员、副局长、副经理。2000 年 7 月，调至道县烟草专卖局（公司）任党组

书记、局长、经理。2002 年 7 月，调至永州市烟草专卖局任纪检组副组长、监察科科长。2006 年 1 月，调至湖南省永州市天顺烟叶复烤有限公司任党委书记、总经理。2010 年 7 月，任永州市烟草专卖局（公司）副调研员兼天顺烟叶复烤有限公司党委书记、总经理。2011 年 9 月，调离永州市烟草专卖局（公司）。

李中飞 男，湖南华容人，1976 年 10 月出生，1998 年 7 月参加工作，2009 年 5 月加入中国共产党，2011 年 12 月任市局（公司）副处级干部，湖南财经高等专科学校会计系电算会计专业毕业，大学文化，会计师。1998 年 7 月至 2004 年 12 月，在湖南省岳阳市华容县烟草专卖局（公司）工作。2004 年 12 月，调至湖南省岳阳市烟草专卖局（公司）工作（其间：2004 年 8 月至 2006 年 12 月，在中共中央党校函授学院经济管理专业函授本科学习）。2006 年 12 月，任湖南省岳阳市烟草专卖局（公司）财务科副科长。2009 年 12，任湖南省岳阳市烟草专卖局（公司）审计科科长。2011 年 12 月至 2015 年年底，调至湖南省永州市烟草专卖局（公司）工作，任审计科科长、湘南审计派驻办片区主任、副处级干部。

欧阳维胜 男，汉族，湖南道县人。1958 年 7 月出生，1976 年 12 月参加工作，1978 年 11 月加入中国共产党，2011 年 12 月任市局（公司）副调研员，零陵地区供销社职工中等专业学校财会专业毕业。1976 年 12 月至 1981 年 12 月，在中国人民解放军 38383 部队服役。1981 年 12 月，在零陵地区道县农业生产资料公司工作。1982 年 5 月，调至零陵地区道县日杂废旧物资公司任秘书。1983 年 5 月，调至零陵地区道县蚣坝区供销社理事会任副主任、工会主席、党支部委员（其间：1986 年 10 月至 1988 年 8 月，在零陵地区供销职工中等专业学校财会专业学习）。1989 年 4 月至 1993 年 12 月，调至零陵地区道县烟草专卖局（公司）工作，历任蚣坝烟草站副主任、主任、专卖办主任（其间：1989 年 7 月至 1991 年 5 月，在北京社会函授大学企业管理系商业企业经营管理专业非学历教育学习）。1994 年 1 月，任零陵地区道县烟草专卖局（公司）党组成员、副局长、副经理。1998 年 2 月，调至永州市宁远县烟草专卖局（公司）任党组成员、副局长、副经理。1999 年 4 月，调至永州市江华县烟草专卖局（公司）任党组成员、副局长、副经理。2000 年 12 月，调至永州市道县烟草专卖局（公司）任党组成员、副局长、副经理。2002 年 7 月，任永州市道县烟草专

卖局（公司/营销部）党组书记、局长、经理。2009年12月，调至永州市烟草专卖局（公司）任纪检组副组长、监察科科长、整顿办主任。2011年12月至2015年年底，任永州市烟草专卖局（公司）副调研员。

2. 零陵卷烟厂

（1）正职领导（按任职先后排列）

孔　敏　男，汉族，河北邯郸人，1955年7月出生，1970年12月，参加工作，大学专科文化，湖南财经学院计划经济专业函授毕业，经济师，1973年8月加入中国共产党。1970年12月至1974年8月，历任空六军司令部战勤连战士、班长，1974年9月至1976年4月，任空六军司令部战勤连排长，1976年5月至1983年4月，任空六军司令部作战处正连职参谋，1983年4月至1985年3月，任空六军司令部作战处副营职参谋，1985年3月至1986年11月任长沙县人武部副营职参谋，1987年1月至2001年10月历任湖南省烟草公司副科长、科长，发展计划处副处长，2001年10月至2002年10月任湖南省烟草公司发展计划处副处长（主持工作），2002年10月至2003年12月任零陵卷烟厂厂长、党委书记，2004年1月起任常德卷烟厂零陵卷烟分厂厂长、党委书记，2004年3月当选为常德卷烟厂党委委员。2002年12月，增补为永州市人大代表、常委。2005年2月调离零陵卷烟厂。

陈东平　男，汉族，湖南永州人。1964年9月出生，1985年7月参加工作，研究生文化，中南工业大学管理工程系管理工程专业毕业，助理经济师，1987年4月加入中国共产党。1987年7月在零陵卷烟厂工作，1987年7月至1988年2月任全面质量管理办公室干事，1988年3月至1988年12月任三车间副主任（其间，1988年9月至11月，脱产到湘潭烟草中专参加烟草行业车间主任培训班学习）。1989年1月至1989年3月任综合科副科长，1989年3月至1991年7月任质量监督科科长，1991年7月至1993年1月任技术改造办公室主任，1993年2月任零陵卷烟厂副厂长，2004年1月任常德卷烟厂零陵卷烟分厂副厂长，2005年1月任常德卷烟厂零陵卷烟分厂厂长，党委委员，2006年11月，任湖南中烟工业公司零陵卷烟厂厂长兼党委书记。2007年12月至2011年2月，任湖南中烟工业有限责任公司零陵卷烟厂厂长兼党委书记。2005年2月当选为常德卷烟厂党委委员（至2006年11月）。1993年9月至1994年1月，脱产到中央党校培训学习，1997年3月至7月，脱产到国防科技大学参加湖

南省青年干部社会系统工程培训班学习。2005 年 3 月，增补为永州市人大代表、常委。2006 年 9 月，就读湖南大学 EMBA 班。2011 年 2 月调离零陵卷烟厂。

熊丽萍 女，汉族，湖南常德人，1964 年 11 月出生，1984 年 3 月参加工作，大学本科文化，中央党校函授学院党政专业毕业，助理政工师，1986 年 5 月加入中国共产党。1984 年 3 月至 1988 年 10 月，在湖南省零陵地区棉纺厂工作。1988 年 11 月，调至零陵卷烟厂工作（其间，1990 年 10 月至 1991 年 1 月，脱产到四川省经济管理干部学院学习）。1998 年 5 月起任原零陵卷烟厂党委委员、工会主席（其间，2000 年 4 月至 2000 年 7 月，脱产到国家烟草专卖局党校学习），2003 年 8 月任党委副书记、工会主席，2004 年 1 月起任常德卷烟厂零陵卷烟分厂党委副书记、工会主席。2004 年 3 月当选常德卷烟厂党委委员；2004 年 1 月至 2005 年 1 月任常德卷烟厂零陵卷烟分厂党委副书记、工会主席，2005 年 1 月任常德卷烟厂零陵卷烟分厂党委书记。2006 年 11 月，调离零陵卷烟厂。2006 年 9 月，当选为中共永州市第三次党代会代表，中共湖南省第九次党代会代表。

刘正宇 男，汉族，1965 年 1 出生，湖南长沙人，1986 年 8 月在湖南省烟草专卖局参加工作，2002 年 6 月加入中国共产党，大学毕业，工程师。1986 年 8 月至 1990 年 1 月在湖南省烟草专卖局生产处工作；1990 年 1 月至 1990 年 12 月参加省委农村社教工作队在桂阳工作，1991 年 1 月至 1992 年 6 月在湖南省烟草专卖局设备处工作，1992 年 6 月至 1993 年 12 月在湖南省烟草生活服务中心工作，1994 年 1 月至 1995 年 6 月在湖南省烟草专卖局设备处工作，1995 年 6 月至 1999 年 3 月在湖南省烟草专卖局基建办工作，1999 年 3 月至 2000 年 10 月湖南省烟草专卖局北京潇湘酒店工作，2000 年 10 月至 2001 年 4 月在湖南省烟草专卖局生产处工作，2001 年 5 月至 2003 年 5 月任湖南省烟草专卖局计划处副处长，2003 年 5 月至 2005 年 1 月任湖南中烟工业公司生产管理部副部长，2005 年 1 月至 2006 年 5 月任湖南中烟工业公司科技开发部部长，2006 年 5 月至 2008 年 12 月任湖南中烟工业公司信息中心主任，2008 年 12 月至 2011 年 2 月任湖南中烟工业公司生产管理部部长，2011 年 2 月起任湖南中烟工业有限责任公司零陵卷烟厂厂长、党委书记。

（2）副职领导（按任职先后排列）

易和新 男，汉族，湖南东安人，1953年3月出生，1970年10月参加工作，大学本科文化，哈尔滨工业大学机械设计及制造专业毕业，工程师，1974年12月加入中国共产党。1970年10月至1971年3月任辽宁丹东金笔厂学徒，1971年3月至1972年9月任辽宁丹东机床厂钳工，1972年9月至1976年10月在哈尔滨工业大学机床设计系学习，1976年12月至1981年4月任湖南零陵地区通用机械厂技术员，1981年4月进入零陵卷烟厂工作。1981年4月至1983年5月任嘴烟车间技术员，1983年5月至1984年7月任嘴烟车间副主任，1984年7月至1987年9月任设备科副科长、科长，1987年9月至1989年5月任生产指挥部部长，1989年5月至1993年4月任副厂长、1993年4月至2008年3月任总工程师，1998年5月当选为第五届厂党委委员。2008年8月当选为第六届厂党委委员。2008年3月退二线，2008年5月起为正处级，2013年3月退休。

朱凌冰 男，汉族，湖南道县人，1965年7月出生，1986年7月参加工作，1993年7月加入中国共产党，大学本科学历，工程师。1982年9月至1986年7月在南京航空学院就读；1986年7月至1989年7月任航空航天部第608所技术员；1989年7月至1990年12月任零陵卷烟厂设备科技术员；1990年12月至1992年2月任制丝车间机械技术员；1992年2月至1993年7月任制丝车间副主任，1993年7月至1994年9月任技改办主任；1994年9月至1995年2月任技术改造办公室主任兼副总工程师（正科级）（其间：1994年7月至1996年6月在中国社会科学院研究生院财贸经济系国际贸易专业读研究生课程）；1995年2月至1997年2月任工程技术科科长（其间：1996年3月至1997年1月在四川省经济管理干部学院全国烟草系统首期企业优秀中青年工商管理硕士（MBA）课程班结业）。1997年2月至1998年5月任技改办主任、副总工程师；1998年5月起，任零陵卷烟厂副厂长、党委委员；2012年8月起，任正处级干部。2012年，当选永州市第四届政协常委。

吕爱华 男，汉族，湖南衡南人，1963年9月出生，1982年10月参加工作，研究生文化，中国社会科学院研究生院国际贸易专业毕业，助理政工师，1985年2月加入中国共产党。1982年10月至1986年12月在四川省乐山市56016部队服

役；1986年12月至1990年3月任零陵卷烟厂普烟车间挡车工、维修工；1990年3月至1992年2月任组织干部科干事；1992年2月至1993年3月任普烟车间党支部副书记；1993年3月至1996年4月任人事科（劳动工资科）科长；1996年4月至1998年5月任组织部部长；1997年6月至1998年3月兼任机关一党支部书记；1998年5月至2007年1月任零陵卷烟厂副厂长、党委委员；2007年1月至2010年4月任郴州卷烟厂副厂长、党委委员；2010年4月起任零陵卷烟厂副厂长、党委委员，其间2010年4月至2012年6月兼任零陵卷烟厂工会主席；2012年8月起，任正处级干部。2012年，当选为永州市第四届人大代表。

郑雄志 男，汉族，湖南宁远人，1969年3月出生，大学文化，中央党校政法专业，助理政工师，1991年7月加入中国共党。1986年8月在零陵卷烟厂参加工作，任科研科发酵工、工艺员；1988年3月至1992年2月，任武装部干事；1992年3月至1993年3月，任厂纪委干事；1993年4月至1993年5月，任二车间挡车工；1993年6月至1996年3月，任厂纪委副科级纪检员；1996年3月至1998年11月，任一车间支书、分工会主席；1998年11月至2000年8月，任厂纪委副书记；2000年8月，任厂党委委员、纪委书记，2004年7月调离。

邓永志 男，汉族，湖南宁远人，1970年6月出生，1990年7月参加工作，大学本科文化，中央党校函授学院湖南分院永州学区毕业，经济师，1993年7月加入中国共产党，1994年7月转正。1990年7月在零陵卷烟厂参加工作，任厂制丝车间电工，1994年5月任厂团委书记（正科级），1998年10月任制丝车间党支部书记，2001年2月任动力车间党支部书记，2004年8月任金秋实业公司总经理，2005年5月起任零陵卷烟厂党委委员、副厂长，2010年4月调离。其间，1997年1月至1998年5月参加中南政法学院成人教育经济法培训；2001年8月至2003年12月中央党校法律本科专业学习毕业。

何洁松 男，汉族，湖南道县人，1968年7月出生，1988年7月参加工作，大学专科文化，湖南广播电视大学公共关系专业毕业，2005年10月中南大学管理科

学与工程（MBA 方向）研究生结业，助理政工师，1995 年 3 月加入中国共产党。1988 年 9 月在零陵卷烟厂参加工作，任高烟车间挡车工；1990 年 1 月至 1995 年 3 月任二车间干事，1995 年 3 月至 1996 年 3 月任厂长办公室干事，1996 年 4 月至 1997 年 4 月任厂长办公室副科级秘书，1997 年 5 月至 1998 年 5 月任厂长办公室副主任，1998 年 6 月至 2005 年 8 月任厂长办公室主任，其中 1998 年 6 月至 1999 年 12 月兼任法制办主任、档案科科长。2005 年 8 月至 2007 年 1 月任政治工作部部长。2007 年 1 月起，任零陵卷烟厂党委副书记、纪委书记，2015 年 3 月调离。2007 年 10 月至 2008 年 1 月在国家烟草专卖局党校脱产学习，2007 年 10 月，当选为永州市零陵区第八届人大代表；2011 年，当选湖南省第十次党代会代表。

汤　华　男，汉族，湖南衡阳人，1964 年 5 月出生，1983 年 7 月参加工作，1994 年 7 月加入中国共产党，大学本科文化，助理经济师。1983 年 7 月至 1988 年 4 月任郴州卷烟厂二车间挡车工、工艺管理员、团总支书记；1988 年 5 月至 1989 年 9 月，任郴州卷烟厂一分厂干事兼团总支书记；1989 年 10 月至 1993 年 3 月任郴州卷烟厂企管部计算机中心软件开发员；1993 年 3 月至 1995 年 2 月任郴州卷烟厂生产部综合调度员；1995 年 3 月至 2001 年 1 月，任郴州卷烟厂生产科副科长；2001 年 1 月至 2001 年 9 月，任郴州卷烟厂卷包车间第一副主任；2001 年 9 月至 2002 年 8 月，任湖南烟草集团苏仙区烟草公司经理、党总支书记；2002 年 8 月至 2003 年 1 月，任郴州卷烟厂烟叶投料部部长；2003 年 1 月至 2003 年 6 月，任郴州卷烟厂卷包车间主任；2003 年 6 月至 2004 年 3 月，任郴州卷烟厂生产部部长兼制丝车间主任；2004 年 3 月至 2004 年 7 月，任郴州卷烟厂生产部部长兼管理信息部部长；2004 年 8 月至 2005 年 11 月，任长沙卷烟厂郴州卷烟分厂管理信息部部长；2005 年 12 月至 2007 年 3 月，任长沙卷烟厂郴州卷烟分厂副厂长、党委委员；2007 年 3 月至 2010 年 4 月，任零陵卷烟厂工会主席、党委委员；2010 年 4 月调离。

吕芳德　男，汉族，湖南永州人，1971 年 11 月出生，1993 年 7 月参加工作，1998 年 7 月加入中国共产党，大学本科文化，工程师。1989 年 9 月至 1993 年 7 月在湖南农学院农业工程系机械设计与制造专业学习；1993 年 7 月至 1994 年 4 月任零陵卷烟厂高烟车间操作工；1994 年 4 月至 1994 年 7 月借调到厂技改办；1994 年

7月至2000年4月任三车间技术员；2000年4月至2005年8月任工程技术部副部长；2005年8月至2007年1月任设备工程部部长兼机三党支部书记；2007年1月至2008年1月任设备工程部部长；2008年1月至2010年4月任零陵卷烟厂副总工程师兼设备工程部部长；2008年7月任零陵卷烟厂党委委员，2010年4月调离。

王浩明 男，汉族，1972年1月出生，湖南省安乡人，2005年6月入党。1993年7月由解放军国防科技大学工程兵学院工业与民用建筑专业毕业后分配在湖南省烟草专卖局计划基建处，1993年7月至1994年7月，在零陵卷烟厂进行工作锻炼。1994年8月至2000年10月，在湖南省烟草局驻京联络处基建办，从事基建工作。2000年10月至2003年5月，在湖南省烟草局发展计划处，先后从事技改、计划工作。2003年5月至2006年11月，在湖南中烟公司生产营销部，从事计划、经济运行和生产调度等工作。2006年11月至2007年9月，在公司综合计划部，从事综合计划管理工作，2007年10月至2010年4月任公司综合计划部副部长。其中1996年9月至1998年7月，就读于中国人民大学函授财务会计专业，本科学历，获经济学学士学位。2002年10月至2004年5月，就读于北京交通大学交通运输学院控制工程专业，获工程硕士学位。2010年4月至2012年4月任零陵卷烟厂党委委员、副厂长。2012年4月调离。

石瑞林 男，汉族，1964年3月出生，湖南临澧人，1998年6月加入中国共产党，1986年7月在常德卷烟厂参加工作，大专毕业，工程师。1986年7月至1996年3月任常德卷烟厂一车间设备管理员，1996年4月至2000年12月任常德卷烟厂十一车间副主任，2001年1月至2001年10月任兼并祁东卷烟厂托管联络员，2001年10月至2006年1月任常德卷烟厂十车间主任兼党总支书记，2006年1月至2010年5月任烟叶复烤有限责任公司总经理兼党支部书记，2010年5月至2012年4月任常德卷烟厂办公室主任兼党委办主任，2012年4月任零陵卷烟厂党委委员、工会主席，2015年3月起兼任零陵卷烟厂党委副书记。其间，2002年4月至2004年7月在湘潭大学工商管理研究生班学习，研究生结业。

刘兴明 男，汉族，湖南桃源人，1968年2月出生，1992年7月参加工作，1991年12月加入中国共产党，大专毕业，助理工程师。1989年10月至1992年7月在湖南省轻工业专科学校就读；1992年7月至1995年10月任常德卷烟厂四、五车间秘书；1995年10月至1998年12月在常德卷烟厂纪委工作；1998年12月至2000年3月任常德卷烟厂纪委副科级纪检员；2000年3月至2001年10月任常德卷烟厂七车间副主任，2000年5月起兼工会主席；2001年10月至2004年11月任常德卷烟厂政治处处长兼机关总支书记（其间：2002年9月至2004年7月在湘潭大学研究生课程进修企业管理）。2004年11月至2007年5月任常德卷烟厂一车间主任兼总支书记；2007年5月至2010年4月任常德卷烟厂人力资源部部长；2010年4月至2015年3月任湖南中烟公司市场营销中心副主任；2015年3月起，任零陵卷烟厂党委委员、纪委书记。

二、名录

（一）先进单位（集体）

1. 永州市烟草专卖局（公司）

获奖单位（集体）	授奖机关	荣誉名称	授奖时间
新田县烟草专卖局（分公司）	永州市人民政府	烤烟工作先进单位	2003
市局纪检监察室	湖南省烟草专卖局纪检组	全省烟草系统纪检监察综合内勤工作先进单位	2003
永州市烟草专卖局	中共永州市委 永州市人民政府	扶贫工作先进单位	2003
永州市烟草专卖局	中国烟草总公司湖南省公司	全省烟草仓贮工作争先创优先进集体	2003
永州市烟草专卖局（公司）	湖南省烟草专卖局 中国烟草总公司湖南省公司	经济运行质量和效益考核三等奖	2003
永州市烟草专卖局（公司）	中国烟草总公司湖南省公司	全省烟草行业安全工作先进单位	2003
宁远县烟草专卖局（公司）	湖南省烟草专卖局	专卖管理先进集体	2003
宁远县烟草专卖局（公司）	湖南省烟草专卖局 湖南省公安厅	卷烟打假先进集体	2003

续表

获奖单位（集体）	授奖机关	荣誉名称	授奖时间
江永县烟草专卖局（公司）	湖南省体育局	湖南省群众体育工作先进单位	2004
新田县烟草专卖局（公司）	永州市人民政府	烤烟工作先进单位	2004
道县烟草专卖局（公司）	永州市人民政府	烤烟工作先进单位	2004
江华县烟草专卖局（公司）	中共永州市市委 永州市人民政府	文明单位	2004
芝山区烟草专卖局（公司）	湖南省体育局	湖南省群众体育工作先进单位	2004
永州市烟草专卖局	中共永州市委 永州市人民政府	建整扶贫工作先进单位	2004
市局纪检监察室	湖南省烟草专卖局纪检组	纪检监察综合内勤工作达标单位	2004
永州市烟草专卖局（公司）	湖南省烟草专卖局（公司）	工作目标考核三等奖	2004
永州市烟草专卖局（公司）	湖南省档案局	全省档案工作先进单位	2004
永州市烟草专卖局（公司）	中共永州市委 永州市人民政府	文明单位	2004
双牌县烟草专卖局（公司）	湖南省烟草专卖局 湖南省烟草公司	全省烟草行业安全工作先进单位	2004
祁阳县烟草专卖局专卖股	永州市人民政府	卷烟打假工作先进集体	2005
新田县烟草专卖局（公司）	中共永州市委 永州市人民政府	文明单位	2005
新田县烟草专卖局（公司）	湖南省民政厅	省先进民间组织	2005
新田县烟草专卖局（公司）	永州市人民政府	烤烟工作先进单位	2005
道县烟草专卖局（公司）	永州市人民政府	烤烟工作先进单位	2005
江华瑶族自治县烟草专卖局	永州市人民政府	烤烟工作先进单位	2005
蓝山县烟草专卖局	湖南省总工会	百优女职工集体	2005
蓝山县烟草专卖局	永州市人民政府	烤烟工作先进单位	2005
永州市芝山区烟草专卖局（公司）	湖南省烟草专卖局 中国烟草总公司湖南省公司	安全工作先进单位	2005
永州市芝山区烟草专卖局	中共永州市委 永州市人民政府	文明单位	2005
市局稽查支队	永州市人民政府	卷烟打假工作先进集体	2005
永州市烟草专卖局（公司）	湖南省烟草专卖局（公司）	工作目标达标奖	2005
永州市烟草专卖局（公司）	湖南省烟草专卖局（公司）	首届烟叶分级技能竞赛团体第一名	2005

续表

获奖单位（集体）	授奖机关	荣誉名称	授奖时间
永州市烟草专卖局	湖南省人事厅 湖南省烟草专卖局	先进集体	2005
永州市烟草专卖局（公司）	湖南省烟草专卖局（公司）	男子篮球赛冠军	2005
永州市烟草专卖局（公司）	湖南省烟草专卖局（公司）	乒乓球比赛团体第一名	2005
永州市烟草专卖局	湖南省烟草专卖局	专卖队伍岗位技能竞赛假冒商标卷烟识别第三名	2005
永州市烟草专卖局（公司）	湖南省烟草专卖局（公司）	牢固树立“国家利益、消费者利益至上”价值观演讲比赛组织奖	2005
永州市烟草专卖局（公司）	中国科学技术协会	全国农村科普工作先进集体	2005
宁远县烟草专卖局（公司）	国家烟草专卖局	先进单位	2005
宁远县烟草专卖局驻禾亭打假大队	国家烟草专卖局	先进集体	2005
江永县烟草专卖局（分公司）	永州市人民政府	烤烟工作先进单位	2006
江永县烟草专卖局（分公司）财务股	湖南省烟草专卖局	财会工作先进集体	2006
新田县烟草专卖局（分公司）	永州市人民政府	烤烟工作先进单位	2006
道县烟草专卖局（分公司）	永州市人民政府	烤烟工作先进单位	2006
东安县烟草专卖局（分公司）	湖南省依法治省领导小组	全省依法办事示范窗口单位	2006
江华县烟草局（分公司）	永州市人民政府	烟叶生产基础设施建设先进单位	2006
江华县烟草局（分公司）	永州市人民政府	烤烟工作先进单位	2006
蓝山县烟草专卖局（营销部）	永州市人民政府	烤烟先进单位	2006
蓝山县烟草专卖局（营销部）	中共永州市委 永州市人民政府	文明单位	2006
蓝山县烟草专卖局（营销部）	中共永州市委 永州市人民政府	文明单位	2006
永州市烟草专卖局（公司）	永州市人民政府	烤烟工作先进单位	2006
市局纪检组、监察室	湖南省烟草专卖局	纪检监察综合内勤工作先进单位	2006
永州市烟草专卖局	湖南省烟草专卖局	卷烟销售网络建设整体推进工作考评合格单位	2006

续表

获奖单位（集体）	授奖机关	荣誉名称	授奖时间
永州市烟草专卖局（公司）	湖南省烟草专卖局（公司）	经济运行业绩考核达标单位	2006
永州市烟草专卖局	中共永州市委 永州市人民政府	“五四”普法依法治理工作先进单位	2006
永州市烟草专卖局	中共湖南省委 湖南省人民政府	文明单位	2006
永州市烟草专卖局（公司）	湖南省烟草专卖局（公司）	牢固树立“国家利益、消费者利益至上”价值观演讲比赛组织奖	2005
永州市烟草专卖局（公司）	湖南省烟草专卖局（公司）	企业文化知识竞赛优胜奖	2006
永州市烟草专卖局（公司）	永州市人民政府	烤烟工作先进单位	2006
江永县烟草专卖局财务股	湖南省烟草专卖局	财会工作先进工作者	2006
宁远县烟草专卖局稽查大队	永州市人民政府	卷烟打假先进集体	2006
双牌县烟草专卖局（分公司）	中共永州市委 永州市人民政府	文明单位	2006
祁阳县烟草专卖局	永州市人民政府	卷烟打假工作先进集体	2007
祁阳县烟草专卖局（营销部）	湖南省档案局	湖南省档案工作规范化管理省特级	2007
江永县烟草专卖局（分公司）	中共永州市委 永州市人民政府	文明单位	2007
江永县烟草专卖局（分公司）	永州市人民政府	烟叶生产基础设施建设先进单位	2007
新田县烟草专卖局（分公司）	永州市人民政府	卷烟打假工作先进集体	2007
道县烟草专卖局（分公司）	中共永州市委 永州市人民政府	文明标兵单位	2007
江华瑶族自治县烟草专卖局（营销部）	中共永州市市委 永州市人民政府	文明标兵单位	2007
蓝山县烟草专卖局（分公司）	永州市人民政府	烟叶生产基础设施建设先进单位	2007
永州市烟草专卖局（公司）	湖南省烟草专卖局（公司）	统经济运行业绩考核二等奖	2007
永州市烟草专卖局（公司）	湖南省消费者委员会	消费者信得过单位	2007
永州市烟草专卖局（公司）	永州市人民政府	星级诚信单位	2007
永州市烟草专卖局（公司）	中共永州市委 永州市人民政府	全市优化经济环境办公室工作先进单位	2007
永州市烟草专卖局（公司）	省爱卫会	文明卫生单位	2007

续表

获奖单位（集体）	授奖机关	荣誉名称	授奖时间
永州市烟草专卖局（公司）	永州市人民政府	考烟工作先进单位	2007
永州市烟草专卖局	湖南省烟草专卖局	第二届男子篮球赛亚军	2007
祁阳县烟草专卖局（分公司）	中共永州市委 永州市人民政府	文明标兵单位	2008
江永县烟草专卖局（分公司）	永州市人民政府	烤烟工作先进单位	2008
新田县烟草专卖局（分公司）	湖南省人事厅 湖南省烟草专卖局	先进集体	2008
新田县烟草专卖局（分公司）	永州市人民政府	烤烟工作先进单位	2008
新田县烟草专卖局	永州市人民政府	卷烟打假工作先进集体	2008
东安县烟草专卖局（分公司）	永州市人民政府	烤烟工作先进单位	2008
江华县烟草专卖局（分公司）	永州市人民政府	烤烟工作先进单位	2008
蓝山县烟草专卖局	永州市人民政府	卷烟打假工作先进单位	2008
永州市烟草专卖局（公司）	永州市人民政府	安全生产目标管理先进单位	2008
永州市烟草专卖局（公司）	湖南省烟草专卖局湖南中烟工业有限责任公司	湖南省烟叶分级职业技能竞赛团体第一名	2008
永州市烟草专卖局	湖南省烟草专卖局	经济运行业绩考核三等奖	2008
永州市烟草专卖局	中共永州市委	2008 年北京奥运会期间信访维稳工作先进单位	2008
永州市烟草专卖局	中共湖南省烟草专卖局党组	先进离退休人员党支部	2008
永州市烟草专卖局	湖南省烟草专卖局	第二届文艺会演三等奖	2008
永州市烟草专卖局	国家烟草专卖局	全国烟草行业第四届文艺会演“金叶艺术奖”优秀表演二等奖	2008
永州市烟草专卖局	国家烟草专卖局	全国烟草行业第四届文艺会演“金叶艺术奖”优秀表演三等奖	2008
永州市烟草专卖局	湖南省烟草专卖局	人事劳资业务知识竞赛团体二等奖	2008
永州市烟草专卖局	湖南省人民政府	全省烟叶生产基础设施建设先进集体	2008
永州市烟草专卖局	湖南省档案局	湖南省档案工作规范化管理省一级	2008

续表

获奖单位（集体）	授奖机关	荣誉名称	授奖时间
永州市烟草专卖局监察室	湖南省烟草专卖局	纪检监察综合内勤工作先进单位	2008
永州市烟草专卖局	湖南省国税局 湖南省地税局	纳税信用 A 级单位	2008
宁远县烟草专卖局	湖南省公安厅 湖南省烟草专卖局	全省卷烟打假先进集体	2008
宁远县烟草专卖局（分公司）	永州市烟草专卖局（公司）	经济运行业绩考核先进单位	2008
江永县烟草专卖局	永州市人民政府	卷烟打假工作先进集体	2009
江永县烟草专卖局（分公司）	永州市人民政府	烤烟工作先进单位	2009
新田县烟草专卖局（分公司）	永州市人民政府	烤烟工作先进单位	2009
新田县烟草专卖局（分公司）	永州市人民政府	消防工作先进单位	2009
新田县烟草专卖局（分公司）	中共永州市委 永州市人民政府	文明标兵单位	2009
道县烟草专卖局（分公司）	中共永州市委 永州市人民政府	文明标兵单位	2009
道县烟草专卖局（分公司）	永州市人民政府	烤烟工作先进单位	2009
东安县烟草专卖局（分公司）	永州市人民政府	烤烟工作先进单位	2009
东安县烟草专卖局（分公司）	中共永州市委 永州市人民政府	文明标兵单位	2009
江华县烟草局	永州市人民政府	烤烟工作先进单位	2009
蓝山县烟草专卖局（分公司）	永州市人民政府	烤烟工作先进单位	2009
零陵区烟草专卖局	湖南省依法治省领导小组	依法办事示范窗口单位	2009
永州市烟草专卖局（公司）	永州市人民政府	企业劳动保障诚信 A 级单位	2009
永州市烟草专卖局（公司）	湖南省卫生监督所	全省生活饮用水卫生管理先进单位	2009
永州市烟草专卖局（公司）	永州市人民政府	安全生产目标管理先进单位	2009
永州市烟草专卖局（公司）	湖南省烟草专卖局（公司）	安全保卫工作先进单位	2009
永州市烟草专卖局	湖南省烟草专卖局	羽毛球赛团体第五名	2009
永州市烟草专卖局	湖南省烟草专卖局	信访维稳工作先进单位	2009
永州市烟草专卖局（公司）	湖南省人民政府	湖南省纳税 50 强企业	2009

续表

获奖单位（集体）	授奖机关	荣誉名称	授奖时间
永州市烟草专卖局（公司）	中央精神文明建设指导委员会办公室	第四届全国精神文明建设工作先进单位	2009
永州市烟草专卖局	湖南省烟草专卖局	“迎国庆讲文明树新风”礼仪知识大赛三等奖	2009
永州市烟草专卖局	中共永州市委 永州市人民政府	爱国歌曲大家唱歌咏比赛三等奖	2009
永州市烟草专卖局（公司）办公室	中国烟草杂志社	通联工作先进单位	2009
宁远县烟草专卖局	湖南省烟草专卖局 湖南省公安厅	卷烟打假先进集体	2009
双牌县烟草专卖局（分公司）	中共永州市委、永州市人民政府	文明标兵单位	2009
双牌县烟草专卖局	永州市人民政府	卷烟打假工作先进集体	2009
祁阳县烟草专卖局（分公司）	中共湖南省委 湖南省人民政府	文明单位	2010
江永县烟草专卖局（分公司）	湖南省烟草专卖局 中国烟草总公司湖南省公司	优秀县级烟草分公司	2010
新田县烟草专卖局（分公司）田家标准化烟草工作站	湖南省烟草专卖局 中国烟草总公司湖南省公司	优秀烟叶收购站	2010
新田县烟草专卖局（分公司）石羊标准化烟草工作站	湖南省烟草专卖局 中国烟草总公司湖南省公司	优秀烟叶收购站	2010
东安县烟草专卖局（分公司）	湖南省档案局	湖南省档案工作规范化管理省一级	2010
东安县烟草专卖局（分公司）	湖南省烟草专卖局 中国烟草总公司湖南省公司	优秀县级烟草专卖局	2010
东安县烟草专卖局（分公司）	湖南省烟草专卖局 中国烟草总公司湖南省公司	优秀县级烟草分公司	2010
东安县烟草专卖局（分公司）	永州市人民政府	烤烟收购管理优胜单位	2010
江华县烟草专卖局（分公司）	永州市人民政府	烤烟收购管理优胜单位	2010
蓝山县烟草专卖局（分公司）田心烟草站	湖南省烟草专卖局、中国烟草总公司湖南省公司	优秀烟叶收购站	2010
蓝山县烟草专卖局（分公司）	永州市人民政府	烤烟收购管理优胜单位	2010

续表

获奖单位（集体）	授奖机关	荣誉名称	授奖时间
蓝山县烟草专卖局（分公司）	永州市人民政府	烤烟工作先进单位	2010
零陵区烟草专卖局（分公司）	湖南省烟草专卖局 中国烟草总公司湖南省公司	优秀县级烟草专卖局	2010
湖南省烟草公司永州市公司零陵区分公司	中共永州市委 永州市人民政府	文明标兵单位	2010
永州市烟草专卖局	湖南省烟草专卖局	工作业绩考核三等奖	2010
永州市烟草专卖局	湖南省公安厅 湖南省烟草专卖局	全省卷烟打假先进单位	2010
永州市烟草专卖局（公司）	永州市人民政府	安全生产目标管理先进单位	2010
永州市烟草专卖局（公司）	湖南省烟草专卖局	应急预案演练工作三等奖	2010
永州市烟草专卖局（公司）	湖南省烟草专卖局	政务信息工作二等奖	2010
永州市烟草专卖局（公司）	湖南省烟草专卖局	组织开展学习实践科学发展观活动先进单位	2010
永州市烟草专卖局（公司）	永州市人民政府	烤烟收购管理组织奖	2010
永州市烟草专卖局（公司）	湖南省烟草专卖局	第三届烟叶分级职业技能竞赛团体第二名	2010
永州市烟草专卖局（公司）	湖南省烟草专卖局	第三届男子篮球赛第二名	2010
永州市烟草专卖局（公司）	湖南省地税局湖南省国税局	A 级纳税信用单位	2010
湖南省烟草公司永州市公司宁远县分公司	湖南省烟草专卖局（公司）	优秀县级烟草分公司	2010
祁阳县烟草专卖局	湖南省烟草专卖局 中国烟草总公司湖南省公司	优秀县级烟草专卖局	2011
湖南省烟草公司永州市公司祁阳县分公司	湖南省烟草专卖局 中国烟草总公司湖南省公司	优秀县级分公司	2011
祁阳县烟草专卖局（分公司）	中共湖南省烟草专卖局党组	纪检监察工作先进集体	2011
江永县烟草专卖局（分公司）	湖南省烟草专卖局 中国烟草总公司湖南省公司	优秀烟叶收购站	2011
道县烟草专卖局（分公司）	湖南省烟草专卖局 中国烟草总公司湖南省公司	优秀烟叶收购站	2011
道县烟草专卖局（分公司）	永州市人民政府	烤烟收购管理优胜单位	2011

续表

获奖单位（集体）	授奖机关	荣誉名称	授奖时间
东安县烟草专卖局	湖南省档案局	湖南省档案工作规范化管理省特级	2011
湖南省烟草公司永州市公司江华县分公司	湖南省烟草专卖局 中国烟草总公司湖南省公司	优秀县级分公司	2011
蓝山县烟草专卖局（分公司）杨家坊烟草站	湖南省烟草专卖局 中国烟草总公司湖南省公司	优秀烟叶收购站	2011
蓝山县烟草专卖局（分公司）	湖南省档案局	湖南省档案工作规范化管理省特级	2011
湖南省烟草公司永州市公司零陵区分公司	湖南省烟草专卖局 中国烟草总公司湖南省公司	优秀县级烟草分公司	2011
湖南省烟草公司永州市公司零陵区分公司	湖南省档案局	湖南省档案工作规范化管理省特级	2011
永州市烟草专卖局（公司）	湖南省烟草专卖局（公司）	工作业绩考核二等奖	2011
永州市烟草专卖局（公司）	湖南省人民政府	湖南省纳税50强企业	2011
永州市烟草专卖局	中共永州市委 永州市人民政府	安全生产工作先进单位	2011
市局审计科	湖南省审计厅	全省内部审计工作先进集体	2011
永州市烟草公司	中国烟草总公司湖南省公司	“幸福金秋”主题文化周文艺会演一等奖	2011
永州市烟草专卖局	中共永州市委 永州市人民政府	创建省级卫生城市迎检单位先进集体	2011
永州市烟草专卖局	湖南省卫生监督所	全省生活饮用水卫生管理先进单位	2011
永州市烟草专卖局	永州市人民政府	烤烟工作组织奖	2011
永州市烟草专卖局	湖南省烟草专卖局	“金叶颂歌谢党恩”歌咏比赛一等奖	2011
永州市烟草专卖局	中共永州市委 永州市人民政府	社会治安综合治理先进单位	2011
永州市烟草专卖局	中共湖南省烟草专卖局党组	“五好”离退休人员党支部	2011
宁远县烟草专卖局	湖南省烟草专卖局（公司）	优秀县级烟草专卖局	2011
宁远县烟草专卖局（分公司）	湖南省人力资源和社会保障厅、湖南省烟草专卖局	先进集体	2011

续表

获奖单位（集体）	授奖机关	荣誉名称	授奖时间
永州市烟草专卖局离退休党支部	湖南省烟草专卖局（公司）	先进离退休人员党支部	2011
永州市烟草公司	中国烟草总公司湖南省公司	卷烟销售工作先进单位三等奖	2011
湖南省烟草公司永州市公司双牌县分公司	湖南省烟草专卖局 中国烟草总公司湖南省公司	优秀县级分公司	2011
祁阳县烟草专卖局（分公司）	湖南省青年职工工作委员会	青年文明号	2012
江永县烟草专卖局（分公司）	湖南省国家税务局 湖南省地方税务局	纳税信用A级单位	2012
新田县烟草专卖局（分公司）新圩标准化烟草工作站	湖南省烟草专卖局 中国烟草总公司湖南省公司	优秀烟叶工作站	2012
新田县烟草专卖局（分公司）田家标准化烟草工作站枧头站	永州市人民政府	烤烟工作服务烟农先进烟草站	2012
新田县烟草专卖局	湖南省烟草专卖局 中国烟草总公司湖南省公司	优秀县级烟草专卖局	2012
湖南省烟草公司永州市公司新田县分公司	湖南省烟草专卖局 中国烟草总公司湖南省公司	优秀县级分公司	2012
新田县烟草专卖局（分公司）泰山——田家基地单元	中国烟草总公司	全国优秀烟叶基地单元	2012
湖南省烟草公司永州市公司道县分公司	湖南省烟草专卖局 中国烟草总公司湖南省公司	优秀县级分公司	2012
湖南省烟草公司永州市公司蓝山县分公司	湖南省烟草专卖局 中国烟草总公司湖南省公司	优秀县级分公司	2012
蓝山县烟草专卖局	湖南省公安厅 湖南省烟草专卖局	卷烟打假工作先进单位	2012
蓝山县烟草专卖局（分公司）土市烟草站	永州市人民政府	烤烟工作服务烟农先进烟草站	2012
蓝山县烟草专卖局（分公司）土市烟草站	湖南省总工会	工人先锋号	2012
零陵区烟草专卖局	湖南省烟草专卖局	县级烟草专卖局标兵单位	2012
永州市烟草专卖局	湖南省消费者委员会	保护消费者合法权益先进单位	2012

续表

获奖单位（集体）	授奖机关	荣誉名称	授奖时间
永州市烟草专卖局	中共永州市委 永州市人民政府	安全生产工作先进单位	2012
永州市烟草专卖局	湖南省烟草专卖局	工作业绩考核二等奖	2012
永州市烟草专卖局	中共永州市委 永州市人民政府	十八大期间信访维稳工作先进单位	2012
永州市烟草专卖局	湖南省依法治省领导小组	全省依法办事示范窗口单位	2012
宁远县烟草专卖局（分公司）	湖南省烟草专卖局（公司）	优秀烟草工作站	2012
宁远县烟草专卖局（分公司）	湖南省烟草专卖局（公司）	烟草工作站标兵单位	2012
双牌县烟草专卖局（分公司）	湖南省档案局	湖南省档案工作规范化管理省特级	2012
祁阳县烟草专卖局（分公司）	中共湖南省委法治湖南建设领导小组	全省依法办事示范窗口单位	2013
江永县烟草专卖局（分公司）	中共永州市委 永州市人民政府	文明标兵单位	2013
江永县烟草专卖局（分公司）	永州市人民政府	烤烟收购管理优胜单位	2013
江永县烟草专卖局（分公司）	湖南省档案局	湖南省档案工作规范化管理省特级	2013
江永县烟草专卖局（分公司）	永州市人民政府	现代烟草农业先进县	2013
新田县烟草专卖局（分公司）	湖南省档案局	湖南省档案工作规范化管理省特级	2013
新田县烟草专卖局（分公司）	永州市人民政府	烤烟收购管理优胜单位	2013
新田县烟草专卖局（分公司）	湖南省爱国卫生运动委员会	文明卫生单位	2013
江永县烟草专卖局（分公司）	湖南省档案局	省一级档案室	2013
江华瑶族自治县烟草专卖局	中共永州市市委 永州市人民政府	文明标兵单位	2013
江华县大路铺烟草站	永州市人民政府	烤烟工作先进烟草站	2013
蓝山县烟草专卖局（分公司）	中共永州市委 永州市人民政府	文明标兵单位	2013
蓝山县烟草专卖局（分公司）土市烟草站	永州市人民政府	烤烟工作先进烟草站	2013

续表

获奖单位（集体）	授奖机关	荣誉名称	授奖时间
永州市烟草公司零陵区分公司	湖南省烟草专卖局	科学技术进步奖三等奖	2013
永州市烟草专卖局（公司）	中共永州市委 永州市人民政府	安全生产工作先进单位	2013
永州市烟草专卖局（公司）	湖南省群民国防教育委员会	全民国防教育工作先进单位	2013
永州市烟草专卖局（公司）	湖南烟草专卖局	工作业绩考核达标奖	2013
永州市烟草专卖局（公司）	湖南省档案局	全省档案宣传工作先进单位	2013
永州市烟草专卖局（公司）	湖南烟草商业系统第四届“636”杯男子篮球赛组委会	第四届“636”杯男子篮球赛一等奖	2013
湖南烟草公司永州市公司	湖南省烟草公司	“幸福金秋”杯老年门球赛第一名	2013
永州市烟草专卖局离退休党支部	国家烟草专卖局	先进离退休人员党支部	2013
江永县烟草专卖局（分公司）	湖南省公安厅 湖南省烟草专卖局	全省卷烟打假工作先进集体	2014
湖南省道县烟草专卖局	湖南省消费者委员会	湖南省消费维权先进单位称号	2014
江华县大路铺烟草站	永州市人民政府	烟叶工作先进烟草站	2014
蓝山县烟草专卖局（分公司）土市烟草站	永州市人民政府	烟叶工作先进烟草站	2014
永州市烟草专卖局	湖南省烟草专卖局（公司）	安全保卫工作先进单位	2014
永州市烟草专卖局	中共永州市委 永州市人民政府	安全生产工作先进单位	2014
永州市烟草专卖局	永州市人民政府	烟叶工作先进单位	2014
永州市烟草专卖局	湖南烟草专卖局	工作业绩考核达标奖	2014
永州市烟草专卖局纪检组、监察科	湖南烟草专卖局党组	纪检监察工作先进集体	2014
永州市烟草专卖局（公司）	湖南省地方税务局 湖南省国家税务局	纳税信用 A 级单位	2014
永州市烟草专卖局（公司）	湖南省职业安全健康协会颁发国家安全生产监督管理总局监制	安全生产标准化二级企业	2014
永州市烟草专卖局（公司）	湖南省烟草公司	卷烟营销工作先进单位二等奖	2014
永州市烟草专卖局（公司）	湖南省内部审计师协会	全省内部审计先进集体	2014
永州市烟草专卖局（公司）	湖南省企业质量信用等级评定委员会	质量信用 AAA 级企业证书	2014

续表

获奖单位（集体）	授奖机关	荣誉名称	授奖时间
江永县烟草专卖局（分公司）	永州市人民政府	优化烟叶工作秩序先进单位	2015
永州市烟草学会	湖南省烟草学会	2013—2014 年度学会工作先进单位	2015
新田县烟草专卖局（分公司）田家标准化烟草工作站	永州市人民政府	烟叶工作先进烟草站	2015
新田县烟草专卖局（分公司）	永州市人民政府	烟叶市场管理先进单位	2015
东安县烟草专卖局（分公司）	永州市人民政府	烟叶市场管理先进单位	2015
江华瑶族自治县大路铺烟草站	永州市人民政府	度烟叶工作先进烟草站	2015
蓝山县烟草专卖局（分公司）土市烟草站	中国烟草总公司	烟草行业烟叶工作站标兵单位	2015
蓝山县烟草专卖局（分公司）离退休党支部	中国烟草总公司湖南省公司	全省烟草商业系统离退休人员先进集体	2015
蓝山县烟草专卖局（分公司）竹市烟草站	永州市人民政府	烟叶工作先进烟草站	2015
永州市烟草专卖局（公司）	中共永州市委 永州市人民政府	安全生产工作先进单位	2015
永州市烟草专卖局（公司）	湖南烟草专卖局	烟叶分级职业技能竞赛第一名	2015
永州市烟草专卖局	湖南烟草专卖局、湖南省公安厅	全省卷烟打假工作特殊贡献奖	2015
湖南省烟草公司永州市公司	中国烟草总公司湖南省公司	卷烟营销工作先进单位三等奖	2015
湖南烟草公司永州市公司	中国烟草总公司	烟草行业离退休干部先进集体	2015
湖南烟草公司永州市公司	中国烟草总公司湖南省公司	优秀市级局（公司）	2015
永州市烟草学会	《东方烟草报》	全国烟草行业最具影响力“十佳”报纸	2015
湖南烟草公司永州市公司	湖南省烟草公司	卷烟营销工作先进单位三等奖	2015
永州市烟草专卖局第九支部	湖南省烟草专卖局（公司）	系统离退休工作先进集体	2015
永州市烟草专卖局第九党支部	国家烟草专卖局	烟草行业离退休干部先进集体	2015
永州市烟草学会	湖南省烟草学会	2015—2016 年度学会工作先进单位	2016

2. 零陵卷烟厂

受奖单位	颁发单位	荣誉名称	授予时间
零陵卷烟厂	中华全国总工会	全国厂务公开民主管理先进单位	2006
零陵卷烟厂	湖南省委、省政府	湖南省文明单位	2008
零陵卷烟厂	全国计划生育委员会	全国先进单位	2010
零陵卷烟厂	中华全国总工会	全国“安康杯”竞赛活动优胜企业	2010
零陵卷烟厂	湖南省总工会	2005—2009年全省女职工建功立业百优女职工集体	2010
零陵卷烟厂	共青团湖南省委	湖南青年安全生产示范岗	2011
零陵卷烟厂	湖南省总工会	湖南省劳动竞赛先进单位	2011
零陵卷烟厂	共青团湖南省委	湖南省五四红旗团委	2012
零陵卷烟厂	湖南省总工会女职工委员会	湖南省第六轮“芙蓉杯”竞赛百优女职工集体	2013
零陵卷烟厂	中华全国总工会	全国“安康杯”竞赛优胜单位	2013
零陵卷烟厂卷包车间	中华全国总工会	工人先锋号	2008
零陵卷烟厂安保法规部	湖南省公安厅	湖南省示范护卫队	2008
零陵卷烟厂幼儿园	湖南省教委	省级示范性幼儿园	2008
零陵卷烟厂制丝甲班	中华全国总工会	工人先锋号	2009
零陵卷烟厂制丝甲班	中华全国总工会	全国质量信得过班组	2009
零陵卷烟厂卷包丙班	中国质量协会、全国总工会	全国质量信得过班组	2010
零陵卷烟厂卷包乙班	湖南省质量协会、湖南省总工会	湖南省优秀质量管理小组	2010
零陵卷烟厂“潇湘源”QC小组	中国质量协会、全国总工会	全国优秀质量管理小组	2011
零陵卷烟厂制丝甲班	湖南省总工会	湖南省劳动竞赛先进班组	2011
零陵卷烟厂离退管理部	中共国家烟草专卖局党组	全国烟草行业离退休干部工作先进集体	2012
零陵卷烟厂制丝丙班	共青团中央、国家安全生产监督管理总局	2011—2012年度全国青年安全生产示范岗	2013
零陵卷烟厂质量管理部乙班	湖南省总工会女职工委员会	芙蓉标兵岗	2014
零陵卷烟厂工艺品质二班	中华全国总工会	全国五一巾帼标兵岗	2015

（二）先进个人名录

1. 永州市烟草专卖局（公司）

姓　名	授奖单位	荣誉名称	获奖时间
肖小波	永州市人民政府	烤烟生产先进个人	2003
刘惠琳	湖南省烟草专卖局 湖南省公安厅	卷烟打假先进个人	2003
彭阳平	永州市人民政府	烤烟生产工作先进个人	2003
肖小波	永州市人民政府	烤烟生产先进个人	2004
胡晓军	中共永州市委 永州市人民政府	三个文明建设一起抓先进个人	2004
王　贵	湖南省烟草专卖局	省级烟草技术能手	2005
王　贵	白沙集团	“白沙和”杯烟叶分级技术比武三等奖	2005
王　贵	白沙集团	“白沙和”杯烟叶分级技术理论第三名	2005
肖小波	永州市人民政府	烤烟生产先进个人	2005
周德英	湖南省烟草专卖局	首届烟叶分级技能竞赛中优胜奖	2005
欧阳正兴	永州市人民政府	卷烟打假先进个人	2005
唐茂清	湖南省烟草专卖局	财会工作先进工作者	2006
张柏顺	湖南省烟草专卖局	专卖管理工作先进个人	2006
成勋松	永州市人民政府	烤烟生产工作先进个人	2006
刘文峰	湖南省烟草专卖局	财会工作先进工作者	2006
沈振华	湖南省公安厅 湖南省烟草专卖局	卷烟打假先进个人	2006
唐庆华	湖南省烟草专卖局	财会工作先进工作者	2006
尹惠清	湖南省烟草专卖局	财会工作先进工作者	2006
贺光辉	永州市人民政府	卷烟打假先进个人	2006
李时晖	湖南省烟草专卖局	安全保卫工作先进个人	2006
王　贵	国家烟草专卖局	全国烟草技术能手	2007
雷建国	湖南省人民政府	全省烟叶工作先进工作者	2007
骆君华	国家烟草专卖局 中国烟草总公司	全国烟草技术能手	2007
陈昌军	湖南省人事厅 湖南省烟草专卖局	二等功	2008
陶安平	湖南省烟草专卖局 湖南中烟工业有限责任公司 湖南省经贸工会工作委员会	“两个至上”在岗位争先创优竞赛活动明星员工	2008

续表

姓　名	授奖单位	荣誉名称	获奖时间
龙　晖	中共永州市委 永州市人民政府	永州市抗冰救灾先进个人	2008
张俊荣	湖南省烟草专卖局 湖南省公安厅	全省卷烟打假先进个人	2008
彭阳平	永州市人民政府	烤烟生产工作先进个人	2008
廖国辉	湖南省烟草专卖局（公司） 湖南中烟工业有限责任公司 湖南省经贸工会工作委员会	“两个至上”在岗位争先创优竞赛活动明星员工	2008
黄名宙	湖南省人民政府	湖南省抗冰救灾先进个人记一等功	2008
谭国平	湖南省烟草专卖局 湖南省公安厅	全省卷烟打假工作先进个人	2009
陶安平	湖南省烟草专卖局	“清风拂金叶”主题廉政征文活动三等奖	2009
吴江丽	湖南省人民政府	烟叶生产基础设施建设先进工作者	2009
易建勇	中国共产党湖南省烟草专卖局纪律检查组	“做党的忠诚卫士　当群众的贴心人”演讲比赛三等奖	2009
周　娟	国家烟草专卖局 中国烟草总公司	第五届全国烟草行业劳动模范	2009
雷清艳	湖南省烟草专卖局	“利剑行动”先进个人	2009
李军学	永州市人民政府	烤烟生产先进个人	2010
吴江丽	湖南省两烟协调领导小组	现代烟草农业建设先进工作者	2010
彭阳平	永州市人民政府	烤烟工作先进个人	2010
成勍松	湖南省两烟协调领导小组	烟叶工作先进工作者	2010
李晓敏	湖南省烟草专卖局 湖南省公安厅	全省卷烟打假先进个人	2011
熊云华	湖南省人民政府	一等功	2011
胡　建	永州市人民政府	烤烟生产先进个人	2012
邓会明	永州市人民政府	烤烟生产先进个人	2012
龙　晖	湖南省两烟协调领导小组	现代烟草农业建设先进工作者	2012
彭阳平	永州市人民政府	烤烟工作先进个人	2012
吴朝霞	永州市人民政府	烤烟工作先进个人	2012
蒋育良	国家烟草专卖局	烟草行业离退休工作先进个人	2012
邓　呈	永州市人民政府	科学技术进步奖三等奖	2013
蒋海文	永州市人民政府	科学技术进步奖三等奖	2013
李海翔	湖南省烟草专卖局（公司）	第二届“636杯”摄影比赛二等奖	2013
吴朝霞	永州市人民政府	烤烟工作先进个人	2013

续表

姓　名	授奖单位	荣誉名称	获奖时间
胡竟欣	湖南省烟草专卖局（公司）	“心系群众 行在作风”主题演讲比赛三等奖	2014
江雪峰	永州市人民政府	烟叶工作中被评为先进个人	2014
成勍松	永州市人民政府	烟叶工作先进个人	2014
徐崇瑞	中共湖南省烟草专卖局党组	纪检监察工作先进个人	2014
周国斌	湖南省烟草专卖局 湖南省公安厅	全省卷烟打假先进个人	2015
黄昭胜	湖南省烟草学会	2013—2014 年度学会工作“十佳”	2015
郑陶娟	湖南省烟草专卖局	国家级烟草技术能手	2015
李伟英	湖南省烟草专卖局	省级烟草技术能手	2015
吴江丽	中国烟草总公司湖南省公司	知识产权奖一等奖	2015
成勍松	永州市人民政府	烟叶工作先进个人	2015
蒋尊龙	湖南省烟草专卖局	省级烟草技术能手	2015
杨文星	湖南省烟草专卖局	省级烟草技术能手	2015
李海翔 彭积屏	湖南省档案学会	湖南省档案学会第二十三次学术论文三等奖	2015
沈　力	国家烟草专卖局 中国烟草总公司	国家级烟草技术能手	2015

2. 零陵卷烟厂

姓名	性别	授奖单位	荣誉称号	获奖时间
亢庆华	男	湖南省人民政府	湖南省劳动模范	2005
陶九龙	男	永州市人民政府	永州市劳动模范	2005
王　平	男	湖南省劳动和社会保障厅	湖南省烟草技术能手	2006
尚　辉	男	永州市总工会	永州市芙蓉百岗明星	2007
武金华	男	湖南省总工会	湖南省大企业职工体育先进个人	2007
廖述红	女	永州市总工会	永州市芙蓉百岗明星	2007
廖述红	女	湖南省总工会	湖南省芙蓉百岗明星	2007
袁拥军	男	共青团湖南省委	湖南省优秀共青团员	2007
吕芳德	男	中华全国总工会	全国五一劳动奖章	2008
汤　华	男	中华全国总工会	全国优秀工会工作者	2008
梁先德	男	国家烟草专卖局	全国烟草行业劳动模范	2009
邓宁萍	女	中华全国妇女联合会	全国三八红旗手	2009

续表

姓名	性别	授奖单位	荣誉称号	获奖时间
唐荣刚	男	永州市青年职工工作委员会	永州市青年岗位能手	2009
熊　莉	女	湖南省青年职工工作委员会	湖南省青年岗位能手	2009
邓宁萍	女	湖南省妇女联合会	湖南省三八红旗手	2009
陈东平	男	湖南省人民政府	湖南省劳动模范	2010
赵雪梅	女	永州市青年职工工作委员会	永州市青年岗位能手	2010
高文玲	女	湖南省总工会	湖南省芙蓉百岗明星	2010
唐微波	男	湖南省职工素质提升工程领导小组	湖南省百佳首席技师	2010
张宏昌	男	湖南省素质提升工程领导办公室	湖南省百佳首席技师	2010
李淑萍	女	永州市总工会	永州市巾帼建功标兵	2010
赵雪梅	女	永州市青年职工工作委员会	永州市青年岗位能手	2010
李　铁	男	永州市青年职工工作委员会	永州市青年岗位能手	2011
张宏昌	男	湖南省人力资源和社会保障厅	湖南省技术能手	2011
李武斌	男	国家烟草专卖局党组	烟草行业离退休干部先进个人	2011
高铁功	男	永州市青年职工工作委员会	永州市青年岗位能手	2011
高铁功	男	湖南省青年职工工作委员会	湖南省青年岗位能手	2012
邓宁萍	女	中共湖南省委	湖南省创先争优优秀党员	2012
杨兴权	男	共青团湖南省委	湖南省优秀共青团员	2012
李　铁	男	永州市青年职工工作委员会	永州市青年岗位能手	2012
张立新	男	湖南省总工会	湖南省五一劳动奖章	2013
王　楠	女	湖南省总工会	湖南省芙蓉百岗明星	2013
康帅乾	男	永州市青年职工工作委员会	永州市青年岗位能手	2013
何友忠	男	国家烟草专卖局	全国烟草技术能手	2014
张立新	男	湖南省人民政府	湖南省劳动模范	2015
唐远飞	男	永州市人民政府	永州市劳动模范	2015

（三）高级技术职称人员

（按首字的拼音排序）

1. 永州市烟草专卖局（公司）

序　号	姓　名	性别	部门/县局	专业技术系列	专业技术资格名称
1	高春洋	男	烟叶生产技术中心	农业	高级农艺师

续表

序　号	姓　名	性别	部门/县局	专业技术系列	专业技术资格名称
2	胡卫东	男	烟叶生产技术中心	农业	高级农艺师
3	黄石旺	男	烟叶生产技术中心	农业	高级农艺师
4	蒋笃忠	男	烟叶生产技术中心	农业	高级农艺师
5	靳志丽	女	烟叶生产技术中心	农业	高级农艺师
6	刘正日	男	局级领导	农业	高级农艺师
7	聂新柏	男	局级领导	农业	高级农艺师
8	申玉华	男	信息中心	工程	高级工程师
9	唐　绅	男	信息中心	农业	高级农艺师
10	谢突雄	男	专卖科	经济	高级经济师
11	杨全柳	男	烟叶生产技术中心	农业	高级农艺师
12	张大伟	男	烟叶生产技术中心	农业	高级农艺师

2. 零陵卷烟厂

序　号	姓　名	性别	部门/县局	专业技术系列	专业技术资格名称
1	王先文	男	零陵卷烟厂在岗	工程	高级工程师
2	蒋雁冰	女	零陵卷烟厂内退	卫生	副主任医师
3	任　霞	女	零陵卷烟厂退休	工艺美术	高级工艺美术师
4	刘　健	男	零陵卷烟厂调离	工程	信息系统项目管理师

附　录

永州市人民政府办公室文件

永政办发〔2003〕38号

永州市人民政府办公室关于印发《永州市卷烟零售许可证管理办法》的通知

各县区人民政府，各林场、管理区、开发区，市政府各委局、各直属机构：

《永州市卷烟零售许可证管理办法》已经市人民政府同意，现印发给你们，请认真贯彻执行。

二〇〇三年八月二十九日

永州市卷烟零售许可证管理办法

第一章 总 则

第一条 为规范卷烟市场经营秩序，加强卷烟零售许可证管理，根据《中华人民共和国烟草专卖法》（以下简称《烟草专卖法》）、《中华人民共和国烟草专卖法实施条例（以下简称《实施条例》）和国家烟草专卖局《烟草专卖许可证管理办法》等有关规定，结合本市实际，制定本办法。

第二条 本办法适用于永州市行政区域内从事卷烟零售业务的单位或个人。从事卷烟零售业务的单位或个人，应事先申领《烟草专卖零售许可证》（下称零售许可证），方能经营。

第三条 本办法由市、县（区）烟草专卖行政主管部门组织实施管理。管理的事项包括卷烟零售许可证的核发、年检、变更、注销、歇业以及经营情况的监督检查。

第二章 零售许可证的申请和核发

第四条 凡从事烟草专卖零售业务的单位或个人，应向当地烟草专卖行政主管部门申请领取零售许可证，按许可证规定的经营方式、经营范围、地域范围和期限亮证经营。

第五条 申请领取零售许可证的单位或个人，应当具备以下条件：

（一）有固定的经营场所，属租赁经营的，场地租赁不得少于一年；

（二）有自主经营能力；

（三）有与经营烟草专卖零售业务相适应的资金。城镇经营者注册资金为2000元以上，乡村经营者注册资金为500元以上；

（四）符合当地烟草制品零售点合理布局的要求；

（五）国家烟草专卖局规定的其他条件。

符合上述条件有固定门面的本地残疾人，免费办理许可证。有违法经营行为，一年内被烟草专卖行政主管部门处罚2次以上的，不予发证。

第六条 本办法中第五条第四项规定的合理布局要求是指：

（一）在城镇范围内每300~500人可设立一个就卷烟零售户；

（二）在农村每100~200人可设立一个卷烟零售户；

（三）200户以上的副食品批发市场设卷烟零售摊位不得超过10户，200户以下的综合批发市场设卷烟零售摊位不得超过 5 户。

第七条 申请领取零售许可证的程序为：

（一）申办人向当地烟草专卖行政主管部门递交申请书、身份证、本人照片、居住地村（居）委会证明材料、经营场地有效证明（合同）等相关材料，领取并填写《烟草专卖许可证申报表》。

（二）烟草专卖行政主管部门应在收到申请之日起 5 个工作日内派人对其经营场所进行实地勘察核实。经审查，对符合发证条件的，应在其提交申请之日起 30 日内发给零售许可证。对不符合条件的，不予发证，但应在上述期限内通知申办人并说明理由，退回有关材料。

第八条 领取零售许可证的单位或个人应凭零售许可证到相关部门办理工商注册和税务登记等手续。

第九条 发证机关应严格按照物价部门核定的标准收取工本费，收取工本费应当开具财政部门监制的专用收款收据。

第三章 零售许可证的有效期限、年检、变更和注销

第十条 零售许可证的有效期限为一至五年，期满后按本办法的有关规定重新申领。

第十一条 零售许可证实行年检制度。取得零售许可证的单位或个人应及时到发证机关办理许可证年检手续。

第十二条 涉及零售许可证登记内容发生变动的应当办理变更手续；因破产、解散等事由停止经营烟草制品的，应当办理注销手续；中断营业的，应当办理歇业手续。办理零售许可证变更、注销、歇业手续应由持证人向原发证机关提出申请，并提供零售许可证正、副本，原发证机关应当在收到申请之日起 10 日内核准。

第四章 零售许可证管理

第十三条 零售许可证实行一店一证，不得一证多店、异地经营。

第十四条 任何单位或个人不得无证经营烟草制品，不得使用过期、失效的零售许可证。

第十五条 任何单位或个人不得买卖、转借、转让、伪造、变造、骗取、涂改和非法印制零售许可证。

第五章 卷烟零售管理

第十六条 取得零售许可证的企业或个人，应当在当地的烟草专卖批发企业进

货，并接受零售许可证发证机关的监督、管理。

第十七条 从事卷烟零售业务的单位或个人不得经营烟草制品批发业务。凡一次销售卷烟雪茄烟50条（含50条）以上的，视为无烟草专卖批发企业许可证从事烟草制品批发业务。

第十八条 凡经营不属当地烟草公司经营的卷烟牌号，或经营不能提供在当地烟草公司购进的有效凭证的其他卷烟，由烟草专卖行政主管部门按无准运证运输烟草专卖品进行处理。

第十九条 任何单位或个人严禁销售下列烟草制品

（一）走私的烟草制品；

（二）假冒他人商标的烟草制品；

（三）非法生产的烟草制品；

（四）霉坏、变质的烟草制品。

第二十条 零售许可证的发证机关可以定期或者不定期地对取得零售许可证的企业、个人进行检查。经检查不符合《烟草专卖法》和《实施条例》及本办法规定条件的，零售许可证的发证机关可以责令暂停烟草专卖业务，进行整顿，直至取消其从事烟草专卖业务的资格。

第二十一条 烟草专卖行政主管部门查处违反《烟草专卖法》及其《实施条例》的案件时，可以行使下列职权：

（一）询问违法案件的当事人、嫌疑人、证人；

（二）检查违法案件当事人的经营场所，依法对违法生产或者经营的烟草专卖品进行处理；

（三）查阅、复制与违法活动有关的合同、发票、帐册、单据、记录、文件、业务函电和其他资料。

第二十二条 烟草专卖行政主管部门的专卖管理检查人员执行公务时，应当佩戴国务院烟草专卖行政主管部门制发的徽章，出示省级以上烟草专卖行政主管部门签发的检查证件或湖南省人民政府统一印制的行政执法证。

第二十三条 对检举烟草专卖违法案件的有功单位和个人，给予奖励。

第六章 法律责任

第二十四条 取得零售许可证的企业或个人，未在当地烟草专卖批发企业进货的，由烟草专卖行政主管部门没收违法所得，可处以进货总额百分之五以上百分之十以下的罚款。

第二十五条 无零售许可证经营烟草制品零售业务的，由工商行政管理部门或者由工商行政管理部门根据烟草专卖行政主管部门的意见，责令停止经营烟草制品零售业务，没收违法所得，处以违法经营总额百分之二十以上百分之五十以下的罚款。

第二十六条　无烟草专卖批发企业许可证经营烟草制品批发业务的，由烟草专卖行政主管部门责令关闭或者停止经营烟草制品批发业务，没收违法所得，处以违法批发的烟草制品价值百分之五十以上一倍以下的罚款。

第二十七条　销售非法生产的烟草专卖品，由烟草专卖行政主管部门责令停止销售，没收违法所得，处以违法销售总额百分之二十以上百分之五十以下的罚款，并将非法销售的烟草专卖品公开销毁。

第二十八条　使用过期、失效零售许可证或转让零售许可证的，由烟草专卖行政主管部门处以1000元以下的罚款。

第二十九条　违反规定不及时办理零售许可证的年检、变更、注销手续的，由烟草专卖行政主管部门责令改正，拒不改正的，处以1000元以下的罚款。

停业一年以上，未办理歇业或注销手续的，发证机关可注销其零售许可证。

第三十条　伪造、变造、买卖《烟草专卖法》规定的零售许可证和准运证的，依法追究刑事责任。

第三十一条　以暴力、威胁方法阻碍烟草专卖管理检查人员依法执行公务的，依法追究刑事责任；拒绝、阻碍烟草专卖管理检查人员依法执行公务未使用暴力、威胁方法的，由公安机关按照治安管理处罚条例的规定处罚。

第三十二条　本办法自发布之日起施行。

永州市人民政府

永政函〔2003〕52号

永州市人民政府
关于整顿和规范烟草市场秩序的通告

为整顿和规范我市烟草市场秩序，严厉打击违法经营烟草的行为，根据《中华人民共和国烟草专卖法》等法律法规的规定和国务院关于整顿和规范市场经济秩序的要求，现就有关事项通告如下：

一、严厉打击生产、销售假冒商标卷烟行为，对生产、销售假商标卷烟的行为、制造假冒商标卷烟的“地下工厂”和窝藏假冒卷烟的“黑窝点”，必须坚持打击，予以取缔；凡生产、销售假冒商标卷烟案值超过5万元的和非法经营卷烟案值超过10万元的行为人，除没收违法物品外，移送司法机关依法追究其刑事责任。

二、卷烟、雪茄烟、烟叶、烟丝属国家法律规定的烟草专卖品。除法律明确规定的外，任何单位和个人不得经营和摆卖烟叶、烟丝。

三、凡经营卷烟零售业务，必须依法取得烟草专卖零售许可证，亮证经营，不得一证多点，异地经营。未取得烟草专卖零售许可证的，一律不准经营卷烟零售业务。违者，依法取缔并予以处罚。已取得烟草专卖零售许可证但经检查不符合法定条件的，由发证机关责令暂停卷烟零售业务、进行整顿，直至取消其从事卷烟零售业务资格。

四、持证卷烟零售户应当在当地的烟草公司及其所属批发网点进货。违者，依法没收违规所得，并处以违法经营总额的10%以下的罚款。

五、除依法取得“烟草专卖批发企业许可证”的企业外，任何单位和个人一律不准经营卷烟批发业务。违者，依法责令关闭和停止经营烟草制品批发业务，没收违法所得，处以违法批发烟草制品总价值的50%以上一倍以下的罚款。

六、任何单位和个人禁止销售走私、假冒商标、无注册商标和非法生产的烟草制品及霉坏、变质的烟草制品；违者，一律依法处罚，没收违法所得和违法烟草制品，情节严重构成犯罪的依法追究刑事责任。

七、运输烟草专卖品，必须持有烟草专卖品准运证。违者，依法查处，非法运输烟草专卖品价值超过 5 万元或者运输卷烟数量超过 100 件的，没收违法运输的烟草专卖品和违法所得。对涉嫌违法运输烟草专卖品的交通工具（含特种用途车辆），由烟草专卖行政主管部门会同公安等部门依法实施现场检查。各有关部门在道路、车站、码头、机场设置的检查站（口），应予积极支持配合。

八、各有关部门查获的烟草专卖品，一律交由当地烟草专卖行政主管部门依法处理，不得擅自罚款放行。对查获的假冒商标烟草制品和霉变、变质的烟草制品，由烟草专卖行政主管部门按照国家有关规定公开销毁，禁止以任何方式销售。

九、对检举揭发非法生产、经营、运输烟草专卖品或协助烟草稽查有功的单位和个人，依照有关政策规定给予奖励。对拒绝、阻碍或以暴力威胁等方式抗拒、阻挠烟草专卖行政执法人员依法执行公务的，由公安机关依法处罚；情节严重构成犯罪的，依法追究其刑事责任。

十、本通告自发布之日起执行。

二〇〇三年八月十八日

湖南中烟工业公司文件

湘烟工〔2003〕203号

湖南中烟工业公司关于转发《国家烟草专卖局关于常德卷烟厂兼并零陵卷烟厂的批复》的通知

常德卷烟厂、零陵卷烟厂：

现将《国家烟草专卖局关于常德卷烟厂兼并零陵卷烟厂的批复》（国烟法〔2003〕746号）转发给你们，请认真贯彻执行。工业公司结合工作实际，提出如下意见：

一、在常德卷烟厂兼并零陵卷烟厂的交接过渡期间，两厂应成立交接机构，负责处理交接事宜。常德卷烟厂兼并零陵卷烟厂后，取消零陵卷烟厂法人资格，成为常德卷烟厂零陵卷烟分厂，有关工商、税务手续要按规定及时办理；资产划转、产权登记手续，以2003年12月31日为基准日，按国家关于国有资产管理的规定及时申报、办理。

二、零陵卷烟厂被兼并后，各项工作以2003年12月31日为基准日向常德卷烟厂移交，由常德卷烟厂接收后行使管理权，需按规定报经有关部门批准的，由常德卷烟厂负责申报，原零陵卷烟厂的生产计划由省工业公司统一下达给常德卷烟厂，各类统计报表均由常德卷烟厂统一上报。

三、零陵卷烟厂被兼并后，其职工由常德卷烟厂统一管理，常德卷烟厂要按照《常德卷烟厂与零陵卷烟厂实施兼并重组的协议书》的有关协议安排使用，享受有关待遇。

四、两厂的兼并移交工作要主动向当地政府汇报，企业兼并涉及对原零陵卷烟厂产品商标的使用、职工社会统筹、党群工团组织管理等具体问题，常德卷烟厂要按规定协调地方有关部门妥善处理。两厂兼并涉及常德市、永州市政府的财税调整，按省政府湘府阅〔2003〕106号会议纪要执行。

五、两厂要切实做好职工思想政治工作，确保兼并工作顺利进行，确保企业和社会稳定。

六、常德卷烟厂兼并零陵卷烟厂后，应及时向社会公告，并将有关情况向省工业公司报告。

交接工作要在2004年3月底以前完成，常德卷烟厂在资产重组后，要进一步转换机制、调整结构，加强管理，依靠科技进步，不断提高经济效益，为湖南卷烟工业做优做大做强作出更大贡献。

二〇〇三年十二月十九日

国家烟草专卖局文件

国烟法〔2003〕746号

国家烟草专卖局
关于常德卷烟厂兼并零陵卷烟厂的批复

湖南中烟工业公司：

《湖南中烟工业公司关于常德卷烟厂兼并零陵卷烟厂的请示》（湘烟工办〔2003〕181号）收悉。经研究，批复如下：

1. 同意常德卷烟厂兼并零陵卷烟厂，取消零陵卷烟厂法人资格，成为常德卷烟厂零陵卷烟分厂，保留零陵卷烟生产点，实行内部核算和目标管理。

2. 同意按规定报经有关部门批准后，将零陵卷烟厂国有资产划归常德卷烟厂统一管理，由常德卷烟厂对兼并后的国有资产承担保值增值责任。原零陵卷烟厂的30万箱卷烟计划指标划归常德卷烟厂统一调配，零陵卷烟分厂的产供销、人财物由常德卷烟厂统一管理。

3. 要全面加强对兼并工作的组织领导，在稳定中推进改革，通过改革促进平稳发展，切实做好职工的思想政治工作，深化企业内部劳动、用工和分配制度改革，加强企业党、团和工会工作，全面提高企业管理水平。

4. 要妥善解决地方政府的既得利益，争取地方政府对兼并工作的理解和支持，确保整个兼并工作的顺利完成和企业生产经营的平稳发展。

5. 在兼并过程中，要严格按照《中华人民共和国烟草专卖法》及其实施条例和国家烟草专卖局的有关规定，及时变更烟草专卖生产企业许可证，加强专卖管理。

6. 请按有关规定抓紧办理财政、财务、资产、工商、税务登记等报批和变更手续。

请将企业兼并及运行情况及时报告国家烟草专卖局。

二〇〇三年十二月十二日

国家烟草专卖局文件

国烟法〔2005〕790号

国家烟草专卖局关于
成立永州天顺烟叶复烤有限责任公司的批复

湖南省烟草专卖局（公司）：

《湖南省烟草专卖局关于零陵烟叶复烤厂改制的请示》（湘烟法〔2005〕370号）收悉。经研究，现批复如下：

一、同意成立永州天顺烟叶复烤有限责任公司，公司经营范围为烟叶委托加工。

二、永州天顺烟叶复烤有限责任公司的注册资本为15000万元人民币，其中湖南省烟草公司永州市公司以零陵烟叶复烤厂经评估后的实物资产9100万元出资，占60.67%；颐中烟草（集团）有限公司、常德卷烟厂各出资2000万元，各占13.33%；长沙卷烟厂出资1000万元，占6.67%；南京卷烟厂出资900万元，占6.00%。

三、原则同意永州天顺烟叶复烤有限责任公司章程，请按有关法律法规和此批复进一步修改、完善。

四、永州天顺烟叶复烤有限责任公司成立后，应按《中华人民共和国公司法》的有关规定建立健全法人治理结构，建立现代企业制度，加强管理，提高经济效益。

五、请你局（公司）据此批复，抓紧办理申请烟草专卖许可证、工商注册登记、税务登记等相关手续。

二〇〇五年十二月八日

永州市中级人民法院
永州市人民检察院
永州市公安局
永州市烟草专卖局
文件

永烟局〔2005〕93号

永州市中级人民法院　永州市人民检察院
永州市公安局　永州市烟草专卖局
印发《关于建立烟草制品打假协作机制的意见》的通知

各县（区）人民法院、人民检察院、公安局、烟草专卖局：

现将《关于建立烟草制品打假协作机制的意见》印发给你们，请根据本意见，结合实际情况和需要，建立本地区的烟草制品打假协作机制。

永州市中级人民法院　永州市人民检察院
永州市公安局　永州市烟草专卖局

二○○五年十月十日

关于建立烟草制品打假协作机制的意见

为全面贯彻落实上级整顿和规范市场经济秩序的部署，统一执法思想，形成打击合力，严厉打击破坏烟草市场经济秩序和制售假冒伪劣烟草制品违法犯罪活动，进一步确保我市烟草制品打假协作规范化、制度化，根据湖南省高级人民法院、湖南省人民检察院、湖南省公安厅、湖南省烟草专卖局《关于建立烟草制品打假协作机制的意见》（湘烟专〔2005〕251号）文件精神，结合我市实际，市中级人民法院、市人民检察院、市公安局、市烟草专卖局经过共同协商，决定建立烟草制品打假协作机制。

一、组织领导

为加强组织领导，成立永州市烟草制品打假协作领导小组，由市委政法委副书记肖斌任组长，市中级人民法院副院长肖达明、市人民检察院副检察长付玲玲、市公安局副局长涂乙林、市烟草专卖局副局长秦江顺任副组长，下设办公室于永州市烟草专卖局专卖监督管理科。

办公室主任：市烟草专卖局专卖监督管理科
科长、稽查支队支队长　吕建国
副　主　任：市中级人民法院刑事审判第二庭庭长　管文元
市人民检察院侦查监督处处长　郝梓安
市人民检察院渎职犯罪侦查局副局长　唐世斌
市公安局治安警察支队支队长　何永清

各县（区）要结合本地实际建立相应的组织领导机构。

二、工作方式

市烟草制品打假协作领导小组定期召开联席会议，一般每半年召开一次。会议主要分析烟草制品打假工作中遇到的困难和问题，研究解决问题的办法，通报和总结烟草制品打假工作开展情况，部署下一步的工作。联席会议由市烟草制品打假协作领导小组牵头组织，由市烟草专卖局承办。

联席会议研究的问题和通过的事项，由市烟草制品打假协作办公室负责形成会议纪要，发送到各县（区）法院、检察院、公安机关和烟草部门，同时抄报有关部门。

各县（区）烟草制品打假协作领导小组要定期召开联席会议，一般每年至少召开一次。各有关职能部门要指定专人担任联络员。

三、工作内容

（一）依法组织查办制售假冒伪劣烟草制品案件，治理整顿烟草市场

依法组织查办涉嫌生产、销售假冒伪劣烟草制品，为生产、销售假冒伪劣烟草制品活动提供机器设备（包含机器零部件）、原辅材料、技术、资金、票据、证明、场地、仓储、车辆、销售渠道等设施和条件，窝藏、转移非法制售的烟草制品，以暴力、威胁方法阻碍执法和煽动群众暴力抗法等违法犯罪案件，依法对涉嫌制售假冒伪劣烟草制品违法犯罪人员进侦查、批捕、起诉、审判，严厉打击生产、销售假冒伪劣烟草制品违法犯罪活动，治理

整顿烟草市场，严肃追究纵容、包庇和参与制售假冒伪劣卷烟违法犯罪活动的公职人员。

（二）督促、指导大要案件和疑难案件的查办

各有关职能部门要指定专门部门和人员组成联合督导组，对全市重点地区制售假冒伪劣烟草制品等大要案件和疑难案件进行督导和检查，及时解决案件查处工作中存在的问题；对进入司法程序的制售假烟、非法拼装倒卖烟机设备、非法经营烟用原辅材料等重大和疑难案件，领导小组要依法及时组织协调、督办。各有关职能部门要加强本系统对制售假冒伪劣烟草制品案件查办情况的监督和指导。对重大、疑难个案的处理，领导小组要及时召开会议，组织协调，研究制定方案，形成统一处理意见。

（三）研究适用法律问题

结合我市实际，针对制售假冒伪劣烟草制品案件侦查、调查取证、起诉、审判等环节中出现的新情况、新特点，定期或不定期地组织开展调查研究，提出适用法律指导意见，并制定规范性文件，切实解决工作中遇到的难点问题。

为解决查处生产、销售伪劣烟草制品案件中遇到的一些适用法律方面的问题，根据法律和司法解释的有关规定，领导小组就办理假冒伪劣烟草制品等刑事案件中一些带有普遍性的具体适用法律问题形成了如下共识：

在生产、销售、运输、储存等诸多环节查获的假冒伪劣烟草制品尚未销售且未标价的，其货值金额按《关于办理假冒伪劣烟草制品等刑事案件适用法律问题座谈会纪要》（高检会〔2003〕4号，以下简称《会议纪要》）规定认定。

（四）及时通报有关信息

各有关职能部门要建立信息平台和信息通报制度，及时通报有关信息。市烟草制品打假协作机制办公室要做好有关职能部门的协调工作，收集、总结、通报有关

职能部门烟草制品打假情况，编发简报，交流信息资料，对重大案件要及时向党委、政府汇报；烟草部门通报查办制售假冒伪劣烟草制品案件及向公安机关移送涉嫌犯罪案件的情况；公安机关通报烟草部门移送案件的受案、立案、追逃、强制措施适用，呈捕、移送起诉及撤案情况；检察机关通报烟草制品打假案件的立案监督、批捕、起诉情况以及依法监督公职人员在烟草制品打假工作中违法乱纪、失职读职的处理情况；法院通报烟草制品打假案件的审判情况。烟草部门要及时向公安机关移送涉嫌犯罪案件的线索，公安机关要及时向烟草部门反馈查办案件的情况。在做好保密工作的前提下，各有关职能部门应及时交换各自的工作简报、信息等，加强相互沟通。

（五）加强宣传培训工作

广泛运用电视、报纸等新闻媒体以及张贴打假通告等形式，宣传烟草专卖法律法规及其相关司法解释，加强对制售假冒伪劣烟草制品重大案件的查处及审判情况的宣传报道工作。根据需要组织各有关职能部门开展烟草专卖法律法规及其相关侦查、办案技巧等内容的学习培训活动，提高办案水平。

（六）实行检查考评制度

市烟草制品打假协作领导小组各成员单位要把烟草制品打假工作列入重要日程，认真贯彻落实《会议纪要》精神。市烟草制品打假协作领导小组每年对各县区的烟草制品打假工作进行一次检查、总结考评，并将检查考评结果通报全市。对工作扎实、打击效果好以及在办理制售假冒伪劣烟草制品案件中有突出贡献的单位和个人予以表彰奖励。

四、工作要求

（一）加强基层烟草制品打假协作组织机构建设。各成员单位要认真贯彻落实《会议纪要》和《湖南省高级人民法院、湖南省人民检察院、湖南省公安厅、湖南省烟草专卖局印发<关于建立烟草制品打假协作机制的意见>的通知》精神，组织领导本系统做好烟草制品打假协作的有关工作，各县区有关职能部门要建立健全烟草制品打假协作机制，形成上下一致、相互协调的组织领导体系，切实提高领导和组织协作能力。

（二）狠抓重点案件的查处工作，积极开展适用法律问题研究。各成员单位要针对在办理烟草制品打假案件过程中出现的问题，进行深入调查研究，制定具体措施，把思想认识和具体做法统一到《会议纪要》上来。要列出重点案件予以督促和指导，提高运用司法手段打击制售假冒伪劣烟草制品违法犯罪活动的能力，切实推动重大案件的依法、及时办理。

（三）明确工作职责。市烟草制品打假协作领导小组主要负责全市烟草制品打假工作的组织协调，组织督办大要案件和疑难案件，及时向党委、政府和有关部门通报烟草制品打假情况，督促落实打假工作责任制，烟草部门主要负责依法查办制售假冒伪劣烟草制品案件，并对烟草市场管理情况和烟草制品打假工作责任制落实情况提出意见，公安机关主要负责对制售假冒伪劣烟草制品、非法拼装倒卖烟机设备、非法经营烟用原辅材料等涉嫌犯罪案件的侦办工作，对有关部门提供的制售假冒伪劣烟草制品案件线索要认真侦查经营，检察机关主要负责制售假冒伪劣烟草制品案件的立案监督、批捕、起诉工作以及对烟草制品打假工作责任制落实情况的监督，对违法乱纪、失职读职的公职人员责任追究等工作，法院主要负责制售假冒伪劣烟草制品案件的审判和审判实践中遇到问题的解释工作。

湖南省烟草专卖局文件

湘烟法〔2006〕96号

湖南省烟草专卖局关于
取消零陵烟叶复烤厂法人资格的批复

湖南省烟草公司永州市公司：

你司《湖南省烟草公司永州市公司关于注销零陵烟叶复烤厂法人资格的请示》（永烟司〔2006〕26号）收悉。现批复如下：

根据《国家烟草专卖局关于成立永州天顺烟叶复烤有限责任公司的批复》（国烟法〔2005〕790号）精神，鉴于有关企业已共同组建永州天顺烟叶复烤有限责任公司，经研究，同意取消零陵烟叶复烤厂法人资格，其资产、负责、权益全部划归你司。

二〇〇六年三月二十八日

国家烟草专卖局文件

国烟法〔2006〕276号

国家烟草专卖局关于
取消湖南省烟草公司永州市公司所属
10家县级烟草公司法人资格的批复

湖南省烟草专卖局：

《湖南省烟草专卖局关于取消湖南省烟草公司永州市公司所属县级烟草公司法人资格的请示》（湘烟法〔2006〕64号）收悉。经研究，现批复如下：

一、同意取消湖南省烟草公司祁阳县公司、湖南省烟草公司东安县公司、湖南省烟草公司永州市芝山区公司、湖南省烟草公司双牌县公司、湖南省烟草公司宁远县公司、湖南省烟草公司道县公司、湖南省烟草公司新田县公司、湖南省烟草公司江永县公司、湖南省烟草公司江华瑶族自治县公司、湖南省烟草公司蓝山县公司等10家县级烟草公司法人资格。上述县级烟草公司法人资格取消后，设立相应的营销部。

二、上述10家县级烟草公司法人资格取消后，其全部资产无偿划转至湖南省烟草公司永州市公司。10家县级烟草公司所在地的县级烟草专卖局予以保留，负责辖区内的烟草专卖管理工作。

三、10家县级烟草公司法人资格取消后，永州市烟草专卖局（公司）要进一步完善卷烟营销管理体制，不断加强专卖管理和烟叶生产经营工作。

四、请你局据此批复，抓紧落实资产划转报批工作，及时督促办理工商、税务、烟草专卖许可证等相关手续。

二〇〇六年四月二十一日

湖南中烟工业公司文件

湘烟工〔2006〕271号

湖南中烟工业公司关于印发《湖南中烟工业公司卷烟厂管理办法（暂行）》的通知

各卷烟厂，公司各部、室、中心：

现将《湖南中烟工业公司卷烟厂管理办法（暂行）》印发给你们，请遵照执行。

附件：湖南中烟工业公司卷烟厂管理办法（暂行）

二〇〇六年十一月十五日

附件：

湖南中烟工业公司卷烟厂管理办法（暂行）

根据湘烟工〔2006〕244号文件精神，公司对长沙卷烟厂、常德卷烟厂、零陵卷烟厂、郴州卷烟厂、吴忠卷烟厂和四平卷烟厂等六个卷烟生产厂实行母分公司管理。为充分调动各卷烟厂的积极性，确保公司生产经营和各项管理工作有序开展，特制定本办法。

一、基本原则

（一）尊重规律，发挥优势：从实际出发，按客观规律办事，注重传承，发挥各卷烟厂的文化、管理等优势。

（二）充分授权，稳定基础：根据国家局要求和企业目前实际情况，以预算和目标管理为主线，充分授予各卷烟厂各项权利，注重发挥卷烟厂作为公司生产主体的基础性作用和各层面的积极性。

（三）突出重点，权责统一：坚持分类管理和指导相结合，突出卷烟厂作为相对独立的经济单元在公司的重要地位，继续维护公共关系管理，重点加强成本费用控制和承担生产、质量、安全、维稳、计划生育等方面的直接责任，同时履行好公司授予的相关职责。

（四）纵横畅通，精干高效：核心业务做到纵横贯通，责任主体内的工作实现精干高效、衔接紧密，体现简捷、高效、顺畅的特点。

（五）平稳推进，持续优化：定位明确，责任明晰，因地因时制宜，平稳过渡，按照公司要求，不断优化管理设计，建立健全管理体系和规章制度，推进卷烟厂“国内一流、国际先进”的建设步伐。

（六）以人为本，和谐发展：推进人性化管理，加强职业化团队建设；充分发挥资源组合优势，实现湖南烟草工业可持续发展，注重各方利益的多赢。

二、核心职能及要求

（一）生产设备管理

1. 负责按公司下达的计划组织生产，提高生产效率，按时完成卷烟生产任务。

2. 负责本厂烟叶、卷烟材辅料、成品及其它物资的贮存（含烟叶的仓储养护）与配送。

3. 负责本厂设备设施管理，提高设备的完好率和有效作业负责协助公司开展品牌许可生产工作。

（二）工艺质量管理

1. 负责执行公司下达的各项工艺质量技术标准。

2. 质检站配合公司技术中心质检管理机构对集中采购物资和让售物资进行进货检验；代表卷烟厂对授权采购物资和自行采购物资进行进货检验。

3. 负责卷烟成品、半成品及其它物资（含在线生产和外运物资）的监督检验；参与烟叶质量监督检查，参与打叶复烤中的过程质量控制；负责生产投料前烟叶的质量把关。

4. 负责本厂生产的卷烟产品的过程工艺质量管理，配合公司开展产品维护工作，对生产产品制造质量负责。

5. 按公司要求，负责本厂生产的卷烟产品的顾客抱怨及相
关处理工作。

6. 负责本厂质量改进和群众性技术创新活动的开展。

（三）安全与维稳

1. 负责本厂生产安全、安全教育、内部保卫、消防、治安综合治理、交通安全、劳动保护、环境保护、武装民兵等工作。

2. 按要求开展专卖管理，并参与属地卷烟打假工作。

3. 负责开展本厂法制宣传、非诉讼法律事务处理；按公司授权，开展诉讼法律事务处理。

4. 负责本厂纪检监察和廉政建设工作。

5. 负责本厂信访接待与维稳工作。

（四）财务审计管理

1. 执行公司的财务审计规章制度。

2. 负责编报本厂的财务预算，执行审批后的财务预算。

3. 负责本厂的会计核算、财务和审计管理。

4. 负责本厂内部财务成本管理。

5. 负责本厂所使用固定资产的管理。

（五）队伍建设

1. 执行公司劳动、人事、薪酬福利政策。2、负责本厂人力资源的管理与开发。

3. 负责本厂的劳动用工管理。4、负责制定本厂竞争激励和约束机制。

5. 按照公司规定和要求，负责管理本厂中层管理人员，并开展后备梯队建设。

（六）思想政治工作

1. 负责本厂党、工、团工作。

2. 负责在公司文化的整体架构下，对本厂企业文化进行推广和建设。

3. 负责本厂员工思想政治工作。

（七）其它

1. 负责本厂离退休、退养人员的管理。

2. 根据公司授权，负责多种经营管理等其它工作。

3. 负责本厂公共关系管理与维护。

4. 完成公司布置的其它工作任务。

三、实施办法

公司对卷烟厂“资产、品牌、采购、销售”实行统一管理，根据实际情况赋予卷烟厂一定的生产、管理自主权，并按照“责、权、利”相结合的原则，对卷烟厂实行目标和预算管理，具体实施办法如下。

（一）目标管理

1. 目标制定与下达

公司综合计划部（企业管理部）牵头，会同公司相关部门和卷烟厂，根据公司年度生产经营目标和其它工作任务，结合各卷烟厂实际情况，拟订《目标管理责任书》，报公司审批后下达。

2. 目标分解与实施

卷烟厂根据公司的要求负责对目标进行分解，并组织目标的实施和内部考核。

3. 目标评估与调整

公司结合内外环境和卷烟厂实际情况，年中组织一次目标评估与调整。卷烟厂组织对所辖车间、部室及多种经营企业的目标评估与调整。

4. 目标检查

卷烟厂按照公司要求，定期向公司报送目标实施情况。由综合计划部（企业管理部）牵头组织定期或不定期的检查。卷烟厂对目标执行中存在的问题进行改进，确保目标实现。

5. 目标评价

公司根据卷烟厂年度目标完成情况，对照《目标管理责任书》进行工作绩效评价，评价结果作为对卷烟厂班子业绩考核的依据。

（二）计划管理

1. 年度计划

公司综合计划部（企业管理部）牵头，会同公司相关部门和卷烟厂制定年度总体计划，并以公司文件下发卷烟厂，卷烟厂按有关规定具体组织实施。

2. 预算外计划

申报：卷烟厂须向公司申报增加计划的申请报告，内容包括计划项目、必要性与可行性分析、资金预算、计划进度及具体措施等。

审批：公司综合计划部（企业管理部）组织相关部门对卷烟厂申报的预算外计划项目进行评审，公司总经理或授权分管计划预算的副总经理批准后下达。

3. 月度生产计划

公司综合计划部（企业管理部）下达月度生产计划，卷烟厂按下达计划与进度要求组织实施，公司生产管理部对卷烟厂计划执行情况进行督促检查。

（三）统计报表管理

1. 按照《中华人民共和国统计法》和行业相关规定，卷烟厂负责开展属地统计相关工作。

2. 根据公司统计管理规定，卷烟厂定期向公司报送统计报表。

3. 统计报表分日报、月报、季报、年报。

4. 统计报表的报送格式须与公司的统计报表格式统一。

5. 经公司审批后，卷烟厂可向外报送有关统计报表，

（四）财务管理

1. 统一管理

公司实行统一的会计政策、核算办法和财务管理制度；统一资金筹措、运用；统一组织会计人员专业技术培训和从业资格检查。

2. 分级核算

卷烟厂按公司统一会计制度要求，进行分级会计核算，定期报送本厂内部成本费用预算和经济活动分析等基础资料。省外卷烟厂在目前就地缴纳流转税的情况下，除按规定组织成本费用核算外，负责本厂调拨卷烟及原材料销售的内部核算，计缴相关税费。

3. 集中纳税

公司对企业所得税、增值税、消费税及以此为基数计算的城建税与教育费附加，在公司本部实行统一计算、统一申报、集中缴纳，其他各项地方税收由公司和各卷烟厂依法核算，分别缴纳。省外卷烟厂暂按目前税收征收管理方式计提、缴纳相关税收。

4. 预算控制

公司对卷烟厂实行全面预算管理，卷烟厂根据《湖南中烟工业公司预算管理》组织本厂的预算编制、审核、执行、分析和控制等工作，在公司批复的预算内组织生产经营。

5. 分析评价

公司对卷烟厂会计核算、预算控制等财务工作进行分析评价，年度评价与日常评价相结合、过程评价与结果评价相结合，评价结果与目标管理挂钩。

（五）审计监督管理

1. 卷烟厂根据公司要求和授权，开展内部审计工作，并接受公司审计部的业务指导。

2. 卷烟厂负责对所属多种经营企业和相关业务进行审计，并将审计结论年底报公司审计部备案。

3. 卷烟厂负责对本厂业务部门中层管理人员进行离任审计，并将审计结论报公司人力资源部备案。

4. 公司审计部定期或不定期对卷烟厂进行审计监督检查。

（六）办公室管理

1. 公文管理

（1）公司办公室负责归口管理和签转卷烟厂上报公司的公文。

（2）卷烟厂办公室负责归口管理和签转公司下发卷烟厂的公文。

（3）卷烟厂原则上不得独立向行业主管部门及非属地相关部门呈报公文。如确需行文，由公司办公室根据文件内容、性质和事由，确定卷烟厂或公司行文。属于卷烟厂呈报的公文，其公文材料需经公司办公室预审，公文需同时抄报公司。

2. 公共关系管理

（1）卷烟厂负责按公司要求开展本厂公共关系管理工作。

（2）卷烟厂与公司各部门的工作衔接，实行对口联系与归口管理。与生产相关的事务由生产管理部归口管理，其它工作实行对口联系。

3. 印章管理

（1）卷烟厂一级行政章、党委章、纪委章、团委章、工会委员会章、财务专用章、发票专用章、公司授权卷烟厂签订的合同专用章由公司统一制发、备案。

（2）卷烟厂其它印章由其自行管理。

4. 卷烟厂按公司要求建立重大事项及时报告制度。

（七）人力资源管理

1. 干部管理

卷烟厂党委负责本厂中层干部的管理工作，其选拔和处理需报公司备案，并按要求做好班子后备干部的选拔、使用等管理工作。

2. 工资、保险、福利管理

（1）公司按照“尊重历史，共享发展，注重效率，体现公平”的原则，核定卷烟厂年度工资发放计划。随着公司的发展，逐步缩小企业员工之间各种利益的差异，充分维护员工的合法权益。

（2）卷烟厂根据公司核定的年度工资发放计划，在公司人力资源部的指导下制定具体的工资分配办法，并报公司备案。

（3）卷烟厂根据国家政策、行业以及当地的有关规定，按属地管理原则为员工办理各类社会保险金；卷烟厂员工的福利，由卷烟厂在福利费用总额内按照国家和行业有关规定自主使用，并报公司备案。

（4）卷烟厂的内退员工及离退休人员由卷烟厂负责管理。在公司未出台新的政策前，卷烟厂内部退养政策暂维持不变

3. 人员招聘（不含劳务用工）

卷烟厂负责向公司申报用人需求（新进人员），公司批准后，由公司人力资源部统一组织招聘。

4. 员工劳动合同管理

（1）公司授权卷烟厂与员工依法、依规开展劳动合同

的签订、变更、续签、解除、终止等工作。劳动合同的解除和终止需报公司备案。

（2）卷烟厂在公司授权范围内，积极稳妥地处理卷烟厂员工的劳动争议。

5. 教育培训管理

卷烟厂员工培训计划纳入公司整体培训计划。卷烟厂负责按公司要求申报培训计划及预算，批准后按要求执行。

6. 职称和职业技能鉴定管理

（1）卷烟厂在公司的指导下，负责组织本厂各类专业技术人员的职称考试或评审申报工作，组织员工申报参加职业技术资格鉴定工作。

（2）根据工作需要，具体组织聘任本厂专业技术人员和职业技能人员，并报公司人力资源部备案。

7. 卷烟厂员工违纪违规，在公司未出台统一管理办法前，暂由卷烟厂按原规定负责处分或处理，其处分或处理结果需报公司人力资源部备案。

8. 卷烟厂负责按照公司管理要求，按时上报各类人事、劳资报表（含月报、季报和年报）。

（八）卷烟配送管理卷烟厂按公司签订的销售合同与下达的配送计划，组织卷烟仓储和配送工作。

（九）物资采购管理

1. 烟叶、丝束、嘴棒、卷烟纸等专卖物资、主要的非专卖物资、部分大宗物

资，由公司统一订货采购，合同执行时货物分别发送至各卷烟厂。其中，省外卷烟厂丝束、卷烟纸按原有方式实施采购。

2. 设备零配件（含部分常规进口零配件）、低值易耗品、办公用品、劳保用品、燃料等由卷烟厂自行采购。

3.《授权采购的物资品种目录》由公司发布。

4. 卷烟厂之间的物资调剂，由公司统一协调，调剂价格按平进平出或双方协商的原则执行。

5. 供应商管理。集中采购与授权采购的物资，其供应商由公司统一管理；自行采购的物资，其供应商由卷烟厂自行管理。公司未重新开展资质认证工作前，卷烟厂原供应商资格暂保留。

（十）设备管理

1. 设备购置、报废、调剂

（1）主要生产设备的申购、选型、报废等由卷烟厂提出申请，由公司生产管理部牵头组织论证，批准后，组织或授权卷烟厂实施。

（2）与烟草工艺相关的计量器具、检测仪器配置选型由卷烟厂提出申请，由公司生产管理部牵头组织论证，批准后，组织或授权卷烟厂实施。低值易耗、易损计量器具由卷烟厂自行组织论证、购置。

（3）其它非专卖设备的申购、选型等由卷烟厂组织论证和实施。

（4）设备调剂由公司生产管理部统筹管理，卷烟厂配合实施。

2. 设备（设施）维护

（1）卷烟厂负责设备（设施）与计量器具的日常维护、维修与检定。

（2）项修及其以上级别的设备维修、改变设备原有结构或功能的设备改造计划和技术改进，按公司规定程序审批同意后，由卷烟厂自行组织实施。

（3）需要外协的设备（设施）维修、改造或计量检定，由卷烟厂自行组织实施，报公司备案。

3. 负责本厂使用固定资产的实物管理、使用和维护。

（十一）工艺质量管理

1. 质量体系管理

（1）质量管理体系由公司综合计划部（企业管理部）归口管理。

（2）卷烟厂负责本厂质量体系的日常管理和内部质量体系审核的组织。

（3）外部质量体系审核工作由公司统一组织，在公司未统一质量管理体系前，卷烟厂按原第三方审核机构组织外审，审核结果报公司综合计划部（企业管理部）备案。

2. 工艺质量控制（1）卷烟厂按照公司技术中心下达的工艺质量技术标准，组织本厂卷烟产品的过程工艺质量管理。

（2）卷烟厂对授权采购物资和自行采购物资进行进货检验，配合公司技术中心质检机构对集中采购物资和让售物资进行进货检验。

（3）卷烟厂负责组织本厂卷烟成品、半成品及其它物资（含在线生产和外运物资）的监督检验。

3. 长沙、常德两卷烟厂参与本厂生产品牌烟叶的质量监督检查，参与打叶复烤中的质量控制。各卷烟厂负责生产投料前烟叶的质量监督，配合技术中心品牌维护组参与品牌维护工作。

4. 质量事故处理按照公司相关规定执行。

5. 卷烟厂协助公司开展品牌许可生产工作：参与生产前对合作方的评估改进；参与小批量试生产；按计划组织生产，负责过程质量控制和外运物资的生产、配送；参与均质化能力和水平的评审。

6. 卷烟厂按公司要求组织本厂生产卷烟的售后服务工作。

（十二）信息化管理

1. 卷烟厂按照公司的统一规划开展信息化工作。

2. 卷烟厂信息设备及备件的购置，由卷烟厂按公司审批后的年度购置计划及预算进行，并报公司信息中心备案。

3. 小型机及网络系统（含通讯）建设和应用系统开发由卷烟厂提出需求，报公司信息中心审批，卷烟厂按公司要求或配合公司组织实施。

4. 卷烟厂负责本厂信息系统的使用维护工作。

（十三）安全保卫法律事务管理

1. 公司对卷烟厂实行安全目标责任制管理，卷烟厂接受公司安全保卫部的指导、检查和考核。

2. 公司对卷烟厂的综合治理和安全生产工作进行监督检查，卷烟厂定期报送相关报表。

3. 卷烟厂在法律事务、专卖和打假管理等方面接受公司法

律与改革部的业务指导，并按公司要求开展工作。

（1）卷烟厂发生诉讼案件，须向公司报告，经公司授权委托后方可代理。

（2）授权范围内的合同管理，由卷烟厂按规定程序办理；授权范围外的合同管理，须经公司授权委托，按公司规定程序办理

（3）卷烟厂按专卖管理要求，负责授权范围内的专卖管理工作。

（4）卷烟厂按公司要求或配合公司在属地开展卷烟打假工作。

（十四）思想政治工作

1. 政工目标管理

政工目标管理作为公司目标管理的组成部分，纳入公司对卷烟厂的目标考核。

2. 党、团工作

（1）按照党章规定和属地管理的原则，卷烟厂党委接受公司党组和地方党组织的双重领导，以公司党组领导为主。根据团章规定，卷烟厂团委在卷烟厂党委的领导下开展工作。

（2）卷烟厂负责内部党、团组织的日常工作。

3. 企业文化建设

（1）卷烟厂配合公司开展企业文化建设工作，并按公司要求，负责本厂的企业文化推广工作。

（2）卷烟厂开展重大企业文化活动，须报公司思想政治工作部审批和备案。内部宣传工作（1）卷烟厂对内宣传工作在卷烟厂党委领导下，具体组织实施，并接受公司思想政治工作部的指导与检查。

（2）负责本厂员工思想政治工作。着重抓好维稳工作，提高员工队伍素质，增强凝聚力。

（十五）纪检监察管理

1. 卷烟厂纪检监察工作接受同级党委和公司党组纪检组的双重领导，公司党组纪检组应加强对卷烟厂纪检监察工作的管理和指导，各卷烟厂同时接受地方纪检监察机关的工作指导。

2. 卷烟厂按公司要求或配合公司，开展本厂纪检监察工作，行使监督职能。

3. 卷烟厂在授权范围内，按党纪、政纪处分的批准权限和程序，决定或改变对党组织或党员、干部的党纪、政纪处分，处理结果报公司备案。

4. 卷烟厂定期向公司监察部报送纪检监察工作情况。

（十六）工会管理

1. 各卷烟厂工会组织实行属地管理。

2. 根据《中华人民共和国工会法》的要求，卷烟厂实行职代会制度，依照法律规定参与卷烟厂民主管理。

（十七）多种经营管理

1. 归口管理

公司投资管理部是公司、各卷烟厂所辖多种经营企业（含公司直属单位）的主管部门，代表公司行使出资者的权利。

2. 授权管理

公司授权卷烟厂对卷烟厂所辖多种经营企业实行日常管理。

3. 运行管理

卷烟厂所辖多种经营企业按公司法要求运作，其经营范围、运行方式、财务管理、人员管理等方面暂维持不变。

四、本办法由公司综合计划部（企业管理部）负责解释。

五、本办法从2006年11月16日起实施。

湖南省烟草专卖局文件

湘烟法〔2007〕392 号

湖南省烟草专卖局关于湖南省烟草公司永州市公司建立母子公司体制改革实施方案和公司章程的批复

永州市烟草专卖局、湖南省烟草公司永州市公司：

《湖南省烟草公司永州市公司关于呈报建立母子公司体制改革的实施方案和公司章程的请示》（永烟司〔2007〕148 号）收悉。经研究，现批复如下：

一、原则同意《湖南省烟草公司永州市公司建立母子公司体制的改革实施方案》和《湖南省烟草公司永州市公司章程》。

二、湖南省烟草公司永州市公司是中国烟草总公司湖南省公司的全资子公司，是由原湖南省烟草公司永州市公司改制成立的国有企业。湖南省烟草公司永州市公司所属祁阳、东安、零陵（原芝山）、双牌、宁远、道县、新田、江永、江华、蓝山营销部，改为湖南省烟草公司永州市公司的分公司，名称分别为湖南省烟草公司永州市公司祁阳县、东安县、零陵区、双牌县、宁远县、道县、新田县、江永县、江华瑶族自治县、蓝山县分公司。撤销湖南省烟草公司永州市公司冷水滩营销部，其职责并入湖南省烟草公司永州市公司。

三、湖南省烟草公司永州市公司的出资人变更为中国烟草总公司湖南省公司湖南省烟草公司永州市公司的国家资本变更为国有法人资本。

四、湖南省烟草公司永州市公司工商注册的经营范围：卷烟 雪茄烟经营 烟叶生产经营；烟草农用物资经营；卷烟、烟叶包装所需的物料经营；烟草种子加工销售；房屋租。

五、湖南省烟草公司永州市公司的注册资本，应与国家烟草专卖局、中国烟草总公司批复的企业所有者权益中的实收资本数一致。

六、湖南省烟草公司永州市公司的领导班子和领导成员由湖南省烟草专卖局、中国烟草总公司湖南省公司负责管理。

七、相关要求

1. 要依照湖南省烟草专卖局、中国烟草总公司湖南省公司的有关规定，充分发挥投资委员会、预算委员会、薪酬委员会的作用，明确职责，规范运作，实现科学决策、民主决策、依法决策。

2. 要加强烟叶生产经营管理和卷烟销售网络建设，提高服务水平，把公司打造成为充满生机和活力的市场经营主体。

3. 要切实按照《中华人民共和国烟草专卖法》《中华人民共和国公司法》、行业政策和公司章程的有关规定，在湖南省烟草专卖局、中国烟草总公司湖南省公司的监督管理下，依法组织生产经营，对全资企业、控股企业、参股企业和国有股份权行使出资人权利，加强管理和监督，承担国有资产保值增值的责任。

4. 要按照省局的有关要求，积极稳妥地推进现代人力资源管理体系建设，依法规范劳动关系，加强劳动合同管理。

5. 撤销冷水滩营销部，要制定详细实施方案，并做好职工的思想教育工作，确保改革平稳过渡。

6. 要按照实施方案、《公司章程》和本批复及国家烟草专卖局、中国烟草总公司有关文件精神组织实施，积极争取地方人民政府和有关部门的支持，及时办理工商注册税务登记、专卖许可证变更手续和资产划转的审批手续。

7. 请将体制改革工作进展情况和在改革过程中遇到的问题及时反馈给省局。

附件：1. 湖南省烟草公司永州市公司建立母子公司体制改革的实施方案

2. 湖南省烟草公司永州市公司章程

二〇〇七年十二月十一日

附件 1：

湖南省烟草公司永州市公司
建立母子公司体制改革的实施方案

为进一步理顺产权关系，转变职能，建立“归属清晰 权责明确、保护严格、流转顺畅”的现代产权制度，提高科学管理、民主管理、依法管理水平，根据国家局《烟草商业企业建立母子公司体制改革的指导意见》和《中国烟草总公司湖南俏公司建立母子公司体制改革的实施方案》的要求，结合永州烟草实际，现制订湖南省烟草公司永州市公司建立母子公司体制改革的实施方案。

一、指导思想

根据国家局（总公司）关于在烟草商业系统建立母子公司体制的重要决策和《中国烟草总公司湖南省公司建立母子公司体制改革的实施方案》，按照“理顺产权、调整职能、规范运作、高效运行”的总体要求，理顺永州市公司与省公司的产权关系建立母子公司体制，形成总公司省公司和永州市公司之间两级管理、三级核算的母子公司体制，尽决将永州市公司培育成为充满生机和活力的市场经营主体，确保国有资产保值增值，进一步推进永州烟草的持续、稳健、协调发展。

二、基本原则

（一）坚持和完善烟草专卖制度；
（二）坚持以市场为取向的改革；
（三）坚持市级公司市场经营主体地位，曾强自主经营管理的生机和活力；
（四）坚持依法经营，规范运作；
（五）坚持妥善处理好各方关系，保持稳定。

三、主要目标

在国家局（总公司）和省局（公司）的正确领导下，通过理顺产权关系，重组业务流程，构建总公司、省公司、永州市公司三级母子公司体制，加快推进永州市公司市场经营主体地位的形成，更好地促进湖南烟叶可持续发展，发挥网络培育品牌、服务客户的功能，维护国家利益和消费者利益，实现国有资产保值增值。

四、实施内容

（一）企业名称、性质

湖南省烟草公司永州市公司的名称不变，仍称为湖南省烟草公司永州市公司，永州市公司是中国烟草总公司湖南省公司的全资子公司。

永州市公司住所：湖南省永州市冷水滩区珍珠路 247 号，邮政编码 425000。

（二）资产划转方案

1. 湖南省烟草公司永州市公司将已通过审计的 2005 年 12 月 31 日净资产决算 233918644.67 元无偿上划中国烟草总公司湖南省公司，再经省公司审核后，划转到总公司。

2. 在总公司将省公司所属净资产投入到省公司之后，再由省公司将原属永州市公司的净资产投入到永州市公司，作为省公司对永州市公司的长期投资。从而构建总公司、省公司、永州市公司三级母子公司体制，形成总公司对省公司、省公司对永州市公司的投资关系。

3. 总公司与省公司、省公司与永州市公司形成母子公司体制后，按规定及时办理资产划转、产权变动登记手续，将永州市公司的国家资本变更为国有法人资本。

（三）湖南省烟草公司永州市公司职能

湖南省烟草公司永州市公司作为中国烟草总公司湖南省公司的全资子公司，依照烟草专卖法和国家局（总公司）、省局（公司）宏观调控政策，依法独立自主经营、自负盈亏，主要职能有：

（1）依据国家法律、法规及行业政策，独立行使法人财产权、经营权，确保国有资产保值增值。

（2）依据烟草专卖法律、法规及行业政策，开展卷烟、雪茄烟营销工作，负责统一采集订单、统一采购货源、统一配送卷烟、雪茄烟；依据国家下达的烟叶生产计划，组织烟叶生产和购销工作。

（3）负责企业内部管理，依据行业政策和省公司的有关规定，健全完善激励约束机制，制订有关工资、奖励的具体办法，加强队伍建设。

（4）按照规定和程序组织实施投资项目。

（5）组织实施省公司制订的经营目标和计划，完成经营任务。

（6）执行国家烟草专卖局、中国烟草总公司及省公司的调控政策。

（7）承担省公司及有关部门交办的其他工作。

（四）湖南省烟草公司永州市公司机关的机构设置

根据国家局（总公司）和省局（公司）有关规定的精神，按照精简、统一和效能的原则，结合永州烟草商业系统实际，调整后永州市公司设职能科室14个，临时部门3个。

1. 职能科室为：办公室/法规科、专卖科/稽查支队、营销中心、物流配送中心、烟叶生产经营部、财务科、审计科、人劳科/离退休人员管理科、纪检组/监察科、安保科、经济运行科、政工科/机关党委/工会、信息中心、烟科所/学会。

2. 临时部门为：三产办、烟叶生产基础设施建设办公室、烟草服务中心。

进一步建立和完善投资委员会、预算委员会、薪酬委员会，健全机构，明确职责，规范运作，严格按照程序规范决策行为，实现科学决策、民主决策、依法决策。

（五）党的组织和工会组织。

根据中国共产党章程的规定，在公司中设立党的组织，开展党的活动。公司职工依法组织工会，开展工会活动，维护职工的合法权益。公司应当为党组织活动、工会活动提供必要条件。

（六）经理职权

公司设经理1人，经理为公司的法定代表人，由湖南省烟草专卖局、中国烟草总公司湖南省公司任免。公司实行经理负责制，公司的重大问题由公司领导班子按照程序集体研究决定。经理行使下列职权：

1. 贯彻执行国家的法律、法规和方针、政策，按照湖南省烟草专卖局、中国烟草总公司湖南省公司的规定，主持公司经营管理工作，组织实施湖南省烟草专卖局、中国烟草总公司湖南省公司决定，并向湖南省烟草专卖局、中国烟草总公司湖南省公司报告工作；

2. 按照干部管理规定，聘任或者解聘负责管理人员；

3. 组织制定和实施公司发展规划；

4. 根据湖南省烟草专卖局下达的计划，组织制定和实施公司年度经营计划和投资计划；

5. 组织制订和实施公司的年度财务预算方案，编制公司的年度财务决算；

6. 组织审核公司内部的利润分配方案和制定弥补亏损方案；

7. 组织拟订公司内部管理机构设置方案，并报湖南省烟草专卖局、中国烟草总公司湖南省公司审批；

8. 组织制定公司基本管理制度；

9. 根据湖南省烟草专卖局、中国烟草总公司湖南省公司的劳动工资政策，制定公司员工工资分配方案，建立公司员工的激励和约束机制；

10. 向职工代表大会报告年度企业经营、管理情况和年度发展规划；

11. 公司章程规定和湖南省烟草专卖局、中国烟草总公司湖南省公司授予的其他职权。

（七）人力资源管理与收入分配

1. 公司根据国家法律、法规和省公司有关规定，结合生产经营需要，制定人力资源规划，健全和完善相关制度，对职工培训、用工总量、人工成本等进行管理。

2. 公司依据国家法律、法规及湖南省烟草专卖局（公司）的有关政策，按照效益优先、兼顾公平的原则，建立健全企业收入分配激励约束机制。

3. 公司遵守国家法律、法规和行政政策，规范劳动用工制度，制定劳动保障制度，保障劳动者的合法权益。

4. 公司按照有关规定，建立劳动用工、工资水平、人工成本等人力资源管理制度。

五、组织实施

湖南省烟草公司永州市公司建立母子公司体制改革工作，在湖南省烟草专卖局、中国烟草总公司湖南省公司的指导下，有组织、有计划、按步骤进行。

（一）准备阶段

1. 成立湖南省烟草公司永州市公司建立母子公司体制改革工作领导小组，负责改革的组织实施工作。

组　长：徐文军

副组长：刘名勤、陈国凤、秦江顺、刘正日

成　员：胡学军、徐崇瑞、罗佳庆、杨深根、廖爱国、袁长才、李武进、谢突雄、唐庆华、林志远、李永强

领导小组办公室设法规科，办公室主任：胡学军

2. 分别召开党组会、办公会、领导小组会，进一步统一思想，明确工作思路。

3 制定《湖南省烟草公司水州市公司建立母子公司体制改革工作进度表》，按时完成各阶段工作任务。

（二）制订方案阶段

1. 论证和制定《湖南省烟草公司永州市公司建立母子公司体制改革的实施方案》。

2. 按照省局（公司）的有关规定和要求，论证和制定永州市公司资产划转方案、机构设置及职能调整方案，以及《湖南省烟草公司永州市公司章程》。

3. 召开办公会，研究确定《实施方案》和《公司章程》‘

4. 5月份完成上报《实施方案》和《公司章程》。

（三）资产划转阶段

根据省局（公司）资产划转方案的要求和安排对资产进行划转。

（四）变更登记阶段

1. 根据湖南省烟草专卖局（公司）的批复，在当地工商行政管理局办理相应的变更手续。公司名称不变，出资人变更为中国烟草总公司湖南省公司，国家资本变更为国有法人资本。同时办理税务、产权变更登记手续和新名称的烟草专卖许可证，12月份正式挂牌运作。

2 全市系统各营销部在公司变更登记工作完毕后，到所属工商行政管理局等部门办理相应的变更手续。

（五）后续完善阶段

1. 建立和完善新体制下的计划、劳动工资、劳动保障、人事、安全、经营、统计、投资、财务、资金、内部审计、绩效考核和分配等企业内部管理制度。

2. 针对实施中出现的问题，进行总结，进一步调整完善。

附件 2：

湖南省烟草公司永州市公司章程

第一章 总 则

第一条 为确立公司的法律地位和行为准则，保障公司的合法权益，规范公司的管理和运作，根据《中华人民共和国公司法》《中华人民共和国烟草专卖法》及其实施条例，结合烟草行业特点和公司实际，制定本章程。

第二条 公司名称：湖南省烟草公司永州市公司（以下简称“公司”）。

公司住所：湖南省永州市冷水滩区珍珠路 247 号。

第三条 公司是由原湖南省烟草公司永州市公司改制成立的国有企业，经国家烟草专卖局批准，并在湖南省永州市工商行政管理局依法登记注册，是中国烟草总公司湖南省公司的全资子公司，具有独立企业法人资格。公司以其全部财产对公司的债务承担责任，其合法权益受国家法律保护。

第四条 公司在中国烟草总公司湖南省公司的领导下，依据国家法律、法规和行业政策自主进行生产经营管理活动，照章纳税，维护国家利益和消费者利益。

第二章 出资者、注册资本和经营范围

第五条 出资者名称及出资方式

出资者名称：中国烟草总公司湖南省公司（以下简称“省公司”）

出资方式：中国烟草总公司湖南省公司以原湖南省烟草公司永州市公司经审计后的 2005 年 12 月 31 日净资产作为出资。

第六条 公司的注册资本为人民币 9540 万元。

第七条 公司经营范围：卷烟、雪茄烟经营；烟叶生产经营；烟草农用物资经营；卷烟、烟叶包装所需的物料经营；烟草种子加工销售；房屋租赁等。

第三章 组织机构与管理体制

第八条 公司接受永州市烟草专卖局的专卖管理和执法监督。永州市烟草专卖局依法实施专卖管理和执法监督，维护市场经济秩序所需费用，从公司经营收益中按规定列支。

第九条 按照精简、统一、效能的原则，根据烟草专卖体制特点，设置内部机构，并报省公司审批。

第十条 建立和健全投资委员会、预算委员会、薪酬委员会，明确职责，规范运作，严格按程序规范决策行为，实现科学决策、民主决策、依法决策。

第十一条 根据中国共产党章程的规定，在公司中设立党的组织，开展党的活动。公司职工依法组织工会，开展工会活动，维护职工的合法权益。公司应当为党组织活动、工会活动提供必要条件。

第四章 主要职能、权限和义务

第十二条 公司的主要职能

1. 依据国家法律、法规及行业政策，独立行使法人财产权、经营权，确保国有资产保值增值。

2. 依据烟草专卖法律、法规及行业政策，开展卷烟、雪茄烟营销工作，负责统一采集订单、统一采购货源、统一配送卷烟、雪茄烟，依据国家下达的烟叶生产计划，组织烟叶生产和购销工作。

3. 负责企业内部管理，依据行业政策和省公司的有关规定，健全完善激励约束机制，制订有关工资、奖励的具体办法，加强职工队伍建设。

4. 按照规定和程序组织实施投资项目。

5. 组织实施省公司制订的经营目标和计划，完成经营任务。

6. 执行国家烟草专卖局、中国烟草总公司及湖南省烟草专卖局、省公司的调控政策。

7. 承担省公司及有关部门交办的其他工作。

第十三条 公司的主要权限

1. 行使国家法律、法规和行业政策规定的经营自主权。

2. 按照有关规定和程序，对中层级（含中层级）以下负责管理人员进行任免、考核、奖惩。

3. 根据省公司有关规定行使投资、担保和资产处置权。

4. 在省公司确定的工资总额范围内按规定进行分配。

5. 根据国家相关劳动法律法规和省公司有关规定，实施劳动用工管理。

6. 编制年度财务预算方案，经省公司批准后，享有预算范围内的费用开支权。

7. 对省公司的决策、监督、管理等事项提出建议。

第十四条 公司的主要义务：

1. 保证国有资产安全和保值增值，按规定及时足额上缴资产收益。

2. 执行国家法律、法规及行业政策规定，接受省公司的监督和指导。

3. 接受人民政府、行业及省公司的审计、监督，及时上报财务、统计报表。

4. 承认并遵守本章程，执行省公司决议。

第五章　公司的法定代表人

第十五条　公司设经理 1 人，经理为公司的法定代表人，由湖南省烟草专卖局、中国烟草总公司湖南省公司任免。

第十六条　公司实行经理负责制，公司的重大问题由公司领导班子按照程序集体研究决定。

第十七条　经理行使下列职权：

1. 贯彻执行国家的法律、法规和方针、政策，按照湖南省烟草专卖局、省公司的规定，主持公司经营管理工作，组织实施湖南省烟草专卖局、省公司决定，并向湖南省烟草专卖局、省公司报告工作；

2. 按照干部管理规定，聘任或者解聘负责管理人员；

3. 组织制定和实施公司发展规划；

4. 根据湖南省烟草专卖局下达的计划，组织制定和实施公司年度经营计划和投资计划；

5. 组织制订和实施公司的年度财务预算方案，编制公司的年度财务决算；

6. 组织审核公司内部的利润分配方案和制定弥补亏损方案；

7. 组织拟订公司内部管理机构设置方案，并报湖南省烟草专卖局、省公司审批；

8. 组织制定公司基本管理制度；

9. 根据湖南省烟草专卖局、省公司的劳动工资政策，制定公司员工工资分配方案，建立公司员工的激励和约束机制；

10. 向职工代表大会报告年度企业经营、管理情况和年度发展规划；

11. 公司章程规定和湖南省烟草专卖局、省公司授予的其他职权。

第六章　财务会计和审计

第十八条　公司依照国家法律、行政法规和国务院财政部门的规定建立本公司的财务、会计制度。

第十九条　公司在每一会计年度终了时编制财务报告，并依法经会计师事务所审计。公司的会计年度自公历 1 月 1 日起至 12 月 31 日止。

第二十条　公司以人民币为记账本位币 根据经营需要，经批准可分别开设人民币账户和外汇账户。

第二十一条　公司按国家有关法律、法规和规章的规定，建立内部审计机构，实行内部审计制度，对公司及所投资的企业的经营管理活动进行审计。

第二十二条 公司除法定的会计账册外，不得另立会计账册。对公司资产，不得以任何个人名义开立账户存储。

第七章 人力资源管理、收入分配和劳动保障

第二十三条 公司根据国家法律、法规及湖南省烟草专卖局、省公司的有关政策，结合生产经营需要，制定人力资源规划，健全和完善相关制度，对职工培训、用工总量、人工成本等进行管理。

第二十四条 公司依据国家法律、法规及湖南省烟草专卖局、省公司的有关政策，按照效率优先、兼顾公平的原则，建立健全企业收入分配激励约束机制。

第二十五条 公司遵守国家法律、法规和行业政策，规范劳动用工制度，制定劳动保障制度，保障劳动者的合法权益。

第二十六条 公司按照有关规定，建立劳动用工、工资水平、人工成本等人力资源管理制度。

第八章 附 则

第二十七条 本章程由中国烟草总公司湖南省公司批准后生效，报国家烟草专卖局、中国烟草总公司备案。

公司根据需要可修改本章程，报中国烟草总公司湖南省公司批准后执行。

第二十八条 本章程未尽事宜，按照国家有关法律、法规和行业政策执行。

湖南省永州市烟草专卖局文件

永烟局〔2008〕214号

永州市烟草专卖局关于印发
永州市卷烟零售点合理布局规划的通知

各县区烟草专卖局：

为规范我市卷烟市场流通秩序，有效配置卷烟市场资源，合理布局卷烟经营零售点，依据《中华人民共和国烟草专卖法》《中华人民共和国行政许可法》《中华人民共和国烟草专卖法实施条例》和《烟草专卖许可证管理办法》，结合永州实际，制定《永州市卷烟零售点合理布局规划》。《永州市卷烟零售点合理布局规划》已经听证和修改完善，现将其印发给你们，请认真遵照执行。在执行过程中遇到什么问题请及时向市局反馈。

永州市烟草专卖局

二〇〇八年九月十八日

永州市卷烟零售点合理布局规划

第一条 为规范我市卷烟市场流通秩序，合理配置卷烟市场资源，合理布局卷烟经营零售点，依据《中华人民共和国烟草专卖法》《中华人民共和国行政许可法》《中华人民共和国烟草专卖法实施条例》和《烟草专卖许可证管理办法》，结合永州实际，制定本规划。

第二条 本规划适用于永州市行政区域内卷烟零售点的布局。各县区可根据实际情况制定适合当地的合理布局规划，但不得与本规划相冲突。

第三条 卷烟零售点合理布局应遵循以下原则：

（一）总量控制原则。根据本地区卷烟消费水平和零售户的实际分布情况，确定零售户总数。总量控制在人口总数的5‰以内。在总量控制的前提下，各地根据各片区、路段的人口分布、地理环境、交通状况、经济发展水平、消费能力确定具体零售点的数量及合理间距，使卷烟零售许可证的发放和布点趋于合理，确保零售户的利益，防止布局不合理导致无序竞争。不同区域的合理布局应有不同，应在统筹规划中予以确定和调整。

（二）公开公正、便民利民原则。烟草专卖行政管理部门将有关烟草专卖零售许可证的办理、合理布局的规划向社会公开、公示，允许公众查阅烟草专卖行政许可的结果，并在审查发证过程中切实做到便民利民。同时卷烟零售点的设立应当考虑方便消费者购买。

（三）先出后进原则。卷烟零售点规划区域内许可总量饱和后，再有申请人提出申请的，烟草专卖行政管理部门应将申请人提供的申请材料留存20日，20日内该行政区域内原持证经营户没有出现退出经营卷烟的，烟草专卖行政管理部门应作出不予行政许可决定。

（四）受理优先原则。两个或两个以上同片区（路段）的申请人，申办许可证的，烟草专卖行政管理部门根据受理时间的先后顺序作出发放决定，都符合发证条件的，申请受理在先者优先办理。

（五）照顾特殊群体原则。在实行零售户合理布局的过程中，对社会特殊群体（残疾人、烈属、特困户等）予以照顾，在同等条件下优先予以办证。

第四条 卷烟零售点合理布局的具体规划如下：

（一）零售点位于城区繁华路段，人流量大的主要干道两旁的，零售点间距原则上不少于20米；

（二）零售点位于一般路段，人流量较小的，零售点间距原则上不少于40米；

（三）零售点位于乡镇政府驻地的，零售点间距原则上不少于 20 米；

（四）零售点位于农村的，按照自然村设立，人口不超过 1500 人的自然村设置零售点原则上不得超过 3 个零售点，1500 人以上每增加 500 人可增加 1 个零售点；

（五）零售点位于封闭住宅小区内的，按小区设立，住户不超过 100 户的小区设置零售点不得超过 1 个，100 户以上每增加 100 户可增加 1 个零售点；

（六）机场、火车站、汽车站大厅内的零售点原则上不得超过 8 个；

（七）各类果菜批发市场、农贸市场内零售点布局原则上不得超过 15 个，副食批发市场内零售点布局原则上不得超过 10 个，并保持合理的间距。

第五条 有以下情形之一的，不受卷烟零售点间距的限制：

（一）营业面积在 200 平方米以上的大中型副食品商场、超市；

（二）营业面积在 200 平方米以上的饭店、宾馆及娱乐场所；

（三）营业规模在 30 张床位以上的旅馆；

（四）驻军部队、监狱、看守所、戒毒所等特殊场所，对内经营需要的；

（五）其他特殊情况，烟草专卖行政主管部门认为应当依法办证的。

第六条 有下列情形之一的，不予设置卷烟零售点：

（一）无与住所相独立的固定经营场所、自动售货机（柜）、流动摊点（车、棚）；

（二）各类回收、寄售商店；

（三）经营场所设在距中、小学校出入口 50 米以内的；

（四）经营场所基于安全因素不适宜经营卷烟的；

（五）国务院烟草专卖行政主管部门和国务院其他行政主管部门规划的其他不予发证的情形。

第七条 本规划所称零售点间隔距离是指两个零售点间的最近可通行距离。间距测量时，申请人和烟草专卖管理人员必须共同在场，并书面认可。

第八条 一个卷烟零售点必须且只能办理一个烟草专卖零售许可证。

第九条 对于经营主体或经营地址发生变更后，符合办证条件的，应当重新申领烟草专卖零售许可证；对不符合合理布局规划及其他办证条件的，不予办理。

第十条 烟草专卖零售许可证被依法予以收回、撤销、注销的，原相应的卷烟零售经营点予以取消，按照许可证办理条件可以在该区域重新设立经营零售点。

第十一条 对原已依法设立的但不符合合理布局规范要求的经营零售点，在《烟草专卖零售许可证》有效期期满后，必须按照本规划的要求作出处理。

第十二条 本规划由永州市烟草专卖局负责解释并组织实施。

第十三条 本规划从二〇〇八年十月一日起生效。

永州市人民政府办公室文件

永政办发〔2009〕4号

永州市人民政府办公室
关于2009年烟叶生产购销和卷烟经营管理政策的通知

各县区人民政府，回龙圩管理区，市直有关单位：

为进一步提高烤烟生产水平，规范烟草市场秩序，做大做强烟草产业，经市人民政府同意，现就2009年烟叶生产购销和卷烟经营管理有关政策通知如下：

一、继续优化生产布局。按照“计划种植、总量控制、市场导向、订单农业、优化布局、扶优扶强”的原则，积极发展现代烟草农业，进一步稳定提升烤烟主产区，逐步淘汰零散区，科学规划建设烟叶新区，努力实现规模化生产。

二、认真落实种植收购合同。严格执行国家烟叶生产收购计划，坚持按合同组织收购，按合同供应生产物资和收购烟叶。对无合同种植的烟叶一律不予收购。2009年，全市要种足21560万株烤烟，并按每亩1100株计算到户，确保烤烟生产收购计划的完成。

三、规范烟叶生产投入补贴。烟叶生产专用物资补贴、专业化服务等补贴，各级烟草部门要按照国家烟草专卖局批准的标准，制定具体补贴办法，并组织实施到位。

四、建立健全烤烟生产风险保障机制。2009年全市烤烟生产风险资金总额为800万元（其中烟草行业筹资600万元，市财政200万元），在市烤烟办设立专项资金账户，资金实行滚动使用，主要用于烤烟因灾绝收的补偿。具体补偿标准由市烤烟办制定。各烤烟主产县也要筹集一定的烤烟救灾风险资金，以保护烟农种烟的积极性，稳定烤烟生产。

五、努力降低烟农生产成本。烟用物资继续实行套餐供应、肥贷挂钩、烟草部门贴息（贴息时间为2009年3月到2009年9月）的政策。烟用物资投入采取委托代购的方式，即烟农在烟叶种植收购合同中委托烟草部门进行代购，烟草部门提供服务，并承担运输、损耗等费用，按进价配送给烟农。同时，各烤烟主产县要从烟叶提价增加的税收中，每担拿出30元，补贴烟农购买套餐肥料。

六、实行烤烟收购质量和市场管理奖励。经省质检抽查，烟叶收购等级合格率达到80%以上的产区，从每担上中等烟叶中提取5元奖金，由市政府掌握，用于奖励在烟叶生产、收购和规范市场秩序中做出贡献的单位和人员。继续实行从所实现的烟叶税中按收购烟叶每担2元标准提取烤烟奖励资金，奖励在烤烟生产和烟基建设中有突出贡献的人员。奖励标准和基数，由市核定到县，并由县兑现到位。

七、增加烤烟生产的投入。各产区县财政从烟叶税中按每担3元的标准提取生产资金，用于组织生产及县烤烟办的办公经费。市烟草公司要从烟叶生产投入补贴中按每担上中等烟叶3元的标准安排烤烟生产和市场管理资金。

八、提高烤烟生产机械化水平。要把烤烟生产机械纳入农机补贴范围，进一步加大烟叶生产机械化推广力度。对通用烟草农业机械，除农机部门按国家农机购置补贴政策给予补贴外，烟草部门还将另行给予相应配套补贴。

九、加大烟叶基础设施建设力度。按照“统一规划、系统配套、突出重点、连片推进”的原则，抓紧制定和完善基本烟田、烟水工程、烟区机耕路、密集烤房、烟草农业机械等五个建设规划以及年度实施计划，实行统一规划设计，统一组织实施，统一监督管理。要把烟叶生产基础设施建设纳入新农村建设总体规划和农田水利建设规划，把土地整理、农田水利、通村公路建设与烟叶基础设施建设项目有机结合起来，提高资金综合使用效益。2009年烟基建设要争取完成总投资14935万元，其中烟水配套建设投资5685万元，烤房建设投资8032万元，农机补贴投资1218万元。

十、大力推进现代烟草农业建设。围绕“一基四化”总体要求和“减工、降本、提质、增效”总体目标，不断推进现代烟草农业建设。探索采取种烟能手租赁承包土地、烟农土地入股分红和成立专业合作社等方式，提高烤烟规模化种植水平；探索组织育苗、机耕、植保、烘烤、分级、烟叶运输等产前、产中、产后的专业服务队，减轻劳动强度，降低种烟成本；探索烟叶资源配置方式改革，按照卷烟工业品牌的原料需求和质量风格特色，调整优化生产布局；探索以突出烟叶主业为抓手，配套发展特色水果、蔬菜、家禽家畜等庭院经济，推进烟区农村经济协调发展，促进社会主义新农村建设。今年主要抓好宁远柏家坪和江华东田两个现代烟草农业试点，力争把宁远柏家坪打造成全省现代烟草农业示范基地。

十一、优化烟叶生产和烟基建设环境。对烟草部门根据省烟草局要求统一购进的烟用生产物资，质监部门在与省质监局汇报沟通的同时，要加强生产环节的源头控管。对烟草部门与烟农签订烤烟种植收购合同，按出厂价套餐供应的烟用物资，工商等部门要给予大力支持。质监部门要加强对烟草收购执行烤烟国家标准的指导，坚决制止超标收购，理解和支持下限目光收购；要加强对烟草部门执行计量法规情况的检查，发现问题，及时督促整改。公安、工商等部门要深入烟区，维护烟叶收购秩序。交警、交通、公路等部门对合法的两烟和烟用物资的运输，应参照省政府关于农副产品运输绿色通道的政策规定，做到不扣车、不扣证、不罚款，为其开辟快捷的“绿色通道”。国土、审计、农机、水利、农业综合开发等部门的项目和资金要向烟区倾斜，继续抽调测量、预算、施工等方面的技术和管理人员支持烟基建设。财政、审计部门要积极组织力量对烟基项目的概（预）算、工程价款结算、竣工决算以及建设资金的管理和使用情况进行审计，审计结果作为烟草部门拨付项目建设资金的依据。国土部门要优先安排烟水、烤房、烟站的建设用地。

十二、积极支持卷烟营销配送工作。烟草公司在卷烟经营中为增加销量、调整结构而采取一些协议销售的营销手段和措施，工商、城管、交警等部门要提供方便和大力支持，确保2009年全市完成卷烟销量17.2万大箱，实现税收1.5亿元以上。

十三、加快永州市烟草公司卷烟物流配送中心建设。市里已将市烟草公司卷烟物流配送中心建设项目列为全市重点建设项目，各有关部门要大力支持，争取项目早日投入使用。

十四、加强烟草市场秩序整治力度。严格卷烟市场主体资格准入管理，对无证无照或超范围经营卷烟的，工商部门要依法查处。对非法收购、套购、贩卖烟叶（烟丝），以及为其提供仓储、运输等方便的，公安、工商部门要从严查处。各地烟草、公安、司法、工商等部门要密切配合，建立和完善卷烟打私打瑕协作机制，加大对制售假冒卷烟网络案件的侦破力度，严厉打击制假贩私等违法犯罪活动。政府法制办要加强对烟草依法行政的检查，在行政许可、听证、复议等方面给予指导，大力支持。

十五、烟草部门用于扶持烤烟生产的生产投入补贴、烟叶管理费、技术改进费、质量和市场管理奖励等进入生产经营成本核算，允许税前扣除，用实物形式投入的物资进项税额应予抵扣。烟区水利、烟区道路、烤房、烟站和烟叶仓库等基础设施建设免交行政事业性收费，涉税事宜由税务部门视情况给予支持。

十六、烟叶检疫继续按湘政发〔2005〕31号文件规定执行，即烟叶检疫在生产环节进行，购销加工环节免予检疫。

二〇〇九年三月十七日

国家烟草专卖局
中国烟草总公司 文件

国烟法〔2011〕356号

国家烟草专卖局　中国烟草总公司
关于湖南省公司打叶复烤企业体制改革的批复

中国烟草总公司湖南省公司：

《中国烟草总公司湖南省公司关于打叶复烤企业体制改革的请示》（湘烟法〔2011〕169号）收悉。经研究，现批复如下：

一、原则同意《中国烟草总公司湖南省公司打叶复烤企业重组整合方案》。

二、同意将郴州天泰烟叶复烤有限责任公司、永州天顺烟叶复烤有限责任公司重组整合为湖南烟叶复拷有限公司，取消郴州天泰烟叶复烤有限责任公司、永州天顺烟叶复烤有限责任公司法人资格，变更为湖南烟叶复烤有限公司所属的非独立法人分支机构，分别是：湖南烟叶复烤有限公司郴州复烤厂；湖南烟叶复烤有限公司永州复烤厂。

三、湖南烟叶复烤有限公司经营范围为烟叶复烤加工。

四、湖南烟叶复烤有限公司的注册资本为133013.21万元。

五、同意将湖南各地市级烟草公司在原郴州天泰烟叶复烤有限责任公司和原永州天顺烟叶复烤有限责任公司的股权转为中国烟草总公司湖南省公司在湖南烟叶复烤有限公司的投资；同意其他股东在原郴州天泰烟叶复烤有限责任公司和原永州天顺烟叶复烤有限责任公司的股权转为在湖南烟叶复烤有限公司的投资。各股东在湖南烟叶复烤有限公司的股权比例按2010年12月31日原股权投资额对应账面净资产及新增现金投资占公司净资产总额的比例确定，出资比例分别为：

中国烟草总公司湖南省公司占 17.40%；
湖南中烟工业有限责任公司占 12.81%；
广东中烟工业有限责任公司占 9.47%；
上海烟草集团有限责任公司占 9.47%；
红塔烟草（集团）有限责任公司占 7.52%；
山东中烟工业有限责任公司占 5.63%；
江苏中烟工业有限责任公司占 4.60%；
红云红河烟草（集团）有限责任公司占 3.76%；
安徽中烟工业有限责任公司占 3.76%；
川渝中烟工业公司占 3.76%；
贵州中烟工业有限责任公司占 2.26%；
陕西中烟工业有限责任公司占 2.26%；
吉林烟草工业有限责任公司占 2.26%；
甘肃烟草工业有限责任公司占 2.26%；
广西中烟工业有限责任公司占 2.26%；
河北中烟工业有限责任公司占 1.50%；
江西中烟工业有限责任公司占 1.50%。

六、原则同意《湖南烟叶复烤有限公司章程》。湖南烟叶复烤有限公司要建立现代企业制度，完善董事会、监事会、经理层各司其职、有效制衡、高效运作的法人治理结构。

七、湖南烟叶复烤有限公司要以卷烟工业需求为导向，努力适应卷烟工业企业的需求。

八、湖南烟叶复烤有限公司要按照《国家烟草专卖局关于进一步深化烟草行业收入分配制度改革的意见》（国烟人〔2007〕204 号）中“分类管理、科学设岗、明确职责、严格考核、落实报酬”的总体要求，推进用工分配制度改革，努力构建和谐劳动关系。组建湖南烟叶复烤有限公司所需人员从烟草系统内调剂解决，不得从系统外调入。

九、中国烟草总公司湖南省公司要加强领导、统筹兼顾，依照有关法律法规，充分发挥企业职工代表大会和工会组织的作用，妥善处理各方面的利益关系，促进打叶复烤企业重组整合工作顺利实施。

请按照有关法律、法规及本批复，办理企业登记、烟草专卖许可证变更等相关手续并请将重组整合工作中遇到的问题及时报国家局、总公司。

二〇一一年八月一日

永州市人民政府

永政函〔2011〕118号

永州市人民政府关于打击制售假冒卷烟行为规范烟草市场秩序的通告

为严厉打击生产销售假冒卷烟行为，进一步规范烟草市场秩序，维护国家利益和消费者利益，根据《中华人民共和国烟草专卖法》等法律、法规的规定，市人民政府决定全面开展打击假冒卷烟、规范烟草市场秩序活动。现将有关事项通告如下：

一、在全市范围内深入开展打击制售假冒卷烟、贩卖走私卷烟和非法贩运卷烟的专项整治活动，治理整顿卷烟市场。工商、质量技术监督、公安、烟草等部门要各司其职，密切配合，坚决打击卷烟市场的各种不法活动，规范卷烟经营秩序，维护卷烟市场的正常秩序。

二、严格实行持证（照）经营卷烟制度。凡从事经营烟草制品零售业务的企业和个人必须持有烟草专卖零售许可证和工商营业执照，并接受发证机关的监督管理。未取得烟草专卖零售许可证和工商营业执照，擅自从事经营烟草制品零售业务的，由工商行政管理部门依照《无证无照经营查处取缔办法》等有关规定依法查处。

三、卷烟经营企业和经营户必须守法经营。取得“烟草专卖零售许可证”的企业和个人，必须按规定在当地的烟草专卖批发企业进货，并接受烟草专卖许可证发证机关的监督管理。不得在非法渠道或者在辖区外购进卷烟，不得从事卷烟批发业务或变相批发卷烟。工商、公安、烟草等部门要对跨区域进货、无证批发、卷烟非法交易、卷烟地下销售网络实施打击，规范卷烟经营市场行为。

四、严厉打击制售假冒、走私卷烟违法犯罪活动。任何单位和个人不得经营假冒卷烟及走私卷烟。对制售假冒卷烟、走私卷烟等违法犯罪行为，有关执法部门要依法严厉打击。对制售、窝藏假冒卷烟和销售、窝藏走私卷烟的窝点及网络要坚决依法取缔摧毁。企业、事业单位和机关、团体以及个人为制售假冒卷烟和走私卷烟提供场所、设备、资金或储存、运输等便利条件，构成犯罪的，由司法机关依法追究刑事责任；尚未构成犯罪的，由公安、烟草、工商部门依法给予处罚。

五、烟草、工商等部门要进一步加强卷烟零售市场的示范建设，积极引导广大卷烟零售户开展规范守法经营示范服务，坚持诚信守法，规范经营，明码标价，展示形象，努力构建和谐繁荣文明的卷烟经营市场。

六、严禁非法收购贩运烤烟。烤烟是烟草专卖品，必须由烟草公司依法统一收购，其他任何单位和个人不得从事烟叶收购。市内跨县区运输烤烟必须凭当地烟草部门开据的内部调拨单及有效运输证明运输，否则，一律视为非法运输。对扰乱市场秩序构成犯罪的，由司法机关依法追究刑事责任；情节轻微，不构成犯罪的，由烟草专卖行政主管部门依照相关法律规定予以处罚。

七、加强组织领导，严格依法行政。各县区人民政府要加强对打击假冒卷烟、规范烟草市场秩序工作的组织领导，有关行政执法部门要依法开展烟草市场秩序专项整治工作。对违法经营烟草专卖品的机构和个人，要依法追究责任。对以暴力、威胁方法阻碍、抗拒行政执法的，依法追究刑事责任。对拒绝、阻碍行政执法的，依照治安管理法予以处罚。

八、所有单位和应个人积极向各级执法监督部门揭发举报不法分子从事的各种非法烟草专卖品经营活动。各级执法监督部门要依法保护举报人，并由烟草行政主管部门对有功人员按规定给予奖励。

二〇一一年九月一日

永府阅〔2012〕28号

关于加快永州烟草产业园项目建设协调会议纪要

（二〇一二年五月七日）

2012年5月2日下午，为贯彻落实市委常委扩大会议精神，受市委常委、常务副市长周德睿委托，市政府正厅级干部蒋政平在市政府九楼会议室主持召开会议，专题研究加快永州烟草产业园项目建设有关问题。市政府办、市发改委、市国土资源局、市财政局、市住建局、凤凰园经济开发区、永州市烟草局、湖南烟叶复烤有限公司永州复烤厂等单位负责人参加了会议。会议听取了项目业主永州市烟草局和湖南烟叶复烤有限公司永州复烤厂关于项目前期等备工作情况的汇报，并就如何尽快启动项目建设进行了认真讨论。现将会议形成的意见纪要如下：

一、关于项目选址和用地价格问题。永州烟草产业园包括永州复烤厂技改和永州市烟草公司烟叶仓储配套项目，总投资10亿元。经市委、市政府主要领导同意，永州烟草产业园项目选址在凤凰园开发区城南大道以北，潇湘大道以东，总用地面积747亩，其中工业用地667亩，商住用地80亩。经凤凰园开发区和项目业主商定，项目用地依法进行招拍挂，供地价格为：工业用地10万/亩，超出部分由凤凰园开发区承担；商住用地为30万/亩，超出部分由凤凰园管委会负责，但商住用地应缴税费由永州市烟草局和湖南烟叶复烤有限公司永州复烤厂自行缴纳。

二、关于规划设计问题。永州复烤厂实行异地技改后，将建成湘西南烤烟复烤打叶中心。按此发展要求，整个项目按两条生产线进行规划设计，一期新建一条年生产能力为90万担的打叶复烤生产线，并预留一条年打叶复烤能力为60万担的生产线。项目业主要抓紧项目规划设计，争取上半年完成项目的规划评审。

三、关于项目审批手续问题。根据《中共永州市委永州市人民政府关于凤凰园经济开发区行使有关市级行政经济管理权的意见》（永发〔2012〕6号）精神，凤凰园开发区要急事急办、特事特办，市发改委、住建、环保、国土资源等部门要加强指导，密切协同，尽早办妥立项、环评、国土报批等手续。

四、尽快启动征地拆迁。凤凰园开发区由党委书记郑仪牵头，组成强有力班子专抓，立即启动征地拆迁工作，确保今年 10 月交地给项目业主建设。同时，市城建投资公司、凤凰园开发区要互相配合，主动作为，争取年底前拉通城南大道园区段的路基工程，为该项目的顺利推进创造必要条件。

五、关于解决部分征地拆迁资金问题。鉴于该项目征地拆迁所需资金较多，凤凰园开发区目前资金紧张，请永州市烟草局、湖南烟叶复烤有限公司永州复烤厂承诺解决征地拆迁资金 3000 万元。待相关文件资料备齐，由市政府正厅级干部蒋政平同志带队专程到省烟草局汇报，争取省烟草局支持预拨征地拆迁费用。

参加会议人员：市政府办刘开源，市发改委李龙，市国土资源局徐枫，市财政局张金生、欧阳景，市住建局叶红军，凤凰园开发区郑仪，市烟草局李刚华、阳天和，湖南烟叶复烤有限公司永州复烤厂盘勇卫等。

记录：黄建军

湖南省永州市烟草专卖局文件

永烟局〔2013〕192号

永州市烟草专卖局关于印发
永州市烟草制品零售点合理布局规划的通知

各县（区）烟草专卖局：

为科学配置卷烟市场资源，合理布局卷烟经营零售点，依据《中华人民共和国烟草专卖法》《中华人民共和国行政许可法》《中华人民共和国烟草专卖法实施条例》《烟草专卖许可证管理办法》《湖南省行政程序规定》等法律、法规及规章规定，结合永州实际，市局组织对原《永州市卷烟零售点合理布局规划》（永烟局〔2008〕214号）进行了修订，并经听证和修改完善，形成了新的《永州市烟草制品零售点合理布局规划》，现将其印发给你们，请认真遵照执行。在执行过程中遇到什么问题请及时向市局反馈。

永州市烟草专卖局

2013年9月16日

永州市烟草制品零售点合理布局规划

第一条 为科学配置卷烟市场资源，合理布局烟草制品经营零售点，依据《中华人民共和国烟草专卖法》《中华人民共和国行政许可法》《中华人民共和国烟草专卖法实施条例》《烟草专卖许可证管理办法》《湖南省行政程序规定》等法律、法规及规章规定，结合永州实际，制定本规划。

第二条 本规划所称烟草制品零售点（以下简称零售点），是指经申请依法取得“烟草专卖零售许可证”（以下简称许可证）从事烟草制品零售业务的经营场所。

第三条 本规划中永州市本级指冷水滩区。永州市各县（区）指零陵区、祁阳县（含金洞）、东安县、双牌县、宁远县、道县、江华县、江永县（含回龙圩）、蓝山县和新田县。永州市指包括永州市本级辖区和永州市各县（区）辖区。

第四条 本规划适用于永州市行政区域内烟草制品零售点的布局。各县区可根据实际情况制定适合本行政区域内的合理布局规划，但不得与本规划相冲突。

第五条 本规划中特殊群体指经永州市辖区各县级以上人民政府有关部门认定的残疾人、低保户、烈属等。

第六条 永州市本级的许可证由永州市烟草专卖行政主管部门审核发放。永州市各县（区）的许可证分别由零售点所在地的县（区）烟草专卖行政主管部门审核发放。申请人可以采取书面申请，也可以通过信函、电报、传真、电子数据交换和电子邮件等方式提出申请，并按烟草专卖行政主管部门要求填写格式文本。

第七条 永州市零售点由各县（区）烟草专卖行政主管部门根据辖区内现有发证数、人口分布、地理环境、交通状况、经济发展水平、消费能力等，明确划分成饱和区域、稳定区域和发展区域。

（一）饱和区域是指城区繁华地段、乡镇政府驻地，即零售许可证发证密集的路段或区城，饱和区域内原则上不再新办许可证；

（二）稳定区域是指城区其他地段、车站、码头、看守所、监狱、拘留所、劳教所等特殊场所。稳定区域内许可证数量保证稳定，原则上不新增零售点。稳定区域内各零售点间距不少于 20 米；

（三）发展区域是指开发区、工业园区、乡镇其他地域等不包含在饱和区域和稳定区域范围内的新区。发展区域内新办许可证，间距不少于 30 米。

第八条 下列区域零售点按下述要求设置零售点：

（一）较为封闭的住宅小区住户 200 户（含 200 户）以下的可设 1 个零售点；

每增加 200 户可增设 1 个零售点，并应保持 20 米以上的间隔距离；

（二）自然村 100 户以下的可设 1 个零售点；每增加 100 户可增设 1 个零售点；对于面积过大、居住过于分散、交通不便的自然村，可以根据方便消费者购买的原则增设 1—2 个零售点。乡村沿途的国道、省道和县乡（镇）公路两侧（城区、集镇段除外）零售点设置，纳入所在自然村布局范围；

（三）工业园区 1000 人以下（含 1000 人）可设 1 个零售点，每增加 1000 人可增设 1 个零售点；

（四）部队大院（营地）、看守所、监狱、拘留所、劳教所等特殊场所 2000 人（含 2000 人）以下可以设 1 个零售点，每增加 2000 人的可增设 1 个零售点；

（五）机场、车站、码头内部每个候车室（厅）内可设置 1 个零售点；

（六）综合性集贸市场、农副产品集贸市场和糖酒副食品市场门店总数在 200 个以下的设置不超过 5 个零售点，门店总数在 200 个以上的，设置最多不超过 10 个零售点，且应保持 15 米以上的间隔距离；

（七）永州市各级烟草专卖行政主管部门认为有必要设定零售点的其他特定区域。

第九条 下列情形之一的，不适用本规划第七条的规定，可以设立 1 个零售点：

（一）营业面积在 500 平方米以上且对内经营的娱乐休闲场所、饭店、宾馆。（营业面积以工商营业执照核准或现场勘察核实的为准，下同）；

（二）营业面积在 2000 平方米以上的商场、超市；

（三）营业用门面两个以上且经营面积 100 平方米以上的便利店业态。

第十条 有下列情形之一的，禁止设置零售点：

（一）无与住所相独立的固定经营场所、自动售货机（柜）、流动摊点（车、棚）；

（二）各类回收、寄售商店；

（三）在中小学校、幼儿园、少年或儿童活动中心（站、点）内部及距离其门口中央 100 米半径范围内。

（四）化工、油漆、鞭炮等有毒、有害、易燃、易爆物品经营场所或者申请地址距上述场所半径在 5 米范围内的，但经上级烟草专卖主管部门批准且达到安全条件的不受本项限制。

（五）不具备与经营烟草制品零售业务相适应的资金。申请人应提供与经营烟草制品零售业务相适应资金的资信证明。因通讯条件限制，无法通过电话或电脑向当地烟草批发企业订购卷烟的视为不具备与经营烟草制品零售业务相适应的资金；

（六）不符合城市管理规定及市政建设规划的；

（七）违章建筑、根据城市建设规划在一年内将实施拆迁的经营场所；

（八）法律、法规、规章和国家烟草专卖行政主管部门规定的其他不予发证的情形。

第十一条 两个或两个以上的申请人因合理布局所限，无法都准予行政许可的，烟草专卖行政主管部门根据受理时间的先后顺序作出许可证发放决定。

第十二条 弱势群体从事个体经营申请设立零售点可不适用本规划第七、八条的规定，但仅限办一个许可证，实际经营人仅限本人或同一户籍内家庭成员，包括配偶、父母、子女。

第十三条 对于经营主体或经营地址发生变更后，符合办证条件的，应当重新申领许可证；对不符合合理布局规划及其他办证条件的，不予办理。

第十四条 本规划所称零售点间隔距离是指两个零售点间可通行的最短距离。零售点间可通行距离按照消费者日常生活习惯的合理通行路线测量，测量线路跨越道路时若遇封闭道路、隔离带等情形时，按照最近的人行道、人行天桥、地下通道等符合交通规则的通行线路进行测量（按照申领点营业大门中间线到最近零售点的营业大门中间线分别为起点和终点测量实际距离），但误差不得超过5米。

第十五条 现场测量可行进距离应当以新设置零售点最近的零售点作为标准参照物。有下列情形之一的，为无效参照物：

（一）已经取得许可证，满六个月未开展烟草制品零售业务的零售点；

（二）擅自变更经营地址的零售点；

（三）取得许可证的公民、法人及其他组织停止烟草制品零售业务一年以上不办理停业手续的零售点；

（四）取得许可证的持有人已终止房屋租赁，原经营场所已租赁他人或改作其他用途的零售点。

第十六条 本规划中所指业态参照国家烟草专卖局《烟草零售业态分类标准》（国烟发〔2005〕845号）中的分类标准，指食杂店、便利店、烟酒店、超市、商场、娱乐服务和其他七种业态。

第十七条 本规划具体适用中的问题，由永州市烟草专卖行政主管部门负责解释。

第十八条 本规划自公布之日起执行。原公布的《永州市卷烟零售点合理布局规划》（永烟局〔2008〕214号）同时废止。

湖南省永州市烟草专卖局办公室文件

永烟办〔2014〕18号

永州市烟草专卖局办公室关于印发烟草制品零售点合理布局规划的通知

各县区烟草专卖局：

为科学配置卷烟市场资源，合理布局卷烟经营零售点，依据《中华人民共和国烟草专卖法》《中华人民共和国行政许可法》《中华人民共和国烟草专卖法实施条例》《烟草专卖许可证管理办法》《湖南省行政程序规定》等法律、法规及规章规定，结合永州实际，市局组织对原永州市烟草专卖局印发的《永州市烟草制品零售点合理布局规划》（永烟办〔2013〕192号）进行了修订，形成了新的《永州市烟草制品零售点合理布局规划》，并在市政府法制办备案，现将其印发给你们，请认真遵照执行。在执行过程中遇到什么问题请及时向市局反馈。

永州市烟草专卖局办公室

2014年7月25日

永州市烟草制品零售点合理布局规划

第一条 为科学配置卷烟市场资源，合理布局烟草制品经营零售点，切实维护国家、零售户和消费者的利益，根据《中华人民共和国行政许可法》《中华人民共和国烟草专卖法》及其《实施条例》《烟草专卖许可证管理办法》等法律、法规及规章的规定，结合永州市实际，制定本规划。

第二条 永州市行政区域范围内烟草制品零售点的布局管理适用本规划。

第三条 本规划所指烟草制品零售点（以下简称零售点）是指依法取得烟草专卖零售许可证从事烟草制品经营的公民、法人及其他组织开展烟草制品零售经营活动的场所。

第四条 永州市烟草专卖行政主管部门根据辖区人口总量、零售户盈利水平、当地卷烟销售总量、城市化建设水平以及地理交通条件、经济发展水平、消费能力和现有零售点等客观因素，综合测算辖区内烟草制品零售点总数，并对其进行合理布局数量控制，达到合理布局规划数量后实行动态管理。

第五条 本次烟草制品零售点合理布局规划严格按照“区域化控制”、“结构性提升”要求，坚持推行“区域+单元”、“总量+间距+结构”的布局模式，确保烟草制品零售点布局更趋科学、规范、合理。

第六条 烟草制品零售点合理布局应遵循合法、公开、公平、公正及便民的原则，建立排队机制。

对同一片区街道范围内两个或者两个以上申请人的申请因合理布局所限，无法都给予行政许可的，应严格按照受理申请的先后顺序作出准予行政许可的决定。

第七条 烟草制品零售点合理布局的标准

（一）区域界定

1. 饱和区域是指零售许可证发证密集的路段或区域。饱和区域内维持现有零售点数量，严格控制该区域内零售点增加量。

2. 稳定区域是指零售许可证发证相对合理的路段或区域。稳定区域在现有零售点数量基础上，优化零售点结构，并按照稍紧平衡原则调控该区域内零售点数量，提高网络终端质量。

3. 发展区域是指零售许可证发证还有增加数量空间的路段和区域。按照实际需求发展该区域内零售点数量。

（二）单元界定

在确定区域的基础上，将零售点布局数具体细化到乡镇行政村、街道、小区。

根据永州市行政区域的实际，对单元确定按以下标准界定：

1. 对于乡镇单元界定，原则上按各乡镇实际行政村的个数布点，但零售点数量到各乡镇按户籍人口数量3‰予以控制。

2. 对于城区单元界定，以街道和小区为基本单元，具体到不同区域按以下标准界定：

（1）对于饱和区域，以主街道为基本单元，即按主街道核定零售点数，其间距不少于30米。其区域内的集贸市场和居住小区按本条（三）、（四）的规定执行。

（2）对于稳定区域，按主次街道核定零售点数，主要街道零售点间距不少于20米，次要街道零售点间距不作硬性规定，只受其规划数控制。其区域内的集贸市场和居住小区按本条（三）、（四）的规定执行。

（3）对于发展区域，可以按照主次街道核定零售点数的，将规划数核定到主次街道，主要街道零售点间距不少于30米，次要街道零售点间距不作硬性规定，只受规划数控制；可以按居住小区核定零售点数的，将规划数核定到各小区，其零售点间距不作硬性规定，只受规划数控制。其区域内的集贸市场和居住小区按本条（三）、（四）的规定执行。

（三）人口集中居住区：

1. 统一规划的住宅小区内，150户以下设1个零售点，150户以上每增加50户可增设1个零售点，但数量控制在3个零售点以内；

2. 高等院校内，每2000人可设1个零售点，不足2000人可设1个零售点；

3. 工业园区、大型企事业单位以及其他人口集中居住区内，每500人可设1个零售点，不足500人可设1个零售点。

（四）商业集中经营区：

1. 综合性集贸市场、农副产品集贸市场门面总数在500个以上的，零售点设置不得超过20个；门面总数在500个以下的，零售点设置不得超过10个。

2. 火车站零售点的设置不超过10个。

3. 汽车站零售点的设置不超过10个。

（五）经营烟草制品所需资金要求

申请烟草零售许可证要有与经营烟草制品零售业务相适应的资金。

1. 从事烟草制品零售业务的法人或其他组织不少于2万元，以银行出具的资信证明为准。

2. 城镇个体经营者应当出具5000元以上、农村个体经营者出具4000元以上的银行存折或本人银行存款回单。弱势群体按要求的50%执行。

（六）经营场所要求

1. 烟草制品零售点要有与住所相独立的固定经营场所。

2. 经营场所须有陈列卷烟的1.2米以上的展示柜，原则上要有背柜，且城镇及居民区经营场所面积不少于15平方米，农村经营场所面积不少于20平方米。

第八条 具有下列情形之一的，不受本规定烟草制品零售点合理布局标准的限制：

（一）宾馆、酒店、餐馆、娱乐场所等营业面积在500平方米以上的，监狱（因对内经营的需要，须具有烟草制品经营陈列柜），大型商场、超市、购物中心、连锁店（经工商部门核准直营连锁不低于5个）等，按照一点一证的原则办理。

（二）持有效证明（原件）的残疾人、下岗职工、烈属、低保户等弱势群体，有固定经营场所，经核实后，原则上不受合理布局的限制，但必须是本人经营，且具备经营能力。只能申请1个烟草专卖零售许可证。

（三）营业用门面两个以上且经营面积在50平方米以上或经营面积80平方米以上店面形象好，销售氛围浓的烟酒店、便利店、食杂店业态。

第九条 属于下列区域、场所的，禁止设置零售点：

（一）经营场所存在安全隐患，安全保障措施未落实到位的；

（二）主营烟花鞭炮、农药、化工产品、油漆以及加油站（加油区与生活服务区严格分开，且管理规范的除外）、森林保护区禁烟区等对人体有毒害、易燃易爆的场所；

（三）中小学校内、中小学校大门周围50米以内；

（四）无固定经营场所（流动摊点、电话亭等），违章建筑或临时性建筑；

（五）居民小区内杂屋间、单位门卫或值班室；

（六）自动售货柜（机）、利用网络销售烟草制品的零售点；

（七）主营建材、机电配件、五金配件、维修服务、美容美发、诊所药店、服装制售、打字复印、花鸟虫鱼宠物、彩票销售、房屋中介、寄卖典当、祭祀用品、早餐水果、夜宵排挡、棋牌网吧、礼品回收、文化用品、邮电通讯、报刊书籍、仪器仪表、金银珠宝、古玩字画等与食杂、副食无关业务的经营场所或专业性市场；

（八）道路两侧占道经营的。

（九）党政机关院内的经营场所。

（十）法律、法规及规章规定的其他不予发放烟草专卖零售许可证的情形。

第十条 同一自然人、个体工商户、私营企业在同一地址（门牌号）经营的只能申请一个烟草专卖零售许可证。

第十一条 对本规定实施前已取得烟草专卖零售许可证的零售点，未到期的烟草专卖零售许可证继续有效；已到期的，对符合本规定及其他法定条件的，按法定程序准予延续许可，对不符合本规定的，按法定程序不予延续许可。

第十二条 申请烟草专卖许可证需提供的材料：

（一）申请表

（二）身份证明材料：

个体经营者应当提供本人身份证（户籍为外地的人员还需提供当地公安部门根据《湖南省流动人口服务和管理规定》核发的有效居住证）或户口本；

企业应当提供法定代表人及零售点从业人员身份证，企业法人组织机构代码证；

非申请人本人亲自办理的，应当提供申请人委托书和代理人的身份证。

（三）经营场所证明材料：

1. 经营场所系申请人本人（企业）所有，需提供房屋产权证明复印件，农村房屋未办理产权证的应当出具村委会开具的经营场所权属证明，房产系家庭成员所有，在提供房产证的同时出具结婚证或户口本（复印件）。

2. 经营场所系租赁房，应提供租赁合同。企业与企业或企业与个人发生租赁关系的应当加盖企业印章；个人与个人签订的租赁合同，应当注明租赁有效起止期限，同时提供租赁方的房产证明（复印件），如不能提供租赁方的房产证明，须在租赁合同上加盖经营场所所在社区出具的经营场所权属证明。

（四）其他材料：

申请人两张一寸彩色免冠照片，一张五寸经营场所照片，资金证明，特殊群体提供残疾证、特困证等证明材料原件。

第十三条 烟草专卖行政主管部门对烟草制品零售点合理布局规定实行评价制度，根据社会发展情况，对本规定的实施效果进行评价，对需要调整的，及时进行修改和完善，并予以重新公布。

第十四条 本规定的零售点的距离是从申请经营商店的出入口中央到最近零售点出入口中央，沿行人所走可通行距离最近道路进行测量，经营面积指实际用于经营的面积，不包括仓库等辅助设施的面积，以上如有争议时，申请人、两名以上专卖管理人员实地核查，并经申请人签字确认。

第十五条 永州市行政区域内烟草专卖零售许可证的新办申请、延续申请、变更申请均应当符合本规定。

第十六条 本规定自颁布之日起施行，原永州市烟草专卖局印发的《永州市烟草制品零售点合理布局规划》（永烟办〔2013〕192 号）同时废止。本规定由永州市烟草专卖局负责解释。

打叶复烤生产线设备工艺流程

原烟进入车间，先真空回潮，对烟叶加湿、加温、除杂气，以减少后工段造碎。但有些委托方的烟叶水分高或不要求除杂气的烟叶不回潮，也有个别委托方为节省回潮费而提出不回潮。不回潮约占 1/3。

铺叶，按配方投料，挑选青霉杂烟、杂物。

切断：把烟叶切断，防止因烟叶过长而堵料，两条铺叶线各有 1 台电子计时器，根据流量流速预先设计好的时间投料，以控制铺叶速度。

一润：筒内有打针，搅拌烟叶，加湿（蒸汽），使烟叶充分均匀湿润，设备自然启动，开则自动加湿，关则停；烟叶水分控制在 17~18%，温度 50~55℃。

精选：32 个选杂位（两条线，每条线 16 个台位），人工除杂、挑出青霉杂烟、杂物，分一、二、三类分开放置，另行处理。

振动筛沙：通过振筛，筛出沙尘。

风选除杂：主要针对细微的粘在烟叶上的鸡鸭毛、麻丝之类，吹到高处，经管道，落入输送带。输送带上安排 2~3 人挑杂，而干净小叶片进入小储叶柜汇合，通过提升喂料机，进行电子秤计量，进入二润。

二润原理同一润。水分控制在 18~20%，温度 53~57℃。烟叶经过二润后，烟叶落入皮带，皮带上方有金属探测仪，防金属进入打叶段，一旦探有金属，皮带会自动转向，将此段流量落入小桶（由人工选去金属），3~5 秒后，皮带恢复原去向。

原料提升喂料。经比例分料器，按后段 5 组打叶机，均匀把料分成 5 组流量，进入打叶器（一级打叶，5 组），内有电螺旋打辊，辊上有刀片 220 余片，与机壳内定刀（左右各一排，每排 20 多把）交错滚动，转速 550~650 转/分，撕裂烟叶，烟梗分离，落入打叶机内框篮，连梗带叶落入输送皮带，进入风吹器（5 组，马克高级风分器），利用叶、梗比重不同，以抛掷器将叶、梗抛起，利用风力，将<1.2 厘米的不含梗叶片吹落于输送皮带，大于 1.2 厘米叶片落入下一风机（一次吹不干净），其 5 组风机→输送→振筛，把<6 毫米以下碎片单独收齐。叶片进入汇总皮带，进入二打（二级打叶），二打有二组打辊，打刀更密、刀具窄些、框篮窄些、转速慢些，进入三组高效节能风分器进行风分（风分器内只用高速皮带把烟叶抛起，不用风，故约节能型）。然后含梗烟叶进入三级打叶，一组打辊（原科马斯设备）刀具更密，梗上细叶全部分离，然后进行两组高效节能风分。再进入四级打叶，刀具间隙更密，直排式（六排）打辊。圆孔框篮（前三级均为菱形）转速 700 转/分，一组风分（马克高风分）落入皮带→五级打叶、专打回梗，刀距更密。合

并进入十一风分→片叶进入滚动除麻丝机，去除麻丝，进入储叶柜。烟梗则进入烤梗机。水分：11~12%，温度<45℃→梗打包（长、短、碎、大头梗分别打包）。

烟叶入大储叶柜后，进行自动计量，控制流量→进入烤机。烤房有4区，一区50~60℃，二区60~75℃，三区70~85℃，四区50~60℃。→冷房三区，每区一台风机降温，温度控制在38~42℃，水分一般为8~10%。→潮房，一区70~80℃，二区80~90℃加温（因加蒸汽，温度提高）→机尾出口，水分11~13%，温度50~55℃。然后叶片进入皮带金属探测仪→进入预压打包，进入静态秤，每箱200千克→人工过秤，人工加减重量，保证重量标准化→进入复压→捆带→贴标识→抽检（检测室取样检验），人工液压拖车运走成品。

该生产线的优点：1. 精选、风选、金属仪、入口选杂，杂控好，成品干净；2. 大中片率较高，尤其是大片少、中片多，便于卷烟厂切丝；3. 设备故障率低。4. 产量高。缺点：设备产地混杂、趋于老化。

科马斯扩能型打叶复烤生产线工艺流程图

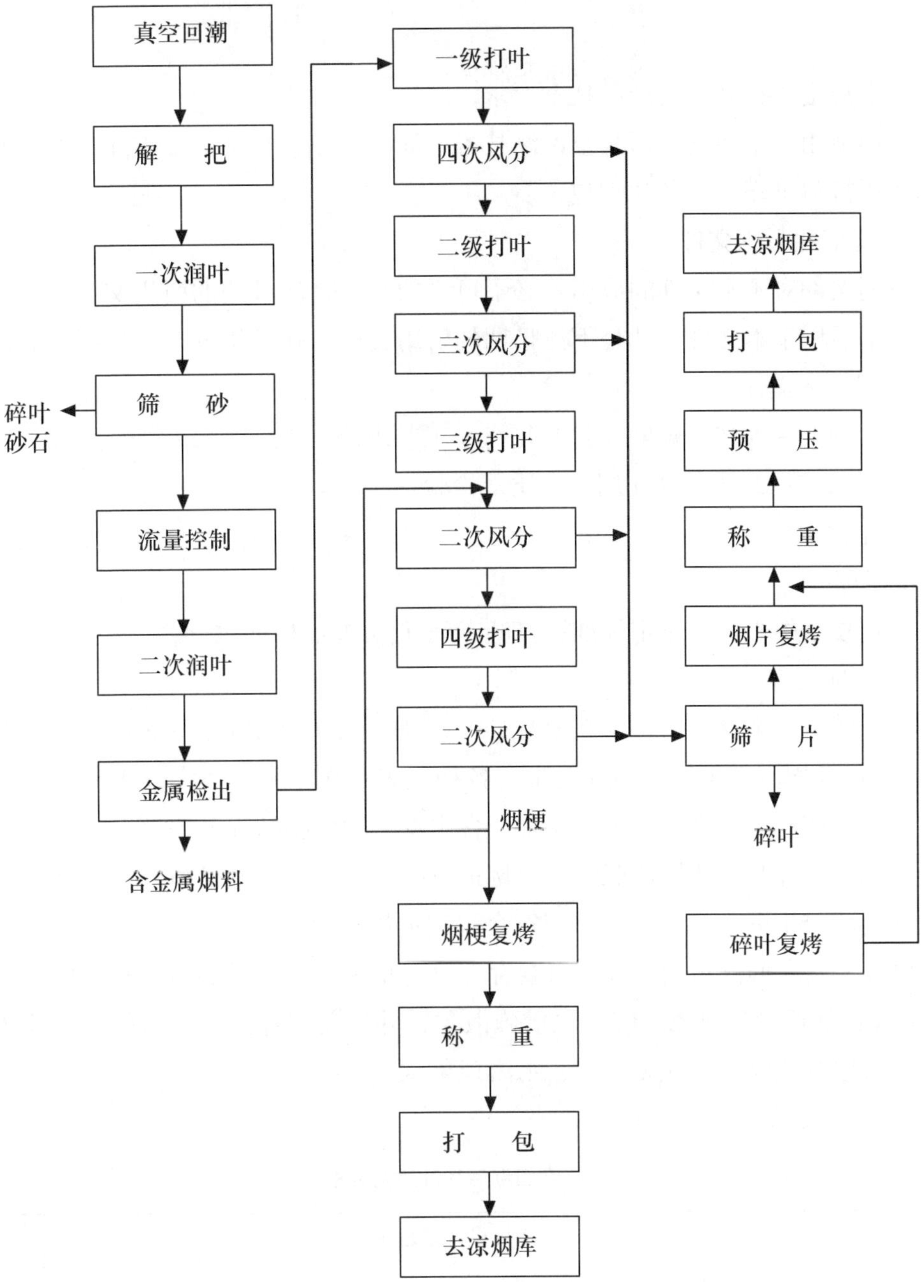

二、打叶复烤生产线工艺技术要求标准

1. 范围

标准规定了打叶复烤产品技术要求。

标准适用于永州复烤厂真空回潮技术、润叶工序、打叶去梗工序、烟叶复烤工艺和预压打包工序要求及片烟包装。

2. 规范性引用文件

下列文件对于本文件的应用是必不可少的。凡是注日期的引用文件，仅所注日期的版本适用于本文件。凡是不注日期的引用文件，其最新版本（包括所有的修改单）适用于本文件。

YC/T 146—2010　烟叶　打叶复烤　工艺规范

YC/T 147—2010　打叶烟叶　质量检验

3. 术语（无）。

4. 职责

质量技术中心负责制定标准；打叶车间 负责按照标准执行。

5. 管理内容与方法

真空回潮，蒸汽压力（≥0.8 Mpa）、水压（≥0.4 Mpa）、压缩空气压力（≥0.6 Mpa）等均应满足工艺条件要求，各种仪表工作正常，数字及表盘显示准确无误。视烟叶产地、类型、等级、品种、含水率、烟包粘结程度等情况确定真空回潮周期。配方打叶时，严格按照配方比例进行投料。烟包及其载体与真空柜内壁、柜门之间间隙>50mm；烟包堆码整齐符合规定数量；为避免产生水渍烟，应在烟包上加盖麻片。真空回潮后的烟叶不得封存在真空柜中，出柜后的烟包存放时间不得超过30min；如遇设备故障，应采取措施散包，并加盖麻片。回潮后的烟叶应松散柔软，保持原有色泽，叶片无潮红、水渍现象。

6. 质量要求

真空回潮后烟叶质量要求

烟叶等级	指标设计值范围		回透率（%）
	回潮后包芯温度（℃）	回潮后含水率（%）	
上等烟	50~60	16~18	≥98
中等烟	60~70	16~18	≥98
下（低）等烟	60~75	17~19	≥98

注：在实际加工过程中，回潮后包芯温度的允差为设计值±5℃，含水率的允差为设计值±1%

润叶工序，利用蒸汽、水和热风对烟叶加温加湿，提高含水率和温度，使烟把进一步松散，提高烟叶耐加工性，为梗叶分离提供工艺保证。一次润叶：提高叶尖（叶基）的含水率；二次润叶：提高叶尖（叶基）的温度和松散长度；润尖：松散粘结叶尖，提高叶尖含水率。

工艺参数

指标		烤烟上等烟			烤烟中等烟			烤烟下（低）等烟		
		一润	二润	润尖	一润	二润	润尖	一润	二润	润尖
设计值	温度℃	50~60	50~65	50~60	50~63	50~68	50~60	50~65	50~70	50~60
	含水率%	15~18	17~20	15~18	17~20	18~21	16~19	15~19	18~22	17~19
散把率%			≥95			≥95			≥95	

注1：配方叶组打叶，参照本表。

注2：白肋烟润叶（尖），参照烤烟中等烟润叶（尖）。

注3：在实际加工过程中，润后温度允差为设计值±5℃，含水率的允差为设计值±1%。

打叶去梗

叶片结构测定

（1）检测仪器和设备

（a）叶片振动分选机，技术参数为：筛网规格（mm）25.4×25.4　12.7×12.7　6.35×6.35　3.18×3.18；

（b）电子秤，1g。

（2）取样

在打叶片烟汇总振动筛外，用取样斗随机一次性取样（3000±300）g，不允许添烟或丢烟，第一次取样应在出烟30min后进行，以后每1h取样1次。

（3）操作和计算

将样品均匀地铺在叶片振动分选机的喂料输送带上，开启振动筛7min30s。待叶片全部进入各接料斗后，按叶片的不同规格分别称量，各规格叶片质量（重量）之和为样品总重，然后计算（25.4×25.4）mm，（12.7×12.7）mm，（6.35×6.35）mm，（3.18×3.18）mm网上和（3.18×3.18）mm网下各规格叶片所占的百分率。

（4）结果的表示：

F（%）=（f1/f）×100

式中：F—某规格叶片百分率；

fi—某规格叶片质量（重量），g；

f—各规格叶片质量（重量）之和，g。

叶中含梗率测定

（1）检测仪器和设备

（a）叶中含梗检测机；

（b）电子秤，感量 1g；

（c）旋打分选机。

（2）取样，按叶片结构取样方法（2）取样。

（3）操作。记录样品质量（重量），将样品均匀地铺在喂料输送带上，用 2min40s 的时间均匀喂料，经过 1min20s 的打叶分离，烟梗出料器开启 1min 收集烟梗。

（4）将收集的烟梗样品均匀地铺在旋打分选机第一层筛网内，用 5min 的时间将样品分筛完，将各层筛网上的样品分别在电子秤上分别称重并记录。

（5）结果的表示

H（%）=（h1/h）×100

式中：H—叶中含梗率；

h1—烟梗质量（重量）g；

h—样品质量（重量）g。

D（%）=（D1/h）×100

式中：D—叶中含粗梗率（分筛烟梗直径为>2. 38mm）；

D1—粗梗质量（重量）g；

h—样品质量（重量）g。

梗中含叶率测定

（1）检测仪器：电子秤，感量 1g。

（2）取样：在打叶去梗后烟输送带上，用取样斗随机截取样品（500—1000）g，每生产班次取样 2 次。

（3）操作：将烟梗样品充分混合，用四分法缩分成四份，取其中一份挑出混入烟梗中的游离叶片，并撕下烟梗上连带的叶片，合并称重。

（4）结果的表示

I（%）=（i1/i）×100

式中：I—梗中含叶率；

i1—叶片质量（重量）g；

i—样品质量（重量）g。

（5）打叶工序工艺质量指标

（a）梗中含叶率<1. 2%。

（b）叶片中直径大于 2. 38mm 的烟梗（粗梗）<0. 5%。

（c）叶片结构。

叶片复烤，将打叶去梗后的烟叶经过干燥、冷却、回潮有效地控制其含水率，排除杂气、杀虫灭菌；冷却段叶片含水率：上、中等烟（8%～10%），下低等烟（8%～10.5），冷房左、右含水率极差（≤1%）范围内，冷却段温度应控制在40±2℃，环境温度高于25℃时，应控制冷却段温度40—42℃；环境温度低于20℃时，应控制冷却段温度37—39℃；机尾叶片含水率上中等烟（11.5%～13.5%），下低等烟（11.5～13.5）%，烤机机尾左、中、右含水率极差（≤1%）范围内；机尾叶片温度：（50℃～55℃）。环境温度高于25℃时，应控制机尾温度<52℃；环境温度低于20℃时，应控制机尾温度>48℃；一类杂物含量为零，二、三类杂物含量不超过0.00665%；尺寸大于12.7mm＊12.7mm的叶片在烤前和烤后的叶片率差值：上等烟小于4%，中等烟小于5%，下（低）等烟小于6%。白肋烟的叶片率差值在烤烟基础上上调1%。

7. 来料要求

（1）来料含水率和流量均匀；

（2）叶片部分其叶片结构和标准同打叶去梗后的叶片及烟梗质量要求。

8. 技术要求

（1）投料前排放冷凝水并进行设备预热，夏季提前20min预热，冬季提前25min预热。

（2）蒸汽压力（≥0.8Mpa）、水压（≥0.4Mpa）、压缩空气（≥0.6 Mpa）压力符合设备要求；各种仪表工作正常，显示准确。

（3）配打烟叶复烤前应进入贮叶柜进行预混，贮叶柜全柜铺料时，厚度应小于1/2柜。

（4）及时纪录贮叶柜内烟叶等级牌号、进料和出料时间，烟叶在贮叶柜中存放时间不得超过2小时，否则应采取相应的防护措施。

（5）叶片复烤工序工艺流量及网带速度设置。

（6）复烤机叶片铺料厚度80～120mm，根据烟叶流量及时调节喂料刮板、喂料输送带、匀叶辊速度、网板速度，确保布料均匀。

（7）根据叶片含水率设定烤房温度，采用弧线定温法，低温慢烤，烤房温度不超过100℃；冷房温度为35～45℃；潮房温度为55～65℃，白肋烟在此基础上上调5℃。

（8）根据来料叶片含水率及环境温度设定烤房温度，当条件发生变化时应及时调整，烤区温度及风机频率控制参数。

（9）干燥段气流相对湿度20%～30%，回潮段气流相对湿度75%～98%。

9. 预压打包工序要求及片烟包装形式

将复烤后的松散叶片，按照一定的包装规格和质量（重量），经过计量、预压成型、复称，进行打包捆扎、标识。预压打包来料要求：（1）叶片含水率（11~13)%。；（2）叶片松散，水分均匀，含水率标准偏差≤0.5%。

（2）装箱密度偏差率（DVR）≤15%

10. 设备要求

（1）计量器具感量不超过0.2KG。

（2）油阀门及管道接头无跑、冒、滴、漏等现象。

（3）预压机、打包机的压头高度和保压时间均可调整。

11. 预压打包工序的管理标准及技术标准

（1）纸箱包装应有牛皮纸、瓦楞纸板内衬加固（或根据合同要求）。

（2）叶片经预压机预压时，根据叶片等级适当调整压头高度和保压时间。

（3）烟箱进入扎带机并扎带，4条捆扎带平行等距，捆扎带间距270 mm，均匀不偏斜。

（4）箱内烟应四角充实、平整，无空角、无杂物等。

（5）打包成型箱回涨不超过（25~50）mm，箱体完整，无破损、无污染。

（6）叶片装箱后，箱芯温度（35~45）℃。

（7）标识项目齐全、字迹清楚，粘贴工整，不得错号和隔号。

（8）标识内容应包括：烟叶产地、年份、等级、质量（重量）（毛重、净重）、复烤企业名称、生产日期、班次、箱号、类型、品种等。

（9）落地叶片挑拣干净后，倒入落地烟箱，严防杂物混入。

索 引

说明：本索引中章节目名称按第一个字的汉语拼音首字母顺序排列。

A

B

C

D

F

G

后 记

“治天下者以史为鉴，治郡国者以志为鉴”。2016 年 3 月 28 日，中共永州市委、永州市人民政府召开的“永州市志、部门志编修动员大会”，拉开《永州市志》编修工作的帷幕。动员会上，永州市人民政府市长易佳良作专题报告，并与参会 40 余家责任单位的“一把手”签订《责任状》。

作为永州自 1995 年建市以来的第一部地方志，《永州市志》其上限为 1996 年，下限为 2015 年，时间跨度整 20 年。而作为续修的部门志之一，本着“其上限从上一轮志书下限开始”的原则，《永州市烟草志》第三轮编修的上限为 2003 年，下限为 2015 年，时间跨度为 13 年。

于永州，作为地方经济的支柱产业，烟草行业的改革与发展自有其非凡意义。而作为《永州市志》的重要组成部分，《永州市烟草志》的编纂既是传承和弘扬永州烟草人干事创业精神的载体，更是促进永州经济持续健康发展的需要。有鉴于此，作为《永州市烟草志》编修工作的牵头单位，永州市烟草专卖局（公司）主动作为，积极协调，与零陵卷烟厂、湖南烟叶复烤有限公司精诚合作，齐心协力，切实把志书的编修工作作为一项益于当代、惠及后世的文化工程来抓。根据《〈永州市志〉编修实施方案》，永州市烟草专卖局（公司）自 2016 年 7 月 16 日起相继下发《永州市烟草专卖局办公室关于成立永州市烟草志（2003—2015）编纂委员会的通知》《永州市烟草专卖局办公室关于印发永州市烟草志（2003—2015）编修实施方案的通知》，召开《永州市烟草志》编修动员大会，市局“一把手”与各县（区）局、机关各科室主要负责人签订《责任状》，挂牌成立“《永州市烟草志》编纂办公室”，添置设备设施，为志书编修提供良好、便利的工作条件和环境，及时从东安县、江永县烟草分公司抽调 2 名年轻大学生专司其事，将篇、章、节的采编任务划分到人。即：概述、烟叶生产购销、现代烟草农业、烟草专卖、烟草科技与创新、企业管理（财务审计、信息化、安全生产）、附录由袁连井执笔；编辑说明、大事记、卷烟经营、企业管理（机构体制、计划与固定资产投资、人事劳动）、党群与企业文化建设、人物、后记由刘卅执笔；卷烟生产篇及其他有关零陵卷烟厂篇章的内容由唐国庆、周华军、廖国仕、王家能、孙鲸洲执笔；烟叶复烤加工篇由邓顺林执笔。志书图片，涉及“卷烟生产”及其他有关零陵卷烟厂篇章的由王家能提供；涉及“烟叶复烤加工”篇的取自永州复烤厂档案室；涉及烟草商业的大部分由刘宁华、周全力提供，少量由编纂办公室向各县（区）局、机关科室征集。

编修过程中，编纂办公室坚持“走出去”“请进来”，除多次邀请市史志办领导、专家到编修现场指导外，还多次组织编修人员赴市公安局、市司法局等进度快、质量高的兄弟单位交流学习，不断提高编修人员的业务水平。此外，编修人员根据编目分工，就编纂内容与职能科室多方沟通并进行深入探讨，全面了解其历史沿革及相关业务流程，尽可能确保编纂内容的全面、真实和准确。经过近 10 个月的努力，编修人员共查阅档案资料 700 余卷、文件 13000 余份，按照编目对档案资料进行归纳梳理，编录电子版资料累计达 200 余万字。2017 年 5 月，形成 70 余万字的资料长篇。2017 年 12 月，完成 57 万余字的文字初稿。2018 年 1 月至 3 月，按篇章与各科室对接，组织召开《永州市烟草志（2003—2015）》评议会 10 余次，广泛征求意见，并将所搜集意见作进一步整理。与此同时，根据志书编纂的要求，完成近 300 张照片的甄选、录入与编辑工作。2018 年 4 月，邀请市史志办专家全面修改整理志稿，并于当月完成《永州市烟草志（2003—2015）》（评审稿）160 册的编印。2018 年 6 月 20 日，召开志书评审会，集中听取市史志办专家及永州部门志编修人员的意见。2018 年 6 月，集中人力和时间完成对志书的修改、审稿、核稿和出版前期工作。

《永州市烟草志》以其翔实的资料，齐全的门类，再现永州烟草 2003—2015 年的发展轨迹与人情风貌。

《永州市烟草志（2003—2015）》编修工作得以顺利完成，得益于永州市烟草专卖局（公司）、零陵卷烟厂、湖南烟叶复烤有限公司领导的高度重视，有赖于编纂办公室的精心组织与编纂人员的共同努力。与此同时，要特别感谢市史志办领导的指导和帮助，尤其是高波副主任在面对全市 40 余部部门志编修均需一一上门督导的情况下多次挤时间到编纂现场悉心指导与修稿。许多同志为志书提供资料和照片，在此一并致谢！

2003—2015 年，烟草行业经历了工商分离、工业企业大规模兼并重组、商业系统取消县级法人资格、复烤厂改制及重组等重大变革。受此影响，永州烟草三家单位在企业综合管理、主营业务经营等方面也出现重大调整。面对如此重大的发展变革，编纂人员始终保持严谨的工作作风，投入大量精力进行志稿编写，以期志书质量能经得起历史检验。但由于烟草志涉及面广，修志时间仓促，同时局限于修志人员的学识与水平，虽经多次修改，仍难免有错漏之处，敬请广大读者与同仁不吝赐教。

编 者

2018 年 12 月